最新执法办案实务丛书

— 第十六版 —

# 图解

# 立案证据定罪量刑
# 标准与法律适用

TUJIE LI'AN ZHENGJU DINGZUI LIANGXING BIAOZHUN YU FALÜ SHIYONG

## 第三分册

**侵犯公民人身权利、民主权利案**
**侵犯财产案**
**危害国防利益案**

张　拓　李　珂／编著

《最新执法办案实务丛书》编写组／编

中国法制出版社
CHINA LEGAL PUBLISHING HOUSE

图书在版编目（CIP）数据

图解立案证据定罪量刑标准与法律适用. 第三分册 /
张拓，李珂编著 ；《最新执法办案实务丛书》编写组编.
16 版. -- 北京：中国法制出版社，2024. 9. -- ISBN
978-7-5216-4561-3

Ⅰ. D924. 305-64

中国国家版本馆 CIP 数据核字第 2024P9V086 号

责任编辑：刘海龙　　　　　　　　　　　　封面设计：李　宁

---

**图解立案证据定罪量刑标准与法律适用. 第三分册**

TUJIE LI'AN ZHENGJU DINGZUI LIANGXING BIAOZHUN YU FALÜ SHIYONG. DI-SAN FENCE

编著/张拓，李珂
编者/《最新执法办案实务丛书》编写组
经销/新华书店
印刷/三河市紫恒印装有限公司
开本/787 毫米×1092 毫米　16 开　　　　　印张/32. 25　字数/860 千
版次/2024 年 9 月第 16 版　　　　　　　　2024 年 9 月第 1 次印刷

---

中国法制出版社出版

书号 ISBN 978-7-5216-4561-3　　　　　　　　定价：99. 00 元

北京市西城区西便门西里甲 16 号西便门办公区
邮政编码：100053　　　　　　　　　　　　传真：010-63141600
网址：http://www.zgfzs.com　　　　　　　编辑部电话：010-63141814
市场营销部电话：010-63141612　　　　　印务部电话：010-63141606

（如有印装质量问题，请与本社印务部联系。）

# 修订说明

《图解立案证据定罪量刑标准与法律适用》自出版以来，深受广大读者欢迎。本书是第十六版的第三分册。根据《中华人民共和国慈善法》《中华人民共和国会计法》《社会保险经办条例》《人体器官捐献和移植条例》《最高人民法院、最高人民检察院关于办理强奸、猥亵未成年人刑事案件适用法律若干问题的解释》《最高人民法院、最高人民检察院、公安部、司法部关于办理性侵害未成年人刑事案件的意见》《最高人民法院、最高人民检察院、公安部关于依法惩治网络暴力违法犯罪的指导意见》《最高人民检察院、公安部关于依法妥善办理轻伤害案件的指导意见》《最高人民法院、最高人民检察院、公安部关于办理医保骗保刑事案件若干问题的指导意见》等最新修订、公布的法律法规、规章、司法解释，我们对本书进行了全面修订，以适应刑事立法和司法的最新变化。

书中引用的罪名，根据 1997 年 12 月 11 日《最高人民法院关于执行〈中华人民共和国刑法〉确定罪名的规定》、2002 年 3 月 15 日《最高人民法院、最高人民检察院关于执行〈中华人民共和国刑法〉确定罪名的补充规定》、2003 年 8 月 15 日《最高人民法院、最高人民检察院关于执行〈中华人民共和国刑法〉确定罪名的补充规定（二）》、2007 年 10 月 25 日《最高人民法院、最高人民检察院关于执行〈中华人民共和国刑法〉确定罪名的补充规定（三）》、2009 年 10 月 14 日《最高人民法院、最高人民检察院关于执行〈中华人民共和国刑法〉确定罪名的补充规定（四）》、2011 年 4 月 27 日《最高人民法院、最高人民检察院关于执行〈中华人民共和国刑法〉确定罪名的补充规定（五）》、2015 年 10 月 30 日《最高人民法院、最高人民检察院关于执行〈中华人民共和国刑法〉确定罪名的补充规定（六）》、2021 年 2 月 26 日《最高人民法院、最高人民检察院关于执行〈中华人民共和国刑法〉确定罪名的补充规定（七）》和 2024 年 1 月 30 日《最高人民法院、最高人民检察院关于执行〈中华人民共和国刑法〉确定罪名的补充规定（八）》确定。

本书采用全新的版式设计和装帧形式，内文双色印刷，排版更加疏朗，装帧更为精美。期待这些设计能给广大读者带来更好的阅读体验。

二○二四年九月

# 编写说明

公安机关、人民检察院、人民法院等在实现依法治国、建设社会主义法治国家中发挥着重要的职能作用。对法律的正确理解和准确适用是法治意识形成的源泉，是实现法治目标的基本保障。公安、司法、监察等机关的工作人员要顺利履行职责，必须准确理解、全面掌握刑事法律知识。惟其如此，才能做到依法及时打击犯罪，维护社会治安秩序。

为满足上述机关工作人员刑事办案的需要，我们编写了这套《图解立案证据定罪量刑标准与法律适用》丛书。

本书具有以下三个特点：

**新颖**。全书采用图表的形式，一目了然，便于快速查阅。在体例编排上，按照【概念】【立案标准】【定罪标准】【证据参考标准】【量刑标准】【法律适用】的体例结构形式，根据最新颁布的法律法规、司法解释、部门规章和规范性文件对相关罪案进行逐一全面的释解。

**准确**。本书根据权威资料精心编撰。撰写者均来自实务机关、律所、相关院校等，长期从事刑事法律理论及实践工作，法学理论功底扎实，了解司法实践情况，解说准确，结构严谨，能够确保本书的权威性和准确性。

**实用**。本书紧密结合刑事办案工作实际，对办案中涉及的关于立案标准、罪名认定、罪与非罪、此罪与彼罪、一罪与数罪、罪重罪轻、证据范围和法律适用等问题进行了详细介绍，逻辑清晰、语言流畅、针对性强，有利于办案时进行参考。

需要说明的是，本书体例中所指的立案标准、定罪标准、证据参考标准和量刑标准等法律术语，其含义如下：

**1. 立案标准**，从广义上讲，包括立案所应当具备的一切法律和事实的标准，它是立案条件的具体化、规范化。从狭义上看，是指构成犯罪客观方面所要求达到的数额、情节、行为等的界限。本书中的立案标准是指狭义的立案标准。从刑法的规定看，立案标准可分为数额标准、情节标准、行为标准、结果标准、危险标准等。司法实践中，立案标准是办案的起点，与量刑标准有一定的区别。

**2. 定罪标准**，即犯罪构成，包括犯罪客体、犯罪客观方面、犯罪主体、犯罪主观方面四个要件。定罪，要注意区别罪与非罪的界限。衡量一个行为是否构成犯罪，首先，要看该行为是否具有社会危害性，以及社会危害性的程度如何。其次，既要从刑法总则关于犯罪构成的原则规定进行认定，也要从刑法分则关于某种犯罪的具体构成上进行认定。最后，认定罪名，还要注意区别此罪与彼罪、一罪与数罪的问题。

3. 证据参考标准，是指监察机关在调查，侦查机关在立案、批捕、侦查终结移送审查起诉，人民检察院对被告人提起公诉，人民法院认定被告人构成犯罪以及构成何种犯罪、罪轻、罪重时所需要提供的证据材料。司法实践中，证据的收集应当围绕定罪量刑要求依法进行。为此，本书按照定罪证据标准即犯罪构成四个要件的证据和量刑证据标准进行列举。

理解证据参考标准，要注意以下三点：第一，证据的目的是证明犯罪事实。犯罪事实成为证据证明的对象。第二，证据的收集应当充分、确实。证据充分、确实意味着事实的认定要有充分的证据基础，即足够的证据使案件事实得到证明，达到证明标准，同时，证据本身要确实。具体应当包括以下内容：（1）某一犯罪事实客观存在的证据；（2）证明审查对象确实是犯罪嫌疑人的证据；（3）犯罪嫌疑人实施犯罪行为的证据；（4）犯罪嫌疑人已达到刑事责任年龄，应负刑事责任的证据；（5）证明犯罪嫌疑人主观罪过的证据。证据充分并不是看证据的数量、种类有多少，关键在于证据的证明力。不同性质的案件对充分的要求不同，不同种类、数量的证据相互印证所产生的证明力也不相同，只要达到足够即可。充分的证据还应当包括：（1）准备移送审查起诉的全部犯罪事实的证据；（2）证明犯罪行为、方法、手段、过程及犯罪时间、地点等相关的证据；（3）犯罪嫌疑人身份情况的证据；（4）犯罪嫌疑人主观罪过（包括动机、目的）的证据；（5）证明犯罪起因、结果、侵害对象等的证据；（6）法定情节、酌定情节的证据。证据充分要求案件事实和情节都必须有相应的证据予以证明，证据之间能够形成严密的证据链，相互补充、印证，不能存在矛盾，得出的结论也必须是唯一的，具有排他性。第三，证明犯罪嫌疑人依法应当追究刑事责任。通过收集的证据证明犯罪嫌疑人所实施的行为，构成了刑法分则所规定的犯罪，应当判处刑罚。

4. 量刑标准，是指人民法院在定罪的基础上，予以裁量刑罚的尺度。量刑标准分为法定量刑情节和酌定量刑情节、从宽的量刑情节和从严的量刑情节。本书依照刑法确定的类别对量刑标准进行了详细列举。

我们将根据有关法律、司法解释、行政法规、部门规章和政策的制定、修改、废止等情况及时对本书进行修订。

因时间仓促，编者水平有限，疏漏之处在所难免，敬请广大读者批评指正。

《最新执法办案实务丛书》编写组

# 目 录

# 1 故意杀人案

| 概念 | 本罪是指故意非法剥夺他人生命的行为。 |
|---|---|

**立案标准**

根据《刑法》第 232 条的规定，故意非法剥夺他人生命的，应当立案。

由于生命权利是公民人身权利中最基本、最重要的权利，因此，不管被害人是否实际被杀，不管杀人行为处于故意犯罪的预备、未遂、中止等哪个阶段，都构成犯罪，应当立案追究。

## 定罪标准

**犯罪客体**

本罪侵犯的客体是他人的生命权。法律上的生命是指能够独立呼吸并能进行新陈代谢的活的有机体，是人赖以存在的前提。

**犯罪客观方面**

一、必须有剥夺他人生命的行为，作为、不作为均可构成。以不作为行为实施的故意杀人罪，只有那些对防止他人死亡结果发生负有特定义务的人才能构成。杀人的方法多种多样，可以借助一定的凶器，也可以是徒手杀人，但是如果使用放火、爆炸、投放危险物质等危险方法杀害他人，危及不特定多数人的生命、健康或重大公私财产安全的，应以相关的危害公共安全罪论处。对于教唆未达到刑事责任年龄或没有刑事责任能力的人去杀害他人的，对教唆犯应直接以故意杀人罪处。

二、剥夺他人生命的行为必须是非法的，即违反了国家的法律。执行死刑、正当防卫均不构成故意杀人罪。经受害人同意而剥夺其生命的行为，也构成故意杀人罪。对所谓的"安乐死"，仍应以故意杀人罪论处，当然，量刑时可适用从轻或减轻处罚的规定。

三、故意杀人罪的既遂以被害人死亡结果的发生为要件。

**犯罪主体**

本罪的主体是一般主体。已满 12 周岁不满 14 周岁的人犯本罪，致人死亡或者以特别残忍手段致人重伤造成严重残疾，情节恶劣，经最高人民检察院核准追诉的，应负刑事责任；已满 14 周岁不满 16 周岁的人犯本罪，应当追究刑事责任。不满 18 周岁的人犯本罪，应当从轻或者减轻处罚。

**犯罪主观方面**

本罪在主观上须有非法剥夺他人生命的故意，包括直接故意和间接故意，即明知自己的行为会发生他人死亡的危害后果，并且希望或者放任这种结果的发生。

故意杀人的动机是多种多样和错综复杂的。常见的如报复、图财、拒捕、义愤、气愤、失恋等。动机可以反映杀人者主观恶性的不同程度，对正确量刑有重要意义。

| | | |
|---|---|---|
| **定罪标准** | **罪与非罪** | 自杀案件的处理：（1）相约自杀，即相互约定自愿共同自杀的行为。因行为人均不具有故意剥夺他人生命的行为，所以对其中自杀未得逞的，一般不能认为是故意杀人罪；但是，如果行为人受托而将对方杀死，继而自杀未得逞的，应构成故意杀人罪，量刑时可考虑从轻处罚；以相约自杀为名，诱骗他人自杀的，则应按故意杀人罪论处。（2）致人自杀，即由于行为人先前所实施的行为，而引起他人自杀结果的发生。对此，应区分三种情况分别处理：① 行为人的先前行为是正当的或只是一般错误、一般违法行为，他人自杀的主要原因是由于自杀者本人的心胸过于狭窄，这时不存在犯罪问题。② 行为人先前实施了严重违法行为，结果致被害人自杀身亡的，可把致人自杀的结果作为一个严重情节考虑，将先前严重违法行为上升为犯罪处理。如当众辱骂他人，致其当即自杀的，可对辱骂者以侮辱罪论处。③ 行为人先前实施某种犯罪行为，引起被害人自杀的，只要行为人对这种自杀结果没有故意，应按其先前的犯罪行为定罪，而将自杀结果作为量刑时考虑的一个从重或选择较重法定刑处罚的情节。（3）逼迫或诱骗他人自杀，即行为人希望自杀人死亡，但为了掩人耳目，逃避罪责，自己不直接动手，而是通过自己的逼迫、诱骗行为促使自杀者自己动手杀死自己，即借助自杀者自己之手达到行为人欲杀死自杀者的目的。行为人的行为与结果之间存在刑法上的因果关系。关键应查明行为人是否确实有刻意追求自杀者死亡的故意，并且其行为在特定环境下是否足以导致他人实施自杀的行为，两者缺一，则就不宜认定为构成故意杀人罪。（4）教唆、帮助他人自杀。这种行为应当以故意杀人罪论处，但考虑到在教唆、帮助自杀中，自杀者的行为往往起决定性作用，因此，应根据案情从宽处罚。如果行为人的行为不是很积极，作用不大，主观愿望出于善意，这时可不以犯罪论处。但是，教唆没有刑事责任能力或未到刑事责任年龄的人自杀，由于自杀者限于精神状态或年龄因素对于自杀缺乏正确的认识和意志控制能力，对此，不仅要以本罪论处，而且还不能从轻或减轻处罚。 |
| **证据参考标准** | **主体方面的证据** | **一、证明行为人刑事责任年龄、身份等自然情况的证据**<br><br>包括身份证明、户籍证明、任职证明、工作经历证明、特定职责证明等，主要是证明行为人的姓名（曾用名）、性别、出生年月日、民族、籍贯、出生地、职业（或职务）、住所地（或居所地）等证据材料，如户口簿、居民身份证、居住证、工作证、出生证、专业或技术等级证、干部履历表、职工登记表、护照等。<br><br>对于户籍、出生证等材料内容不实的，应提供其他证据材料。外国人犯罪的案件，应有护照等身份证明材料。人大代表、政协委员犯罪的案件，应注明身份，并附身份证明材料。<br><br>**二、证明行为人刑事责任能力的证据**<br><br>证明行为人对自己的行为是否具有辨认能力与控制能力，如是否属于间歇性精神病人、尚未完全丧失辨认或者控制自己行为能力的精神病人的证明材料。 |
| | **主观方面的证据** | **证明行为人故意的证据**<br><br>1. 证明行为人明知的证据：证明行为人明知自己的行为会发生危害社会的结果。2. 证明直接故意的证据：证明行为人希望危害结果发生。3. 证明间接故意的证据：证明行为人放任危害结果发生。 |

| 证据参考标准 | 客观方面的证据 | **证明行为人故意杀人犯罪行为的证据**<br>　　具体证据包括：1. 证明行为人故意杀人动机的证据：（1）证明行为人仇杀行为的证据；（2）证明行为人情杀行为的证据；（3）证明行为人奸杀行为的证据；（4）证明行为人斗杀行为的证据；（5）证明行为人财杀行为的证据；（6）证明行为人愤杀行为的证据。2. 证明行为人故意杀人手段行为的证据：（1）证明行为人行凶杀人行为的证据；（2）证明行为人将他人溺水致死行为的证据；（3）证明行为人将他人电击致死行为的证据；（4）证明行为人将他人活埋行为的证据；（5）证明行为人将他人闷死行为的证据；（6）证明行为人将他人捂死行为的证据；（7）证明行为人掐死行为的证据；（8）证明行为人将他人勒死行为的证据；（9）证明行为人将他人冻死行为的证据；（10）证明行为人将他人高温致死行为的证据；（11）证明行为人将他人撞死行为的证据；（12）证明行为人毒杀他人行为的证据；（13）证明行为人注射药物将他人致死行为的证据。3. 证明行为人故意杀人犯罪情节较轻的证据：（1）义愤杀人；（2）激情杀人；（3）家庭内部被迫杀人。4. 其他的证据。 |
|---|---|---|
| | 量刑方面的证据 | **一、法定量刑情节证据**<br>　　1. 事实情节：（1）情节较轻；（2）其他。2. 法定从重情节。3. 法定从轻或者减轻情节：（1）可以从轻；（2）可以从轻或者减轻；（3）应当从轻或者减轻。4. 法定从轻、减轻或者免除情节：（1）可以从轻、减轻或者免除处罚；（2）应当从轻、减轻或者免除处罚。5. 法定减轻或者免除情节：（1）可以减轻或者免除处罚；（2）应当减轻或者免除处罚；（3）可以免除处罚。<br>**二、酌定量刑情节证据**<br>　　1. 犯罪手段；2. 犯罪对象；3. 危害结果；4. 动机；5. 平时表现；6. 认罪态度；7. 是否有前科；8. 其他证据。 |
| 量刑标准 | 犯本罪的 | 处死刑、无期徒刑或者十年以上有期徒刑 |
| | 情节较轻的 | 处三年以上十年以下有期徒刑 |
| 法律适用 | 刑法条文 | 　　**第二百三十二条**　故意杀人的，处死刑、无期徒刑或者十年以上有期徒刑；情节较轻的，处三年以上十年以下有期徒刑。 |
| | 司法解释 | 　　**一、最高人民法院、最高人民检察院、公安部《关于办理涉窨井盖相关刑事案件的指导意见》（节录）**（2020 年 3 月 16 日最高人民法院、最高人民检察院、公安部公布　自公布之日起施行　高检发〔2020〕3 号）<br>　　一、盗窃、破坏正在使用中的社会机动车通行道路上的窨井盖，足以使汽车、电车发生倾覆、毁坏危险，尚未造成严重后果的，依照刑法第一百一十七条的规定，以破坏交通设施罪定罪处罚；造成严重后果的，依照刑法第一百一十九条第一款的规定处罚。<br>　　过失造成严重后果的，依照刑法第一百一十九条第二款的规定，以过失损坏交通设施罪定罪处罚。<br>　　二、盗窃、破坏人员密集往来的非机动车道、人行道以及车站、码头、公园、广场、学校、商业中心、厂区、社区、院落等生产生活、人员聚集场所的窨井盖，足以|

**法律适用**

**司法解释**

危害公共安全，尚未造成严重后果的，依照刑法第一百一十四条的规定，以以危险方法危害公共安全罪定罪处罚；致人重伤、死亡或者使公私财产遭受重大损失的，依照刑法第一百一十五条第一款的规定处罚。

过失致人重伤、死亡或者使公私财产遭受重大损失的，依照刑法第一百一十五条第二款的规定，以过失以危险方法危害公共安全罪定罪处罚。

三、对于本意见第一条、第二条规定以外的其他场所的窨井盖，明知会造成人员伤亡后果而实施盗窃、破坏行为，致人受伤或者死亡的，依照刑法第二百三十四条、第二百三十二条的规定，分别以故意伤害罪、故意杀人罪定罪处罚。

过失致人重伤或者死亡的，依照刑法第二百三十五条、第二百三十三条的规定，分别以过失致人重伤罪、过失致人死亡罪定罪处罚。

十二、本意见所称的"窨井盖"，包括城市、城乡结合部和乡村等地的窨井盖以及其他井盖。

**二、最高人民法院、最高人民检察院、公安部《关于依法惩治袭警违法犯罪行为的指导意见》（节录）**（2020年1月10日最高人民法院、最高人民检察院、公安部公布　自公布之日起施行）

五、民警在非工作时间，依照《中华人民共和国人民警察法》等法律履行职责的，应当视为执行职务。

六、在民警非执行职务期间，因其职务行为对其实施暴力袭击、拦截、恐吓等行为，符合刑法第二百三十四条、第二百三十二条、第二百九十三条等规定的，应当以故意伤害罪、故意杀人罪、寻衅滋事罪等定罪，并根据袭警的具体情节酌情从重处罚。

**三、最高人民法院、最高人民检察院《关于办理危害生产安全刑事案件适用法律若干问题的解释》（节录）**（2015年12月14日最高人民法院、最高人民检察院公布　自2015年12月16日起施行　法释〔2015〕22号）

第十条　在安全事故发生后，直接负责的主管人员和其他直接责任人员故意阻挠开展抢救，导致人员死亡或者重伤，或者为了逃避法律追究，对被害人进行隐藏、遗弃，致使被害人因无法得到救助而死亡或者重度残疾的，分别依照刑法第二百三十二条、第二百三十四条的规定，以故意杀人罪或者故意伤害罪定罪处罚。

**四、最高人民法院、最高人民检察院、公安部、司法部、国家卫生和计划生育委员会（已撤销）《关于依法惩处涉医违法犯罪维护正常医疗秩序的意见》（节录）**（2014年4月22日最高人民法院、最高人民检察院、公安部、司法部、国家卫生和计划生育委员会（已撤销）公布）

**二、严格依法惩处涉医违法犯罪**

（一）在医疗机构内殴打医务人员或者故意伤害医务人员身体、故意损毁公私财物，尚未造成严重后果的，分别依照治安管理处罚法第四十三条、第四十九条的规定处罚；故意杀害医务人员，或者故意伤害医务人员造成轻伤以上严重后果，或者随意殴打医务人员情节恶劣、任意损毁公私财物情节严重，构成故意杀人罪、故意伤害罪、故意毁坏财物罪、寻衅滋事罪的，依照刑法的有关规定定罪处罚。

**五、最高人民法院、最高人民检察院《关于办理组织、利用邪教组织破坏法律实施等刑事案件适用法律若干问题的解释》（节录）**（2017年1月25日最高人民法院、最高人民检察院公布　自2017年2月1日起施行　法释〔2017〕3号）

第十一条　组织、利用邪教组织，制造、散布迷信邪说，组织、策划、煽动、胁迫、教唆、帮助其成员或者他人实施自杀、自伤的，依照刑法第二百三十二条、第二百三十四条的规定，以故意杀人罪或者故意伤害罪定罪处罚。

**六、最高人民法院《关于抢劫过程中故意杀人案件如何定罪问题的批复》（节录）**

（2001年5月23日最高人民法院公布　自2001年5月26日起施行　法释〔2001〕16号）

上海市高级人民法院：

你院沪高法〔2000〕117号《关于抢劫过程中故意杀人案件定性问题的请示》收悉。经研究，答复如下：

行为人为劫取财物而预谋故意杀人，或者在劫取财物过程中，为制服被害人反抗而故意杀人的，以抢劫罪定罪处罚。

行为人实施抢劫后，为灭口而故意杀人的，以抢劫罪和故意杀人罪定罪，实行数罪并罚。

**七、最高人民法院《关于审理交通肇事刑事案件具体应用法律若干问题的解释》（节录）** （2000年11月15日最高人民法院公布　自2000年11月21日起施行　法释〔2000〕33号）

**第六条**　行为人在交通肇事后为逃避法律追究，将被害人带离事故现场后隐藏或者遗弃，致使被害人无法得到救助而死亡或者严重残疾的，应当分别依照刑法第二百三十二条、第二百三十四条第二款的规定，以故意杀人罪或者故意伤害罪定罪处罚。

**八、最高人民法院《关于审理未成年人刑事案件具体应用法律若干问题的解释》（节录）** （2006年1月11日最高人民法院公布　自2006年1月23日起施行　法释〔2006〕1号）

**第十条第一款**　已满十四周岁不满十六周岁的人盗窃、诈骗、抢夺他人财物，为窝藏赃物、抗拒抓捕或者毁灭罪证，当场使用暴力，故意伤害致人重伤或者死亡，或者故意杀人的，应当分别以故意伤害罪或者故意杀人罪定罪处罚。

**九、最高人民法院《全国法院维护农村稳定刑事审判工作座谈会纪要》（节录）** （1999年10月27日最高人民法院公布　自公布之日起施行　法〔1999〕217号）

二、（一）关于故意杀人、故意伤害案件

要准确把握故意杀人犯罪适用死刑的标准。对故意杀人犯罪是否判处死刑，不仅要看是否造成了被害人死亡结果，还要综合考虑案件的全部情况。对于因婚姻家庭、邻里纠纷等民间矛盾激化引发的故意杀人犯罪，适用死刑一定要十分慎重，应当与发生在社会上的严重危害社会治安的其他故意杀人犯罪案件有所区别。对于被害人一方有明显过错或对矛盾激化负有直接责任，或者被告人有法定从轻处罚情节的，一般不应判处死刑立即执行。

**十、最高人民法院、最高人民检察院《关于办理强奸、猥亵未成年人刑事案件适用法律若干问题的解释》（节录）** （2023年5月24日最高人民法院、最高人民检察院公布　自2023年6月1日起施行　法释〔2023〕3号）

**第十条**　实施猥亵未成年人犯罪，造成被害人轻伤以上后果，同时符合刑法第二百三十四条或者第二百三十二条的规定，构成故意伤害罪、故意杀人罪的，依照处罚较重的规定定罪处罚。

**法律适用 相关法律法规**

**《中华人民共和国未成年人保护法》（节录）**（1991年9月4日中华人民共和国主席令第50号公布 自1992年1月1日起施行 2006年12月29日第一次修订 2012年10月26日第一次修正 2020年10月17日第二次修订 2024年4月26日第二次修正）

**第十七条** 未成年人的父母或者其他监护人不得实施下列行为：

（一）虐待、遗弃、非法送养未成年人或者对未成年人实施家庭暴力；

（二）放任、教唆或者利用未成年人实施违法犯罪行为；

（三）放任、唆使未成年人参与邪教、迷信活动或者接受恐怖主义、分裂主义、极端主义等侵害；

（四）放任、唆使未成年人吸烟（含电子烟，下同）、饮酒、赌博、流浪乞讨或者欺凌他人；

（五）放任或者迫使应当接受义务教育的未成年人失学、辍学；

（六）放任未成年人沉迷网络，接触危害或者可能影响其身心健康的图书、报刊、电影、广播电视节目、音像制品、电子出版物和网络信息等；

（七）放任未成年人进入营业性娱乐场所、酒吧、互联网上网服务营业场所等不适宜未成年人活动的场所；

（八）允许或者迫使未成年人从事国家规定以外的劳动；

（九）允许、迫使未成年人结婚或者为未成年人订立婚约；

（十）违法处分、侵吞未成年人的财产或者利用未成年人牟取不正当利益；

（十一）其他侵犯未成年人身心健康、财产权益或者不依法履行未成年人保护义务的行为。

**第一百二十九条** 违反本法规定，侵犯未成年人合法权益，造成人身、财产或者其他损害的，依法承担民事责任。

违反本法规定，构成违反治安管理行为的，依法给予治安管理处罚；构成犯罪的，依法追究刑事责任。

# 2 过失致人死亡案

| | |
|---|---|
| **概念** | 本罪是指因过失而致人死亡的行为。 |
| **立案 标准** | 根据《刑法》第 233 条的规定，过失致人死亡的，应当立案。<br>本罪是结果犯，行为人的过失行为必须造成他人死亡，才构成本罪，予以立案追究。对于未造成他人死亡，不以本罪论处，但是，如果导致他人重伤，构成犯罪的，应当以过失致人重伤罪立案侦查。 |

| 定罪标准 | 犯罪客体 | 本罪侵犯的客体是他人的生命权。生命权是自然人以其生命维持安全利益为内容的人格权，其神圣不可侵犯。剥夺他人生命权的行为，无论是故意，还是过失，均具有社会危害性，应受刑罚惩罚。 |
|---|---|---|
| | 犯罪客观方面 | 本罪在客观方面表现为因过失致使他人死亡的行为。构成本罪，客观方面必须同时具备以下三个要素：(1) 客观上必须发生致他人死亡的实际后果。这是本罪成立的前提。(2) 行为人必须实施过失致人死亡的行为。在这里，行为人的行为可能是有意识的，或者说是故意的，但对致使他人死亡结果发生是没有预见的，是过失。(3) 行为人的过失行为与被害人死亡结果之间具有直接的因果联系，即被害人的死亡是由于行为人的过失行为造成的。本罪属结果犯，行为的故意并不影响其对结果的过失。这点同有意识地实施故意剥夺他人生命行为的故意杀人罪不同。过失致人死亡行为可以分为作为的过失致人死亡行为和不作为的过失致人死亡行为两种情况。从行为人的过失行为与被害人死亡的结果之间必须具有直接的因果关系，即被害人死亡是由于行为人的行为造成的。这里所说的死亡包括当场死亡和因伤势过重或者当时没有救活的条件经抢救而死亡，否则行为人不应承担过失致人死亡罪的刑事责任。如果行为人的过失行为致人重伤，但由于其他人为因素的介入（如医师未予积极抢救或伤口处理不好而感染）致使被害人死亡的，只应追究行为人过失致人重伤罪的刑事责任。 |
| | 犯罪主体 | 本罪的主体为一般主体，即凡年满 16 周岁且具备刑事责任能力的自然人均能构成本罪。已满 14 周岁不满 16 周岁的自然人不能成为本罪的主体。首先，本罪不是严重破坏社会秩序的犯罪。其次，对过失致人死亡结果的预见，要求行为人具有一定的认识能力和辨别能力。年满 14 周岁不满 16 周岁的未成年人，由于身心发育尚不成熟，知识水平及对客观事物的观察和认识能力、对自身行为可能造成的危害结果的认识，都有一定局限性，所以，他们是限制行为能力（含责任能力）人，因此，法律上不要求他们对过失行为负刑事责任。 |

| | | |
|---|---|---|
| **定 罪 标 准** | **犯罪 主观 方面** | 本罪在主观方面表现为过失，即行为人对其行为的结果抱有过失的心理状态，包括疏忽大意的过失和过于自信的过失。疏忽大意的过失，是指行为人主观上对自己的行为可能造成他人死亡的结果应当预见而没有预见，应当预见是法律对行为人实施某种有意识的行为时，可能造成他人死亡结果的主观认识上的要求。根据一般人的能力和行为时的客观条件，行为人能够预见并防止危害结果的发生，只是因为其疏忽大意才未预见，以致发生严重危害结果，因此应当对此结果负法律责任。过于自信的过失，是指行为人对自己的行为可能造成被害人死亡的结果已经预见，但却轻信能够避免这种结果的发生。由于行为人已预见到自己的行为可能发生他人死亡的结果，进而产生了避免这种结果发生的责任，其却没有有效地防止他人死亡结果的发生，没有尽到自己应尽的责任。因此，行为人应对自己因主观上的过于自信所造成的危害结果负刑事责任。轻信能够避免他人死亡结果的发生，是过于自信的过失致人死亡区别于间接故意杀人的界限。 |
| | **罪与 非罪** | 一、疏忽大意的过失致人死亡与意外事件的界限。两者的共同点在于：(1) 客观上行为人的行为都引起了他人死亡的结果；(2) 主观上行为人都没有预见这种结果的发生。区分两者的关键在于：要查明行为人在当时的情况下，对死亡结果的发生，是否应当预见，如果应当预见，但是由于疏忽大意而没有预见，则属于过失致人死亡。如果是由于不能预见的原因而引起死亡的，就是《刑法》上的意外事件，行为人对此不应负刑事责任。<br><br>二、本罪与涉及过失致人死亡的其他过失犯罪的界限。《刑法》所规定的其他犯罪中也有包含致人死亡的情况，仅就行为人的主观意愿和行为结果来说，完全符合过失致人死亡罪的构成条件。但是，由于主体要件的特定性、犯罪环境的特定性或者犯罪手段的特殊性，尤其是犯罪所侵犯的其他客体更为突出，所造成的后果更为严重，因此，在《刑法》上就分别规定了其他罪名，而把该罪同时也侵犯他人的生命权规定为一个情节一并予以惩治。所以《刑法》第233条规定，"本法另有规定的，依照规定"。这表明《刑法》对包含致人死亡结果的某些过失犯罪，采取了特别规定优于普通规定的一般原则，有特别规定的依照特别规定治罪。《刑法》另有规定的，例如，《刑法》第115条第2款规定的失火罪、过失决水罪、过失爆炸罪、过失投放危险物质罪中致人死亡的；第119条第2款规定的过失破坏交通工具罪等中致人死亡的；第133条规定的交通肇事罪中致人死亡的；第136条规定的危险物品肇事罪中致人死亡的；以及其他法律中规定的涉及致人死亡的犯罪等。一般言之，《刑法》特别规定的包含致人死亡结果的过失犯罪的社会危害性，均较普通的过失致人死亡罪的社会危害性相同或为大，因此，不论是从法理上还是从立法者的立法意图上说，都在法律条文中明确体现出对特殊犯罪的相同的或为重处罚。这体现了我国《刑法》一贯坚持并于《刑法》第5条所明定的罪刑相适应的原则，并且有利于预防犯罪，有效地保护公民的人身权利和重大公私财产的安全。 |
| | **此罪 与 彼罪** | 一、本罪与故意杀人罪的界限。根据司法实践经验，区别过失致人死亡罪与故意杀人罪，要注意以下几个问题：<br><br>1. 过于自信的过失致人死亡与间接故意杀人。过于自信的过失致人死亡，是指行为人已经预见到自己的行为可能发生他人死亡的结果，但凭借一定的自认为能够避免他人死亡结果发生的因素，如行为人自身能力方面的技术、经验、知识、体力等因素， |

或他人的行为预防措施，以及客观条件或自然力方面的有利因素等，轻信他人死亡的结果不会发生，以致他人死亡的结果最终发生了。间接故意杀人，是指行为人明知自己的行为可能发生他人死亡的结果，但对这种结果的发生采取听之任之、有意放任的态度，从而导致他人死亡的行为。过于自信的过失致人死亡与间接故意杀人的相似点在于：两者都发生了被害人死亡的结果；行为人都认识到自己的行为可能发生他人死亡的结果，且都不希望这种结果发生。两者的显著区别在于：（1）在认识因素上，对他人死亡结果发生的主观估计不同。二者虽然都是预见到自己的行为可能使他人死亡，但间接故意杀人中行为人对可能性转化为现实性并未发生错误的认识和估计，因而在可能性转化为现实性即他人死亡结果发生的情况下，行为人的主观认识与客观结果之间并未发生错误，主观与客观是一致的；而过于自信的过失致人死亡中，行为人主观上认为，由于他的自身能力、技术、经验及一些外部条件，实施行为时，他人死亡的结果可以避免，即对可能性转化为现实性的客观事实发生了错误认识，在他人死亡结果发生的情况下，其主观与客观是不一致的。（2）在意志因素上有重要区别。过于自信的过失致人死亡与间接故意杀人中的行为人虽然都不希望他人死亡结果的发生，但深入考察，二者对他人死亡结果的态度是有明显差别的。间接故意杀人的行为虽然不希望他人死亡结果的发生，但是对于他人死亡结果的发生并不持有反对态度，而是听之任之。过于自信的过失致人死亡罪中，行为人不仅不希望他人死亡结果的发生，同时也不放任这种结果发生，而是希望这种结果不要发生，希望避免这种结果发生，即排斥、反对他人死亡结果的发生。在预见到自己的行为可能发生他人死亡结果的情况下，行为人仍然相信能够避免危害结果的发生，并因而实施了该种行为。

2. 过失致人死亡罪同"误杀"的故意杀人行为。过失致人死亡罪的构成要求的是行为人对其行为造成被害人死亡的结果存有过失心理态度。在司法实践中，不应将行为人在故意杀人中因打击错误误杀其"针对对象"（行为人追求的杀害对象）以外之人的行为认定为过失致人死亡罪。

3. 不作为致人死亡行为的定性。不作为致人死亡不仅可以成立故意杀人罪，而且也可以成立过失致人死亡罪。区分这两者的关键在于，行为人对其不作为行为导致他人死亡的结果是否具有故意心态，包括直接故意和间接故意。在司法实践中，尤其要注意这样一种情况：行为人先前意外地或过失地导致了他人死亡的危险，行为人能抢救而不抢救，放任他人死亡结果发生的，对行为人不应以过失致人死亡罪定性，更不能认为是意外事件而认定行为人无罪，而应对其以间接故意杀人罪追究刑事责任。另外，从犯罪客观方面来看，出于被告人的伤害行为造成了被害人可能死亡的危险状态时，被告人就负有防止这种危害结果发生的特定义务，但他基于上述心理因素，不仅不采取积极的抢救措施，反而一声不吭甚至一走了之，从而导致了被害人因贻误抢救时间而死亡。

4. 过失致人死亡后，行为人为逃避罪责又将尸体误认为活人加以"杀害"的情形在学理上存在不同观点：一种观点认为应对行为人以过失致人死亡罪和故意杀人罪（对象不能犯未遂）定罪，实行数罪并罚；另一种观点认为，将尸体当作活人杀害的，应当成立不能犯，因此，只能对行为人以过失致人死亡罪定罪处罚。

二、二人或二人以上的共同过失行为造成他人死亡结果时的刑事责任的确定。《刑法》第25条第2款明确规定："二人以上共同过失犯罪，不以共同犯罪论处；

| | | |
|---|---|---|
| **定罪标准** | **此罪与彼罪** | 应当负刑事责任的，按照他们所犯的罪分别处罚。"因此，二人或二人以上的共同过失行为致人死亡的刑事责任的确定应把握以下几点：分清各过失行为人的责任大小。由于不存在共同过失犯罪，因此，也就无所谓主犯、从犯。对于几个过失行为人的过失行为共同导致他人死亡结果的，应查明各过失行为人的行为与死亡结果之间的因果关系，并据此确定应承担刑事责任的人各自的责任。确定各过失行为人的责任，必须遵循两条原则：（1）部分责任原则。因为各过失行为人的行为相互作用造成了他人死亡的结果，因此，不能要求某个过失行为人承担全部责任。罪刑相适应原则要求，每个过失行为所承担的刑事责任之和，必须同所造成的他人死亡结果的刑事责任相对应，因此，每个过失行为人只能承担造成他人死亡结果的部分责任。（2）作用分担原则。从客观实际出发，各过失行为人在对他人死亡结果所起的作用上，不会是完全相同的。因此，必然存在对危害结果承担不同的刑事责任的问题，这也是罪刑相适应原则的要求。由于过失犯罪中不存在主犯、从犯问题，所以，认定各过失行为人作用谁大谁小就成了正确确定其刑事责任的关键。司法人员必须根据有关案件事实，客观地加以认定，才能做到罪责自负、罚当其罪。 |
| **证据参考标准** | **主体方面的证据** | **一、证明行为人刑事责任年龄、身份等自然情况的证据**<br>包括身份证明、户籍证明、任职证明、工作经历证明、特定职责证明等，主要是证明行为人的姓名（曾用名）、性别、出生年月日、民族、籍贯、出生地、职业（或职务）、住所地（或居所地）等证据材料，如户口簿、居民身份证、居住证、工作证、出生证、专业或技术等级证、干部履历表、职工登记表、护照等。<br>对于户籍、出生证等材料内容不实的，应提供其他证据材料。外国人犯罪的案件，应有护照等身份证明材料。人大代表、政协委员犯罪的案件，应注明身份，并附身份证明材料。<br>**二、证明行为人刑事责任能力的证据**<br>证明行为人对自己的行为是否具有辨认能力与控制能力，如是否属于间歇性精神病人、尚未完全丧失辨认或者控制自己行为能力的精神病人的证明材料。 |
| | **主观方面的证据** | **证明行为人过失的证据**<br>1. 证明行为人应当预见自己的行为可能发生危害社会的结果；2. 证明疏忽大意的过失的证据；3. 证明过于自信的过失的证据。 |
| | **客观方面的证据** | **证明行为人过失致人死亡犯罪行为的证据**<br>具体证据包括：1. 证明行为人因疏忽大意而没有预见致人死亡行为的证据；2. 证明行为人已经预见可能发生致人死亡的结果，但轻信能够避免发生行为的证据；3. 证明行为人犯罪情节较轻行为的证据。 |

| 证据参考标准 | 量刑方面的证据 | **一、法定量刑情节证据**<br>　　1. 事实情节：（1）情节轻微；（2）其他。2. 法定从重情节。3. 法定从轻或者减轻情节：（1）可以从轻；（2）可以从轻或者减轻；（3）应当从轻或者减轻。4. 法定从轻、减轻或者免除情节：（1）可以从轻、减轻或者免除处罚；（2）应当从轻、减轻或者免除处罚。5. 法定减轻或者免除情节：（1）可以减轻或者免除处罚；（2）应当减轻或者免除处罚；（3）可以免除处罚。<br>　　**二、酌定量刑情节证据**<br>　　1. 犯罪手段；2. 犯罪对象；3. 危害结果；4. 动机；5. 平时表现；6. 认罪态度；7. 是否有前科；8. 其他证据。 |
|---|---|---|

| 量刑标准 | 犯本罪的 | 处三年以上七年以下有期徒刑 |
|---|---|---|
| | 情节较轻的 | 处三年以下有期徒刑 |

| 法律适用 | 刑法条文 | 　　**第二百三十三条**　过失致人死亡的，处三年以上七年以下有期徒刑；情节较轻的，处三年以下有期徒刑。本法另有规定的，依照规定。 |
|---|---|---|
| | 司法解释 | 　　**一、最高人民法院、最高人民检察院、公安部《关于办理涉窨井盖相关刑事案件的指导意见》（节录）**（2020年3月16日最高人民法院、最高人民检察院、公安部公布　自公布之日起施行　高检发〔2020〕3号）<br>　　一、盗窃、破坏正在使用中的社会机动车通行道路上的窨井盖，足以使汽车、电车发生倾覆、毁坏危险，尚未造成严重后果的，依照刑法第一百一十七条的规定，以破坏交通设施罪定罪处罚；造成严重后果的，依照刑法第一百一十九条第一款的规定处罚。<br>　　过失造成严重后果的，依照刑法第一百一十九条第二款的规定，以过失损坏交通设施罪定罪处罚。<br>　　二、盗窃、破坏人员密集往来的非机动车道、人行道以及车站、码头、公园、广场、学校、商业中心、厂区、社区、院落等生产生活、人员聚集场所的窨井盖，足以危害公共安全，尚未造成严重后果的，依照刑法第一百一十四条的规定，以以危险方法危害公共安全罪定罪处罚；致人重伤、死亡或者使公私财产遭受重大损失的，依照刑法第一百一十五条第一款的规定处罚。<br>　　过失致人重伤、死亡或者使公私财产遭受重大损失的，依照刑法第一百一十五条第二款的规定，以过失以危险方法危害公共安全罪定罪处罚。<br>　　三、对于本意见第一条、第二条规定以外的其他场所的窨井盖，明知会造成人员伤亡后果而实施盗窃、破坏行为，致人受伤或者死亡的，依照刑法第二百三十四条、第二百三十二条的规定，分别以故意伤害罪、故意杀人罪定罪处罚。<br>　　过失致人重伤或者死亡的，依照刑法第二百三十五条、第二百三十三条的规定，分别以过失致人重伤罪、过失致人死亡罪定罪处罚。 |

十、对窨井盖负有管理职责的其他公司、企业、事业单位的工作人员，严重不负责任，导致人员坠井等事故，致人重伤或者死亡，符合刑法第二百三十五条、第二百三十三条规定的，分别以过失致人重伤罪、过失致人死亡罪定罪处罚。

十二、本意见所称的"窨井盖"，包括城市、城乡结合部和乡村等地的窨井盖以及其他井盖。

**二、最高人民法院《关于审理交通肇事刑事案件具体应用法律若干问题的解释》（节录）**（2000 年 11 月 15 日最高人民法院公布　自 2000 年 11 月 21 日起施行　法释〔2000〕33 号）

第八条　在实行公共交通管理的范围内发生重大交通事故的，依照刑法第一百三十三条和本解释的有关规定办理。

在公共交通管理的范围外，驾驶机动车辆或者使用其他交通工具致人伤亡或者致使公共财产或者他人财产遭受重大损失，构成犯罪的，分别依照刑法第一百三十四条、第一百三十五条、第二百三十三条等规定定罪处罚。

**三、最高人民法院《关于依法妥善审理高空抛物、坠物案件的意见》（节录）**（2019 年 10 月 21 日最高人民法院公布　自公布之日起施行　法发〔2019〕25 号）

4. 充分认识高空抛物、坠物行为的社会危害性。高空抛物、坠物行为损害人民群众人身、财产安全，极易造成人身伤亡和财产损失，引发社会矛盾纠纷。人民法院要高度重视高空抛物、坠物行为的现实危害，深刻认识运用刑罚手段惩治情节和后果严重的高空抛物、坠物行为的必要性和重要性，依法惩治此类犯罪行为，有效防范、坚决遏制此类行为发生。

7. 准确认定高空坠物犯罪。过失导致物品从高空坠落，致人死亡、重伤，符合刑法第二百三十三条、第二百三十五条规定的，依照过失致人死亡罪、过失致人重伤罪定罪处罚。在生产、作业中违反有关安全管理规定，从高空坠落物品，发生重大伤亡事故或者造成其他严重后果的，依照刑法第一百三十四条第一款的规定，以重大责任事故罪定罪处罚。

左侧竖排：法律适用　司法解释

# 3 故意伤害案

**概念** | 本罪是指故意伤害他人身体的行为。

**立案标准** | 根据《刑法》第 234 条的规定，故意伤害他人身体的，应当立案。故意伤害他人，只有达到法定的轻伤、重伤标准时，才构成本罪，予以立案。

## 定罪标准

### 犯罪客体

本罪侵犯的客体是他人的身体权。所谓身体权，是指自然人以保持其肢体、器官和其他组织的完整性为内容的人格权。

应注意的是，本罪侵害的是他人的身体权，因此，故意伤害自己的身体，一般不认为是犯罪。只有当自伤行为是为了损害社会利益而触犯有关刑法规范时，才构成犯罪。例如，军人战时自伤，以逃避履行军事义务的，应按《刑法》第 434 条追究刑事责任。

### 犯罪客观方面

本罪在客观方面表现为实施了非法损害他人身体的行为。

一、要有损害他人身体的行为。损害他人身体的行为的方式，既可以表现为积极的作为，亦可以表现为消极的不作为。前者如拳打脚踢、刀砍枪击、棒打石砸、火烧水烫等；后者则如负有保护幼儿责任的保姆不负责任，见幼儿拿刀往身上乱戳仍然不管，结果幼儿将自己眼睛刺瞎的行为，可构成本罪。既可以由自己实施，又可以利用他人如未成年人、精神病人实施，还可以利用驯养的动物如毒蛇、狼犬等实施。既可以针对人身的外表，造成外部组织的残缺或容貌的毁坏，又可以针对人体的内部，造成内部组织、器官的破坏，妨碍其正常的功能活动。总之，无论是直接由本人实施还是间接实施；无论是针对何种部位，采取什么样的方式，只要出于故意，能造成他人的人身伤害，即可构成本罪。

二、损害他人身体的行为必须是非法进行的。如果某种致伤行为为法律所允许，就不能构成故意伤害罪，如正当防卫造成伤害而未过当的，医生对病人截肢治病等。经被害人同意的伤害，是否合法，要作具体分析。如果被害人的同意是为了达到危害社会的目的，这种同意不能排除伤害行为的非法性；如果这种同意有益于社会，则可以排除他人伤害行为的非法性。对于具有激烈对抗性体育运动项目中发生的伤害行为是否具有合法性，也应做具体分析。如果这种致伤动作本身为该项运动项目的规则所允许，这种伤害一般不能认为具有刑法上的非法性。如在足球比赛时，依据"合理冲撞规则"实施的引起伤害的动作，一般不认为构成故意伤害罪。如果比赛中动作粗鲁，明显违反规则要求，具有伤害他人身体故意的，则应按故意伤害罪论处。

三、伤害他人身体的行为必须已造成了他人人身一定程度的伤害，才能构成本罪。只是一般性的拳打脚踢、推拉撕扯，不会造成伤害结果的，则不能以本罪论处。伤害结果的表现可多种多样，有的是破坏了他人组织的完整性，如咬去鼻子、砍断手

| | | |
|---|---|---|
| **定罪标准** | **犯罪客观方面** | 脚；有的是损害了他人器官的正常功能，如听觉、视觉、味觉丧失，精神失常等。但就结果的严重程度而言，则有三种形态，即轻伤、重伤或死亡。如果没有造成轻伤以上的伤害，如没有达到伤害等级或虽达到等级却属轻微伤，则不能以本罪论处。所谓轻伤，是指使人肢体或者容貌损害，听觉、视觉或者其他器官功能部分障碍或者其他对于人身健康有中度伤害的损伤；所谓重伤，是指使人肢体残废、毁人容貌、丧失听觉、丧失视觉、丧失其他器官功能或者其他对于人身健康有重大伤害的损伤；所谓轻微伤，是指各种致伤因素所致的原发性损伤，造成组织器官结构轻微损害或者轻微功能障碍。人体损伤程度鉴定应遵循实事求是的原则，坚持以致伤因素对人体直接造成的原发性损伤及由损伤引起的并发症或者后遗症为依据，全面分析，综合鉴定。 |
| | **犯罪主体** | 本罪的主体为一般主体，即凡年满 16 周岁且具备刑事责任能力的自然人均能构成本罪。其中，已满 12 周岁不满 14 周岁的人犯本罪，致人死亡或者以特别残忍手段致人重伤造成严重残疾，情节恶劣，经最高人民检察院核准追诉的，应当负刑事责任；已满 14 周岁未满 16 周岁的自然人有故意伤害致人重伤或死亡行为的，应当负刑事责任。 |
| | **犯罪主观方面** | 本罪在主观方面表现为故意，即行为人明知自己的行为会造成损害他人身体健康的结果，而希望或放任这种结果的发生。在一般情况下，行为人事先对于自己的伤害行为能给被害人造成何种程度的伤害，不一定有明确的认识和追求。无论造成何种程度的结果都在其主观犯意之内，所以，一般可按实际伤害结果来确定是故意轻伤还是故意重伤。故意轻伤的犯罪还存在犯罪未遂问题。但对重伤意图非常明显，如企图严重毁容，并已着手实施的行为，由于意志以外的原因而未得逞的，即使未造成任何实际伤害，也应按故意伤害（致人重伤）罪（未遂）定罪量刑。在故意伤害致死情况下，行为人主观上存在混合罪过形式，即同时具有伤害故意和致人死亡的过失，这是区别故意伤害致死同故意杀人、故意伤害致死同过失致人死亡的主要标志。 |
| | **罪与非罪** | 一、区分本罪与一般殴打行为的界限。故意伤害，是指伤害他人身体的行为。表现为两种情况：一种是对人体组织完整性的破坏，另一种是对人体器官机能的损害。而一般的殴打行为，通常只造成人体暂时性的疼痛或神经轻微刺激，并不伤及人体的健康。当然，殴打行为不伤及人体的健康并非绝对，而只能是相对而言的。例如，朝人鼻子打一拳，有可能造成鼻青脸肿的后果；用手掐一下，也可能造成表皮损伤。但这种行为都不属于犯罪，不能以故意伤害罪论处，而只能依照《治安管理处罚法》予以行政处罚。需要指出，有时殴打行为与伤害行为在外表形式及后果方面没有什么区别。例如，拳打脚踢，有时只造成轻微疼痛或一点表皮损伤、皮下出血，有时则可能造成伤害甚至死亡。这种情况下，如何甄别行为人行为的性质，不能仅以后果为标准，不能简单地认为，造成伤害他人身体甚至死亡结果的就是故意伤害罪，而没有造成伤害的就是一般殴打行为。而应符合全案情况，考察主观、客观各方面的因素，看行为人是否具有伤害他人的故意，是有意伤害他人，还是只出于一般殴打的意图而意外致人伤害或死亡。司法实践中尤其应当注意的是，不能把打一拳、踢一脚造成后果的行为认定为故意伤害罪。 |

**定罪标准**

**罪与非罪**

二、区分轻伤害与轻微伤害的界限。故意伤害罪的构成，除未遂形态外，都必须以造成被害人伤害为前提。《刑法》第 234 条对故意伤害罪的规定，只在第 2 款明确规定了"重伤"的一种情形，第 1 款实际上指的是故意伤害造成轻伤的情形。有人认为，损伤程度凡是未达到《刑法》第 95 条规定的重伤标准的就是轻伤；有伤害没有造成重伤的，就是造成轻伤的故意伤害罪，这是不正确的。因为对人体的损伤除了重伤害外，还包括轻伤和轻微伤害两种情况。故意伤害罪中的伤害，并不包括轻微伤害在内，在一般情况下，对被害人造成的损伤是轻伤还是轻微伤，决定了对行为人应否追究刑事责任，应否认定为故意伤害罪。因此，区分轻伤害与轻微伤害的界限是有十分重要的意义的。区分轻伤害和轻微伤害主要应根据以下原则来进行：凡是损伤伴有轻度器官功能障碍，受伤当时或治疗过程中对生命均无危险，或治疗后只使劳动能力有轻度下降的，都属于轻伤；凡是损伤仅仅引起机体暂时和轻微的反应，基本不影响器官功能，一般均能自行修复的，就属于轻微伤害（表皮擦伤、剥脱、小范围的皮下血肿以及一些极轻微的骨折等）。轻伤害与轻微伤害区别的主要标志之一，就是看其能否自行修复。一般说来，轻微伤害不需要专门的手术治疗，人体通过自身的代谢功能便能使其复原，或者仅采取简单的医疗手段和护理就能使伤势很快痊愈。而轻伤害在通常情况下都必须进行专门的治疗，有时还需要特殊护理。否则伤势就有可能恶化、感染或引起其他严重的并发症和后遗症。

三、区分本罪与故意杀人既遂、故意杀人未遂的界限。关键是要查明行为人故意的内容。如果行为人明知自己的行为会造成死亡的结果，并且希望或者放任死亡结果的发生，即使没有造成死亡结果，也应定故意杀人罪；如果行为人明知自己的行为会发生伤害的结果，并且希望或者放任伤害结果的发生，即使由于伤势过重，出乎其意外地导致死亡的，也应定故意伤害罪。故意内容问题属于主观思维意识范畴。主观意识支配、制约客观行为；客观行为反映主观意识、检验主观意识。因此，要正确判定故意的具体内容，必须全面综合分析案件的各种事实情况。不能简单地根据某一事实下结论。

**此罪与彼罪**

一、本罪与故意杀人罪的界限。故意伤害罪侵害的是他人的身体权，故意杀人罪一般较易区分，侵害的是他人生命权。但在以下两种情况下区别就比较困难：（1）故意伤害致死和故意杀人既遂。二者主观上都是故意犯罪，且客观上都造成了被害人死亡的结果。（2）故意伤害和故意杀人未遂。二者在主观上也同属故意犯罪，但客观上都没有造成被害人死亡的结果。区别故意杀人罪同故意伤害罪的关键，就在于两罪犯罪故意内容不同。故意杀人罪的故意内容是剥夺他人生命，希望或放任他人死亡结果的发生，而故意伤害罪的故意内容只是要伤害他人身体，并不是剥夺他人的生命。即使伤害行为客观上造成被害人的死亡，也往往是由于行为时出现未曾料到的原因而致打击方向出现偏差，或因伤势过重等情况而引起。行为人对这种死亡后果既不希望，也不放任，完全是出于过失。因此，不能将故意伤害致死同故意杀人等同。同样，也不能将杀人未遂同故意伤害混为一谈。对于故意杀人未遂来说，没有将人杀死，并非由于行为人主观上不愿作为，而是因意志以外的原因而不能作为。被害人没有死亡是出于意料之外，完全违背其主观意愿的。而在故意伤害情况下，被害人没有死亡，完全是在行为人的意料之中。判断犯罪人主观故意内容，不能单凭口供，或仅根据某事实就下结论，而应在调查研究基础上，全面分析案情。根据发案原因、行为发展过程、犯罪工具、行凶手段、打击部位、打击强度、行凶情节、作案时间、地点、环境、

| | | |
|---|---|---|
| **定罪标准** | **此罪与彼罪** | 犯罪人与被害人平时关系、致人死亡或未死亡的原因、犯罪分子一贯表现和犯罪后的态度等，进行综合分析判断。对于那些目无法纪、逞强好胜、动辄行凶、不计后果一类的侵害人身权利的行为，尽管犯罪人与被害人之间往往没有利害关系，犯罪人主观上也没有明确的杀人动机和目的，但行为人在行凶时，对行为可能造成的后果抱漠不关心的态度。所以，应按行为客观造成的实际损害的性质来确定危害行为的性质。致人死亡的，就构成故意杀人罪；伤害他人身体的，就构成故意伤害罪。<br><br>二、故意伤害（致人死亡）罪与过失致人死亡罪的界限。二者在客观上都造成了被害人死亡的结果，主观上对死亡结果均出于过失，区分关键是行为人主观上有无伤害的故意。过失致死时，行为人主观上既无杀人故意，也无伤害故意。故意伤害致死显然以具有伤害的故意为前提。过失造成的死亡结果，则是故意伤害罪的加重情节。这就告诉我们，不能把所有的"故意"殴打致人死亡的案件，认定为故意伤害致死。殴打不等于伤害，一般生活上的"故意"不等于刑法上的故意，如果行为人只具有一般殴打的意图，并无伤害的故意，出于某种原因或条件引起死亡结果，就不能认定为故意伤害致死；如果行为人主观上对死亡结果具有过失，就应认定为过失致人死亡罪。所以，要区分故意伤害致死与过失致人死亡，就必须弄清"伤害"与"故意"在刑法上的意义。 |
| **证据参考标准** | **主体方面的证据** | **一、证明行为人刑事责任年龄、身份等自然情况的证据**<br>包括身份证明、户籍证明、任职证明、工作经历证明、特定职责证明等，主要是证明行为人的姓名（曾用名）、性别、出生年月日、民族、籍贯、出生地、职业（或职务）、住所地（或居所地）等证据材料，如户口簿、居民身份证、居住证、工作证、出生证、专业或技术等级证、干部履历表、职工登记表、护照等。<br>对于户籍、出生证等材料内容不实的，应提供其他证据材料。外国人犯罪的案件，应有护照等身份证明材料。人大代表、政协委员犯罪的案件，应注明身份，并附身份证明材料。<br>**二、证明行为人刑事责任能力的证据**<br>证明行为人对自己的行为是否具有辨认能力与控制能力，如是否属于间歇性精神病人、尚未完全丧失辨认或者控制自己行为能力的精神病人的证明材料。 |
| | **主观方面的证据** | **证明行为人故意的证据**<br>1. 证明行为人明知的证据：证明行为人明知自己的行为会发生危害社会的结果。2. 证明直接故意的证据：证明行为人希望危害结果发生。3. 证明间接故意的证据：证明行为人放任危害结果发生。 |
| | **客观方面的证据** | **证明行为人故意伤害犯罪行为的证据**<br>具体证据包括：1. 证明行为人互相斗殴致伤他人行为的证据；2. 证明行为人刑讯逼供致伤他人行为的证据；3. 证明行为人非法拘禁致伤他人行为的证据；4. 证明行为人虐待被监管人致伤他人行为的证据；5. 证明行为人刺伤他人行为的证据；6. 证明行为人砍伤他人行为的证据；7. 证明行为人打伤他人行为的证据；8. 证明行为人毁损他人面容行为的证据；9. 证明行为人切割他人器官行为的证据；10. 证明行为人咬伤他人行为的证据；11. 证明行为人造成他人耳聋行为的证据；12. 证明行为人造成 |

| 证据参考标准 | 客观方面的证据 | 他人眼睛失明行为的证据；13. 证明行为人造成他人眼睛视力下降的证据；14. 证明行为人烧伤他人行为的证据；15. 证明行为人烫伤他人行为的证据；16. 证明行为人以特别残忍手段致人重伤造成严重残疾行为的证据；17. 证明行为人伤害他人身体致人死亡行为的证据。 |
|---|---|---|
| | 量刑方面的证据 | **一、法定量刑情节证据**<br>　　1. 事实情节：(1) 特别残忍手段；(2) 造成严重残疾。2. 法定从重情节。3. 法定从轻或者减轻情节：(1) 可以从轻；(2) 可以从轻或者减轻；(3) 应当从轻或者减轻。4. 法定从轻、减轻或者免除情节：(1) 可以从轻、减轻或者免除处罚；(2) 应当从轻、减轻或者免除处罚。5. 法定减轻或者免除情节：(1) 可以减轻或者免除处罚；(2) 应当减轻或者免除处罚；(3) 可以免除处罚。<br>**二、酌定量刑情节证据**<br>　　1. 犯罪手段；2. 犯罪对象；3. 危害结果；4. 动机；5. 平时表现；6. 认罪态度；7. 是否有前科；8. 其他证据。 |

| 量刑标准 | 犯本罪的 | 处三年以下有期徒刑、拘役或者管制 |
|---|---|---|
| | 犯本罪，致人重伤的 | 处三年以上十年以下有期徒刑 |
| | 故意伤害他人身体，致人死亡或者以特别残忍手段致人重伤造成严重残疾的 | 处十年以上有期徒刑、无期徒刑或者死刑 |

| 法律适用 | 刑法条文 | **第二百三十四条**　故意伤害他人身体的，处三年以下有期徒刑、拘役或者管制。<br>　　犯前款罪，致人重伤的，处三年以上十年以下有期徒刑；致人死亡或者以特别残忍手段致人重伤造成严重残疾的，处十年以上有期徒刑、无期徒刑或者死刑。本法另有规定的，依照规定。 |
|---|---|---|
| | 司法解释 | **一、最高人民法院、最高人民检察院、公安部《关于办理涉窨井盖相关刑事案件的指导意见》（节录）**（2020 年 3 月 16 日最高人民法院、最高人民检察院、公安部公布　自公布之日起施行　高检发〔2020〕3 号）<br>　　一、盗窃、破坏正在使用中的社会机动车通行道路上的窨井盖，足以使汽车、电车发生倾覆、毁坏危险，尚未造成严重后果的，依照刑法第一百一十七条的规定，以破坏交通设施罪定罪处罚；造成严重后果的，依照刑法第一百一十九条第一款的规定处罚。<br>　　过失造成严重后果的，依照刑法第一百一十九条第二款的规定，以过失损坏交通设施罪定罪处罚。<br>　　二、盗窃、破坏人员密集往来的非机动车道、人行道以及车站、码头、公园、广场、学校、商业中心、厂区、社区、院落等生产生活、人员聚集场所的窨井盖，足以危害公共安全，尚未造成严重后果的，依照刑法第一百一十四条的规定，以以危险方法危害公共安全罪定罪处罚；致人重伤、死亡或者使公私财产遭受重大损失的，依照 |

刑法第一百一十五条第一款的规定处罚。

过失致人重伤、死亡或者使公私财产遭受重大损失的，依照刑法第一百一十五条第二款的规定，以过失以危险方法危害公共安全罪定罪处罚。

三、对于本意见第一条、第二条规定以外的其他场所的窨井盖，明知会造成人员伤亡后果而实施盗窃、破坏行为，致人受伤或者死亡的，依照刑法第二百三十四条、第二百三十二条的规定，分别以故意伤害罪、故意杀人罪定罪处罚。

过失致人重伤或者死亡的，依照刑法第二百三十五条、第二百三十三条的规定，分别以过失致人重伤罪、过失致人死亡罪定罪处罚。

十、对窨井盖负有管理职责的其他公司、企业、事业单位的工作人员，严重不负责任，导致人员坠井等事故，致人重伤或者死亡，符合刑法第二百三十五条、第二百三十三条规定的，分别以过失致人重伤罪、过失致人死亡罪定罪处罚。

十二、本意见所称的"窨井盖"，包括城市、城乡结合部和乡村等地的窨井盖以及其他井盖。

**二、最高人民法院、最高人民检察院、公安部《关于依法惩治袭警违法犯罪行为的指导意见》（节录）**（2020年1月10日最高人民法院、最高人民检察院、公安部公布　自公布之日起施行）

五、民警在非工作时间，依照《中华人民共和国人民警察法》等法律履行职责的，应当视为执行职务。

六、在民警非执行职务期间，因其职务行为对其实施暴力袭击、拦截、恐吓等行为，符合刑法第二百三十四条、第二百三十二条、第二百九十三条等规定的，应当以故意伤害罪、故意杀人罪、寻衅滋事罪等定罪，并根据袭警的具体情节酌情从重处罚。

**三、最高人民法院《关于依法妥善审理高空抛物、坠物案件的意见》（节录）**（2019年10月21日最高人民法院公布　自公布之日起施行　法发〔2019〕25号）

5. 准确认定高空抛物犯罪。对于高空抛物行为，应当根据行为人的动机、抛物场所、抛掷物的情况以及造成的后果等因素，全面考量行为的社会危害程度，准确判断行为性质，正确适用罪名，准确裁量刑罚。

故意从高空抛弃物品，尚未造成严重后果，但足以危害公共安全的，依照刑法第一百一十四条规定的以危险方法危害公共安全罪定罪处罚；致人重伤、死亡或者使公私财产遭受重大损失的，依照刑法第一百一十五条第一款的规定处罚。为伤害、杀害特定人员实施上述行为的，依照故意伤害罪、故意杀人罪定罪处罚。

**四、最高人民法院《关于对故意伤害、盗窃等严重破坏社会秩序的犯罪分子能否附加剥夺政治权利问题的批复》**（1997年12月31日最高人民法院公布　自1998年1月13日起施行　法释〔1997〕11号）

福建省高级人民法院：

你院《关于对故意伤害、盗窃（重大）等犯罪分子被判处有期徒刑的，能否附加剥夺政治权利的请示》收悉。经研究，答复如下：

根据刑法第五十六条规定，对于故意杀人、强奸、放火、爆炸、投毒、抢劫等严重破坏社会秩序的犯罪分子，可以附加剥夺政治权利。对故意伤害、盗窃等其他严重破坏社会秩序的犯罪，犯罪分子主观恶性较深、犯罪情节恶劣、罪行严重的，也可以依法附加剥夺政治权利。

（侧栏）法律适用　司法解释

**五、最高人民法院、最高人民检察院《关于办理组织、利用邪教组织破坏法律实施等刑事案件适用法律若干问题的解释》（节录）**（2017年1月25日最高人民法院、最高人民检察院公布 自2017年2月1日起施行 法释〔2017〕3号）

**第十一条** 组织、利用邪教组织，制造、散布迷信邪说，组织、策划、煽动、胁迫、教唆、帮助其成员或者他人实施自杀、自伤的，依照刑法第二百三十二条、第二百三十四条的规定，以故意杀人罪或者故意伤害罪定罪处罚。

**六、最高人民法院、最高人民检察院《关于常见犯罪的量刑指导意见（试行）》（节录）**（2021年6月16日最高人民法院、最高人民检察院公布 自2021年7月1日起施行 法发〔2021〕21号）

**二、量刑的基本方法**

量刑时，应当以定性分析为主，定量分析为辅，依次确定量刑起点、基准刑和宣告刑。

（一）量刑步骤

1. 根据基本犯罪构成事实在相应的法定刑幅度内确定量刑起点。

2. 根据其他影响犯罪构成的犯罪数额、犯罪次数、犯罪后果等犯罪事实，在量刑起点的基础上增加刑罚量确定基准刑。

3. 根据量刑情节调节基准刑，并综合考虑全案情况，依法确定宣告刑。

（二）调节基准刑的方法

1. 具有单个量刑情节的，根据量刑情节的调节比例直接调节基准刑。

2. 具有多个量刑情节的，一般根据各个量刑情节的调节比例，采用同向相加、逆向相减的方法调节基准刑；具有未成年人犯罪、老年人犯罪、限制行为能力的精神病人犯罪、又聋又哑的人或者盲人犯罪，防卫过当、避险过当、犯罪预备、犯罪未遂、犯罪中止，从犯、胁从犯和教唆犯等量刑情节的，先适用该量刑情节对基准刑进行调节，在此基础上，再适用其他量刑情节进行调节。

3. 被告人犯数罪，同时具有适用于个罪的立功、累犯等量刑情节的，先适用该量刑情节调节个罪的基准刑，确定个罪所应判处的刑罚，再依法实行数罪并罚，决定执行的刑罚。

（三）确定宣告刑的方法

1. 量刑情节对基准刑的调节结果在法定刑幅度内，且罪责刑相适应的，可以直接确定为宣告刑；具有应当减轻处罚情节的，应当依法在法定最低刑以下确定宣告刑。

2. 量刑情节对基准刑的调节结果在法定最低刑以下，具有法定减轻处罚情节，且罪责刑相适应的，可以直接确定为宣告刑；只有从轻处罚情节的，可以依法确定法定最低刑为宣告刑；但是根据案件的特殊情况，经最高人民法院核准，也可以在法定刑以下判处刑罚。

3. 量刑情节对基准刑的调节结果在法定最高刑以上的，可以依法确定法定最高刑为宣告刑。

4. 综合考虑全案情况，独任审判员或合议庭可以在20%的幅度内对调节结果进行调整，确定宣告刑。当调节后的结果仍不符合罪责刑相适应原则的，应当提交审判委员会讨论，依法确定宣告刑。

5. 综合全案犯罪事实和量刑情节，依法应当判处无期徒刑以上刑罚、拘役、管制或者单处附加刑、缓刑、免予刑事处罚的，应当依法适用。

（四）判处罚金刑，应当以犯罪情节为根据，并综合考虑被告人缴纳罚金的能力，依法决定罚金数额。

（五）适用缓刑，应当综合考虑被告人的犯罪情节、悔罪表现、再犯罪的危险以及宣告缓刑对所居住社区的影响，依法作出决定。

### 三、常见量刑情节的适用

量刑时应当充分考虑各种法定和酌定量刑情节，根据案件的全部犯罪事实以及量刑情节的不同情形，依法确定量刑情节的适用及其调节比例。对黑恶势力犯罪、严重暴力犯罪、毒品犯罪、性侵未成年人犯罪等危害严重的犯罪，在确定从宽的幅度时，应当从严掌握；对犯罪情节较轻的犯罪，应当充分体现从宽。具体确定各个量刑情节的调节比例时，应当综合平衡调节幅度与实际增减刑罚量的关系，确保罪责刑相适应。

（一）对于未成年人犯罪，综合考虑未成年人对犯罪的认知能力、实施犯罪行为的动机和目的、犯罪时的年龄、是否初犯、偶犯、悔罪表现、个人成长经历和一贯表现等情况，应当予以从宽处理。

1. 已满十二周岁不满十六周岁的未成年人犯罪，减少基准刑的30% - 60%；

2. 已满十六周岁不满十八周岁的未成年人犯罪，减少基准刑的10% - 50%；

（二）对于已满七十五周岁的老年人故意犯罪，综合考虑犯罪的性质、情节、后果等情况，可以减少基准刑的40%以下；过失犯罪的，减少基准刑的20% - 50%。

（三）对于又聋又哑的人或者盲人犯罪，综合考虑犯罪性质、情节、后果以及聋哑人或者盲人犯罪时的控制能力等情况，可以减少基准刑的50%以下；犯罪较轻的，可以减少基准刑的50%以上或者依法免除处罚。

（四）对于未遂犯，综合考虑犯罪行为的实行程度、造成损害的大小、犯罪未得逞的原因等情况，可以比照既遂犯减少基准刑的50%以下。

（五）对于从犯，综合考虑其在共同犯罪中的地位、作用等情况，应当予以从宽处罚，减少基准刑的20% - 50%；犯罪较轻的，减少基准刑的50%以上或者依法免除处罚。

（六）对于自首情节，综合考虑自首的动机、时间、方式、罪行轻重、如实供述罪行的程度以及悔罪表现等情况，可以减少基准刑的40%以下；犯罪较轻的，可以减少基准刑的40%以上或者依法免除刑罚。恶意利用自首规避法律制裁等不足以从宽处罚的除外。

（七）对于坦白情节，综合考虑如实供述罪行的阶段、程度、罪行轻重以及悔罪表现等情况，确定从宽的幅度。

1. 如实供述自己罪行的，可以减少基准刑的20%以下；

2. 如实供述司法机关尚未掌握的同种较重罪行的，可以减少基准刑的10% - 30%；

3. 因如实供述自己罪行，避免特别严重后果发生的，可以减少基准刑的30% - 50%。

（八）对于当庭自愿认罪的，根据犯罪的性质、罪行的轻重、认罪程度以及悔罪表现等情况，可以减少基准刑的10%以下。依法认定自首、坦白的除外。

（九）对于立功情节，综合考虑立功的大小、次数、内容、来源、效果以及罪行轻重等情况，确定从宽的幅度。

1. 一般立功的，可以减少基准刑的20%以下；

法律适用

司法解释

2. 重大立功的，可以减少基准刑的20% – 50%；犯罪较轻的，减少基准刑的50%以上或者依法免除处罚。

（十）对于退赃、退赔的，综合考虑犯罪性质，退赃、退赔行为对损害结果所能弥补的程度，退赃、退赔的数额及主动程度等情况，可以减少基准刑的30%以下；对抢劫等严重危害社会治安犯罪的，应当从严掌握。

（十一）对于积极赔偿被害人经济损失并取得谅解的，综合考虑犯罪性质、赔偿数额、赔偿能力以及认罪悔罪表现等情况，可以减少基准刑的40%以下；积极赔偿但没有取得谅解的，可以减少基准刑的30%以下；尽管没有赔偿，但取得谅解的，可以减少基准刑的20%以下。对抢劫、强奸等严重危害社会治安犯罪的，应当从严掌握。

（十二）对于当事人根据刑事诉讼法第二百八十八条达成刑事和解协议的，综合考虑犯罪性质、赔偿数额、赔礼道歉以及真诚悔罪等情况，可以减少基准刑的50%以下；犯罪较轻的，可以减少基准刑的50%以上或者依法免除处罚。

（十三）对于被告人在羁押期间表现好的，可以减少基准刑的10%以下。

（十四）对于被告人认罪认罚的，综合考虑犯罪的性质、罪行的轻重、认罪认罚的阶段、程度、价值、悔罪表现等情况，可以减少基准刑的30%以下；具有自首、重大坦白、退赃退赔、赔偿谅解、刑事和解等情节的，可以减少基准刑的60%以下，犯罪较轻的，可以减少基准刑的60%以上或者依法免除处罚。认罪认罚与自首、坦白、当庭自愿认罪、退赃退赔、赔偿谅解、刑事和解、羁押期间表现好等量刑情节不作重复评价。

（十五）对于累犯，综合考虑前后罪的性质、刑罚执行完毕或赦免以后至再犯罪时间的长短以及前后罪罪行轻重等情况，应当增加基准刑的10% – 40%，一般不少于3个月。

（十六）对于有前科的，综合考虑前科的性质、时间间隔长短、次数、处罚轻重等情况，可以增加基准刑的10%以下。前科犯罪为过失犯罪和未成年人犯罪的除外。

（十七）对于犯罪对象为未成年人、老年人、残疾人、孕妇等弱势人员的，综合考虑犯罪的性质、犯罪的严重程度等情况，可以增加基准刑的20%以下。

（十八）对于在重大自然灾害、预防、控制突发传染病疫情等灾害期间故意犯罪的，根据案件的具体情况，可以增加基准刑的20%以下。

**四、常见犯罪的量刑**

（七）故意伤害罪

1. 构成故意伤害罪的，根据下列情形在相应的幅度内确定量刑起点：

（1）故意伤害致一人轻伤的，在二年以下有期徒刑、拘役幅度内确定量刑起点。

（2）故意伤害致一人重伤的，在三年至五年有期徒刑幅度内确定量刑起点。

（3）以特别残忍手段故意伤害致一人重伤，造成六级严重残疾的，在十年至十三年有期徒刑幅度内确定量刑起点。依法应当判处无期徒刑以上刑罚的除外。

2. 在量刑起点的基础上，根据伤害后果、伤残等级、手段残忍程度等其他影响犯罪构成的犯罪事实增加刑罚量，确定基准刑。

故意伤害致人轻伤的，伤残程度可在确定量刑起点时考虑，或者作为调节基准刑的量刑情节。

3. 构成故意伤害罪的，综合考虑故意伤害的起因、手段、危害后果、赔偿谅解等犯罪事实、量刑情节，以及被告人的主观恶性、人身危险性、认罪悔罪表现等因素，决定缓刑的适用。

**七、最高人民法院《关于审理交通肇事刑事案件具体应用法律若干问题的解释》（节录）** （2000 年 11 月 15 日最高人民法院公布　自 2000 年 11 月 21 日起施行　法释〔2000〕33 号）

**第六条**　行为人在交通肇事后为逃避法律追究，将被害人带离事故现场后隐藏或者遗弃，致使被害人无法得到救助而死亡或者严重残疾的，应当分别依照刑法第二百三十二条、第二百三十四条第二款的规定，以故意杀人罪或者故意伤害罪定罪处罚。

**八、最高人民法院《关于审理未成年人刑事案件具体应用法律若干问题的解释》（节录）** （2006 年 1 月 11 日最高人民法院公布　自 2006 年 1 月 23 日起施行　法释〔2006〕1 号）

**第七条第一款**　已满十四周岁不满十六周岁的人使用轻微暴力或者威胁，强行索要其他未成年人随身携带的生活、学习用品或者钱财数量不大，且未造成被害人轻微伤以上或者不敢正常到校学习、生活等危害后果的，不认为是犯罪。

**九、最高人民法院、最高人民检察院《关于办理组织、强迫、引诱、容留、介绍卖淫刑事案件适用法律若干问题的解释》（节录）** （2017 年 7 月 21 日最高人民法院公布　自 2017 年 7 月 25 日起施行　法释〔2017〕13 号）

**第十二条第二款**　具有下列情形之一，致使他人感染艾滋病病毒的，认定为刑法第九十五条第三项"其他对于人身健康有重大伤害"所指的"重伤"，依照刑法第二百三十四条第二款的规定，以故意伤害罪定罪处罚：

（一）明知自己感染艾滋病病毒而卖淫、嫖娼的；

（二）明知自己感染艾滋病病毒，故意不采取防范措施而与他人发生性关系的。

**十、最高人民检察院、公安部《关于依法妥善办理轻伤害案件的指导意见》** （2022 年 12 月 22 日最高人民检察院、公安部公布　自 2022 年 12 月 22 日起施行　高检发办字〔2022〕167 号）

为全面贯彻习近平法治思想，践行以人民为中心的发展思想，落实宽严相济刑事政策，提升轻伤害案件办案质效，有效化解社会矛盾，促进社会和谐稳定，实现办案政治效果、法律效果和社会效果的统一，根据《中华人民共和国刑法》《中华人民共和国刑事诉讼法》等有关规定，制定本意见。

**一、基本要求**

（一）坚持严格依法办案。人民检察院、公安机关要严格遵循证据裁判原则，全面、细致收集、固定、审查、判断证据，在查清事实、厘清原委的基础上依法办理案件。要坚持"犯罪事实清楚，证据确实、充分"的证明标准，正确理解与适用法律，准确把握罪与非罪、此罪与彼罪的界限，慎重把握逮捕、起诉条件。

（二）注重矛盾化解、诉源治理。轻伤害案件常见多发，如果处理不当，容易埋下问题隐患或者激化矛盾。人民检察院、公安机关办理轻伤害案件，要依法用足用好认罪认罚从宽制度、刑事和解制度和司法救助制度，把化解矛盾、修复社会关系作为履职办案的重要任务。要充分借助当事人所在单位、社会组织、基层组织、调解组织等第三方力量，不断创新工作机制和方法，促进矛盾纠纷解决以及当事人和解协议的有效履行。

（三）落实宽严相济刑事政策。人民检察院、公安机关要以宽严相济刑事政策为指导，对因婚恋、家庭、亲友、邻里、同学、同事等民间矛盾纠纷或者偶发事件引发的轻伤害案件，结合个案具体情况把握好法理情的统一，依法少捕慎诉慎押；对主观恶性大、情节恶劣的轻伤害案件，应当依法从严惩处，当捕即捕、当诉则诉。

法律适用

司法解释

## 二、依法全面调查取证、审查案件

（四）坚持全面调查取证。公安机关应当注重加强现场调查走访，及时、全面、规范收集、固定证据。建立以物证、勘验笔录、检查笔录、视听资料等客观性较强的证据为核心的证据体系，避免过于依赖言词证据定案。对适用刑事和解和认罪认罚从宽的案件，也应当全面调查取证，查明事实。

（五）坚持全面审查案件。人民检察院应当注重对案发背景、案发起因、当事人的关系、案发时当事人的行为、伤害手段、部位、后果、当事人事后态度等方面进行全面审查，综合运用鉴定意见、有专门知识的人的意见等，准确认定事实，辨明是非曲直。

（六）对鉴定意见进行实质性审查。人民检察院、公安机关要注重审查检材与其他证据是否相互印证，文书形式、鉴定人资质、检验程序是否规范合法，鉴定依据、方法是否准确，损伤是否因既往伤病所致，是否及时就医，以及论证分析是否科学严谨，鉴定意见是否明确等。需要对鉴定意见等技术性证据材料进行专门审查的，可以按照有关规定送交检察、侦查技术人员或者其他有专门知识的人进行审查并出具审查意见。

对同一鉴定事项存在两份以上结论不同的鉴定意见或者当事人对鉴定结论有不同意见时，人民检察院、公安机关要注意对分歧点进行重点审查分析，听取当事人、鉴定人、有专门知识的人的意见，开展相关调查取证，综合全案证据决定是否采信。必要时，可以依法进行补充鉴定或者重新鉴定。

（七）准确区分罪与非罪。对被害人出现伤害后果的，人民检察院、公安机关判断犯罪嫌疑人是否构成故意伤害罪时，应当在全面审查案件事实、证据的基础上，根据双方的主观方面和客观行为准确认定，避免"唯结果论""谁受伤谁有理"。如果犯罪嫌疑人只是与被害人发生轻微推搡、拉扯的，或者为摆脱被害人拉扯或者控制而实施甩手、后退等应急、防御行为的，不宜认定为刑法意义上的故意伤害行为。

（八）准确区分寻衅滋事罪与故意伤害罪。对出现被害人轻伤后果的案件，人民检察院、公安机关要全面分析案件性质，查明案件发生起因、犯罪嫌疑人的动机、是否有涉黑涉恶或者其他严重情节等，依法准确定性，不能简单化办案，一概机械认定为故意伤害罪。犯罪嫌疑人无事生非、借故生非，随意殴打他人的，属于"寻衅滋事"，构成犯罪的，应当以寻衅滋事罪依法从严惩处。

（九）准确区分正当防卫与互殴型故意伤害。人民检察院、公安机关要坚持主客观相统一的原则，综合考察案发起因、对冲突升级是否有过错、是否使用或者准备使用凶器、是否采用明显不相当的暴力、是否纠集他人参与打斗等客观情节，准确判断犯罪嫌疑人的主观意图和行为性质。因琐事发生争执，双方均不能保持克制而引发打斗，对于过错的一方先动手且手段明显过激，或者一方先动手，在对方努力避免冲突的情况下仍继续侵害，还击一方造成对方伤害的，一般应当认定为正当防卫。故意挑拨对方实施不法侵害，借机伤害对方的，一般不认定为正当防卫。

（十）准确认定共同犯罪。二人以上对同一被害人共同故意实施伤害行为，无论是否能够证明伤害结果具体由哪一犯罪嫌疑人的行为造成的，均应当按照共同犯罪认定处理，并根据各犯罪嫌疑人在共同犯罪中的地位、作用、情节等追究刑事责任。

犯罪嫌疑人对被害人实施伤害时，对虽然在场但并无伤害故意和伤害行为的人员，不能认定为共同犯罪。

对虽然有一定参与但犯罪情节轻微，依照刑法规定不需要判处刑罚或者免除刑罚的，可以依法作出不起诉处理。对情节显著轻微、危害不大，不认为是犯罪的，应当撤销案件，或者作出不起诉处理。

**三、积极促进矛盾化解**

（十一）充分适用刑事和解制度。对于轻伤害案件，符合刑事和解条件的，人民检察院、公安机关可以建议当事人进行和解，并告知相应的权利义务，必要时可以提供法律咨询，积极促进当事人自愿和解。

当事人双方达成和解并已实际履行的，应当依法从宽处理，符合不起诉条件的，应当作出不起诉决定。被害人事后反悔要求追究犯罪嫌疑人刑事责任或者不同意对犯罪嫌疑人从宽处理的，人民检察院、公安机关应当调查了解原因，认为被害人理由正当的，应当依法保障被害人的合法权益；对和解系自愿、合法的，应当维持已作出的从宽处理决定。

人民检察院、公安机关开展刑事和解工作的相关证据和材料，应当随案移送。

（十二）充分适用认罪认罚从宽制度。人民检察院、公安机关应当向犯罪嫌疑人、被害人告知认罪认罚从宽制度，通过释明认罪认罚从宽制度的法律规定，鼓励犯罪嫌疑人认罪认罚、赔偿损失、赔礼道歉，促成当事人矛盾化解，并依法予以从宽处理。

（十三）积极开展国家司法救助。人民检察院、公安机关对于符合国家司法救助条件的被害人，应当及时开展国家司法救助，在解决被害人因该案遭受损伤而面临的生活急迫困难的同时，促进矛盾化解。

（十四）充分发挥矛盾纠纷多元化解工作机制作用。对符合刑事和解条件的，人民检察院、公安机关要充分利用检调、公调对接机制，依托调解组织、社会组织、基层组织、当事人所在单位及同事、亲友、律师等单位、个人，促进矛盾化解、纠纷解决。

（十五）注重通过不起诉释法说理修复社会关系。人民检察院宣布不起诉决定，一般应当在人民检察院的宣告室等场所进行。根据案件的具体情况，也可以到当事人所在村、社区、单位等场所宣布，并邀请社区、单位有关人员参加。宣布不起诉决定时，应当就案件事实、法律责任、不起诉依据、理由等释法说理。

对于犯罪嫌疑人系未成年人的刑事案件，应当以不公开方式宣布不起诉决定，并结合案件具体情况对未成年犯罪嫌疑人予以训诫和教育。

**四、落实办理轻微犯罪案件"依法少捕慎诉慎押"具体工作要求**

（十六）依法准确把握逮捕标准。轻伤害案件中，犯罪嫌疑人具有认罪认罚，且没有其他犯罪嫌疑；与被害人已达成和解协议并履行赔偿义务；系未成年人或者在校学生，本人确有悔罪表现等情形，人民检察院、公安机关经审查认为犯罪嫌疑人不具有社会危险性的，公安机关可以不再提请批准逮捕，人民检察院可以作出不批捕的决定。

犯罪嫌疑人因其伤害行为致使当事人双方矛盾进一步激化，可能实施新的犯罪或者具有其他严重社会危险性情形的，人民检察院可以依法批准逮捕。

（十七）依法准确适用不起诉。对于犯罪事实清楚，证据确实、充分，犯罪嫌疑人具有本意见第十六条第一款规定情形之一，依照刑法规定不需要判处刑罚或者免除刑罚的，可以依法作出不起诉决定。

法律适用

司法解释

对犯罪嫌疑人自愿认罪认罚，愿意积极赔偿，并提供了担保，但因被害人赔偿请求明显不合理，未能达成和解谅解的，一般不影响对符合条件的犯罪嫌疑人依法作出不起诉决定。

（十八）落实不起诉后非刑罚责任。人民检察院决定不起诉的轻伤害案件，可以根据案件的不同情况，对被不起诉人予以训诫或者责令具结悔过、赔礼道歉、赔偿损失。被不起诉人在不起诉前已被刑事拘留、逮捕的，或者当事人双方已经和解并承担了民事赔偿责任的，人民检察院作出不起诉决定后，一般不再提出行政拘留的检察意见。

（十九）依法开展羁押必要性审查。对于已经批准逮捕的犯罪嫌疑人，如果犯罪嫌疑人认罪认罚，当事人达成刑事和解，没有继续羁押必要的，人民检察院应当依法释放、变更强制措施或者建议公安机关、人民法院释放、变更强制措施。

（二十）对情节恶劣的轻伤害案件依法从严处理。对于虽然属于轻伤害案件，但犯罪嫌疑人涉黑涉恶的，雇凶伤害他人的，在被采取强制措施或者刑罚执行期间伤害他人的，犯罪动机、手段恶劣的，伤害多人的，多次伤害他人的，伤害未成年人、老年人、孕妇、残疾人及医护人员等特定职业人员的，以及具有累犯等其他恶劣情节的，应当依法从严惩处。

**五、健全完善工作机制**

（二十一）注重发挥侦查监督与协作配合机制的作用。办理轻伤害案件，人民检察院、公安机关要发挥侦查监督与协作配合办公室的作用，加强案件会商与协作配合，确保案件定性、法律适用准确；把矛盾化解贯穿侦查、起诉全过程，促进当事人达成刑事和解，协同落实办理轻微犯罪案件"依法少捕慎诉慎押"具体工作要求；共同开展类案总结分析，剖析案发原因，促进犯罪预防，同时要注意查找案件办理中存在的问题，强化监督制约，提高办案质量和效果。

对于不批捕、不起诉的犯罪嫌疑人，人民检察院、公安机关要加强协作配合，并与其所在单位、现居住地村（居）委会等进行沟通，共同做好风险防范工作。

（二十二）以公开听证促进案件公正处理。对于事实认定、法律适用、案件处理等方面存在较大争议，或者有重大社会影响，需要当面听取当事人和邻里、律师等其他相关人员意见的案件，人民检察院拟作出不起诉决定的，可以组织听证，把事理、情理、法理讲清说透，实现案结事了人和。对其他拟作不起诉的，也要坚持"应听尽听"。

办理审查逮捕、审查延长侦查羁押期限、羁押必要性审查案件的听证，按照《人民检察院羁押听证办法》相关规定执行。

**六、附则**

（二十三）本意见所称轻伤害案件，是指根据《中华人民共和国刑法》第二百三十四条第一款的规定，故意伤害他人身体，致人损伤程度达到《人体损伤程度鉴定标准》轻伤标准的案件。

（二十四）本意见自发布之日起施行。

**十一、最高人民法院、最高人民检察院《关于办理强奸、猥亵未成年人刑事案件适用法律若干问题的解释》（节录）**（2023 年 5 月 24 日最高人民法院、最高人民检察院公布　自 2023 年 6 月 1 日起施行　法释〔2023〕3 号）

**第十条**　实施猥亵未成年人犯罪，造成被害人轻伤以上后果，同时符合刑法第二百三十四条或者第二百三十二条的规定，构成故意伤害罪、故意杀人罪的，依照处罚较重的规定定罪处罚。

**法律适用**

**规章及规范性文件**

**《人体损伤程度鉴定标准》**（2013 年 8 月 30 日最高人民法院、最高人民检察院、公安部、国家安全部、司法部公布　自 2014 年 1 月 1 日起施行）

**1 范围**

本标准规定了人体损伤程度鉴定的原则、方法、内容和等级划分。

本标准适用于《中华人民共和国刑法》及其他法律、法规所涉及的人体损伤程度鉴定。

**2 规范性引用文件**

下列文件对于本文件的应用是必不可少的。本标准引用文件的最新版本适用于本标准。

GB 18667 道路交通事故受伤人员伤残评定

GB/T 16180 劳动能力鉴定　职工工伤与职业病致残等级

GB/T 26341 – 2010 残疾人残疾分类和分级

**3 术语和定义**

3.1 重伤

使人肢体残废、毁人容貌、丧失听觉、丧失视觉、丧失其他器官功能或者其他对于人身健康有重大伤害的损伤，包括重伤一级和重伤二级。

3.2 轻伤

使人肢体或者容貌损害，听觉、视觉或者其他器官功能部分障碍或者其他对于人身健康有中度伤害的损伤，包括轻伤一级和轻伤二级。

3.3 轻微伤

各种致伤因素所致的原发性损伤，造成组织器官结构轻微损害或者轻微功能障碍。

**4 总则**

4.1 鉴定原则

4.1.1 遵循实事求是的原则，坚持以致伤因素对人体直接造成的原发性损伤及由损伤引起的并发症或者后遗症为依据，全面分析，综合鉴定。

4.1.2 对于以原发性损伤及其并发症作为鉴定依据的，鉴定时应以损伤当时伤情为主，损伤的后果为辅，综合鉴定。

4.1.3 对于以容貌损害或者组织器官功能障碍作为鉴定依据的，鉴定时应以损伤的后果为主，损伤当时伤情为辅，综合鉴定。

4.2 鉴定时机

4.2.1 以原发性损伤为主要鉴定依据的，伤后即可进行鉴定；以损伤所致的并发症为主要鉴定依据的，在伤情稳定后进行鉴定。

4.2.2 以容貌损害或者组织器官功能障碍为主要鉴定依据的，在损伤 90 日后进行鉴定；在特殊情况下可以根据原发性损伤及其并发症出具鉴定意见，但须对有可能出现的后遗症加以说明，必要时应进行复检并予以补充鉴定。

4.2.3 疑难、复杂的损伤，在临床治疗终结或者伤情稳定后进行鉴定。

4.3 伤病关系处理原则

4.3.1 损伤为主要作用的，既往伤/病为次要或者轻微作用的，应依据本标准相应条款进行鉴定。

4.3.2 损伤与既往伤/病共同作用的，即二者作用相当的，应依据本标准相应条款适度降低损伤程度等级，即等级为重伤一级和重伤二级的，可视具体情况鉴定为轻伤一级或者轻伤二级，等级为轻伤一级和轻伤二级的，均鉴定为轻微伤。

4.3.3 既往伤/病为主要作用的，即损伤为次要或者轻微作用的，不宜进行损伤程度鉴定，只说明因果关系。

## 5 损伤程度分级

### 5.1 颅脑、脊髓损伤

#### 5.1.1 重伤一级

a）植物生存状态。

b）四肢瘫（三肢以上肌力 3 级以下）。

c）偏瘫、截瘫（肌力 2 级以下），伴大便、小便失禁。

d）非肢体瘫的运动障碍（重度）。

e）重度智能减退或者器质性精神障碍，生活完全不能自理。

#### 5.1.2 重伤二级

a）头皮缺损面积累计 75.0cm$^2$ 以上。

b）开放性颅骨骨折伴硬脑膜破裂。

c）颅骨凹陷性或者粉碎性骨折，出现脑受压症状和体征，须手术治疗。

d）颅底骨折，伴脑脊液漏持续 4 周以上。

e）颅底骨折，伴面神经或者听神经损伤引起相应神经功能障碍。

f）外伤性蛛网膜下腔出血，伴神经系统症状和体征。

g）脑挫（裂）伤，伴神经系统症状和体征。

h）颅内出血，伴脑受压症状和体征。

i）外伤性脑梗死，伴神经系统症状和体征。

j）外伤性脑脓肿。

k）外伤性脑动脉瘤，须手术治疗。

l）外伤性迟发性癫痫。

m）外伤性脑积水，须手术治疗。

n）外伤性颈动脉海绵窦瘘。

o）外伤性下丘脑综合征。

p）外伤性尿崩症。

q）单肢瘫（肌力 3 级以下）。

r）脊髓损伤致重度肛门失禁或者重度排尿障碍。

#### 5.1.3 轻伤一级

a）头皮创口或者瘢痕长度累计 20.0cm 以上。

b）头皮撕脱伤面积累计 50.0cm$^2$ 以上；头皮缺损面积累计 24.0cm$^2$ 以上。

c）颅骨凹陷性或者粉碎性骨折。

d）颅底骨折伴脑脊液漏。

e）脑挫（裂）伤；颅内出血；慢性颅内血肿；外伤性硬脑膜下积液。

f）外伤性脑积水；外伤性颅内动脉瘤；外伤性脑梗死；外伤性颅内低压综合征。

g）脊髓损伤致排便或者排尿功能障碍（轻度）。

h）脊髓挫裂伤。

#### 5.1.4 轻伤二级

a）头皮创口或者瘢痕长度累计 8.0cm 以上。

b）头皮撕脱伤面积累计 20.0cm$^2$ 以上；头皮缺损面积累计 10.0cm$^2$ 以上。

c）帽状腱膜下血肿范围 50.0cm$^2$ 以上。

d）颅骨骨折。

e）外伤性蛛网膜下腔出血。

f）脑神经损伤引起相应神经功能障碍。

5.1.5 轻微伤

a）头部外伤后伴有神经症状。

b）头皮擦伤面积5.0cm² 以上；头皮挫伤；头皮下血肿。

c）头皮创口或者瘢痕。

**5.2 面部、耳廓损伤**

5.2.1 重伤一级

a）容貌毁损（重度）。

5.2.2 重伤二级

a）面部条状瘢痕（50%以上位于中心区），单条长度10.0cm 以上，或者两条以上长度累计15.0cm 以上。

b）面部块状瘢痕（50%以上位于中心区），单块面积6.0cm² 以上，或者两块以上面积累计10.0cm² 以上。

c）面部片状细小瘢痕或者显著色素异常，面积累计达面部30%。

d）一侧眼球萎缩或者缺失。

e）眼睑缺失相当于一侧上眼睑1/2 以上。

f）一侧眼睑重度外翻或者双侧眼睑中度外翻。

g）一侧上睑下垂完全覆盖瞳孔。

h）一侧眼眶骨折致眼球内陷0.5cm 以上。

i）一侧鼻泪管和内眦韧带断裂。

j）鼻部离断或者缺损30%以上。

k）耳廓离断、缺损或者挛缩畸形累计相当于一侧耳廓面积50%以上。

l）口唇离断或者缺损致牙齿外露3 枚以上。

m）舌体离断或者缺损达舌系带。

n）牙齿脱落或者牙折共7 枚以上。

o）损伤致张口困难Ⅲ度。

p）面神经损伤致一侧面肌大部分瘫痪，遗留眼睑闭合不全和口角歪斜。

q）容貌毁损（轻度）。

5.2.3 轻伤一级

a）面部单个创口或者瘢痕长度6.0cm 以上；多个创口或者瘢痕长度累计10.0cm 以上。

b）面部块状瘢痕，单块面积4.0cm² 以上；多块面积累计7.0cm² 以上。

c）面部片状细小瘢痕或者明显色素异常，面积累计30.0cm² 以上。

d）眼睑缺失相当于一侧上眼睑1/4 以上。

e）一侧眼睑中度外翻；双侧眼睑轻度外翻。

f）一侧上眼睑下垂覆盖瞳孔超过1/2。

g）两处以上不同眶壁骨折；一侧眶壁骨折致眼球内陷0.2cm 以上。

h）双侧泪器损伤伴溢泪。

i）一侧鼻泪管断裂；一侧内眦韧带断裂。

j）耳廓离断、缺损或者挛缩畸形累计相当于一侧耳廓面积30%以上。

k) 鼻部离断或者缺损 15% 以上。

l) 口唇离断或者缺损致牙齿外露 1 枚以上。

m) 牙齿脱落或者牙折共 4 枚以上。

n) 损伤致张口困难Ⅱ度。

o) 腮腺总导管完全断裂。

p) 面神经损伤致一侧面肌部分瘫痪，遗留眼睑闭合不全或者口角歪斜。

### 5.2.4 轻伤二级

a) 面部单个创口或者瘢痕长度 4.5cm 以上；多个创口或者瘢痕长度累计 6.0cm 以上。

b) 面颊穿透创，皮肤创口或者瘢痕长度 1.0cm 以上。

c) 口唇全层裂创，皮肤创口或者瘢痕长度 1.0cm 以上。

d) 面部块状瘢痕，单块面积 3.0cm² 以上或多块面积累计 5.0cm² 以上。

e) 面部片状细小瘢痕或者色素异常，面积累计 8.0cm² 以上。

f) 眶壁骨折（单纯眶内壁骨折除外）。

g) 眼睑缺损。

h) 一侧眼睑轻度外翻。

i) 一侧上眼睑下垂覆盖瞳孔。

j) 一侧眼睑闭合不全。

k) 一侧泪器损伤伴溢泪。

l) 耳廓创口或者瘢痕长度累计 6.0cm 以上。

m) 耳廓离断、缺损或者挛缩畸形累计相当于一侧耳廓面积 15% 以上。

n) 鼻尖或者一侧鼻翼缺损。

o) 鼻骨粉碎性骨折；双侧鼻骨骨折；鼻骨骨折合并上颌骨额突骨折；鼻骨骨折合并鼻中隔骨折；双侧上颌骨额突骨折。

p) 舌缺损。

q) 牙齿脱落或者牙折 2 枚以上。

r) 腮腺、颌下腺或者舌下腺实质性损伤。

s) 损伤致张口困难Ⅰ度。

t) 颌骨骨折（牙槽突骨折及一侧上颌骨额突骨折除外）。

u) 颧骨骨折。

### 5.2.5 轻微伤

a) 面部软组织创。

b) 面部损伤留有瘢痕或者色素改变。

c) 面部皮肤擦伤，面积 2.0cm² 以上；面部软组织挫伤；面部划伤 4.0cm 以上。

d) 眶内壁骨折。

e) 眼部挫伤；眼部外伤后影响外观。

f) 耳廓创。

g) 鼻骨骨折；鼻出血。

h) 上颌骨额突骨折。

i) 口腔粘膜破损；舌损伤。

j) 牙齿脱落或者缺损；牙槽突骨折；牙齿松动 2 枚以上或者Ⅲ度松动 1 枚以上。

### 5.3 听器听力损伤

#### 5.3.1 重伤一级

a）双耳听力障碍（≥91dB HL）。

#### 5.3.2 重伤二级

a）一耳听力障碍（≥91dB HL）。

b）一耳听力障碍（≥81dB HL），另一耳听力障碍（≥41dB HL）。

c）一耳听力障碍（≥81dB HL），伴同侧前庭平衡功能障碍。

d）双耳听力障碍（≥61dB HL）。

e）双侧前庭平衡功能丧失，睁眼行走困难，不能并足站立。

#### 5.3.3 轻伤一级

a）双耳听力障碍（≥41dB HL）。

b）双耳外耳道闭锁。

#### 5.3.4 轻伤二级

a）外伤性鼓膜穿孔6周不能自行愈合。

b）听骨骨折或者脱位；听骨链固定。

c）一耳听力障碍（≥41dB HL）。

d）一侧前庭平衡功能障碍，伴同侧听力减退。

e）一耳外耳道横截面1/2以上狭窄。

#### 5.3.5 轻微伤

a）外伤性鼓膜穿孔。

b）鼓室积血。

c）外伤后听力减退。

### 5.4 视器视力损伤

#### 5.4.1 重伤一级

a）一眼眼球萎缩或者缺失，另一眼盲目3级。

b）一眼视野完全缺损，另一眼视野半径20°以下（视野有效值32%以下）。

c）双眼盲目4级。

#### 5.4.2 重伤二级

a）一眼盲目3级。

b）一眼重度视力损害，另一眼中度视力损害。

c）一眼视野半径10°以下（视野有效值16%以下）。

d）双眼偏盲；双眼残留视野半径30°以下（视野有效值48%以下）。

#### 5.4.3 轻伤一级

a）外伤性青光眼，经治疗难以控制眼压。

b）一眼虹膜完全缺损。

c）一眼重度视力损害；双眼中度视力损害。

d）一眼视野半径30°以下（视野有效值48%以下）；双眼视野半径50°以下（视野有效值80%以下）。

#### 5.4.4 轻伤二级

a）眼球穿通伤或者眼球破裂伤；前房出血须手术治疗；房角后退；虹膜根部离断或者虹膜缺损超过1个象限；睫状体脱离；晶状体脱位；玻璃体积血；外伤性视网膜脱离；外伤性视网膜出血；外伤性黄斑裂孔；外伤性脉络膜脱离。

b）角膜斑翳或者血管翳；外伤性白内障；外伤性低眼压；外伤性青光眼。

c）瞳孔括约肌损伤致瞳孔显著变形或者瞳孔散大（直径 0.6cm 以上）。

d）斜视；复视。

e）睑球粘连。

f）一眼矫正视力减退至 0.5 以下（或者较伤前视力下降 0.3 以上）；双眼矫正视力减退至 0.7 以下（或者较伤前视力下降 0.2 以上）；原单眼中度以上视力损害者，伤后视力降低一个级别。

g）一眼视野半径 50°以下（视野有效值 80% 以下）。

5.4.5 轻微伤

a）眼球损伤影响视力。

**5.5 颈部损伤**

5.5.1 重伤一级

a）颈部大血管破裂。

b）咽喉部广泛毁损，呼吸完全依赖气管套管或者造口。

c）咽或者食管广泛毁损，进食完全依赖胃管或者造口。

5.5.2 重伤二级

a）甲状旁腺功能低下（重度）。

b）甲状腺功能低下，药物依赖。

c）咽部、咽后区、喉或者气管穿孔。

d）咽喉或者颈部气管损伤，遗留呼吸困难（3 级）。

e）咽或者食管损伤，遗留吞咽功能障碍（只能进流食）。

f）喉损伤遗留发声障碍（重度）。

g）颈内动脉血栓形成，血管腔狭窄（50% 以上）。

h）颈总动脉血栓形成，血管腔狭窄（25% 以上）。

i）颈前三角区增生瘢痕，面积累计 30.0cm² 以上。

5.5.3 轻伤一级

a）颈前部单个创口或者瘢痕长度 10.0cm 以上；多个创口或者瘢痕长度累计 16.0cm 以上。

b）颈前三角区瘢痕，单块面积 10.0cm² 以上；多块面积累计 12.0cm² 以上。

c）咽喉部损伤遗留发声或者构音障碍。

d）咽或者食管损伤，遗留吞咽功能障碍（只能进半流食）。

e）颈总动脉血栓形成；颈内动脉血栓形成；颈外动脉血栓形成；椎动脉血栓形成。

5.5.4 轻伤二级

a）颈前部单个创口或者瘢痕长度 5.0cm 以上；多个创口或者瘢痕长度累计 8.0cm 以上。

b）颈前部瘢痕，单块面积 4.0cm² 以上，或者两块以上面积累计 6.0cm² 以上。

c）甲状腺挫裂伤。

d）咽喉软骨骨折。

e）喉或者气管损伤。

f）舌骨骨折。

g）膈神经损伤。

h）颈部损伤出现窒息征象。

5.5.5 轻微伤

a）颈部创口或者瘢痕长度 1.0cm 以上。

b）颈部擦伤面积 4.0cm² 以上。

c）颈部挫伤面积 2.0cm² 以上。

d）颈部划伤长度 5.0cm 以上。

### 5.6 胸部损伤

5.6.1 重伤一级

a）心脏损伤，遗留心功能不全（心功能 IV 级）。

b）肺损伤致一侧全肺切除或者双肺三肺叶切除。

5.6.2 重伤二级

a）心脏损伤，遗留心功能不全（心功能 III 级）。

b）心脏破裂；心包破裂。

c）女性双侧乳房损伤，完全丧失哺乳功能；女性一侧乳房大部分缺失。

d）纵隔血肿或者气肿，须手术治疗。

e）气管或者支气管破裂，须手术治疗。

f）肺破裂，须手术治疗。

g）血胸、气胸或者血气胸，伴一侧肺萎陷 70% 以上，或者双侧肺萎陷均在 50% 以上。

h）食管穿孔或者全层破裂，须手术治疗。

i）脓胸或者肺脓肿；乳糜胸；支气管胸膜瘘；食管胸膜瘘；食管支气管瘘。

j）胸腔大血管破裂。

k）膈肌破裂。

5.6.3 轻伤一级

a）心脏挫伤致心包积血。

b）女性一侧乳房损伤，丧失哺乳功能。

c）肋骨骨折 6 处以上。

d）纵隔血肿；纵隔气肿。

e）血胸、气胸或者血气胸，伴一侧肺萎陷 30% 以上，或者双侧肺萎陷均在 20% 以上。

f）食管挫裂伤。

5.6.4 轻伤二级

a）女性一侧乳房部分缺失或者乳腺导管损伤。

b）肋骨骨折 2 处以上。

c）胸骨骨折；锁骨骨折；肩胛骨骨折。

d）胸锁关节脱位；肩锁关节脱位。

e）胸部损伤，致皮下气肿 1 周不能自行吸收。

f）胸腔积血；胸腔积气。

g）胸壁穿透创。

h）胸部挤压出现窒息征象。

5.6.5 轻微伤

a）肋骨骨折；肋软骨骨折。

b）女性乳房擦挫伤。

**5.7 腹部损伤**

5.7.1 重伤一级

a）肝功能损害（重度）。

b）胃肠道损伤致消化吸收功能严重障碍，依赖肠外营养。

c）肾功能不全（尿毒症期）。

5.7.2 重伤二级

a）腹腔大血管破裂。

b）胃、肠、胆囊或者胆道全层破裂，须手术治疗。

c）肝、脾、胰或者肾破裂，须手术治疗。

d）输尿管损伤致尿外渗，须手术治疗。

e）腹部损伤致肠瘘或者尿瘘。

f）腹部损伤引起弥漫性腹膜炎或者感染性休克。

g）肾周血肿或者肾包膜下血肿，须手术治疗。

h）肾功能不全（失代偿期）。

i）肾损伤致肾性高血压。

j）外伤性肾积水；外伤性肾动脉瘤；外伤性肾动静脉瘘。

k）腹腔积血或者腹膜后血肿，须手术治疗。

5.7.3 轻伤一级

a）胃、肠、胆囊或者胆道非全层破裂。

b）肝包膜破裂；肝脏实质内血肿直径2.0cm以上。

c）脾包膜破裂；脾实质内血肿直径2.0cm以上。

d）胰腺包膜破裂。

e）肾功能不全（代偿期）。

5.7.4 轻伤二级

a）胃、肠、胆囊或者胆道挫伤。

b）肝包膜下或者实质内出血。

c）脾包膜下或者实质内出血。

d）胰腺挫伤。

e）肾包膜下或者实质内出血。

f）肝功能损害（轻度）。

g）急性肾功能障碍（可恢复）。

h）腹腔积血或者腹膜后血肿。

i）腹壁穿透创。

5.7.5 轻微伤

a）外伤性血尿。

**5.8 盆部及会阴损伤**

5.8.1 重伤一级

a）阴茎及睾丸全部缺失。

b）子宫及卵巢全部缺失。

5.8.2 重伤二级

a）骨盆骨折畸形愈合，致双下肢相对长度相差5.0cm以上。

b）骨盆不稳定性骨折，须手术治疗。

c）直肠破裂，须手术治疗。

d）肛管损伤致大便失禁或者肛管重度狭窄，须手术治疗。

e）膀胱破裂，须手术治疗。

f）后尿道破裂，须手术治疗。

g）尿道损伤致重度狭窄。

h）损伤致早产或者死胎；损伤致胎盘早期剥离或者流产，合并轻度休克。

i）子宫破裂，须手术治疗。

j）卵巢或者输卵管破裂，须手术治疗。

k）阴道重度狭窄。

l）幼女阴道 II 度撕裂伤。

m）女性会阴或者阴道 III 度撕裂伤。

n）龟头缺失达冠状沟。

o）阴囊皮肤撕脱伤面积占阴囊皮肤面积 50% 以上。

p）双侧睾丸损伤，丧失生育能力。

q）双侧附睾或者输精管损伤，丧失生育能力。

r）直肠阴道瘘；膀胱阴道瘘；直肠膀胱瘘。

s）重度排尿障碍。

5.8.3 轻伤一级

a）骨盆 2 处以上骨折；骨盆骨折畸形愈合；髋臼骨折。

b）前尿道破裂，须手术治疗。

c）输尿管狭窄。

d）一侧卵巢缺失或者萎缩。

e）阴道轻度狭窄。

f）龟头缺失 1/2 以上。

g）阴囊皮肤撕脱伤面积占阴囊皮肤面积 30% 以上。

h）一侧睾丸或者附睾缺失；一侧睾丸或者附睾萎缩。

5.8.4 轻伤二级

a）骨盆骨折。

b）直肠或者肛管挫裂伤。

c）一侧输尿管挫裂伤；膀胱挫裂伤；尿道挫裂伤。

d）子宫挫裂伤；一侧卵巢或者输卵管挫裂伤。

e）阴道撕裂伤。

f）女性外阴皮肤创口或者瘢痕长度累计 4.0cm 以上。

g）龟头部分缺损。

h）阴茎撕脱伤；阴茎皮肤创口或者瘢痕长度 2.0cm 以上；阴茎海绵体出血并形成硬结。

i）阴囊壁贯通创；阴囊皮肤创口或者瘢痕长度累计 4.0cm 以上；阴囊内积血，2 周内未完全吸收。

j）一侧睾丸破裂、血肿、脱位或者扭转。

k）一侧输精管破裂。

l）轻度肛门失禁或者轻度肛门狭窄。

m）轻度排尿障碍。

n）外伤性难免流产；外伤性胎盘早剥。

#### 5.8.5 轻微伤

a）会阴部软组织挫伤。

b）会阴创；阴囊创；阴茎创。

c）阴囊皮肤挫伤。

d）睾丸或者阴茎挫伤。

e）外伤性先兆流产。

### 5.9 脊柱四肢损伤

#### 5.9.1 重伤一级

a）二肢以上离断或者缺失（上肢腕关节以上、下肢踝关节以上）。

b）二肢六大关节功能完全丧失。

#### 5.9.2 重伤二级

a）四肢任一大关节强直畸形或者功能丧失 50% 以上。

b）臂丛神经干性或者束性损伤，遗留肌瘫（肌力 3 级以下）。

c）正中神经肘部以上损伤，遗留肌瘫（肌力 3 级以下）。

d）桡神经肘部以上损伤，遗留肌瘫（肌力 3 级以下）。

e）尺神经肘部以上损伤，遗留肌瘫（肌力 3 级以下）。

f）骶丛神经或者坐骨神经损伤，遗留肌瘫（肌力 3 级以下）。

g）股骨干骨折缩短 5.0cm 以上、成角畸形 30° 以上或者严重旋转畸形。

h）胫腓骨骨折缩短 5.0cm 以上、成角畸形 30° 以上或者严重旋转畸形。

i）膝关节挛缩畸形屈曲 30° 以上。

j）一侧膝关节交叉韧带完全断裂遗留旋转不稳。

k）股骨颈骨折或者髋关节脱位，致股骨头坏死。

l）四肢长骨骨折不愈合或者假关节形成；四肢长骨骨折并发慢性骨髓炎。

m）一足离断或者缺失 50% 以上；足跟离断或者缺失 50% 以上。

n）一足的第一趾和其余任何二趾离断或者缺失；一足除第一趾外，离断或者缺失 4 趾。

o）两足 5 个以上足趾离断或者缺失。

p）一足第一趾及其相连的跖骨离断或者缺失。

q）一足除第一趾外，任何三趾及其相连的跖骨离断或者缺失。

#### 5.9.3 轻伤一级

a）四肢任一大关节功能丧失 25% 以上。

b）一节椎体压缩骨折超过 1/3 以上；二节以上椎体骨折；三处以上横突、棘突或者椎弓骨折。

c）膝关节韧带断裂伴半月板破裂。

d）四肢长骨骨折畸形愈合。

e）四肢长骨粉碎性骨折或者两处以上骨折。

f）四肢长骨骨折累及关节面。

g）股骨颈骨折未见股骨头坏死，已行假体置换。

h）髌板断裂。

i）一足离断或者缺失 10% 以上；足跟离断或者缺失 20% 以上。

j）一足的第一趾离断或者缺失；一足除第一趾外的任何二趾离断或者缺失。

k）三个以上足趾离断或者缺失。

l）除第一趾外任何一趾及其相连的跖骨离断或者缺失。

m）肢体皮肤创口或者瘢痕长度累计 45.0cm 以上。

5.9.4 轻伤二级

a）四肢任一大关节功能丧失 10% 以上。

b）四肢重要神经损伤。

c）四肢重要血管破裂。

d）椎骨骨折或者脊椎脱位（尾椎脱位不影响功能的除外）；外伤性椎间盘突出。

e）肢体大关节韧带断裂；半月板破裂。

f）四肢长骨骨折；髌骨骨折。

g）骨骺分离。

h）损伤致肢体大关节脱位。

i）第一趾缺失超过趾间关节；除第一趾外，任何二趾缺失超过趾间关节；一趾缺失。

j）两节趾骨骨折；一节趾骨骨折合并一跖骨骨折。

k）两跖骨骨折或者一跖骨完全骨折；距骨、跟骨、骰骨、楔骨或者足舟骨骨折；跖跗关节脱位。

l）肢体皮肤一处创口或者瘢痕长度 10.0cm 以上；两处以上创口或者瘢痕长度累计 15.0cm 以上。

5.9.5 轻微伤

a）肢体一处创口或者瘢痕长度 1.0cm 以上；两处以上创口或者瘢痕长度累计 1.5cm 以上；刺创深达肌层。

b）肢体关节、肌腱或者韧带损伤。

c）骨挫伤。

d）足骨骨折。

e）外伤致趾甲脱落，甲床暴露；甲床出血。

f）尾椎脱位。

**5.10 手损伤**

5.10.1 重伤一级

a）双手离断、缺失或者功能完全丧失。

5.10.2 重伤二级

a）手功能丧失累计达一手功能 36%。

b）一手拇指挛缩畸形不能对指和握物。

c）一手除拇指外，其余任何三指挛缩畸形，不能对指和握物。

d）一手拇指离断或者缺失超过指间关节。

e）一手示指和中指全部离断或者缺失。

f）一手除拇指外的任何三指离断或者缺失均超过近侧指间关节。

5.10.3 轻伤一级

a）手功能丧失累计达一手功能 16%。

b）一手拇指离断或者缺失未超过指间关节。

c）一手除拇指外的示指和中指离断或者缺失均超过远侧指间关节。

d) 一手除拇指外的环指和小指离断或者缺失均超过近侧指间关节。

5.10.4 轻伤二级

a) 手功能丧失累计达一手功能4%。

b) 除拇指外的一个指节离断或者缺失。

c) 两节指骨线性骨折或者一节指骨粉碎性骨折（不含第2至5指末节）。

d) 舟骨骨折、月骨脱位或者掌骨完全性骨折。

5.10.5 轻微伤

a) 手擦伤面积10.0cm$^2$以上或者挫伤面积6.0cm$^2$以上。

b) 手一处创口或者瘢痕长度1.0cm以上；两处以上创口或者瘢痕长度累计1.5cm以上；刺伤深达肌层

c) 手关节或者肌腱损伤。

d) 腕骨、掌骨或者指骨骨折。

e) 外伤致指甲脱落，甲床暴露；甲床出血。

5.11 体表损伤

5.11.1 重伤二级

a) 挫伤面积累计达体表面积30%。

b) 创口或者瘢痕长度累计200.0cm以上。

5.11.2 轻伤一级

a) 挫伤面积累计达体表面积10%。

b) 创口或者瘢痕长度累计40.0cm以上。

c) 撕脱伤面积100.0cm$^2$以上。

d) 皮肤缺损30.0cm$^2$以上。

5.11.3 轻伤二级

a) 挫伤面积达体表面积6%。

b) 单个创口或者瘢痕长度10.0cm以上；多个创口或者瘢痕长度累计15.0cm以上。

c) 撕脱伤面积50.0cm$^2$以上。

d) 皮肤缺损6.0cm$^2$以上。

5.11.4 轻微伤

a) 擦伤面积20.0cm$^2$以上或者挫伤面积15.0cm$^2$以上。

b) 一处创口或者瘢痕长度1.0cm以上；两处以上创口或者瘢痕长度累计1.5cm以上；刺创深达肌层。

c) 咬伤致皮肤破损。

5.12 其他损伤

5.12.1 重伤一级

a) 深II°以上烧烫伤面积达体表面积70%或者III°面积达30%。

5.12.2 重伤二级

a) II°以上烧烫伤面积达体表面积30%或者III°面积达10%；面积低于上述程度但合并吸入有毒气体中毒或者严重呼吸道烧烫伤。

b) 枪弹创，创道长度累计180.0cm。

c) 各种损伤引起脑水肿（脑肿胀），脑疝形成。

d) 各种损伤引起休克（中度）。

e) 挤压综合征（II级）。

f）损伤引起脂肪栓塞综合征（完全型）。

g）各种损伤致急性呼吸窘迫综合征（重度）。

h）电击伤（II°）。

i）溺水（中度）。

j）脑内异物存留；心脏异物存留。

k）器质性阴茎勃起障碍（重度）。

### 5.12.3 轻伤一级

a）II°以上烧烫伤面积达体表面积20%或者III°面积达5%。

b）损伤引起脂肪栓塞综合征（不完全型）。

c）器质性阴茎勃起障碍（中度）。

### 5.12.4 轻伤二级

a）II°以上烧烫伤面积达体表面积5%或者III°面积达0.5%。

b）呼吸道烧伤。

c）挤压综合征（I级）。

d）电击伤（I°）。

e）溺水（轻度）。

f）各种损伤引起休克（轻度）。

g）呼吸功能障碍，出现窒息征象。

h）面部异物存留；眶内异物存留；鼻窦异物存留。

i）胸腔内异物存留；腹腔内异物存留；盆腔内异物存留。

j）深部组织内异物存留。

k）骨折内固定物损坏需要手术更换或者修复。

l）各种置入式假体装置损坏需要手术更换或者修复。

m）器质性阴茎勃起障碍（轻度）。

### 5.12.5 轻微伤

a）身体各部位骨皮质的砍（刺）痕；轻微撕脱性骨折，无功能障碍。

b）面部I°烧烫伤面积$10.0cm^2$以上；浅II°烧烫伤。

c）颈部I°烧烫伤面积$15.0cm^2$以上；浅II°烧烫伤面积$2.0cm^2$以上。

d）体表I°烧烫伤面积$20.0cm^2$以上；浅II°烧烫伤面积$4.0cm^2$以上；深II°烧烫伤。

### 6 附则

6.1 伤后因其他原因死亡的个体，其生前损伤比照本标准相关条款综合鉴定。

6.2 未列入本标准中的物理性、化学性和生物性等致伤因素造成的人体损伤，比照本标准中的相应条款综合鉴定。

6.3 本标准所称的损伤是指各种致伤因素所引起的人体组织器官结构破坏或者功能障碍。反应性精神病、癔症等，均为内源性疾病，不宜鉴定损伤程度。

6.4 本标准未作具体规定的损伤，可以遵循损伤程度等级划分原则，比照本标准相近条款进行损伤程度鉴定。

6.5 盲管创、贯通创，其创道长度可视为皮肤创口长度，并参照皮肤创口长度相应条款鉴定损伤程度。

6.6 牙折包括冠折、根折和根冠折，冠折须暴露髓腔。

6.7 骨皮质的砍（刺）痕或者轻微撕脱性骨折（无功能障碍）的，不构成本标准所指的轻伤。

**法律适用**

**规章及规范性文件**

6.8 本标准所称大血管是指胸主动脉、主动脉弓分支、肺动脉、肺静脉、上腔静脉和下腔静脉，腹主动脉、髂总动脉、髂外动脉、髂外静脉。

6.9 本标准四肢大关节是指肩、肘、腕、髋、膝、踝等六大关节。

6.10 本标准四肢重要神经是指臂丛及其分支神经（包括正中神经、尺神经、桡神经和肌皮神经等）和腰骶丛及其分支神经（包括坐骨神经、腓总神经、腓浅神经和胫神经等）。

6.11 本标准四肢重要血管是指与四肢重要神经伴行的同名动、静脉。

6.12 本标准幼女或者儿童是指年龄不满 14 周岁的个体。

6.13 本标准所称的假体是指植入体内替代组织器官功能的装置，如：颅骨修补材料、人工晶体、义眼座、固定义齿（种植牙）、阴茎假体、人工关节、起搏器、支架等，但可摘式义眼、义齿等除外。

6.14 移植器官损伤参照相应条款综合鉴定。

6.15 本标准所称组织器官包括再植或者再造成活的。

6.16 组织器官缺失是指损伤当时完全离体或者仅有少量皮肤和皮下组织相连，或者因损伤经手术切除的。器官离断（包括牙齿脱落），经再植、再造手术成功的，按损伤当时情形鉴定损伤程度。

6.17 对于两个部位以上同类损伤可以累加，比照相关部位数值规定高的条款进行评定。

6.18 本标准所涉及的体表损伤数值，0 ~ 6 岁按 50% 计算，7 ~ 10 岁按 60% 计算，11 ~ 14 岁按 80% 计算。

6.19 本标准中出现的数字均含本数。

# 4 组织出卖人体器官案

| 概念 | 本罪是组织他人出卖人体器官的行为。 |
|---|---|

| 立案<br>标准 | 根据《刑法》第234条之一的规定，组织他人出卖人体器官的，应当立案侦查。 |
|---|---|

## 定罪标准

### 犯罪客体

本罪侵犯的客体是复杂客体，其中主要客体是侵犯了公民的身体健康与生命安全，损害公民人格尊严，次要客体是扰乱了国家器官捐献、摘取、移植的正常医疗管理秩序，阻碍了我国器官移植技术事业的发展。《人体器官捐献和移植条例》明确规定，任何组织或者个人不得以任何形式买卖人体器官，不得从事与买卖人体器官有关的活动。

### 犯罪客观方面

本罪在客观方面表现为组织他人出卖人体器官的行为。所谓"组织"，是指行为人实施领导、策划、控制他人进行出卖人体器官的活动。对于"出卖"应作广义理解。组织者一般是以支付器官捐献者一定报酬为诱饵，组织拉拢他人出卖人体器官。这种出卖行为应当是基于受害人本人的同意，即出卖人意识到其行为是出卖人体器官，且对于切除人体器官后对身体造成的影响，也是有认识的。如果受害人并没有上述意识，则组织者是以欺骗等违背他人意思自由的方式获取器官，则超出了"组织他人出卖"的范畴，严重侵害了他人的身体健康权，应按照《刑法》第234条之一第2款的规定，以故意伤害罪或者故意杀人罪处理。

从目前我国器官犯罪的情况来看：一是"器官交易黑中介"组织他人出卖人体器官；二是行为人主要从事收购"器官交易黑中介"所获取的器官，然后再出卖给他人；三是行为人以收购人体器官为主要活动，其收购的对象包含以窃取、伤害、杀害等非法手段而得来的器官，意图从事出卖人体器官活动的行为。第一种行为是典型的"组织他人出卖人体器官"的行为，而后两种行为则主要表现为以出卖为目的，收购人体器官的行为，这两种行为往往与前者有着密切的黑色交易联系。在实践中，人体器官交易的黑市场往往是以一条黑色商业链的形式出现，有别于通常的组织犯罪，因此，本书认为，应将后两种行为也纳入罪的范畴。

### 犯罪主体

本罪的主体为一般主体，即凡年满16周岁且具备刑事责任能力的自然人均能成为本罪的主体。

| | | |
|---|---|---|
| **定罪标准** | **犯罪主观方面** | 本罪在主观方面表现为故意，且一般具有牟利的目的，但构成本罪不以牟利为必要。也就是说，行为人明知自己实施组织他人出卖人体器官的行为会造成他人身体健康损害，甚至丧失生命，以及扰乱国家器官移植医疗管理秩序的结果，而仍决意为之。 |
| | **罪与非罪** | 本罪为行为犯，不以造成损害后果为既遂标准。也就是说，行为人只要有组织他人进行出卖人体器官的行为，无论是否对他人身体健康造成损害，都构成本罪。 |
| | **此罪与彼罪** | 一、本罪和故意伤害罪、故意杀人罪的界限。根据《刑法》第234条之一第2、3款的规定，未经本人同意摘取其器官，或者摘取不满18周岁的人的器官，或者强迫、欺骗他人捐献器官的，以故意伤害罪、故意杀人罪定罪处罚。违背本人生前意愿摘取其尸体器官，或者本人生前未表示同意，违反国家规定，违背其近亲属意愿摘取其尸体器官的，以盗窃、侮辱、故意毁坏尸体罪定罪处罚。<br><br>1. 对非法摘取、骗取人体器官的认定。<br>我国《人体器官捐献和移植条例》规定，人体器官捐献应当遵循自愿、无偿的原则。公民有捐献或者不捐献其人体器官的权利；任何组织或者个人不得强迫、欺骗或者利诱他人捐献人体器官。因此，器官捐献遵循的首要原则是捐献者的自主决定权，包括知情同意权、拒绝权、临时放弃权等。未经本人同意或者强迫、欺骗、利诱他人捐献器官的行为都违背了捐献自愿原则。同时，《人体器官捐献和移植条例》规定，任何组织或者个人不得摘取未满18周岁公民的活体器官用于移植。因此，这表明法律绝对禁止摘取未满18周岁的人的器官，即使法定监护人同意也不允许。《刑法》第234条之一第2款对非法摘取、骗取人体器官的行为，以故意伤害罪、故意杀人罪定罪处罚的规定，是《刑法》严厉打击非法人体器官交易行为之体现。<br><br>2. 对非法摘取尸体器官的认定。<br>由于活体器官供应的短缺，尸体器官成为器官供应的主要来源。违背本人生前意愿摘取其器官，或者直接盗窃尸体以摘取尸体器官成为不法分子获取人体器官的手段。非法摘取尸体器官的行为不仅违反了社会公德、社会伦理，也危害到社会公共秩序的稳定。因此，《刑法》第234条之一第3款对非法摘取尸体器官的行为，以盗窃、侮辱、故意毁坏尸体罪定罪处罚的规定，是《刑法》严厉打击非法摘取尸体器官行为之体现。<br><br>二、本罪和非法经营罪的界限。两罪的区别主要体现在以下几个方面：（1）侵犯客体不同。本罪侵犯的主要客体是公民的身体健康和生命安全；而非法经营罪侵犯的客体是社会主义市场经济秩序。（2）客观方面不同。本罪在客观方面表现为组织他人出卖人体器官。《人体器官捐献和移植条例》明确规定禁止人体器官买卖，因此不存在器官交易的合法经营市场，更无谓"非法经营"人体器官；而非法经营罪在客观方面表现为违反国家规定，从事严重扰乱市场经济秩序的非法经营行为。 |

| 证据参考标准 | 主体方面的证据 | **一、证明行为人刑事责任年龄、身份等自然情况的证据**<br>包括身份证明、户籍证明、任职证明、工作经历证明、特定职责证明等，主要是证明行为人的姓名（曾用名）、性别、出生年月日、民族、籍贯、出生地、职业（或职务）、住所地（或居住地）等证据材料，如户口簿、居民身份证、居住证、工作证、出生证、专业或技术等级证、干部履历表、职工登记表、护照等。<br>对于户籍、出生证等材料内容不实的，应提供其他证据材料。外国人犯罪的案件，应有护照等身份证明材料。人大代表、政协委员犯罪的案件，应注明身份，并附身份证明材料。<br>**二、证明行为人刑事责任能力的证据**<br>证明行为人对自己的行为是否具有辨认能力与控制能力，如是否属于间歇性精神病人、尚未完全丧失辨认或者控制自己行为能力的精神病人的证明材料。 |
|---|---|---|
| | 主观方面的证据 | **证明行为人故意的证据**<br>1. 证明行为人明知的证据：证明行为人明知自己的行为会发生危害社会的结果；2. 证明直接故意的证据：证明行为人希望危害结果发生。 |
| | 客观方面的证据 | **证明行为人组织他人出卖人体器官的行为的证据**<br>具体证据包括：1. 证明行为人策划他人出卖人体器官行为的证据；2. 证明行为人领导他人出卖人体器官行为的证据；3. 证明行为人控制他人出卖人体器官行为的证据；4. 证明行为人组织他人出卖人体器官，情节严重的证据。 |
| | 量刑方面的证据 | **一、法定量刑情节证据**<br>1. 事实情节；2. 法定从重情节；3. 法定从轻或者减轻情节：（1）可以从轻；（2）可以从轻或者减轻；（3）应当从轻或者减轻。4. 法定从轻、减轻或者免除情节：（1）可以从轻、减轻或者免除处罚；（2）应当从轻、减轻或者免除处罚。5. 法定减轻或者免除情节：（1）可以减轻或者免除处罚；（2）应当减轻或者免除处罚；（3）可以免除处罚。<br>**二、酌定量刑情节证据**<br>1. 犯罪手段：组织出卖；2. 犯罪对象；3. 危害结果；4. 动机；5. 平时表现；6. 认罪态度；7. 是否有前科；8. 其他证据。 |
| 量刑标准 | 犯本罪的 | 处五年以下有期徒刑，并处罚金 |
| | 情节严重的 | 处五年以上有期徒刑，并处罚金或者没收财产 |
| | 未经本人同意摘取其器官，或者摘取不满十八周岁的人的器官，或者强迫、欺骗他人捐献器官的 | 依照《刑法》第二百三十四条、第二百三十二条的规定定罪处罚 |
| | 违背本人生前意愿摘取其尸体器官，或者本人生前未表示同意，违反国家规定，违背其近亲属意愿摘取其尸体器官的 | 依照《刑法》第三百零二条的规定定罪处罚 |

| | |
|---|---|
| 刑法条文 | **第二百三十四条之一**　组织他人出卖人体器官的，处五年以下有期徒刑，并处罚金；情节严重的，处五年以上有期徒刑，并处罚金或者没收财产。<br><br>未经本人同意摘取其器官，或者摘取不满十八周岁的人的器官，或者强迫、欺骗他人捐献器官的，依照本法第二百三十四条、第二百三十二条的规定定罪处罚。<br><br>违背本人生前意愿摘取其尸体器官，或者本人生前未表示同意，违反国家规定，违背其近亲属意愿摘取其尸体器官的，依照本法第三百零二条的规定定罪处罚。 |
| 法律适用 相关法律法规 | **《人体器官捐献和移植条例》（节录）**（2023 年 12 月 4 日中华人民共和国国务院令第 767 号公布　自 2024 年 5 月 1 日起施行）<br><br>**第二条**　在中华人民共和国境内从事人体器官捐献和移植，适用本条例；从事人体细胞和角膜、骨髓等人体组织捐献和移植，不适用本条例。<br><br>本条例所称人体器官捐献，是指自愿、无偿提供具有特定生理功能的心脏、肺脏、肝脏、肾脏、胰腺或者小肠等人体器官的全部或者部分用于移植的活动。<br><br>本条例所称人体器官移植，是指将捐献的人体器官植入接受人身体以代替其病损器官的活动。<br><br>**第六条**　任何组织或者个人不得以任何形式买卖人体器官，不得从事与买卖人体器官有关的活动。<br><br>**第七条**　任何组织或者个人对违反本条例规定的行为，有权向卫生健康部门和其他有关部门举报；对卫生健康部门和其他有关部门未依法履行监督管理职责的行为，有权向本级人民政府、上级人民政府有关部门举报。接到举报的人民政府、卫生健康部门和其他有关部门对举报应当及时核实、处理，对实名举报的，应当将处理结果向举报人通报。<br><br>**第八条**　人体器官捐献应当遵循自愿、无偿的原则。<br><br>公民享有捐献或者不捐献其人体器官的权利；任何组织或者个人不得强迫、欺骗或者利诱他人捐献人体器官。<br><br>**第九条**　具有完全民事行为能力的公民有权依法自主决定捐献其人体器官。公民表示捐献其人体器官的意愿，应当采用书面形式，也可以订立遗嘱。公民对已经表示捐献其人体器官的意愿，有权予以撤销。<br><br>公民生前表示不同意捐献其遗体器官的，任何组织或者个人不得捐献、获取该公民的遗体器官；公民生前未表示不同意捐献其遗体器官的，该公民死亡后，其配偶、成年子女、父母可以共同决定捐献，决定捐献应当采用书面形式。<br><br>**第十条**　任何组织或者个人不得获取未满 18 周岁公民的活体器官用于移植。<br><br>**第十一条**　活体器官的接受人限于活体器官捐献人的配偶、直系血亲或者三代以内旁系血亲。<br><br>**第十五条**　医疗机构从事遗体器官获取，应当具备下列条件：<br>（一）有专门负责遗体器官获取的部门以及与从事遗体器官获取相适应的管理人员、执业医师和其他医务人员；<br>（二）有满足遗体器官获取所需要的设备、设施和技术能力；<br>（三）有符合本条例第十八条第一款规定的人体器官移植伦理委员会；<br>（四）有完善的遗体器官获取质量管理和控制等制度。<br><br>从事遗体器官获取的医疗机构同时从事人体器官移植的，负责遗体器官获取的部门应当独立于负责人体器官移植的科室。 |

**法律适用**

**相关法律法规**

　　**第十八条**　人体器官移植伦理委员会由医学、法学、伦理学等方面专家组成，委员会中从事人体器官移植的医学专家不超过委员人数的四分之一。人体器官移植伦理委员会的组成和工作规则，由国务院卫生健康部门制定。

　　人体器官移植伦理委员会收到获取遗体器官审查申请后，应当及时对下列事项进行审查：

　　（一）遗体器官捐献意愿是否真实；

　　（二）有无买卖或者变相买卖遗体器官的情形。

　　经三分之二以上委员同意，人体器官移植伦理委员会方可出具同意获取遗体器官的书面意见。人体器官移植伦理委员会同意获取的，医疗机构方可获取遗体器官。

　　**第十九条**　获取遗体器官，应当在依法判定遗体器官捐献人死亡后进行。从事人体器官获取、移植的医务人员不得参与遗体器官捐献人的死亡判定。

　　获取遗体器官，应当经人体器官捐献协调员见证。获取遗体器官前，从事遗体器官获取的医疗机构应当通知所在地省、自治区、直辖市红十字会。接到通知的红十字会应当及时指派 2 名以上人体器官捐献协调员对遗体器官获取进行见证。

　　从事遗体器官获取的医疗机构及其医务人员应当维护遗体器官捐献人的尊严；获取器官后，应当对遗体进行符合伦理原则的医学处理，除用于移植的器官以外，应当恢复遗体外观。

　　**第二十七条**　实施人体器官移植手术的执业医师应当具备下列条件，经省、自治区、直辖市人民政府卫生健康部门认定，并在执业证书上注明：

　　（一）有与实施人体器官移植手术相适应的专业技术职务任职资格；

　　（二）有与实施人体器官移植手术相适应的临床工作经验；

　　（三）经培训并考核合格。

　　**第二十九条**　从事人体器官移植的医疗机构及其医务人员获取活体器官前，应当履行下列义务：

　　（一）向活体器官捐献人说明器官获取手术的风险、术后注意事项、可能发生的并发症及其预防措施等，并与活体器官捐献人签署知情同意书；

　　（二）查验活体器官捐献人同意捐献其器官的书面意愿、活体器官捐献人与接受人存在本条例第十一条规定关系的证明材料；

　　（三）确认除获取器官产生的直接后果外不会损害活体器官捐献人其他正常的生理功能。

　　从事人体器官移植的医疗机构应当保存活体器官捐献人的医学资料，并进行随访。

　　**第三十条**　医疗机构及其医务人员从事人体器官获取、移植，应当遵守伦理原则和相关技术临床应用管理规范。

　　**第三十一条**　医疗机构及其医务人员获取、移植人体器官，应当对人体器官捐献人和获取的人体器官进行医学检查，对接受人接受人体器官移植的风险进行评估，并采取措施降低风险。

　　**第三十二条**　从事人体器官移植的医疗机构实施人体器官移植手术，除向接受人收取下列费用外，不得收取或者变相收取所移植人体器官的费用：

　　（一）获取活体器官、切除病损器官、植入人体器官所发生的手术费、检查费、检验费等医疗服务费以及药费、医用耗材费；

　　（二）向从事遗体器官获取的医疗机构支付的遗体器官获取成本费用。

　　遗体器官获取成本费用，包括为获取遗体器官而发生的评估、维护、获取、保存、修复和运送等成本。遗体器官获取成本费用的收费原则由国务院卫生健康部门会同国务院发展改革、财政、医疗保障等部门制定，具体收费标准由省、自治区、直辖市人民政府卫生健康部门会同同级发展改革、财政、医疗保障等部门制定。

从事遗体器官获取的医疗机构应当对遗体器官获取成本费用进行单独核算。

**第三十五条** 国家健全行政执法与刑事司法衔接机制，依法查处人体器官捐献和移植中的违法犯罪行为。

**第三十六条** 违反本条例规定，有下列情形之一，构成犯罪的，依法追究刑事责任：

（一）组织他人出卖人体器官；

（二）未经本人同意获取其活体器官，或者获取未满 18 周岁公民的活体器官，或者强迫、欺骗他人捐献活体器官；

（三）违背本人生前意愿获取其遗体器官，或者本人生前未表示同意捐献其遗体器官，违反国家规定，违背其配偶、成年子女、父母意愿获取其遗体器官。

医务人员有前款所列情形被依法追究刑事责任的，由原执业注册部门吊销其执业证书，终身禁止其从事医疗卫生服务。

**第三十七条** 违反本条例规定，买卖人体器官或者从事与买卖人体器官有关活动的，由县级以上地方人民政府卫生健康部门没收违法所得，并处交易额 10 倍以上 20 倍以下的罚款；医疗机构参与上述活动的，还应当由原登记部门吊销该医疗机构的人体器官移植诊疗科目，禁止其 10 年内从事人体器官获取或者申请从事人体器官移植，并对负有责任的领导人员和直接责任人员依法给予处分，情节严重的，由原执业登记部门吊销该医疗机构的执业许可证或者由原备案部门责令其停止执业活动；医务人员参与上述活动的，还应当由原执业注册部门吊销其执业证书，终身禁止其从事医疗卫生服务；构成犯罪的，依法追究刑事责任。

公职人员参与买卖人体器官或者从事与买卖人体器官有关活动的，依法给予撤职、开除处分；构成犯罪的，依法追究刑事责任。

**第三十八条** 医疗机构未办理人体器官移植诊疗科目登记，擅自从事人体器官移植的，由县级以上地方人民政府卫生健康部门没收违法所得，并处违法所得 10 倍以上 20 倍以下的罚款，禁止其 5 年内从事人体器官获取或者申请从事人体器官移植，并对负有责任的领导人员和直接责任人员依法给予处分，对有关医务人员责令暂停 1 年执业活动；情节严重的，还应当由原执业登记部门吊销该医疗机构的执业许可证或者由原备案部门责令其停止执业活动，并由原执业注册部门吊销有关医务人员的执业证书。

医疗机构不再具备本条例第二十三条第二款规定的条件，仍从事人体器官移植的，由原登记部门没收违法所得，并处违法所得 5 倍以上 10 倍以下的罚款，吊销该医疗机构的人体器官移植诊疗科目，禁止其 3 年内从事人体器官获取或者申请从事人体器官移植，并对负有责任的领导人员和直接责任人员依法给予处分；情节严重的，还应当由原执业登记部门吊销该医疗机构的执业许可证，并对有关医务人员责令暂停 6 个月以上 1 年以下执业活动。

**第三十九条** 医疗机构安排不符合本条例第二十七条规定的人员实施人体器官移植手术的，由县级以上地方人民政府卫生健康部门没收违法所得，并处 10 万元以上 50 万元以下的罚款，由原登记部门吊销该医疗机构的人体器官移植诊疗科目，禁止其 3 年内从事人体器官获取或者申请从事人体器官移植，并对负有责任的领导人员和直接责任人员依法给予处分；情节严重的，还应当由原执业登记部门吊销该医疗机构的执业许可证；对有关人员，依照有关医师管理的法律的规定予以处罚。

**第四十条**　医疗机构违反本条例规定，有下列情形之一的，由县级以上地方人民政府卫生健康部门没收违法所得，并处10万元以上50万元以下的罚款，对负有责任的领导人员和直接责任人员依法给予处分，对有关医务人员责令暂停6个月以上1年以下执业活动，并可以由原登记部门吊销该医疗机构的人体器官移植诊疗科目，禁止其3年内从事人体器官获取或者申请从事人体器官移植；情节严重的，还应当由原执业登记部门吊销该医疗机构的执业许可证或者由原备案部门责令其停止执业活动，并可以由原执业注册部门吊销有关医务人员的执业证书：

（一）不具备本条例第十五条第一款规定的条件从事遗体器官获取；

（二）未按照所在地省、自治区、直辖市人民政府卫生健康部门划定的区域提供遗体器官获取服务；

（三）从事人体器官获取、移植的医务人员参与遗体器官捐献人的死亡判定；

（四）未通过分配系统分配遗体器官，或者不执行分配系统分配结果；

（五）使用未经分配系统分配的遗体器官或者来源不明的人体器官实施人体器官移植；

（六）获取活体器官前未依照本条例第二十九条第一款的规定履行说明、查验、确认义务；

（七）以伪造、篡改数据等方式干扰遗体器官分配。

**第四十一条**　违反本条例规定，有下列情形之一的，由县级以上地方人民政府卫生健康部门没收违法所得，并处10万元以上50万元以下的罚款，对负有责任的领导人员和直接责任人员依法给予处分；医疗机构有下列情形之一的，还应当由原登记部门吊销该医疗机构的人体器官移植诊疗科目，禁止其3年内从事人体器官获取或者申请从事人体器官移植，情节严重的，由原执业登记部门吊销该医疗机构的执业许可证或者由原备案部门责令其停止执业活动；医务人员有下列情形之一的，还应当责令其暂停6个月以上1年以下执业活动，情节严重的，由原执业注册部门吊销其执业证书；构成犯罪的，依法追究刑事责任：

（一）以获取遗体器官为目的跨区域转运潜在遗体器官捐献人；

（二）违反本条例第十六条第四款规定，转介潜在遗体器官捐献人的相关信息；

（三）在人体器官捐献和移植中提供虚假材料。

**第四十二条**　医疗机构未经人体器官移植伦理委员会审查同意获取人体器官的，由县级以上地方人民政府卫生健康部门处20万元以上50万元以下的罚款，由原登记部门吊销该医疗机构的人体器官移植诊疗科目，禁止其3年内从事人体器官获取或者申请从事人体器官移植，并对负有责任的领导人员和直接责任人员依法给予处分；情节严重的，还应当由原执业登记部门吊销该医疗机构的执业许可证，并由原执业注册部门吊销有关医务人员的执业证书。

人体器官移植伦理委员会审查获取人体器官申请时违反伦理原则或者出具虚假审查意见，对有关责任人员依法给予处分，由县级以上地方人民政府卫生健康部门终身禁止其从事医学伦理审查活动。

**第四十三条**　医疗机构违反本条例规定，有下列情形之一的，由县级以上地方人民政府卫生健康部门处5万元以上20万元以下的罚款，对负有责任的领导人员和直接责任人员依法给予处分；情节严重的，还应当由原登记部门吊销该医疗机构的人体器官移植诊疗科目，禁止其1年内从事人体器官获取或者申请从事人体器官移植，对有关医务人员责令暂停6个月以上1年以下执业活动：

（一）负责遗体器官获取的部门未独立于负责人体器官移植的科室；

（二）未经人体器官捐献协调员见证实施遗体器官获取；

（三）获取器官后，未依照本条例第十九条第三款的规定对遗体进行符合伦理原则的医学处理，恢复遗体外观；

（四）未依照本条例第三十四条的规定报告人体器官获取、移植实施情况。

**第四十四条** 医疗机构及其医务人员违反本条例规定，有下列情形之一的，依照有关医疗纠纷预防和处理、医疗事故处理的行政法规的规定予以处罚；构成犯罪的，依法追究刑事责任：

（一）未对人体器官捐献人或者获取的人体器官进行医学检查；

（二）未对接受人接受人体器官移植的风险进行评估并采取相应措施；

（三）未遵守相关技术临床应用管理规范。

**第四十五条** 人体器官捐献协调员、医疗机构及其工作人员违反本条例规定，泄露人体器官捐献人、接受人或者申请人体器官移植手术患者个人信息的，依照法律、行政法规关于个人信息保护的规定予以处罚；构成犯罪的，依法追究刑事责任。

**第四十八条** 公职人员在人体器官捐献和移植工作中滥用职权、玩忽职守、徇私舞弊的，依法给予处分；构成犯罪的，依法追究刑事责任。

**第四十九条** 违反本条例规定，给他人造成损害的，依法承担民事责任。

# 5 过失致人重伤案

| | | |
|---|---|---|
| **概念** | | 本罪是指行为人过失伤害他人身体，致人重伤的行为。 |
| **立案 标准** | | 根据《刑法》第 235 条的规定，过失伤害他人致人重伤的，应当立案。<br>　　本罪是结果犯，行为人过失伤害他人，必须造成"重伤"的结果，才构成本罪，予以立案。至于"重伤"的具体标准，是指《刑法》第 95 条规定的几种伤害情形。 |
| **定罪标准** | **犯罪 客体** | 　　本罪侵犯的客体是他人的身体权，身体权是自然人以保持其肢体、器官和其他组织的完整性为内容的人格权。其客体为身体即自然人的躯体，包括四肢、五官及毛发、指甲等。 |
| | **犯罪 客观 方面** | 　　本罪在客观方面表现为非法损害他人身体健康的行为。认定非法损害他人身体健康的行为需要注意两点：（1）构成过失致人重伤罪，法律不仅要求行为人的行为必须造成他人实际的伤害结果，而且要求这种伤害必须达到重伤的程度。如果过失致人轻伤，则不构成犯罪，行为人只承担民事赔偿责任。这也是本罪和故意伤害罪的重要区别之一。对重伤的认定，应当依照《刑法》第 95 条的规定，并参照最高人民法院、最高人民检察院、公安部、国家安全部、司法部发布的《人体损伤程度鉴定标准》，由法医正确地加以鉴定。过失致人重伤罪的鉴定依据、鉴定程序、审查原则和认定标准同故意伤害罪中对重伤的鉴定是相同的。（2）构成过失致人重伤罪，还要求行为人的行为与结果之间有直接因果关系。即行为人的行为直接地、必然地造成了这种重伤结果，行为人的行为是造成这一重伤结果的决定性的、根本的原因。如果重伤结果的产生，并不是由该行为人的行为所直接决定的，也就不能追究行为人过失致人重伤罪的刑事责任。 |
| | **犯罪 主体** | 　　本罪的主体为一般主体，即凡年满 16 周岁且具备刑事责任能力的自然人均能构成本罪。 |
| | **犯罪 主观 方面** | 　　本罪在主观方面表现为过失，包括疏忽大意的过失和过于自信的过失。前者是指应当预见自己的行为可能发生被害人重伤的结果，由于疏忽大意而没有预见；后者是指已经预见而轻信能够避免，以致发生被害人重伤的结果。过失致人重伤罪的本质特征在于：行为人既没有杀人的故意，也没有伤害的故意，只是出于疏忽大意或者过于自信，才造成被害人重伤的结果。如果事实证明行为人对自己行为引起的重伤结果的发生并没有预见，而且根据实际情况也不可能预见，则属于意外事件，行为人主观上没有罪过，因而对重伤不负刑事责任。 |

| | | |
|---|---|---|
| **定罪标准** | **罪与非罪** | 区分罪与非罪的界限，关键看是否构成重伤。<br>本罪与意外事件致人重伤的界限，关键看行为人对他人重伤的结果是否能够预见、应否预见。这需要根据行为人的实际认识能力和行为当时的情况来考察。 |
| | **此罪与彼罪** | 一、本罪与过失致人死亡罪的界限。在司法实践中，对于因过失当场致人重伤，由于伤势过重抢救无效而死亡的案件，更容易被认定为"过失致人重伤罪"。我们认为，这种做法不仅于法无据，而且也不符合犯罪构成原理。"过失伤害致人死亡"，实质上就是过失致人死亡罪。无非是在这种案件中，行为人对他人重伤、死亡的结果都是存在过失。过失致人重伤罪与过失致人死亡罪的区别在于，过失行为最终引起的结果是重伤还是死亡。是重伤的定过失致人重伤罪，是死亡的定过失致人死亡罪。<br>二、本罪与故意伤害罪的界限。如果行为人以轻伤为故意，而过失地导致了他人重伤的，应认定为故意伤害罪，而不应以过失致人重伤罪对行为人定性。 |
| **证据参考标准** | **主体方面的证据** | **一、证明行为人刑事责任年龄、身份等自然情况的证据**<br>包括身份证明、户籍证明、任职证明、工作经历证明、特定职责证明等，主要是证明行为人的姓名（曾用名）、性别、出生年月日、民族、籍贯、出生地、职业（或职务）、住所地（或居所地）等证据材料，如户口簿、居民身份证、居住证、工作证、出生证、专业或技术等级证、干部履历表、职工登记表、护照等。<br>对于户籍、出生证等材料内容不实的，应提供其他证据材料。外国人犯罪的案件，应有护照等身份证明材料。人大代表、政协委员犯罪的案件，应注明身份，并附身份证明材料。<br>**二、证明行为人刑事责任能力的证据**<br>证明行为人对自己的行为是否具有辨认能力与控制能力，如是否属于间歇性精神病人、尚未完全丧失辨认或者控制自己行为能力的精神病人的证明材料。 |
| | **主观方面的证据** | **证明行为人过失的证据**<br>1. 证明行为人应当预见自己的行为可能发生危害社会的结果；2. 证明疏忽大意的过失的证据；3. 证明过于自信的过失的证据。 |
| | **客观方面的证据** | **证明行为人过失致人重伤犯罪行为的证据**<br>具体证据包括：1. 证明行为人过失用发火器伤害他人行为的证据：（1）手枪；（2）步枪；（3）口径枪；（4）钢珠枪。2. 证明行为人过失用爆炸物伤害他人行为的证据：（1）手榴弹；（2）炸药；（3）雷管。3. 证明行为过失用锐器伤害他人行为的证据：（1）尖刀；（2）弹簧刀；（3）刮刀；（4）砍刀。4. 证明行为人过失用钝器伤害他人行为的证据：（1）棍子；（2）铁锤；（3）石块；（4）砖头；（5）木板。5. 证明被害人有过错行为的证据。6. 证明行为人过失致他人肢体残废或者毁人容貌行为的证据。7. 证明行为人过失致他人丧失听觉、视觉或者其他器官机能行为的证据。8. 证明行为人过失致他人身体有重大伤害行为的证据。 |

| 证据参考标准 | 量刑方面的证据 | **一、法定量刑情节证据**<br>1. 事实情节：（1）致人重伤；（2）其他。2. 法定从重情节。3. 法定从轻或者减轻情节：（1）可以从轻；（2）可以从轻或者减轻；（3）应当从轻或者减轻。4. 法定从轻、减轻或者免除情节：（1）可以从轻、减轻或者免除处罚；（2）应当从轻、减轻或者免除处罚。5. 法定减轻或者免除情节：（1）可以减轻或者免除处罚；（2）应当减轻或者免除处罚；（3）可以免除处罚。<br>**二、酌定量刑情节证据**<br>1. 犯罪手段；2. 犯罪对象；3. 危害结果；4. 动机；5. 平时表现；6. 认罪态度；7. 是否有前科；8. 其他证据。 |
|---|---|---|
| 量刑标准 | 犯本罪的 | 处三年以下有期徒刑或者拘役 |
| 法律适用 | 刑法条文 | **第二百三十五条**　过失伤害他人致人重伤的，处三年以下有期徒刑或者拘役。本法另有规定的，依照规定。 |
| | 司法解释 | **一、最高人民法院、最高人民检察院、公安部《关于办理涉窨井盖相关刑事案件的指导意见》（节录）**（2020年3月16日最高人民法院、最高人民检察院、公安部公布　自公布之日起施行　高检发〔2020〕3号）<br>一、盗窃、破坏正在使用中的社会机动车通行道路上的窨井盖，足以使汽车、电车发生倾覆、毁坏危险，尚未造成严重后果的，依照刑法第一百一十七条的规定，以破坏交通设施罪定罪处罚；造成严重后果的，依照刑法第一百一十九条第一款的规定处罚。<br>过失造成严重后果的，依照刑法第一百一十九条第二款的规定，以过失损坏交通设施罪定罪处罚。<br>二、盗窃、破坏人员密集往来的非机动车道、人行道以及车站、码头、公园、广场、学校、商业中心、厂区、社区、院落等生产生活、人员聚集场所的窨井盖，足以危害公共安全，尚未造成严重后果的，依照刑法第一百一十四条的规定，以以危险方法危害公共安全罪定罪处罚；致人重伤、死亡或者使公私财产遭受重大损失的，依照刑法第一百一十五条第一款的规定处罚。<br>过失致人重伤、死亡或者使公私财产遭受重大损失的，依照刑法第一百一十五条第二款的规定，以过失以危险方法危害公共安全罪定罪处罚。<br>三、对于本意见第一条、第二条规定以外的其他场所的窨井盖，明知会造成人员伤亡后果而实施盗窃、破坏行为，致人受伤或者死亡的，依照刑法第二百三十四条、第二百三十二条的规定，分别以故意伤害罪、故意杀人罪定罪处罚。<br>过失致人重伤或者死亡的，依照刑法第二百三十五条、第二百三十三条的规定，分别以过失致人重伤罪、过失致人死亡罪定罪处罚。<br>十、对窨井盖负有管理职责的其他公司、企业、事业单位的工作人员，严重不负责任，导致人员坠井等事故，致人重伤或者死亡，符合刑法第二百三十五条、第二百三十三条规定的，分别以过失致人重伤罪、过失致人死亡罪定罪处罚。 |

十二、本意见所称的"窨井盖",包括城市、城乡结合部和乡村等地的窨井盖以及其他井盖。

**二、最高人民法院《关于依法妥善审理高空抛物、坠物案件的意见》(节录)**

(2019年10月21日最高人民法院公布 自公布之日起施行 法发〔2019〕25号)

4. 充分认识高空抛物、坠物行为的社会危害性。高空抛物、坠物行为损害人民群众人身、财产安全,极易造成人身伤亡和财产损失,引发社会矛盾纠纷。人民法院要高度重视高空抛物、坠物行为的现实危害,深刻认识运用刑罚手段惩治情节和后果严重的高空抛物、坠物行为的必要性和重要性,依法惩治此类犯罪行为,有效防范、坚决遏制此类行为发生。

7. 准确认定高空坠物犯罪。过失导致物品从高空坠落,致人死亡、重伤,符合刑法第二百三十三条、第二百三十五条规定的,依照过失致人死亡罪、过失致人重伤罪定罪处罚。在生产、作业中违反有关安全管理规定,从高空坠落物品,发生重大伤亡事故或者造成其他严重后果的,依照刑法第一百三十四条第一款的规定,以重大责任事故罪定罪处罚。

法律适用 司法解释

# 6 强奸案

**概念**

　　本罪是指违背妇女意志，以暴力、胁迫或者其他手段强行与之性交，或者奸淫不满 14 周岁幼女的行为。

**立案标准**

　　根据《刑法》第 236 条的规定，有下列两种情形之一的，应当以强奸罪立案追究：

　　（1）以暴力、胁迫或者其他手段强奸妇女的；

　　（2）奸淫不满 14 周岁幼女的。

　　本罪是行为犯，只要行为人实施了强奸妇女或者奸淫幼女的行为，就应当立案追究。

| | | |
|---|---|---|
| **定罪标准** | **犯罪客体** | 　　本罪所侵害的客体为妇女的性的不可侵犯的权利。对非典型强奸行为来说，还侵犯了幼女的身心健康。犯罪对象为妇女，既包括年满 18 周岁的成年妇女，又包括年满 14 周岁不满 18 周岁的未成年少女，还包括未满 14 周岁的幼女。对于非典型强奸行为而言，其对象则只能是未满 14 周岁的幼女。至于该妇女是我国公民包括香港、澳门、台湾同胞，还是外国人、无国籍人，以及该妇女作风是否正派，是否为卖淫之女，是否为精神病或痴呆病病人，并不影响本罪成立。 |
| | **犯罪客观方面** | 　　本罪在客观方面表现为违背妇女意志，以暴力、胁迫或其他手段强行与其性交，或者奸淫不满 14 周岁幼女的行为。本罪行为有两种形式：<br>　　一、违背妇女意志，以暴力、胁迫或者其他手段强行与其性交。这种行为，包括以下三个方面：（1）必须具有欲与妇女性交的意思。一般要求行为人将该意思、想法通过言语、行动等以明示的、默示的方法表达出来。（2）与妇女性交的意思表示行为违背了妇女的意志。（3）明知自己欲与妇女性交的意思违背妇女意志，仍然决意采取暴力、胁迫或者其他手段强行与之性交。违背妇女意志仅是妇女主观上对强行与之性交的行为的一种反映，是否真的违背了妇女意志，不能停留在主观标准上，应结合本罪的客观行为方式加以判断，即采取了暴力、胁迫或其他手段以强迫妇女就范。暴力手段，是指对被害妇女的身体直接采取诸如殴打、捆绑、堵嘴巴、卡脖子、撕毁衣服、强拉硬拽甚至伤害等危害妇女人身安全、自由的使被害人不能反抗或不敢反抗的手段。所谓胁迫手段，是指对被害人实施恫吓、威胁等精神强制而使其不敢反抗的手段，如手持凶器，以当场实施杀害、伤害等暴力相威胁；以揭露隐私、毁坏名誉、陷害其亲人相要挟；以封建迷信、谣言等进行恐吓或欺骗；以教养关系、从属关系或职权进行挟持或迫害；利用妇女处于孤立无援的特定环境条件消除其反抗意志致其不敢反抗；等等。所谓其他手段，是指除暴力、胁迫以外的使被害妇女不知反抗或无法反抗的手段，如利用妇女身患重病或者昏睡之机进行奸淫；利用灌酒致醉、药物麻醉、药物刺激等方式进行奸淫；深夜冒充妇女丈夫进行奸淫；利用或假冒为妇女治病进行奸淫；等等，但其共同特征就是使妇女处于不知或无法反抗的境地而对之实施强奸。 |

| 定罪标准 | 犯罪客观方面 | 二、奸淫不满 14 周岁的幼女。只要男方的生殖器与幼女的生殖器接触，即构成本罪既遂。至于其手段，也不要求以暴力、胁迫或其他违背妇女意志的手段才可构成犯罪。行为人只要实施了奸淫行为，不论所采取的是暴力、胁迫，还是欺骗、利诱或者其他手段，亦不论幼女是否同意，只要"明知"是不满 14 周岁的幼女，即应以本行为论处，构成本罪。对于以暴力、胁迫或采取麻醉等强制性手段奸淫的，则应属于本行为的从重处罚情节予以考虑。以暴力、胁迫或其他手段强奸妇女的典型强奸行为和奸淫不满 14 周岁幼女的非典型的以强奸论的行为，既相互区别，又相互联系。一方面，两者具有明显的区别：(1) 对受害人的主观认识内容不同。典型的强奸行为不要求对受害女性的年龄有明确的认识，只要求对与受害人性交的行为违背了妇女的意志有所认识；后者则要求对受害女性的年龄不满 14 周岁有明确的或可能的认识。至于与幼女性交的行为是否得到幼女同意，一律推定违背了幼女意志，不要求进一步加以证明或分析。(2) 行为方式不同。典型的强奸行为必须要求行为人实施了以暴力、胁迫或者其他手段强行与妇女性交从而足以表现该性交违背了受害妇女意志的行为，否则，不能以这种行为论处；非典型的以强奸论的行为，则只要求与幼女发生了性交的行为，即可构成，是否采取了暴力、胁迫或者其他手段不影响对其的认定。(3) 行为对象不同。典型的强奸行为的对象为妇女，通常是年满 14 周岁的妇女，但不排除不满 14 周岁的幼女；非典型行为的对象则必为不满 14 周岁的幼女；等等。另一方面，两者也相互联系，主要表现为：(1) 两者都是男性与女性发生非法的两性关系的行为。(2) 两者都表现为违背了妇女意志。根据两者的区别与联系，凡采取了暴力、胁迫或者其他手段与"明知"已满 14 周岁的妇女性交，则只构成典型强奸行为；采取非暴力、胁迫或者其他手段与明知是未满 14 周岁的幼女性交，则构成非典型的强奸行为；采取暴力、胁迫或者其他手段强行与明知是未满 14 周岁的幼女性交，既符合典型的强奸行为的特征，又符合非典型的强奸行为的特征，由于后者应当承担更重的刑事责任，此时，应以非典型的强奸行为以强奸论，并依法从重追究行为人的刑事责任。 |
|---|---|---|
| | 犯罪主体 | 本罪的主体属特殊主体，即凡达到刑事责任年龄且具有刑事责任能力的男性均可构成本罪。根据《刑法》第 17 条第 1 款规定，已满 14 周岁不满 16 周岁的人强奸妇女包括奸淫幼女的，应当负刑事责任，依照本罪定罪处罚。妇女在共同犯罪中，如果教唆、帮助他人强奸的，应以强奸罪的共犯论处。 |
| | 犯罪主观方面 | 本罪在主观方面必须出于故意且为直接故意，并且具有强行奸淫妇女的目的。但对不满 14 周岁的幼女来说，则只要求为"明知"是不满 14 周岁的幼女，仍然希望与之发生性关系。因为，不满 14 周岁的幼女，无论是生理还是心理都尚未成熟，还不知道男女两性关系的性质、后果，因此，与之发生性关系，不论是否采取暴力、胁迫或其他手段，都可构成本罪。至于明知，则既包括确实实知道其是不满 14 周岁幼女的确实知，又包括认识到其可能是不满 14 周岁幼女的可能知。 |

区分罪与非罪的界限，要注意把握以下几点：

一、未婚男女恋爱中的性行为是否构成本罪，应当具体情况具体分析。(1) 男方征得女方同意，不违背女方意志发生的性行为，不符合强奸罪的构成要件，不能以犯罪论处。(2) 男女双方虽有一定感情基础，但未征得女方同意的情况下，采取暴力、胁迫或者其他手段与女方发生性关系，如果女方提出控告的，对之应当以强奸论，因为这说明其行为已违背了女方的意志，符合本罪的构成要件。但女方未提出控告，表示愿意原谅男方并继续保持恋爱关系或虽然提出了控告，然后又主动要求撤回控告，并表示愿意与男方继续保持恋爱关系甚或结婚的，对之不宜以本罪治罪。(3) 有的男子如果品质恶劣、道德败坏，以恋爱为名，诱奸妇女的，由于其未使女方完全丧失选择是否与男方发生性关系的自由，因此，对之也不能以本罪论处，即使构成犯罪，也应以相关的他罪来处理。

二、通奸后的性行为，是否一律不以犯罪论处，也不能一概而论。通奸，即男女双方没有夫妻关系而发生性关系的行为，多指有配偶的男女双方之间或者已有配偶的一方与他人之间，自愿发生不正当性关系的行为，自然不会违背妇女的意志从而不能以本罪论。但在通奸以后，妇女自愿与行为人发生性关系的意愿发生了变化，不再同意与之发生性关系，此时，行为人如果采取了暴力、胁迫或者其他手段如要把通奸行为泄露出去，而与该妇女发生性关系的，则应以强奸罪追究行为人的刑事责任，而不能再以通奸论。还有一种情况，行为人第一次与女方发生性关系属于强奸，但女方并不告发，并且自愿再与其发生了性关系，有的还发展成恋爱关系甚或通奸关系的，这说明妇女的意志从不愿到自愿已发生了变化，从而使案情的性质亦发生了变化，因此对之也不宜以犯罪论处。

三、利用从属教养关系及职权所发生的性行为是否一定以强奸论，也应具体情况具体分析。如果利用自己与被害人的某种特定关系如从属、教养关系或职权迫使妇女就范，如养父以打骂、虐待、克扣生活费或者断绝生活来源，迫使养女忍辱从奸的；利用职权，该办的不办，不该剥夺的加以剥夺迫使妇女从奸的，都应属于违背妇女意志的胁迫手段，对之应当以强奸论。但行为人仅是利用职权诱惑，女方为了谋取私利不惜以出卖肉体为代价而发生性关系的，属于相互利用，不应以强奸罪治罪。根据《刑法》第259条第2款规定，利用职权、从属关系，以胁迫手段奸淫现役军人的妻子，依照《刑法》第236条的规定即以本罪定罪。如何认定利用职权、从属关系胁迫现役军人的妻子，与认定利用职权、从属关系胁迫其他女性一样，没有什么区别，应当以是否违背妇女的意志为标准，行为足以体现违背妇女意志的，即应以强奸论，否则不足以体现违背妇女意志的，如仅是利用职权引诱，军人的妻子为了获得某种利益而自行同意的，则不能以强奸论。

四、关于奸淫精神病人和呆傻人的问题。对于精神病人包括正在发病期间的间歇性精神病人，由于其已丧失辨认和控制自己行为的能力，这时对之无论采取什么手段，妇女是否同意，与之发生性关系的行为都应视为违背妇女意志而以强奸论。但是间歇性精神病人在精神正常期间，有的轻度精神病人尚未完全丧失辨认和控制自己行为能力，如果愿意与之发生性关系的，则没有违背该妇女的意志，不符合强奸罪的构成，不应以强奸论。对于程度严重的呆傻妇女，如重度智能缺损的痴呆、中度偏上智能缺损的白痴等，已丧失辨认和控制自己的行为能力，不论采取的是利诱还是胁迫等手段，都应以本罪治罪。如果还存在辨认和控制自己行为的能力如属于轻度的愚鲁（鲁钝），中轻偏下智能缺损的痴愚，除非使用了本罪的强制手段，否则不能以强奸罪定罪科刑。应当注意的是，只有行为人明知妇女属精神病人或程度严重的呆傻妇女并利用这种条件进行奸污的才能以强奸论。如果不知道是精神病人或重度呆傻妇女，且精神病人或重度呆傻妇女又同意与之发生性关系的，则也不能认定为本罪。此外，还有一种难以处理的问题就是奸淫"花痴"的行为怎样定性。所谓"花痴"，是指青春型精神病患者。身患此病的人，性欲亢奋，没有羞耻感，喜欢追逐男性并与之发生性行为，因此，应属于丧失了辨认和控制自己行为能力的病人。如果明知是"花痴"，仍主动勾引与其发生性关系的，应当视为违背妇女意志以本罪论处。如果不知是"花痴"与之行奸的，但在行奸过程中觉察出其行为异常仍继续奸淫的，可按本罪治罪科刑，但可从宽处罚。如果行为人不可能确实亦不知道自愿与自己发生性关系的妇女是"花痴"的，则不能以强奸罪追究行为人的刑事责任。

五、对"半推半就"的奸淫行为的认定。所谓"半推半就"，是指行为人与妇女发生性行为时，该妇女既有"就"的一面即同意的表现，又有"推"的一面即不同意的表现。对此类案件应当慎重，要全面查清有关案情，如男女双方平时的关系怎样，性行为发生的时间、地点、环境条件如何，行奸后妇女的态度如何，该妇女的道德品行、生活作风情况等后再作出实事求是的正确判断，切忌草率从事。如果查明"就"是主要的，则属假推真就，这时不能视为违背妇女意志而以该罪治罪科刑。反之，"推"是主要的，即"假就真推"，则应认定为违背了妇女的意志，应当以本罪论处。

六、医生利用职权奸淫患病妇女的，应当具体情况具体分析。如果是以不给其做认真治疗、故意推迟治疗时间等要挟迫使妇女就范的，则应视为以威胁手段强奸妇女。如果是采取抚摸、猥亵、语言调戏等引诱手段勾引妇女与之发生性关系的，则不能以本罪治罪。

七、包办买卖婚姻中的性行为如何认定也是一个应当注意的问题。有的妇女出于父母包办，不情愿地同男方登记了结婚，但拒绝发生性关系，男方于是强迫与之发生性关系的，不宜以强奸论，情节恶劣且女方根本不承认婚姻关系成立要求解除的，可按暴力干涉婚姻自由罪或虐待罪治罪。向有关机关提出撤销其婚姻关系的情况下，仍然采取暴力、胁迫或者其他手段强行奸淫的，一定条件仍可构成本罪。

八、关于丈夫强奸妻子的行为，即所谓"婚内强奸"，是否能够构成本罪，无论是在理论界还是在司法实践中都存在争议。我们认为，对之应当根据案件的具体情况，如当事人之间的婚姻状况，以及行为人的意图、所采取的方法、后果等按照《民法典》《刑法》规定的有关立法意图分别进行处理，有的可能不构成犯罪，有的可能构成他罪，有的可能构成本罪。(1) 在存在合法且正常的婚姻关系下，丈夫采用暴力、胁迫或者其他手段强行与妻子性交的，不能构成本罪。(2) 在非法、不正常的婚姻关系状态下，丈夫违背妻子的根本意志采用暴力、胁迫或者其他手段强行与之发生性关系的，可能构成本罪。(3) 双方婚姻虽然合法成立，男女双方因为感情破裂长期分居，不再发生性关系，或者已经提出离婚诉讼，再无与之发生性关系的意思，丈夫采取暴力、胁迫或者其他手段强行与之发生性关系的，亦可构成本罪。

定罪标准

罪与非罪

| | | |
|---|---|---|
| **定罪标准** | **罪与非罪** | 九、在现实生活中，有的人基于生理原因发生两性畸形变化，从而成为两性畸形人。两性畸形人又有真两性畸形人和假两性畸形人之分。对于真两性畸形人，如果外阴表现为男性特征，其对妇女实施本罪行为的，应当以本罪论处，不能因为其具有女性特征就不加以追究；如外阴表现为女性特征，男子以为是女性对之实施本罪行为的，同样以强奸论，不能因受害人具有男性特征就否定行为人的刑事责任。男性假两性人，其实为男性，外阴部却形同女性，即男性女性化。男子将之作为女性实施本罪行为的，属于对象认识错误，应以强奸未遂论处。如果明知是男性畸形人的，对之采取本罪行为的，不应认定为本罪，构成犯罪，应以他罪如强制猥亵罪、故意伤害罪等治罪。女性假两性人，即实为女性，但外阴部却酷似男性。这种人如果认为自己是男性而对女人实施本罪行为的，仍应以强奸论，不过要以未遂论处。如果知道自己是女性而对其他女性实施本罪行为，构成犯罪的，也应以他罪如强制猥亵、侮辱罪、猥亵儿童罪等依法治罪科刑。男子将之作为女性欲行强奸但见其外阴误认为是男性不再与之发生性关系的，属于对象认识错误，应以强奸罪（未遂）依法追究其刑事责任。<br><br>十、在现实生活中，有的人基于心理的畸形变化而模仿异性穿着、形态行动，如本为男性而按女性梳妆打扮，他人若把其作为女性而实施本罪行为，为对象认识错误，应以本罪未遂定罪处罚；这种男性如果做了变性手术，致使外阴完全像女性的外阴，男性对其实施本罪行为强行奸入的，应以强奸罪既遂论。女性若是模仿男性穿着打扮，对其他女性实施本罪行为，构成犯罪的，不应以本罪论，而应根据具体情况以他罪如强制猥亵、侮辱罪、猥亵儿童罪论处。但是做了变性手术完全男性化的，对其他女性实施强行与之发生关系或者奸淫幼女行为的，应当依本罪追究其刑事责任。<br><br>十一、关于本罪的既遂与未遂，应当根据行为的方式不同而有所不同。对奸淫不满 14 周岁幼女的以强奸论的非典型强奸行为，根据幼女的生理特点，应以男性的生殖器与幼女的生殖器接触为准，一般没有异议。但以暴力、胁迫或者其他手段强奸年满 14 周岁妇女的典型强奸行为而言，其既遂与未遂的标准如何，则有接触说、插入说、射精说等看法。比较而言，插入说更为合理。因此，构成本罪既遂与未遂的标准应以男方的生殖器插入女方的生殖器为准。插入了则为既遂，未插入则为未遂。<br><br>十二、行为人引诱未成年人参加聚众的淫乱活动，构成引诱未成年人聚众淫乱罪。如果引诱未满 14 周岁的幼女参加聚众的淫乱活动，让其与淫乱男性性交的，则又触犯本罪，属想象竞合，对之，应择重罪以本罪依法定罪科刑。 |
| | **此罪与彼罪** | 一、本罪与强制猥亵、侮辱罪的界限。本罪与强制猥亵、侮辱罪在客观方面都可以表现为对妇女强行抠摸、搂抱、接吻等除性交以外的行为。但两者的区别也很明显，主要表现在：（1）犯罪主体不同。本罪的主体为特殊主体，即年满 14 周岁、具备刑事责任能力的男子；而后罪的主体为一般主体，年满 16 周岁、具备刑事责任能力的自然人，不论男女均可构成其罪。年满 14 周岁不满 16 周岁的自然人虽然能构成本罪，但不能构成后罪。（2）有无奸淫的目的不同。这是两者区别的关键所在。本罪必须具有奸淫的目的，即其行为的意图是与之发生性关系，并在此目的的支配下实施了有关行为。未实行性交的行为有的是因意志以外的原因未能得逞，构成未遂；有的则因为同情受害人而自动放弃奸淫行为，从而成立中止；后罪则无奸淫的目的，其是 |

通过除性交以外的有关下流、淫秽的行为以兴奋、满足自己的畸形变态的性欲，或者通过侮辱妇女来寻找刺激、填补精神空虚。即使没有意志以外的原因阻碍，其也不会也不想与被猥亵者发生性关系。（3）行为方式不同。本罪的行为方式表现为采取暴力、胁迫或其他手段强行与妇女性交，或者奸淫幼女的行为。其本质在于与受害人发生性关系，即使有抠摸下身、玩弄生殖器、搂抱、抚摸乳房等的行为，都服从于与受害妇女发生性关系的需要；后罪的行为则表现为强制猥亵，是指除性以外实施的所有淫秽、下流的行为，如裸体表演、裸体共浴、裸体按摩以及裸体或非裸体的抠摸下身、玩弄生殖器、吸吮、亲吻、搂抱、舌舔、抚摸乳房、鸡奸等。侮辱，则是指出于流氓动机，为了寻找刺激、调戏取乐而针对不特定妇女实施的有损于妇女人格的行为，如追逐、堵截妇女；偷剪妇女发辫、衣服；在公共场所故意用生殖器顶撞妇女的身体；用污物、脏水对妇女身上涂抹、泼洒等。（4）所侵害的客体不同。本罪所侵害的客体为妇女的性的不可侵犯的权利和未满14周岁幼女的身心健康；后罪所侵害的客体则为他人或妇女的人格尊严。行为人首先出于猥亵妇女的故意，后来又强行与之发生性关系，或者在对妇女强奸后又实施了一些猥亵行为的，属吸收犯，轻行为猥亵行为为重行为强奸行为所吸收，应当以本罪依法定罪处罚。

二、本罪与猥亵儿童罪的界限。奸淫不满14周岁幼女的强奸行为与猥亵儿童的行为，都可能表现为抠摸下身、吸吮、搂抱等行为，且都不需要采取暴力、胁迫或者其他手段等强制性方法，有相似之处。但两者之间有本质的不同，主要有：（1）行为的主体不同。前行为的实施主体为男子，后行为的主体既可以为男子也可以是女子；前行为的主体年满14周岁即可构成犯罪，后行为的主体则要求年满16周岁才能构成其罪。（2）有无奸淫的目的不同。前行为的目的在于奸淫不满14周岁的幼女，即与之发生性关系；后行为则无此目的，其是为了通过猥亵儿童来满足、兴奋自己的畸形、变态的性欲。（3）行为的方式不同。前行为的方式为奸淫的行为，只能发生在异性之间；后行为的方式则为除性关系以外的所有淫秽、下流行为，既可以发生在异性之间，也可以发生在同性之间。（4）所侵害的对象不同。前行为所侵害的对象为未满14周岁的幼女；后行为所侵害的对象则为未满14周岁的儿童，既可以是女性儿童即幼女，又可以是男性儿童。行为人在奸淫幼女的前后，实施了抠摸幼女下身、要幼女为之玩弄、吸吮生殖器等猥亵行为的，属吸收犯，后行为被前行为所吸收，应以吸收行为即前行为构成的本罪依法追究行为人的刑事责任。

三、本罪与聚众淫乱罪的界限。本罪与聚众淫乱罪都可能基于奸淫的目的而发生性交关系，有相似之处。但二者之间有明显的区别，主要表现在以下几个方面：（1）主体不同。本罪的主体为年满14周岁、具有刑事责任能力的男人；后者为年满16周岁、具备刑事责任能力的人，既包括男人，又包括女人。（2）主观目的不同。本罪行为人的目的在于与受害女性发生性交关系，受害女性则无与行为人性交的意图，即性交行为违背了其意志；后罪则是出于淫乱之目的。淫乱，并不一定性交，即使男女双方性交，也是双方出于自愿。此时，双方有与对方性交淫乱的意图，都是为了寻求无耻下流的感官、精神刺激，以填补精神空虚，发泄其无聊情绪。（3）行为方式不同。本罪的行为方式为以暴力、胁迫或者其他手段强行与妇女性交或者奸淫幼女；后罪的行为方式则为聚众淫乱或多次参加淫乱。聚众，是指聚集、纠合3人以上的多人一起进行淫乱。淫乱，则是指男女之间、男性之间、女性之间的一切有关性的

| 定罪标准 | 此罪与彼罪 | 活动及行为。(4) 有无犯罪对象不同。本罪必有对象，为妇女。对于奸淫不满 14 周岁幼女的非典型强奸行为来说，其对象还仅限于未满 14 周岁的幼女；后罪则无行为对象。(5) 所侵害的客体不同。本罪所侵害的客体为妇女的性的自由意志或幼女的身心健康，属于人身权利的范畴；后罪所侵害的客体为社会公共秩序及良好的道德风尚。聚众淫乱活动中，有的男子如果采取暴力、胁迫或者其他手段强迫不愿参加淫乱活动的女性与自己或他人性交，或者奸淫其中不满 14 周岁的幼女的，又构成本罪，两者若存在牵连关系，如为使某妇女参加淫乱，对之强奸，致使妇女参加并发展为自愿，则应择重罪以本罪定罪处罚。否则，不存在牵连关系的，则应实行数罪并罚。<br><br>四、本罪与侮辱尸体罪的界限。本罪与侮辱尸体罪明显不同，一般不会发生混淆。但有时候，如行为人出于抢劫、故意杀人等目的杀害妇女后，又对其尸体进行奸淫的，奸淫尸体行为如果构成犯罪，就应以抢劫罪、故意杀人罪与侮辱尸体罪实行并罚。行为人采取暴力手段强奸妇女致其死亡，或者遭遇反抗将其杀害后又奸尸的，奸尸这一侮辱行为应为强奸行为所吸收，不再成立独立之罪。行为人以为妇女已经死亡，而对之进行奸淫，不想妇女处于假死状态，这时，应以侮辱尸体罪依法追究行为人的刑事责任，而不构成本罪。但在妇女醒后仍然强行对之奸淫，或见之并未死亡，仍趁其昏迷等对之进行奸淫的，则应以本罪依法定罪科刑。<br><br>五、本罪与抢劫、盗窃罪的界限。行为人使用暴力、胁迫或者其他手段对妇女实施强奸、抢劫行为的，应当实行并罚。行为人出于抢劫的意图将妇女杀死后又奸尸的，应以抢劫罪与侮辱尸体罪并罚。行为人出于奸淫的意图而以暴力强奸妇女致其死亡，尔后又趁机拿走财物，数额较大的，应以强奸罪与盗窃罪实行并罚。当然，行为人先有取财意图，采用暴力强奸妇女致其死亡尔后取走财物的，则应以强奸罪与抢劫罪实行并罚。 |
|---|---|---|
| 证据参考标准 | 主体方面的证据 | **一、证明行为人刑事责任年龄、身份等自然情况的证据**<br>包括身份证明、户籍证明、任职证明、工作经历证明、特定职责证明等，主要是证明行为人的姓名（曾用名）、性别、出生年月日、民族、籍贯、出生地、职业（或职务）、住所地（或居所地）等证据材料，如户口簿、居民身份证、居住证、工作证、出生证、专业或技术等级证、干部履历表、职工登记表、护照等。<br>对于户籍、出生证等材料内容不实的，应提供其他证据材料。外国人犯罪的案件，应有护照等身份证明材料。人大代表、政协委员犯罪的案件，应注明身份，并附身份证明材料。<br>**二、证明行为人刑事责任能力的证据**<br>证明行为人对自己的行为是否具有辨认能力与控制能力，如是否属于间歇性精神病人、尚未完全丧失辨认或者控制自己行为能力的精神病人的证明材料。 |
| | 主观方面的证据 | **证明行为人故意的证据**<br>1. 证明行为人明知的证据：证明行为人明知自己的行为会发生危害社会的结果。<br>2. 证明直接故意的证据：证明行为人希望危害结果发生。3. 目的：强行与妇女发生性交。 |

| 证据参考标准 | 客观方面的证据 | **证明行为人强奸犯罪行为的证据**<br>　　具体证据包括：1. 证明行为人使用暴力手段强奸妇女行为的证据：（1）使用捆绑手段；（2）使用堵嘴手段；（3）使用蒙头手段；（4）使用卡脖子手段；（5）使用按倒手段。2. 证明行为人使用胁迫手段强奸妇女行为的证据：（1）使用凶器威吓手段；（2）扬言行凶报复手段；（3）揭发其隐私手段；（4）毁坏名誉手段；（5）以加害亲属相威胁手段；（6）利用封建迷信进行恐吓、欺骗手段；（7）利用教养关系、从属关系、职务权力等进行要挟、迫害等手段。3. 证明行为人使用其他手段强奸妇女行为的证据：（1）利用妇女患重病或者熟睡之机、乘人之危手段；（2）利用醉酒手段；（3）利用药物麻醉手段；（4）利用药物刺激手段。4. 证明行为人强奸妇女情节恶劣行为的证据。5. 证明行为人强奸妇女多人行为的证据。6. 证明行为人在公共场所当众强奸妇女行为的证据。7. 证明行为人二人以上轮奸妇女行为的证据。8. 证明致使被害人重伤、死亡或者造成其他严重后果行为的证据。 |
|---|---|---|
| | 量刑方面的证据 | **一、法定量刑情节证据**<br>　　1. 事实情节：（1）情节恶劣；（2）严重后果。2. 法定从重情节。3. 法定从轻或者减轻情节：（1）可以从轻；（2）可以从轻或者减轻；（3）应当从轻或者减轻。4. 法定从轻、减轻或者免除情节：（1）可以从轻、减轻或者免除处罚；（2）应当从轻、减轻或者免除处罚。5. 法定减轻或者免除情节：（1）可以减轻或者免除处罚；（2）应当减轻或者免除处罚；（3）可以免除处罚。<br>　　**二、酌定量刑情节证据**<br>　　1. 犯罪手段：（1）暴力；（2）胁迫。2. 犯罪对象。3. 危害结果。4. 动机。5. 平时表现。6. 认罪态度。7. 是否有前科。8. 其他证据。 |

| 量刑标准 | 犯本罪的 | 处三年以上十年以下有期徒刑 |
|---|---|---|
| | 强奸妇女、奸淫幼女情节恶劣的；强奸妇女、奸淫幼女多人的；在公共场所当众强奸妇女、奸淫幼女的；二人以上轮奸的；奸淫不满十周岁的幼女或者造成幼女伤害的；致使被害人重伤、死亡或者造成其他严重后果的 | 处十年以上有期徒刑、无期徒刑或者死刑 |
| | 奸淫不满十四周岁的幼女的 | 从重处罚 |

| 法律适用 | 刑法条文 | **第二百三十六条**　以暴力、胁迫或者其他手段强奸妇女的，处三年以上十年以下有期徒刑。<br>　　奸淫不满十四周岁的幼女的，以强奸论，从重处罚。<br>　　强奸妇女、奸淫幼女，有下列情形之一的，处十年以上有期徒刑、无期徒刑或者死刑：<br>　　（一）强奸妇女、奸淫幼女情节恶劣的；<br>　　（二）强奸妇女、奸淫幼女多人的；<br>　　（三）在公共场所当众强奸妇女、奸淫幼女的；<br>　　（四）二人以上轮奸的；<br>　　（五）奸淫不满十周岁的幼女或者造成幼女伤害的；<br>　　（六）致使被害人重伤、死亡或者造成其他严重后果的。 |
|---|---|---|

法律适用

司法解释

**一、最高人民法院、最高人民检察院、公安部、司法部《关于办理性侵害未成年人刑事案件的意见》**（2023 年 5 月 24 日最高人民法院、最高人民检察院、公安部、司法部公布 自 2023 年 6 月 1 日起施行 高检发〔2023〕4 号）

为深入贯彻习近平法治思想，依法惩治性侵害未成年人犯罪，规范办理性侵害未成年人刑事案件，加强未成年人司法保护，根据《中华人民共和国刑法》《中华人民共和国刑事诉讼法》《中华人民共和国未成年人保护法》等相关法律规定，结合司法实际，制定本意见。

### 一、总　　则

第一条　本意见所称性侵害未成年人犯罪，包括《中华人民共和国刑法》第二百三十六条、第二百三十六条之一、第二百三十七条、第三百五十八条、第三百五十九条规定的针对未成年人实施的强奸罪，负有照护职责人员性侵罪，强制猥亵、侮辱罪，猥亵儿童罪，组织卖淫罪，强迫卖淫罪，协助组织卖淫罪，引诱、容留、介绍卖淫罪，引诱幼女卖淫罪等。

第二条　办理性侵害未成年人刑事案件，应当坚持以下原则：

（一）依法从严惩处性侵害未成年人犯罪；

（二）坚持最有利于未成年人原则，充分考虑未成年人身心发育尚未成熟、易受伤害等特点，切实保障未成年人的合法权益；

（三）坚持双向保护原则，对于未成年人实施性侵害未成年人犯罪的，在依法保护未成年被害人的合法权益时，也要依法保护未成年犯罪嫌疑人、未成年被告人的合法权益。

第三条　人民法院、人民检察院、公安机关应当确定专门机构或者指定熟悉未成年人身心特点的专门人员，负责办理性侵害未成年人刑事案件。未成年被害人系女性的，应当有女性工作人员参与。

法律援助机构应当指派熟悉未成年人身心特点的律师为未成年人提供法律援助。

第四条　人民法院、人民检察院在办理性侵害未成年人刑事案件中发现社会治理漏洞的，依法提出司法建议、检察建议。

人民检察院依法对涉及性侵害未成年人的诉讼活动等进行监督，发现违法情形的，应当及时提出监督意见。发现未成年人合法权益受到侵犯，涉及公共利益的，应当依法提起公益诉讼。

### 二、案件办理

第五条　公安机关接到未成年人被性侵害的报案、控告、举报，应当及时受理，迅速审查。符合刑事立案条件的，应当立即立案侦查，重大、疑难、复杂案件立案审查期限原则上不超过七日。具有下列情形之一，公安机关应当在受理后直接立案侦查：

（一）精神发育明显迟滞的未成年人或者不满十四周岁的未成年人怀孕、妊娠终止或者分娩的；

（二）未成年人的生殖器官或者隐私部位遭受明显非正常损伤的；

（三）未成年人被组织、强迫、引诱、容留、介绍卖淫的；

（四）其他有证据证明性侵害未成年人犯罪发生的。

第六条　公安机关发现可能有未成年人被性侵害或者接报相关线索的，无论案件是否属于本单位管辖，都应当及时采取制止侵害行为、保护被害人、保护现场等紧急措施。必要时，应当通报有关部门对被害人予以临时安置、救助。

**第七条** 公安机关受理案件后，经过审查，认为有犯罪事实需要追究刑事责任，但因犯罪地、犯罪嫌疑人无法确定，管辖权不明的，受理案件的公安机关应当先立案侦查，经过侦查明确管辖后，及时将案件及证据材料移送有管辖权的公安机关。

**第八条** 人民检察院、公安机关办理性侵害未成年人刑事案件，应当坚持分工负责、互相配合、互相制约，加强侦查监督与协作配合，健全完善信息双向共享机制，形成合力。在侦查过程中，公安机关可以商请人民检察院就案件定性、证据收集、法律适用、未成年人保护要求等提出意见建议。

**第九条** 人民检察院认为公安机关应当立案侦查而不立案侦查的，或者被害人及其法定代理人、对未成年人负有特殊职责的人员据此向人民检察院提出异议，经审查其诉求合理的，人民检察院应当要求公安机关说明不立案的理由。人民检察院认为不立案理由不成立的，应当通知公安机关立案，公安机关接到通知后应当立案。

**第十条** 对性侵害未成年人的成年犯罪嫌疑人、被告人，应当依法从严把握适用非羁押强制措施，依法追诉，从严惩处。

**第十一条** 公安机关办理性侵害未成年人刑事案件，在提请批准逮捕、移送起诉时，案卷材料中应当包含证明案件来源与案发过程的有关材料和犯罪嫌疑人归案（抓获）情况的说明等。

**第十二条** 人民法院、人民检察院办理性侵害未成年人案件，应当及时告知未成年被害人及其法定代理人或者近亲属有权委托诉讼代理人，并告知其有权依法申请法律援助。

**第十三条** 人民法院、人民检察院、公安机关办理性侵害未成年人刑事案件，除有碍案件办理的情形外，应当将案件进展情况、案件处理结果及时告知未成年被害人及其法定代理人，并对有关情况予以说明。

**第十四条** 人民法院确定性侵害未成年人刑事案件开庭日期后，应当将开庭的时间、地点通知未成年被害人及其法定代理人。

**第十五条** 人民法院开庭审理性侵害未成年人刑事案件，未成年被害人、证人一般不出庭作证。确有必要出庭的，应当根据案件情况采取不暴露外貌、真实声音等保护措施，或者采取视频等方式播放询问未成年人的录音录像，播放视频亦应当采取技术处理等保护措施。

被告人及其辩护人当庭发问的方式或者内容不当，可能对未成年被害人、证人造成身心伤害的，审判长应当及时制止。未成年被害人、证人在庭审中出现恐慌、紧张、激动、抗拒等影响庭审正常进行的情形的，审判长应当宣布休庭，并采取相应的情绪安抚疏导措施，评估未成年被害人、证人继续出庭作证的必要性。

**第十六条** 办理性侵害未成年人刑事案件，对于涉及未成年人的身份信息及可能推断出身份信息的资料和涉及性侵害的细节等内容，审判人员、检察人员、侦查人员、律师及参与诉讼、知晓案情的相关人员应当保密。

对外公开的诉讼文书，不得披露未成年人身份信息及可能推断出身份信息的其他资料，对性侵害的事实必须以适当方式叙述。

办案人员到未成年人及其亲属所在学校、单位、住所调查取证的，应当避免驾驶警车、穿着制服或者采取其他可能暴露未成年人身份、影响未成年人名誉、隐私的方式。

**第十七条** 知道或者应当知道对方是不满十四周岁的幼女，而实施奸淫等性侵害行为的，应当认定行为人"明知"对方是幼女。

对不满十二周岁的被害人实施奸淫等性侵害行为的，应当认定行为人"明知"对方是幼女。

对已满十二周岁不满十四周岁的被害人，从其身体发育状况、言谈举止、衣着特征、生活作息规律等观察可能是幼女，而实施奸淫等性侵害行为的，应当认定行为人"明知"对方是幼女。

**第十八条** 在校园、游泳馆、儿童游乐场、学生集体宿舍等公共场所对未成年人实施强奸、猥亵犯罪，只要有其他多人在场，不论在场人员是否实际看到，均可以依照刑法第二百三十六条第三款、第二百三十七条的规定，认定为在公共场所"当众"强奸、猥亵。

**第十九条** 外国人在中华人民共和国领域内实施强奸、猥亵未成年人等犯罪的，在依法判处刑罚时，可以附加适用驱逐出境。对于尚不构成犯罪但构成违反治安管理行为的，或者有性侵害未成年人犯罪记录不适宜在境内继续停留居留的，公安机关可以依法适用限期出境或者驱逐出境。

**第二十条** 对性侵害未成年人的成年犯罪分子严格把握减刑、假释、暂予监外执行的适用条件。纳入社区矫正的，应当严管严控。

### 三、证据收集与审查判断

**第二十一条** 公安机关办理性侵害未成年人刑事案件，应当依照法定程序，及时、全面收集固定证据。对与犯罪有关的场所、物品、人身等及时进行勘验、检查，提取与案件有关的痕迹、物证、生物样本；及时调取与案件有关的住宿、通行、银行交易记录等书证，现场监控录像等视听资料，手机短信、即时通讯记录、社交软件记录、手机支付记录、音视频、网盘资料等电子数据。视听资料、电子数据等证据因保管不善灭失的，应当向原始数据存储单位重新调取，或者提交专业机构进行技术性恢复、修复。

**第二十二条** 未成年被害人陈述、未成年证人证言中提到其他犯罪线索，属于公安机关管辖的，公安机关应当及时调查核实；属于其他机关管辖的，应当移送有管辖权的机关。

具有密切接触未成年人便利条件的人员涉嫌性侵害未成年人犯罪的，公安机关应当注意摸排犯罪嫌疑人可能接触到的其他未成年人，以便全面查清犯罪事实。

对于发生在犯罪嫌疑人住所周边或者相同、类似场所且犯罪手法雷同的性侵害案件，符合并案条件的，应当及时并案侦查，防止遗漏犯罪事实。

**第二十三条** 询问未成年被害人，应当选择"一站式"取证场所、未成年人住所或者其他让未成年人心理上感到安全的场所进行，并通知法定代理人到场。法定代理人不能到场或者不宜到场的，应当通知其他合适成年人到场，并将相关情况记录在案。

询问未成年被害人，应当采取和缓的方式，以未成年人能够理解和接受的语言进行。坚持一次询问原则，尽可能避免多次反复询问，造成次生伤害。确有必要再次询问的，应当针对确有疑问需要核实的内容进行。

询问女性未成年被害人应当由女性工作人员进行。

**第二十四条** 询问未成年被害人应当进行同步录音录像。录音录像应当全程不间断进行，不得选择性录制，不得剪接、删改。录音录像声音、图像应当清晰稳定，被询问人面部应当清楚可辨，能够真实反映未成年被害人回答询问的状态。录音录像应当随案移送。

**第二十五条** 询问未成年被害人应当问明与性侵害犯罪有关的事实及情节，包括被害人的年龄等身份信息、与犯罪嫌疑人、被告人交往情况、侵害方式、时间、地点、次数、后果等。

询问尽量让被害人自由陈述，不得诱导，并将提问和未成年被害人的回答记录清楚。记录应当保持未成年人的语言特点，不得随意加工或者归纳。

第二十六条　未成年被害人陈述和犯罪嫌疑人、被告人供述中具有特殊性、非亲历不可知的细节，包括身体特征、行为特征和环境特征等，办案机关应当及时通过人身检查、现场勘查等调查取证方法固定证据。

第二十七条　能够证实未成年被害人和犯罪嫌疑人、被告人相识交往、矛盾纠纷及其异常表现、特殊癖好等情况，对完善证据链条、查清全部案情具有证明作用的证据，应当全面收集。

第二十八条　能够证实未成年人被性侵害后心理状况或者行为表现的证据，应当全面收集。未成年被害人出现心理创伤、精神抑郁或者自杀、自残等伤害后果的，应当及时检查、鉴定。

第二十九条　认定性侵害未成年人犯罪，应当坚持事实清楚，证据确实、充分，排除合理怀疑的证明标准。对案件事实的认定要立足证据，结合经验常识，考虑性侵害案件的特殊性和未成年人的身心特点，准确理解和把握证明标准。

第三十条　对未成年被害人陈述，应当着重审查陈述形成的时间、背景，被害人年龄、认知、记忆和表达能力，生理和精神状态是否影响陈述的自愿性、完整性，陈述与其他证据之间能否相互印证，有无矛盾。

低龄未成年人对被侵害细节前后陈述存在不一致的，应当考虑其身心特点，综合判断其陈述的主要事实是否客观、真实。

未成年被害人陈述了与犯罪嫌疑人、被告人或者性侵害事实相关的非亲历不可知的细节，并且可以排除指认、诱证、诬告、陷害可能的，一般应当采信。

未成年被害人询问笔录记载的内容与询问同步录音录像记载的内容不一致的，应当结合同步录音录像记载准确客观认定。

对未成年证人证言的审查判断，依照本条前四款规定进行。

第三十一条　对十四周岁以上未成年被害人真实意志的判断，不以其明确表示反对或者同意为唯一证据，应当结合未成年被害人的年龄、身体状况、被侵害前后表现以及双方关系、案发环境、案发过程等进行综合判断。

### 四、未成年被害人保护与救助

第三十二条　人民法院、人民检察院、公安机关办理性侵害未成年人刑事案件，应当根据未成年被害人的实际需要及当地情况，协调有关部门为未成年被害人提供心理疏导、临时照料、医疗救治、转学安置、经济帮扶等救助保护措施。

第三十三条　犯罪嫌疑人到案后，办案人员应当第一时间了解其有无艾滋病，发现犯罪嫌疑人患有艾滋病的，在征得未成年被害人监护人同意后，应当及时配合或者会同有关部门对未成年被害人采取阻断治疗等保护措施。

第三十四条　人民法院、人民检察院、公安机关办理性侵害未成年人刑事案件，发现未成年人的父母或者其他监护人不依法履行监护职责或者侵犯未成年人合法权益的，应当予以训诫，并书面督促其依法履行监护职责。必要时，可以责令未成年人父母或者其他监护人接受家庭教育指导。

第三十五条　未成年人受到监护人性侵害，其他具有监护资格的人员、民政部门等有关单位和组织向人民法院提出申请，要求撤销监护人资格，另行指定监护人的，人民法院依法予以支持。

有关个人和组织未及时向人民法院申请撤销监护人资格的，人民检察院可以依法督促、支持其提起诉讼。

**第三十六条**  对未成年人因被性侵害而造成人身损害，不能及时获得有效赔偿，生活困难的，人民法院、人民检察院、公安机关可会同有关部门，优先考虑予以救助。

五、其　他

**第三十七条**  人民法院、人民检察院、公安机关、司法行政机关应当积极推动侵害未成年人案件强制报告制度落实。未履行报告义务造成严重后果的，应当依照《中华人民共和国未成年人保护法》等法律法规追究责任。

**第三十八条**  人民法院、人民检察院、公安机关、司法行政机关应当推动密切接触未成年人相关行业依法建立完善准入查询性侵害违法犯罪信息制度，建立性侵害违法犯罪人员信息库，协助密切接触未成年人单位开展信息查询工作。

**第三十九条**  办案机关应当建立完善性侵害未成年人案件"一站式"办案救助机制，通过设立专门场所、配置专用设备、完善工作流程和引入专业社会力量等方式，尽可能一次性完成询问、人身检查、生物样本采集、侦查辨认等取证工作，同步开展救助保护工作。

六、附　则

**第四十条**  本意见自 2023 年 6 月 1 日起施行。本意见施行后，《最高人民法院、最高人民检察院、公安部、司法部关于依法惩治性侵害未成年人犯罪的意见》（法发〔2013〕12 号）同时废止。

**二、最高人民法院、最高人民检察院《关于办理强奸、猥亵未成年人刑事案件适用法律若干问题的解释》（节录）**（2023 年 5 月 24 日最高人民法院、最高人民检察院公布　自 2023 年 6 月 1 日起施行　法释〔2023〕3 号）

**第一条**  奸淫幼女的，依照刑法第二百三十六条第二款的规定从重处罚。具有下列情形之一的，应当适用较重的从重处罚幅度：

（一）负有特殊职责的人员实施奸淫的；

（二）采用暴力、胁迫等手段实施奸淫的；

（三）侵入住宅或者学生集体宿舍实施奸淫的；

（四）对农村留守女童、严重残疾或者精神发育迟滞的被害人实施奸淫的；

（五）利用其他未成年人诱骗、介绍、胁迫被害人的；

（六）曾因强奸、猥亵犯罪被判处刑罚的。

强奸已满十四周岁的未成年女性，具有前款第一项、第三项至第六项规定的情形之一，或者致使被害人轻伤、患梅毒、淋病等严重性病的，依照刑法第二百三十六条第一款的规定定罪，从重处罚。

**第二条**  强奸已满十四周岁的未成年女性或者奸淫幼女，具有下列情形之一的，应当认定为刑法第二百三十六条第三款第一项规定的"强奸妇女、奸淫幼女情节恶劣"：

（一）负有特殊职责的人员多次实施强奸、奸淫的；

（二）有严重摧残、凌辱行为的；

（三）非法拘禁或者利用毒品诱骗、控制被害人的；

（四）多次利用其他未成年人诱骗、介绍、胁迫被害人的；

（五）长期实施强奸、奸淫的；

（六）奸淫精神发育迟滞的被害人致使怀孕的；

（七）对强奸、奸淫过程或者被害人身体隐私部位制作视频、照片等影像资料，以此胁迫对被害人实施强奸、奸淫，或者致使影像资料向多人传播，暴露被害人身份的；

法律适用

司法解释

（八）其他情节恶劣的情形。

**第三条** 奸淫幼女，具有下列情形之一的，应当认定为刑法第二百三十六条第三款第五项规定的"造成幼女伤害"：

（一）致使幼女轻伤的；

（二）致使幼女患梅毒、淋病等严重性病的；

（三）对幼女身心健康造成其他伤害的情形。

**第四条** 强奸已满十四周岁的未成年女性或者奸淫幼女，致使其感染艾滋病病毒的，应当认定为刑法第二百三十六条第三款第六项规定的"致使被害人重伤"。

**第六条** 对已满十四周岁的未成年女性负有特殊职责的人员，利用优势地位或者被害人孤立无援的境地，迫使被害人与其发生性关系的，依照刑法第二百三十六条的规定，以强奸罪定罪处罚。

**第十一条** 强奸、猥亵未成年人的成年被告人认罪认罚的，是否从宽处罚及从宽幅度应当从严把握。

**第十二条** 对强奸未成年人的成年被告人判处刑罚时，一般不适用缓刑。

对于判处刑罚同时宣告缓刑的，可以根据犯罪情况，同时宣告禁止令，禁止犯罪分子在缓刑考验期限内从事与未成年人有关的工作、活动，禁止其进入中小学校、幼儿园及其他未成年人集中的场所。确因本人就学、居住等原因，经执行机关批准的除外。

**第十三条** 对于利用职业便利实施强奸、猥亵未成年人等犯罪的，人民法院应当依法适用从业禁止。

**第十四条** 对未成年人实施强奸、猥亵等犯罪造成人身损害的，应当赔偿医疗费、护理费、交通费、营养费、住院伙食补助费等为治疗和康复支付的合理费用，以及因误工减少的收入。

根据鉴定意见、医疗诊断书等证明需要对未成年人进行精神心理治疗和康复，所需的相关费用，应当认定为前款规定的合理费用。

**三、最高人民法院、最高人民检察院《关于常见犯罪的量刑指导意见（试行）》（节录）**（2021 年 6 月 16 日最高人民法院、最高人民检察院公布 自 2021 年 7 月 1 日起施行 法发〔2021〕21 号）

**四、常见犯罪的量刑**

**（八）强奸罪**

1. 构成强奸罪的，根据下列情形在相应的幅度内确定量刑起点：

（1）强奸妇女一人的，在三年至六年有期徒刑幅度内确定量刑起点。

奸淫幼女一人的，在四年至七年有期徒刑幅度内确定量刑起点。

（2）有下列情形之一的，在十年至十三年有期徒刑幅度内确定量刑起点：强奸妇女、奸淫幼女情节恶劣的；强奸妇女、奸淫幼女三人的；在公共场所当众强奸妇女、奸淫幼女的；二人以上轮奸妇女的；奸淫不满十周岁的幼女或者造成幼女伤害的；强奸致被害人重伤或者造成其他严重后果的。依法应当判处无期徒刑以上刑罚的除外。

2. 在量刑起点的基础上，根据强奸妇女、奸淫幼女情节恶劣程度、强奸人数、致人伤害后果等其他影响犯罪构成的犯罪事实增加刑罚量，确定基准刑。

强奸多人多次的，以强奸人数为增加刑罚量的事实，强奸次数作为调节基准刑的量刑情节。

3. 构成强奸罪的，综合考虑强奸的手段、危害后果等犯罪事实、量刑情节，以及被告人的主观恶性、人身危险性、认罪悔罪表现等因素，从严把握缓刑的适用。

法律适用

司法解释

# 7 负有照护职责人员性侵案

| 概念 | 本罪是指对已满 14 周岁不满 16 周岁的未成年女性负有监护、收养、看护、教育、医疗等特殊职责的人员，与该未成年女性发生性关系的行为。 |
|---|---|
| 立案标准 | 本罪是行为犯，只要行为人作为对已满 14 周岁不满 16 周岁的未成年女性负有监护、收养、看护、教育、医疗等特殊职责的人员，与该未成年女性发生性关系，就应当立案追究。 |

| 定罪标准 | | |
|---|---|---|
| | 犯罪客体 | 本罪侵害的客体是已满 14 周岁未满 16 周岁女性的性的不可侵犯的权利和身心健康。已满 14 周岁不满 16 周岁的未成年女性尚处于生长发育过程中，其生活经验、社会阅历尚浅，对性的认知能力尚存欠缺，在面对一些特定关系人利用特殊职责等便利条件侵扰时，尚不具备完全的自我保护能力。我国《未成年人保护法》第 54 条也规定禁止对未成年人实施性侵害、性骚扰。因此，《刑法》明确禁止负有监护、收养、看护、教育、医疗等特殊职责的人员与已满 14 周岁不满 16 周岁的未成年女性发生性关系，即使是在该女性"同意"的情况下发生性关系的，也要追究行为人的刑事责任。 |
| | 犯罪客观方面 | 本罪的客观方面表现为对已满 14 周岁不满 16 周岁的未成年女性负有监护、收养、看护、教育、医疗等特殊职责的人员，与该未成年女性发生性关系。由于法律要求具有此类特殊职责的行为人对其负有义务的对象按照对方的利益活动之积极义务；因此，尽管被害人此时已经达到同意年龄，但无论后者是否同意，行为人与之发生性关系的行为均构成犯罪。 |
| | 犯罪主体 | 本罪为特殊主体，行为人是指对未成年人负有监护、收养、看护、教育、医疗等职责的人员，包括与未成年人具有共同生活关系且事实上负有照顾、保护等职责的人员。监护，是指行为人负有保障无民事行为能力人和限制民事行为能力人的权益，弥补其民事行为能力不足的职责。收养，是指自然人依法领养他人子女为自己子女的民事法律行为。看护，是指对已满 14 周岁不满 16 周岁的未成年女性负有看护职责的人，如雇用的服务人员、保安等。这种看护职责通常是基于合同、雇佣、服务等关系确定，也可以通过口头约定、志愿性的服务等形式确定，如邻居受托或自愿代人照顾。教育、医疗，主要是指对已满 14 周岁不满 16 周岁的未成年女性负有教育、医疗职责的人，如学校、培训机构、医院等机构的工作人员，包括教师、医生、护士等。这种教育、医疗职责通常是基于教育关系、医疗关系、服务合同等确定。 |
| | 犯罪主观方面 | 本罪的主观方面为故意。行为人需明知自己对已满 14 周岁不满 16 周岁的未成年女性负有监护、收养、看护、教育、医疗等特殊职责，仍与该女性发生性关系。 |

| | | |
|---|---|---|
| **定罪标准** | **罪与非罪** | 区分罪与非罪的界限。由于本罪需要行为人负有特定的照护职责，因此不具有照护职责人员与已满 14 周岁的女性基于合意发生的性关系，不构成本罪。 |
| | **此罪与彼罪** | 本罪与强奸罪的关系。对已满 14 周岁不满 16 周岁的未成年女性负有监护、收养、看护、教育、医疗等特殊职责的人员，如系以暴力、胁迫或其他手段与该未成年女性发生性关系，同时构成强奸罪的，则根据《刑法》第 236 条之一第 2 款的规定，依照处罚较重的规定定罪处罚。对已满 14 周岁的未成年女性负有特殊职责的人员，利用优势地位或者被害人孤立无援的境地，迫使被害人与其发生性关系的，以强奸罪定罪处罚。 |
| **证据参考标准** | **主体方面的证据** | **一、证明行为人刑事责任年龄、身份等自然情况的证据**<br>包括身份证明、户籍证明、任职证明、工作经历证明、特定职责证明等，主要是证明行为人的姓名（曾用名）、性别、出生年月日、民族、籍贯、出生地、职业（或职务）、住所地（或居所地）等证据材料，如户口簿、居民身份证、居住证、工作证、出生证、专业或技术等级证、干部履历表、职工登记表、护照等。<br>对于户籍、出生证等材料内容不实的，应提供其他证据材料。外国人犯罪的案件，应有护照等身份证明材料。人大代表、政协委员犯罪的案件，应注明身份，并附身份证明材料。<br>**二、证明行为人刑事责任能力的证据**<br>证明行为人对自己的行为具有辨认、控制能力，如是否属于间歇性精神病人、尚未完全丧失辨认或者控制自己行为能力的精神病人的证明材料。 |
| | **主观方面的证据** | **证明行为人故意的证据**<br>1. 证明行为人明知自己对被害女性负有监护、收养、看护、教育、医疗等特殊职责的证据。2. 证明行为人明知被害女性系已满 14 周岁不满 16 周岁的未成年女性的证据。3. 证明行为人直接故意的证据：行为人希望与被害女性发生性行为的证据。 |
| | **客观方面的证据** | 证明行为人作为对已满 14 周岁不满 16 周岁的未成年女性负有监护、收养、看护、教育、医疗等特殊职责的人员，与该未成年女性发生性关系的证据。 |
| | **量刑方面的证据** | **一、法定量刑情节证据**<br>1. 事实情节：情节恶劣。2. 法定从重情节。3. 法定从轻或者减轻情节：（1）可以从轻；（2）可以从轻或者减轻；（3）应当从轻或者减轻。4. 法定从轻、减轻或者免除情节：（1）可以从轻、减轻或者免除处罚；（2）应当从轻、减轻或者免除处罚。5. 法定减轻或者免除情节：（1）可以减轻或者免除处罚；（2）应当减轻或者免除处罚；（3）可以免除处罚。<br>**二、酌定量刑情节证据**<br>1. 犯罪手段。2. 犯罪对象。3. 危害结果。4. 动机。5. 平时表现。6. 认罪态度。7. 是否有前科。8. 其他证据。 |
| **量刑标准** | 犯本罪的 | 处三年以下有期徒刑 |
| | 情节恶劣的 | 处三年以上十年以下有期徒刑 |
| | 同时构成本法第二百三十六条规定之罪的 | 依照处罚较重的规定定罪处罚 |

| 法律适用 | 刑法条文 | **第二百三十六条之一** 对已满十四周岁不满十六周岁的未成年女性负有监护、收养、看护、教育、医疗等特殊职责的人员，与该未成年女性发生性关系的，处三年以下有期徒刑；情节恶劣的，处三年以上十年以下有期徒刑。<br><br>有前款行为，同时又构成本法第二百三十六条规定之罪的，依照处罚较重的规定定罪处罚。 |
|---|---|---|
| | 司法解释 | **最高人民法院、最高人民检察院《关于办理强奸、猥亵未成年人刑事案件适用法律若干问题的解释》（节录）** （2023年5月24日最高人民法院、最高人民检察院公布 自2023年6月1日起施行 法释〔2023〕3号）<br><br>**第五条** 对已满十四周岁不满十六周岁的未成年女性负有特殊职责的人员，与该未成年女性发生性关系，具有下列情形之一的，应当认定为刑法第二百三十六条之一规定的"情节恶劣"：<br>（一）长期发生性关系的；<br>（二）与多名被害人发生性关系的；<br>（三）致使被害人感染艾滋病病毒或者患梅毒、淋病等严重性病的；<br>（四）对发生性关系的过程或者被害人身体隐私部位制作视频、照片等影像资料，致使影像资料向多人传播，暴露被害人身份的；<br>（五）其他情节恶劣的情形。<br><br>**第六条** 对已满十四周岁的未成年女性负有特殊职责的人员，利用优势地位或者被害人孤立无援的境地，迫使被害人与其发生性关系的，依照刑法第二百三十六条的规定，以强奸罪定罪处罚。<br><br>**第十五条** 本解释规定的"负有特殊职责的人员"，是指对未成年人负有监护、收养、看护、教育、医疗等职责的人员，包括与未成年人具有共同生活关系且事实上负有照顾、保护等职责的人员。 |
| | 相关法律法规 | **一、《中华人民共和国未成年人保护法》（节录）**（1991年9月4日中华人民共和国主席令第50号公布 自1992年1月1日起施行 2006年12月29日第一次修订 2012年10月26日第一次修正 2020年10月17日第二次修订 2024年4月26日第二次修正）<br><br>**第五十四条** 禁止拐卖、绑架、虐待、非法收养未成年人，禁止对未成年人实施性侵害、性骚扰。<br>禁止胁迫、引诱、教唆未成年人参加黑社会性质组织或者从事违法犯罪活动。<br>禁止胁迫、诱骗、利用未成年人乞讨。<br><br>**二、《中华人民共和国民法典》（节录）**（2020年5月28日中华人民共和国主席令第45号公布 自2021年1月1日起施行）<br><br>**第二十七条** 父母是未成年子女的监护人。<br>未成年人的父母已经死亡或者没有监护能力的，由下列有监护能力的人按顺序担任监护人：<br>（一）祖父母、外祖父母；<br>（二）兄、姐；<br>（三）其他愿意担任监护人的个人或者组织，但是须经未成年人住所地的居民委员会、村民委员会或者民政部门同意。 |

法 律 适 用

相 关 法 律 法 规

**第三十四条** 监护人的职责是代理被监护人实施民事法律行为，保护被监护人的人身权利、财产权利以及其他合法权益等。

监护人依法履行监护职责产生的权利，受法律保护。

监护人不履行监护职责或者侵害被监护人合法权益的，应当承担法律责任。

因发生突发事件等紧急情况，监护人暂时无法履行监护职责，被监护人的生活处于无人照料状态的，被监护人住所地的居民委员会、村民委员会或者民政部门应当为被监护人安排必要的临时生活照料措施。

# 8 强制猥亵、侮辱案

| | |
|---|---|
| **概念** | 本罪是指以暴力、胁迫或者其他方法强制猥亵他人或者侮辱妇女的行为。 |
| **立案标准** | 根据《刑法》第 237 条的规定，行为人以暴力、胁迫或者其他方法，实施强制猥亵、侮辱妇女的行为，应当立案。<br>　　本罪是行为犯，只要行为人以暴力、胁迫或者其他方法，实施了强制猥亵、侮辱妇女的行为，原则上就构成犯罪，应当立案侦查。 |

| | | |
|---|---|---|
| **定罪标准** | **犯罪客体** | 本罪侵犯的客体是他人或妇女的身体自由权和隐私权、名誉权。所谓身体自由权，是指身体的动静举止不受非法干预的人格权；所谓隐私权，是指自然人所享有的对其个人的，与公共利益无关的个人信息、私人活动和私有领域进行支配的一种人格权，其私有领域的不可侵犯（包括其身体不能偷看、猥亵等）是其重要权能；所谓名誉权，是自然人所享有的就其自身属性和特点表现出来的社会价值而获得社会公正评价的权利。强制猥亵他人，即使他人身体的动静举止受到非法干预，同时使其私有领域受到侵犯，侵犯了他人的身体自由权和隐私权；侮辱妇女，损害了妇女的人格尊严。此处的他人是指年满 14 周岁的人。 |
| | **犯罪客观方面** | 本罪在客观方面表现为以暴力、胁迫或者其他方法强制猥亵他人或者侮辱妇女的行为。（1）行为人猥亵他人、侮辱妇女具有违背他人或妇女意志的本质特征。违背他人或妇女意志，即缺乏他人或妇女的真实同意。如果他人或妇女对于行为人的猥亵行为表示同意，不能成立本罪。妇女同意行为人所进行的各种淫秽下流的动作，如采用下流的语言调戏的，自然也谈不上侮辱妇女的行为。（2）行为人采用暴力、胁迫或者其他方法实施了强制猥亵他人、侮辱妇女的行为。所谓暴力，是指对他人或被害妇女的人身采取殴打、捆绑、堵嘴、掐脖子、按倒等侵害人身安全或者人身自由的强暴方法，使他人或妇女不能反抗。所谓胁迫，是指对他人或被害妇女采取威胁、恐吓等方法实行精神上的强制，使他人或妇女不能反抗。例如，以杀害、伤害、揭发隐私、毁坏私誉、加害亲属等相威胁；利用收养关系、从属关系、职务权力以及使他人或被害妇女处于孤立无援的环境进行挟制等。所谓其他手段，是指暴力、胁迫以外的其他使他人或妇女无法反抗、不知反抗的手段。例如，利用封建迷信进行恐吓、欺骗或者利用他人或妇女患病、熟睡之机进行猥亵；利用酒灌醉、药物麻醉、药物刺激等方法对他人或妇女进行猥亵；利用或者假冒治病对他人或妇女进行猥亵等。所谓猥亵，是指以刺激或满足性欲为目的，用性交以外的方法实施的淫秽行为。猥亵既可以发生在男女之间，也可以发生于同性之间。所谓猥亵他人，是指对他人的抠摸、舌舔、吸吮、亲吻、搂抱、手淫等行为。所谓侮辱妇女，是指用下流动作或淫秽语言调戏妇女的行为。例如，偷剪妇女发辫、衣服；追逐、堵截妇女；向妇女身上泼洒腐蚀物，涂抹污物等。对于侮辱妇女情节显著轻微、危害不大的不能认为是犯罪。例如，偶尔追逐、堵截妇女，经教育后悔改，并且未造成严重后果的，就不能以犯罪论处。侮辱妇女的行为与猥亵妇女的行为很相似，两者的主要区别在于：猥亵妇女，一般是以刺激或满足性欲为目的，而侮辱妇女，一般是以追求精神刺激为目的；猥亵妇女，必须采取暴力、胁迫或其他方法才构成犯罪，而侮辱妇女无此限制。 |

| | | |
|---|---|---|
| **定罪标准** | **犯罪主体** | 　　本罪的主体为一般主体，即凡年满 16 周岁且具备刑事责任能力的自然人均能构成本罪。 |
| | **犯罪主观方面** | 　　本罪在主观方面表现为故意，通常表现出刺激或者满足行为人或第三者的性欲的倾向，但不具有强行奸淫的目的。 |
| | **罪与非罪** | 　　区分罪与非罪的界限，要注意以下几点：<br>　　一、本罪与一般猥亵、侮辱妇女行为的界限。首先，要将强制猥亵、侮辱妇女行为与非强制性猥亵、侮辱妇女行为区分开来，本法只惩罚以强制方法猥亵、侮辱妇女的行为，对于非强制性的猥亵、侮辱妇女行为不能视作犯罪。其次，并非任何强制猥亵、侮辱妇女的行为都构成犯罪。本条对强制猥亵、侮辱妇女犯罪的构成虽然未规定"情节严重"之要件，但不能将情节显著轻微、危害不大的强制猥亵、侮辱妇女行为作为犯罪。<br>　　二、利用他人无法抗拒的状态进行猥亵行为的定性。强制猥亵他人一般都是利用暴力手段使他人不能抗拒，或者对他人采取胁迫，即精神上的强制，使他人不敢抗拒的手段来实施的。利用他人患重病、醉酒、熟睡、昏迷等状态而实施的猥亵行为，在本质上是违背他人意志的，其猥亵手段可视为"暴力""胁迫"以外的"其他手段"，因此，应认定为强制猥亵罪。<br>　　三、如何认定利用职权、教养关系、从属关系实施的强制猥亵他人犯罪。正确认定利用职权、教养关系、从属关系实施的强制猥亵他人犯罪，关键是查明行为人是否利用了特定的关系对他人进行胁迫。这一点，与在强奸罪认定中区分利用特定关系强奸与双方基于互相利用而通奸的界限是一样的。在强制猥亵罪的认定中，不能把有教养关系、从属关系和利用职权猥亵他人的行为都视为强制猥亵。行为人利用职权引诱他人，他人基于互相利用而容忍行为人对其猥亵的，不能认定为强制猥亵罪。 |
| | **此罪与彼罪** | 　　本罪与侮辱罪的界限。《刑法》第 246 条侮辱罪中以妇女为侮辱对象的行为与本罪的区别：(1) 二者侵犯的客体不完全相同。《刑法》第 246 条的侮辱罪侵犯的客体是他人的名誉；本罪中侮辱妇女的行为主要指损害妇女人格尊严的污秽下流、伤风败俗的行为，在侵犯妇女名誉的同时也侵犯了妇女的性的尊严与自主的权利。(2)《刑法》第 246 条规定的侮辱罪为亲告罪，告诉的才处理，但是本罪无此限制。 |
| **证据参考标准** | **主体方面的证据** | **一、证明行为人刑事责任年龄、身份等自然情况的证据**<br>　　包括身份证明、户籍证明、任职证明、工作经历证明、特定职责证明等，主要是证明行为人的姓名（曾用名）、性别、出生年月日、民族、籍贯、出生地、职业（或职务）、住所地（或居所地）等证据材料，如户口簿、居民身份证、居住证、工作证、出生证、专业或技术等级证、干部履历表、职工登记表、护照等。<br>　　对于户籍、出生证等材料内容不实的，应提供其他证据材料。外国人犯罪的案件，应有护照等身份证明材料。人大代表、政协委员犯罪的案件，应注明身份，并附身份证明材料。 |

| | | |
|---|---|---|
| 证据参考标准 | 主体方面的证据 | **二、证明行为人刑事责任能力的证据**<br>　　证明行为人对自己的行为是否具有辨认能力与控制能力，如是否属于间歇性精神病人、尚未完全丧失辨认或者控制自己行为能力的精神病人的证明材料。 |
| | 主观方面的证据 | **证明行为人故意的证据**<br>　　1. 证明行为人明知的证据：证明行为人明知自己的行为会发生危害社会的结果。2. 证明直接故意的证据：证明行为人希望危害结果发生。3. 目的：刺激或者满足行为人或者第三者的性欲的倾向。 |
| | 客观方面的证据 | **证明行为人强制猥亵、侮辱犯罪行为的证据**<br>　　具体证据包括：1. 证明行为人猥亵他人行为的证据：（1）证明行为人抠摸他人身体各部位行为的证据；（2）证明行为人用生殖器顶擦他人各部位行为的证据；（3）证明行为人将他人压在身下狂吻行为的证据。2. 证明行为人侮辱妇女行为的证据：（1）证明行为人追逐、堵截妇女行为的证据；（2）证明行为人剪妇女的发辫行为的证据；（3）证明行为人割妇女衣服行为的证据；（4）证明行为人划破妇女的脸部行为的证据；（5）证明行为人划破妇女的阴部、臀部行为的证据；（6）证明行为人扒妇女衣服行为的证据；（7）证明行为人向妇女身上泼洒腐蚀物行为的证据；（8）证明行为人向妇女抹染污物行为的证据；（9）证明行为人故意向妇女显露生殖器，用生殖器顶擦妇女脸部行为的证据。3. 证明行为人聚众强制猥亵他人、侮辱妇女行为的证据。4. 证明行为人在公共场所当众强制猥亵他人、侮辱妇女行为的证据。 |
| | 量刑方面的证据 | **一、法定量刑情节证据**<br>　　1. 事实情节：（1）聚众；（2）公共场所当众。2. 法定从重情节。3. 法定从轻或者减轻情节：（1）可以从轻；（2）可以从轻或者减轻；（3）应当从轻或者减轻。4. 法定从轻、减轻或者免除情节：（1）可以从轻、减轻或者免除处罚；（2）应当从轻、减轻或者免除处罚。5. 法定减轻或者免除情节：（1）可以减轻或者免除处罚；（2）应当减轻或者免除处罚；（3）可以免除处罚。<br>　　**二、酌定量刑情节证据**<br>　　1. 犯罪手段：（1）暴力；（2）胁迫；（3）其他方法。2. 犯罪对象。3. 危害结果。4. 动机。5. 平时表现。6. 认罪态度。7. 是否有前科。8. 其他证据。 |
| 量刑标准 | 犯本罪的 | 处五年以下有期徒刑或者拘役 |
| | 聚众或者在公共场所当众犯本罪的或者有其他恶劣情节的 | 处五年以上有期徒刑 |

| | | |
|---|---|---|
| **刑法条文** | | **第二百三十七条第一款** 以暴力、胁迫或者其他方法强制猥亵他人或者侮辱妇女的，处五年以下有期徒刑或者拘役。<br>**第二款** 聚众或者在公共场所当众犯前款罪的，或者有其他恶劣情节的，处五年以上有期徒刑。 |
| **法律适用** | **相关法律法规** | **一、《中华人民共和国妇女权益保障法》（节录）**（1992 年 4 月 3 日中华人民共和国主席令第 58 号公布 自 1992 年 10 月 1 日起施行 2005 年 8 月 28 日第一次修正 2018 年 10 月 26 日第二次修正 2022 年 10 月 30 日修订）<br>**第二十七条** 禁止卖淫、嫖娼；禁止组织、强迫、引诱、容留、介绍妇女卖淫或者对妇女进行猥亵活动；禁止组织、强迫、引诱、容留、介绍妇女在任何场所或者利用网络进行淫秽表演活动。<br>**二、《中华人民共和国治安管理处罚法》（节录）**（2005 年 8 月 28 日中华人民共和国主席令第 38 号公布 自 2006 年 3 月 1 日起施行 2012 年 10 月 26 日修正）<br>**第四十二条** 有下列行为之一的，处五日以下拘留或者五百元以下罚款；情节较重的，处五日以上十日以下拘留，可以并处五百元以下罚款：<br>（一）写恐吓信或者以其他方法威胁他人人身安全的；<br>（二）公然侮辱他人或者捏造事实诽谤他人的；<br>（三）捏造事实诬告陷害他人，企图使他人受到刑事追究或者受到治安管理处罚的；<br>（四）对证人及其近亲属进行威胁、侮辱、殴打或者打击报复的；<br>（五）多次发送淫秽、侮辱、恐吓或者其他信息，干扰他人正常生活的；<br>（六）偷窥、偷拍、窃听、散布他人隐私的。<br>**第四十四条** 猥亵他人的，或者在公共场所故意裸露身体，情节恶劣的，处五日以上十日以下拘留；猥亵智力残疾人、精神病人、不满十四周岁的人或者有其他严重情节的，处十日以上十五日以下拘留。 |

# 9 猥亵儿童案

**概念**

本罪是指以刺激或满足性欲为目的，用性交以外的方法对不满 14 周岁的儿童实施的淫秽行为。

**立案标准**

根据《刑法》第 237 条的规定，行为人对不满 14 周岁的儿童实施猥亵的，应当立案。

本罪是行为犯，只要行为人对儿童实施了猥亵的行为，原则上就构成犯罪，应当立案侦查。但是，对于情节显著轻微、危害不大的，可以按照《刑法》第 13 条的规定，不以犯罪论处。

| 定罪标准 | 犯罪客体 | 本罪侵犯的客体是儿童的身心健康。本罪侵犯的对象是儿童，即不满 14 周岁的未成年人，包括男孩和女孩。 |
|---|---|---|
| | 犯罪客观方面 | 本罪在客观方面表现为以刺激或满足性欲为目的，用性交以外的方法对儿童实施的淫秽行为。猥亵的手段如抠摸、舌舔、吸吮、亲吻、搂抱、手淫等行为。 |
| | 犯罪主体 | 本罪的主体为一般主体，即凡年满 16 周岁且具备刑事责任能力的自然人均能构成本罪。 |
| | 犯罪主观方面 | 本罪在主观方面表现为直接故意，间接故意和过失不构成本罪。 |
| | 罪与非罪 | 区分罪与非罪的界限，关键看实施猥亵行为是否明知犯罪对象是儿童。 |
| | 此罪与彼罪 | 本罪与强制猥亵罪的界限。二者的主要区别是：(1) 对象范围不同。前罪的犯罪对象限于不满 14 周岁的儿童；后罪的对象指年满 14 周岁的人，包括已满 14 周岁的男性。(2) 犯罪手段不同。前罪的构成不以暴力、胁迫等强制手段为要件；后罪的构成则是以暴力、胁迫等方法实施。 |
| 证据参考标准 | 主体方面的证据 | **一、证明行为人刑事责任年龄、身份等自然情况的证据**<br>包括身份证明、户籍证明、任职证明、工作经历证明、特定职责证明等，主要是证明行为人的姓名（曾用名）、性别、出生年月日、民族、籍贯、出生地、职业（或职务）、住所地（或居所地）等证据材料，如户口簿、居民身份证、居住证、工作证、出生证、专业或技术等级证、干部履历表、职工登记表、护照等。 |

| 证据参考标准 | 主体方面的证据 | 对于户籍、出生证等材料内容不实的，应提供其他证据材料。外国人犯罪的案件，应有护照等身份证明材料。人大代表、政协委员犯罪的案件，应注明身份，并附身份证明材料。<br>**二、证明行为人刑事责任能力的证据**<br>证明行为人对自己的行为是否具有辨认能力与控制能力，如是否属于间歇性精神病人、尚未完全丧失辨认或者控制自己行为能力的精神病人的证明材料。 |
|---|---|---|
| | 主观方面的证据 | **证明行为人故意的证据**<br>1. 证明行为人明知的证据：证明行为人明知自己的行为会发生危害社会的结果。<br>2. 证明直接故意的证据：证明行为人希望危害结果发生。 |
| | 客观方面的证据 | **证明行为人猥亵儿童犯罪行为的证据**<br>具体证据包括：1. 证明行为人抠摸儿童行为的证据：（1）乳房；（2）阴部；（3）臀部；（4）生殖器。2. 证明行为人用生殖器顶擦儿童身体各部位行为的证据：（1）阴部；（2）臀部。3. 证明行为人狂吻儿童行为的证据。4. 证明行为人以暴力方法猥亵儿童行为的证据。5. 证明行为人以胁迫方法猥亵儿童行为的证据。6. 证明行为人聚众猥亵儿童行为的证据。7. 证明行为人在公共场所猥亵儿童行为的证据。8. 证明行为人猥亵儿童其他行为的证据。9. 证明行为人猥亵儿童多人或者多次的证据；10. 证明行为人造成儿童伤害或者其他严重后果的证据；11. 证明行为人猥亵手段恶劣或者有其他恶劣情节的证据。 |
| | 量刑方面的证据 | **一、法定量刑情节证据**<br>1. 事实情节：（1）聚众；（2）在公共场所当众。2. 法定从重情节。3. 法定从轻或者减轻情节：（1）可以从轻；（2）可以从轻或者减轻；（3）应当从轻或者减轻。4. 法定从轻、减轻或者免除情节：（1）可以从轻、减轻或者免除处罚；（2）应当从轻、减轻或者免除处罚。5. 法定减轻或者免除情节：（1）可以减轻或者免除处罚；（2）应当减轻或者免除处罚；（3）可以免除处罚。<br>**二、酌定量刑情节证据**<br>1. 犯罪手段：（1）暴力；（2）胁迫；（3）其他方法。2. 犯罪对象。3. 危害结果。4. 动机。5. 平时表现。6. 认罪态度。7. 是否有前科。8. 其他证据。 |

| 量刑标准 | 犯本罪的 | 处五年以下有期徒刑 |
|---|---|---|
| | 猥亵儿童多人或者多次的；聚众猥亵儿童的，或者在公共场所当众猥亵儿童，情节恶劣的；造成儿童伤害或者其他严重后果的；猥亵手段恶劣或者有其他恶劣情节的。 | 处五年以上有期徒刑 |

| 法律适用 | 刑法条文 | **第二百三十七条第三款** 猥亵儿童的，处五年以下有期徒刑；有下列情形之一的，处五年以上有期徒刑：<br>（一）猥亵儿童多人或者多次的；<br>（二）聚众猥亵儿童的，或者在公共场所当众猥亵儿童，情节恶劣的；<br>（三）造成儿童伤害或者其他严重后果的；<br>（四）猥亵手段恶劣或者有其他恶劣情节的。 |
|---|---|---|

**法律适用**

**司法解释**

**最高人民法院、最高人民检察院《关于办理强奸、猥亵未成年人刑事案件适用法律若干问题的解释》（节录）**（2023 年 5 月 24 日最高人民法院、最高人民检察院公布 自 2023 年 6 月 1 日起施行　法释〔2023〕3 号）

**第七条**　猥亵儿童，具有下列情形之一的，应当认定为刑法第二百三十七条第三款第三项规定的"造成儿童伤害或者其他严重后果"：

（一）致使儿童轻伤以上的；

（二）致使儿童自残、自杀的；

（三）对儿童身心健康造成其他伤害或者严重后果的情形。

**第八条**　猥亵儿童，具有下列情形之一的，应当认定为刑法第二百三十七条第三款第四项规定的"猥亵手段恶劣或者有其他恶劣情节"：

（一）以生殖器侵入肛门、口腔或者以生殖器以外的身体部位、物品侵入被害人生殖器、肛门等方式实施猥亵的；

（二）有严重摧残、凌辱行为的；

（三）对猥亵过程或者被害人身体隐私部位制作视频、照片等影像资料，以此胁迫对被害人实施猥亵，或者致使影像资料向多人传播，暴露被害人身份的；

（四）采取其他恶劣手段实施猥亵或者有其他恶劣情节的情形。

**第九条**　胁迫、诱骗未成年人通过网络视频聊天或者发送视频、照片等方式，暴露身体隐私部位或者实施淫秽行为，符合刑法第二百三十七条规定的，以强制猥亵罪或者猥亵儿童罪定罪处罚。

胁迫、诱骗未成年人通过网络直播方式实施前款行为，同时符合刑法第二百三十七条、第三百六十五条的规定，构成强制猥亵罪、猥亵儿童罪、组织淫秽表演罪的，依照处罚较重的规定定罪处罚。

**第十条**　实施猥亵未成年人犯罪，造成被害人轻伤以上后果，同时符合刑法第二百三十四条或者第二百三十二条的规定，构成故意伤害罪、故意杀人罪的，依照处罚较重的规定定罪处罚。

**第十一条**　强奸、猥亵未成年人的成年被告人认罪认罚的，是否从宽处罚及从宽幅度应当从严把握。

**第十三条**　对于利用职业便利实施强奸、猥亵未成年人等犯罪的，人民法院应当依法适用从业禁止。

**第十四条**　对未成年人实施强奸、猥亵等犯罪造成人身损害的，应当赔偿医疗费、护理费、交通费、营养费、住院伙食补助费等为治疗和康复支付的合理费用，以及因误工减少的收入。

根据鉴定意见、医疗诊断书等证明需要对未成年人进行精神心理治疗和康复，所需的相关费用，应当认定为前款规定的合理费用。

**相关法律法规**

**《中华人民共和国未成年人保护法》（节录）**（1991 年 9 月 4 日中华人民共和国主席令第 50 号公布　自 1992 年 1 月 1 日起施行　2006 年 12 月 29 日第一次修订　2012 年 10 月 26 日第一次修正　2020 年 10 月 17 日第二次修订　2024 年 4 月 26 日第二次修正）

**第二十七条**　学校、幼儿园的教职员工应当尊重未成年人人格尊严，不得对未成年人实施体罚、变相体罚或者其他侮辱人格尊严的行为。

<table>
<tr><td rowspan="2">法律适用</td><td>相关法律法规</td><td>

　　**第四十条**　学校、幼儿园应当建立预防性侵害、性骚扰未成年人工作制度。对性侵害、性骚扰未成年人等违法犯罪行为，学校、幼儿园不得隐瞒，应当及时向公安机关、教育行政部门报告，并配合相关部门依法处理。

　　学校、幼儿园应当对未成年人开展适合其年龄的性教育，提高未成年人防范性侵害、性骚扰的自我保护意识和能力。对遭受性侵害、性骚扰的未成年人，学校、幼儿园应当及时采取相关的保护措施。

　　**第一百二十九条**　违反本法规定，侵犯未成年人合法权益，造成人身、财产或者其他损害的，依法承担民事责任。

　　违反本法规定，构成违反治安管理行为的，依法给予治安管理处罚；构成犯罪的，依法追究刑事责任。

</td></tr>
</table>

# 10 非法拘禁案

**概念**

本罪是指以拘押、禁闭或者其他强制方法，非法剥夺他人人身自由的行为。

**立案标准**

根据《刑法》第 238 条的规定，非法拘禁他人或者以其他方法非法剥夺他人人身自由的，应当立案。本罪是行为犯，只要行为人实施了非法拘禁的行为，原则上就构成本罪，应当立案侦查。

国家机关工作人员利用职权非法拘禁，涉嫌下列情形之一的，应予立案：

（1）非法剥夺他人人身自由 24 小时以上的；

（2）非法剥夺他人人身自由，并使用械具或者捆绑等恶劣手段，或者实施殴打、侮辱、虐待行为的；

（3）非法拘禁，造成被拘禁人轻伤、重伤、死亡的；

（4）非法拘禁，情节严重，导致被拘禁人自杀、自残造成重伤、死亡，或者精神失常的；

（5）非法拘禁 3 人次以上的；

（6）司法工作人员对明知是没有违法犯罪事实的人而非法拘禁的；

（7）其他非法拘禁应予追究刑事责任的情形。

**定罪标准**

**犯罪客体**

本罪侵犯的客体是他人的身体自由权。所谓身体自由权，是指以身体的动静举止不受非法干预为内容的人格权，亦即在法律范围内按照自己的意志决定自己身体行动的自由权利。公民的身体自由，是公民正常工作、生产、生活和学习的保证，失去身体自由，就失去了从事一切正常活动的可能。我国《宪法》第 37 条规定，"中华人民共和国公民的人身自由不受侵犯。任何公民，非经人民检察院批准或者决定或者人民法院决定，并由公安机关执行，不受逮捕。禁止非法拘禁和以其他方法非法剥夺或者限制公民的人身自由"。因此，非法拘禁是一种严重剥夺公民身体自由的行为。

本罪侵害的对象是依法享有人身权利的任何自然人。身体自由权作为一种人格权，是组成民事权利体系之一的人身权的重要组成部分，民事权利的享有基于民事权利能力。凡具有民事权利能力之自然人均依法享受包括身体自由权在内的民事权利。民事权利能力是法律赋予民事主体从事民事活动、享受民事权利和承担民事义务的资格，始于出生，终于死亡，自然人的民事权利能力一律平等。因此本罪侵害的对象，包括一切自然人（基于自然规律而出生的人），即包括守法公民、犯错误的人、有一般违法行为的人和犯罪嫌疑人。有一种观点认为，非法拘禁罪中的"他人"，只是指有按照自己的意志支配自己的活动能力的人，包括潜在的有意志活动能力的人在内，如幼儿、醉酒者和熟睡中的人。但不应包括完全没有按照自己的意志支配自己的活动能力的人，如婴儿、严重的精神病患者。

| 定罪标准 | 犯罪客观方面 | 本罪客观上表现为非法剥夺他人身体自由的行为。这里的"他人"没有限制，既可以是守法公民，也可以是犯有错误或有一般违法行为的人，还可以是犯罪嫌疑人。行为的特征是非法拘禁他人或者以其他方法非法剥夺他人的身体自由。凡符合这一特征的均应认定为非法拘禁罪，如非法逮捕、拘留、监禁、扣押、绑架、办封闭式"学习班"和"隔离审查"等均是非法剥夺人身自由。概括起来分为两类：一类是直接拘束人的身体，剥夺其身体活动自由，如捆绑；另一类是间接拘束人的身体，剥夺其身体活动自由，即将他人监禁于一定场所，使其不能或明显难以离开、逃出。剥夺人身自由的方法既可以是有形的，也可以是无形的。例如，将妇女洗澡时的换洗衣服拿走，使其基于羞耻心无法走出浴室的行为，就是无形的方法。此外，无论是以暴力、胁迫方法拘禁他人，还是以欺诈方法拘禁他人，均不影响本罪的成立。非法剥夺人身自由是一种持续行为，即该行为在一定时间内处于继续状态，使他人在一定时间内失去身体自由，不具有间断性。时间持续的长短不影响本罪的成立，只影响量刑。但时间过短、瞬间性地剥夺人身自由的行为，则难以认定成立本罪。剥夺人身自由的行为必须是非法的。司法机关根据法律规定，对于有犯罪事实和重大嫌疑的人采取拘留、逮捕等限制人身自由的强制措施的行为，不成立本罪。但发现不应拘捕时，借故不予释放，继续羁押的，则应认为是非法剥夺人身自由。对于正在实行犯罪或犯罪后及时被发觉的、通缉在案的、越狱逃跑的、正在被追捕的人，群众依法扭送至司法机关的，是一种权利，而不是非法剥夺人身自由。依法收容精神病患者的，也不是非法剥夺人身自由的行为。 |
| --- | --- | --- |
| | 犯罪主体 | 本罪的主体为一般主体，即凡年满16周岁且具有刑事责任能力的自然人均可构成本罪。 |
| | 犯罪主观方面 | 本罪在主观方面表现为故意，并以剥夺他人人身自由为目的。非法拘禁他人的动机是多种多样的。有的因法治观念差，把非法拘禁视为合法行为；有的出于泄愤报复，打击迫害；有的是不调查研究，主观武断、逼取口供；有的是闹特权、耍威风；有的是滥用职权、以势压人；也有的是居心不良，另有所图。不管出于什么动机，只要具有非法剥夺他人人身自由的目的，故意实施了非法拘禁他人，即构成本罪。如果非法剥夺他人人身自由是为了其他犯罪目的，其他犯罪比非法拘禁罪处罚更重的，应以其他罪论处。 |
| | 罪与非罪 | 区分罪与非罪的界限，要注意本罪与违法拘捕的界限。两者的区别主要在于违法拘留、逮捕是违反拘留、逮捕法规的行为，一般是司法工作人员在依照法定职权和条件的情况决定、批准、执行拘捕时，违反法律规定的有关程序、手续和时限，并不具有非法拘禁的动机和目的。例如，一般的超时限报捕、批捕；未及时办理、出示拘留证、逮捕证；未依法及时通知犯罪嫌疑人家属或单位；未先办理延期手续而超期羁押人犯的等，都不构成非法拘禁罪。因各种客观因素造成错拘、错捕的，也不构成犯罪。 |

| | | |
|---|---|---|
| **定 罪 标 准** | **此罪 与 彼罪** | 本罪与刑讯逼供罪的界限。两者都属于侵犯人身权利的犯罪，区别在于：（1）主体要件不同。前者是一般主体；后者只能是司法工作人员。（2）行为表现和目的不同。前者是以拘禁或者其他强制方法非法剥夺他人人身自由；后者是对犯罪嫌疑人使用肉刑或者变相肉刑逼取口供。如果两罪一起发生，互有关联的，一般应按牵连犯从一重罪处理。非国家工作人员有类似"刑讯逼供"等关押行为的，不定刑讯逼供罪，可以非法拘禁罪论处。 |
| | **一罪 与 数罪** | 一、本罪与故意杀人罪、故意伤害罪、刑讯逼供罪及暴力取证罪的牵连和竞合。非法拘禁罪与故意杀人罪、故意伤害罪的牵连，通常表现为在非法拘禁过程中，行为人对被害人进行暴力加害，或者行为人用非法拘禁方法故意使被害人因冻饿等原因而死亡、受伤等。对于在非法拘禁中对被害人加害的情况，应当注意，《刑法》第238条第2款明确规定，非法拘禁"使用暴力致人伤残、死亡的"，依照故意伤害罪、故意杀人罪定罪处罚。因此，一方面，对于这种情况只应按一重罪即故意伤害罪或故意杀人罪定罪处罚；另一方面，要注意其适用的条件：必须是在非法拘禁中"使用暴力"且"致人伤残、死亡"。这里的"伤残"不包括轻伤，而是指重伤，但不限于肢体残废的情形，而是包括各种对于人身有重大伤害的情形在内。至于上述后一种情况，即行为人目的即在于故意伤害、故意杀害被害人，只不过其方法采用了非法拘禁而已，自然应按牵连犯的处罚原则，从一重罪定罪处罚，即按故意伤害罪或故意杀人罪定罪处罚。非法拘禁罪与刑讯逼供罪、暴力取证罪形成牵连犯形态或想象竞合犯形态的情况，表现为司法工作人员非法将犯罪嫌疑人、被告人或证人拘禁，在此过程中又进行刑讯逼供或暴力逼取证言的行为。对于这种情形，应按刑讯逼供罪或暴力取证罪对行为人定罪处罚。当然，如果行为人在拘禁他人进行刑讯逼供、暴力逼取证言过程中致人伤残、死亡的，应以故意伤害罪、故意杀人罪定罪处罚。<br><br>二、本罪与妨害公务罪的想象竞合。妨害公务罪，是指以暴力、威胁方法阻碍国家机关工作人员依法执行职务；以暴力、威胁方法阻碍全国人大和地方各级人大代表依法执行代表职务；在自然灾害和突发事件中，以暴力、威胁方法阻碍红十字会工作人员依法履行职责的行为。除故意阻碍国家安全机关、公安机关依法执行国家安全工作任务造成严重后果的行为构成妨害公务罪，不需要"暴力、威胁方法"外，暴力、威胁方法是其他妨害公务行为构成犯罪必备的行为方法条件。妨害公务罪中的暴力，一般是指对国家机关工作人员等特定人员的身体实行打击或强制，如殴打、捆绑等。司法实践中，往往有以捆绑等非法拘禁的方法妨害公务的案件发生。这实际上是一行为同时触犯两个罪名，属于想象竞合犯，对此应择一重罪从重处罚。但是，《刑法》对非法拘禁罪和妨害公务罪基本构成的法定刑设置基本相同，这就涉及究竟应以哪个罪名对行为人定罪处罚的问题。我们认为，应以妨害公务罪定罪处罚，这样可以更好地反映行为的整体性质和本质特征。当然，如果在非法拘禁妨害公务中过失致人重伤或死亡的，应当依照非法拘禁罪定罪处罚，因为本条对非法拘禁致人重伤、死亡的，规定了结果加重犯的法定刑（不过，如是故意致人重伤、死亡，则对行为人应定故意伤害罪或故意杀人罪，不再以非法拘禁罪或妨害公务罪定性）。 |

| | | |
|---|---|---|
| **证据参考标准** | **主体方面的证据** | **一、证明行为人刑事责任年龄、身份等自然情况的证据**<br>　　包括身份证明、户籍证明、任职证明、工作经历证明、特定职责证明等，主要是证明行为人的姓名（曾用名）、性别、出生年月日、民族、籍贯、出生地、职业（或职务）、住所地（或居所地）等证据材料，如户口簿、居民身份证、居住证、工作证、出生证、专业或技术等级证、干部履历表、职工登记表、护照等。<br>　　对于户籍、出生证等材料内容不实的，应提供其他证据材料。外国人犯罪的案件，应有护照等身份证明材料。人大代表、政协委员犯罪的案件，应注明身份，并附身份证明材料。<br>**二、证明行为人刑事责任能力的证据**<br>　　证明行为人对自己的行为是否具有辨认能力与控制能力，如是否属于间歇性精神病人、尚未完全丧失辨认或者控制自己行为能力的精神病人的证明材料。 |
| | **主观方面的证据** | **证明行为人故意的证据**<br>　　1. 证明行为人明知的证据：证明行为人明知自己的行为会发生危害社会的结果。2. 证明直接故意的证据：证明行为人希望危害结果发生。3. 目的：剥夺他人人身自由等。 |
| | **客观方面的证据** | **证明行为人非法拘禁犯罪行为的证据**<br>　　具体证据包括：1. 证明行为人非法关押他人行为的证据；2. 证明行为人非法监禁他人行为的证据；3. 证明行为人禁闭他人行为的证据；4. 证明行为人软禁他人行为的证据；5. 证明行为人捆绑他人行为的证据；6. 证明行为人隔离审查他人行为的证据；7. 证明行为人给他人戴戒具行为的证据；8. 证明行为人采用其他方法剥夺他人人身自由行为的证据；9. 证明行为人殴打被剥夺人身自由人员行为的证据；10. 证明行为人侮辱被剥夺人身自由人员行为的证据；11. 证明行为人致人重伤行为的证据；12. 证明行为人致人死亡行为的证据；13. 证明行为人索取债务非法扣押他人行为的证据；14. 证明行为人索取债务非法拘禁他人行为的证据；15. 证明国家机关工作人员利用职权非法拘禁他人行为的证据；16. 证明国家机关工作人员利用职权非法剥夺他人人身自由行为的证据；17. 证明国家机关工作人员非法拘禁他人造成重伤、死亡行为的证据；18. 证明国家机关工作人员为索取债务而非法扣押、拘禁他人行为的证据。 |
| | **量刑方面的证据** | **一、法定量刑情节证据**<br>　　1. 事实情节：（1）殴打、侮辱情节；（2）其他。2. 法定从重情节。3. 法定从轻或者减轻情节：（1）可以从轻；（2）可以从轻或者减轻；（3）应当从轻或者减轻。4. 法定从轻、减轻或者免除情节：（1）可以从轻、减轻或者免除处罚；（2）应当从轻、减轻或者免除处罚。5. 法定减轻或者免除情节：（1）可以减轻或者免除处罚；（2）应当减轻或者免除处罚；（3）可以免除处罚。<br>**二、酌定量刑情节证据**<br>　　1. 犯罪手段：（1）殴打；（2）捆绑；（3）电击；（4）戴戒具。2. 犯罪对象。3. 危害结果。4. 动机。5. 平时表现。6. 认罪态度。7. 是否有前科。8. 其他证据。 |

| 量刑标准 | 犯本罪的 | 处三年以下有期徒刑、拘役、管制或者剥夺政治权利 |
|---|---|---|
| | 犯本罪，具有殴打、侮辱情节的 | 从重处罚 |
| | 犯本罪，致人重伤的 | 处三年以上十年以下有期徒刑 |
| | 犯本罪，致人死亡的 | 处十年以上有期徒刑 |
| | 使用暴力致人伤残，死亡的 | 依照《刑法》第二百三十四条、第二百三十二条的规定定罪处罚 |
| | 为索取债务非法扣押、拘禁他人的 | 依照上述规定处罚 |
| | 国家机关工作人员利用职权犯本罪的 | 依照上述规定从重处罚 |

## 刑法条文

　　**第二百三十八条**　非法拘禁他人或者以其他方法非法剥夺他人人身自由的，处三年以下有期徒刑、拘役、管制或者剥夺政治权利。具有殴打、侮辱情节的，从重处罚。

　　犯前款罪，致人重伤的，处三年以上十年以下有期徒刑；致人死亡的，处十年以上有期徒刑。使用暴力致人伤残、死亡的，依照本法第二百三十四条、第二百三十二条的规定定罪处罚。

　　为索取债务非法扣押、拘禁他人的，依照前两款的规定处罚。

　　国家机关工作人员利用职权犯前三款罪的，依照前三款的规定从重处罚。

## 法律适用

### 司法解释

　　**一、最高人民法院、最高人民检察院、公安部、司法部《关于办理黑恶势力犯罪案件若干问题的指导意见》（节录）**（2018年1月16日最高人民法院、最高人民检察院、公安部、司法部公布　自公布之日起施行　法发〔2018〕1号）

　　18. 黑恶势力有组织地多次短时间非法拘禁他人的，应当认定为《刑法》第二百三十八条规定的"以其他方法非法剥夺他人人身自由"。非法拘禁他人三次以上、每次持续时间在四小时以上，或者非法拘禁他人累计时间在十二小时以上的，应以非法拘禁罪定罪处罚。

　　**二、最高人民法院、最高人民检察院、公安部、司法部《关于办理实施"软暴力"的刑事案件若干问题的意见》（节录）**（2019年最高人民法院、最高人民检察院、公安部、司法部发布　自2019年4月9日起施行）

　　一、"软暴力"是指行为人为谋取不法利益或形成非法影响，对他人或者在有关场所进行滋扰、纠缠、哄闹、聚众造势等，足以使他人产生恐惧、恐慌进而形成心理强制，或者足以影响、限制人身自由、危及人身财产安全，影响正常生活、工作、生产、经营的违法犯罪手段。

　　二、"软暴力"违法犯罪手段通常的表现形式有：

　　（一）侵犯人身权利、民主权利、财产权利的手段，包括但不限于跟踪贴靠、扬言传播疾病、揭发隐私、恶意举报、诬告陷害、破坏、霸占财物等；

　　（二）扰乱正常生活、工作、生产、经营秩序的手段，包括但不限于非法侵入他人住宅、破坏生活设施、设置生活障碍、贴报喷字、拉挂横幅、燃放鞭炮、播放哀乐、摆放花圈、泼洒污物、断水断电、堵门阻工，以及通过驱赶从业人员、派驻人员据守等方式直接或间接地控制厂房、办公区、经营场所等；

（三）扰乱社会秩序的手段，包括但不限于摆场架势示威、聚众哄闹滋扰、拦路闹事等；

（四）其他符合本意见第一条规定的"软暴力"手段。

通过信息网络或者通讯工具实施，符合本意见第一条规定的违法犯罪手段，应当认定为"软暴力"。

六、有组织地多次短时间非法拘禁他人的，应当认定为《刑法》第二百三十八条规定的"以其他方法非法剥夺他人人身自由"。非法拘禁他人三次以上、每次持续时间在四小时以上，或者非法拘禁他人累计时间在十二小时以上的，应当以非法拘禁罪定罪处罚。

九、采用"软暴力"手段，同时构成两种以上犯罪的，依法按照处罚较重的犯罪定罪处罚，法律另有规定的除外。

**三、最高人民检察院《关于渎职侵权犯罪案件立案标准的规定》①（节录）**（2006年7月26日最高人民检察院公布　自公布之日起施行　高检发释字〔2006〕2号）

**二、国家机关工作人员利用职权实施的侵犯公民人身权利、民主权利犯罪案件**

（一）国家机关工作人员利用职权实施的非法拘禁案（第二百三十八条）

非法拘禁罪是指以拘禁或者其他方法非法剥夺他人人身自由的行为。

国家机关工作人员利用职权非法拘禁，涉嫌下列情形之一的，应予立案：

1. 非法剥夺他人人身自由24小时以上的；

2. 非法剥夺他人人身自由，并使用械具或者捆绑等恶劣手段，或者实施殴打、侮辱、虐待行为的；

3. 非法拘禁，造成被拘禁人轻伤、重伤、死亡的；

4. 非法拘禁，情节严重，导致被拘禁人自杀、自残造成重伤、死亡，或者精神失常的；

5. 非法拘禁3人次以上的；

6. 司法工作人员对明知是没有违法犯罪事实的人而非法拘禁的；

7. 其他非法拘禁应予追究刑事责任的情形。

**四、最高人民法院《关于对为索取法律不予保护的债务非法拘禁他人行为如何定罪问题的解释》**（2000年7月13日最高人民法院公布　自2000年7月19日起施行　法释〔2000〕19号）

为了正确适用刑法，现就为索取高利贷、赌债等法律不予保护的债务，非法拘禁他人行为如何定罪问题解释如下：

行为人为索取高利贷、赌债等法律不予保护的债务，非法扣押、拘禁他人的，依照刑法第二百三十八条的规定定罪处罚。

**五、最高人民法院、最高人民检察院《关于常见犯罪的量刑指导意见（试行）》（节录）**（2021年6月16日最高人民法院、最高人民检察院公布　自2021年7月1日起施行　法发〔2021〕21号）

**四、常见犯罪的量刑**

（九）非法拘禁罪

1. 构成非法拘禁罪的，根据下列情形在相应的幅度内确定量刑起点：

---

① 根据《中华人民共和国监察法》的规定，涉嫌此类职务犯罪由监察机关立案调查。此文件仅供办案机关参考。下同。——编者注。

（1）犯罪情节一般的，在一年以下有期徒刑、拘役幅度内确定量刑起点。

（2）致一人重伤的，在三年至五年有期徒刑幅度内确定量刑起点。

（3）致一人死亡的，在十年至十三年有期徒刑幅度内确定量刑起点。

2. 在量刑起点的基础上，根据非法拘禁人数、拘禁时间、致人伤亡后果等其他影响犯罪构成的犯罪事实增加刑罚量，确定基准刑。

非法拘禁多人多次的，以非法拘禁人数作为增加刑罚量的事实，非法拘禁次数作为调节基准刑的量刑情节。

3. 有下列情节之一的，增加基准刑的 10% – 20%：

（1）具有殴打、侮辱情节的；

（2）国家机关工作人员利用职权非法扣押、拘禁他人的。

4. 构成非法拘禁罪的，综合考虑非法拘禁的起因、时间、危害后果等犯罪事实、量刑情节，以及被告人的主观恶性、人身危险性、认罪悔罪表现等因素，决定缓刑的适用。

**六、最高人民法院、最高人民检察院、公安部、司法部、国家卫生和计划生育委员会（已撤销）《关于依法惩处涉医违法犯罪维护正常医疗秩序的意见》（节录）**（2014年4月22日最高人民法院、最高人民检察院、公安部、司法部、国家卫生和计划生育委员会（已撤销）公布）

**二、严格依法惩处涉医违法犯罪**

（三）以不准离开工作场所等方式非法限制医务人员人身自由的，依照治安管理处罚法第四十条的规定处罚；构成非法拘禁罪的，依照刑法的有关规定定罪处罚。

**一、《中华人民共和国宪法》（节录）**（1982年12月4日全国人民代表大会公告公布施行　根据1988年4月12日第七届全国人民代表大会第一次会议通过的《中华人民共和国宪法修正案》、1993年3月29日第八届全国人民代表大会第一次会议通过的《中华人民共和国宪法修正案》、1999年3月15日第九届全国人民代表大会第二次会议通过的《中华人民共和国宪法修正案》、2004年3月14日第十届全国人民代表大会第二次会议通过的《中华人民共和国宪法修正案》和2018年3月11日第十三届全国人民代表大会第一次会议通过的《中华人民共和国宪法修正案》修正）

**第三十七条**　中华人民共和国公民的人身自由不受侵犯。

任何公民，非经人民检察院批准或者决定或者人民法院决定，并由公安机关执行，不受逮捕。

禁止非法拘禁和以其他方法非法剥夺或者限制公民的人身自由，禁止非法搜查公民的身体。

**二、《中华人民共和国民事诉讼法》（节录）**（1991年4月9日中华人民共和国主席令第44号公布　自公布之日起施行　2007年10月28日第一次修正　2012年8月31日第二次修正　2017年6月27日第三次修正　2021年12月24日第四次修正　2023年9月1日第五次修正）

**第一百二十条**　采取对妨害民事诉讼的强制措施必须由人民法院决定。任何单位和个人采取非法拘禁他人或者非法私自扣押他人财产追索债务的，应当依法追究刑事责任，或者予以拘留、罚款。

**三、《中华人民共和国人民警察法》（节录）**（1995年2月28日中华人民共和国主席令第40号公布　自公布之日起施行　2012年10月26日修正）

**第二十二条**　人民警察不得有下列行为：

| 法律适用 | 相关法律法规 | （一）散布有损国家声誉的言论，参加非法组织、参加旨在反对国家的集会、游行、示威等活动，参加罢工；<br>（二）泄露国家秘密、警务工作秘密；<br>（三）弄虚作假，隐瞒案情，包庇、纵容违法犯罪活动；<br>（四）刑讯逼供或者体罚、虐待人犯；<br>（五）非法剥夺、限制他人人身自由，非法搜查他人的身体、物品、住所或者场所；<br>（六）敲诈勒索或者索取、收受贿赂；<br>（七）殴打他人或者唆使他人打人；<br>（八）违法实施处罚或者收取费用；<br>（九）接受当事人及其代理人的请客送礼；<br>（十）从事营利性的经营活动或者受雇于任何个人或者组织；<br>（十一）玩忽职守，不履行法定义务；<br>（十二）其他违法乱纪的行为。<br>**第四十八条** 人民警察有本法第二十二条所列行为之一的，应当给予行政处分；构成犯罪的，依法追究刑事责任。<br>行政处分分为：警告、记过、记大过、降级、撤职、开除。对受行政处分的人民警察，按照国家有关规定，可以降低警衔、取消警衔。<br>对违反纪律的人民警察，必要时可以对其采取停止执行职务、禁闭的措施。 |
| --- | --- | --- |

# 11 绑架案

**概念**

本罪是指利用被绑架人的近亲属或者其他人对被绑架人安危的忧虑，以勒索财物或满足其他不法要求为目的，使用暴力、胁迫或者麻醉方法劫持或以实力控制他人的行为。

**立案标准**

根据《刑法》第239条的规定，有下列情形之一的，应当立案：

(1) 以勒索财物为目的绑架他人的；

(2) 绑架他人作为人质的；

(3) 以勒索财物为目的偷盗婴幼儿的。

本罪是行为犯，行为人只要实施了上述三种情形之一的行为，就应当立案侦查。

## 定罪标准

**犯罪客体**

本罪侵犯的客体是他人的身体健康权、生命权、人身自由权。绑架所使用的暴力、威胁、麻醉或其他方法本身就危及被害人的身体健康。以暴力、胁迫、麻醉或其他方法劫持他人以后对被害人加以禁闭、监视等，就剥夺了其人身自由权。绑架罪行为人的犯罪目的（勒索财物）不能得逞，就会对被害人下毒手，杀人灭口，就侵犯了被害人的生命权。

本罪的犯罪对象为任何有生命的自然人，不仅仅包括妇女、儿童、婴幼儿。实践中，被绑架的对象多为妇女、儿童、社会知名人物、私营业主或大公司、企业的重要人物。

**犯罪客观方面**

本罪在客观方面表现为以暴力、胁迫、麻醉或其他方法劫持他人的行为。所谓暴力是指直接对被害人身体实施打击和强制，如捆绑、推、拽、殴打、伤害、强行架走等。所谓胁迫是指以不顺从就实施暴力相威胁，对被害人实行精神强制，使其恐惧不敢反抗的行为。关于胁迫的内容，有人认为除以实施暴力、威胁外还有其他非暴力威胁，这种观点不妥。非暴力内容的威胁不危及被害人的人身安全，其社会危害性与危及被害人人身安全的暴力、以暴力相威胁、麻醉方法是截然不同的，就如以非暴力相威胁，强行劫走被害人财产的行为不定抢劫罪而定敲诈勒索罪一样，以非暴力内容的胁迫宜以拐卖妇女、儿童罪定罪。胁迫实施暴力的对象既可以是被害人本人，也可以是在场的被害人的亲属。胁迫的方式可以用语言，也可以用动作，如用刀在被害人面前比画，但胁迫必须是对被害人当面实施。所谓麻醉是指利用药物、醉酒等致被害人麻痹、昏睡、昏迷的行为。

不管是暴力、胁迫还是麻醉方法，其本质特征均是违背被害人意志，致被害人不能反抗、不敢反抗、无力或不知反抗而劫走被害人，故其暴力、胁迫、麻醉的程度要达到使被害人不能、不敢、无力或不知反抗的程度。如行为人在拐骗过程中尽管有推、拽、实施轻微的暴力相威胁的行为或有灌酒、使用药物等行为，但不足以使被害人不能、不敢、无力或不知反抗，被害人随行为人出走主要出于轻信，受其利诱等，则不能定该罪。所谓"劫持"是指将被害人劫离原地和把持控制被害人。劫离原地的方法已如前述，把持控制被害人的方法多种多样，如捆绑、禁闭、监视、挟持、麻醉等。其本质特征是剥夺被害人的人身自由，故在把持控制被害人的过程中行为人也可能使用暴力、威胁，也可能不使用暴力、威胁。

| | | |
|---|---|---|
| | 犯罪主体 | 本罪的主体为一般主体，即年满16周岁且具备刑事责任能力的自然人均能构成本罪。 |
| | 犯罪主观方面 | 本罪在主观方面为直接故意，且以勒索他人财物为目的或者以他人作为人质为目的。所谓以勒索财物为目的，是指行为人绑架被害人的目的在于以加害被害人相威胁，迫使被害人的近亲属交给其财物，这里的财物包括货币、有价证券、金银财宝等具有经济价值的物品或财产性利益。 |
| | 罪与非罪 | 区分罪与非罪的界限，关键看是否以勒索他人财物为目的或者以他人作为人质为目的。 |
| 定罪标准 | 此罪与彼罪 | 一、本罪与拐卖妇女、儿童罪的界限。两罪均有绑架的行为，在形式上有许多相似之处，两者区别的关键在于犯罪目的不同，拐卖妇女、儿童罪以出卖为目的，而绑架罪则以勒索财物或者以他人作为人质等为目的。<br><br>二、本罪与敲诈勒索罪的界限。以威胁方法实施绑架罪与敲诈勒索罪常易混淆，二者的区别是：（1）犯罪侵害的对象不同。敲诈勒索罪实施威胁的对象和取得财物的对象是同一个；而绑架罪实施威胁绑架的对象和取得财物的对象是分别不同的人。（2）客观方面表现不同。敲诈勒索罪威胁的内容如系暴力，行为人声称是将来实施；而绑架罪暴力内容的威胁，则是当时、当场已经实施的。（3）敲诈勒索罪行为人并不掳走被害人予以隐藏控制，而绑架罪则要将被害人掳走加以隐藏、控制。另外，如果行为人以并不存在的绑架行为欺骗威吓某人，不是当场交付财物的，既不应以敲诈勒索定罪，也不能以绑架定罪，而应以诈骗罪论处。如欺骗、威吓某人当场交出财物，而威吓是以暴力侵害人身为内容的，则应以抢劫罪论处，如威吓是以揭露隐私等为内容的，则应以敲诈勒索罪论处。<br><br>三、本罪与非法拘禁罪的界限。绑架罪与非法拘禁罪实际上存在特殊与一般的关系，两者都是侵犯他人人身自由权利的犯罪，而且，绑架罪在客观上也必然表现为非法剥夺他人人身自由的行为，剥夺的方法与非法拘禁罪的方法没有质的区别，都可以是暴力、胁迫或其他方法；非法拘禁罪也可以由绑架方法构成；两罪中将被害人绑架、劫持的空间特点也一样，既可以是就地不动，也可以是将被害人掳离原所在地。绑架罪与非法拘禁罪的区别主要在于，绑架罪的构成不仅要求有非法剥夺人身自由的行为，而且要求有勒索财物或满足行为人不法要求的目的。而非法拘禁罪仅要求行为人具有剥夺他人人身自由的目的。实践中，涉及绑架罪与非法拘禁罪界限区分问题的主要是为索债而绑架、扣押人质的案件。《刑法》第238条第3款明确规定，为索取债务非法扣押、拘禁他人的，以非法拘禁罪定罪处罚。对于索债而绑架、扣押人质的案件，处理时应注意。我们认为可从这样几个方面注意区别非法拘禁罪与绑架罪的界限：（1）《刑法》第238条第3款规定的"为索取债务非法扣押、拘禁他人"，既包括合法债务，也包括为索取高利贷、赌债等法律不予保护的债务。债权债务关系不明的，行为人确系出于索取债务的目的而实施绑架行为的，应以非法拘禁罪定性。但是，对于行为人与他人有债权债务关系而绑架、扣押人质的案件，也要认真考察行为人的真实意图，对行为人绑架、扣押人质而目的不在于索取债务的，对行为人仍要以绑架罪定罪处罚。（2）为索取债务绑架他人后，向被绑架人的近亲属或其他人索得债 |

| | | |
|---|---|---|
| **定罪标准** | **此罪与彼罪** | 务后，又索取额外财物或以人质相挟提出其他不法要求的，行为人同时触犯非法拘禁罪和绑架罪两个罪名，但应视此情况为想象竞合犯（实施一个索取财物行为，而财物中既有债务又有额外财物时）或吸收犯的形态，对行为人以绑架罪一罪处理。<br><br>　　四、本罪与抢劫罪的界限。绑架勒索的绑架罪与抢劫罪都以取得财物为目的；在客观上都可以表现为暴力、胁迫等强制手段；在侵犯的合法权益方面，两者也都同时侵犯了公民的人身权利和财产权利，因而两者是十分近似的犯罪。区别两者的关键有两个方面：（1）绑架罪是以非法剥夺人身自由的方法，并以被绑架人的安危为要挟，勒索财物行为的指向对象为被绑架人以外的第三人，即被绑架人的近亲属或其他人，而不可能是被绑架人；抢劫罪的方法则一般不表现为非法剥夺人身自由，而且其要挟的人及劫财行为指向的对象一般具有同一性。（2）绑架罪由于是将被绑架人作为人质向第三人索取财物，因此获取财物的时间不可能是绑架行为实施的当时，也一般不可能是当场获取财物。而抢劫罪只能是当场及在暴力、胁迫行为实施的当时劫取财物。 |
| **证据参考标准** | **主体方面的证据** | **一、证明行为人刑事责任年龄、身份等自然情况的证据**<br>　　包括身份证明、户籍证明、任职证明、工作经历证明、特定职责证明等，主要是证明行为人的姓名（曾用名）、性别、出生年月日、民族、籍贯、出生地、职业（或职务）、住所地（或居所地）等证据材料，如户口簿、居民身份证、居住证、工作证、出生证、专业或技术等级证、干部履历表、职工登记表、护照等。<br>　　对于户籍、出生证等材料内容不实的，应提供其他证据材料。外国人犯罪的案件，应有护照等身份证明材料。人大代表、政协委员犯罪的案件，应注明身份，并附身份证明材料。<br>　　**二、证明行为人刑事责任能力的证据**<br>　　证明行为人对自己的行为是否具有辨认能力与控制能力，如是否属于间歇性精神病人、尚未完全丧失辨认或者控制自己行为能力的精神病人的证明材料。 |
| | **主观方面的证据** | **证明行为人故意的证据**<br>　　1. 证明行为人明知的证据：证明行为人明知自己的行为会发生危害社会的结果。2. 证明直接故意的证据：证明行为人希望危害结果发生。3. 目的：勒索财物或者满足其他不法要求。 |
| | **客观方面的证据** | **证明行为人绑架犯罪行为的证据**<br>　　具体证据包括：1. 证明行为人绑架妇女行为的证据；2. 证明行为人绑架儿童行为的证据；3. 证明行为人绑架人质行为的证据；4. 证明行为人致被绑架人死亡行为的证据；5. 证明行为人杀害被绑架人行为的证据；6. 证明行为人绑架勒索他人其他行为的证据；7. 证明行为人偷盗婴幼儿行为的证据；8. 证明行为人取得财物的证据。 |

| 证据参考标准 | 量刑方面的证据 | **一、法定量刑情节证据**<br>1. 事实情节。2. 法定从重情节。3. 法定从轻或者减轻情节：（1）可以从轻；（2）可以从轻或者减轻；（3）应当从轻或者减轻。4. 法定从轻、减轻或者免除情节：（1）可以从轻、减轻或者免除处罚；（2）应当从轻、减轻或者免除处罚。5. 法定减轻或者免除情节：（1）可以减轻或者免除处罚；（2）应当减轻或者免除处罚；（3）可以免除处罚。<br>**二、酌定量刑情节证据**<br>1. 犯罪手段：（1）暴力；（2）胁迫。2. 犯罪对象。3. 危害结果。4. 动机。5. 平时表现。6. 认罪态度。7. 是否有前科。8. 其他证据。 |
|---|---|---|
| **量刑标准** | 犯本罪的 | 处十年以上有期徒刑或者无期徒刑，并处罚金或者没收财产 |
| | 情节较轻的 | 处五年以上十年以下有期徒刑，并处罚金 |
| | 杀害被绑架人的，或者故意伤害被绑架人、致人重伤、死亡的 | 处无期徒刑或者死刑，并处没收财产 |
| | 以勒索财物为目的偷盗婴幼儿的 | 依照上述有关的规定处罚 |
| **法律适用** | 刑法条文 | **第二百三十九条** 以勒索财物为目的绑架他人的，或者绑架他人作为人质的，处十年以上有期徒刑或者无期徒刑，并处罚金或者没收财产；情节较轻的，处五年以上十年以下有期徒刑，并处罚金。<br>犯前款罪，杀害被绑架人的，或者故意伤害被绑架人，致人重伤、死亡的，处无期徒刑或者死刑，并处没收财产。<br>以勒索财物为目的偷盗婴幼儿的，依照前两款的规定处罚。 |
| | 司法解释 | **最高人民法院《关于审理抢劫、抢夺刑事案件适用法律若干问题的意见》（节录）**<br>（2005年6月8日最高人民法院公布 自公布之日起施行 法发〔2005〕8号）<br>**九、关于抢劫罪与相似犯罪的界限**<br>3. 抢劫罪与绑架罪的界限<br>绑架罪是侵害他人人身自由权利的犯罪，其与抢劫罪的区别在于：第一，主观方面不尽相同。抢劫罪中，行为人一般出于非法占有他人财物的故意实施抢劫行为，绑架罪中，行为人既可能为勒索他人财物而实施绑架行为，也可能出于其它非经济目的实施绑架行为；第二，行为手段不尽相同。抢劫罪表现为行为人劫取财物一般应在同一时间、同一地点，具有"当场性"；绑架罪表现为行为人以杀害、伤害等方式向被绑架人的亲属或其他人或单位发出威胁，索取赎金或提出其他非法要求，劫取财物一般不具有"当场性"。<br>绑架过程中又当场劫取被害人随身携带财物的，同时触犯绑架罪和抢劫罪两罪名，应择一重罪定罪处罚。 |

# 12 拐卖妇女、儿童案

| 概念 | 本罪是指以出卖为目的，拐骗、绑架、收买、贩卖、接送、中转妇女、儿童的行为。 |

| 立案标准 | 根据《刑法》第 240 条的规定，拐卖妇女、儿童的，应当立案。本罪是行为犯，只要行为人实施了拐卖妇女、儿童的行为，就构成犯罪，由公安机关立案。 |

## 定罪标准

### 犯罪客体

本罪侵犯的客体是被害妇女、儿童的身体自由权和人格尊严权。身体自由权是指以身体的动静举止不受非法干预为内容的人格权；人格尊严权是指与民事主体的尊严密切相关的以精神性人格利益为内容的人格权。被害妇女、儿童被拐骗后，处于行为人控制之下，处于被欺骗、任其摆布的境地，失去决定自己去向的身体自由权，行为人将被害妇女、儿童当作商品出卖，损害其做人的尊严。至于本罪所引起的被害人家庭妻离子散，有时甚至家破人亡是本罪的危害后果，而非客体要件。本罪侵犯的对象为妇女、儿童。"妇女"指 14 周岁以上的女性，"儿童"指不满 14 周岁的人。其中，不满 1 周岁的为婴儿，1 周岁以上不满 6 周岁的为幼儿。根据司法解释的规定，这里的"妇女"既包括具有中国国籍的妇女，也包括具有外国国籍和无国籍的妇女，被拐卖的外国妇女没有身份证明的，不影响本罪的成立。

### 犯罪客观方面

本罪在客观方面表现为非法拐骗、绑架、收买、贩卖、接送或者中转妇女、儿童的行为。所谓拐骗，是指行为人以利诱、欺骗等非暴力手段使妇女、儿童脱离家庭或监护人并为自己所控制的行为。拐骗的方法多种多样：有的是在车站、码头等公共场所，物色外流妇女，并用谎言骗取信任，达到自己的罪恶目的；有的是利用各种关系，花言巧语夸某地生活好，以帮助介绍对象、安置工作等为诱饵，诱骗妇女随自己离家出走；有的是以帮助照看为名将儿童从监护人手中骗走；有的则是以帮助引路、给零食等方法，将儿童拐走。所谓绑架，是指以暴力、胁迫、麻醉等方法将被害人劫离原地和把持控制被害人的行为。所谓收买，是指为了再转手出卖而从拐卖妇女、儿童的犯罪分子手中买来被拐骗妇女、儿童的行为。所谓贩卖，是指将妇女、儿童再出卖给第二人的行为。所谓接送、中转，是指在拐卖妇女、儿童的共同犯罪中，进行接应、藏匿、转送、接转被拐骗的妇女、儿童的行为。

将收买、绑架、贩卖、接送、中转被拐骗妇女、儿童的行为作为拐卖妇女、儿童犯罪的表现形式，是《刑法》对拐卖人口犯罪立法的进一步完善。根据《刑法》第240条规定，行为人只要实施了拐骗、绑架、收买、贩卖、接送或者中转妇女、儿童中的任何一种行为，即构成拐卖妇女、儿童罪。在五种行为方式中，拐骗和贩卖是拐卖妇女、儿童罪中最主要、最常见的客观表现。

| 定罪标准 | 犯罪主体 | 本罪的主体为一般主体，即年满16周岁且具备刑事责任能力的自然人均能构成本罪。<br>　　医疗机构、社会福利机构等单位的工作人员以非法获利为目的，将所诊疗、护理、抚养的儿童出卖给他人的，构成拐卖儿童罪。 |
|---|---|---|
| | 犯罪主观方面 | 本罪在主观方面表现为直接故意，而且行为人主观上具有出卖的目的。根据《刑法》第240条的规定，只要行为人以出卖为目的实施了拐骗、绑架、收买、贩卖、接送、中转被拐妇女、儿童行为之一的，即构成拐卖妇女、儿童罪。至于是否卖出，即犯罪目的是否实现不影响本罪的成立。但是，如果行为人实施上述行为并不是以出卖为目的，例如，是为了奸淫、收养、奴役、强迫卖淫等目的，则可能构成其他犯罪，不构成本罪。但实践中有的行为人收买被拐卖的妇女、儿童是为了与被害人形成婚姻、家庭关系，并不是为出卖，而收买后，由于被害人反抗或者其他原因，行为人又将收买的妇女、儿童卖给他人，应以本罪处罚。实践中，拐卖妇女、儿童一般是以营利为目的，但也不能绝对排除不以营利为目的而实施拐卖妇女、儿童的行为。如出于报复他人动机而实施拐卖妇女、儿童的行为。如果仅强调以营利为目的，就会漏掉不以营利为目的而实施的此类行为。 |
| | 罪与非罪 | 本罪与借介绍婚姻而索取财物、借介绍收养而索取财物行为的界限。借介绍婚姻而索取财物，是指行为人借为男女双方做婚姻介绍人的机会，向其中一方或双方索取财物的行为。借介绍收养而索取财物，是指行为人借为他人介绍收养的机会，向收养一方索取财物的行为。区分拐卖妇女、儿童罪与上述两种行为，应当把握以下几点：（1）是否具有欺骗和违背妇女意志的情形。被拐卖妇女除个别情况是出于妇女自愿以外，大多数是被欺骗和违背其意志的；而借介绍婚姻索取财物的行为，其婚姻是建立在女方自愿的基础上，并不违背其意志，不具有欺骗性。介绍收养儿童，须是出于双方自愿，特别是送养方必须是出于自愿，介绍人只是起牵线搭桥作用。（2）收取财物的性质不同。拐卖妇女、儿童收取财物具有交易的性质，行为人获取的财物是妇女、儿童的身价，且数额较高；而介绍婚姻、介绍收养的，收取的财物具有酬谢的性质，不是将妇女、儿童作为买卖的对象，行为人是在婚姻、收养关系自愿成立的基础上索取酬金，数目相对较低。（3）主观目的不同。行为人拐卖妇女、儿童主观上是以出卖为目的；而借介绍婚姻、介绍收养儿童索取财物是以获取财物作为适当的酬谢。 |
| | 一罪与数罪 | 根据《刑法》第240条的规定，犯罪分子在拐卖妇女、儿童的过程中，有下列情形的，应当作为犯罪情节，不单独定罪，而与拐卖妇女、儿童罪实行并罚：（1）奸淫被拐卖的妇女的。这里的"奸淫"，不论行为人是否使用了暴力或者胁迫等强制手段，也不论被害妇女是否有反抗行为，都可以认定为量刑情节，但不能单独定罪。（2）诱骗、强迫被拐卖的妇女卖淫或者将被拐卖的妇女卖给他人迫使其卖淫的。（3）以出卖为目的，使用暴力、胁迫或者麻醉方法绑架妇女、儿童的。（4）以出卖为目的，偷盗婴幼儿的。（5）造成被拐卖的妇女、儿童或者其亲属重伤、死亡或者其他严重后果的。这里指的是，由于犯罪分子拐卖妇女、儿童的行为直接、间接造成被拐卖的妇女、儿童或其亲属重伤、死亡或者其他严重后果的。例如，由于罪犯采用拘禁、捆绑、 |

| | | |
|---|---|---|
| **定罪标准** | **一罪与数罪** | 虐待等手段，致使被害人重伤、死亡或者其他严重后果的；由于罪犯的拐卖行为以及拐卖中的侮辱、殴打等行为引起被害人或其亲属自杀、精神失常或者其他严重后果的，等等。除此之外，对在拐卖妇女、儿童的犯罪过程中犯有其他罪行的，如对被拐卖的妇女、儿童故意杀害、伤害的，对行为人应以故意杀人罪或者故意伤害罪与拐卖妇女、儿童罪实行并罚。 |
| | **此罪与彼罪** | 本罪与诈骗罪的界限。一般情况下，拐卖妇女、儿童罪与诈骗罪很容易区分。但在实践中，有的妇女与他人合谋，以介绍婚姻或者被"卖"的形式设置骗局，骗取买方财物后逃走，有的妇女甚至跟"收买"者生活相当长一段时间。区别这种形式的诈骗罪与拐卖妇女罪应主要把握以下两点：(1) 犯罪目的不同。诈骗罪的犯罪目的是骗取钱财；拐卖妇女罪的犯罪目的则是出售妇女后获得财物。(2) 客观表现不同。诈骗罪在客观上表现为妇女与他人合谋共犯，骗取他人钱财；拐卖妇女罪则是行为人对妇女采取欺骗、蒙蔽手段，将其卖给他人。 |
| **证据参考标准** | **主体方面的证据** | **一、证明行为人刑事责任年龄、身份等自然情况的证据**<br>包括身份证明、户籍证明、任职证明、工作经历证明、特定职责证明等，主要是证明行为人的姓名（曾用名）、性别、出生年月日、民族、籍贯、出生地、职业（或职务）、住所地（或居所地）等证据材料，如户口簿、居民身份证、居住证、工作证、出生证、专业或技术等级证、干部履历表、职工登记表、护照等。<br>对于户籍、出生证等材料内容不实的，应提供其他证据材料。外国人犯罪的案件，应有护照等身份证明材料。人大代表、政协委员犯罪的案件，应注明身份，并附身份证明材料。<br>**二、证明行为人刑事责任能力的证据**<br>证明行为人对自己的行为是否具有辨认能力与控制能力，如是否属于间歇性精神病人、尚未完全丧失辨认或者控制自己行为能力的精神病人的证明材料。 |
| | **主观方面的证据** | **证明行为人故意的证据**<br>1. 证明行为人明知的证据：证明行为人明知自己的行为会发生危害社会的结果。2. 证明直接故意的证据：证明行为人希望危害结果发生。3. 目的：出卖获取非法利润。 |
| | **客观方面的证据** | **证明行为人拐卖妇女、儿童犯罪行为的证据**<br>具体证据包括：1. 证明行为人拐卖妇女、儿童行为的证据：(1) 拐骗；(2) 收买；(3) 贩卖；(4) 接送；(5) 中转。2. 证明行为人下列情形的证据：(1) 拐卖妇女、儿童集团的首要分子；(2) 拐卖妇女、儿童3人以上的；(3) 奸淫被拐卖的妇女的；(4) 诱骗被拐卖的妇女卖淫的；(5) 强迫被拐卖妇女卖淫的；(6) 将被拐卖 |

| | | |
|---|---|---|
| **证据参考标准** | **客观方面的证据** | 的妇女卖给他人迫使其卖淫的；（7）以出卖为目的，使用下列方法绑架妇女的：①暴力，②胁迫，③麻醉；（8）以出卖为目的，使用下列方法绑架儿童的：①暴力，②胁迫，③麻醉。3. 证明行为人致人死亡行为的证据：（1）被拐卖的妇女；（2）被拐卖的儿童；（3）被拐卖妇女、儿童的家属。4. 证明行为人致人重伤行为的证据：（1）被拐卖的妇女；（2）被拐卖的儿童；（3）被拐卖的妇女、儿童的家属。5. 证明行为人致被拐卖的妇女、儿童其他严重后果行为的证据。6. 证明行为人将被拐卖的妇女卖往境外行为的证据。7. 证明行为人将被拐卖儿童卖往境外行为的证据。8. 证明行为人将被绑架妇女卖往境外行为的证据。9. 证明行为人将被绑架儿童卖往境外行为的证据。 |
| | **量刑方面的证据** | **一、法定量刑情节证据**<br>1. 事实情节。2. 法定从重情节。3. 法定从轻或者减轻情节：（1）可以从轻；（2）可以从轻或者减轻；（3）应当从轻或者减轻。4. 法定从轻、减轻或者免除情节：（1）可以从轻、减轻或者免除处罚；（2）应当从轻、减轻或者免除处罚。5. 法定减轻或者免除情节：（1）可以减轻或者免除处罚；（2）应当减轻或者免除处罚；（3）可以免除处罚。<br>**二、酌定量刑情节证据**<br>1. 犯罪手段：（1）骗；（2）暴力；（3）胁迫；（4）麻醉。2. 犯罪对象。3. 危害结果。4. 动机。5. 平时表现。6. 认罪态度。7. 是否有前科。8. 其他证据。 |

| | | |
|---|---|---|
| **量刑标准** | 犯本罪的 | 处五年以上十年以下有期徒刑，并处罚金 |
| | 情节严重的 | 处十年以上有期徒刑或者无期徒刑，并处罚金或者没收财产 |
| | 情节特别严重的 | 处死刑，并处没收财产 |

| | | |
|---|---|---|
| **法律适用** | **刑法条文** | **第二百四十条** 拐卖妇女、儿童的，处五年以上十年以下有期徒刑，并处罚金；有下列情形之一的，处十年以上有期徒刑或者无期徒刑，并处罚金或者没收财产；情节特别严重的，处死刑，并处没收财产：<br>（一）拐卖妇女、儿童集团的首要分子；<br>（二）拐卖妇女、儿童三人以上的；<br>（三）奸淫被拐卖的妇女的；<br>（四）诱骗、强迫被拐卖的妇女卖淫或者将被拐卖的妇女卖给他人迫使其卖淫的；<br>（五）以出卖为目的，使用暴力、胁迫或者麻醉方法绑架妇女、儿童的；<br>（六）以出卖为目的，偷盗婴幼儿的；<br>（七）造成被拐卖的妇女、儿童或者其亲属重伤、死亡或者其他严重后果的；<br>（八）将妇女、儿童卖往境外的。<br>拐卖妇女、儿童是指以出卖为目的，有拐骗、绑架、收买、贩卖、接送、中转妇女、儿童的行为之一的。 |

**一、最高人民法院《关于审理拐卖妇女儿童犯罪案件具体应用法律若干问题的解释》**（2016 年 12 月 21 日最高人民法院公布　自 2017 年 1 月 1 日起施行　法释〔2016〕28 号）

**第一条**　对婴幼儿采取欺骗、利诱等手段使其脱离监护人或者看护人的，视为刑法第二百四十条第一款第（六）项规定的"偷盗婴幼儿"。

**第二条**　医疗机构、社会福利机构等单位的工作人员以非法获利为目的，将所诊疗、护理、抚养的儿童出卖给他人的，以拐卖儿童罪论处。

**第三条**　以介绍婚姻为名，采取非法扣押身份证件、限制人身自由等方式，或者利用妇女人地生疏、语言不通、孤立无援等境况，违背妇女意志，将其出卖给他人的，应当以拐卖妇女罪追究刑事责任。

以介绍婚姻为名，与被介绍妇女串通骗取他人钱财，数额较大的，应当以诈骗罪追究刑事责任。

**第四条**　在国家机关工作人员排查来历不明儿童或者进行解救时，将所收买的儿童藏匿、转移或者实施其他妨碍解救行为，经说服教育仍不配合的，属于刑法第二百四十一条第六款规定的"阻碍对其进行解救"。

**第五条**　收买被拐卖的妇女，业已形成稳定的婚姻家庭关系，解救时被买妇女自愿继续留在当地共同生活的，可以视为"按照被买妇女的意愿，不阻碍其返回原居住地"。

**第六条**　收买被拐卖的妇女、儿童后又组织、强迫卖淫或者组织乞讨、进行违反治安管理活动等构成其他犯罪的，依照数罪并罚的规定处罚。

**第七条**　收买被拐卖的妇女、儿童，又以暴力、威胁方法阻碍国家机关工作人员解救被收买的妇女、儿童，或者聚众阻碍国家机关工作人员解救被收买的妇女、儿童，构成妨害公务罪、聚众阻碍解救被收买的妇女、儿童罪的，依照数罪并罚的规定处罚。

**第八条**　出于结婚目的收买被拐卖的妇女，或者出于抚养目的收买被拐卖的儿童，涉及多名家庭成员、亲友参与的，对其中起主要作用的人员应当依法追究刑事责任。

**第九条**　刑法第二百四十条、第二百四十一条规定的儿童，是指不满十四周岁的人。其中，不满一周岁的为婴儿，一周岁以上不满六周岁的为幼儿。

**第十条**　本解释自 2017 年 1 月 1 日起施行。

**二、最高人民法院、最高人民检察院、公安部、司法部《关于依法惩治拐卖妇女儿童犯罪的意见》（节录）**（2010 年 3 月 5 日最高人民法院、最高人民检察院、公安部、司法部公布　自公布之日起施行　法发〔2010〕7 号）

**二、管辖**

4. 拐卖妇女、儿童犯罪案件依法由犯罪地的司法机关管辖。拐卖妇女、儿童犯罪的犯罪地包括拐出地、中转地、拐入地以及拐卖活动的途经地。如果由犯罪嫌疑人、被告人居住地的司法机关管辖更为适宜的，可以由犯罪嫌疑人、被告人居住地的司法机关管辖。

5. 几个地区的司法机关都有权管辖的，一般由最先受理的司法机关管辖。犯罪嫌疑人、被告人或者被拐卖的妇女、儿童人数较多，涉及多个犯罪地的，可以移送主要犯罪地或者主要犯罪嫌疑人、被告人居住地的司法机关管辖。

6. 相对固定的多名犯罪嫌疑人、被告人分别在拐出地、中转地、拐入地实施某一环节的犯罪行为，犯罪所跨地域较广，全案集中管辖有困难的，可以由拐出地、中转地、拐入地的司法机关对不同犯罪分子分别实施的拐出、中转和拐入犯罪行为分别管辖。

7. 对管辖权发生争议的，争议各方应当本着有利于迅速查清犯罪事实，及时解救被拐卖的妇女、儿童，以及便于起诉、审判的原则，在法定期间内尽快协商解决；协商不成的，报请共同的上级机关确定管辖。

正在侦查中的案件发生管辖权争议的，在上级机关作出管辖决定前，受案机关不得停止侦查工作。

### 三、立案

8. 具有下列情形之一，经审查，符合管辖规定的，公安机关应当立即以刑事案件立案，迅速开展侦查工作：

（1）接到拐卖妇女、儿童的报案、控告、举报的；

（2）接到儿童失踪或者已满十四周岁不满十八周岁的妇女失踪报案的；

（3）接到已满十八周岁的妇女失踪，可能被拐卖的报案的；

（4）发现流浪、乞讨的儿童可能系被拐卖的；

（5）发现有收买被拐卖妇女、儿童行为，依法应当追究刑事责任的；

（6）表明可能有拐卖妇女、儿童犯罪事实发生的其他情形的。

9. 公安机关在工作中发现犯罪嫌疑人或者被拐卖的妇女、儿童，不论案件是否属于自己管辖，都应当首先采取紧急措施。经审查，属于自己管辖的，依法立案侦查；不属于自己管辖的，及时移送有管辖权的公安机关处理。

10. 人民检察院要加强对拐卖妇女、儿童犯罪案件的立案监督，确保有案必立、有案必查。

### 四、证据

11. 公安机关应当依照法定程序，全面收集能够证实犯罪嫌疑人有罪或者无罪、犯罪情节轻重的各种证据。

要特别重视收集、固定买卖妇女、儿童犯罪行为交易环节中钱款的存取证明、犯罪嫌疑人的通话清单、乘坐交通工具往来有关地方的票证、被拐卖儿童的 DNA 鉴定结论、有关监控录像、电子信息等客观性证据。

取证工作应当及时，防止时过境迁，难以弥补。

12. 公安机关应当高度重视并进一步加强 DNA 数据库的建设和完善。对失踪儿童的父母，或者疑似被拐卖的儿童，应当及时采集血样进行检验，通过全国 DNA 数据库，为查获犯罪，帮助被拐卖的儿童及时回归家庭提供科学依据。

13. 拐卖妇女、儿童犯罪所涉地区的办案单位应当加强协作配合。需要到异地调查取证的，相关司法机关应当密切配合；需要进一步补充查证的，应当积极支持。

### 五、定性

14. 犯罪嫌疑人、被告人参与拐卖妇女、儿童犯罪活动的多个环节，只有部分环节的犯罪事实查证清楚、证据确实、充分的，可以对该环节的犯罪事实依法予以认定。

15. 以出卖为目的强抢儿童，或者捡拾儿童后予以出卖，符合刑法第二百四十条第二款规定的，应当以拐卖儿童罪论处。

以抚养为目的偷盗婴幼儿或者拐骗儿童，之后予以出卖的，以拐卖儿童罪论处。

16. 以非法获利为目的，出卖亲生子女的，应当以拐卖妇女、儿童罪论处。

17. 要严格区分借送养之名出卖亲生子女与民间送养行为的界限。区分的关键在于行为人是否具有非法获利的目的。应当通过审查将子女"送"人的背景和原因、有无收取钱财及收取钱财的多少、对方是否具有抚养目的及有无抚养能力等事实，综合判断行为人是否具有非法获利的目的。

具有下列情形之一的，可以认定属于出卖亲生子女，应当以拐卖妇女、儿童罪论处：

(1) 将生育作为非法获利手段，生育后即出卖子女的；

(2) 明知对方不具有抚养目的，或者根本不考虑对方是否具有抚养目的，为收取钱财将子女"送"给他人的；

(3) 为收取明显不属于"营养费"、"感谢费"的巨额钱财将子女"送"给他人的；

(4) 其他足以反映行为人具有非法获利目的的"送养"行为的。

不是出于非法获利目的，而是迫于生活困难，或者受重男轻女思想影响，私自将没有独立生活能力的子女送给他人抚养，包括收取少量"营养费"、"感谢费"的，属于民间送养行为，不能以拐卖妇女、儿童罪论处。对私自送养导致子女身心健康受到严重损害，或者具有其他恶劣情节，符合遗弃罪特征的，可以遗弃罪论处；情节显著轻微危害不大的，可由公安机关依法予以行政处罚。

18. 将妇女拐卖给有关场所，致使被拐卖的妇女被迫卖淫或者从事其他色情服务的，以拐卖妇女罪论处。

有关场所的经营管理人员事前与拐卖妇女的犯罪人通谋的，对该经营管理人员以拐卖妇女罪的共犯论处；同时构成拐卖妇女罪和组织卖淫罪的，择一重罪论处。

19. 医疗机构、社会福利机构等单位的工作人员以非法获利为目的，将所诊疗、护理、抚养的儿童贩卖给他人的，以拐卖儿童罪论处。

20. 明知是被拐卖的妇女、儿童而收买，具有下列情形之一的，以收买被拐卖的妇女、儿童罪论处；同时构成其他犯罪的，依照数罪并罚的规定处罚：

(1) 收买被拐卖的妇女后，违背被收买妇女的意愿，阻碍其返回原居住地的；

(2) 阻碍对被收买妇女、儿童进行解救的；

(3) 非法剥夺、限制被收买妇女、儿童的人身自由，情节严重，或者对被收买妇女、儿童有强奸、伤害、侮辱、虐待等行为的；

(4) 所收买的妇女、儿童被解救后又再次收买，或者收买多名被拐卖的妇女、儿童的；

(5) 组织、诱骗、强迫被收买的妇女、儿童从事乞讨、苦役，或者盗窃、传销、卖淫等违法犯罪活动的；

(6) 造成被收买妇女、儿童或者其亲属重伤、死亡以及其他严重后果的；

(7) 具有其他严重情节的。

被追诉前主动向公安机关报案或者向有关单位反映，愿意让被收买妇女返回原居住地，或者将被收买儿童送回其家庭，或者将被收买妇女、儿童交给公安、民政、妇联等机关、组织，没有其他严重情节的，可以不追究刑事责任。

六、共同犯罪

21. 明知他人拐卖妇女、儿童，仍然向其提供被拐卖妇女、儿童的健康证明、出生证明或者其他帮助的，以拐卖妇女、儿童罪的共犯论处。

明知他人收买被拐卖的妇女、儿童，仍然向其提供被收买妇女、儿童的户籍证明、出生证明或者其他帮助的，以收买被拐卖的妇女、儿童罪的共犯论处，但是，收买人未被追究刑事责任的除外。

法律适用

司法解释

认定是否"明知"，应当根据证人证言、犯罪嫌疑人、被告人及其同案人供述和辩解，结合提供帮助的人次，以及是否明显违反相关规章制度、工作流程等，予以综合判断。

22. 明知他人系拐卖儿童的"人贩子"，仍然利用从事诊疗、福利救助等工作的便利或者了解被拐卖方情况的条件，居间介绍的，以拐卖儿童罪的共犯论处。

23. 对于拐卖妇女、儿童犯罪的共犯，应当根据各被告人在共同犯罪中的分工、地位、作用，参与拐卖的人数、次数，以及分赃数额等，准确区分主从犯。

对于组织、领导、指挥拐卖妇女、儿童的某一个或者某几个犯罪环节，或者积极参与实施拐骗、绑架、收买、贩卖、接送、中转妇女、儿童等犯罪行为，起主要作用的，应当认定为主犯。

对于仅提供被拐卖妇女、儿童信息或者相关证明文件，或者进行居间介绍，起辅助或者次要作用，没有获利或者获利较少的，一般可认定为从犯。

对于各被告人在共同犯罪中的地位、作用区别不明显的，可以不区分主从犯。

**七、一罪与数罪**

24. 拐卖妇女、儿童，又奸淫被拐卖的妇女、儿童，或者诱骗、强迫被拐卖的妇女、儿童卖淫的，以拐卖妇女、儿童罪处罚。

25. 拐卖妇女、儿童，又对被拐卖的妇女、儿童实施故意杀害、伤害、猥亵、侮辱等行为，构成其他犯罪的，依照数罪并罚的规定处罚。

26. 拐卖妇女、儿童或者收买被拐卖的妇女、儿童，又组织、教唆被拐卖、收买的妇女、儿童进行犯罪的，以拐卖妇女、儿童罪或者收买被拐卖的妇女、儿童罪与其所组织、教唆的罪数罪并罚。

27. 拐卖妇女、儿童或者收买被拐卖的妇女、儿童，又组织、教唆被拐卖、收买的未成年妇女、儿童进行盗窃、诈骗、抢夺、敲诈勒索等违反治安管理活动的，以拐卖妇女、儿童罪或者收买被拐卖的妇女、儿童罪与组织未成年人进行违反治安管理活动罪数罪并罚。

**八、刑罚适用**

28. 对于拐卖妇女、儿童犯罪集团的首要分子，情节严重的主犯，累犯，偷盗婴幼儿、强抢儿童情节严重，将妇女、儿童卖往境外情节严重，拐卖妇女、儿童多人多次、造成伤亡后果，或者具有其他严重情节的，依法从重处罚；情节特别严重的，依法判处死刑。

拐卖妇女、儿童，并对被拐卖的妇女、儿童实施故意杀害、伤害、猥亵、侮辱等行为，数罪并罚决定执行的刑罚应当依法体现从严。

29. 对于拐卖妇女、儿童的犯罪分子，应当注重依法适用财产刑，并切实加大执行力度，以强化刑罚的特殊预防与一般预防效果。

30. 犯收买被拐卖的妇女、儿童罪，对被收买妇女、儿童实施违法犯罪活动或者将其作为牟利工具的，处罚时应当依法体现从严。

收买被拐卖的妇女、儿童，对被收买妇女、儿童没有实施摧残、虐待行为或者与其已形成稳定的婚姻家庭关系，但仍应依法追究刑事责任的，一般应当从轻处罚；符合缓刑条件的，可以依法适用缓刑。

收买被拐卖的妇女、儿童，犯罪情节轻微的，可以依法免予刑事处罚。

31. 多名家庭成员或者亲友共同参与出卖亲生子女，或者"买人为妻"、"买人为子"构成收买被拐卖的妇女、儿童罪的，一般应当在综合考察犯意提起、各行为人在

法律适用

司法解释

**司法解释**

犯罪中所起作用等情节的基础上，依法追究其中罪责较重者的刑事责任。对于其他情节显著轻微危害不大，不认为是犯罪的，依法不追究刑事责任；必要时可以由公安机关予以行政处罚。

32. 具有从犯、自首、立功等法定从宽处罚情节的，依法从轻、减轻或者免除处罚。

对被拐卖的妇女、儿童没有实施摧残、虐待等违法犯罪行为，或者能够协助解救被拐卖的妇女、儿童，或者具有其他酌定从宽处罚情节的，可以依法酌情从轻处罚。

33. 同时具有从严和从宽处罚情节的，要在综合考察拐卖妇女、儿童的手段、拐卖妇女、儿童或者收买被拐卖妇女、儿童的人次、危害后果以及被告人主观恶性、人身危险性等因素的基础上，结合当地此类犯罪发案情况和社会治安状况，决定对被告人总体从严或者从宽处罚。

**九、涉外犯罪**

34. 要进一步加大对跨国、跨境拐卖妇女、儿童犯罪的打击力度。加强双边或者多边"反拐"国际交流与合作，加强对被跨国、跨境拐卖的妇女、儿童的救助工作。依照我国缔结或者参加的国际条约的规定，积极行使所享有的权利，履行所承担的义务，及时请求或者提供各项司法协助，有效遏制跨国、跨境拐卖妇女、儿童犯罪。

**三、最高人民法院《关于审理拐卖妇女案件适用法律有关问题的解释》（节录）**

（2000年1月3日最高人民法院公布　自2000年1月25日起施行　法释〔2000〕1号）

为依法惩治拐卖妇女的犯罪行为，根据刑法和刑事诉讼法的有关规定，现就审理拐卖妇女案件具体适用法律的有关问题解释如下：

**第一条**　刑法第二百四十条规定的拐卖妇女罪中的"妇女"，既包括具有中国国籍的妇女，也包括具有外国国籍和无国籍的妇女。被拐卖的外国妇女没有身份证明的，不影响对犯罪分子的定罪处罚。

**第二条**　外国人或者无国籍人拐卖外国妇女到我国境内被查获的，应当根据刑法第六条的规定，适用我国刑法定罪处罚。

**相关法律法规**

**一、《中华人民共和国未成年人保护法》（节录）**（1991年9月4日中华人民共和国主席令第50号公布　自1992年1月1日起施行　2006年12月29日第一次修订 2012年10月26日第一次修正　2020年10月17日第二次修订　2024年4月26日第二次修正）

**第五十四条**　禁止拐卖、绑架、虐待、非法收养未成年人，禁止对未成年人实施性侵害、性骚扰。

禁止胁迫、引诱、教唆未成年人参加黑社会性质组织或者从事违法犯罪活动。

禁止胁迫、诱骗、利用未成年人乞讨。

**二、《中华人民共和国妇女权益保障法》（节录）**（1992年4月3日中华人民共和国主席令第58号公布　自1992年10月1日起施行　2005年8月28日第一次修正 2018年10月26日第二次修正　2022年10月30日修订）

**第二十二条**　禁止拐卖、绑架妇女；禁止收买被拐卖、绑架的妇女；禁止阻碍解救被拐卖、绑架的妇女。

各级人民政府和公安、民政、人力资源和社会保障、卫生健康等部门及村民委员会、居民委员会按照各自的职责及时发现报告，并采取措施解救被拐卖、绑架的妇女，做好被解救妇女的安置、救助和关爱等工作。妇女联合会协助和配合做好有关工作。任何组织和个人不得歧视被拐卖、绑架的妇女。

**法律适用**

法律适用

规章及规范性文件

**公安部《关于打击拐卖妇女儿童犯罪适用法律和政策有关问题的意见》（节录）**
（2000 年 3 月 24 日公安部公布　自公布之日起施行　公通字〔2000〕25 号）

**二、关于拐卖妇女、儿童犯罪**

（一）要正确认定拐卖妇女、儿童罪。凡是拐卖妇女、儿童的，不论是哪个环节，只要是以出卖为目的，有拐骗、绑架、收买、贩卖、接送、中转妇女、儿童的行为之一的，均以拐卖妇女、儿童罪立案侦查。

（二）在办理拐卖妇女、儿童案件中，不论拐卖人数多少，是否获利，只要实施拐卖妇女、儿童行为的，均应当以拐卖妇女、儿童罪立案侦查。

（三）明知是拐卖妇女、儿童的犯罪分子而事先通谋，为其拐卖行为提供资助或者其他便利条件的，应当以拐卖妇女、儿童罪的共犯立案侦查。

（四）对拐卖过程中奸淫被拐卖妇女的；诱骗、强迫被拐卖的妇女卖淫或者将被拐卖的妇女卖给他人迫使其卖淫的；以出卖为目的使用暴力、胁迫、麻醉等方法绑架妇女、儿童的；以出卖为目的，偷盗婴幼儿的；造成被拐卖的妇女、儿童或者其亲属重伤、死亡或者其他严重后果的，均以拐卖妇女、儿童罪立案侦查。

（五）教唆他人实施拐卖妇女、儿童犯罪的，以拐卖妇女、儿童罪的共犯立案侦查。向他人传授拐卖妇女、儿童的犯罪方法的，以传授犯罪方法罪立案侦查。明知是拐卖妇女、儿童的犯罪分子，而在其实施犯罪后为其提供隐藏处所、财物，帮助其逃匿或者作假证明包庇的，以窝藏、包庇罪立案侦查。

（六）出卖亲生子女的，由公安机关依法没收非法所得，并处以罚款；以营利为目的，出卖不满十四周岁子女，情节恶劣的，以拐卖儿童罪立案侦查。

（七）出卖十四周岁以上女性亲属或者其他不满十四周岁亲属的，以拐卖妇女、儿童罪立案侦查。

（八）借收养名义拐卖儿童的，出卖捡拾的儿童的，均以拐卖儿童罪立案侦查。

（九）以勒索财物为目的，偷盗婴幼儿的，以绑架罪立案侦查。

（十）犯组织他人偷越国（边）境罪，对被组织的妇女、儿童有拐卖犯罪行为的，以组织他人偷越国（边）境罪和拐卖妇女、儿童罪立案侦查。

（十一）非以出卖为目的，拐骗不满十四周岁的未成年人脱离家庭或者监护人的，以拐骗儿童罪立案侦查。

（十二）教唆被拐卖、拐骗、收买的未成年人实施盗窃、诈骗等犯罪行为的，应当以盗窃罪、诈骗罪等犯罪的共犯立案侦查。

办案中，要正确区分罪与非罪、罪与罪的界限，特别是拐卖妇女罪与介绍婚姻收取钱物行为、拐卖儿童罪与收养中介行为、拐卖儿童罪与拐骗儿童罪，以及绑架儿童罪与拐卖儿童罪的界限，防止扩大打击面或者放纵犯罪。

# 13 收买被拐卖的妇女、儿童案

**概念**

本罪是指以建立婚姻家庭或其他相对稳定的社会关系为目的，明知是被拐卖的妇女、儿童而予以收买的行为。

**立案标准**

根据《刑法》第 241 条的规定，收买被拐卖的妇女、儿童的，应当立案。本罪是行为犯，只要行为人实施了收买被拐卖的妇女、儿童的行为，原则上就构成犯罪，由公安机关立案侦查。

| 定罪标准 | 犯罪客体 | 本罪侵犯的客体是被害妇女、儿童的人格尊严权和身体自由权。所谓身体自由权，是指以身体的动静举止不受非法干预为内容的人格权。所谓人格尊严权，是指与民事主体的尊严密切相关的以精神性人格利益为内容的人格权。收买被拐卖的妇女、儿童，实际上是将妇女、儿童当作商品买回，将人作为商品购买，就侵犯了被害人的人格尊严权，同时在人贩子和收买人之间的卖与买的交易中，被害人被当作"物"而没有决定自己去向的权利，故侵犯了被害人的身体自由权。<br><br>本罪犯罪对象为 14 周岁以上的妇女和 14 周岁以下的男童、女童，而且必须是被拐卖的妇女、儿童。如被收买的妇女是与人贩子合谋"放飞鸽"进行诈骗的妇女，则不构成此罪。 |
|---|---|---|
| | 犯罪客观方面 | 本罪在客观方面表现为收买被拐卖的妇女、儿童的行为。所谓收买，是指行为人以货币或其他财物换取他人拐卖的妇女、儿童。收买的方式多种多样，有的是直接从前来"出售"的犯罪分子手中收买被拐卖的妇女、儿童；有的是由他人牵线后从犯罪分子手中收买。只有当行为人与第三者经过讨价还价，约定成交并置于自己的控制之下后，才构成本罪既遂。如果试图购买因价格未达成一致而造成交易未果或因被害妇女、儿童的不满而放弃收买，一般应视为情节显著轻微，危害不大，不构成犯罪。但虽只有收买行为，而无收买结果，对于情节严重的，亦可以未遂论处。行为人如果收买妇女、儿童后，对被买儿童没有虐待行为，不阻碍对其进行解救的，可以从轻处罚；按照被买妇女的意愿，不阻碍其返回原居住地的，可以从轻或者减轻处罚。<br><br>收买被拐卖的妇女、儿童是接着拐卖的行为进行的，但二者在行为上没有的实质联系，即收买者没有参与任何拐卖活动。如果收买人参与了拐卖妇女、儿童的活动，则其行为不能认定为收买被拐卖的妇女、儿童罪，而是直接构成拐卖妇女、儿童罪。 |
| | 犯罪主体 | 本罪的主体为一般主体，即年满 16 周岁且具备刑事责任能力的自然人均能构成本罪。 |
| | 犯罪主观方面 | 本罪在主观上只能是故意。行为人一方面明知自己所收买的妇女、儿童是被他人拐卖的妇女、儿童，另一方面也明知自己的收买行为侵犯了妇女、儿童的人身权利与人格尊严，但行为人仍然决意收买。值得注意的是，行为人主观上不能有出卖的目的，否则不构成本罪，而构成拐卖妇女、儿童罪。不仅如此，收买被拐卖的妇女、儿 |

| | | |
|---|---|---|
| | 犯罪<br>主观<br>方面 | 童后，产生出卖的意图并出卖妇女、儿童的，也以拐卖妇女、儿童罪论处。收买妇女、儿童的行为，只要不是为了出卖，不管行为人出于什么动机，都不影响本罪的成立。例如，收买妇女是为了使妇女成为自己妻子，为了给自己生育子女，为了供自己奸淫，为了让妇女给自己提供其他各种服务；收买儿童是为了传宗接代，为了对其进行奴役，如此等等，都不影响犯罪的成立。 |
| 定<br>罪<br>标<br>准 | 罪与<br>非罪 | 一、区分罪与非罪的界限，要注意：（1）行为人是否明知是被拐卖的妇女、儿童；（2）行为人是否实施收买行为。两个条件都具备的，则构成本罪。<br>二、收买被拐卖的妇女、儿童的几种从宽处罚情形。（1）收买被拐卖的妇女，按照被买妇女的意愿，不阻碍其返回原居住地的，可以从轻或者减轻处罚。也就是说，行为人收买被拐卖的妇女后，并没有强迫其与自己共同生活，当被买妇女要返回原居住地时，行为人未强行阻碍。（2）收买被拐卖的儿童，对被买儿童没有虐待行为，不阻碍对其进行解救的，可以从轻或者减轻处罚。这里的不阻碍对被买儿童进行解救，是指当被害人的家属或有关组织或部门得知被买儿童下落，前去领回被买儿童时，行为人没有强行阻拦。（3）被买妇女与收买人已形成稳定的婚姻家庭关系，并愿意留在当地与收买人共同生活。这种情况，对收买人应视为"按照被买妇女的意愿，不阻碍其返回原居住地"，可以从轻或者减轻处罚。<br>三、认定收买被拐卖的妇女、儿童的主犯。一般而言，"收买"行为往往表现为家庭甚至家族行为，参与的人数多，如果均以犯罪论处，显然打击面过宽。所以，对于参与收买被拐卖妇女、儿童犯罪行为的，对于主犯，应当追究刑事责任；对于其他参与者，如果是情节显著轻微，危害不大的，不认为是犯罪，不追究刑事责任。<br>四、本罪与介绍婚姻、收养子女给付财物的界限。在实践中，有的人由于婚姻问题难以解决，托请他人到外地给自己介绍对象，有的想收养子女，托请他人介绍别人愿出养的儿童，事成之后出于感谢给介绍人一定财物，这种行为不构成犯罪。其与收买被拐卖的妇女、儿童罪的区别是：（1）主观要件不同。该罪行为人主观上必须是明知被收买人是或可能是被拐卖而来，而介绍婚姻、收养子女给付财物的行为人主观上不能明知被收买人是或可能是被拐卖的妇女、儿童，否则，行为性质就不再是介绍婚姻、收养子女给付财物。行为人主观上对给付财物的性质认识也不同，如系收买妇女、儿童，收买人是认为自己在付被收买人的身价。如系介绍婚姻、收养儿童给付财物，行为人认为自己是在给付酬谢费。（2）接受财物的人不同。该罪接受财物的人是拐卖妇女、儿童的犯罪分子，如接受财物的人行为性质构不成拐卖妇女、儿童，则给付财物的行为人的行为不构成收买被拐卖的妇女、儿童罪。介绍婚姻、收养儿童给付财物行为接受财物的人一般不是拐卖妇女、儿童的犯罪分子。说"一般不是"是因特殊情况下接受财物者是拐卖妇女、儿童的犯罪分子，但给付财物人不构成收买被拐卖的妇女、儿童罪。如给付财物者主观上不明知妇女、儿童是被拐卖而来，或者儿童是从其亲生父母处领养（其亲生父母是出卖亲生子女的行为）。（3）妇女、儿童的来源不同。收买被拐卖的妇女、儿童罪中妇女、儿童来源是被拐卖、收买而来的。介绍婚姻、收养儿童给付财物行为，妇女的来源是妇女本人自愿外嫁，儿童来源于父母或其他监护人的送养。（4）财物的数额不同。收买被拐卖的妇女、儿童的财物是被收买人的身价，其数额随妇女、儿童本身素质、供求关系变化和双方讨价还价而定。介绍婚姻、收养儿童所给付财物对介绍人的酬谢，数额一般比前者少，而且给付财物的对象既有介绍人，也有妇女、儿童的亲属。 |

| | | |
|---|---|---|
| **定罪标准** | **一罪与数罪** | 根据《刑法》第 241 条的规定，行为人收买被拐卖的妇女、儿童，并有下列行为的，应依照《刑法》关于数罪并罚的规定处罚：（1）收买被拐卖的妇女后，强行与其发生性关系的，对行为人以强奸罪和收买被拐卖的妇女罪实行并罚。（2）对收买的被拐卖的妇女、儿童，非法剥夺、限制其人身自由或者有伤害、侮辱等犯罪行为的，应分别依照《刑法》关于非法拘禁罪、故意伤害罪、侮辱罪的规定认定行为性质，并与收买被拐卖的妇女、儿童罪实行数罪并罚。另外，对收买被拐卖、绑架的妇女、儿童，并犯有下列罪行的，一般也应予以数罪并罚：（1）明知被拐卖的妇女有配偶而与之结婚，或形成事实婚姻，构成重婚罪的。（2）与被收买的不满 14 周岁的幼女发生性行为，构成强奸罪的。 |
| | **此罪与彼罪** | 本罪和拐卖妇女、儿童罪的界限。以"收买"形式构成的拐卖妇女、儿童罪与收买被拐卖的妇女、儿童罪在形式上很相似，但二者在主观故意和客观表现上有着明显区别：收买被拐卖的妇女、儿童罪要求行为人不具有出卖的目的，而是意图与被害人建立婚姻家庭关系或其他相对稳定的社会关系；在客观上要求行为人没有将收买的妇女、儿童出卖的行为。拐卖妇女、儿童罪要求行为人主观上具有出卖的故意；并且在客观上"收买"只是拐卖妇女、儿童犯罪的一个中间环节，犯罪分子收买被拐卖的妇女、儿童后，便将被害妇女、儿童又转手倒卖与他人，从中谋取不义之财。但是，实践中要注意正确处理以下两种情形：（1）行为人收买被拐卖的妇女、儿童后又出卖的。有的买主在收买被拐卖的妇女、儿童时并不是以出卖为目的，但在收买后，由于种种原因又将收买的妇女、儿童卖与他人。对于这种情况，根据《刑法》的规定，应以拐卖妇女、儿童罪处罚。（2）行为人事先与"人贩子"有约定的。这种情况很复杂，应区别对待。行为人指使他人拐卖妇女、儿童，然后再予收买的，是拐卖妇女、儿童罪的共犯，不能认定为收买被拐卖的妇女、儿童罪；虽与"人贩子"有约定，甚至已先期交钱，但并没有参与其他行为的，仍应认定为收买被拐卖的妇女、儿童罪。 |
| **证据参考标准** | **主体方面的证据** | **一、证明行为人刑事责任年龄、身份等自然情况的证据**<br>包括身份证明、户籍证明、任职证明、工作经历证明、特定职责证明等，主要是证明行为人的姓名（曾用名）、性别、出生年月日、民族、籍贯、出生地、职业（或职务）、住所地（或居所地）等证据材料，如户口簿、居民身份证、居住证、工作证、出生证、专业或技术等级证、干部履历表、职工登记表、护照等。<br>对于户籍、出生证等材料内容不实的，应提供其他证据材料。外国人犯罪的案件，应有护照等身份证明材料。人大代表、政协委员犯罪的案件，应注明身份，并附身份证明材料。<br>**二、证明行为人刑事责任能力的证据**<br>证明行为人对自己的行为是否具有辨认能力与控制能力，如是否属于间歇性精神病人、尚未完全丧失辨认或者控制自己行为能力的精神病人的证明材料。 |
| | **主观方面的证据** | **证明行为人故意的证据**<br>1. 证明行为人明知的证据：证明行为人明知自己的行为会发生危害社会的结果。2. 证明直接故意的证据：证明行为人希望危害结果发生。3. 目的：（1）结婚；（2）收养；（3）使役。 |

| 证据参考标准 | 客观方面的证据 | **证明行为人收买被拐卖的妇女、儿童犯罪行为的证据**<br>　　具体证据包括：1. 证明行为人从拐卖妇女的犯罪分子手中收买妇女行为的证据。2. 证明行为人从拐卖儿童的犯罪分子手中收买儿童行为的证据。3. 证明行为人有伤害行为的证据：（1）收买的妇女；（2）收买的儿童；（3）收买妇女、儿童的家属。4. 证明行为人强行与被收买的妇女发生性关系行为的证据。5. 证明行为人强行与被收买的幼女发生性关系行为的证据。6. 证明行为人非法剥夺、限制被收买的妇女、儿童人身自由行为的证据。7. 证明行为人侮辱被收买的妇女、儿童行为的证据。8. 证明行为人将收买的妇女、儿童又出卖行为的证据。 |
| | 量刑方面的证据 | **一、法定量刑情节证据**<br>　　1. 事实情节：（1）限制被收买的妇女、儿童人身自由；（2）伤害、侮辱。2. 法定从重情节。3. 法定从轻或者减轻情节：（1）可以从轻；（2）可以从轻或者减轻；（3）应当从轻或者减轻。4. 法定从轻、减轻或者免除情节：（1）可以从轻、减轻或者免除处罚；（2）应当从轻、减轻或者免除处罚。5. 法定减轻或者免除情节：（1）可以减轻或者免除处罚；（2）应当减轻或者免除处罚；（3）可以免除处罚。<br>**二、酌定量刑情节证据**<br>　　1. 犯罪手段：（1）收买；（2）其他。2. 犯罪对象。3. 危害结果。4. 动机。5. 平时表现。6. 认罪态度。7. 是否有前科。8. 其他证据。 |
| 量刑标准 | | 犯本罪的      处三年以下有期徒刑、拘役或者管制 |
| 法律适用 | 刑法条文 | 　　**第二百四十一条**　收买被拐卖的妇女、儿童的，处三年以下有期徒刑、拘役或者管制。<br>　　收买被拐卖的妇女，强行与其发生性关系的，依照本法第二百三十六条的规定定罪处罚。<br>　　收买被拐卖的妇女、儿童，非法剥夺、限制其人身自由或者有伤害、侮辱等犯罪行为的，依照本法的有关规定定罪处罚。<br>　　收买被拐卖的妇女、儿童，并有第二款、第三款规定的犯罪行为的，依照数罪并罚的规定处罚。<br>　　收买被拐卖的妇女、儿童又出卖的，依照本法第二百四十条的规定定罪处罚。<br>　　收买被拐卖的妇女、儿童，对被买儿童没有虐待行为，不阻碍对其进行解救的，可以从轻处罚；按照被买妇女的意愿，不阻碍其返回原居住地的，可以从轻或者减轻处罚。 |

**法律适用**

**司法解释**

**最高人民法院《关于审理拐卖妇女儿童犯罪案件具体应用法律若干问题的解释》**

(2016 年 12 月 21 日最高人民法院公布 自 2017 年 1 月 1 日起施行 法释〔2016〕28 号)

**第一条** 对婴幼儿采取欺骗、利诱等手段使其脱离监护人或者看护人的，视为刑法第二百四十条第一款第（六）项规定的"偷盗婴幼儿"。

**第二条** 医疗机构、社会福利机构等单位的工作人员以非法获利为目的，将所诊疗、护理、抚养的儿童出卖给他人的，以拐卖儿童罪论处。

**第三条** 以介绍婚姻为名，采取非法扣押身份证件、限制人身自由等方式，或者利用妇女人地生疏、语言不通、孤立无援等境况，违背妇女意志，将其出卖给他人的，应当以拐卖妇女罪追究刑事责任。

以介绍婚姻为名，与被介绍妇女串通骗取他人钱财，数额较大的，应当以诈骗罪追究刑事责任。

**第四条** 在国家机关工作人员排查来历不明儿童或者进行解救时，将所收买的儿童藏匿、转移或者实施其他妨碍解救行为，经说服教育仍不配合的，属于刑法第二百四十一条第六款规定的"阻碍对其进行解救"。

**第五条** 收买被拐卖的妇女，业已形成稳定的婚姻家庭关系，解救时被买妇女自愿继续留在当地共同生活的，可以视为"按照被买妇女的意愿，不阻碍其返回原居住地"。

**第六条** 收买被拐卖的妇女、儿童后又组织、强迫卖淫或者组织乞讨、进行违反治安管理活动等构成其他犯罪的，依照数罪并罚的规定处罚。

**第七条** 收买被拐卖的妇女、儿童，又以暴力、威胁方法阻碍国家机关工作人员解救被收买的妇女、儿童，或者聚众阻碍国家机关工作人员解救被收买的妇女、儿童，构成妨害公务罪、聚众阻碍解救被收买的妇女、儿童罪的，依照数罪并罚的规定处罚。

**第八条** 出于结婚目的收买被拐卖的妇女，或者出于抚养目的收买被拐卖的儿童，涉及多名家庭成员、亲友参与的，对其中起主要作用的人员应当依法追究刑事责任。

**第九条** 刑法第二百四十条、第二百四十一条规定的儿童，是指不满十四周岁的人。其中，不满一周岁的为婴儿，一周岁以上不满六周岁的为幼儿。

**第十条** 本解释自 2017 年 1 月 1 日起施行。

**相关法律法规**

**一、《中华人民共和国未成年人保护法》（节录）** (1991 年 9 月 4 日中华人民共和国主席令第 50 号公布 自 1992 年 1 月 1 日起施行 2006 年 12 月 29 日第一次修订 2012 年 10 月 26 日第一次修正 2020 年 10 月 17 日第二次修订 2024 年 4 月 26 日第二次修正)

**第五十四条** 禁止拐卖、绑架、虐待、非法收养未成年人，禁止对未成年人实施性侵害、性骚扰。

禁止胁迫、引诱、教唆未成年人参加黑社会性质组织或者从事违法犯罪活动。

禁止胁迫、诱骗、利用未成年人乞讨。

**二、《中华人民共和国妇女权益保障法》（节录）** (1992 年 4 月 3 日中华人民共和国主席令第 58 号公布 自 1992 年 10 月 1 日起施行 2005 年 8 月 28 日第一次修正 2018 年 10 月 26 日第二次修正 2022 年 10 月 30 日修订)

**第十八条** 国家保障妇女享有与男子平等的人身和人格权益。

**第七十条** 父母双方对未成年子女享有平等的监护权。

父亲死亡、无监护能力或者有其他情形不能担任未成年子女的监护人的，母亲的监护权任何组织和个人不得干涉。

法律适用

规章及规范性文件

**公安部《关于打击拐卖妇女儿童犯罪适用法律和政策有关问题的意见》（节录）**

（2000 年 3 月 24 日公安部公布　自公布之日起施行　公通字〔2000〕25 号）

**三、关于收买被拐卖的妇女、儿童犯罪**

（一）收买被拐卖的妇女、儿童的，以收买被拐卖的妇女、儿童罪立案侦查。

（二）收买被拐卖的妇女、儿童，并有下列犯罪行为的，同时以收买被拐卖的妇女、儿童罪和下列罪名立案侦查：

1. 违背被拐卖妇女的意志，强行与其发生性关系的，以强奸罪立案侦查。

2. 明知收买的妇女是精神病患者（间歇性精神病患者在发病期间）或者痴呆者（程度严重的）而与其发生性关系的，以强奸罪立案侦查。

3. 与收买的不满十四周岁的幼女发生性关系的，不论被害人是否同意，均以奸淫幼女罪①立案侦查。

4. 非法剥夺、限制被拐卖的妇女、儿童人身自由的，或者对其实施伤害、侮辱、猥亵等犯罪行为的，以非法拘禁罪，或者伤害罪、侮辱罪、强制猥亵妇女罪、猥亵儿童罪等犯罪立案侦查。

5. 明知被拐卖的妇女是现役军人的妻子而与之同居或者结婚的，以破坏军婚罪立案侦查。

（三）收买被拐卖的妇女、儿童后又出卖的，以拐卖妇女、儿童罪立案侦查。

（四）凡是帮助买主实施强奸、伤害、非法拘禁被拐卖的妇女、儿童等犯罪行为的，应当分别以强奸罪、伤害罪，非法拘禁罪等犯罪的共犯立案侦查。

（五）收买被拐卖的妇女、儿童，按照被买妇女的意愿，不阻碍其返回原居住地的，对被买儿童没有虐待行为，不阻碍对其进行解救的，可以不追究刑事责任。

---

①　奸淫幼女罪已被最高人民法院、最高人民检察院 2002 年 3 月 15 日公布的《关于执行〈中华人民共和国刑法〉确定罪名的补充规定》取消，奸淫幼女的直接定强奸罪。

# 14 聚众阻碍解救被收买的 妇女、儿童案

**概念** | 本罪是指纠集多人阻碍国家机关工作人员解救被收买的妇女、儿童的行为。

**立案 标准** | 　　根据《刑法》第 242 条第 2 款的规定，对聚众阻碍国家机关工作人员解救被收买的妇女、儿童的首要分子，应当立案。本罪是行为犯，只要行为人实施了聚众阻碍国家机关工作人员解救被收买的妇女、儿童的行为，就构成犯罪，公安机关应当立案侦查。

## 定罪标准

### 犯罪客体

　　本罪所侵犯的客体为复杂客体，既包括国家机关工作人员依法解救被收买的妇女、儿童的公务活动，同时又包括被收买妇女、儿童的人身权利。其是通过对国家机关工作人员依法执行解救被收买妇女、儿童的职务活动的侵害，来实现其对被收买的妇女、儿童的人身权利的侵害的。

　　本罪侵害的对象，是正在依法执行解救公务的国家机关工作人员，即在法律、法规规定的职务范围内实施解救工作，以使被收买的妇女、儿童摆脱他人的非法控制，解除其与买主关系的国家机关工作人员。（1）本罪的犯罪对象必须是国家机关工作人员。各级人民政府对被拐卖、绑架的妇女、儿童负有解救职责，解救工作由公安机关会同有关部门负责执行。从实践中看，解救人员主要是公安人员、妇联组织工作人员、人民政府部门、乡镇干部等，也包括受解救机关委托协助执行解救公务的人员，如受聘为解救工作开车的司机、带路群众等。（2）必须是依法执行解救被收买的妇女、儿童的国家机关工作人员。如果国家机关工作人员解救的是受家庭成员虐待的妇女、儿童，而不是被收买来的妇女、儿童，则不构成此罪的犯罪对象。执行解救公务必须是依法进行，如解救人员以胡乱抓人、殴打他人方式解救遭到群众阻碍，不宜以本罪论处，对阻碍者宜做行政处罚。（3）必须是正在执行解救公务的国家机关工作人员。所谓"正在执行"是指解救工作已经开始尚未结束的过程之中。如某行为人对曾经执行过解救职责的某公安人员不满，看见该公安人员路过，纠集多人围攻谩骂该公安人员，该公安人员就不是正在执行解救公务。

### 犯罪客观方面

　　本罪在客观方面表现为聚众阻碍国家机关工作人员解救被收买的妇女、儿童的行为。聚众阻碍，是指有预谋、有组织、有领导地纠集多人阻碍国家机关工作人员解救被收买的妇女、儿童的行为。根据实践经验，只要纠集 3 人以上阻碍解救工作的进行，就应当认为是聚众，构成本罪。行为人聚众阻碍国家机关工作人员解救被收买的妇女、儿童的具体行为多种多样，有的是组织、指挥多人以暴力方式侵害执行解救公务的国家机关工作人员的身体；有的是砸毁、扣押解救用的车辆、器械；有的是组织、指挥众人以非暴力的方式围截、干涉国家机关工作人员的解救工作；等等。无论具体行为方式如何，只要行为人客观上实施了聚众阻碍国家机关工作人员解救被收买的妇女、儿童的行为，即构成聚众阻碍解救被收买的妇女、儿童罪。

| | | |
|---|---|---|
| **定罪标准** | **犯罪客观方面** | 聚众阻碍解救被收买的妇女、儿童罪是行为犯。根据《刑法》第 242 条的规定，行为人只要实施了聚众阻碍国家机关工作人员解救被收买的妇女、儿童的行为，即构成本罪。至于解救活动是否因阻碍而中止，被收买的妇女、儿童是否被解救，均不影响本罪既遂状态的成立。 |
| | **犯罪主体** | 本罪的犯罪主体必须是年满 16 周岁聚众阻碍解救被收买的妇女、儿童的首要分子。从本罪客观行为的特征看，本罪的主体大多为有一定威望、号召力的人，少有未成年人成为该罪主体。所谓首要分子是指起组织、纠集、策划、指挥、煽动作用的分子。根据案件事实的不同，首要分子可能是一个人，也可以是几个人。 |
| | **犯罪主观方面** | 本罪在主观方面表现为直接故意。在聚众阻碍解救被收买的妇女、儿童罪中，行为人故意的内容具体表现为：明知对方是国家机关工作人员，并且正在依法解救被收买的妇女、儿童，而故意聚众予以阻碍。其包含两层内容：（1）行为人明知对方是依法解救被收买的妇女、儿童的国家机关工作人员；（2）行为人主观上具有聚众的故意，即行为人主观上意图聚集多人，阻碍国家机关工作人员的解救工作。虽然本罪是聚众性犯罪，但并不要求各个行为人的主观故意完全相同。在聚众阻碍解救被收买的妇女、儿童的活动中，只要首要分子的主观故意符合上述要求，即可构成本罪；至于其他各行为人的行为目的和动机如何，不影响本罪的成立。 |
| | **罪与非罪** | 区分罪与非罪，要注意把握以下几点：<br>一、本罪侵犯的对象特定。也就是说，负有解救职责的国家机关工作人员，既包括司法工作人员、各级行政机关人员以及其他负责解救工作的人员，也包括受解救机关委托协助执行解救公务的人员。对上述人员依法执行解救公务进行聚众阻碍的构成本罪，对上述人员以外的其他人员或者非执行解救公务的国家机关工作人员实施聚众阻碍解救行为的，则不构成本罪。如果国家机关工作人员在执行解救公务中，超越解救职责范围，或滥用解救职责遭到群众阻碍的，阻碍者亦不构成本罪。<br>二、客观上行为人必须以聚众方式实施阻碍行为。这是决定其是否构成本罪的关键性条件。如果行为人纠集多人，但未能实施阻碍解救行为的，或者虽有阻碍解救的行为，却不是以聚众方式实施的，均不以本罪论。如果解救工作尚未开始或者已经结束，行为人聚众对解救人员实施侵害行为的，应以相应的犯罪处，而不构成本罪。<br>三、行为人主观上是否明知侵犯的对象是正在解救被收买的妇女、儿童的国家机关工作人员，是能否构成本罪的决定因素。如果行为人主观上没有聚众的故意，即使客观上造成了众人参与的后果，也不能以本罪论。<br>四、行为人必须是本案的首要分子。本条只限于对首要分子按本罪处理，具有排他性，即除首要分子以外，其他参与者不构成本罪。 |
| | **此罪与彼罪** | 一、本罪与妨害公务罪的界限。两者都是故意犯罪，而且都可以是以阻碍国家机关工作人员执行公务为内容，两罪极易混淆。其主要区别是：（1）侵害的对象不同。前者的犯罪对象具有特定性，范围较窄，必须是负有解救被收买妇女、儿童职责的国家机关工作人员；后者的对象具有普遍性，范围较大，可以是任何国家机关依法执行公务的工作人员。虽然其中包含聚众阻碍解救被收买的妇女、儿童罪的对象，但根据 |

| | | |
|---|---|---|
| **定罪标准** | **此罪与彼罪** | 《刑法》第242条的规定，如果是行为人聚众阻碍这些人员执行公务，则应将其分离出来，作为单独的犯罪来处理。当然，参加聚众阻碍解救公务的非首要分子使用暴力、威胁方法的，应以妨害公务罪定罪处罚。(2) 客观行为特征不同。前者的行为特征是聚众阻碍，至于是使用何种方法实施阻碍行为的在所不论，只要属于聚众阻碍，就符合构成条件。后者一般必须以暴力、威胁方法实施阻碍行为才可构成犯罪，只是故意阻碍国家安全机关、公安机关依法执行国家安全工作任务，造成严重后果的，可不要求有暴力、威胁方法。(3) 处罚的行为人不同。前者处罚的行为人必须是首要分子，非首要分子不以本罪论，但可以成为妨害公务罪的主体。后者在处罚的行为人的范围上没有特别的限制。(4) 主观故意的内容不同。前者要求明知的内容较为具体，即行为人明知是国家机关工作人员正在执行解救被收买的妇女、儿童的公务活动。后者只要求行为人明知国家工作人员的身份以及是在执行公务即可，其内容是笼统的，至于执行何种公务，行为人是否明知公务的内容，都不影响该罪的成立。<br><br>　　二、本罪与阻碍解救被拐卖、绑架妇女、儿童罪的界限。《刑法》第416条第2款规定的阻碍解救被拐卖、绑架妇女、儿童罪，是指对被拐卖、绑架的妇女、儿童负有解救职责的国家机关工作人员，利用职务阻碍解救的行为。二者的区别是：(1) 前者的主体为一般主体，后者的主体仅限于有解救职责的国家机关工作人员；前者的对象限于执行解救职务的国家机关工作人员，后者的对象则不仅限于此，对任何人解救进行阻碍，都可构成该罪；(2) 前者在客观上必须表现为聚集众人进行阻碍，后者要求的是行为人利用自己的职务便利。实践中，对于负有解救职责的国家机关工作人员利用职务聚众阻碍其他国家机关工作人员依法执行解救被收买的妇女、儿童职务的，应按想象竞合犯的处罚原则，对行为人以较重的阻碍解救被拐卖、绑架妇女、儿童罪一罪定罪从重处罚。 |
| **证据参考标准** | **主体方面的证据** | **一、证明行为人刑事责任年龄、身份等自然情况的证据**<br>　　包括身份证明、户籍证明、任职证明、工作经历证明、特定职责证明等，主要是证明行为人的姓名（曾用名）、性别、出生年月日、民族、籍贯、出生地、职业（或职务）、住所地（或居所地）等证据材料，如户口簿、居民身份证、居住证、工作证、出生证、专业或技术等级证、干部履历表、职工登记表、护照等。<br>　　对于户籍、出生证等材料内容不实的，应提供其他证据材料。外国人犯罪的案件，应有护照等身份证明材料。人大代表、政协委员犯罪的案件，应注明身份，并附身份证明材料<br>**二、证明行为人刑事责任能力的证据。**<br>　　证明行为人对自己的行为是否具有辨认能力与控制能力，如是否属于间歇性精神病人、尚未完全丧失辨认或者控制自己行为能力的精神病人的证明材料。 |
| | **主观方面的证据** | **证明行为人故意的证据**<br>　　1. 证明行为人明知的证据：证明行为人明知自己的行为会发生危害社会的结果。<br>　　2. 证明直接故意的证据：证明行为人希望危害结果发生。 |

| | | |
|---|---|---|
| **证据参考标准** | **客观方面的证据** | **证明行为人聚众阻碍解救被收买的妇女、儿童犯罪行为的证据**<br><br>具体证据包括：1. 证明行为人以暴力方法阻碍国家机关工作人员解救被收买的妇女、儿童行为的证据：（1）砸毁车辆行为的证据；（2）毁坏枪支警械行为的证据；（3）打伤国家工作人员行为的证据。2. 证明行为人以威胁方法阻碍国家机关工作人员解救被收买的妇女、儿童行为的证据：（1）扣押解救的国家工作人员行为的证据；（2）扣押交通工具行为的证据；（3）扣押通信工具行为的证据；（4）扣押武器、警械行为的证据；（5）扣押执行公务的证件、文件、信件行为的证据；（6）恐吓国家工作人员行为的证据；（7）要挟国家工作人员行为的证据。3. 证明行为人以其他方法阻碍国家机关工作人员解救被收买的妇女、儿童行为的证据：（1）谩骂国家工作人员行为的证据；（2）侮辱国家工作人员行为的证据；（3）阻拦人员、车辆通过行为的证据。4. 证明行为人聚众阻碍国家工作人员解救被收买的妇女、儿童行为的证据：（1）纠集他人；（2）策划；（3）指挥；（4）煽动。5. 证明聚众阻碍国家机关工作人员解救被收买的妇女、儿童的首要分子行为的证据。6. 证明其他参与者使用暴力、威胁方法行为的证据。 |
| | **量刑方面的证据** | **一、法定量刑情节证据**<br><br>1. 事实情节：（1）首要分子；（2）其他参与者。2. 法定从重情节。3. 法定从轻或者减轻情节：（1）可以从轻；（2）可以从轻或者减轻；（3）应当从轻或者减轻。4. 法定从轻、减轻或者免除情节：（1）可以从轻、减轻或者免除处罚；（2）应当从轻、减轻或者免除处罚。5. 法定减轻或者免除情节：（1）可以减轻或者免除处罚；（2）应当减轻或者免除处罚；（3）可以免除处罚。<br><br>**二、酌定量刑情节证据**<br><br>1. 犯罪手段：（1）拘禁；（2）殴打；（3）扣押交通工具；（4）围攻；（5）干涉解救工作。2. 犯罪对象。3. 危害结果。4. 动机。5. 平时表现。6. 认罪态度。7. 是否有前科。8. 其他证据。 |
| **量刑标准** | 犯本罪的，对首要分子 | 处五年以下有期徒刑或者拘役 |
| | 对其他参与者使用暴力、威胁方法的 | 处三年以下有期徒刑、拘役、管制或者罚金 |
| **法律适用** | **· 刑法条文** | **第二百四十二条** 以暴力、威胁方法阻碍国家机关工作人员解救被收买的妇女、儿童的，依照本法第二百七十七条的规定定罪处罚。<br><br>聚众阻碍国家机关工作人员解救被收买的妇女、儿童的首要分子，处五年以下有期徒刑或者拘役；其他参与者使用暴力、威胁方法的，依照前款的规定处罚。 |

**公安部《关于打击拐卖妇女儿童犯罪适用法律和政策有关问题的意见》（节录）**

(2000 年 3 月 24 日公安部公布　自公布之日起施行　公通字〔2000〕25 号)

**五、关于解救工作**

（一）解救妇女、儿童工作由拐入地公安机关负责。对于拐出地公安机关主动派工作组到拐入地进行解救的，也要以拐入地公安机关为主开展工作。对解救的被拐卖妇女，由其户口所在地公安机关负责接回；对解救的被拐卖儿童，由其父母或者其他监护人户口所在地公安机关负责接回。拐出地、拐入地、中转地公安机关应当积极协作配合，坚决杜绝地方保护主义。

（二）要充分依靠当地党委、政府的支持，做好对基层干部和群众的法制宣传和说服教育工作，注意方式、方法，慎用警械、武器，避免激化矛盾，防止出现围攻执法人员、聚众阻碍解救等突发事件。

以暴力、威胁方法阻碍国家机关工作人员解救被收买的妇女、儿童的，以妨害公务罪立案侦查。对聚众阻碍国家机关工作人员解救被收买的妇女、儿童的首要分子，以聚众阻碍解救被收买的妇女、儿童罪立案侦查。其他使用暴力、威胁方法的参与者，以妨害公务罪立案侦查。阻碍解救被收买的妇女、儿童，没有使用暴力、威胁方法的，依照《中华人民共和国治安管理处罚条例》① 的有关规定处罚。

（三）对于被拐卖的未成年女性、现役军人配偶、受到买主摧残虐待的、被强迫卖淫或从事其他色情服务的妇女，以及本人要求解救的妇女，要立即解救。

对于自愿继续留在现住地生活的成年女性，应当尊重本人意愿，愿在现住地结婚且符合法定结婚条件的，应当依法办理结婚登记手续。被拐卖妇女与买主所生子女的抚养问题，可由双方协商解决或者由人民法院裁决。

（四）对于遭受摧残虐待的、被强迫乞讨或从事违法犯罪活动的，以及本人要求解救的被拐卖儿童，应当立即解救。

对于被解救的儿童，暂时无法查明其父母或者其他监护人的，依法交由民政部门收容抚养。

对于被解救的儿童，如买主对该儿童既没有虐待行为又不阻碍解救，其父母又自愿送养，双方符合收养和送养条件的，可依法办理收养手续。

（五）任何个人或者组织不得向被拐卖的妇女、儿童及其家属索要收买妇女、儿童的费用和生活费用；已经索取的，应当予以返还。

（六）被解救的妇女、儿童户口所在地公安机关应当协助民政等有关部门妥善安置其生产和生活。

---

① 《中华人民共和国治安管理处罚条例》已被《中华人民共和国治安管理处罚法》废止。

# 15 诬告陷害案

| | |
|---|---|
| **概念** | 本罪是指捏造事实诬告陷害他人，意图使他人受刑事追究，情节严重的行为。 |
| **立案标准** | 根据《刑法》第 243 条的规定，行为人捏造事实诬告陷害他人，意图使他人受刑事追究，情节严重的，应当立案。<br><br>本罪是情节犯，行为人实施诬告陷害行为，必须达到"情节严重"的程度，才构成犯罪，予以立案侦查。 |

| | | |
|---|---|---|
| **定罪标准** | **犯罪客体** | 本罪侵犯的客体是他人的人身权利和司法机关的正常活动。行为人企图假借司法机关实现其诬陷无辜的目的。这种犯罪不仅侵犯了公民的人身权利，使无辜者的名誉受到损害，而且可能导致错捕、错判，甚至错杀的严重后果，造成冤假错案，干扰司法机关的正常活动，破坏司法机关的威信。我国《宪法》明确规定，中华人民共和国公民的人格尊严不受侵犯。禁止用任何方法对公民进行侮辱、诽谤和诬告陷害。 |
| | **犯罪客观方面** | 本罪在客观上表现为捏造他人犯罪的事实，向国家机关或有关单位告发，或者采取其他方法足以引起司法机关的追究活动。（1）必须捏造犯罪事实，即无中生有、栽赃陷害、借题发挥把杜撰的或他人的犯罪事实强加于被害人。所捏造的犯罪事实，只要足以引起司法机关追究被害人的刑事责任即可，并不要求捏造详细情节与证据。（2）必须向国家机关或有关单位告发，或者采取其他方法足以引起司法机关的追究活动。告发方式多种多样，如口头的、书面的、署名的、匿名的、直接的、间接的等。如果只捏造犯罪事实，既不告发，也不采取其他方法引起司法机关追究的，则不构成本罪。（3）必须有特定的对象。如果没有特定对象，则不可能导致司法机关追究某人的刑事责任，因而不会侵犯他人的人身权利。当然，特定对象并不要求行为人点名道姓，只要告发的内容足以使司法机关确认对象是谁就构成诬告陷害罪。至于被诬陷的对象是遵纪守法的公民，还是正在服刑的犯人，以及是否因被诬告而受到刑事处罚，均不影响本罪的成立。诬陷没有达到法定年龄或者没有辨认或控制能力的人犯罪，仍构成诬告陷害罪。（4）由于本罪规定在"侵犯公民人身权利、民主权利罪"一章中，故诬告自己犯罪的，不成立本罪。 |
| | **犯罪主体** | 本罪的主体是一般主体，即年满 16 周岁且具备刑事责任能力的自然人都可构成本罪。如果主体是国家机关工作人员的，还要从重处罚。 |
| | **犯罪主观方面** | 本罪在主观方面必须出于直接故意，即明知自己在捏造事实，向有关机关或单位告发就会产生被告发人遭受刑事追究的危害后果，但决意为之，并且希望这一危害结果发生。其动机可多种多样，有的是挟嫌报复、栽赃陷害、发泄私愤；有的是名利熏心、嫉贤妒能、邀功请赏；有的是居心叵测，排除异己，欲取而代之；有的是嫁祸他 |

| | | |
|---|---|---|
| **定罪标准** | **犯罪主观方面** | 人，以洗刷自己、摆脱困境，等等。但不管其动机如何，其目的都是使他人受到刑事追究。如果不具有这一目的，而仅仅是为了诸如败坏他人名誉，阻止他人升迁而捏造事实诬告其有不道德甚或一般的违法行为，就不能构成本罪。当然，行为人实施了诬告陷害的行为，但是否实现了其目的即他人是否已受到刑事追究，则不影响本罪成立。至于受到刑事追究，则是指公安机关、检察院、法院依照《刑法》《刑事诉讼法》的有关规定对所告发的事实已立案查处。 |
| | **罪与非罪** | 区分罪与非罪的界限，要注意以下两点：<br>一、本罪与错告的界限。《刑法》第 243 条第 3 款规定，不是有意诬陷，而是错告，或者检举失实的，不适用第 243 条第 1、2 款的规定。所谓错告，是指错误地指控他人有犯罪事实的告发行为。所谓检举失实，是指揭发他人罪行，但揭发的事实与实际情况完全不符或部分不符的行为。我国《宪法》规定，中华人民共和国公民对于任何国家机关和国家工作人员的违法失职行为，有向有关国家机关提出申诉、控告或者检举的权利，但是不得捏造或者歪曲事实进行诬告陷害。这就把诬告与错告在性质上清楚地区别开来了。诬告与错告，在主观方面有着质的不同。前者是故意捏造事实，作虚假告发，属于犯罪行为；后者则是由于情况不明，或者认识片面而在控告、检举中发生差错。由此可见，是否具有诬陷的故意，是区分诬告与错告的最基本的标志。<br>二、本罪与一般诬告陷害行为的界限。两者都具有捏造事实、诬陷好人的特征。但是，诬陷的内容、目的和性质，又各不相同：诬告陷害罪是捏造事实，意图使他人受刑事处罚，而一般诬陷行为仅限于捏造犯错误的事实，其目的只是使他人受到某种行政纪律处分。因此，从性质上看，一个是犯罪，一个是违法。对一般诬陷行为，可根据不同情节和后果，分别给予行政处罚、纪律处分或者批评教育。 |
| | **此罪与彼罪** | 一、本罪与诽谤罪的界限。二者的共同点表现在都是捏造事实，而且诽谤罪也可能是捏造犯罪事实。它们的主要区别是：(1) 客体要件不同。前者侵犯的是公民的人身权利；后者侵犯的是公民的名誉。(2) 主观方面不同。前者的目的是使他人受刑事追究；后者的目的是破坏他人名誉。(3) 客观行为不同。前者是捏造他人犯罪的事实，通常向国家机关或有关单位告发；后者是捏造有损他人名誉的事实，散布于第三者或更多的人，但不向国家机关或有关单位告发。如果行为人虽然捏造他人犯罪的事实，但并不告发，而是私下散布，旨在损害他人名誉，就构成诽谤罪。<br>二、本罪与报复陷害罪的界限。二者都表现为陷害他人，主要区别是：(1) 客体要件不同。前者侵犯的是公民的人身权利；后者侵犯的是公民的民主权利。(2) 对象不同。前者的对象是一切公民；后者的对象是控告人、申诉人、批评人与举报人。(3) 主体不同。前者是一般主体；后者是国家机关工作人员。(4) 行为表现不同。前者表现为捏造犯罪事实，作虚假告发；后者表现为滥用职权、假公济私，进行报复陷害。(5) 目的不同。前者是意图使他人受刑事追究；后者是一般报复的目的。国家机关工作人员为了报复陷害控告人、申诉人、批评人，利用职权、捏造犯罪事实，并向有关机关告发的，完全符合诬告陷害罪的特征，应定诬告陷害罪，而不定报复陷害罪。 |

| | | 一、证明行为人刑事责任年龄、身份等自然情况的证据 |
|---|---|---|
| 证据参考标准 | 主体方面的证据 | 包括身份证明、户籍证明、任职证明、工作经历证明、特定职责证明等，主要是证明行为人的姓名（曾用名）、性别、出生年月日、民族、籍贯、出生地、职业（或职务）、住所地（或居所地）等证据材料，如户口簿、居民身份证、居住证、工作证、出生证、专业或技术等级证、干部履历表、职工登记表、护照等。<br>　　对于户籍、出生证等材料内容不实的，应提供其他证据材料。外国人犯罪的案件，应有护照等身份证明材料。人大代表、政协委员犯罪的案件，应注明身份，并附身份证明材料。<br>**二、证明行为人刑事责任能力的证据**<br>　　证明行为人对自己的行为是否具有辨认能力与控制能力，如是否属于间歇性精神病人、尚未完全丧失辨认或者控制自己行为能力的精神病人的证明材料。 |
| | 主观方面的证据 | **证明行为人故意的证据**<br>　　1. 证明行为人明知的证据：证明行为人明知自己的行为会发生危害社会的结果。2. 证明直接故意的证据：证明行为人希望危害结果发生。3. 目的：使他人受到刑事追究。 |
| | 客观方面的证据 | **证明行为人诬告陷害犯罪行为的证据**<br>　　具体证据包括：1. 证明行为人捏造犯罪事实诬告他人行为的证据；2. 证明行为人无中生有陷害他人行为的证据；3. 证明行为人制造伪证向有关机关告发他人行为的证据；4. 证明行为人栽赃诬陷他人行为的证据；5. 证明行为人诬告陷害他人造成严重后果行为的证据；6. 证明国家机关工作人员诬告陷害他人行为的证据；7. 证明行为人捏造事实诬告陷害他人，意图使他人受到刑事追究，情节严重行为的证据。 |
| | 量刑方面的证据 | **一、法定量刑情节证据**<br>　　1. 事实情节：（1）情节严重；（2）造成严重后果。2. 法定从重情节。3. 法定从轻或者减轻情节：（1）可以从轻；（2）可以从轻或者减轻；（3）应当从轻或者减轻。4. 法定从轻、减轻或者免除情节：（1）可以从轻、减轻或者免除处罚；（2）应当从轻、减轻或者免除处罚。5. 法定减轻或者免除情节：（1）可以减轻或者免除处罚；（2）应当减轻或者免除处罚；（3）可以免除处罚。<br>**二、酌定量刑情节证据**<br>　　1. 犯罪手段：（1）书面或口头；（2）署名或匿名；（3）投递信件或当面书面告发；（4）向司法机关告发或向有关单位告发。2. 犯罪对象。3. 危害结果。4. 动机。5. 平时表现。6. 认罪态度。7. 是否有前科。8. 其他证据。 |
| 量刑标准 | 犯本罪的 | 处三年以下有期徒刑、拘役或者管制 |
| | 犯本罪，造成严重后果的 | 处三年以上十年以下有期徒刑 |
| | 国家机关工作人员犯本罪的 | 从重处罚 |

| 法律适用 | 刑法条文 | 　**第二百四十三条**　捏造事实诬告陷害他人，意图使他人受刑事追究，情节严重的，处三年以下有期徒刑、拘役或者管制；造成严重后果的，处三年以上十年以下有期徒刑。<br>　国家机关工作人员犯前款罪的，从重处罚。<br>　不是有意诬陷，而是错告，或者检举失实的，不适用前两款的规定。 |
|---|---|---|
| | 相关法律法规 | 　**《中华人民共和国宪法》（节录）**（1982年12月4日全国人民代表大会公告公布施行　根据1988年4月12日第七届全国人民代表大会第一次会议通过的《中华人民共和国宪法修正案》、1993年3月29日第八届全国人民代表大会第一次会议通过的《中华人民共和国宪法修正案》、1999年3月15日第九届全国人民代表大会第二次会议通过的《中华人民共和国宪法修正案》、2004年3月14日第十届全国人民代表大会第二次会议通过的《中华人民共和国宪法修正案》和2018年3月11日第十三届全国人民代表大会第一次会议通过的《中华人民共和国宪法修正案》修正）<br>　**第三十八条**　中华人民共和国公民的人格尊严不受侵犯。禁止用任何方法对公民进行侮辱、诽谤和诬告陷害。 |

# 16 强迫劳动案

| | |
|---|---|
| **概念** | 本罪是指以暴力、威胁或者限制人身自由的方法强迫他人劳动的行为。 |
| **立案标准** | 以暴力、威胁或者限制人身自由的方法强迫他人劳动的，应予立案追诉。<br>明知他人以暴力、威胁或者限制人身自由的方法强迫他人劳动，为其招募、运送人员或者有其他协助强迫他人劳动行为的，应予立案追诉。 |

| 定罪标准 | | |
|---|---|---|
| | **犯罪客体** | 本罪侵犯的客体是公民的人身自由权和劳动自由权利。本罪的犯罪对象，为他人，不再仅限于职工。我国现行《宪法》第43条明确规定，"中华人民共和国劳动者有休息的权利"。休息权是保护劳动者身体健康和提高劳动效率的权利。这一权利在于保障劳动者的身体和精神上的疲劳得以解除，借以恢复劳动能力。《劳动法》《劳动合同法》等法律则在各个方面对劳动者的劳动自由权利作了具体规定。强迫他人劳动的行为，不仅限制他人人身自由，而且也侵犯他人劳动自由的权利。 |
| | **犯罪客观方面** | 本罪在客观方面表现为以暴力、胁迫或者限制人身自由的方法强迫他人劳动的行为。本罪的行为方式除以限制人身自由的方法强迫他人劳动外，还包括以暴力、胁迫的方法，强迫他人劳动的行为。同时，《刑法》第244条还规定了本罪的共犯，"明知他人实施前款行为，为其招募、运送人员或者有其他协助强迫他人劳动行为的，依照前款的规定处罚"。也就是说，行为人明知他人实施强迫他人劳动行为，仍协助其进行强迫他人劳动，对其此种协助行为，也以强迫劳动罪定罪。"以暴力、威胁的方法"，是指采取殴打、恐吓、要挟等暴力、威胁手段，强迫他人进行劳动。"以限制人身自由方法"，是指以限制离厂（场）、不让回家，甚至雇用打手看管等方法非法限制被害人的人身自由。"强迫他人劳动"，是指违背他人的意愿，强迫他人进行超体力的或者超长时间的劳动而不给予休息的时间，或者强迫他人劳动而不给或只给少量报酬等。具体而言，行为一般表现为加大劳动者的劳动强度，迫使其劳动；延长劳动时间，逼迫其劳动；等等。 |
| | **犯罪主体** | 本罪的犯罪主体为一般主体，即年满16周岁且具备刑事责任能力的自然人都可构成本罪。单位也可构成本罪。 |
| | **犯罪主观方面** | 本罪在主观方面表现为直接故意，即行为人在主观上具有强迫他人劳动的故意。 |

| | | |
|---|---|---|
| **定罪标准** | **罪与非罪** | 区分罪与非罪的界限，应当注意：本罪不再以"情节严重"作为定罪标准，行为人或者用人单位，只要以暴力、胁迫或者限制人身自由的方法强迫他人劳动，或者明知他人实施前述行为，为其招募、运送人员或者有其他协助强迫他人劳动的行为，就构成本罪，而"情节严重"则作为本罪的加重情节予以考量。 |
| | **此罪与彼罪** | 本罪与非法拘禁罪的界限。二者在客观方面都有非法限制他人人身自由的行为，主观上都是故意。二者的区别在于：（1）客观表现形式不同。前者客观方面不仅有暴力、胁迫或者非法限制他人人身自由的行为，而且有强迫他人劳动的行为；后者仅仅具有非法限制他人人身自由的行为。（2）犯罪目的不同。前者的目的是强迫他人劳动；后者的目的则是索债或其他目的。 |
| **证据参考标准** | **主体方面的证据** | **一、证明行为人刑事责任年龄、身份等自然情况的证据**<br>包括身份证明、户籍证明、任职证明、工作经历证明、特定职责证明等，主要是证明行为人的姓名（曾用名）、性别、出生年月日、民族、籍贯、出生地、职业（或职务）、住所地（或居所地）等证据材料，如户口簿、居民身份证、居住证、工作证、出生证、专业或技术等级证、干部履历表、职工登记表、护照等。<br>对于户籍、出生证等材料内容不实的，应提供其他证据材料。外国人犯罪的案件，应有护照等身份证明材料。人大代表、政协委员犯罪的案件，应注明身份，并附身份证明材料。<br>**二、证明行为人刑事责任能力的证据**<br>证明行为人对自己的行为是否具有辨认能力与控制能力，如是否属于间歇性精神病人、尚未完全丧失辨认或者控制自己行为能力的精神病人的证明材料。<br>**三、证明单位的证据**<br>证明是否属于依法成立并有合法经营、管理范围的公司、企业、事业单位、机关、团体。<br>证明单位的名称、住所地、性质、法定代表人、单位负责人、业务范围、成立时间等证据材料，如企业法人营业执照、国有公司性质证明及非法人单位的身份证明等。<br>**四、证明法定代表人、单位负责人或直接责任人员的身份证据**<br>法定代表人、直接负责的主管人员和其他直接责任人员在单位的任职、职责、负责权限的证明材料等。包括身份证明、户籍证明、任职证明等，如户口簿、居民身份证、工作证、护照、专业或技术等级证、干部履历表、职工登记表、任命书、业务分工文件、委派文件、单位证明、单位规章制度等。 |
| | **主观方面的证据** | **证明行为人故意的证据**<br>1. 证明行为人明知的证据：证明行为人明知自己的行为会发生危害社会的结果。<br>2. 证明直接故意的证据：证明行为人希望危害结果发生。 |

| 证据参考标准 | 客观方面的证据 | **证明行为人强迫他人劳动犯罪行为的证据**<br>　　具体证据包括：1. 证明行为人强迫他人劳动行为的证据；2. 证明行为人延长他人劳动时间行为的证据；3. 证明行为人为强迫他人劳动而限制人身自由行为的证据；4. 证明行为人强迫他人劳动而打骂、体罚他人行为的证据；5. 证明行为人以暴力手段强迫他人劳动行为的证据；6. 证明行为人以威胁手段强迫他人劳动行为的证据；7. 证明行为人明知他人实施强迫他人劳动行为，为其招募、运送人员或者有其他协助强迫他人劳动行为的证据；8. 证明行为人强迫他人劳动情节严重行为的证据。 |
|---|---|---|
| | 量刑方面的证据 | **一、法定量刑情节证据**<br>　　1. 事实情节：（1）情节严重；（2）其他。2. 法定从重情节。3. 法定从轻或者减轻情节：（1）可以从轻；（2）可以从轻或者减轻；（3）应当从轻或者减轻。4. 法定从轻、减轻或者免除情节：（1）可以从轻、减轻或者免除处罚；（2）应当从轻、减轻或者免除处罚。5. 法定减轻或者免除情节：（1）可以减轻或者免除处罚；（2）应当减轻或者免除处罚；（3）可以免除处罚。<br>**二、酌定量刑情节证据**<br>　　1. 犯罪手段：（1）强迫；（2）暴力；（3）威胁；（4）其他。2. 犯罪对象。3. 危害结果。4. 动机。5. 平时表现。6. 认罪态度。7. 是否有前科。8. 其他证据。 |
| 量刑标准 | 犯本罪的 | 处三年以下有期徒刑或者拘役，并处罚金 |
| | 情节严重的 | 处三年以上十年以下有期徒刑，并处罚金 |
| 法律适用 | 刑法条文 | 　　**第二百四十四条**　以暴力、威胁或者限制人身自由的方法强迫他人劳动的，处三年以下有期徒刑或者拘役，并处罚金；情节严重的，处三年以上十年以下有期徒刑，并处罚金。<br>　　明知他人实施前款行为，为其招募、运送人员或者有其他协助强迫他人劳动行为的，依照前款的规定处罚。<br>　　单位犯前两款罪的，对单位判处罚金，并对其直接负责的主管人员和其他直接责任人员，依照第一款的规定处罚。 |
| | 相关法律法规 | 　　**一、《中华人民共和国劳动法》（节录）**（1994 年 7 月 5 日中华人民共和国主席令第 28 号公布　自 1995 年 1 月 1 日起施行　2009 年 8 月 27 日第一次修正　2018 年 12 月 29 日第二次修正）<br>　　**第二条**　在中华人民共和国境内的企业、个体经济组织（以下统称用人单位）和与之形成劳动关系的劳动者，适用本法。<br>　　国家机关、事业组织、社会团体和与之建立劳动合同关系的劳动者，依照本法执行。<br>　　**第三条**　劳动者享有平等就业和选择职业的权利、取得劳动报酬的权利、休息休假的权利、获得劳动安全卫生保护的权利、接受职业技能培训的权利、享受社会保险和福利的权利、提请劳动争议处理的权利以及法律规定的其他劳动权利。 |

劳动者应当完成劳动任务，提高职业技能，执行劳动安全卫生规程，遵守劳动纪律和职业道德。

**第三十二条** 有下列情形之一的，劳动者可以随时通知用人单位解除劳动合同：

（一）在试用期内的；

（二）用人单位以暴力、威胁或者非法限制人身自由的手段强迫劳动的；

（三）用人单位未按照劳动合同约定支付劳动报酬或者提供劳动条件的。

**第九十六条** 用人单位有下列行为之一，由公安机关对责任人员处以十五日以下拘留、罚款或者警告；构成犯罪的，对责任人员依法追究刑事责任：

（一）以暴力、威胁或者非法限制人身自由的手段强迫劳动的；

（二）侮辱、体罚、殴打、非法搜查和拘禁劳动者的。

**二、《禁止使用童工规定》（节录）** （2002年10月1日中华人民共和国国务院令第364号公布　自2002年12月1日起施行）

**第十一条** 拐骗童工，强迫童工劳动，使用童工从事高空、井下、放射性、高毒、易燃易爆以及国家规定的第四级体力劳动强度的劳动，使用不满14周岁的童工，或者造成童工死亡或者严重伤残的，依照刑法关于拐卖儿童罪，强迫劳动罪或其他罪的规定，依法追究刑事责任。

**三、《女职工劳动保护特别规定》（节录）** （2012年4月28日中华人民共和国国务院令第619号公布　自公布之日起施行）

**第四条** 用人单位应当遵守女职工禁忌从事的劳动范围的规定。用人单位应当将本单位属于女职工禁忌从事的劳动范围的岗位书面告知女职工。

女职工禁忌从事的劳动范围由本规定附录列示。国务院安全生产监督管理部门会同国务院人力资源社会保障行政部门、国务院卫生行政部门根据经济社会发展情况，对女职工禁忌从事的劳动范围进行调整。

**第五条** 用人单位不得因女职工怀孕、生育、哺乳降低其工资、予以辞退、与其解除劳动或者聘用合同。

**第六条** 女职工在孕期不能适应原劳动的，用人单位应当根据医疗机构的证明，予以减轻劳动量或者安排其他能够适应的劳动。

对怀孕7个月以上的女职工，用人单位不得延长劳动时间或者安排夜班劳动，并应当在劳动时间内安排一定的休息时间。

怀孕女职工在劳动时间内进行产前检查，所需时间计入劳动时间。

**第十三条** 用人单位违反本规定第六条第二款、第七条、第九条第一款规定的，由县级以上人民政府人力资源社会保障行政部门责令限期改正，按照受侵害女职工每人1000元以上5000元以下的标准计算，处以罚款。

用人单位违反本规定附录第一条、第二条规定的，由县级以上人民政府安全生产监督管理部门责令限期改正，按照受侵害女职工每人1000元以上5000元以下的标准计算，处以罚款。用人单位违反本规定附录第三条、第四条规定的，由县级以上人民政府安全生产监督管理部门责令限期治理，处5万元以上30万元以下的罚款；情节严重的，责令停止有关作业，或者提请有关人民政府按照国务院规定的权限责令关闭。

**第十四条** 用人单位违反本规定，侵害女职工合法权益的，女职工可以依法投诉、举报、申诉，依法向劳动人事争议调解仲裁机构申请调解仲裁，对仲裁裁决不服的，依法向人民法院提起诉讼。

**第十五条** 用人单位违反本规定，侵害女职工合法权益，造成女职工损害的，依法给予赔偿；用人单位及其直接负责的主管人员和其他直接责任人员构成犯罪的，依法追究刑事责任。

附录：

### 女职工禁忌从事的劳动范围

**一、女职工禁忌从事的劳动范围：**

（一）矿山井下作业；

（二）体力劳动强度分级标准中规定的第四级体力劳动强度的作业；

（三）每小时负重 6 次以上、每次负重超过 20 公斤的作业，或者间断负重、每次负重超过 25 公斤的作业。

**二、女职工在经期禁忌从事的劳动范围：**

（一）冷水作业分级标准中规定的第二级、第三级、第四级冷水作业；

（二）低温作业分级标准中规定的第二级、第三级、第四级低温作业；

（三）体力劳动强度分级标准中规定的第三级、第四级体力劳动强度的作业；

（四）高处作业分级标准中规定的第三级、第四级高处作业。

**三、女职工在孕期禁忌从事的劳动范围：**

（一）作业场所空气中铅及其化合物、汞及其化合物、苯、镉、铍、砷、氰化物、氮氧化物、一氧化碳、二硫化碳、氯、己内酰胺、氯丁二烯、氯乙烯、环氧乙烷、苯胺、甲醛等有毒物质浓度超过国家职业卫生标准的作业；

（二）从事抗癌药物、己烯雌酚生产，接触麻醉剂气体等的作业；

（三）非密封源放射性物质的操作，核事故与放射事故的应急处置；

（四）高处作业分级标准中规定的高处作业；

（五）冷水作业分级标准中规定的冷水作业；

（六）低温作业分级标准中规定的低温作业；

（七）高温作业分级标准中规定的第三级、第四级的作业；

（八）噪声作业分级标准中规定的第三级、第四级的作业；

（九）体力劳动强度分级标准中规定的第三级、第四级体力劳动强度的作业；

（十）在密闭空间、高压室作业或者潜水作业，伴有强烈振动的作业，或者需要频繁弯腰、攀高、下蹲的作业。

**四、女职工在哺乳期禁忌从事的劳动范围：**

（一）孕期禁忌从事的劳动范围的第一项、第三项、第九项；

（二）作业场所空气中锰、氟、溴、甲醇、有机磷化合物、有机氯化合物等有毒物质浓度超过国家职业卫生标准的作业。

**最高人民检察院、公安部《关于公安机关管辖的刑事案件立案追诉标准的规定（一）》（节录）**（2008 年 6 月 25 日最高人民检察院、公安部公布　自公布之日起施行　公通字〔2008〕36 号　2017 年 4 月 27 日修正）

**第三十一条**　〔强迫劳动案（刑法第二百四十四条）〕以暴力、威胁或者限制人身自由的方法强迫他人劳动的，应予立案追诉。

明知他人以暴力、威胁或者限制人身自由的方法强迫他人劳动，为其招募、运送人员或者有其他协助强迫他人劳动行为的，应予立案追诉。

# 17 雇用童工从事危重劳动案

**概念**　　本罪是指违反劳动管理法规，雇用未满 16 周岁的未成年人从事超强度体力劳动，或者从事高空、井下作业，或者在爆炸性、易燃性、放射性、毒害性等危险环境下从事劳动，情节严重的行为。

**立案标准**　　违反劳动管理法规，雇用未满 16 周岁的未成年人从事国家规定的第四级体力劳动强度的劳动，或者从事高空、井下劳动，或者在爆炸性、易燃性、放射性、毒害性等危险环境下从事劳动，涉嫌下列情形之一的，应予立案追诉：

(1) 造成未满 16 周岁的未成年人伤亡或者对其身体健康造成严重危害的；

(2) 雇用未满 16 周岁的未成年人 3 人以上的；

(3) 以强迫、欺骗等手段雇用未满 16 周岁的未成年人从事危重劳动的；

(4) 其他情节严重的情形。

| 定罪标准 | 犯罪客体 | 本罪侵犯的客体是未成年人的合法权益。 |
|---|---|---|
| | 犯罪客观方面 | 本罪在客观方面表现为违反劳动管理法规，雇用未满 16 周岁的未成年人从事超强度体力劳动，或者从事高空、井下作业，或者在爆炸性、易燃性、放射性、毒害性等危险环境下从事劳动，情节严重的行为。<br><br>一、必须有雇用他人从事劳动的行为。所谓雇用，是指以金钱等物质性利益作为报酬，而让他人为自己从事一定事务、劳动。雇用者与被雇用者构成劳动合同关系。按照该劳动合同，被雇用者为雇用者提供一定的劳动力，为其处理一定事务，从事一定劳动，并且从雇用者那里按照一定期限（一般是按月、按年）获取一定的报酬（主要是一定数量的金钱）。雇用者则应按照《劳动法》的规定，及时根据劳动合同的规定付给被雇用者报酬，并且依法履行有关义务，如采取必要的劳动安全、卫生保障措施，保证被雇用者的生命、健康安全等。在雇用者与被雇用者之间构成的劳动关系中，被雇用者一般出于自愿。如果被雇用者不是出于自愿，或者不是完全出于自愿而被他人加以雇用的，虽然违反了《劳动法》等有关规定，仍然可以构成本罪，而不能因劳动合同关系无效就否认以前的事实雇佣关系成立而不以犯罪论处。<br><br>雇用，既包括招用临时工（指使用期限不超过 1 年的临时性、季节性的用工）的雇用，又包括招用合同制工人（指招用的使用期限在 1 年以上的实行劳动合同制的工人）的长期雇用，以及其他形式的雇用。不论被雇用者身份如何，也不论雇用期限的长短，只要出于故意雇用的属于童工，并且让其从事的为超强度体力劳动，或者为高空、井下作业，或者是在爆炸性、易燃性、放射性、毒害性等危险环境下的劳动，情节严重的，即可构成本罪，应当依法追究有关直接责任人员的刑事责任。 |

二、雇用他人从事劳动的行为必须违反了劳动管理法规。我国《劳动法》第15条规定，禁止用人单位招用未满16周岁的未成年人。文艺、体育和特种工艺单位招用未满16周岁的未成年人，必须依照国家有关规定，履行审批手续，并保障其接受义务教育的权利。第64条规定，不得安排未成年工从事矿山井下、有毒有害、国家规定的第4级体力劳动强度的劳动和其他禁忌从事的劳动。又如，国务院于2002年发布的《禁止使用童工规定》第2条第1款规定，禁止国家机关、社会团体、企业事业单位和个体工商户招用不满16周岁的未成年人。第2款规定，禁止任何单位和个人为未满16周岁的未成年人介绍职业。因此，根据上述有关规定，文艺、体育和特种工艺单位经过依法审查批准招用未满16周岁的未成年人，即使其从事的文艺、体育和特种工作的劳动强度超过一定界限，也不能以本罪论处。除文艺、体育和特种工艺单位以外的其他单位招用未满16周岁的未成年人即属违反了劳动管理法规。

三、所雇用的必须是未满16周岁的未成年人，才能构成本罪。被雇用者的国籍、性别、健康等非年龄因素，不会影响本罪的成立。

四、所雇用的未满16周岁的未成年人必须从事超强度体力劳动，或者从事高空、井下作业，或者从事在爆炸性、易燃性、放射性、毒害性等危险环境下的劳动。具体说来，包括以下四种情形：

1. 超强度体力劳动。所谓超强度体力劳动，是指超过劳动者本身体力所能承受程度的体力劳动。应针对未满16周岁的未成年人做一般性的判断，并且应由有关国家机关做出，法官只是根据这个一般性的超强度标准判断未满16周岁的未成年人所从事的劳动是否符合。如果符合，则该劳动就属于超强度体力劳动，一般不应考虑被雇用的未满16周岁的未成年人的个人身体体质状况。

2. 高空作业。高空作业，是指在离地面较高的空间中进行的作业，如登上架子、杆子等在高处进行的操作。修建较高的建筑物或桥梁、架设电线等工程就存在这种高空作业。根据相关规定，用人单位不得安排已满16周岁的未成年工从事《高处作业分级》国家标准中第2级以上的高处作业。未成年工患有某种疾病或具有某种生理缺陷（非残疾型）时，用人单位不得安排其从事《高处作业分级》国家标准中第1级以上的高处作业。

3. 井下作业。用人单位不得安排已满16周岁的未成年工从事矿山井下的作业。对于未满16周岁的未成年人来说，更不应该让其从事井下作业，何况这种作业往往具有较大的劳动强度。

4. 在爆炸性、易燃性、放射性、毒害性等危险环境下进行的作业。所谓爆炸性环境，是指因为置于某种具有爆炸性特征的物体从而具有爆炸因素的危险性环境，如对各类炸药、雷管、导火索、导破索、起爆药、爆破剂、黑色火药、烟水剂、民用信号弹、烟花爆竹及各种军用爆炸物品的生产、使用、运输；对煤气、液化气、石油气、天然气等燃气机器设备的使用等作业，就由于作业的对象等具有爆炸危险而属于在爆炸性危险环境下的作业。所谓易燃性环境，是指因为置于某种具有容易引起燃烧特征的物体从而具有易燃因素的危险性环境。所谓放射性危险环境，是指因为含有超过国家规定剂量的放射性物质从而使其具有放射性危险的劳动环境。所谓毒害性环境，是指劳动场所的空气中含有铅及其化合物、汞及其化合物、苯、铝、砷、氰化物、氮氧化物、一氧化碳、二硫化碳、氯、氯丁二烯、氯乙烯、环氧乙烷、苯胺、甲醛、生产性粉尘等有毒、有害物质浓度超过国家卫生标准的危险环境。

五、违反劳动管理法规，雇用未满16周岁的未成年人从事超强度体力劳动，或者

| 定罪标准 | 犯罪客观方面 | 从事高空、井下作业，或者在爆炸性、易燃性、放射性、毒害性等危险环境下从事劳动的行为，必须达到情节严重才能构成本罪。虽有上述行为，但是情节不属严重的，也不能以本罪论处。所谓情节严重，主要是指多次雇用童工从事超强度体力劳动等禁止童工从事的禁忌性劳动的；雇用多名童工从事超强度体力劳动等禁止童工从事的禁忌性劳动的行为；雇用童工从事超强度体力劳动等禁止童工从事的禁忌性劳动受过两次以上行政处罚又实施雇用童工从事超强度体力劳动等禁止童工从事的禁忌性劳动的；雇用患有某种疾病或者某种生理缺陷从事禁止童工从事的禁忌性劳动的；因雇用童工从事超强度体力劳动等禁止童工从事的禁忌性劳动而造成恶劣影响的；雇用童工从事超强度体力劳动等禁止童工从事的禁忌性劳动，造成严重的后果，如致童工遭受轻伤害以上的伤害、造成童工中毒等劳动安全事故、造成童工身患严重疾病或者多人身患较重疾病的；对劳动行政管理部门的有关查处工作以暴力、威胁等方法加以抗拒的；等等。 |
|---|---|---|
| | 犯罪主体 | 本罪的主体为一般主体，即凡年满16周岁且具备刑事责任能力的自然人，均可构成本罪。在司法实践中，雇用他人进行劳动，主要是一些用人单位，因此，实际构成其罪的主要是用人单位的直接责任人员。所谓用人单位，按照《劳动法》的规定，是指与劳动者签订了劳动合同或存在事实劳动关系的单位。 |
| | 犯罪主观方面 | 本罪在主观方面必须出于故意，即明知他人为未满16周岁的未成年人而仍然决意对其加以雇用，并且让其从事超强度体力劳动，或者从事高空、井下作业，或者在爆炸性、易燃性、放射性、毒害性等危险环境下从事劳动。过失不能构成本罪。 |
| | 罪与非罪 | 区别罪与非罪的关键是看情节是否严重。 |
| 证据参考标准 | 主体方面的证据 | **一、证明行为人刑事责任年龄、身份等自然情况的证据**<br>包括身份证明、户籍证明、任职证明、工作经历证明、特定职责证明等，主要是证明行为人的姓名（曾用名）、性别、出生年月日、民族、籍贯、出生地、职业（或职务）、住所地（或居所地）等证据材料，如户口簿、居民身份证、居住证、工作证、出生证、专业或技术等级证、干部履历表、职工登记表、护照等。<br>对于户籍、出生证等材料内容不实的，应提供其他证据材料。外国人犯罪的案件，应有护照等身份证明材料。人大代表、政协委员犯罪的案件，应注明身份，并附身份证明材料。<br>**二、证明行为人刑事责任能力的证据**<br>证明行为人对自己的行为是否具有辨认能力与控制能力，如是否属于间歇性精神病人、尚未完全丧失辨认或者控制自己行为能力的精神病人的证明材料。 |
| | 主观方面的证据 | **证明行为人故意的证据**<br>1. 证明行为人明知的证据：证明行为人明知自己的行为会发生危害社会的结果；<br>2. 证明直接故意的证据：证明行为人希望危害结果发生。 |

| | | |
|---|---|---|
| **证据参考标准** | **客观方面的证据** | **证明行为人雇用童工从事危重劳动犯罪行为的证据**<br>　　具体证据包括：1. 证明行为人违反劳动法规行为的证据；2. 证明行为人雇用童工劳动行为的证据；3. 证明行为人延长童工劳动时间行为的证据；4. 证明行为人为雇用童工劳动而限制人身自由行为的证据；5. 证明行为人雇用童工劳动而打骂、体罚劳动者行为的证据；6. 证明行为人以暴力手段雇用童工劳动行为的证据；7. 证明行为人以威胁手段雇用童工劳动行为的证据；8. 证明行为人雇用童工劳动情节严重行为的证据；9. 证明行为人雇用童工劳动造成严重后果行为的证据。 |
| | **量刑方面的证据** | **一、法定量刑情节证据**<br>　　1. 事实情节：（1）情节严重；（2）其他。2. 法定从重情节。3. 法定从轻或者减轻情节：（1）可以从轻；（2）可以从轻或者减轻；（3）应当从轻或者减轻。4. 法定从轻、减轻或者免除情节：（1）可以从轻、减轻或者免除处罚；（2）应当从轻、减轻或者免除处罚。5. 法定减轻或者免除情节：（1）可以减轻或者免除处罚；（2）应当减轻或者免除处罚；（3）可以免除处罚。<br>**二、酌定量刑情节证据**<br>　　1. 犯罪手段：（1）强迫；（2）暴力；（3）威胁；（4）其他。2. 犯罪对象。3. 危害结果。4. 动机。5. 平时表现。6. 认罪态度。7. 是否有前科。8. 其他证据。 |
| **量刑标准** | 情节严重的 | 对直接责任人员，处三年以下有期徒刑或者拘役，并处罚金 |
| | 情节特别严重的 | 处三年以上七年以下有期徒刑，并处罚金 |
| **法律适用** | **刑法条文** | 　　**第二百四十四条之一**　违反劳动管理法规，雇用未满十六周岁的未成年人从事超强度体力劳动的，或者从事高空、井下作业的，或者在爆炸性、易燃性、放射性、毒害性等危险环境下从事劳动，情节严重的，对直接责任人员，处三年以下有期徒刑或者拘役，并处罚金；情节特别严重的，处三年以上七年以下有期徒刑，并处罚金。<br>　　有前款行为，造成事故，又构成其他犯罪的，依照数罪并罚的规定处罚。 |
| | **相关法律法规** | 　　**一、《中华人民共和国未成年人保护法》（节录）**（1991 年 9 月 4 日中华人民共和国主席令第 50 号公布　自 1992 年 1 月 1 日起施行　2006 年 12 月 29 日第一次修订 2012 年 10 月 26 日第一次修正　2020 年 10 月 17 日第二次修订　2024 年 4 月 26 日第二次修正）<br>　　**第十七条**　未成年人的父母或者其他监护人不得实施下列行为：<br>　　（一）虐待、遗弃、非法送养未成年人或者对未成年人实施家庭暴力；<br>　　（二）放任、教唆或者利用未成年人实施违法犯罪行为；<br>　　（三）放任、唆使未成年人参与邪教、迷信活动或者接受恐怖主义、分裂主义、极端主义等侵害；<br>　　（四）放任、唆使未成年人吸烟（含电子烟，下同）、饮酒、赌博、流浪乞讨或者欺凌他人；<br>　　（五）放任或者迫使应当接受义务教育的未成年人失学、辍学； |

（六）放任未成年人沉迷网络，接触危害或者可能影响其身心健康的图书、报刊、电影、广播电视节目、音像制品、电子出版物和网络信息等；

（七）放任未成年人进入营业性娱乐场所、酒吧、互联网上网服务营业场所等不适宜未成年人活动的场所；

（八）允许或者迫使未成年人从事国家规定以外的劳动；

（九）允许、迫使未成年人结婚或者为未成年人订立婚约；

（十）违法处分、侵吞未成年人的财产或者利用未成年人牟取不正当利益；

（十一）其他侵犯未成年人身心健康、财产权益或者不依法履行未成年人保护义务的行为。

**第六十一条**　任何组织或者个人不得招用未满十六周岁未成年人，国家另有规定的除外。

营业性娱乐场所、酒吧、互联网上网服务营业场所等不适宜未成年人活动的场所不得招用已满十六周岁的未成年人。

招用已满十六周岁未成年人的单位和个人应当执行国家在工种、劳动时间、劳动强度和保护措施等方面的规定，不得安排其从事过重、有毒、有害等危害未成年人身心健康的劳动或者危险作业。

任何组织或者个人不得组织未成年人进行危害其身心健康的表演等活动。经未成年人的父母或者其他监护人同意，未成年人参与演出、节目制作等活动，活动组织方应当根据国家有关规定，保障未成年人合法权益。

**第六十二条**　密切接触未成年人的单位招聘工作人员时，应当向公安机关、人民检察院查询应聘者是否具有性侵害、虐待、拐卖、暴力伤害等违法犯罪记录；发现其具有前述行为记录的，不得录用。

密切接触未成年人的单位应当每年定期对工作人员是否具有上述违法犯罪记录进行查询。通过查询或者其他方式发现其工作人员具有上述行为的，应当及时解聘。

**二、《禁止使用童工规定》**（2002 年 10 月 1 日中华人民共和国国务院令第 364 号公布　自 2002 年 12 月 1 日起施行）

**第一条**　为保护未成年人的身心健康，促进义务教育制度的实施，维护未成年人的合法权益，根据宪法和劳动法、未成年人保护法，制定本规定。

**第二条**　国家机关、社会团体、企业事业单位、民办非企业单位或者个体工商户（以下统称用人单位）均不得招用不满 16 周岁的未成年人（招用不满 16 周岁的未成年人，以下统称使用童工）。

禁止任何单位或者个人为不满 16 周岁的未成年人介绍就业。

禁止不满 16 周岁的未成年人开业从事个体经营活动。

**第三条**　不满 16 周岁的未成年人的父母或者其他监护人应当保护其身心健康，保障其接受义务教育的权利，不得允许其被用人单位非法招用。

不满 16 周岁的未成年人的父母或者其他监护人允许其被用人单位非法招用的，所在地的乡（镇）人民政府、城市街道办事处以及村民委员会、居民委员会应当给予批评教育。

**第四条**　用人单位招用人员时，必须核查被招用人员的身份证；对不满 16 周岁的未成年人，一律不得录用。用人单位录用人员的录用登记、核查材料应当妥善保管。

**第五条**　县级以上各级人民政府劳动保障行政部门负责本规定执行情况的监督检查。

县级以上各级人民政府公安、工商行政管理、教育、卫生等行政部门在各自职责范围内对本规定的执行情况进行监督检查，并对劳动保障行政部门的监督检查给予配合。

工会、共青团、妇联等群众组织应当依法维护未成年人的合法权益。

任何单位或者个人发现使用童工的，均有权向县级以上人民政府劳动保障行政部门举报。

**第六条** 用人单位使用童工的，由劳动保障行政部门按照每使用一名童工每月处 5000 元罚款的标准给予处罚；在使用有毒物品的作业场所使用童工的，按照《使用有毒物品作业场所劳动保护条例》规定的罚款幅度，或者按照每使用一名童工每月处 5000 元罚款的标准，从重处罚。劳动保障行政部门并应当责令用人单位限期将童工送回原居住地交其父母或者其他监护人，所需交通和食宿费用全部由用人单位承担。

用人单位经劳动保障行政部门依照前款规定责令限期改正，逾期仍不将童工送交其父母或者其他监护人的，从责令限期改正之日起，由劳动保障行政部门按照每使用一名童工每月处 1 万元罚款的标准处罚，并由工商行政管理部门吊销其营业执照或者由民政部门撤销民办非企业单位登记；用人单位是国家机关、事业单位的，由有关单位依法对直接负责的主管人员和其他直接责任人员给予降级或者撤职的行政处分或者纪律处分。

**第七条** 单位或者个人为不满 16 周岁的未成年人介绍就业的，由劳动保障行政部门按照每介绍一人处 5000 元罚款的标准给予处罚；职业中介机构为不满 16 周岁的未成年人介绍就业的，并由劳动保障行政部门吊销其职业介绍许可证。

**第八条** 用人单位未按照本规定第四条的规定保存录用登记材料，或者伪造录用登记材料的，由劳动保障行政部门处 1 万元的罚款。

**第九条** 无营业执照、被依法吊销营业执照的单位以及未依法登记、备案的单位使用童工或者介绍童工就业的，依照本规定第六条、第七条、第八条规定的标准加一倍罚款，该非法单位由有关的行政主管部门予以取缔。

**第十条** 童工患病或者受伤的，用人单位应当负责送到医疗机构治疗，并负担治疗期间的全部医疗和生活费用。

童工伤残或者死亡的，用人单位由工商行政管理部门吊销营业执照或者由民政部门撤销民办非企业单位登记；用人单位是国家机关、事业单位的，由有关单位依法对直接负责的主管人员和其他直接责任人员给予降级或者撤职的行政处分或者纪律处分；用人单位还应当一次性地对伤残的童工、死亡童工的直系亲属给予赔偿，赔偿金额按照国家工伤保险的有关规定计算。

**第十一条** 拐骗童工，强迫童工劳动，使用童工从事高空、井下、放射性、高毒、易燃易爆以及国家规定的第四级体力劳动强度的劳动，使用不满 14 周岁的童工，或者造成童工死亡或者严重伤残的，依照刑法关于拐卖儿童罪、强迫劳动罪或者其他罪的规定，依法追究刑事责任。

**第十二条** 国家行政机关工作人员有下列行为之一的，依法给予记大过或者降级的行政处分；情节严重的，依法给予撤职或者开除的行政处分；构成犯罪的，依照刑法关于滥用职权罪、玩忽职守罪或者其他罪的规定，依法追究刑事责任：

（一）劳动保障等有关部门工作人员在禁止使用童工的监督检查工作中发现使用童工的情况，不予制止、纠正、查处的；

| 法 律 适 用 | 相 关 法 律 法 规 | （二）公安机关的人民警察违反规定发放身份证或者在身份证上登录虚假出生年月的；<br><br>（三）工商行政管理部门工作人员发现申请人是不满 16 周岁的未成年人，仍然为其从事个体经营发放营业执照的。<br><br>**第十三条**　文艺、体育单位经未成年人的父母或者其他监护人同意，可以招用不满 16 周岁的专业文艺工作者、运动员。用人单位应当保障被招用的不满 16 周岁的未成年人的身心健康，保障其接受义务教育的权利。文艺、体育单位招用不满 16 周岁的专业文艺工作者、运动员的办法，由国务院劳动保障行政部门会同国务院文化、体育行政部门制定。<br><br>学校、其他教育机构以及职业培训机构按照国家有关规定组织不满 16 周岁的未成年人进行不影响其人身安全和身心健康的教育实践劳动、职业技能培训劳动，不属于使用童工。<br><br>**第十四条**　本规定自 2002 年 12 月 1 日起施行。1991 年 4 月 15 日国务院发布的《禁止使用童工规定》同时废止。 |
| | 规 章 及 规 范 性 文 件 | **最高人民检察院、公安部《关于公安机关管辖的刑事案件立案追诉标准的规定（一）》（节录）**（2008 年 6 月 25 日最高人民检察院、公安部公布　自公布之日起施行　公通字〔2008〕36 号　2017 年 4 月 27 日修正）<br><br>**第三十二条**　〔雇用童工从事危重劳动案（刑法第二百四十四条之一）〕违反劳动管理法规，雇用未满十六周岁的未成年人从事国家规定的第四级体力劳动强度的劳动，或者从事高空、井下劳动，或者在爆炸性、易燃性、放射性、毒害性等危险环境下从事劳动，涉嫌下列情形之一的，应予立案追诉：<br><br>（一）造成未满十六周岁的未成年人伤亡或者对其身体健康造成严重危害的；<br><br>（二）雇用未满十六周岁的未成年人三人以上的；<br><br>（三）以强迫、欺骗等手段雇用未满十六周岁的未成年人从事危重劳动的；<br><br>（四）其他情节严重的情形。 |

# 18 非法搜查案

**概念** | 本罪是指非法对他人的身体或住宅进行搜查的行为。

**立案标准**

根据《刑法》第 245 条的规定，非法搜查他人身体、住宅的，应当立案。

本罪是行为犯，只要行为人实施了非法搜查他人身体、住宅的行为，原则上就应当构成犯罪，应当立案侦查。

国家机关工作人员利用职权非法搜查，涉嫌下列情形之一的，应予立案：

(1) 非法搜查他人身体、住宅，并实施殴打、侮辱等行为的；

(2) 非法搜查，情节严重，导致被搜查人或者其近亲属自杀、自残造成重伤、死亡，或者精神失常的；

(3) 非法搜查，造成财物严重损坏的；

(4) 非法搜查 3 人（户）次以上的；

(5) 司法工作人员对明知是与涉嫌犯罪无关的人身、住宅非法搜查的；

(6) 其他非法搜查应予追究刑事责任的情形。

**定罪标准**

**犯罪客体**

本罪侵犯的客体是他人的隐私权。所谓隐私权，是指自然人享有的以住宅和个人生活不受侵扰、与社会无关的个人信息和个人事务不被不当披露为内容的人格权，包括个人信息的控制权、个人生活的自由权和私人领域的占有权。具体包括以下几个方面：(1) 姓名、住址、肖像、私人电话号码等个人信息不被公开的权利；(2) 储蓄或者其他财产状况，非有正当理由不得调查和公开；(3) 社会关系（包括亲属关系、朋友关系）非有正当理由不得调查、刺探和公开；(4) 档案材料应在合理范围内使用；(5) 住宅不受非法侵入或侵扰；(6) 个人生活不受监视或骚扰；(7) 通信、日记或其他私人文件不得刺探和公开；(8) 夫妻合法的性生活不受非法干扰、调查和公开，婚外性关系非涉及社会利益，不得任意公开；(9) 不愿让他人知道的有关经历和纯属个人私事，非有正当理由不得予以公开；(10) 其他与社会公益无关的个人信息，如生理缺陷、健康状况、婚姻状况、宗教信仰等，非有正当理由亦不得刺探和公开。搜查是司法机关对刑事案件进行侦查过程中，采取的一项收集证据、查获犯罪人的措施，是对他人隐私权的一种妨害，必须依法进行，否则就构成对他人隐私权的侵犯。

**犯罪客观方面**

本罪在客观方面表现为非法搜查他人身体和住宅的行为。所谓搜查，是指搜索检查，既包括对他人身体的搜查，如摸索、掏翻等，又包括对他人住宅的搜查，如搜索、翻看、检查、挖掘等。

非法搜查是合法搜查的对称。根据我国法律的规定：(1) 享有搜查权的人员是侦查人员，即经合法授权或批准依法对刑事案件执行侦查、预审等任务的侦查人员，包括公安机关和国家安全机关等的侦查人员。(2) 搜查的对象为犯罪嫌疑人以及可能隐藏罪犯或者证据的人。(3) 搜查的地点包括上述人的身体、物品、住处和其他有关的地点。(4) 搜查的程序包括以下四点：一是出示搜查证。在一般情况下，进行搜查必

| | | |
|---|---|---|
| **定****罪****标****准** | **犯罪****客观****方面** | 须向被搜查人出示搜查证，除非在执行逮捕、拘留时遇紧急情况，才可以无证进行搜查。二是要求被搜查人或其家属、邻居或其他见证人在场。三是只能由女工作人员搜查妇女的身体。四是搜查的情况应当写成笔录，笔录应由侦查人员和被搜查人员或他的家属、邻居或其他见证人共同签名或者盖章。如果拒绝签名或者盖章，应当在笔录上注明。符合上述规定的搜查，即为合法搜查。<br><br>在司法实践中，非法搜查主要有三种情况：(1) 无搜查权的机关、团体、单位的工作人员或其他个人，为了寻找失物、有关人员或达到其他目的而对他人的身体或住宅进行搜查的；(2) 有搜查权的人员，未经合法批准或授权，滥用权力，非法进行搜查的；(3) 有搜查权的机关和人员，不按照法定的程序、手续进行搜查的。具备上述之一的就属于非法搜查。<br><br>搜查的对象，根据《刑法》第245条的规定，仅限于他人的身体和住宅。如果不是针对身体或住宅搜查，而是非法搜查机关或其他单位的办公室、仓库、车辆、船只、飞机等场所，则不能以本罪论处。构成犯罪的，可以他罪如妨害公务罪、抢劫罪、盗窃罪、故意毁坏财物罪等论处。如果是在上述场所对他人的人身进行搜查的，仍可构成本罪。至于住宅，则是指公民居住、生活的场所，既包括公民长期居住的生活场所，如私人建造的住宅、公寓等，又包括公民临时居住、生活的场所，如较长时间租住的旅店，还包括公民居住、办公两用的房间以及以船为家的渔民船只等。搜查住宅，不仅指搜查住宅内，而且还包括和住宅紧紧相连、构成住宅整体的庭院以及构成整个住宅组成部分的其他用房，如储藏室等。 |
| | **犯罪****主体** | 本罪的主体是一般主体，即凡年满16周岁且具备刑事责任能力的自然人均能构成本罪，无论其是否为有搜查权的侦查人员。 |
| | **犯罪****主观****方面** | 本罪在主观方面表现为直接故意，不能由间接故意或者过失构成。其动机可以是各种各样的，有的是为了搜寻控告对方的"罪证"；有的是为了查找失窃的财物；有的是为了寻找离家出走的亲人等。但何种动机不影响本罪的成立。 |
| | **罪与****非罪** | 区分罪与非罪的界限，关键看是否实施非法搜查行为。要注意区分本罪与搜查工作中的错误行为的界限。例如，侦查人员依法搜查时没有请见证人到场，或者没有向被搜查人出示搜查证，或者搜查妇女身体时不是由女工作人员进行等，属于合法搜查中的错误行为。 |
| | **此罪****与****彼罪** | 一、本罪与以非法搜查为手段的其他犯罪的界限。非法搜查罪一般是以目的行为不构成犯罪（如为了查找丢失物）为前提的，如果行为人出于其他犯罪目的（如为了抢劫）而对他人人身或住宅进行搜查的，应以目的行为吸收非法搜查行为，按目的行为定罪，如定抢劫罪。<br><br>二、本罪与非法侵入住宅罪的界限。两者常常具有一定的牵连关系。当行为人非法侵入他人住宅的目的是进行非法搜查时，一般以后一行为吸收前一行为，定非法搜查罪。但是，如果前一行为情节恶劣而后一行为情节一般，则以前一行为吸收后一行为，定非法侵入住宅罪。<br><br>三、本罪与抢劫罪、盗窃罪等的界限。后面这些犯罪在客观方面亦可能采取非法搜查的行为，此时非法搜查仅是实施其犯罪的手段行为，如盗窃犯罪分子在侵入他人住宅后非法翻箱倒柜、盗走他人珍贵物品的，就包括了非法搜查的牵连行为，此时，如果构成他罪的，应择一重罪即后者定罪科刑。倘若不构成他罪，如非法搜查后仅是 |

| | | |
|---|---|---|
| **定罪标准** | **此罪与彼罪** | 盗取少量财物，但情节恶劣构成犯罪的，则可以以本罪论处，而把其他行为作为本罪的一个量刑情节予以考虑。<br><br>　　四、本罪与伪造、变造、买卖国家机关证件罪，盗窃、抢夺国家机关证件罪的界限。一般情况下，本罪与后者不会发生混淆。但在伪造、变造或者买卖司法机关的搜查证后又进行非法搜查的，其即触犯本罪与后罪，对之，可以牵连犯择一重罪处罚的原则进行处理。如果行为人出于非法占有的目的，在伪造司法机关的搜查证后又冒充司法人员进行搜查，且劫取他人财物的，则应以抢劫罪定罪科刑，而不是构成本罪，亦不是构成伪造国家机关证件罪等。 |
| **证据参考标准** | **主体方面的证据** | **一、证明行为人刑事责任年龄、身份等自然情况的证据**<br>　　包括身份证明、户籍证明、任职证明、工作经历证明、特定职责证明等，主要是证明行为人的姓名（曾用名）、性别、出生年月日、民族、籍贯、出生地、职业（或职务）、住所地（或居所地）等证据材料，如户口簿、居民身份证、居住证、工作证、出生证、专业或技术等级证、干部履历表、职工登记表、护照等。<br>　　对于户籍、出生证等材料内容不实的，应提供其他证据材料。外国人犯罪的案件，应有护照等身份证明材料。人大代表、政协委员犯罪的案件，应注明身份，并附身份证明材料。<br>**二、证明行为人刑事责任能力的证据**<br>　　证明行为人对自己的行为是否具有辨认能力与控制能力，如是否属于间歇性精神病人、尚未完全丧失辨认或者控制自己行为能力的精神病人的证明材料。 |
| | **主观方面的证据** | **证明行为人故意的证据**<br>　　1. 证明行为人明知的证据：证明行为人明知自己的行为会发生危害社会的结果。<br>　　2. 证明直接故意的证据：证明行为人希望危害结果发生。 |
| | **客观方面的证据** | **证明行为人非法搜查犯罪行为的证据**<br>　　具体证据包括：1. 证明行为人假冒司法工作人员行为的证据。2. 证明行为人所持伪造证件的来源行为的证据。3. 证明行为人非法搜查他人身体行为的证据。4. 证明行为人非法搜索搜查目标行为的证据。5. 证明行为人非法检查各种物品行为的证据。6. 证明行为人非法翻阅书刊、文件行为的证据。7. 证明行为人非法挖掘室内设施行为的证据。8. 证明行为人以搜查为名毁坏物品、财物行为的证据。9. 证明司法工作人员滥用职权非法搜查行为的证据。10. 证明行为人非法搜查行为的下列证据：（1）船只；（2）车辆；（3）航空器；（4）办公场所；（5）上述场所的各种物品。11. 证明行为人非法搜查其他行为的证据。 |
| | **量刑方面的证据** | **一、法定量刑情节证据**<br>　　1. 事实情节：（1）情节严重；（2）其他。2. 法定从重情节。3. 法定从轻或者减轻情节：（1）可以从轻；（2）可以从轻或者减轻；（3）应当从轻或者减轻。4. 法定从轻、减轻或者免除情节：（1）可以从轻、减轻或者免除处罚；（2）应当从轻、减轻或者免除处罚。5. 法定减轻或者免除情节：（1）可以减轻或者免除处罚；（2）应当减轻或者免除处罚；（3）可以免除处罚。<br>　　**二、酌定量刑情节证据**<br>　　1. 犯罪手段：（1）殴打；（2）威胁；（3）恐吓。2. 犯罪对象。3. 危害结果。4. 动机。5. 平时表现。6. 认罪态度。7. 是否有前科。8. 其他证据。 |

| 量刑标准 | 犯本罪的 | 处三年以下有期徒刑或者拘役 |
|---|---|---|
| | 司法工作人员滥用职权，犯本罪的 | 从重处罚 |

| 法律适用 | 刑法条文 | 　　**第二百四十五条**　非法搜查他人身体、住宅，或者非法侵入他人住宅的，处三年以下有期徒刑或者拘役。<br>　　司法工作人员滥用职权，犯前款罪的，从重处罚。 |
|---|---|---|
| | 司法解释 | 　　**最高人民检察院《关于渎职侵权犯罪案件立案标准的规定》（节录）**（2006 年 7月 26 日最高人民检察院公布　自公布之日起施行　高检发释字〔2006〕2 号）<br>　　**二、国家机关工作人员利用职权实施的侵犯公民人身权利、民主权利犯罪案件**<br>　　(二) 国家机关工作人员利用职权实施的非法搜查案（第二百四十五条）<br>　　非法搜查罪是指非法搜查他人身体、住宅的行为。<br>　　国家机关工作人员利用职权非法搜查，涉嫌下列情形之一的，应予立案：<br>　　1. 非法搜查他人身体、住宅，并实施殴打、侮辱等行为的；<br>　　2. 非法搜查，情节严重，导致被搜查人或者其近亲属自杀、自残造成重伤、死亡，或者精神失常的；<br>　　3. 非法搜查，造成财物严重损坏的；<br>　　4. 非法搜查 3 人（户）次以上的；<br>　　5. 司法工作人员对明知是与涉嫌犯罪无关的人身、住宅非法搜查的；<br>　　6. 其他非法搜查应予追究刑事责任的情形。 |
| | 相关法律法规 | 　　**一、《中华人民共和国宪法》（节录）**（1982 年 12 月 4 日全国人民代表大会公告公布施行　根据 1988 年 4 月 12 日第七届全国人民代表大会第一次会议通过的《中华人民共和国宪法修正案》、1993 年 3 月 29 日第八届全国人民代表大会第一次会议通过的《中华人民共和国宪法修正案》、1999 年 3 月 15 日第九届全国人民代表大会第二次会议通过的《中华人民共和国宪法修正案》、2004 年 3 月 14 日第十届全国人民代表大会第二次会议通过的《中华人民共和国宪法修正案》和 2018 年 3 月 11 日第十三届全国人民代表大会第一次会议通过的《中华人民共和国宪法修正案》修正）<br>　　**第三十九条**　中华人民共和国公民的住宅不受侵犯。禁止非法搜查或者非法侵入公民的住宅。<br>　　**二、《中华人民共和国人民警察法》（节录）**（1995 年 2 月 28 日中华人民共和国主席令第 40 号公布　自公布之日起施行　2012 年 10 月 26 日修正）<br>　　**第二十二条**　人民警察不得有下列行为：<br>　　(一) 散布有损国家声誉的言论，参加非法组织、参加旨在反对国家的集会、游行、示威等活动，参加罢工；<br>　　(二) 泄露国家秘密、警务工作秘密；<br>　　(三) 弄虚作假，隐瞒案情，包庇、纵容违法犯罪活动；<br>　　(四) 刑讯逼供或者体罚、虐待人犯； |

（五）非法剥夺、限制他人人身自由，非法搜查他人的身体、物品、住所或者场所；

（六）敲诈勒索或者索取、收受贿赂；

（七）殴打他人或者唆使他人打人；

（八）违法实施处罚或者收取费用；

（九）接受当事人及其代理人的请客送礼；

（十）从事营利性的经营活动或者受雇于任何个人或者组织；

（十一）玩忽职守，不履行法定义务；

（十二）其他违法乱纪的行为。

**第四十八条**　人民警察有本法第二十二条所列行为之一的，应当给予行政处分；构成犯罪的，依法追究刑事责任。

行政处分分为：警告、记过、记大过、降级、撤职、开除。对受行政处分的人民警察，按照国家有关规定，可以降低警衔、取消警衔。

对违反纪律的人民警察，必要时可以对其采取停止执行职务、禁闭的措施。

**三、《中华人民共和国妇女权益保障法》（节录）**（1992年4月3日中华人民共和国主席令第58号公布　自1992年10月1日起施行　2005年8月28日第一次修正　2018年10月26日第二次修正　2022年10月30日修订）

**第十九条**　妇女的人身自由不受侵犯。禁止非法拘禁和以其他非法手段剥夺或者限制妇女的人身自由；禁止非法搜查妇女的身体。

**第八十五条**　违反本法规定，侵害妇女的合法权益，其他法律、法规规定行政处罚的，从其规定；造成财产损失或者人身损害的，依法承担民事责任；构成犯罪的，依法追究刑事责任。

# 19 非法侵入住宅案

**概念**

本罪是指非法强行闯入他人住宅，或者经要求退出而无理拒不退出他人住宅的行为。

**立案标准**

根据《刑法》第 245 条的规定，非法侵入他人住宅的，应当立案。

本罪是行为犯，行为人只要未经住宅主人同意，非法强行闯入他人住宅或者经要求退出仍无故拒不退出的，原则上就构成本罪，应当予以立案追究。

| | | |
|---|---|---|
| **定罪标准** | **犯罪客体** | 本罪侵犯的客体是他人的隐私权。隐私权是自然人享有的以住宅和个人生活不受干扰、与社会无关的个人信息和个人事务不被不当披露为内容的人格权，包括个人信息的控制权、个人生活的自由权和私人领域的占有权。我国《宪法》第 39 条规定，中华人民共和国公民的住宅不受侵犯。禁止非法侵入公民的住宅。住宅是公民居住、生活的处所。非法侵入他人住宅，必然会使公民的正常生活受到干扰。<br><br>本罪侵犯的对象是他人居住的住宅。住宅，是指供人居住的场所，包括经常居住的住宅和不经常居住的住宅，也包括营业性的旅馆、饭店、招待所等供人租住的客房。渔民家居的船只，也视为住宅。非供人居住的办公室、仓库、剧场、车间等不是住宅，不属于本罪侵害的对象。所谓他人住宅，是指行为人以外的其他人的住宅。这里的"他人"，既可以是住宅所有权人即主人，也可以是住宅的承租人、借用人，还可以是宾馆、招待所客房居住的客人。非法侵入尚未分配、出售且长时间无人居住的住房，是民事侵权行为，不构成本罪。 |
| | **犯罪客观方面** | 本罪在客观方面表现为实施了非法侵入他人住宅的行为。"非法"，是指不经住宅主人同意而又没有法律根据，或者不依法定程序的强行侵入。也就是说，侵入者无权又无正当理由，如果有正当理由进入他人住宅或滞留在他人住宅不退出，不得谓为非法。例如，司法工作人员依法进入他人住宅进行搜查、逮捕、拘留、查封或扣押财物等职务行为的，不能认为是非法侵入住宅。"侵入"，包括两种情况：其一，未经住宅主人允许，不顾主人的反对、劝告或阻拦，强行进入他人住宅；其二，进入时住宅主人并不反对，但主人要求行为人退出时行为人不肯退出，就拒不退出的侵入而言，行为人虽是经住宅主人同意或默许进入的，但住宅主人既已要求退出，仍滞留在内不肯退出，实质上和未经许可强行侵入的行为没有区别。 |
| | **犯罪主体** | 本罪的主体是一般主体，即凡年满 16 周岁且具备刑事责任能力的自然人，均能构成本罪。 |
| | **犯罪主观方面** | 本罪在主观方面表现为故意，即行为人明知是他人的住宅而故意非法侵入，意图在于破坏他人生活的安宁。误入他人住宅，一经发现即行退出，或者有正当理由必须紧急进入他人住宅的，或者未经主人允许进入他人住宅并非恶意的，因主观上不具有侵犯他人隐私权的故意，就不构成本罪。如闯入他人住宅是为了进行盗窃、诈骗、抢劫、强奸、杀人等其他犯罪的，在这种情况下，按刑法吸收犯理论，后行为吸收前行为，不再定非法侵入住宅罪，也不再与非法侵入住宅罪并罚。 |

| 定罪标准 | 罪与非罪 | 区分本罪与非罪的界限，关键看情节是否严重，即只有对严重妨碍了他人居住安全与生活安宁的非法侵入住宅行为，才能以犯罪论处。 |
|---|---|---|
| | 此罪与彼罪 | 一、本罪与非法搜查罪的界限。非法搜查罪的对象也包括他人的住宅，当行为人非法搜查他人住宅时，和非法侵入住宅罪一样，也侵犯了他人的居住安全权利。但两罪不同的是，非法搜查罪也可以是对人身的搜查，非法侵入住宅则不直接侵犯人身自由。实践中应当注意，如果行为人未经同意强行进入他人住宅进行非法搜查的，对行为人应以其目的行为即非法搜查罪定罪处罚。<br>二、本罪与其他犯罪的罪数问题。非法侵入住宅的行为往往与其他犯罪行为结合在一起，如入室盗窃、抢劫、强奸、杀人等。对这种情况，应以行为人实施的目的行为定性，而不另定非法侵入住宅罪实行数罪并罚。 |
| 证据参考标准 | 主体方面的证据 | **一、证明行为人刑事责任年龄、身份等自然情况的证据**<br>包括身份证明、户籍证明、任职证明、工作经历证明、特定职责证明等，主要是证明行为人的姓名（曾用名）、性别、出生年月日、民族、籍贯、出生地、职业（或职务）、住所地（或居所地）等证据材料，如户口簿、居民身份证、居住证、工作证、出生证、专业或技术等级证、干部履历表、职工登记表、护照等。<br>对于户籍、出生证等材料内容不实的，应提供其他证据材料。外国人犯罪的案件，应有护照等身份证明材料。人大代表、政协委员犯罪的案件，应注明身份，并附身份证明材料。<br>**二、证明行为人刑事责任能力的证据**<br>证明行为人对自己的行为是否具有辨认能力与控制能力，如是否属于间歇性精神病人、尚未完全丧失辨认或者控制自己行为能力的精神病人的证明材料。 |
| | 主观方面的证据 | **证明行为人故意的证据**<br>1. 证明行为人明知的证据：证明行为人明知自己的行为会发生危害社会的结果。<br>2. 证明直接故意的证据：证明行为人希望危害结果发生。 |
| | 客观方面的证据 | **证明行为人非法侵入住宅犯罪行为的证据**<br>具体证据包括：1. 证明行为人未经住宅主人同意，强行闯入他人住宅行为的证据。2. 证明行为人无正当理由，强行闯入他人住宅行为的证据。3. 证明行为人进入他人住宅时未被反对，但主人要求退出而拒绝退出行为的证据。4. 证明行为人利用伪造的搜查证进入他人住宅行为的证据。5. 证明行为人利用伪造的司法人员工作证进入他人住宅行为的证据。6. 证明行为人强行闯入他人住宅，并损坏他人物品行为的证据。7. 证明司法工作人员滥用职权侵入他人住宅行为的证据。8. 证明行为人非法闯入渔民船只行为的证据。9. 证明行为人非法侵入住宅下列行为的证据：（1）严重影响他人正常生活和居住安全的；（2）毁损、污损、搬走他人生活用品，严重影响他人正常生活的；（3）侵入他人住宅，停尸闹事，严重影响他人正常生活的；（4）非法强行侵入并封闭他人住宅，致使他人无法居住的；（5）非法强行侵入他人住宅，引起其他严重后果的。10. 证明行为人非法侵入他人住宅的其他行为的证据。 |

| 证据参考标准 | 量刑方面的证据 | 一、法定量刑情节证据<br>1. 事实情节。2. 法定从重情节。3. 法定从轻或者减轻情节：（1）可以从轻；（2）可以从轻或者减轻；（3）应当从轻或者减轻。4. 法定从轻、减轻或者免除情节：（1）可以从轻、减轻或者免除处罚；（2）应当从轻、减轻或者免除处罚。5. 法定减轻或者免除情节：（1）可以减轻或者免除处罚；（2）应当减轻或者免除处罚；（3）可以免除处罚。<br><br>二、酌定量刑情节证据<br>1. 犯罪手段：（1）强行侵入；（2）拒绝退出。2. 犯罪对象。3. 危害结果：（1）社会影响严重；（2）损害国家威信。4. 动机。5. 平时表现。6. 认罪态度。7. 是否有前科。8. 其他证据。 |
|---|---|---|
| **量刑标准** | 犯本罪的 | 处三年以下有期徒刑或者拘役 |
| | 司法工作人员滥用职权，犯本罪的 | 从重处罚 |
| **法律适用** | 刑法条文 | 第二百四十五条　非法搜查他人身体、住宅，或者非法侵入他人住宅的，处三年以下有期徒刑或者拘役。<br>司法工作人员滥用职权，犯前款罪的，从重处罚。 |
| | 司法解释 | **最高人民法院、最高人民检察院、公安部、司法部《关于办理实施"软暴力"的刑事案件若干问题的意见》（节录）**（2019 年最高人民法院、最高人民检察院、公安部、司法部公布　自 2019 年 4 月 9 日起施行）<br>一、"软暴力"是指行为人为谋取不法利益或形成非法影响，对他人或者在有关场所进行滋扰、纠缠、哄闹、聚众造势等，足以使他人产生恐惧、恐慌进而形成心理强制，或者足以影响、限制人身自由、危及人身财产安全，影响正常生活、工作、生产、经营的违法犯罪手段。<br>二、"软暴力"违法犯罪手段通常的表现形式有：<br>（一）侵犯人身权利、民主权利、财产权利的手段，包括但不限于跟踪贴靠、扬言传播疾病、揭发隐私、恶意举报、诬告陷害、破坏、霸占财物等；<br>（二）扰乱正常生活、工作、生产、经营秩序的手段，包括但不限于非法侵入他人住宅、破坏生活设施、设置生活障碍、贴报喷字、拉挂横幅、燃放鞭炮、播放哀乐、摆放花圈、泼洒污物、断水断电、堵门阻工，以及通过驱赶从业人员、派驻人员据守等方式直接或间接地控制厂房、办公区、经营场所等；<br>（三）扰乱社会秩序的手段，包括但不限于摆场架势示威、聚众哄闹滋扰、拦路闹事等；<br>（四）其他符合本意见第一条规定的"软暴力"手段。<br>通过信息网络或者通讯工具实施，符合本意见第一条规定的违法犯罪手段，应当认定为"软暴力"。 |

| 法律适用 | 司法解释 | 七、以"软暴力"手段非法进入或者滞留他人住宅的，应当认定为《刑法》第二百四十五条规定的"非法侵入他人住宅"，同时符合其他犯罪构成要件的，应当以非法侵入住宅罪定罪处罚。<br><br>九、采用"软暴力"手段，同时构成两种以上犯罪的，依法按照处罚较重的犯罪定罪处罚，法律另有规定的除外。 |
|---|---|---|
| | 相关法律法规 | **《中华人民共和国宪法》（节录）**（1982 年 12 月 4 日全国人民代表大会公告公布施行 根据 1988 年 4 月 12 日第七届全国人民代表大会第一次会议通过的《中华人民共和国宪法修正案》、1993 年 3 月 29 日第八届全国人民代表大会第一次会议通过的《中华人民共和国宪法修正案》、1999 年 3 月 15 日第九届全国人民代表大会第二次会议通过的《中华人民共和国宪法修正案》、2004 年 3 月 14 日第十届全国人民代表大会第二次会议通过的《中华人民共和国宪法修正案》和 2018 年 3 月 11 日第十三届全国人民代表大会第一次会议通过的《中华人民共和国宪法修正案》修正）<br><br>**第三十九条** 中华人民共和国公民的住宅不受侵犯。禁止非法搜查或者非法侵入公民的住宅。 |

# 20 侮辱案

| | | |
|---|---|---|
| **概念** | | 本罪是指使用暴力或者以其他方法，公然贬损他人人格，破坏他人名誉，情节严重的行为。 |
| **立案标准** | | 根据《刑法》第 246 条的规定，以暴力或者其他方法公然侮辱他人，情节严重的，应当立案。<br>本罪是情节犯，行为人公然侮辱他人的行为，必须达到"情节严重"的程度，才构成犯罪，予以立案追究。 |
| **定罪标准** | **犯罪客体** | 本罪侵犯的客体是他人的人格尊严和名誉权。人格尊严权和名誉权是公民的基本人身权利。《宪法》第 38 条规定："中华人民共和国公民的人格尊严不受侵犯。禁止用任何方法对公民进行侮辱、诽谤和诬告陷害。"所谓人格尊严，是指公民基于自己所处的社会环境、地位、声望、工作环境、家庭关系等各种客观条件而对自己或他人的人格价值和社会价值的认识和尊重。所谓名誉，是指公民在社会生活中所获得的名望声誉，是一个公民的品德、才干、信誉等在社会生活中所获得的社会评价。所谓名誉权，是指以名誉的维护和安全为内容的人格权。<br>本罪的犯罪对象，只能是自然人，而非单位。侮辱法人以及其他团体、组织，不构成侮辱罪。在公众场合以焚烧、毁损、涂划、玷污、践踏等方式侮辱中华人民共和国国旗、国徽的，依照《国旗法》《国徽法》和《刑法》第 299 条的规定，应以侮辱国旗、国徽、国歌罪依法追究刑事责任。 |
| | **犯罪客观方面** | 本罪在客观方面表现为以暴力或其他方法，公然贬损他人人格，破坏他人名誉，情节严重的行为。<br>一、侮辱他人的行为。行为的主要手段有：(1) 暴力侮辱人身，这里所讲的暴力，仅指作为侮辱的手段而言。例如，以粪便泼人，以墨涂人，强剪头发，强迫他人做有辱人格的动作等，而不是指殴打、伤害身体健康的暴力。如果行为人有伤害他人身体的故意和行为，则应以故意伤害罪论处。(2) 采用言语进行侮辱，即用恶毒刻薄的语言对被害人进行嘲笑、辱骂，使其当众出丑，难以忍受，如口头散布被害人的生活隐私、生理缺陷等。(3) 文字侮辱，即以大字报、小字报、图画、漫画、信件、书刊或者其他公开的文字等方式泄露他人隐私，诋毁他人人格，破坏他人名誉。<br>二、侮辱行为必须公然进行。所谓"公然"侮辱，是指当着第三者甚至众人的面，或者利用可以使不特定人或多数人听到、看到的方式，对他人进行侮辱。公然并不一定要求被害人在场。如果仅仅面对着被害人进行侮辱，没有第三者在场，也不可能被第三者知悉，则不构成侮辱罪。因为只有第三者在场，才能使被害人的外部名誉受到破坏。<br>三、侮辱对象必须是特定的人。特定的人既可以是一人，也可以是数人，但必须是具体的，可以确认的。在大庭广众之中进行无特定对象的谩骂，不构成侮辱罪。死者不能成为本罪的侮辱对象，但如果行为人表面上侮辱死者，实际上是侮辱死者家属的，则应认定为侮辱罪。 |

| | | |
|---|---|---|
| **定罪标准** | **犯罪客观方面** | 四、公然侮辱他人的行为还必须达到情节严重的程度才能构成本罪。虽有公然侮辱他人的行为，但不属于情节严重，只属于一般的民事侵权行为。所谓情节严重，主要是指手段恶劣，后果严重等情形，如强令被害人当众爬过自己的胯下；当众撕光被害人衣服；给被害人抹黑脸、挂破鞋、戴绿帽强拉游街示众；当众胁迫被害人吞食或向其身上泼洒粪便等污秽之物；当众胁迫被害人与尸体进行接吻、手淫等猥亵行为；因公然侮辱他人致其精神失常或者自杀身亡；多次侮辱他人，使其人格、名誉受到极大损害；对执行公务的人员、妇女甚至外宾进行侮辱，造成恶劣的影响；等等。<br><br>此外，在信息网络上采取肆意谩骂、恶意诋毁、披露隐私等方式，公然侮辱他人，情节严重，符合《刑法》第 246 条规定的，以侮辱罪定罪处罚。 |
| | **犯罪主体** | 本罪的主体是一般主体，即凡年满 16 周岁且具备刑事责任能力的自然人均能构成本罪。国家机关、企事业单位、社会团体不构成本罪的主体。 |
| | **犯罪主观方面** | 本罪在主观方面表现为直接故意，并且具有贬损他人人格、破坏他人名誉的目的。间接故意、过失不构成本罪。 |
| | **罪与非罪** | 区分罪与非罪的界限，要把握以下几点：<br>一、合法行为与侮辱行为的界限。要划清正当的舆论监督与文字侮辱的界限；划清正当的文字创作与贬损人格、破坏名誉的界限；划清当事人所在单位依职权对个人的政绩、品德等所作的考核、评价、审查行为与侮辱行为的界限；划清通过正当、合法的渠道向有关部门反映、举报、揭发不道德行为、违法行为或犯罪行为与侮辱行为的界限；划清出于善意的批评，包括对国家工作人员和各级领导批评行为与恶意的侮辱行为的界限，等等。<br>二、民事侵权侮辱行为与侮辱罪的界限。二者的区别是：(1) 行为的严重程度不同。构成侮辱罪的必须是"情节严重"的行为；民事侵权的侮辱行为，仅限于"造成一定影响"的侮辱行为。(2) 行为的对象不同。侮辱罪的对象只能是自然人；而民事侵权侮辱行为的对象可能为法人。《民法典》第 110 条规定，法人享有名誉权。侮辱法人的名誉可以构成民事侵权行为，而不构成侮辱罪。(3) 对行为人主观过错的要求不同。侮辱罪的行为人主观上必须是直接故意；而民事侵权侮辱的行为人主观上有故意，也有过失。即民事侵权行为人只要有过错，并在客观上造成了对他人人格、名誉的损害，就应承担名誉侵权的法律责任。<br>三、一般侮辱违法行为与侮辱罪的界限。侮辱他人的行为，只有达到情节严重的，才以犯罪论处。一般侮辱行为，情节轻微的，不以犯罪论处。 |
| | **一罪与数罪** | 罪与数罪的界限。侮辱罪可以以暴力方法实施。这里的暴力仅仅是指行为人为使他人人格尊严及名誉受到损害而采取的强制手段，不包括对被害人的故意杀伤行为。如果行为人在侮辱他人过程中故意伤害被害人甚至杀害被害人的，应以故意伤害罪或故意杀人罪对行为人定罪处罚，不应对行为人以侮辱罪和故意伤害罪、故意杀人罪实行数罪并罚。但如果是行为人在侮辱他人过程中，第三人予以阻止，行为人为排除阻碍而将第三人伤害或杀害的，则应对行为人实行数罪并罚。 |

| 证据参考标准 | 主体方面的证据 | **一、证明行为人刑事责任年龄、身份等自然情况的证据**<br>包括身份证明、户籍证明、任职证明、工作经历证明、特定职责证明等，主要是证明行为人的姓名（曾用名）、性别、出生年月日、民族、籍贯、出生地、职业（或职务）、住所地（或居所地）等证据材料，如户口簿、居民身份证、居住证、工作证、出生证、专业或技术等级证、干部履历表、职工登记表、护照等。<br>对于户籍、出生证等材料内容不实的，应提供其他证据材料。外国人犯罪的案件，应有护照等身份证明材料。人大代表、政协委员犯罪的案件，应注明身份，并附身份证明材料。<br>**二、证明行为人刑事责任能力的证据**<br>证明行为人对自己的行为是否具有辨认能力与控制能力，如是否属于间歇性精神病人、尚未完全丧失辨认或者控制自己行为能力的精神病人的证明材料。 |
|---|---|---|
| | 主观方面的证据 | **证明行为人故意的证据**<br>1. 证明行为人明知的证据：证明行为人明知自己的行为会发生危害社会的结果。2. 证明直接故意的证据：证明行为人希望危害结果发生。3. 目的：（1）贬损他人人格；（2）破坏他人名誉。 |
| | 客观方面的证据 | **证明行为人侮辱犯罪行为的证据**<br>具体证据包括：1. 证明行为人贬低他人人格、破坏他人名誉，即侮辱他人行为的证据：（1）当众打耳光；（2）撕嘴巴；（3）泼洒污水；（4）强扒他人衣服；（5）强迫他人学猪爬、狗叫；（6）以恶言诋毁；（7）谩骂、嘲弄他人；（8）使他人在众人面前难堪。2. 证明行为人侮辱他人的上述行为是以暴力实施的证据。3. 证明行为人侮辱行为是以其他方法实施的证据：（1）以不堪入耳的言辞谩骂、诋毁、嘲弄他人。（2）以不堪入耳的文字、音像制品侮辱他人：①书写、张贴贬低他人人格、破坏他人名誉的标语、大小字报；②绘制、张贴丑化他人形象的漫画；③录制、传播破坏他人名誉的音像制品。4. 证明行为人的侮辱行为是对特定人实施的证据。5. 证明被害人因受到侮辱而发生精神失常、自杀行为的证据。 |
| | 量刑方面的证据 | **一、法定量刑情节证据**<br>1. 事实情节：（1）情节严重；（2）其他。2. 法定从重情节。3. 法定从轻或者减轻情节：（1）可以从轻；（2）可以从轻或者减轻；（3）应当从轻或者减轻。4. 法定从轻、减轻或者免除情节：（1）可以从轻、减轻或者免除处罚；（2）应当从轻、减轻或者免除处罚。5. 法定减轻或者免除情节：（1）可以减轻或者免除处罚；（2）应当减轻或者免除处罚；（3）可以免除处罚。<br>**二、酌定量刑情节证据**<br>1. 犯罪手段：（1）大小字报；（2）漫画；（3）书信；（4）音像制品；（5）言词、嘲笑、谩骂；（6）行为、动作、暴力、威胁。2. 犯罪对象：（1）经济状况；（2）家属要求；（3）本人意见。3. 后果：（1）精神失常；（2）自杀。4. 危害结果。5. 动机。6. 平时表现。7. 认罪态度。8. 是否有前科。9. 其他证据。 |

| 量刑标准 | 犯本罪的 | 处三年以下有期徒刑、拘役、管制或者剥夺政治权利 |
|---|---|---|

| 法律适用 | 刑法条文 | **第二百四十六条** 以暴力或者其他方法公然侮辱他人或者捏造事实诽谤他人，情节严重的，处三年以下有期徒刑、拘役、管制或者剥夺政治权利。<br><br>前款罪，告诉的才处理，但是严重危害社会秩序和国家利益的除外。<br><br>通过信息网络实施第一款规定的行为，被害人向人民法院告诉，但提供证据确有困难的，人民法院可以要求公安机关提供协助。 |
|---|---|---|
| | 司法解释 | **一、最高人民法院、最高人民检察院、公安部《关于依法惩治网络暴力违法犯罪的指导意见》（节录）**（2023 年 9 月 20 日最高人民法院、最高人民检察院、公安部发布 法发〔2023〕14 号）<br><br>3. 依法惩治网络侮辱行为。在信息网络上采取肆意谩骂、恶意诋毁、披露隐私等方式，公然侮辱他人，情节严重，符合刑法第二百四十六条规定的，以侮辱罪定罪处罚。<br><br>11. 落实公安机关协助取证的法律规定。根据刑法第二百四十六条第三款的规定，对于被害人就网络侮辱、诽谤提起自诉的案件，人民法院经审查认为被害人提供证据确有困难的，可以要求公安机关提供协助。公安机关应当根据人民法院要求和案件具体情况，及时查明行为主体，收集相关侮辱、诽谤信息传播扩散情况及造成的影响等证据材料。网络服务提供者应当依法为公安机关取证提供必要的技术支持和协助。经公安机关协助取证，达到自诉案件受理条件的，人民法院应当决定立案；无法收集相关证据材料的，公安机关应当书面向人民法院说明情况。<br><br>12. 准确把握侮辱罪、诽谤罪的公诉条件。根据刑法第二百四十六条第二款的规定，实施侮辱、诽谤犯罪，严重危害社会秩序和国家利益的，应当依法提起公诉。对于网络侮辱、诽谤是否严重危害社会秩序，应当综合侵害对象、动机目的、行为方式、信息传播范围、危害后果等因素作出判定。<br><br>实施网络侮辱、诽谤行为，具有下列情形之一的，应当认定为刑法第二百四十六条第二款规定的"严重危害社会秩序"：<br>（1）造成被害人或者其近亲属精神失常、自杀等严重后果，社会影响恶劣的；<br>（2）随意以普通公众为侵害对象，相关信息在网络上大范围传播，引发大量低俗、恶意评论，严重破坏网络秩序，社会影响恶劣的；<br>（3）侮辱、诽谤多人或者多次散布侮辱、诽谤信息，社会影响恶劣的；<br>（4）组织、指使人员在多个网络平台大量散布侮辱、诽谤信息，社会影响恶劣的；<br>（5）其他严重危害社会秩序的情形。<br><br>13. 依法适用侮辱、诽谤刑事案件的公诉程序。对于严重危害社会秩序的网络侮辱、诽谤行为，公安机关应当依法及时立案。被害人同时向人民法院提起自诉的，人民法院可以请自诉人撤回自诉或者裁定不予受理；已经受理的，应当裁定终止审理，并将相关材料移送公安机关，原自诉人可以作为被害人参与诉讼。对于网络侮辱、诽谤行为，被害人在公安机关立案前提起自诉，人民法院经审查认为有关行为严重危害社会秩序的，应当将案件移送公安机关。 |

对于网络侮辱、诽谤行为，被害人或者其近亲属向公安机关报案，公安机关经审查认为已构成犯罪但不符合公诉条件的，可以告知报案人向人民法院提起自诉。

**二、最高人民法院《关于〈中华人民共和国刑法修正案（九）〉时间效力问题的解释》（节录）**（2015年10月29日最高人民法院公布　自2015年11月1日起施行　法释〔2015〕19号）

**第四条**　对于2015年10月31日以前通过信息网络实施的刑法第二百四十六条第一款规定的侮辱、诽谤行为，被害人向人民法院告诉，但提供证据确有困难的，适用修正后刑法第二百四十六条第三款的规定。

**三、最高人民法院、最高人民检察院、公安部、司法部、国家卫生和计划生育委员会（已撤销）《关于依法惩处涉医违法犯罪维护正常医疗秩序的意见》（节录）**（2014年4月22日最高人民法院、最高人民检察院、公安部、司法部、国家卫生和计划生育委员会（已撤销）公布）

**二、严格依法惩处涉医违法犯罪**

（四）公然侮辱、恐吓医务人员的，依照治安管理处罚法第四十二条的规定处罚；采取暴力或者其他方法公然侮辱、恐吓医务人员情节严重（恶劣），构成侮辱罪、寻衅滋事罪的，依照刑法的有关规定定罪处罚。

**四、最高人民法院《关于审理非法出版物刑事案件具体应用法律若干问题的解释》（节录）**（1998年12月17日最高人民法院公布　自1998年12月23日起施行　法释〔1998〕30号）

**第六条**　在出版物中公然侮辱他人或者捏造事实诽谤他人，情节严重的，依照刑法第二百四十六条的规定，分别以侮辱罪或者诽谤罪定罪处罚。

**一、《中华人民共和国宪法》（节录）**（1982年12月4日全国人民代表大会公告公布施行　根据1988年4月12日第七届全国人民代表大会第一次会议通过的《中华人民共和国宪法修正案》、1993年3月29日第八届全国人民代表大会第一次会议通过的《中华人民共和国宪法修正案》、1999年3月15日第九届全国人民代表大会第二次会议通过的《中华人民共和国宪法修正案》、2004年3月14日第十届全国人民代表大会第二次会议通过的《中华人民共和国宪法修正案》和2018年3月11日第十三届全国人民代表大会第一次会议通过的《中华人民共和国宪法修正案》修正）

**第三十八条**　中华人民共和国公民的人格尊严不受侵犯。禁止用任何方法对公民进行侮辱、诽谤和诬告陷害。

**二、《中华人民共和国残疾人保障法》（节录）**（1990年12月28日中华人民共和国主席令第36号公布　自1991年5月15日起施行　2008年4月24日修订　2018年10月26日修正）

**第三条**　残疾人在政治、经济、文化、社会和家庭生活等方面享有同其他公民平等的权利。

残疾人的公民权利和人格尊严受法律保护。

禁止基于残疾的歧视。禁止侮辱、侵害残疾人。禁止通过大众传播媒介或者其他方式贬低损害残疾人人格。

**第六十条**　残疾人的合法权益受到侵害的，有权要求有关部门依法处理，或者依法向仲裁机构申请仲裁，或者依法向人民法院提起诉讼。

左栏：司法解释　法律适用　相关法律法规

对有经济困难或者其他原因确需法律援助或者司法救助的残疾人，当地法律援助机构或者人民法院应当给予帮助，依法为其提供法律援助或者司法救助。

**第六十七条** 违反本法规定，侵害残疾人的合法权益，其他法律、法规规定行政处罚的，从其规定；造成财产损失或者其他损害的，依法承担民事责任；构成犯罪的，依法追究刑事责任。

**三、《中华人民共和国教师法》（节录）**（1993年10月31日中华人民共和国主席令第15号公布　自1994年1月1日起施行　2009年8月27日修正）

**第三十五条** 侮辱、殴打教师的，根据不同情况，分别给予行政处分或者行政处罚；造成损害的，责令赔偿损失；情节严重，构成犯罪的，依法追究刑事责任。

**第三十七条** 教师有下列情形之一的，由所在学校、其他教育机构或者教育行政部门给予行政处分或者解聘：

（一）故意不完成教育教学任务给教育教学工作造成损失的；

（二）体罚学生，经教育不改的；

（三）品行不良、侮辱学生，影响恶劣的。

教师有前款第（二）项、第（三）项所列情形之一，情节严重，构成犯罪的，依法追究刑事责任。

**四、《中华人民共和国老年人权益保障法》（节录）**（1996年8月29日中华人民共和国主席令第73号公布　自1996年10月1日起施行　2009年8月27日第一次修正　2012年12月28日修订　2015年4月24日第二次修正　2018年12月29日第三次修正）

**第七十八条** 侮辱、诽谤老年人，构成违反治安管理行为的，依法给予治安管理处罚；构成犯罪的，依法追究刑事责任。

法律适用

相关法律法规

# 21 诽谤案

**概念** | 本罪是指故意捏造并散布虚构的事实，足以贬损他人人格，破坏他人名誉，情节严重的行为。

**立案标准** | 根据《刑法》第 246 条的规定，行为人捏造事实诽谤他人，情节严重的，应当立案。

本罪是情节犯，行为人捏造事实诽谤他人的行为，必须达到"情节严重"的程度，才构成本罪，予以立案追究。

| 定罪标准 | 犯罪客体 | 本罪侵犯的客体是他人的人格尊严和名誉权。犯罪侵犯的对象是自然人。 |
|---|---|---|
| | 犯罪客观方面 | 本罪在犯罪客观方面表现为行为人实施捏造并散布某种虚构的事实，足以贬损他人人格、名誉，情节严重的行为。(1) 必须有捏造某种事实的行为，即诽谤他人的内容完全是虚构的。如果散布的不是凭空捏造的，而是客观存在的事实，即使有损于他人的人格、名誉，也不构成本罪。(2) 必须有散布捏造事实的行为。所谓散布，即在社会上公开地扩散。散布的方式主要有两种：一种是言语散布；另一种是文字，即用大字报、小字报、图画、报刊、图书、书信、互联网等方法散布。所谓"足以贬损"，是指捏造并散布的虚假事实，完全可能贬损他人的人格、名誉，或者事实上已经给被害人的人格、名誉造成了实际损害。如果散布虚假的事实，但并不可能损害他人的人格、名誉，或无损于他人的人格、名誉，则不构成诽谤罪。(3) 诽谤行为必须是针对特定的人进行的，但不一定要指名道姓，只要从诽谤的内容上知道被害人是谁，就可以构成诽谤罪。如果行为人散布的事实没有特定的对象，不可能贬损某人的人格、名誉，就不能以诽谤罪论处。(4) 捏造事实诽谤他人的行为必须达到情节严重的才能构成本罪。虽有捏造事实诽谤他人的行为，但没有达到情节严重的程度，则不能以本罪论处。所谓情节严重，主要是指多次捏造事实诽谤他人的；捏造事实造成他人人格、名誉严重损害的；捏造事实诽谤他人造成恶劣影响的；诽谤他人致其精神失常或导致被害人自杀的等情况。 |
| | 犯罪主体 | 本罪的主体是一般主体，即凡年满 16 周岁且具备刑事责任能力的自然人均能构成本罪。 |
| | 犯罪主观方面 | 本罪主观上必须是故意，即行为人明知自己散布的是足以损害他人名誉的虚假事实，明知自己的行为会发生损害他人名誉的危害结果，并且希望这种结果发生。行为人的目的在于败坏他人名誉。如果行为人将虚假事实误认为是真实事实加以扩散，或者把某种虚假事实进行扩散但无损害他人名誉的目的，则不构成诽谤罪。<br>此外，在信息网络上制造、散布谣言，贬损他人人格、损害他人名誉，情节严重，符合《刑法》第 246 条规定的，以诽谤罪定罪处罚。 |

| | | |
|---|---|---|
| **定罪标准** | **罪与非罪** | 区分罪与非罪的界限，要注意：本罪与治安违法行为、民事侵权行为的界限。构成诽谤罪的诽谤行为，必须是情节严重的；而违反治安行政法规的诽谤行为，必须局限于尚不够刑事处罚的；民事性质的名誉侵权行为，不仅在违法程度上轻于诽谤犯罪行为以及违反治安行政法规的诽谤行为，而且还具有以下不同：（1）诽谤罪散布的必须是捏造的虚假的事实。如果散布的是客观存在的事实，虽然有损于他人人格、名誉，但不构成诽谤罪。而名誉侵权行为，即使所述的内容是真实的，但只要是法律禁止公开宣扬的，公开了将有损于他人人格、名誉，也可以构成名誉侵权。甚至叙述的事实越真实，越会加重侵权的程度。比如，为毁损他人名誉而揭人隐私，越揭露得逼真，其侵权性质越为恶劣。（2）法人、团体、组织不能成为诽谤罪的犯罪对象。而在名誉侵权行为中，法人、团体、组织可以成为受害者。如散布虚假消息，诬说某工厂的产品质量如何低劣等，目的是以不正当的竞争手段搞垮对方。这种行为即使造成了严重后果，只能构成损害商业信誉、商品声誉罪，而不构成诽谤罪。（3）主观过错要求不同。诽谤犯罪行为的主观方面必须是直接故意；而名誉侵权的主观过错包括过失行为。此外，即使善意的检举、揭发、批评中有不实成分的，也不应以诽谤罪论处。 |
| | **此罪与彼罪** | 一、本罪与侮辱罪的界限。这两种犯罪所侵犯的客体，都是他人的人格尊严和名誉权。不同之处主要在于：（1）侮辱不是用捏造的方式进行，而诽谤则必须是捏造事实；（2）侮辱含暴力侮辱行为，而诽谤则不使用暴力手段；（3）侮辱往往是当着被害人的面进行的，而诽谤则是当众或者向第三者散布的。<br><br>二、本罪与诬告陷害罪的界限。二者都是针对特定对象，采用捏造事实的手段实施的。不同之处在于：（1）所捏造的事实内容不同。诬告陷害捏造的是犯罪的事实，诽谤捏造的是足以损害他人人格、名誉的事实。（2）行为方式不同。诬告陷害是向政府机关和有关部门告发，诽谤则是当众或者向第三者散布。（3）主观方面不同。诬告陷害的意图是使他人受刑事处罚，诽谤则是意图损害他人的人格、名誉。 |
| **证据参考标准** | **主体方面的证据** | **一、证明行为人刑事责任年龄、身份等自然情况的证据**<br>包括身份证明、户籍证明、任职证明、工作经历证明、特定职责证明等，主要是证明行为人的姓名（曾用名）、性别、出生年月日、民族、籍贯、出生地、职业（或职务）、住所地（或居所地）等证据材料，如户口簿、居民身份证、居住证、工作证、出生证、专业或技术等级证、干部履历表、职工登记表、护照等。<br>对于户籍、出生证等材料内容不实的，应提供其他证据材料。外国人犯罪的案件，应有护照等身份证明材料。人大代表、政协委员犯罪的案件，应注明身份，并附身份证明材料。<br>**二、证明行为人刑事责任能力的证据**<br>证明行为人对自己的行为是否具有辨认能力与控制能力，如是否属于间歇性精神病人、尚未完全丧失辨认或者控制自己行为能力的精神病人的证明材料。 |
| | **主观方面的证据** | **证明行为人故意的证据**<br>1. 证明行为人明知的证据：证明行为人明知自己的行为会发生危害社会的结果。<br>2. 证明直接故意的证据：证明行为人希望危害结果发生。3. 目的：败坏他人名誉。 |

| | | |
|---|---|---|
| **证据参考标准** | **客观方面的证据** | **证明行为人诽谤犯罪行为的证据**<br>具体证据包括：1. 证明行为人捏造事实行为的证据：（1）虚构事实行为的证据；（2）无中生有行为的证据；（3）虚构足以贬低他人人格、破坏他人名誉事实行为的证据；（4）虚构违法犯罪事实行为的证据；（5）虚构违反纪律、道德事实行为的证据。2. 证明行为人散布捏造事实行为的证据：（1）口头散布行为的证据；（2）文字散布行为的证据；（3）当众散布行为的证据；（4）多次向多人散布行为的证据。3. 证明行为人指向特定的诽谤对象行为的证据。4. 证明行为人的诽谤行为引起被害人自杀或者精神失常行为的证据。5. 证明诽谤党和国家领导人行为的证据。6. 证明行为人诽谤外国元首、外交代表等行为的证据。7. 证明行为人诽谤犯罪情节严重行为的证据。8. 证明行为人诽谤犯罪严重危害社会治安行为的证据。9. 证明行为人诽谤犯罪危害国家利益行为的证据。10. 证明行为人其他诽谤行为的证据。 |
| | **量刑方面的证据** | **一、法定量刑情节证据**<br>1. 事实情节：（1）情节严重；（2）其他。2. 法定从重情节。3. 法定从轻或者减轻情节：（1）可以从轻；（2）可以从轻或者减轻；（3）应当从轻或者减轻。4. 法定从轻、减轻或者免除情节：（1）可以从轻、减轻或者免除处罚；（2）应当从轻、减轻或者免除处罚。5. 法定减轻或者免除情节：（1）可以减轻或者免除处罚；（2）应当减轻或者免除处罚；（3）可以免除处罚。<br>**二、酌定量刑情节证据**<br>1. 犯罪手段：（1）大小字报；（2）漫画、书刊；（3）书信；（4）语言。2. 犯罪对象：（1）经济状况；（2）家属要求；（3）本人意见。3. 危害结果。4. 动机。5. 平时表现。6. 认罪态度。7. 是否有前科。8. 其他证据。 |
| **量刑标准** | 犯本罪的 | 处三年以下有期徒刑、拘役、管制或者剥夺政治权利 |
| **法律适用** | **刑法条文** | **第二百四十六条** 以暴力或者其他方法公然侮辱他人或者捏造事实诽谤他人，情节严重的，处三年以下有期徒刑、拘役、管制或者剥夺政治权利。<br>前款罪，告诉的才处理，但是严重危害社会秩序和国家利益的除外。<br>通过信息网络实施第一款规定的行为，被害人向人民法院告诉，但提供证据确有困难的，人民法院可以要求公安机关提供协助。 |
| | **司法解释** | **一、最高人民法院《关于审理非法出版物刑事案件具体应用法律若干问题的解释》（节录）**（1998 年 12 月 17 日最高人民法院公布　自 1998 年 12 月 23 日起施行　法释〔1998〕30 号）<br>第六条　在出版物中公然侮辱他人或者捏造事实诽谤他人，情节严重的，依照刑法第二百四十六条的规定，分别以侮辱罪或者诽谤罪定罪处罚。<br>**二、最高人民法院、最高人民检察院《关于办理利用信息网络实施诽谤等刑事案件适用法律若干问题的解释》**（2013 年 9 月 6 日最高人民法院、最高人民检察院公布　自 2013 年 9 月 10 日起施行　法释〔2013〕21 号）<br>为保护公民、法人和其他组织的合法权益，维护社会秩序，根据《中华人民共和国刑法》《全国人民代表大会常务委员会关于维护互联网安全的决定》等规定，对办理利用信息网络实施诽谤、寻衅滋事、敲诈勒索、非法经营等刑事案件适用法律的若干问题解释如下： |

**法律适用**

**司法解释**

第一条　具有下列情形之一的，应当认定为刑法第二百四十六条第一款规定的"捏造事实诽谤他人"：

（一）捏造损害他人名誉的事实，在信息网络上散布，或者组织、指使人员在信息网络上散布的；

（二）将信息网络上涉及他人的原始信息内容篡改为损害他人名誉的事实，在信息网络上散布，或者组织、指使人员在信息网络上散布的；

明知是捏造的损害他人名誉的事实，在信息网络上散布，情节恶劣的，以"捏造事实诽谤他人"论。

第二条　利用信息网络诽谤他人，具有下列情形之一的，应当认定为刑法第二百四十六条第一款规定的"情节严重"：

（一）同一诽谤信息实际被点击、浏览次数达到五千次以上，或者被转发次数达到五百次以上的；

（二）造成被害人或者其近亲属精神失常、自残、自杀等严重后果的；

（三）二年内曾因诽谤受过行政处罚，又诽谤他人的；

（四）其他情节严重的情形。

第三条　利用信息网络诽谤他人，具有下列情形之一的，应当认定为刑法第二百四十六条第二款规定的"严重危害社会秩序和国家利益"：

（一）引发群体性事件的；

（二）引发公共秩序混乱的；

（三）引发民族、宗教冲突的；

（四）诽谤多人，造成恶劣社会影响的；

（五）损害国家形象，严重危害国家利益的；

（六）造成恶劣国际影响的；

（七）其他严重危害社会秩序和国家利益的情形。

第四条　一年内多次实施利用信息网络诽谤他人行为未经处理，诽谤信息实际被点击、浏览、转发次数累计计算构成犯罪的，应当依法定罪处罚。

第五条　利用信息网络辱骂、恐吓他人，情节恶劣，破坏社会秩序的，依照刑法第二百九十三条第一款第（二）项的规定，以寻衅滋事罪定罪处罚。

编造虚假信息，或者明知是编造的虚假信息，在信息网络上散布，或者组织、指使人员在信息网络上散布，起哄闹事，造成公共秩序严重混乱的，依照刑法第二百九十三条第一款第（四）项的规定，以寻衅滋事罪定罪处罚。

第六条　以在信息网络上发布、删除等方式处理网络信息为由，威胁、要挟他人，索取公私财物，数额较大，或者多次实施上述行为的，依照刑法第二百七十四条的规定，以敲诈勒索罪定罪处罚。

第七条　违反国家规定，以营利为目的，通过信息网络有偿提供删除信息服务，或者明知是虚假信息，通过信息网络有偿提供发布信息等服务，扰乱市场秩序，具有下列情形之一的，属于非法经营行为"情节严重"，依照刑法第二百二十五条第（四）项的规定，以非法经营罪定罪处罚：

（一）个人非法经营数额在五万元以上，或者违法所得数额在二万元以上的；

（二）单位非法经营数额在十五万元以上，或者违法所得数额在五万元以上的。

实施前款规定的行为，数额达到前款规定的数额五倍以上的，应当认定为刑法第二百二十五条规定的"情节特别严重"。

第八条　明知他人利用信息网络实施诽谤、寻衅滋事、敲诈勒索、非法经营等犯罪，为其提供资金、场所、技术支持等帮助的，以共同犯罪论处。

**第九条** 利用信息网络实施诽谤、寻衅滋事、敲诈勒索、非法经营犯罪，同时又构成刑法第二百二十一条规定的损害商业信誉、商品声誉罪，第二百七十八条规定的煽动暴力抗拒法律实施罪，第二百九十一条之一规定的编造、故意传播虚假恐怖信息罪等犯罪的，依照处罚较重的规定定罪处罚。

**第十条** 本解释所称信息网络，包括以计算机、电视机、固定电话机、移动电话机等电子设备为终端的计算机互联网、广播电视网、固定通信网、移动通信网等信息网络，以及向公众开放的局域网络。

**三、最高人民法院《关于〈中华人民共和国刑法修正案（九）〉时间效力问题的解释》（节录）**（2015 年 10 月 29 日最高人民法院公布　自 2015 年 11 月 1 日起施行　法释〔2015〕19 号）

**第四条** 对于 2015 年 10 月 31 日以前通过信息网络实施的刑法第二百四十六条第一款规定的侮辱、诽谤行为，被害人向人民法院告诉，但提供证据确有困难的，适用修正后刑法第二百四十六条第三款的规定。

**四、最高人民法院、最高人民检察院、公安部《关于依法惩治网络暴力违法犯罪的指导意见》（节录）**（2023 年 9 月 20 日最高人民法院、最高人民检察院、公安部发布　法发〔2023〕14 号）

2. 依法惩治网络诽谤行为。在信息网络上制造、散布谣言，贬损他人人格、损害他人名誉，情节严重，符合刑法第二百四十六条规定的，以诽谤罪定罪处罚。

11. 落实公安机关协助取证的法律规定。根据刑法第二百四十六条第三款的规定，对于被害人就网络侮辱、诽谤提起自诉的案件，人民法院经审查认为被害人提供证据确有困难的，可以要求公安机关提供协助。公安机关应当根据人民法院要求和案件具体情况，及时查明行为主体，收集相关侮辱、诽谤信息传播扩散情况及造成的影响等证据材料。网络服务提供者应当依法为公安机关取证提供必要的技术支持和协助。经公安机关协助取证，达到自诉案件受理条件的，人民法院应当决定立案；无法收集相关证据材料的，公安机关应当书面向人民法院说明情况。

12. 准确把握侮辱罪、诽谤罪的公诉条件。根据刑法第二百四十六条第二款的规定，实施侮辱、诽谤犯罪，严重危害社会秩序和国家利益的，应当依法提起公诉。对于网络侮辱、诽谤是否严重危害社会秩序，应当综合侵害对象、动机目的、行为方式、信息传播范围、危害后果等因素作出判定。

实施网络侮辱、诽谤行为，具有下列情形之一的，应当认定为刑法第二百四十六条第二款规定的"严重危害社会秩序"：

（1）造成被害人或者其近亲属精神失常、自杀等严重后果，社会影响恶劣的；

（2）随意以普通公众为侵害对象，相关信息在网络上大范围传播，引发大量低俗、恶意评论，严重破坏网络秩序，社会影响恶劣的；

（3）侮辱、诽谤多人或者多次散布侮辱、诽谤信息，社会影响恶劣的；

（4）组织、指使人员在多个网络平台大量散布侮辱、诽谤信息，社会影响恶劣的；

（5）其他严重危害社会秩序的情形。

13. 依法适用侮辱、诽谤刑事案件的公诉程序。对于严重危害社会秩序的网络侮辱、诽谤行为，公安机关应当依法及时立案。被害人同时向人民法院提起自诉的，人民法院可以请自诉人撤回自诉或者裁定不予受理；已经受理的，应当裁定终止审理，并将相关材料移送公安机关，原自诉人可以作为被害人参与诉讼。对于网络侮辱、诽谤行为，被害人在公安机关立案前提起自诉，人民法院经审查认为有关行为严重危害社会秩序的，应当将案件移送公安机关。

对于网络侮辱、诽谤行为，被害人或者其近亲属向公安机关报案，公安机关经审查认为已构成犯罪但不符合公诉条件的，可以告知报案人向人民法院提起自诉。

法律适用

司法解释

**一、《中华人民共和国宪法》（节录）**（1982 年 12 月 4 日全国人民代表大会公告公布施行 根据 1988 年 4 月 12 日第七届全国人民代表大会第一次会议通过的《中华人民共和国宪法修正案》、1993 年 3 月 29 日第八届全国人民代表大会第一次会议通过的《中华人民共和国宪法修正案》、1999 年 3 月 15 日第九届全国人民代表大会第二次会议通过的《中华人民共和国宪法修正案》、2004 年 3 月 14 日第十届全国人民代表大会第二次会议通过的《中华人民共和国宪法修正案》和 2018 年 3 月 11 日第十三届全国人民代表大会第一次会议通过的《中华人民共和国宪法修正案》修正）

**第三十八条** 中华人民共和国公民的人格尊严不受侵犯。禁止用任何方法对公民进行侮辱、诽谤和诬告陷害。

**二、《中华人民共和国老年人权益保障法》（节录）**（1996 年 8 月 29 日中华人民共和国主席令第 73 号公布 自 1996 年 10 月 1 日起施行 2009 年 8 月 27 日第一次修正 2012 年 12 月 28 日修订 2015 年 4 月 24 日第二次修正 2018 年 12 月 29 日第三次修正）

**第七十八条** 侮辱、诽谤老年人，构成违反治安管理行为的，依法给予治安管理处罚；构成犯罪的，依法追究刑事责任。

**三、《中华人民共和国残疾人保障法》（节录）**（1990 年 12 月 28 日中华人民共和国主席令第 36 号公布 自 1991 年 5 月 15 日起施行 2008 年 4 月 24 日修订 2018 年 10 月 26 日修正）

**第三条** 残疾人在政治、经济、文化、社会和家庭生活等方面享有同其他公民平等的权利。

残疾人的公民权利和人格尊严受法律保护。

禁止基于残疾的歧视。禁止侮辱、侵害残疾人。禁止通过大众传播媒介或者其他方式贬低损害残疾人人格。

**第六十条** 残疾人的合法权益受到侵害的，有权要求有关部门依法处理，或者依法向仲裁机构申请仲裁，或者依法向人民法院提起诉讼。

对有经济困难或者其他原因确需法律援助或者司法救助的残疾人，当地法律援助机构或者人民法院应当给予帮助，依法为其提供法律援助或者司法救助。

**第六十七条** 违反本法规定，侵害残疾人的合法权益，其他法律、法规规定行政处罚的，从其规定；造成财产损失或者其他损害的，依法承担民事责任；构成犯罪的，依法追究刑事责任。

**四、《中华人民共和国教师法》（节录）**（1993 年 10 月 31 日中华人民共和国主席令第 15 号公布 自 1994 年 10 月 1 日起施行 2009 年 8 月 27 日修正）

**第三十五条** 侮辱、殴打教师的，根据不同情况，分别给予行政处分或者行政处罚；造成损害的，责令赔偿损失；情节严重，构成犯罪的，依法追究刑事责任。

**第三十七条** 教师有下列情形之一的，由所在学校、其他教育机构或者教育行政部门给予行政处分或者解聘：

（一）故意不完成教育教学任务给教育教学工作造成损失的；

（二）体罚学生，经教育不改的；

（三）品行不良、侮辱学生，影响恶劣的。

教师有前款第（二）项、第（三）项所列情形之一，情节严重，构成犯罪的，依法追究刑事责任。

法律适用

相关法律法规

# 22 刑讯逼供案

**概念**

本罪是指司法工作人员对犯罪嫌疑人、被告人使用肉刑或者变相肉刑逼取口供的行为。

**立案标准**

司法工作人员涉嫌对犯罪嫌疑人、被告人使用肉刑或者变相肉刑逼取口供，有下列情形之一的，应予立案：

(1) 以殴打、捆绑、违法使用械具等恶劣手段逼取口供的；

(2) 以较长时间冻、饿、晒、烤等手段逼取口供，严重损害犯罪嫌疑人、被告人身体健康的；

(3) 刑讯逼供造成犯罪嫌疑人、被告人轻伤、重伤、死亡的；

(4) 刑讯逼供，情节严重，导致犯罪嫌疑人、被告人自杀、自残造成重伤、死亡，或者精神失常的；

(5) 刑讯逼供，造成错案的；

(6) 刑讯逼供 3 人次以上的；

(7) 纵容、授意、指使、强迫他人刑讯逼供，具有上述情形之一的；

(8) 其他刑讯逼供应予追究刑事责任的情形。

| 定罪标准 | 犯罪客体 | 本罪侵犯的客体是犯罪嫌疑人、被告人的人身权利和国家司法机关的正常活动。 |
|---|---|---|
| | 犯罪客观方面 | 本罪在客观方面表现为对犯罪嫌疑人、被告人使用肉刑或者变相肉刑逼取口供的行为。<br>一、行为对象是犯罪嫌疑人、被告人，即在刑事诉讼中，被指控有犯罪行为而被司法机关依法追究刑事责任的人。公诉案件中，在向人民法院提起公诉前称为犯罪嫌疑人，在向人民法院提起公诉后人民法院判决前称为被告人。自诉案件中，在人民法院判决前都称为被告人。犯罪嫌疑人、被告人的行为实际上是否构成犯罪，对本罪的成立没有影响。<br>二、实行行为是对犯罪嫌疑人、被告人使用肉刑或者变相肉刑逼取口供。所谓肉刑，是指对被害人的肉体施行暴力，如吊打、捆绑、殴打以及其他折磨人的肉体的方法。所谓变相肉刑，是指对被害人使用非暴力的摧残和折磨，如冻、饿、晒、烤等。无论是使用肉刑还是变相肉刑，均可成立本罪。逼供，是指逼迫犯罪嫌疑人、被告人作出行为人所期待的口供。 |
| | 犯罪主体 | 本罪是纯正的身份犯，主体是司法工作人员。司法工作人员，是指有侦查、检察、审判、监管职责的工作人员。 |
| | 犯罪主观方面 | 本罪在主观方面表现为故意，即明知自己刑讯逼供的行为会损害犯罪嫌疑人、被告人的人身权利和国家司法机关的正常活动，希望或者放任这种结果发生。 |

| | | |
|---|---|---|
| **定 罪 标 准** | **罪与非罪** | 区分罪与非罪的界限，关键要区分本罪与一般刑讯逼供行为的界限。《刑法》第247条并没有规定刑讯逼供情节严重的才构成犯罪。但在司法实践中，行为人实施刑讯逼供的行为若情节显著轻微，不宜以本罪论处。判断是否构成本罪，关键要看是否符合司法解释中有关立案标准的规定。 |
| | **一罪与数罪** | 根据《刑法》第247条的规定，司法工作人员对犯罪嫌疑人、被告人实行刑讯逼供，致人伤残、死亡的，依照故意伤害罪、故意杀人罪定罪从重处罚。这种情形属于转化犯，对行为人仅以故意伤害罪或故意杀人罪论处。对此规定，需要注意以下几点：<br>1. 行为人刑讯逼供造成被害人轻伤的，不构成故意伤害罪，而仅以本罪一罪论处。因此，所谓"伤残"是指重伤或者残废，而残废是重伤的一种表现。<br>2. 本规定属于法律拟制，即只要刑讯逼供致人伤残或者死亡，不管行为人对伤害或者死亡具有何种心理状态，均应认定为故意伤害罪或者故意杀人罪，并从重处罚。<br>3. 刑讯逼供致人死亡，是指由于暴力或者其他虐待行为，致使被害人当场死亡或者经抢救无效后死亡，也包括被害人因不堪忍受刑讯逼供行为而自杀；其他情况下的被害人自杀行为，一般不宜认定为刑讯逼供致人死亡。<br>4. 行为人实施刑讯逼供行为构成本罪后，产生杀人或者伤害的故意并实施杀害、伤害被害人的，应当以本罪与故意杀人罪或故意伤害罪论处，实行数罪并罚。 |
| | **此罪与彼罪** | 本罪与非法拘禁罪的界限。根据《刑法》第238条的规定，非法拘禁罪是指以拘禁或者其他方法非法剥夺他人人身自由的行为。本罪与非法拘禁罪的区别在于：(1) 犯罪的对象不同。本罪的对象为犯罪嫌疑人、被告人；非法拘禁罪的对象不受特别限制。(2) 客观行为表现不同。本罪表现为使用肉刑或者变相肉刑逼取他人口供的行为；非法拘禁罪则表现为非法剥夺他人人身自由的行为。(3) 犯罪主体不同。本罪的主体是司法工作人员；非法拘禁罪的主体则为一般主体。<br>实践中应当注意，司法工作人员为刑讯逼供而非法剥夺犯罪嫌疑人、被告人人身自由的，应以本罪一罪论处，而不能对之实行数罪并罚。对于非司法工作人员非法剥夺他人人身自由并采用肉刑或者变相肉刑逼取口供的，应视具体情况而认定行为人的犯罪性质。如果行为人在非法拘禁中未使用暴力致人伤残、死亡，以非法拘禁罪对其定罪处罚；如果使用暴力致人伤残、死亡的，应以故意伤害罪、故意杀人罪对行为人定罪处罚。 |
| **证 据 参 考 标 准** | **主体方面的证据** | **一、证明行为人刑事责任年龄、身份等自然情况的证据**<br>包括身份证明、户籍证明、任职证明、工作经历证明、特定职责证明等，主要是证明行为人的姓名（曾用名）、性别、出生年月日、民族、籍贯、出生地、职业（或职务）、住所地（或居所地）等证据材料，如户口簿、居民身份证、居住证、工作证、出生证、专业或技术等级证、干部履历表、职工登记表、护照等。<br>对于户籍、出生证等材料内容不实的，应提供其他证据材料。人大代表、政协委员犯罪的案件，应注明身份，并附身份证明材料。<br>**二、证明行为人刑事责任能力的证据**<br>证明行为人对自己的行为是否具有辨认能力与控制能力，如是否属于间歇性精神病人、尚未完全丧失辨认或者控制自己行为能力的精神病人的证明材料。 |
| | **主观方面的证据** | **证明行为人故意的证据**<br>1. 证明行为人主观认识因素的证据：证明行为人明知自己的行为会发生危害社会的结果。2. 证明行为人主观意志因素的证据：证明行为人希望或者放任危害结果发生。 |

| 证据参考标准 | 客观方面的证据 | **证明行为人刑讯逼供行为的证据**<br>具体证据包括：1. 证明行为人逼供行为的证据；2. 证明对犯罪嫌疑人使用肉刑的证据；3. 证明对犯罪嫌疑人使用变相肉刑的证据；4. 证明对被告人使用肉刑的证据；5. 证明对被告人使用变相肉刑的证据；6. 证明刑讯逼供行为致被害人伤残的证据；7. 证明刑讯逼供行为致被害人死亡的证据。 |
|---|---|---|
| | 量刑方面的证据 | **一、法定量刑情节证据**<br>1. 事实情节。2. 法定从重情节。3. 法定从轻或者减轻情节：（1）可以从轻；（2）可以从轻或者减轻；（3）应当从轻或者减轻。4. 法定从轻、减轻或者免除情节：（1）可以从轻、减轻或者免除处罚；（2）应当从轻、减轻或者免除处罚。5. 法定减轻或者免除情节：（1）可以减轻或者免除处罚；（2）应当减轻或者免除处罚；（3）可以免除处罚。<br>**二、酌定量刑情节证据**<br>1. 犯罪手段：（1）使用肉刑；（2）使用变相肉刑。2. 犯罪对象：（1）犯罪嫌疑人；（2）被告人。3. 危害结果。4. 动机。5. 平时表现。6. 认罪态度。7. 是否有前科。8. 其他证据。 |
| 量刑标准 | 犯本罪的 | 处三年以下有期徒刑或者拘役 |
| | 致人伤残、死亡的 | 依照《刑法》第二百三十四条、第二百三十二条的规定定罪从重处罚 |
| | 不适用缓刑或者免予刑事处罚 | 1. 以下情形一般不适用缓刑或者免予刑事处罚<br>（1）不如实供述罪行的；<br>（2）不予退缴赃款赃物或者将赃款赃物用于非法活动的；<br>（3）属于共同犯罪中情节严重的主犯的；<br>（4）犯有数个职务犯罪依法实行并罚或者以一罪处理的；<br>（5）曾因职务违纪违法行为受过行政处分的；<br>（6）犯罪涉及的财物属于救灾、抢险、防汛、优抚、扶贫、移民、救济、防疫等特定款物的；<br>（7）渎职犯罪中徇私舞弊情节或者滥用职权情节恶劣的；<br>（8）其他不应适用缓刑、免予刑事处罚的情形。<br>对于具有以上情形之一，但根据全案事实和量刑情节，检察机关认为确有必要适用缓刑或者免予刑事处罚并据此提出量刑建议的，应经检察委员会讨论决定；审理法院认为确有必要适用缓刑或者免予刑事处罚的，应经审判委员会讨论决定。<br>2. 人民法院审理职务犯罪案件时应当注意听取检察机关、被告人、辩护人提出的量刑意见，分析影响性案件案发前后的社会反映，必要时可以征求案件查办等机关的意见。对于情节恶劣、社会反映强烈的职务犯罪案件，不得适用缓刑、免予刑事处罚。 |
| 法律适用 | 刑法条文 | **第二百四十七条**　司法工作人员对犯罪嫌疑人、被告人实行刑讯逼供或者使用暴力逼取证人证言的，处三年以下有期徒刑或者拘役。致人伤残、死亡的，依照本法第二百三十四条、第二百三十二条的规定定罪从重处罚。<br>**第九十四条**　本法所称司法工作人员，是指有侦查、检察、审判、监管职责的工作人员。 |

立
法
解
释

**全国人民代表大会常务委员会《关于〈中华人民共和国刑法〉第九章渎职罪主体适用问题的解释》**（2002 年 12 月 28 日第九届全国人民代表大会常务委员会第三十一次会议通过）

全国人大常委会根据司法实践中遇到的情况，讨论了刑法第九章渎职罪主体的适用问题，解释如下：

在依照法律、法规规定行使国家行政管理职权的组织中从事公务的人员，或者在受国家机关委托代表国家机关行使职权的组织中从事公务的人员，或者虽未列入国家机关人员编制但在国家机关中从事公务的人员，在代表国家机关行使职权时，有渎职行为，构成犯罪的，依照刑法关于渎职罪的规定追究刑事责任。

现予公告。

法
律
适
用

司
法
解
释

**一、最高人民法院、最高人民检察院、公安部、国家安全部、司法部《关于办理刑事案件严格排除非法证据若干问题的规定》**（2017 年 6 月 20 日最高人民法院、最高人民检察院、公安部、国家安全部、司法部公布 自 2017 年 6 月 27 日起施行 法发〔2017〕15 号）

为准确惩罚犯罪，切实保障人权，规范司法行为，促进司法公正，根据《中华人民共和国刑事诉讼法》及有关司法解释等规定，结合司法实际，制定如下规定。

**一、一般规定**

**第一条** 严禁刑讯逼供和以威胁、引诱、欺骗以及其他非法方法收集证据，不得强迫任何人证实自己有罪。对一切案件的判处都要重证据，重调查研究，不轻信口供。

**第二条** 采取殴打、违法使用戒具等暴力方法或者变相肉刑的恶劣手段，使犯罪嫌疑人、被告人遭受难以忍受的痛苦而违背意愿作出的供述，应当予以排除。

**第三条** 采用以暴力或者严重损害本人及其近亲属合法权益等进行威胁的方法，使犯罪嫌疑人、被告人遭受难以忍受的痛苦而违背意愿作出的供述，应当予以排除。

**第四条** 采用非法拘禁等非法限制人身自由的方法收集的犯罪嫌疑人、被告人供述，应当予以排除。

**第五条** 采用刑讯逼供方法使犯罪嫌疑人、被告人作出供述，之后犯罪嫌疑人、被告人受该刑讯逼供行为影响而作出的与该供述相同的重复性供述，应当一并排除，但下列情形除外：

（一）侦查期间，根据控告、举报或者自己发现等，侦查机关确认或者不能排除以非法方法收集证据而更换侦查人员，其他侦查人员再次讯问时告知诉讼权利和认罪的法律后果，犯罪嫌疑人自愿供述的；

（二）审查逮捕、审查起诉和审判期间，检察人员、审判人员讯问时告知诉讼权利和认罪的法律后果，犯罪嫌疑人、被告人自愿供述的。

**第六条** 采用暴力、威胁以及非法限制人身自由等非法方法收集的证人证言、被害人陈述，应当予以排除。

**第七条** 收集物证、书证不符合法定程序，可能严重影响司法公正的，应当予以补正或者作出合理解释；不能补正或者作出合理解释的，对有关证据应当予以排除。

**二、侦查**

**第八条** 侦查机关应当依照法定程序开展侦查，收集、调取能够证实犯罪嫌疑人有罪或者无罪、罪轻或者罪重的证据材料。

**法律适用**

**司法解释**

**第九条** 拘留、逮捕犯罪嫌疑人后，应当按照法律规定送看守所羁押。犯罪嫌疑人被送交看守所羁押后，讯问应当在看守所讯问室进行。因客观原因侦查机关在看守所讯问室以外的场所进行讯问的，应当作出合理解释。

**第十条** 侦查人员在讯问犯罪嫌疑人的时候，可以对讯问过程进行录音录像；对于可能判处无期徒刑、死刑的案件或者其他重大犯罪案件，应当对讯问过程进行录音录像。

侦查人员应当告知犯罪嫌疑人对讯问过程录音录像，并在讯问笔录中写明。

**第十一条** 对讯问过程录音录像，应当不间断进行，保持完整性，不得选择性地录制，不得剪接、删改。

**第十二条** 侦查人员讯问犯罪嫌疑人，应当依法制作讯问笔录。讯问笔录应当交犯罪嫌疑人核对，对于没有阅读能力的，应当向他宣读。对讯问笔录中有遗漏或者差错等情形，犯罪嫌疑人可以提出补充或者改正。

**第十三条** 看守所应当对提讯进行登记，写明提讯单位、人员、事由、起止时间以及犯罪嫌疑人姓名等情况。

看守所收押犯罪嫌疑人，应当进行身体检查。检查时，人民检察院驻看守所检察人员可以在场。检查发现犯罪嫌疑人有伤或者身体异常的，看守所应当拍照或者录像，分别由送押人员、犯罪嫌疑人说明原因，并在体检记录中写明，由送押人员、收押人员和犯罪嫌疑人签字确认。

**第十四条** 犯罪嫌疑人及其辩护人在侦查期间可以向人民检察院申请排除非法证据。对犯罪嫌疑人及其辩护人提供相关线索或者材料的，人民检察院应当调查核实。调查结论应当书面告知犯罪嫌疑人及其辩护人。对确有以非法方法收集证据情形的，人民检察院应当向侦查机关提出纠正意见。

侦查机关对审查认定的非法证据，应当予以排除，不得作为提请批准逮捕、移送审查起诉的根据。

对重大案件，人民检察院驻看守所检察人员应当在侦查终结前询问犯罪嫌疑人，核查是否存在刑讯逼供、非法取证情形，并同步录音录像。经核查，确有刑讯逼供、非法取证情形的，侦查机关应当及时排除非法证据，不得作为提请批准逮捕、移送审查起诉的根据。

**第十五条** 对侦查终结的案件，侦查机关应当全面审查证明证据收集合法性的证据材料，依法排除非法证据。排除非法证据后，证据不足的，不得移送审查起诉。

侦查机关发现办案人员非法取证的，应当依法作出处理，并可另行指派侦查人员重新调查取证。

**三、审查逮捕、审查起诉**

**第十六条** 审查逮捕、审查起诉期间讯问犯罪嫌疑人，应当告知其有权申请排除非法证据，并告知诉讼权利和认罪的法律后果。

**第十七条** 审查逮捕、审查起诉期间，犯罪嫌疑人及其辩护人申请排除非法证据，并提供相关线索或者材料的，人民检察院应当调查核实。调查结论应当书面告知犯罪嫌疑人及其辩护人。

人民检察院在审查起诉期间发现侦查人员以刑讯逼供等非法方法收集证据的，应当依法排除相关证据并提出纠正意见，必要时人民检察院可以自行调查取证。

人民检察院对审查认定的非法证据，应当予以排除，不得作为批准或者决定逮捕、提起公诉的根据。被排除的非法证据应当随案移送，并写明为依法排除的非法证据。

**第十八条** 人民检察院依法排除非法证据后，证据不足，不符合逮捕、起诉条件的，不得批准或者决定逮捕、提起公诉。

对于人民检察院排除有关证据导致对涉嫌的重要犯罪事实未予认定，从而作出不批准逮捕、不起诉决定，或者对涉嫌的部分重要犯罪事实决定不起诉的，公安机关、国家安全机关可要求复议、提请复核。

### 四、辩护

**第十九条** 犯罪嫌疑人、被告人申请提供法律援助的，应当按照有关规定指派法律援助律师。

法律援助值班律师可以为犯罪嫌疑人、被告人提供法律帮助，对刑讯逼供、非法取证情形代理申诉、控告。

**第二十条** 犯罪嫌疑人、被告人及其辩护人申请排除非法证据，应当提供涉嫌非法取证的人员、时间、地点、方式、内容等相关线索或者材料。

**第二十一条** 辩护律师自人民检察院对案件审查起诉之日起，可以查阅、摘抄、复制讯问笔录、提讯登记、采取强制措施或者侦查措施的法律文书等证据材料。其他辩护人经人民法院、人民检察院许可，也可以查阅、摘抄、复制上述证据材料。

**第二十二条** 犯罪嫌疑人、被告人及其辩护人向人民法院、人民检察院申请调取公安机关、国家安全机关、人民检察院收集但未提交的讯问录音录像、体检记录等证据材料，人民法院、人民检察院经审查认为犯罪嫌疑人、被告人及其辩护人申请调取的证据材料与证明证据收集的合法性有联系的，应当予以调取；认为与证明证据收集的合法性没有联系的，应当决定不予调取并向犯罪嫌疑人、被告人及其辩护人说明理由。

### 五、审判

**第二十三条** 人民法院向被告人及其辩护人送达起诉书副本时，应当告知其有权申请排除非法证据。

被告人及其辩护人申请排除非法证据，应当在开庭审理前提出，但在庭审期间发现相关线索或者材料等情形除外。人民法院应当在开庭审理前将申请书和相关线索或者材料的复制件送交人民检察院。

**第二十四条** 被告人及其辩护人在开庭审理前申请排除非法证据，未提供相关线索或者材料，不符合法律规定的申请条件的，人民法院对申请不予受理。

**第二十五条** 被告人及其辩护人在开庭审理前申请排除非法证据，按照法律规定提供相关线索或者材料的，人民法院应当召开庭前会议。人民检察院应当通过出示有关证据材料等方式，有针对性地对证据收集的合法性作出说明。人民法院可以核实情况，听取意见。

人民检察院可以决定撤回有关证据，撤回的证据，没有新的理由，不得在庭审中出示。

被告人及其辩护人可以撤回排除非法证据的申请。撤回申请后，没有新的线索或者材料，不得再次对有关证据提出排除申请。

**第二十六条** 公诉人、被告人及其辩护人在庭前会议中对证据收集是否合法未达成一致意见，人民法院对证据收集的合法性有疑问的，应当在庭审中进行调查；人民法院对证据收集的合法性没有疑问，且没有新的线索或者材料表明可能存在非法取证的，可以决定不再进行调查。

**第二十七条** 被告人及其辩护人申请人民法院通知侦查人员或者其他人员出庭，人民法院认为现有证据材料不能证明证据收集的合法性，确有必要通知上述人员出庭作证或者说明情况的，可以通知上述人员出庭。

**第二十八条** 公诉人宣读起诉书后，法庭应当宣布开庭审理前对证据收集合法性的审查及处理情况。

**法律适用**

**司法解释**

第二十九条　被告人及其辩护人在开庭审理前未申请排除非法证据，在法庭审理过程中提出申请的，应当说明理由。

对前述情形，法庭经审查，对证据收集的合法性有疑问的，应当进行调查；没有疑问的，应当驳回申请。

法庭驳回排除非法证据申请后，被告人及其辩护人没有新的线索或者材料，以相同理由再次提出申请的，法庭不再审查。

第三十条　庭审期间，法庭决定对证据收集的合法性进行调查的，应当先行当庭调查。但为防止庭审过分迟延，也可以在法庭调查结束前进行调查。

第三十一条　公诉人对证据收集的合法性加以证明，可以出示讯问笔录、提讯登记、体检记录、采取强制措施或者侦查措施的法律文书、侦查终结前对讯问合法性的核查材料等证据材料，有针对性地播放讯问录音录像，提请法庭通知侦查人员或者其他人员出庭说明情况。

被告人及其辩护人可以出示相关线索或者材料，并申请法庭播放特定时段的讯问录音录像。

侦查人员或者其他人员出庭，应当向法庭说明证据收集过程，并就相关情况接受发问。对发问方式不当或者内容与证据收集的合法性无关的，法庭应当制止。

公诉人、被告人及其辩护人可以对证据收集的合法性进行质证、辩论。

第三十二条　法庭对控辩双方提供的证据有疑问的，可以宣布休庭，对证据进行调查核实。必要时，可以通知公诉人、辩护人到场。

第三十三条　法庭对证据收集的合法性进行调查后，应当当庭作出是否排除有关证据的决定。必要时，可以宣布休庭，由合议庭评议或者提交审判委员会讨论，再次开庭时宣布决定。

在法庭作出是否排除有关证据的决定前，不得对有关证据宣读、质证。

第三十四条　经法庭审理，确认存在本规定所规定的以非法方法收集证据情形的，对有关证据应当予以排除。法庭根据相关线索或者材料对证据收集的合法性有疑问，而人民检察院未提供证据或者提供的证据不能证明证据收集的合法性，不能排除存在本规定所规定的以非法方法收集证据情形的，对有关证据应当予以排除。

对依法予以排除的证据，不得宣读、质证，不得作为判决的根据。

第三十五条　人民法院排除非法证据后，案件事实清楚，证据确实、充分，依据法律认定被告人有罪的，应当作出有罪判决；证据不足，不能认定被告人有罪的，应当作出证据不足、指控的犯罪不能成立的无罪判决；案件部分事实清楚，证据确实、充分的，依法认定该部分事实。

第三十六条　人民法院对证据收集合法性的审查、调查结论，应当在裁判文书中写明，并说明理由。

第三十七条　人民法院对证人证言、被害人陈述等证据收集合法性的审查、调查，参照上述规定。

第三十八条　人民检察院、被告人及其法定代理人提出抗诉、上诉，对第一审人民法院有关证据收集合法性的审查、调查结论提出异议的，第二审人民法院应当审查。

被告人及其辩护人在第一审程序中未申请排除非法证据，在第二审程序中提出申请的，应当说明理由。第二审人民法院应当审查。

人民检察院在第一审程序中未出示证据证明证据收集的合法性，第一审人民法院依法排除有关证据的，人民检察院在第二审程序中不得出示之前未出示的证据，但在第一审程序后发现的除外。

**第三十九条**  第二审人民法院对证据收集合法性的调查，参照上述第一审程序的规定。

**第四十条**  第一审人民法院对被告人及其辩护人排除非法证据的申请未予审查，并以有关证据作为定案根据，可能影响公正审判的，第二审人民法院可以裁定撤销原判，发回原审人民法院重新审判。

第一审人民法院对依法应当排除的非法证据未予排除的，第二审人民法院可以依法排除非法证据。排除非法证据后，原判决认定事实和适用法律正确、量刑适当的，应当裁定驳回上诉或者抗诉，维持原判；原判决认定事实没有错误，但适用法律有错误，或者量刑不当的，应当改判；原判决事实不清楚或者证据不足的，可以裁定撤销原判，发回原审人民法院重新审判。

**第四十一条**  审判监督程序、死刑复核程序中对证据收集合法性的审查、调查，参照上述规定。

**第四十二条**  本规定自 2017 年 6 月 27 日起施行。

**二、最高人民检察院《关于对检察机关办案部门和办案人员违法行使职权行为纠正、记录、通报及责任追究的规定》（节录）**（2015 年 12 月 15 日最高人民检察院公布  自公布之日起施行  高检发〔2015〕16 号）

**第三条**  检察机关办案部门和办案人员正在办理的案件中发生违法行使职权行为的，应当依照本规定进行纠正、记录、通报及责任追究。

**第四条**  违法行使职权行为是指以下情形：

（一）侵犯举报人、控告人、申诉人合法权益，或者泄露、隐匿、毁弃、伪造举报、控告、申诉等有关材料的；

（二）违法剥夺、限制诉讼参与人人身自由，或者违反办案安全防范规定的；

（三）违法剥夺、限制诉讼参与人诉讼权利的；

（四）违法采取、变更、解除、撤销强制措施，或者超期羁押犯罪嫌疑人，或者没有法定事由，超过法定办案期限仍未办结案件的；

（五）违法使用武器、警械警具，或者殴打、体罚虐待、侮辱诉讼参与人的；

（六）刑讯逼供、暴力取证，或者以其他非法方法获取证据的；

（七）讯问职务犯罪嫌疑人未按规定同步录音录像，或者录音录像不规范的；

（八）隐匿、毁弃、伪造证据，违背事实作出勘验、检查笔录、鉴定意见，包庇、放纵被举报人、犯罪嫌疑人、被告人，或者使无罪的人受到刑事追究的；

（九）非法搜查，违法查封、扣押、冻结、处理涉案财物及其孳息的；

（十）具有法定回避情形而不回避的；

（十一）未依法依规保障律师行使知情权、会见权、阅卷权、申请收集调取证据权等执业权利，阻碍律师履行法定职责的；

（十二）违反法定程序或者办案纪律干预办案，或者未经批准私自办案的；

（十三）私自会见案件当事人及其亲友、利害关系人、辩护人、代理人，或者接受上述人员提供的宴请、财物、娱乐、健身、旅游等活动的；

（十四）为案件当事人及其亲友、利害关系人、辩护人、代理人打探案情、通风报信，或者泄露案件秘密的；

（十五）利用检察权或者借办案之机，通过当事人、利害关系人或发案单位、证人等谋取个人利益的；

（十六）越权办案、插手经济纠纷，利用办案之机拉赞助、乱收费、乱罚款，让发案单位、当事人、利害关系人报销费用，或者占用其房产或交通、通讯工具等物品的；

（十七）未依法对诉讼活动、行政机关违法行使职权或者不行使职权的行为履行法律监督职责，造成不良影响的；

（十八）其他违法行使职权的情形。

**第五条** 人民检察院办案部门负责人发现本部门和人员违法行使职权行为的，应当依照规定予以纠正并记录；检察人员发现本部门和人员违法行使职权行为的，应当及时报告部门负责人。

人民检察院检察长、分管副检察长发现办案部门和办案人员违法行使职权行为的，应当责成办案部门依照规定予以纠正并记录。

纠正记录情况属于办案中违反业务工作规范的，向案件管理部门备案；属于办案中违反廉洁从检等检察纪律规定的，移送纪检监察机构处理。

**第六条** 控告检察部门对办理案件中涉及违法行使职权问题的控告、申诉、举报，应当依法受理并及时审查。情况属实的，报请检察长决定予以纠正；需要追究纪律责任的，移送纪检监察机构处理。

**第七条** 侦查监督、公诉、刑事执行检察、民事行政检察、刑事申诉检察、案件管理等部门及负责人发现其他办案部门和办案人员违法行使职权行为的，应当分别情形予以纠正并记录：

（一）情节轻微的，可以向办案部门或者办案人员发出口头纠正通知；

（二）情节较重的，应当向办案部门发出书面纠正通知，提示办案部门及时查明情况并纠正；

（三）情节严重的，应当向办案部门发出书面纠正通知，同时抄送纪检监察机构。

**第八条** 人民检察院发现违法行使职权的，应当及时进行处理，不得隐瞒、包庇。

### 三、最高人民检察院《关于完善人民检察院司法责任制的若干意见》（节录）

（2015 年 9 月 28 日最高人民检察院公布 自公布之日起施行 高检发〔2015〕10 号）

34. 检察人员在司法办案工作中，故意实施下列行为之一的，应当承担司法责任：

（一）包庇、放纵被举报人、犯罪嫌疑人、被告人，或使无罪的人受到刑事追究的；

（二）毁灭、伪造、变造或隐匿证据的；

（三）刑讯逼供、暴力取证或以其他非法方法获取证据的；

（四）违反规定剥夺、限制当事人、证人人身自由的；

（五）违反规定限制诉讼参与人行使诉讼权利，造成严重后果或恶劣影响的；

（六）超越刑事案件管辖范围初查、立案的；

（七）非法搜查或损毁当事人财物的；

（八）违法违规查封、扣押、冻结、保管、处理涉案财物的；

（九）对已经决定给予刑事赔偿的案件拒不赔偿或拖延赔偿的；

（十）违法违规使用武器、警械的；

（十一）其他违反诉讼程序或司法办案规定，造成严重后果或恶劣影响的。

### 四、最高人民检察院《关于渎职侵权犯罪案件立案标准的规定》（节录）（2006 年 7 月 26 日最高人民检察院公布 自公布之日起施行 高检发释字〔2006〕2 号）

#### 二、国家机关工作人员利用职权实施的侵犯公民人身权利、民主权利犯罪案件

（三）刑讯逼供案（第二百四十七条）

刑讯逼供罪是指司法工作人员对犯罪嫌疑人、被告人使用肉刑或者变相肉刑逼取口供的行为。

法 律 适 用　　司 法 解 释

涉嫌下列情形之一的，应予立案：

1. 以殴打、捆绑、违法使用械具等恶劣手段逼取口供的；
2. 以较长时间冻、饿、晒、烤等手段逼取口供，严重损害犯罪嫌疑人、被告人身体健康的；
3. 刑讯逼供造成犯罪嫌疑人、被告人轻伤、重伤、死亡的；
4. 刑讯逼供，情节严重，导致犯罪嫌疑人、被告人自杀、自残造成重伤、死亡，或者精神失常的；
5. 刑讯逼供，造成错案的；
6. 刑讯逼供3人次以上的；
7. 纵容、授意、指使、强迫他人刑讯逼供，具有上述情形之一的；
8. 其他刑讯逼供应予追究刑事责任的情形。

**五、最高人民法院、最高人民检察院《关于办理职务犯罪案件严格适用缓刑、免予刑事处罚若干问题的意见》**（2012年8月8日最高人民法院、最高人民检察院公布 自公布之日起施行 法发〔2012〕17号）

为进一步规范贪污贿赂、渎职等职务犯罪案件缓刑、免予刑事处罚的适用，确保办理职务犯罪案件的法律效果和社会效果，根据刑法有关规定并结合司法工作实际，就职务犯罪案件缓刑、免予刑事处罚的具体适用问题，提出以下意见：

一、严格掌握职务犯罪案件缓刑、免予刑事处罚的适用。职务犯罪案件的刑罚适用直接关系反腐败工作的实际效果。人民法院、人民检察院要深刻认识职务犯罪的严重社会危害性，正确贯彻宽严相济刑事政策，充分发挥刑罚的惩治和预防功能。要在全面把握犯罪事实和量刑情节的基础上严格依照刑法规定的条件适用缓刑、免予刑事处罚，既要考虑从宽情节，又要考虑从严情节；既要做到刑罚与犯罪相当，又要做到刑罚执行方式与犯罪相当，切实避免缓刑、免予刑事处罚不当适用造成的消极影响。

二、具有下列情形之一的职务犯罪分子，一般不适用缓刑或者免予刑事处罚：

（一）不如实供述罪行的；
（二）不予退缴赃款赃物或者将赃款赃物用于非法活动的；
（三）属于共同犯罪中情节严重的主犯的；
（四）犯有数个职务犯罪依法实行并罚或者以一罪处理的；
（五）曾因职务违纪违法行为受过行政处分的；
（六）犯罪涉及的财物属于救灾、抢险、防汛、优抚、扶贫、移民、救济、防疫等特定款物的；
（七）受贿犯罪中具有索贿情节的；
（八）渎职犯罪中徇私舞弊情节或者滥用职权情节恶劣的；
（九）其他不应适用缓刑、免予刑事处罚的情形。

三、不具有本意见第二条规定的情形，全部退缴赃款赃物，依法判处三年有期徒刑以下刑罚，符合刑法规定的缓刑适用条件的贪污、受贿犯罪分子，可以适用缓刑；符合刑法第三百八十三条第一款第（三）项的规定，依法不需要判处刑罚的，可以免予刑事处罚。

不具有本意见第二条所列情形，挪用公款进行营利活动或者超过三个月未还构成犯罪，一审宣判前已将公款归还，依法判处三年有期徒刑以下刑罚，符合刑法规定的

| 法律适用 | 司法解释 | 缓刑适用条件的，可以适用缓刑；在案发前已归还，情节轻微，不需要判处刑罚的，可以免予刑事处罚。<br><br>　　**四、**人民法院审理职务犯罪案件时应当注意听取检察机关、被告人、辩护人提出的量刑意见，分析影响性案件案发前后的社会反映，必要时可以征求案件查办等机关的意见。对于情节恶劣、社会反映强烈的职务犯罪案件，不得适用缓刑、免予刑事处罚。<br><br>　　**五、**对于具有本意见第二条规定的情形之一，但根据全案事实和量刑情节，检察机关认为确有必要适用缓刑或者免予刑事处罚并据此提出量刑建议的，应经检察委员会讨论决定；审理法院认为确有必要适用缓刑或者免予刑事处罚的，应经审判委员会讨论决定。 |
| --- | --- | --- |

# 23 暴力取证案

| 概念 | 本罪是指司法工作人员使用暴力逼取证人证言的行为。 |
| --- | --- |
| **立案标准** | 司法工作人员涉嫌以暴力逼取证人证言，有下列情形之一的，应予立案：<br>(1) 以殴打、捆绑、违法使用械具等恶劣手段逼取证人证言的；<br>(2) 暴力取证造成证人轻伤、重伤、死亡的；<br>(3) 暴力取证，情节严重，导致证人自杀、自残造成重伤、死亡，或者精神失常的；<br>(4) 暴力取证，造成错案的；<br>(5) 暴力取证3人次以上的；<br>(6) 纵容、授意、指使、强迫他人暴力取证，具有上述情形之一的；<br>(7) 其他暴力取证应予追究刑事责任的情形。 |

| 定罪标准 | 犯罪客体 | 本罪侵犯的客体是证人的人身权利和国家司法机关的正常活动。 |
| --- | --- | --- |
| | 犯罪客观方面 | 本罪在客观方面表现为使用暴力逼取证人证言的行为。使用暴力，是指行为人对证人施以肉刑、伤害、殴打等危害证人人身的行为。证人，是指在刑事诉讼中，知道案件情况而向司法机关作证的人。但是，对于不知道案件情况或者知道案件情况但拒绝作证的人，司法工作人员使用暴力逼迫其提供证言的，也属于本罪中的"证人"。纵容、授意、指使、强迫他人暴力取证，也能构成本罪。从共同犯罪的基本原理来看，上述行为属于教唆行为；因此行为人一般属于教唆犯，但司法工作人员纵容、授意、指使、强迫非司法工作人员暴力取证的，构成间接正犯。 |
| | 犯罪主体 | 本罪是纯正的身份犯，主体是司法工作人员。司法工作人员，是指有侦查、检察、审判、监管职责的工作人员。 |
| | 犯罪主观方面 | 本罪在主观方面表现为故意，即明知自己刑讯逼供的行为会损害犯罪嫌疑人、被告人的人身权利和国家司法机关的正常活动，希望或者放任这种结果发生。 |
| | 罪与非罪 | 区分罪与非罪的界限，关键要区分本罪与一般暴力取证行为的界限。《刑法》第247条并没有规定暴力取证情节严重的才构成犯罪。但在司法实践中，行为人实施暴力取证的行为若情节显著轻微，不宜以本罪论处。判断是否构成本罪，关键要看是否符合司法解释中有关立案标准的规定。 |
| | 一罪与数罪 | 根据《刑法》第247条的规定，司法工作人员使用暴力逼取证人证言，致人伤残、死亡的，依照故意伤害罪、故意杀人罪定罪从重处罚。这种情形属于转化犯，对行为人仅以故意伤害罪或故意杀人罪论处。对此规定，需要注意以下几点： |

| | | |
|---|---|---|
| **定罪标准** | 一罪与数罪 | 1. 行为人暴力取证造成被害人轻伤的，不构成故意伤害罪，而仅以本罪一罪论处。因此，所谓"伤残"是指重伤或者残废，而残废是重伤的一种表现。<br><br>2. 本规定属于法律拟制，即只要暴力取证致人伤残或者死亡，不管行为人对伤害或者死亡具有何种心理状态，均应认定为故意伤害罪或者故意杀人罪，并从重处罚。<br><br>3. 暴力取证致人死亡，是指由于暴力或者其他虐待行为，致使被害人当场死亡或者经抢救无效后死亡，也包括被害人因不堪忍受暴力取证行为而自杀；其他情况下的被害人自杀行为，一般不宜认定为暴力取证致人死亡。<br><br>4. 行为人实施暴力取证行为构成本罪后，产生杀人或者伤害的故意并实施杀害、伤害被害人的，应当以本罪与故意杀人罪或故意伤害罪论处，实行数罪并罚。 |
| | 此罪与彼罪 | 本罪与非法拘禁罪的界限。根据《刑法》第238条的规定，非法拘禁是指以拘禁或者其他方法非法剥夺他人人身自由的行为。本罪与非法拘禁罪的区别在于：(1) 犯罪的对象不同。本罪的对象为证人；非法拘禁罪的对象不受特别限制。(2) 客观行为表现不同。本罪表现为使用暴力逼取证人证言的行为；非法拘禁罪则表现为非法剥夺他人人身自由的行为。(3) 犯罪主体不同。本罪的主体为司法工作人员；非法拘禁罪的主体则为一般主体。<br><br>实践中应当注意，司法工作人员为暴力取证而非法剥夺证人人身自由的，应以本罪论处，而不能对之实行数罪并罚。对于非司法工作人员非法剥夺他人人身自由并使用暴力逼取证人语言的，应视具体情况而认定行为人的犯罪性质。如果行为人在非法拘禁中未使用暴力致人伤残、死亡，则以非法拘禁罪论处；如果使用暴力致人伤残、死亡的，应以故意伤害罪、故意杀人罪对行为人进行定罪处罚。 |
| **证据参考标准** | 主体方面的证据 | **一、证明行为人刑事责任年龄、身份等自然情况的证据**<br><br>包括身份证明、户籍证明、任职证明、工作经历证明、特定职责证明等，主要是证明行为人的姓名（曾用名）、性别、出生年月日、民族、籍贯、出生地、职业（或职务）、住所地（或居所地）等证据材料，如户口簿、居民身份证、居住证、工作证、出生证、专业或技术等级证、干部履历表、职工登记表、护照等。<br><br>对于户籍、出生证等材料内容不实的，应提供其他证据材料。人大代表、政协委员犯罪的案件，应注明身份，并附身份证明材料。<br><br>**二、证明行为人刑事责任能力的证据**<br><br>证明行为人对自己的行为是否具有辨认能力与控制能力，如是否属于间歇性精神病人、尚未完全丧失辨认或者控制自己行为能力的精神病人的证明材料。 |
| | 主观方面的证据 | **证明行为人故意的证据**<br><br>1. 证明行为人主观认识因素的证据：证明行为人明知自己的行为会发生危害社会的结果。2. 证明行为人主观意志因素的证据：证明行为人希望或者放任危害结果发生。 |
| | 客观方面的证据 | **证明行为人使用暴力逼取证人证言行为的证据**<br><br>具体证据包括：1. 证明行为人殴打证人的证据；2. 证明行为人捆绑证人的证据；3. 证明行为人对证人违法使用械具的证据；4. 证明行为人对证人使用其他恶劣手段的证据；5. 证明行为人逼取证人证言的证据；6. 证明行为人纵容他人暴力取证的证据；7. 证明行为人授意他人暴力取证的证据；8. 证明行为人指使他人暴力取证的证据；9. 证明行为人强迫他人暴力取证的证据；10. 证明暴力取证行为致使被害人伤残的证据；11. 证明暴力取证行为致使被害人死亡的证据。 |

| 证据参考标准 | 量刑方面的证据 | 一、法定量刑情节证据<br>1. 事实情节。2. 法定从重情节。3. 法定从轻或者减轻情节：（1）可以从轻；（2）可以从轻或者减轻；（3）应当从轻或者减轻。4. 法定从轻、减轻或者免除情节：（1）可以从轻、减轻或者免除处罚；（2）应当从轻、减轻或者免除处罚。5. 法定减轻或者免除情节：（1）可以减轻或者免除处罚；（2）应当减轻或者免除处罚；（3）可以免除处罚。<br>二、酌定量刑情节证据<br>1. 犯罪手段：（1）殴打；（2）捆绑；（3）违法使用械具；（4）其他。2. 犯罪对象。3. 危害结果。4. 动机。5. 平时表现。6. 认罪态度。7. 是否有前科。8. 其他证据。 |
|---|---|---|
| 量刑标准 | 犯本罪的 | 处三年以下有期徒刑或者拘役 |
| | 致人伤残、死亡的 | 依照《刑法》第二百三十四条、第二百三十二条的规定定罪从重处罚 |
| | 不适用缓刑或者免予刑事处罚 | 1. 以下情形一般不适用缓刑或者免予刑事处罚：<br>（1）不如实供述罪行的；<br>（2）不予退缴赃款赃物或者将赃款赃物用于非法活动的；<br>（3）属于共同犯罪中情节严重的主犯的；<br>（4）犯有数个职务犯罪依法实行并罚或者以一罪处理的；<br>（5）曾因职务违纪违法行为受过行政处分的；<br>（6）犯罪涉及的财物属于救灾、抢险、防汛、优抚、扶贫、移民、救济、防疫等特定款物的；<br>（7）渎职犯罪中徇私舞弊情节或者滥用职权情节恶劣的；<br>（8）其他不应适用缓刑、免予刑事处罚的情形。<br>对于具有以上情形之一，但根据全案事实和量刑情节，检察机关认为确有必要适用缓刑或者免予刑事处罚并据此提出量刑建议的，应经检察委员会讨论决定；审理法院认为确有必要适用缓刑或者免予刑事处罚的，应经审判委员会讨论决定。<br>2. 人民法院审理职务犯罪案件时应当注意听取检察机关、被告人、辩护人提出的量刑意见，分析影响性案件案发前后的社会反映，必要时可以征求案件查办等机关的意见。对于情节恶劣、社会反映强烈的职务犯罪案件，不得适用缓刑、免予刑事处罚。 |
| 法律适用 | 刑法条文 | 第二百四十七条　司法工作人员对犯罪嫌疑人、被告人实行刑讯逼供或者使用暴力逼取证人证言的，处三年以下有期徒刑或者拘役。致人伤残、死亡的，依照本法第二百三十四条、第二百三十二条的规定定罪从重处罚。 |
| | 立法解释 | 全国人民代表大会常务委员会《关于〈中华人民共和国刑法〉第九章渎职罪主体适用问题的解释》（2002年12月28日第九届全国人民代表大会常务委员会第三十一次会议通过）<br>全国人大常委会根据司法实践中遇到的情况，讨论了刑法第九章渎职罪主体的适用问题，解释如下： |

**立法解释**

在依照法律、法规规定行使国家行政管理职权的组织中从事公务的人员，或者在受国家机关委托代表国家机关行使职权的组织中从事公务的人员，或者虽未列入国家机关人员编制但在国家机关中从事公务的人员，在代表国家机关行使职权时，有渎职行为，构成犯罪的，依照刑法关于渎职罪的规定追究刑事责任。

现予公告。

**法律适用**

**司法解释**

**一、最高人民检察院《关于对检察机关办案部门和办案人员违法行使职权行为纠正、记录、通报及责任追究的规定》（节录）**（2015 年 12 月 15 日最高人民检察院公布 自公布之日起施行 高检发〔2015〕16 号）

**第三条** 检察机关办案部门和办案人员正在办理的案件中发生违法行使职权行为的，应当依照本规定进行纠正、记录、通报及责任追究。

**第四条** 违法行使职权行为是指以下情形：

（一）侵犯举报人、控告人、申诉人合法权益，或者泄露、隐匿、毁弃、伪造举报、控告、申诉等有关材料的；

（二）违法剥夺、限制诉讼参与人人身自由，或者违反办案安全防范规定的；

（三）违法剥夺、限制诉讼参与人诉讼权利的；

（四）违法采取、变更、解除、撤销强制措施，或者超期羁押犯罪嫌疑人，或者没有法定事由，超过法定办案期限仍未办结案件的；

（五）违法使用武器、警械警具，或者殴打、体罚虐待、侮辱诉讼参与人的；

（六）刑讯逼供、暴力取证，或者以其他非法方法获取证据的；

（七）讯问职务犯罪嫌疑人未按规定同步录音录像，或者录音录像不规范的；

（八）隐匿、毁弃、伪造证据，违背事实作出勘验、检查笔录、鉴定意见，包庇、放纵被举报人、犯罪嫌疑人、被告人，或者使无罪的人受到刑事追究的；

（九）非法搜查，违法查封、扣押、冻结、处理涉案财物及其孳息的；

（十）具有法定回避情形而不回避的；

（十一）未依法依规保障律师行使知情权、会见权、阅卷权、申请收集调取证据权等执业权利，阻碍律师履行法定职责的；

（十二）违反法定程序或者办案纪律干预办案，或者未经批准私自办案的；

（十三）私自会见案件当事人及其亲友、利害关系人、辩护人、代理人，或者接受上述人员提供的宴请、财物、娱乐、健身、旅游等活动的；

（十四）为案件当事人及其亲友、利害关系人、辩护人、代理人打探案情、通风报信，或者泄露案件秘密的；

（十五）利用检察权或者借办案之机，通过当事人、利害关系人或发案单位、证人等谋取个人利益的；

（十六）越权办案、插手经济纠纷，利用办案之机拉赞助、乱收费、乱罚款，让发案单位、当事人、利害关系人报销费用，或者占用其房产或交通、通讯工具等物品的；

（十七）未依法对诉讼活动、行政机关违法行使职权或者不行使职权的行为履行法律监督职责，造成不良影响的；

（十八）其他违法行使职权的情形。

**第五条** 人民检察院办案部门负责人发现本部门和人员违法行使职权行为的，应当依照规定予以纠正并记录；检察人员发现本部门和人员违法行使职权行为的，应当及时报告部门负责人。

人民检察院检察长、分管副检察长发现办案部门和办案人员违法行使职权行为的，应当责成办案部门依照规定予以纠正并记录。

纠正记录情况属于办案中违反业务工作规范的，向案件管理部门备案；属于办案中违反廉洁从检等检察纪律规定的，移送纪检监察机构处理。

**二、最高人民检察院《关于渎职侵权犯罪案件立案标准的规定》（节录）** （2006 年 7 月 26 日最高人民检察院公布　自公布之日起施行　高检发释字〔2006〕2 号）

**二、国家机关工作人员利用职权实施的侵犯公民人身权利、民主权利犯罪案件**

（四）暴力取证案（第二百四十七条）

暴力取证罪是指司法工作人员以暴力逼取证人证言的行为。

涉嫌下列情形之一的，应予立案：

1. 以殴打、捆绑、违法使用械具等恶劣手段逼取证人证言的；
2. 暴力取证造成证人轻伤、重伤、死亡的；
3. 暴力取证，情节严重，导致证人自杀、自残造成重伤、死亡，或者精神失常的；
4. 暴力取证，造成错案的；
5. 暴力取证 3 人次以上的；
6. 纵容、授意、指使、强迫他人暴力取证，具有上述情形之一的；
7. 其他暴力取证应予追究刑事责任的情形。

# 24 虐待被监管人案

**概念** | 本罪是指监狱、拘留所、看守所等监管机构的监管人员对被监管人进行殴打或者体罚虐待，情节严重的行为。

**立案标准** | 监狱、拘留所、看守所等监管机构的监管人员对被监管人进行殴打或者体罚虐待，情节严重，有下列情形之一的，应予立案：

(1) 以殴打、捆绑、违法使用械具等恶劣手段虐待被监管人的；

(2) 以较长时间冻、饿、晒、烤等手段虐待被监管人，严重损害其身体健康的；

(3) 虐待造成被监管人轻伤、重伤、死亡的；

(4) 虐待被监管人，情节严重，导致被监管人自杀、自残造成重伤、死亡，或者精神失常的；

(5) 殴打或者体罚虐待 3 人次以上的；

(6) 指使被监管人殴打、体罚虐待其他被监管人，具有上述情形之一的；

(7) 其他情节严重的情形。

| 定罪标准 | 犯罪客体 | 本罪侵犯的客体是被监管人的人身权利和监管机关的正常活动。 |
|---|---|---|
| | 犯罪客观方面 | 本罪在客观方面表现为对被监管人进行殴打或者体罚虐待，情节严重的行为。<br>一、本罪的对象是被监管人，即在监狱等刑罚执行场所服刑的罪犯、在看守所中被监管的犯罪嫌疑人和被告人、在拘留所中被执行行政拘留处罚的人、在强制隔离戒毒所被强制戒毒的人以及其他依法被监管的人。<br>二、本罪的实行行为是殴打或者体罚虐待被监管人。殴打，是指造成被监管人肉体上的暂时痛苦的行为。体罚虐待，是指体罚或虐待，而不仅仅限于以体罚方法进行虐待；殴打以外的，能够对被监管人肉体或精神进行摧残或折磨的一切方法，如捆绑、罚趴、罚跑、罚晒、罚冻、罚饿、辱骂，强迫超体力劳动，不让睡觉，不给水喝等，均属于体罚虐待的范畴。此外，体罚虐待不要求有一贯性，行为人一次性殴打、体罚虐待被监管人，如果情节严重的，就足以构成本罪。<br>三、根据《刑法》第 248 条第 2 款的规定，监管人员指使被监管人殴打或者体罚虐待其他被监管人的，也以本罪论处。需要注意的是，监管人员的这种指使的方式可以采用明示的方法，即明确告知实施虐待的被监管人；也可以采用默示的方法，让被监管人领会到自己想要虐待其他被监管人的意思，在被监管人实施了虐待行为时采取放任纵容的做法，使其他被监管人的人身权利受到侵害。 |
| | 犯罪主体 | 本罪是纯正的身份犯，主体是监狱、拘留所、看守所、强制隔离戒毒所等监管机构的监管人员。"监管人员"是指在监管机构中行使监管职责的工作人员。 |
| | 犯罪主观方面 | 本罪在主观方面表现为故意，即明知自己殴打或者体罚虐待被监管人的行为会损害被监管人的人身权利和监管机关的正常活动，希望或者放任这种结果发生。 |

| | | |
|---|---|---|
| **定罪标准** | **罪与非罪** | 区分罪与非罪的界限，要注意以下两点：<br>1. 要注意区分本罪与依法对违反监管秩序的犯罪嫌疑人、被告人、罪犯实行禁闭，使用戒具乃至武器的行为。在被监管人员可能逃跑、暴行或者其他危险行为时，监管人员可依法使用戒具以及依法对被监管人予以禁闭处罚。例如，《监狱法》第45条第1款规定，监狱遇有下列情形之一的，可以使用戒具：（1）罪犯有脱逃行为的；（2）罪犯有使用暴力行为的；（3）罪犯正在押解途中的；（4）罪犯有其他危险行为需要采取防范措施的。第58条第1款规定，罪犯有下列破坏监管秩序情形之一的，监狱可以给予警告、记过或者禁闭：（1）聚众哄闹监狱，扰乱正常秩序的；（2）辱骂或者殴打人民警察的；（3）欺压其他罪犯的；（4）偷窃、赌博、打架斗殴、寻衅滋事的；（5）有劳动能力拒不参加劳动或者消极怠工，经教育不改的；（6）以自伤、自残手段逃避劳动的；（7）在生产劳动中故意违反操作规程，或者有意损坏生产工具的；（8）有违反监规纪律的其他行为的。<br>2. 要注意殴打、体罚虐待行为是否情节严重。监管人员如果实施殴打、体罚虐待被监管人行为，但情节不严重的，不构成犯罪，应当依法给予行为人必要的行政处分。 |
| | **一罪与数罪** | 根据《刑法》第248条的规定，监管人员殴打、体罚虐待被监管人员，致人伤残、死亡的，依照故意伤害罪、故意杀人罪定罪从重处罚。这种情形属于转化犯，对行为人仅以故意伤害或故意杀人罪论处。对此规定，需要注意以下几点：<br>1. 行为人殴打、体罚虐待被监管人员造成被害人轻伤的，不构成故意伤害罪，而仅以本罪一罪论处。因此，所谓"伤残"是指重伤或者残废，而残废是重伤的一种表现。<br>2. 本规定属于法律拟制，即只要殴打、体罚虐待致人伤残或者死亡，不管行为人对伤害或者死亡具有何种心理状态，均应认定为故意伤害罪或者故意杀人罪，并从重处罚。<br>3. 殴打、体罚虐待致人死亡，是指由于殴打、体罚虐待行为，致使被害人当场死亡或者经抢救无效后死亡，也包括被害人因不堪忍受殴打、体罚虐待行为而自杀；其他情况下的被害人自杀行为，一般不宜认定为殴打、体罚虐待致人死亡。<br>4. 行为人实施殴打、体罚虐待行为构成本罪后，产生杀人或者伤害的故意并实施杀害、伤害被害人的，应当以本罪与故意杀人罪或故意伤害罪论处，实行数罪并罚。 |
| **证据参考标准** | **主体方面的证据** | **一、证明行为人刑事责任年龄、身份等自然情况的证据**<br>包括身份证明、户籍证明、任职证明、工作经历证明、特定职责证明等，主要是证明行为人的姓名（曾用名）、性别、出生年月日、民族、籍贯、出生地、职业（或职务）、住所地（或居所地）等证据材料，如户口簿、居民身份证、居住证、工作证、出生证、专业或技术等级证、干部履历表、职工登记表、护照等。<br>对于户籍、出生证等材料内容不实的，应提供其他证据材料。人大代表、政协委员犯罪的案件，应注明身份，并附身份证明材料。<br>**二、证明行为人刑事责任能力的证据。**<br>证明行为人对自己的行为是否具有辨认能力与控制能力，如是否属于间歇性精神病人、尚未完全丧失辨认或者控制自己行为能力的精神病人的证明材料。 |

| 证据参考标准 | 主观方面的证据 | **证明行为人故意的证据**<br>1. 证明行为人主观认识因素的证据：证明行为人明知自己的行为会发生危害社会的结果；2. 证明行为人主观意志因素的证据：证明行为人希望或者放任危害结果发生。 |
|---|---|---|
| | 客观方面的证据 | **证明行为人殴打、体罚虐待被监管人员行为的证据**<br>具体证据包括：1. 证明被害人是被监管人员的证据。2. 证明行为人殴打被监管人员的证据。3. 证明行为人体罚虐待被监管人员的证据。4. 证明行为人指使被监管人殴打其他被监管人的证据。5. 证明行为人指使被监管人体罚虐待其他被监管人的证据。6. 证明情节严重的证据。7. 证明情节特别严重的证据。8. 证明殴打、体罚虐待行为致被害人伤残的证据。9. 证明殴打、体罚虐待行为致被害人死亡的证据。 |
| | 量刑方面的证据 | **一、法定量刑情节证据**<br>1. 事实情节。2. 法定从重情节。3. 法定从轻或者减轻情节：（1）可以从轻；（2）可以从轻或者减轻；（3）应当从轻或者减轻。4. 法定从轻、减轻或者免除情节：（1）可以从轻、减轻或者免除处罚；（2）应当从轻、减轻或者免除处罚。5. 法定减轻或者免除情节：（1）可以减轻或者免除处罚；（2）应当减轻或者免除处罚；（3）可以免除处罚。<br>**二、酌定量刑情节证据**<br>1. 犯罪手段；2. 犯罪对象；3. 危害结果；4. 动机；5. 平时表现；6. 认罪态度；7. 是否有前科；8. 其他证据。 |

| 量刑标准 | | |
|---|---|---|
| | 犯本罪的 | 处三年以下有期徒刑或者拘役 |
| | 情节特别严重的 | 处三年以上十年以下有期徒刑 |
| | 致人伤残、死亡的 | 依照《刑法》第二百三十四条、第二百三十二条的规定定罪从重处罚 |
| | 监管人员指使被监管人殴打或者体罚虐待其他被监管人的 | 依照上述的规定处罚 |
| | 不适用缓刑或者免予刑事处罚 | 1. 以下情形一般不适用缓刑或者免予刑事处罚：<br>（1）不如实供述罪行的；<br>（2）不予退缴赃款赃物或者将赃款赃物用于非法活动的；<br>（3）属于共同犯罪中情节严重的主犯的；<br>（4）犯有数个职务犯罪依法实行并罚或者以一罪处理的；<br>（5）曾因职务违纪违法行为受过行政处分的；<br>（6）犯罪涉及的财物属于救灾、抢险、防汛、优抚、扶贫、移民、救济、防疫等特定款物的；<br>（7）渎职犯罪中徇私舞弊情节或者滥用职权情节恶劣的；<br>（8）其他不应适用缓刑、免予刑事处罚的情形。<br>对于具有以上情形之一，但根据全案事实和量刑情节，检察机关认为确有必要适用缓刑或者免予刑事处罚并据此提出量刑建议的，应经检察委员会讨论决定；审理法院认为确有必要适用缓刑或者免予刑事处罚的，应经审判委员会讨论决定。 |

| 量刑标准 | 不适用缓刑或者免予刑事处罚 | 2. 人民法院审理职务犯罪案件时应当注意听取检察机关、被告人、辩护人提出的量刑意见，分析影响性案件案发前后的社会反映，必要时可以征求案件查办等机关的意见。对于情节恶劣、社会反映强烈的职务犯罪案件，不得适用缓刑、免予刑事处罚。 |
|---|---|---|
| 法律适用 | 刑法条文 | **第二百四十八条** 监狱、拘留所、看守所等监管机构的监管人员对被监管人进行殴打或者体罚虐待，情节严重的，处三年以下有期徒刑或者拘役；情节特别严重的，处三年以上十年以下有期徒刑。致人伤残、死亡的，依照本法第二百三十四条、第二百三十二条的规定定罪从重处罚。<br><br>监管人员指使被监管人殴打或者体罚虐待其他被监管人的，依照前款的规定处罚。 |
| | 司法解释 | **一、最高人民检察院《关于渎职侵权犯罪案件立案标准的规定》（节录）**（2006年7月26日最高人民检察院公布　自公布之日起施行　高检发释字〔2006〕2号）<br>**二、国家机关工作人员利用职权实施的侵犯公民人身权利、民主权利犯罪案件**<br>（五）虐待被监管人案（第二百四十八条）<br>虐待被监管人罪是指监狱、拘留所、看守所、拘役所、劳教所等监管机构的监管人员对被监管人进行殴打或者体罚虐待，情节严重的行为。<br>涉嫌下列情形之一的，应予立案：<br>1. 以殴打、捆绑、违法使用械具等恶劣手段虐待被监管人的；<br>2. 以较长时间冻、饿、晒、烤等手段虐待被监管人，严重损害其身体健康的；<br>3. 虐待造成被监管人轻伤、重伤、死亡的；<br>4. 虐待被监管人，情节严重，导致被监管人自杀、自残造成重伤、死亡，或者精神失常的；<br>5. 殴打或者体罚虐待3人次以上的；<br>6. 指使被监管人殴打、体罚虐待其他被监管人，具有上述情形之一的；<br>7. 其他情节严重的情形。<br>**二、最高人民检察院《关于强制隔离戒毒所工作人员能否成为虐待被监管人罪主体问题的批复》**（2015年2月15日最高人民检察院公布　自公布之日起施行　高检发释字〔2015〕2号）<br>河北省人民检察院：<br>你院冀检呈字〔2014〕46号《关于强制隔离戒毒所工作人员能否成为刑法第二百四十八条虐待被监管人罪主体的请示》收悉。经研究，批复如下：<br>根据有关法律规定，强制隔离戒毒所是对符合特定条件的吸毒成瘾人员限制人身自由，进行强制隔离戒毒的监管机构，其履行监管职责的工作人员属于刑法第二百四十八条规定的监管人员。<br>对于强制隔离戒毒所监管人员殴打或者体罚虐待戒毒人员，或者指使戒毒人员殴打、体罚虐待其他戒毒人员，情节严重的，应当适用刑法第二百四十八条的规定，以虐待被监管人罪追究刑事责任；造成戒毒人员伤残、死亡后果的，应当依照刑法第二百三十四条、第二百三十二条的规定，以故意伤害罪、故意杀人罪从重处罚。 |

**法律适用**

**相关法律法规**

**《中华人民共和国监狱法》（节录）**（1994 年 12 月 29 日中华人民共和国主席令第 35 号公布　自公布之日起施行　2012 年 10 月 26 日修正）

**第十四条**　监狱的人民警察不得有下列行为：

（一）索要、收受、侵占罪犯及其亲属的财物；

（二）私放罪犯或者玩忽职守造成罪犯脱逃；

（三）刑讯逼供或者体罚、虐待罪犯；

（四）侮辱罪犯的人格；

（五）殴打或者纵容他人殴打罪犯；

（六）为谋取私利，利用罪犯提供劳务；

（七）违反规定，私自为罪犯传递信件或者物品；

（八）非法将监管罪犯的职权交予他人行使；

（九）其他违法行为。

监狱的人民警察有前款所列行为，构成犯罪的，依法追究刑事责任；尚未构成犯罪的，应当予以行政处分。

**第四十五条**　监狱遇有下列情形之一的，可以使用戒具：

（一）罪犯有脱逃行为的；

（二）罪犯有使用暴力行为的；

（三）罪犯正在押解途中的；

（四）罪犯有其他危险行为需要采取防范措施的。

前款所列情形消失后，应当停止使用戒具。

**第四十六条**　人民警察和人民武装警察部队的执勤人员遇有下列情形之一，非使用武器不能制止的，按照国家有关规定，可以使用武器：

（一）罪犯聚众骚乱、暴乱的；

（二）罪犯脱逃或者拒捕的；

（三）罪犯持有凶器或者其他危险物，正在行凶或者破坏，危及他人生命、财产安全的；

（四）劫夺罪犯的；

（五）罪犯抢夺武器的。

使用武器的人员，应当按照国家有关规定报告情况。

**第五十八条**　罪犯有下列破坏监管秩序情形之一的，监狱可以给予警告、记过或者禁闭：

（一）聚众哄闹监狱，扰乱正常秩序的；

（二）辱骂或者殴打人民警察的；

（三）欺压其他罪犯的；

（四）偷窃、赌博、打架斗殴、寻衅滋事的；

（五）有劳动能力拒不参加劳动或者消极怠工，经教育不改的；

（六）以自伤、自残手段逃避劳动的；

（七）在生产劳动中故意违反操作规程，或者有意损坏生产工具的；

（八）有违反监规纪律的其他行为的。

依照前款规定对罪犯实行禁闭的期限为七天至十五天。

罪犯在服刑期间有第一款所列行为，构成犯罪的，依法追究刑事责任。

# 25 煽动民族仇恨、民族歧视案

| | |
|---|---|
| **概念** | 本罪是指煽动民族仇恨、民族歧视，情节严重的行为。 |
| **立案标准** | 根据《刑法》第 249 条的规定，煽动民族仇恨、民族歧视，情节严重的，应当立案。本罪是情节犯，行为人实施煽动民族仇恨、民族歧视的行为，必须达到"情节严重"的程度，才构成犯罪，予以立案侦查。对于未达到"情节严重"程度的，可以按照《刑法》第 13 条的规定，不以犯罪论处。 |

<table>
<tr><td rowspan="5">定罪标准</td><td>犯罪客体</td><td>本罪侵犯的客体是中华民族的团结。我国是全国各族人民共同缔造的统一的多民族国家。中华人民共和国各民族一律平等。我国《宪法》第 4 条规定，"禁止对任何民族的歧视和压迫，禁止破坏民族团结和制造民族分裂的行为"。民族平等是宪法平等原则在民族政策方面的体现，有两个层次上的含义：一是各民族权利平等，即各个民族在政治上、法律上的平等；二是各民族间事实上的平等，即各个民族在经济、文化等发展水平上的一致。煽动民族仇恨、民族歧视罪所侵犯的民族平等权就是第一个层次上的，具体指各个民族在我国都是祖国统一大家庭中的一员，享有平等的政治权利，以及法律规定的公民享有的其他合法权益。</td></tr>
<tr><td>犯罪客观方面</td><td>本罪客观方面表现为煽动民族仇恨、民族歧视，情节严重的行为。所谓煽动，是指以语言、文字等形式公然宣传。所谓民族仇恨，是指基于种族、肤色、世俗的原因而产生的强烈憎恨。所谓民族歧视，是指基于种族、肤色、世俗的理由而对人们进行区别、排斥、限制，意图损害其他民族平等地位以及其他合法权益。本罪的行为方式一般有：散发、公开陈列、张贴、放映或以其他方式使他人获得文书，鼓吹暴力或种族仇恨的行为。<br><br>煽动民族仇恨、民族歧视，只有情节严重的，才构成犯罪。所谓"情节严重"，一般是指具有以下几种情形：(1) 动机十分卑劣的，如为了掩盖自己的违法、犯罪行为而煽动民族仇恨、民族歧视的；(2) 煽动手段恶劣的，如使用侮辱、造谣等方式的；(3) 多次进行煽动的；(4) 煽动行为造成严重后果或者影响恶劣的；(5) 煽动群众人数较多，煽动性大的。</td></tr>
<tr><td>犯罪主体</td><td>本罪的主体是一般主体，即凡年满 16 周岁且具备刑事责任能力的自然人均可构成本罪。既可以是中国公民，也可以是外国人、无国籍人。</td></tr>
<tr><td>犯罪主观方面</td><td>本罪主观方面表现为故意，且以激起民族仇恨、民族歧视为目的。过失造成民族之间矛盾的，不构成本罪。</td></tr>
</table>

| | 罪与非罪 | 区分罪与非罪的界限，要注意：构成本罪必须是情节严重的行为。情节显著轻微、危害不大的，不构成本罪。 |
|---|---|---|
| 定罪标准 | 此罪与彼罪 | 一、本罪与侵犯少数民族风俗习惯罪的界限。两罪都是破坏我国民族之间平等、团结、互助、和谐关系的犯罪，其主观特征都为故意犯罪，但两罪的区别表现在：(1) 主体要件不同。侵犯少数民族风俗习惯罪的主体要件为特殊主体，即只有具有国家机关工作人员身份的自然人才能构成此罪，非国家工作人员或者虽具有国家工作人员身份但不属于国家机关工作人员的，其侵犯少数民族风俗习惯的行为不构成此罪。当然，倘其行为符合其他侵犯公民人身权利、民主权利犯罪构成要件的，应以他罪定罪处罚；而煽动民族仇恨、民族歧视罪的主体要件为一般主体，凡年满16周岁、具有刑事责任能力的自然人，都可能构成本罪。(2) 客体要件不同。煽动民族仇恨、民族歧视罪侵犯的客体主要是各民族的平等权利，有时，本罪的客体还可能是复杂客体，即行为人实施的煽动行为不仅构成对某一民族平等权利的侵犯，有时还可能直接侵害有关民族公民的人身、名誉、人格等权利；侵犯少数民族风俗习惯罪的客体则是我国少数民族保持或者改革本民族风俗习惯的权利。(3) 客观要件不同。煽动民族仇恨、民族歧视罪的客观特征主要表现为行为人故意实施的煽动民族仇恨、民族歧视的行为。煽动，就是蛊惑人心，以鼓动、劝诱或者其他方法，促使某一民族群众对其他民族产生仇恨、歧视等情绪或心理，或者采取一定的敌视行动。其危害性就在于可能使被煽动者产生某种破坏民族团结的违法犯罪的意图和行动。行为人进行煽动的方法是多种多样的，如书写、张贴、散发标语、传单；印刷、散发非法刊物；录制、播放录音、录像；发表演讲、呼喊口号等，从而制造民族矛盾，使不同民族之间相互为敌或相互歧视。侵犯少数民族风俗习惯罪的客观特征则表现为非法侵犯少数民族风俗习惯的行为。所谓非法侵犯，是指违反宪法和有关的法律规定，采用暴力、胁迫等手段，破坏少数民族风俗习惯，或者强制少数民族改变自己的风俗习惯。从司法实践来看，非法侵犯行为主要表现为以下三个方面：其一，强迫少数民族改变自己的风俗习惯，如强迫少数民族改变自己的饮食禁忌，禁止少数民族公民身着民族服饰等；其二，破坏少数民族的风俗活动，如扰乱少数民族的传统节日，阻挠少数民族的婚丧嫁娶仪式等；其三，阻止少数民族对自己风俗习惯的改变等。<br><br>二、本罪与非法剥夺公民宗教信仰自由罪的界限。两者的区别是：(1) 侵犯的客体不同。非法剥夺公民宗教信仰自由罪侵犯的客体是公民的宗教信仰自由权，既包括信仰某种宗教的权利，也包括不信仰某种宗教的权利；煽动民族仇恨、民族歧视罪侵犯的主要客体则是各民族的平等权，即宪法和法律所规定的保护全国各民族之间平等、团结、互助、和谐的关系。(2) 客观要件不同。非法剥夺公民宗教信仰自由罪的客观方面表现为具有非法剥夺公民正当的宗教信仰自由，情节严重的行为。所谓非法剥夺，是指违反法律规定，采用暴力、胁迫或其他手段，禁止和干涉他人的宗教信仰，如阻挠公民或教徒参加正当的宗教活动、捣毁或封闭宗教活动场所及必要设备、强迫公民改变自己的宗教信仰等。煽动民族仇恨、民族歧视罪的客观方面则表现为行为人以鼓动、劝诱或者其他方法对某一或某些民族进行蛊惑，以期在不同民族之间制造相互仇恨、相互歧视的状态或心理，甚至引起民族之间的直接纠纷和冲突。其煽动的方法多种多样，如书写、张贴、散发标语、传单；印刷、散发非法刊物；录制、播 |

| 定罪标准 | 此罪与彼罪 | 放录音、录像；发表演讲、呼喊口号等。至于被煽动者是否受煽动而从事破坏民族团结的活动，则对本罪没有影响，只是在量刑时应予以考虑。（3）主体不同。非法剥夺公民宗教信仰自由罪的主体为特殊主体，即只有国家机关工作人员，才可能构成本罪；煽动民族仇恨、民族歧视罪的主体则为一般主体，即只要是年满 16 周岁、具有刑事责任能力的自然人，实施了煽动民族仇恨、民族歧视行为的，都有可能构成本罪。（4）主观不同。虽然两罪在主观方面都是出于故意，但两罪行为人的具体认识则不同。非法剥夺公民宗教信仰自由罪的行为人明知他人有宗教信仰自由权利，自己的剥夺行为是非法的而故意实施；煽动民族仇恨、民族歧视罪的行为人明知自己的煽动行为可能导致不同民族之间相互为敌或相互歧视而积极为之。 |
|---|---|---|
| 证据参考标准 | 主体方面的证据 | **一、证明行为人刑事责任年龄、身份等自然情况的证据**<br>包括身份证明、户籍证明、任职证明、工作经历证明、特定职责证明等，主要是证明行为人的姓名（曾用名）、性别、出生年月日、民族、籍贯、出生地、职业（或职务）、住所地（或居所地）等证据材料，如户口簿、居民身份证、居住证、工作证、出生证、专业或技术等级证、干部履历表、职工登记表、护照等。<br>对于户籍、出生证等材料内容不实的，应提供其他证据材料。外国人犯罪的案件，应有护照等身份证明材料。人大代表、政协委员犯罪的案件，应注明身份，并附身份证明材料。<br>**二、证明行为人刑事责任能力的证据**<br>证明行为人对自己的行为是否具有辨认能力与控制能力，如是否属于间歇性精神病人、尚未完全丧失辨认或者控制自己行为能力的精神病人的证明材料。 |
|  | 主观方面的证据 | **证明行为人故意的证据**<br>1. 证明行为人明知的证据：证明行为人明知自己的行为会发生危害社会的结果；2. 证明直接故意的证据：证明行为人希望危害结果发生；3. 目的：造成民族之间的矛盾。 |
|  | 客观方面的证据 | **证明行为人煽动民族仇恨、民族歧视犯罪行为的证据**<br>具体证据包括：1. 证明行为人鼓动、宣扬狭隘的民族观念行为的证据；2. 证明行为人挑动民族情绪，使之仇恨、歧视其他民族行为的证据；3. 证明行为人鼓吹、挑动对某一民族的仇恨或者痛恨行为的证据；4. 证明行为人煽动对某一民族的偏见或者蔑视行为的证据；5. 证明由于行为人的煽动而引起事端，发生械斗行为的证据；6. 证明由于行为人的煽动而引起影响当地民族关系行为的证据；7. 证明由于行为人的煽动而引起影响正常的生产、工作与生活秩序行为的证据；8. 证明由于行为人的煽动而引起民族之间的敌视或者行为的证据；9. 证明由于行为人的煽动而引起民族不满甚至骚乱行为的证据；10. 证明由于行为人的煽动而引起其他严重的物质损害行为的证据；11. 证明行为人政治立场行为的证据；12. 证明行为人煽动民族仇恨、民族歧视情节严重行为的证据；13. 证明行为人煽动民族仇恨、民族歧视情节特别严重行为的证据。 |

| | | |
|---|---|---|
| 证据参考标准 | 量刑方面的证据 | **一、法定量刑情节证据**<br>1. 事实情节：（1）情节严重；（2）情节特别严重。2. 法定从重情节。3. 法定从轻或者减轻情节：（1）可以从轻；（2）可以从轻或者减轻；（3）应当从轻或者减轻。4. 法定从轻、减轻或者免除情节：（1）可以从轻、减轻或者免除处罚；（2）应当从轻、减轻或者免除处罚。5. 法定减轻或者免除情节：（1）可以减轻或者免除处罚；（2）应当减轻或者免除处罚；（3）可以免除处罚。<br>**二、酌定量刑情节证据**<br>1. 犯罪手段：（1）公开；（2）秘密；（3）其他。2. 犯罪对象。3. 危害结果。4. 动机。5. 平时表现。6. 认罪态度。7. 是否有前科。8. 其他证据。 |
| 量刑标准 | 犯本罪的 | 处三年以下有期徒刑、拘役、管制或者剥夺政治权利 |
| | 情节特别严重的 | 处三年以上十年以下有期徒刑 |
| 法律适用 | 刑法条文 | **第二百四十九条**　煽动民族仇恨、民族歧视，情节严重的，处三年以下有期徒刑、拘役、管制或者剥夺政治权利；情节特别严重的，处三年以上十年以下有期徒刑。 |
| | 相关法律法规 | **全国人民代表大会常务委员会《关于维护互联网安全的决定》**（2000 年 12 月 28 日全国人民代表大会常务委员会公布　自 2000 年 12 月 28 日起施行　2009 年 8 月 27 日修正）<br>我国的互联网，在国家大力倡导和积极推动下，在经济建设和各项事业中得到日益广泛的应用，使人们的生产、工作、学习和生活方式已经开始并将继续发生深刻的变化，对于加快我国国民经济、科学技术的发展和社会服务信息化进程具有重要作用。同时，如何保障互联网的运行安全和信息安全问题已经引起全社会的普遍关注。为了兴利除弊，促进我国互联网的健康发展，维护国家安全和社会公共利益，保护个人、法人和其他组织的合法权益，特作如下决定：<br>一、为了保障互联网的运行安全，对有下列行为之一，构成犯罪的，依照刑法有关规定追究刑事责任：<br>（一）侵入国家事务、国防建设、尖端科学技术领域的计算机信息系统；<br>（二）故意制作、传播计算机病毒等破坏性程序，攻击计算机系统及通信网络，致使计算机系统及通信网络遭受损害；<br>（三）违反国家规定，擅自中断计算机网络或者通信服务，造成计算机网络或者通信系统不能正常运行。<br>二、为了维护国家安全和社会稳定，对有下列行为之一，构成犯罪的，依照刑法有关规定追究刑事责任：<br>（一）利用互联网造谣、诽谤或者发表、传播其他有害信息，煽动颠覆国家政权、推翻社会主义制度，或者煽动分裂国家、破坏国家统一；<br>（二）通过互联网窃取、泄露国家秘密、情报或者军事秘密； |

（三）利用互联网煽动民族仇恨、民族歧视，破坏民族团结；

（四）利用互联网组织邪教组织、联络邪教组织成员，破坏国家法律、行政法规实施。

三、为了维护社会主义市场经济秩序和社会管理秩序，对有下列行为之一，构成犯罪的，依照刑法有关规定追究刑事责任：

（一）利用互联网销售伪劣产品或者对商品、服务作虚假宣传；

（二）利用互联网损害他人商业信誉和商品声誉；

（三）利用互联网侵犯他人知识产权；

（四）利用互联网编造并传播影响证券、期货交易或者其他扰乱金融秩序的虚假信息；

（五）在互联网上建立淫秽网站、网页，提供淫秽站点链接服务，或者传播淫秽书刊、影片、音像、图片。

四、为了保护个人、法人和其他组织的人身、财产等合法权利，对有下列行为之一，构成犯罪的，依照刑法有关规定追究刑事责任：

（一）利用互联网侮辱他人或者捏造事实诽谤他人；

（二）非法截获、篡改、删除他人电子邮件或者其他数据资料，侵犯公民通信自由和通信秘密；

（三）利用互联网进行盗窃、诈骗、敲诈勒索。

五、利用互联网实施本决定第一条、第二条、第三条、第四条所列行为以外的其他行为，构成犯罪的，依照刑法有关规定追究刑事责任。

六、利用互联网实施违法行为，违反社会治安管理，尚不构成犯罪的，由公安机关依照《治安管理处罚法》予以处罚；违反其他法律、行政法规，尚不构成犯罪的，由有关行政管理部门依法给予行政处罚；对直接负责的主管人员和其他直接责任人员，依法给予行政处分或者纪律处分。

利用互联网侵犯他人合法权益，构成民事侵权的，依法承担民事责任。

七、各级人民政府及有关部门要采取积极措施，在促进互联网的应用和网络技术的普及过程中，重视和支持对网络安全技术的研究和开发，增强网络的安全防护能力。有关主管部门要加强对互联网的运行安全和信息安全的宣传教育，依法实施有效的监督管理，防范和制止利用互联网进行的各种违法活动，为互联网的健康发展创造良好的社会环境。从事互联网业务的单位要依法开展活动，发现互联网上出现违法犯罪行为和有害信息时，要采取措施，停止传输有害信息，并及时向有关机关报告。任何单位和个人在利用互联网时，都要遵纪守法，抵制各种违法犯罪行为和有害信息。人民法院、人民检察院、公安机关、国家安全机关要各司其职，密切配合，依法严厉打击利用互联网实施的各种犯罪活动。要动员全社会的力量，依靠全社会的共同努力，保障互联网的运行安全与信息安全，促进社会主义精神文明和物质文明建设。

# 26 出版歧视、侮辱少数民族作品案

**概念**

本罪是指故意在出版物中出版歧视、侮辱少数民族内容，情节恶劣，造成严重后果的行为。

**立案标准**

根据《刑法》第 250 条的规定，在出版物中出版歧视、侮辱少数民族内容，情节恶劣，造成严重后果的，应当立案。

本罪是结果犯，行为人出版歧视、侮辱少数民族作品，不仅要具备"情节恶劣"的条件，而且必须是"造成严重后果"的，才构成本罪，予以立案侦查。一般来说，引起少数民族群众的激愤，导致民族矛盾一定程度激化；引起部分地区社会秩序不稳；在国内、国际造成恶劣的政治影响；传播范围广泛、时间长；造成人员伤亡、公私财产重大损失等情形，可以认定为是情节恶劣，造成严重后果。对于情节一般，或者未造成严重后果的，则不以犯罪论处，不予立案。

**定罪标准**

**犯罪客体**

本罪侵犯的客体为我国各民族平等、团结、互助、和谐的关系及少数民族的自尊。《宪法》第 4 条明确规定，禁止对任何民族进行歧视和压迫，禁止破坏民族团结和制造民族分裂的行为。我国是一个多民族的国家，民族团结是国家富强、安宁的重要保证。因此，国家历来重视民族团结问题，要求各民族互相支持，互相尊重，要求一切国家工作人员都要尊重少数民族的风俗习惯，并对严重侵犯少数民族风俗习惯的行为，以犯罪论处，给予刑事处罚。作为舆论主要媒体的出版物更应该坚持、宣传党和政府的民族政策，更应尊重少数民族的风俗习惯，禁止刊载歧视、侮辱少数民族的内容。

**犯罪客观方面**

本罪客观方面表现在出版物中刊载歧视、侮辱少数民族的内容，情节恶劣，造成严重后果的行为。

一、必须有刊载歧视、侮辱少数民族的内容的行为。所谓出版，是指一切被编印出来供人们视听、阅览的物品，如书籍、书刊抄本、录像带、录音带、图片、挂历等。所谓刊载，应作广义的理解，其含义应等同于出版，也即指出版物的出版、印刷或者复制、发行。至于刊载的表现形式，既可以是文字、漫画，也可以是录像带、录音带、光盘中的言语等。该印刷品或电子出版物等是公开发行或是内部发行，不影响本罪的成立。

二、刊载的必须是歧视、侮辱少数民族的内容。所谓歧视，是指基于民族的来源、历史、风俗习惯等的不同，而在出版物中对其他民族予以贬低、蔑视。所谓侮辱，是指基于民族的来源、历史、风俗习惯等的不同，而对他民族予以丑化、嘲讽、辱骂。所谓歧视、侮辱少数民族的内容，是指在出版物中具有不平等地对待少数民族或者损害少数民族名誉，使少数民族蒙受耻辱的内容，如丑化少数民族的风俗习惯、攻击少数民族的婚姻习俗、刊登少数民族裸露过多的图片、照片，并加以丑化、歪曲等。

| | | |
|---|---|---|
| **定罪标准** | **犯罪客观方面** | 三、歧视、侮辱少数民族的内容，不是指某一个人的习惯或嗜好，而主要是指少数民族的风俗习惯，具体而言即是指 55 个少数民族在生产、居住、饮食、服饰、婚姻、丧葬、节庆、礼仪等一切物质生活和精神生活里的喜好、崇尚和禁忌，如果行为人在出版物中刊载的内容只涉及某一个人，即使对其造成侮辱，也不能按本罪论处，必要时，可以按侮辱罪对行为人定罪量刑。<br>四、只有刊载歧视、侮辱少数民族，内容情节恶劣，造成严重后果的行为才构成犯罪。情节恶劣，法律没有明确规定，一般认为指行为人动机卑鄙，刊载的内容歪曲了历史或者纯粹是谣言，刊载的内容污秽恶毒，或者是多次刊载歧视、侮辱少数民族内容等情形。这里所谓造成严重后果，主要是指造成恶劣的政治影响、在少数民族群众中引起强烈反响、引发骚乱、致使民族矛盾激化、引起民族冲突的，等等。 |
| | **犯罪主体** | 本罪的主体为特殊主体，即对上述行为负有直接责任的人员，通常为出版物的主编、责任编辑或社长等，是负有主管或领导职务或直接从事刊载的人员。 |
| | **犯罪主观方面** | 主观方面表现为故意。过失刊载上述内容，即便造成严重后果的，也不宜以本罪论处。 |
| | **罪与非罪** | 区分罪与非罪的关键是看情节是否恶劣，并造成严重后果。 |
| | **此罪与彼罪** | 一、本罪与侵犯少数民族风俗习惯罪的界限。两种犯罪都是侵犯少数民族公民的民主权利的犯罪，主观方面也都是故意，客观方面有竞合的情形。两罪的主要区别在于：(1) 犯罪主体不同。前罪的主体是对出版物负有直接责任的人员，包括出版物的主编、责任编辑、社长，以及直接从事刊载的人员；侵犯少数民族风俗习惯罪的主体是国家机关工作人员。(2) 犯罪的客观方面表现不尽相同。侵犯少数民族风俗习惯罪，既可以采用暴力手段，也可以采用非暴力手段；而出版歧视、侮辱少数民族作品罪与暴力毫无关系，只是表现为在出版物中出版了歧视、侮辱少数民族作品的行为。<br>二、本罪与侮辱罪、诽谤罪的界限。二者区别在于：(1) 犯罪客体不同。侮辱罪、诽谤罪侵犯的是公民个人的人格和名誉；而本罪侵犯的则是作为群体的少数民族的合法权利，主要是保持或者改革本民族风俗习惯的权利。(2) 犯罪的客观方面不同。侮辱罪表现为行为人使用暴力或者其他方法，公然贬低他人人格，破坏他人名誉，情节严重的行为；诽谤罪表现为行为人捏造并散布某种虚构的事实，损害他人人格和名誉，情节严重的行为。虽然侮辱、诽谤行为也可以采取出版作品等文字方式，但还可以采取口头、动作等方式。而本罪只能表现为在出版物中刊载歧视、侮辱少数民族作品，情节恶劣，造成严重后果的行为。(3) 犯罪对象不同。本罪侵犯的是作为群体的少数民族；而侮辱罪、诽谤罪侵犯的则是特定的人，可以是一人，也可以是数人，但必须是具体的，可以确认的。(4) 犯罪主体不同。侮辱罪、诽谤罪的主体为一般主体；而本罪的主体则是对出版物负有直接责任的人员。(5) 犯罪主观方面不同。本罪是出于故意，包括直接故意和间接故意；而侮辱罪、诽谤罪则只能是直接故意，行为人具有贬低他人人格、破坏他人名誉的目的。 |

| | | |
|---|---|---|
| **定 罪 标 准** | **此罪 与 彼罪** | 三、本罪与煽动民族仇恨、民族歧视罪的界限。根据《刑法》第 249 条的规定，煽动民族仇恨、民族歧视罪，是指故意用语言、文字或者其他方式煽动民族仇恨、民族歧视，情节严重的行为。它们的区别主要体现在：（1）犯罪客体不同。两罪都侵犯了少数民族的合法权利，破坏了民族间平等、团结、互助、和谐的关系。但具体而言，两者侧重点则有所不同，本罪侵犯的主要是少数民族保持或者改革本民族风俗习惯的权利；而煽动民族仇恨、民族歧视罪则主要侵犯的是民族平等、团结的权利。（2）犯罪对象不同。本罪侵犯的只是 55 个少数民族；而煽动民族仇恨、民族歧视罪侵犯的则是包括汉族在内的全部 56 个民族。（3）犯罪客观方面不同。煽动民族仇恨、民族歧视罪表现为以语言、文字或者其他方式煽动民族仇恨、民族歧视，情节严重的行为。其煽动的方式虽也可以采取文字作品的方式，但并非仅限于此，其行为方式要比本罪广泛得多。（4）犯罪主观方面不同。本罪出于故意，包括直接故意与间接故意；而煽动民族仇恨、民族歧视罪则是出于直接故意，并且具有破坏民族团结、制造民族矛盾的目的。（5）犯罪主体不同。本罪由特殊主体构成；而煽动民族仇恨、民族歧视罪的主体为一般主体。 |
| **证 据 参 考 标 准** | **主体 方面 的 证据** | **一、证明行为人刑事责任年龄、身份等自然情况的证据**<br>包括身份证明、户籍证明、任职证明、工作经历证明、特定职责证明等，主要是证明行为人的姓名（曾用名）、性别、出生年月日、民族、籍贯、出生地、职业（或职务）、住所地（或居所地）等证据材料，如户口簿、居民身份证、居住证、工作证、出生证、专业或技术等级证、干部履历表、职工登记表、护照等。<br>对于户籍、出生证等材料内容不实的，应提供其他证据材料。外国人犯罪的案件，应有护照等身份证明材料。人大代表、政协委员犯罪的案件，应注明身份，并附身份证明材料。<br>**二、证明行为人刑事责任能力的证据**<br>证明行为人对自己的行为是否具有辨认能力与控制能力，如是否属于间歇性精神病人、尚未完全丧失辨认或者控制自己行为能力的精神病人的证明材料。 |
| | **主观 方面 的 证据** | **证明行为人故意的证据**<br>1. 证明行为人明知的证据：证明行为人明知自己的行为会发生危害社会的结果；2. 证明直接故意的证据：证明行为人希望危害结果发生；3. 证明间接故意的证据：证明行为人放任危害结果发生。 |
| | **客观 方面 的 证据** | **证明行为人出版歧视、侮辱少数民族作品犯罪行为的证据**<br>具体证据包括：1. 证明行为人撰写歧视少数民族书稿行为的证据。2. 证明行为人撰写侮辱少数民族内容书稿行为的证据。3. 证明行为人对有歧视、侮辱少数民族内容的刊物批准出版行为的证据。4. 证明行为人对有歧视、侮辱少数民族内容的稿件编辑出版行为的证据。5. 证明刊载歧视、侮辱少数民族内容的刊物情节恶劣行为的证据：（1）歧视、侮辱程度严重；（2）传播范围广泛；（3）刊载内容手段卑劣。6. 证明出版歧视、侮辱少数民族作品造成严重后果行为的证据：（1）引起少数民族的普遍不满；（2）发生民族矛盾；（3）破坏民族团结。 |

| 证据参考标准 | 量刑方面的证据 | **一、法定量刑情节证据**<br>　　1. 事实情节：（1）情节恶劣；（2）造成严重后果。2. 法定从重情节。3. 法定从轻或者减轻情节：（1）可以从轻；（2）可以从轻或者减轻；（3）应当从轻或者减轻。4. 法定从轻、减轻或者免除情节：（1）可以从轻、减轻或者免除处罚；（2）应当从轻、减轻或者免除处罚。5. 法定减轻或者免除情节：（1）可以减轻或者免除处罚；（2）应当减轻或者免除处罚；（3）可以免除处罚。<br>**二、酌定量刑情节证据**<br>　　1. 犯罪手段：（1）出版物；（2）其他。2. 犯罪对象。3. 危害结果。4. 动机。5. 平时表现。6. 认罪态度。7. 是否有前科。8. 其他证据。 |
|---|---|---|

| 量刑标准 | 犯本罪的，对直接责任人员 | 处三年以下有期徒刑、拘役或者管制 |
|---|---|---|

| 法律适用 | 刑法条文 | 　　**第二百五十条**　在出版物中刊载歧视、侮辱少数民族的内容，情节恶劣，造成严重后果的，对直接责任人员，处三年以下有期徒刑、拘役或者管制。 |
|---|---|---|
| | 司法解释 | 　　**最高人民法院《关于审理非法出版物刑事案件具体应用法律若干问题的解释》（节录）**（1998 年 12 月 17 日最高人民法院公布　自 1998 年 12 月 23 日起施行　法释〔1998〕30 号）<br>　　**第七条**　出版刊载歧视、侮辱少数民族内容的作品，情节恶劣，造成严重后果的，依照刑法第二百五十条的规定，以出版歧视、侮辱少数民族作品罪定罪处罚。 |
| | 相关法律法规 | 　　**《出版管理条例》（节录）**（2001 年 12 月 25 日中华人民共和国国务院令第 343 号公布　自 2002 年 2 月 1 日起施行　2011 年 3 月 19 日第一次修订　2013 年 7 月 18 日第二次修订　2014 年 7 月 29 日第三次修订　2016 年 2 月 6 日第四次修订　2020 年 11 月 29 日第五次修订）<br>　　**第二十五条**　任何出版物不得含有下列内容：<br>　　（一）反对宪法确定的基本原则的；<br>　　（二）危害国家统一、主权和领土完整的；<br>　　（三）泄露国家秘密、危害国家安全或者损害国家荣誉和利益的；<br>　　（四）煽动民族仇恨、民族歧视，破坏民族团结，或者侵害民族风俗、习惯的；<br>　　（五）宣扬邪教、迷信的；<br>　　（六）扰乱社会秩序、破坏社会稳定的；<br>　　（七）宣扬淫秽、赌博、暴力或者教唆犯罪的；<br>　　（八）侮辱或者诽谤他人，侵害他人合法权益的；<br>　　（九）危害社会公德或者民族优秀文化传统的；<br>　　（十）法律、行政法规和国家规定禁止的其他内容的。<br>　　**第二十六条**　以未成年人为对象的出版物不得含有诱发未成年人模仿违反社会公德的行为和违法犯罪的行为的内容，不得含有恐怖、残酷等妨害未成年人身心健康的内容。 |

| 法律适用 | 相关法律法规 | 第六十二条 有下列行为之一，触犯刑律的，依照刑法有关规定，依法追究刑事责任；尚不够刑事处罚的，由出版行政主管部门责令限期停业整顿，没收出版物、违法所得，违法经营额 1 万元以上的，并处违法经营额 5 倍以上 10 倍以下的罚款；违法经营额不足 1 万元的，可以处 5 万元以下的罚款；情节严重的，由原发证机关吊销许可证：<br>（一）出版、进口含有本条例第二十五条、第二十六条禁止内容的出版物的；<br>（二）明知或者应知出版物含有本条例第二十五条、第二十六条禁止内容而印刷或者复制、发行的；<br>（三）明知或者应知他人出版含有本条例第二十五条、第二十六禁止内容的出版物而向其出售或者以其他形式转让本出版单位的名称、书号、刊号、版号、版面，或者出租本单位的名称、刊号的。 |
|---|---|---|

# 27 侵犯少数民族风俗习惯案

| 概念 | 本罪是指国家机关工作人员非法干涉、破坏少数民族风俗习惯，情节严重的行为。 |
|---|---|

**立案标准**

根据《刑法》第 251 条的规定，国家机关工作人员非法干涉、破坏少数民族风俗习惯，情节严重的，应当立案。本罪为情节犯，国家机关工作人员实施非法干涉、破坏少数民族风俗习惯的行为，必须达到"情节严重"的程度，才构成本罪，予以立案侦查。如引起民族冲突和民族纠纷的；引起械斗造成伤亡事故的；造成停工停产、游行示威和社会秩序混乱的；导致少数民族家庭破裂、离异的；产生恶劣的政治影响的；采用暴力手段侵犯少数民族风俗习惯的；多人共谋多次侵犯少数民族风俗习惯等。如果不具备"情节严重"的情形，则不以犯罪论处，不予立案。例如，过失侵犯少数民族风俗习惯的；因工作方法不当而侵犯少数民族风俗习惯的；一般的侵犯少数民族风俗习惯尚未造成严重后果等。

**定罪标准**

**犯罪客体**

本罪侵犯的客体是少数民族保持或者改革自己本民族风俗习惯的自由权利。我国是一个多民族的国家，各民族都有本民族的风俗习惯。少数民族在长期的历史发展中，在饮食、服饰、婚姻、丧葬、礼仪、禁忌等各方面，形成了独特的风俗习惯，这些习俗也已成为民族文化的一个有机组成部分。我国《宪法》规定，各民族都有保持或者改革自己的风俗习惯的自由。破坏少数民族风俗习惯的行为，则侵犯了少数民族公民所享有的上述权利，伤害了少数民族的民族感情与民族自尊心，破坏了民族团结、民族平等的原则，理当予以禁止。

**犯罪客观方面**

本罪客观方面表现为采取强制手段，破坏少数民族风俗习惯的行为。干涉、破坏的形式表现为使用暴力、胁迫、利用权势、运用行政措施等。从内容上看，主要表现为强迫少数民族公民改变自己的风俗习惯，干涉或破坏少数民族根据自己的风俗习惯所进行的正当行动。例如，禁止少数民族过自己的节日等。这里要注意三个方面的问题：第一，侵犯少数民族风俗习惯的客观行为，必须具有强制性。如果以宣传教育的方法，促使少数民族自愿放弃、改革自己的落后风俗习惯，则不构成本罪。第二，侵犯少数民族风俗习惯的行为，必须具有非法性，即对少数民族风俗习惯的干涉是没有合法根据的。第三，所侵犯的必须是少数民族的风俗习惯，即汉族以外的民族的风俗习惯；这种风俗习惯必须是在长期的生产、生活过程中形成的、具有群众基础的风俗习惯，因此，侵犯汉族风俗习惯的行为以及干涉少数民族的个别人并非基于风俗习惯所进行的活动，就不构成本罪。

根据《刑法》第 251 条规定，国家机关工作人员侵犯少数民族风俗习惯，情节严重的，才构成本罪。情节严重主要是指手段恶劣、后果严重、政治影响坏等。如因侵犯少数民族风俗习惯引起了民族纠纷、发生械斗的，应视为情节严重，以犯罪论处。国家机关工作人员由于政治水平不高或者对少数民族的风俗习惯缺乏了解，导致对具体问题处理失当，引起少数民族地区的公民不满的，一般不以本罪论处，可以酌情给予行政处分或者进行批评教育。

| | | |
|---|---|---|
| **定罪标准** | 犯罪主体 | 本罪的主体是特殊主体，即只能是国家机关工作人员。非国家机关工作人员侵犯少数民族风俗习惯触犯《刑法》的，应根据行为的性质、情节与危害程度，以其他犯罪论处。 |
| | 犯罪主观方面 | 本罪主观方面必须是故意，即明知是少数民族的风俗习惯而故意加以侵犯。无意中触犯少数民族风俗习惯的行为，不能视为犯罪。 |
| | 罪与非罪 | 区分罪与非罪的关键是看情节是否严重。 |
| | 此罪与彼罪 | 本罪与非法剥夺公民宗教信仰自由罪的界限。二者区别在于：（1）犯罪客体的不同。非法剥夺公民宗教信仰自由罪侵犯的客体是公民的宗教信仰自由权；侵犯少数民族风俗习惯罪侵犯的客体是少数民族的保持和改革本民族风俗习惯的自由权。（2）侵犯的对象不同。侵犯少数民族风俗习惯罪侵犯的对象只限于少数民族公民的风俗习惯，不包括汉族人民的风俗习惯；而非法剥夺公民宗教信仰自由罪的犯罪对象则既可能是少数民族的公民也可能是汉族公民。（3）犯罪的客观方面不同。非法剥夺公民宗教信仰自由罪在客观上表现为以暴力、胁迫或其他方法对公民的宗教信仰自由进行非法剥夺；而侵犯少数民族风俗习惯罪在客观上表现为以强制手段破坏少数民族风俗习惯的行为。另外，一般说来，两罪的犯罪行为发生的地点也常常不同。其中，非法剥夺宗教信仰自由罪多发生在教堂、寺庙，或其他有关宗教活动场所；而侵犯少数民族风俗习惯罪，则较少发生在这些场所。（4）两罪主观故意的内容不同。二者虽然都是故意犯罪，但故意的内容是不同的，侵犯少数民族风俗习惯罪的行为人系明知少数民族有保持和改革本民族风俗习惯的自由，但仍故意加以侵犯；非法剥夺公民宗教信仰自由罪之行为人则是明知公民有宗教信仰的自由而故意予以非法剥夺。 |
| **证据参考标准** | 主体方面的证据 | **一、证明行为人刑事责任年龄、身份等自然情况的证据**<br>包括身份证明、户籍证明、任职证明、工作经历证明、特定职责证明等，主要是证明行为人的姓名（曾用名）、性别、出生年月日、民族、籍贯、出生地、职业（或职务）、住所地（或居所地）等证据材料，如户口簿、居民身份证、居住证、工作证、出生证、专业或技术等级证、干部履历表、职工登记表、护照等。<br>对于户籍、出生证等材料内容不实的，应提供其他证据材料。人大代表、政协委员犯罪的案件，应注明身份，并附身份证明材料。<br>**二、证明行为人刑事责任能力的证据**<br>证明行为人对自己的行为是否具有辨认能力与控制能力，如是否属于间歇性精神病人、尚未完全丧失辨认或者控制自己行为能力的精神病人的证明材料。 |
| | 主观方面的证据 | **证明行为人故意的证据**<br>1. 证明行为人明知的证据：证明行为人明知自己的行为会发生危害社会的结果；2. 证明直接故意的证据：证明行为人希望危害结果发生；3. 证明间接故意的证据：证明行为人放任危害结果发生。 |

| 证据参考标准 | 客观方面的证据 | **证明行为人侵犯少数民族风俗习惯犯罪行为的证据**<br><br>具体证据包括：1. 证明行为人以暴力、威胁手段强迫少数民族（包括个人）改变其风俗习惯行为的证据：（1）改变少数民族服饰风俗习惯行为的证据；（2）改变少数民族饮食风俗习惯行为的证据；（3）改变少数民族婚姻风俗习惯行为的证据；（4）改变少数民族丧葬风俗习惯行为的证据；（5）改变少数民族礼仪风俗习惯行为的证据。2. 证明行为人以暴力、威胁手段打击、压制少数民族改变自己风俗习惯行为的证据。3. 证明行为人侵犯少数民族风俗习惯情节严重行为的证据。 |
|---|---|---|
| | 量刑方面的证据 | **一、法定量刑情节证据**<br><br>1. 事实情节：（1）情节严重；（2）其他。2. 法定从重情节。3. 法定从轻或者减轻情节：（1）可以从轻；（2）可以从轻或者减轻；（3）应当从轻或者减轻。4. 法定从轻、减轻或者免除情节：（1）可以从轻、减轻或者免除处罚；（2）应当从轻、减轻或者免除处罚。5. 法定减轻或者免除情节：（1）可以减轻或者免除处罚；（2）应当减轻或者免除处罚；（3）可以免除处罚。<br>**二、酌定量刑情节证据**<br><br>1. 犯罪手段：（1）暴力；（2）威胁；（3）其他。2. 犯罪对象。3. 危害结果。4. 动机。5. 平时表现。6. 认罪态度。7. 是否有前科。8. 其他证据。 |
| 量刑标准 | 犯本罪的 | 处二年以下有期徒刑或者拘役 |
| 法律适用 | 刑法条文 | **第二百五十一条** 国家机关工作人员非法剥夺公民的宗教信仰自由和侵犯少数民族风俗习惯，情节严重的，处二年以下有期徒刑或者拘役。 |

# 28 侵犯通信自由案

**概念**　　本罪是指隐匿、毁弃或者非法开拆他人信件，侵犯公民通信自由权利，情节严重的行为。

**立案标准**　　根据《刑法》第 252 条的规定，隐匿、毁弃或者非法开拆他人信件，侵犯通信自由权利，情节严重的，应当立案。

本罪是情节犯，行为人隐匿、毁弃或者非法开拆他人信件的行为，必须达到"情节严重"的程度，才构成犯罪，予以立案侦查。

## 定罪标准

### 犯罪客体

本罪侵犯的客体是公民的通信自由和通信秘密的权利。所谓通信自由，是指与他人进行正当通信的自由。所谓通信秘密，是指公民个人写给他人信件，其内容不经写信人或收信人同意不得公开的权利。本罪并不要求信件中写有秘密事项，但私自开拆他人信件本身就侵犯了公民的通信秘密权利，使公民的信件内容有可能被公开化，从而无密可保。

本罪侵犯的对象是公民的信件，包括电报、信函等文字邮件，但不包括汇款、包裹、书籍纸包等邮件。作为犯罪对象的信件，不仅包括私人间的信件，而且包括国家机关、企事业单位、社会团体、组织发给公民个人的信函。非法隐匿、毁弃、开拆国家机关、企业、事业单位、社会团体、组织之间来往函件的，不构成本罪。公民的通信自由和通信秘密受法律保护。保障公民的通信自由和通信秘密对于保护公民的合法权益，维护社会稳定，维护正常的社会生活秩序具有重要意义。

### 犯罪客观方面

本罪在客观方面表现为隐匿、毁弃或者非法开拆他人信件的行为。所谓隐匿，是指把被害人的信件扣留，在一定的地点加以隐藏，不交给被害人的行为。所谓毁弃，是指故意丢弃、撕毁、焚毁信件的行为。以上两种行为的结果，都是使收信人无法收到信件，行为人并不意图知晓信件内容，没有直接侵犯公民通信秘密的权利，但侵犯了公民的通信自由权利。非法开拆，是指擅自开拆他人信件，偷看他人信件内容的行为。这种行为不影响收信人收到信件，但侵犯了他人的通信秘密。侵犯通信自由罪的三种行为表现往往同时具有。根据《刑法》第 252 条规定，只要实施上述一种行为，情节严重的，就构成侵犯通信自由罪。非法开拆他人信件，拆信人并不看信中内容的，而是使他人信件内容处于公开暴露状态，也是侵犯公民通信秘密的行为。根据《邮政法实施细则》第 61 条规定，误收、误拆他人信件不予退还或者已退还但泄露信件内容，侵犯他人通信自由权利的，依照《邮政法》的规定追究相关责任。

依照《刑法》规定，扣押、开拆他人信件的行为必须是非法的，才可能构成本罪。按照我国《刑事诉讼法》第 141 条规定，侦查人员经过公安机关或者人民检察院批准，扣押被告人的信件是合法的行为。我国《邮政法》第 3 条规定，公民的通信自由和通信秘密受法律保护。除因国家安全或者追查刑事犯罪的需要，由公安机关、国家安全机关或者检察机关依照法律规定的程序对通信进行检查外，任何组织或个人不

| | | |
|---|---|---|
| **定罪标准** | **犯罪客观方面** | 得以任何理由侵犯公民的通信自由和通信秘密。《邮政法实施细则》规定，司法机关检查、扣押邮件，没收邮件，收集、调取证据要依法办理手续，在办案过程中，为追查犯罪需要，检查、扣押邮件未依法办理手续或办理手续不全的，对责任人不能以侵犯通信自由罪追究刑事责任。侦查人员违反职责，将扣押的信件内容非法外传，泄露他人通信秘密的，不是隐匿、毁弃、非法开拆他人信件的犯罪行为，构成犯罪的，应以其他罪论处。邮电工作人员不是利用职务之便，隐匿、毁弃、开拆他人信件的，也可以构成侵犯通信自由罪。根据本条规定，情节严重的侵犯他人通信自由的行为，才构成犯罪。情节严重主要是指隐匿、毁弃、非法开拆他人信件，次数较多，数量较大的；致使他人工作、生活受到严重妨害，或者身体、精神受到严重损害以及家庭不睦、夫妻离异等严重后果的；非法开拆他人信件，涂改信中的内容，侮辱他人人格的，等等。 |
| | **犯罪主体** | 本罪的主体为一般主体，即凡年满 16 周岁且具备刑事责任能力的自然人均可成为本罪的主体。 |
| | **犯罪主观方面** | 本罪在主观方面表现为故意，过失不构成本罪。侵犯他人通信自由的动机，可能包括泄愤报复、嫉妒心理、窃取秘密、好奇心理、流氓动机、集邮需要等，无论何种动机，均不影响本罪成立。 |
| | **罪与非罪** | 区分罪与非罪的界限，要注意划清本罪与一般违法行为的界限。对于行为人无意中遗失、积压、毁弃他人信件，或者误把他人信件当作自己的信件开拆的，不构成犯罪。侵犯通信自由的行为，必须是情节严重的，才构成犯罪。我国《邮政法》第 71 条规定，冒领、私自开拆、隐匿、毁弃或者非法检查他人邮件、快件，尚不构成犯罪的，依法给予治安管理处罚。 |
| | **此罪与彼罪** | 本罪与私自开拆、隐匿、毁弃邮件、电报罪的界限。这两种犯罪行为在犯罪方法和侵害对象上是基本相同的，在主观方面都由故意构成。二者的主要区别在于：(1) 犯罪的主体不同，本罪是一般主体，后者是特殊主体；(2) 犯罪的客体不同；(3) 构成犯罪的情节要求不同，本罪要求"情节严重"，后者行为构成犯罪不要求"情节严重"。 |
| **证据参考标准** | **主体方面的证据** | **一、证明行为人刑事责任年龄、身份等自然情况的证据**<br>包括身份证明、户籍证明、任职证明、工作经历证明、特定职责证明等，主要是证明行为人的姓名（曾用名）、性别、出生年月日、民族、籍贯、出生地、职业（或职务）、住所地（或居所地）等证据材料，如户口簿、居民身份证、居住证、工作证、出生证、专业或技术等级证、干部履历表、职工登记表、护照等。<br>对于户籍、出生证等材料内容不实的，应提供其他证据材料。外国人犯罪的案件，应有护照等身份证明材料。人大代表、政协委员犯罪的案件，应注明身份，并附身份证明材料。<br>**二、证明行为人刑事责任能力的证据**<br>证明行为人对自己的行为是否具有辨认能力与控制能力，如是否属于间歇性精神病人、尚未完全丧失辨认或者控制自己行为能力的精神病人的证明材料。 |

| 证据参考标准 | 主观方面的证据 | **证明行为人故意的证据**<br>1. 证明行为人明知的证据：证明行为人明知自己的行为会发生危害社会的结果；2. 证明直接故意的证据：证明行为人希望危害结果发生；3. 证明间接故意的证据：证明行为人放任危害结果发生。 |
|---|---|---|
| | 客观方面的证据 | **证明行为人侵犯通信自由犯罪行为的证据**<br>具体证据包括：1. 证明行为人把他人信件隐藏起来，不使收信人知道行为的证据；2. 证明行为人把他人信件隐藏起来，不交给收信人行为的证据；3. 证明行为人把他人信件撕毁，使收信人无法知道或看到行为的证据；4. 证明行为人把他人信件烧掉，使收信人无法知道或看到行为的证据；5. 证明行为人把他人信件丢弃，使收信人无法知道或看到行为的证据；6. 证明行为人未经收信人许可而又无法律依据，擅自打开他人封缄的信件行为的证据；7. 证明行为人隐匿、毁弃和非法开拆他人信件同时并用行为的证据；8. 证明行为人隐匿、毁弃和非法开拆他人信件数量大、次数多行为的证据；9. 证明行为人隐匿、毁弃和非法开拆他人信件引起严重后果行为的证据；10. 证明行为人侵犯通信自由情节严重行为的证据。 |
| | 量刑方面的证据 | **一、法定量刑情节证据**<br>1. 事实情节：（1）情节严重；（2）其他。2. 法定从重情节。3. 法定从轻或者减轻情节：（1）可以从轻；（2）可以从轻或者减轻；（3）应当从轻或者减轻。4. 法定从轻、减轻或者免除情节：（1）可以从轻、减轻或者免除处罚；（2）应当从轻、减轻或者免除处罚。5. 法定减轻或者免除情节：（1）可以减轻或者免除处罚；（2）应当减轻或者免除处罚；（3）可以免除处罚。<br>**二、酌定量刑情节证据**<br>1. 犯罪手段：（1）隐匿；（2）毁弃；（3）开拆。2. 犯罪对象。3. 危害结果。4. 动机。5. 平时表现。6. 认罪态度。7. 是否有前科。8. 其他证据。 |
| 量刑标准 | 犯本罪的 | 处一年以下有期徒刑或者拘役 |
| 法律适用 | 刑法条文 | 第二百五十二条　隐匿、毁弃或者非法开拆他人信件，侵犯公民通信自由权利，情节严重的，处一年以下有期徒刑或者拘役。 |

一、《中华人民共和国宪法》（节录）(1982 年 12 月 4 日全国人民代表大会公告公布施行　根据 1988 年 4 月 12 日第七届全国人民代表大会第一次会议通过的《中华人民共和国宪法修正案》、1993 年 3 月 29 日第八届全国人民代表大会第一次会议通过的《中华人民共和国宪法修正案》、1999 年 3 月 15 日第九届全国人民代表大会第二次会议通过的《中华人民共和国宪法修正案》、2004 年 3 月 14 日第十届全国人民代表大会第二次会议通过的《中华人民共和国宪法修正案》和 2018 年 3 月 11 日第十三届全国人民代表大会第一次会议通过的《中华人民共和国宪法修正案》修正)

**第四十条**　中华人民共和国公民的通信自由和通信秘密受法律的保护。除因国家安全或者追查刑事犯罪的需要，由公安机关或者检察机关依照法律规定的程序对通信进行检查外，任何组织或者个人不得以任何理由侵犯公民的通信自由和通信秘密。

二、《中华人民共和国邮政法》（节录）(1986 年 12 月 2 日中华人民共和国主席令第 47 号公布　自 1987 年 1 月 1 日起施行　2009 年 4 月 24 日修订　2012 年 10 月 26 日第一次修正　2015 年 4 月 24 日第二次修正)

**第三条**　公民的通信自由和通信秘密受法律保护。除因国家安全或者追查刑事犯罪的需要，由公安机关、国家安全机关或者检察机关依照法律规定的程序对通信进行检查外，任何组织或者个人不得以任何理由侵犯公民的通信自由和通信秘密。

除法律另有规定外，任何组织或者个人不得检查、扣留邮件、汇款。

**第三十五条**　任何单位和个人不得私自开拆、隐匿、毁弃他人邮件。

除法律另有规定外，邮政企业及其从业人员不得向任何单位或者个人泄露用户使用邮政服务的信息。

**第七十一条**　冒领、私自开拆、隐匿、毁弃或者非法检查他人邮件、快件，尚不构成犯罪的，依法给予治安管理处罚。

**第八十二条**　违反本法规定，构成犯罪的，依法追究刑事责任。

三、《中华人民共和国邮政法实施细则》（节录）(1990 年 11 月 12 日中华人民共和国国务院令第 65 号公布　自公布之日起施行)

**第七条**　邮政企业应当为用户提供迅速、准确、安全、方便的邮政服务，保障用户使用邮政的合法权益。

任何单位或者个人均负有保护通信自由、通信秘密和邮件安全的责任；任何单位或者个人不得利用邮政业务进行法律、法规和政策所禁止的活动。

除因国家安全或者追查刑事犯罪需要，由公安机关、国家安全机关或者检察机关依法对通信进行检查外，邮件在运输、传递过程中，任何单位或者个人不得以任何理由检查、扣留。

**第四十条**　用户误收的邮件，应当及时退还邮政企业或者分支机构；用户误拆的邮件应当重封签章后退还邮政企业或者分支机构，并对误拆邮件的内容保守秘密。

**第四十一条**　单位收发人员接收给据邮件时，应当认真点核无误后，在相关清单上盖章签收。

收发人员对于各种邮件负有保护和及时传送的责任，不得私拆、隐匿、毁弃邮件或者撕揭邮票。

**第五十九条**　违反本细则第四十一条第二款规定的，依照《邮政法》第三十六条规定追究责任。

**第六十条**　违反本细则规定，构成犯罪的，由司法机关依法追究刑事责任。

法律适用

相关法律法规

| | |
|---|---|
| **法律适用** | **相关法律法规**<br><br>第六十一条　误收、误拆他人信件不予退还或者已退还但泄露信件内容，侵犯他人通信自由权利的，依照《邮政法》第三十六条规定追究责任。<br><br>**四、全国人民代表大会常务委员会《关于维护互联网安全的决定》（节录）**<br>（2000年12月28日全国人民代表大会常务委员会公布　自2000年12月28日起施行　2009年8月27日修正）<br><br>　　四、为了保护个人、法人和其他组织的人身、财产等合法权利，对有下列行为之一，构成犯罪的，依照刑法有关规定追究刑事责任：<br>　　（一）利用互联网侮辱他人或者捏造事实诽谤他人；<br>　　（二）非法截获、篡改、删除他人电子邮件或者其他数据资料，侵犯公民通信自由和通信秘密；<br>　　（三）利用互联网进行盗窃、诈骗、敲诈勒索。 |
| | **规章及规范性文件**<br><br>**《计算机信息网络国际联网安全保护管理办法》（节录）**（1997年12月16日中华人民共和国公安部令第33号公布　自1997年12月30日起施行　2011年1月8日修订）<br><br>第七条　用户的通信自由和通信秘密受法律保护。任何单位和个人不得违反法律规定，利用国际联网侵犯用户的通信自由和通信秘密。<br><br>第十九条　公安机关计算机管理监察机构应当负责追踪和查处通过计算机信息网络的违法行为和针对计算机信息网络的犯罪案件，对违反本办法第四条、第七条规定的违法犯罪行为，应当按照国家有关规定移送有关部门或者司法机关处理。 |

# 29 私自开拆、隐匿、毁弃邮件、电报案

**概念** ┃ 本罪是指邮政工作人员利用职务上的便利，私自开拆或者隐匿、毁弃邮件、电报的行为。

**立案标准** ┃ 根据《刑法》第 253 条的规定，邮政工作人员私自开拆或者隐匿、毁弃邮件、电报的，应当立案。具体指私自开拆、隐匿、毁弃邮件、电报次数较多或数量较大，或者从中窃取财物，或者虽然次数不多，数量不大，但给国家、集体利益以及公民合法权益造成严重后果，或者造成其他危害后果。

**定罪标准**

**犯罪客体**

本罪侵犯的客体是复杂客体。邮政工作人员利用工作之便，私自开拆、隐匿或者毁弃邮件、电报的行为，不仅侵害了公民的通信自由和通信秘密权，也侵害了国家邮电部门的正常活动及信誉。(1) 本罪侵犯的主要客体是公民的通信自由权利。根据我国《宪法》的有关规定，我国公民享有通信自由权，公民的通信自由和通信秘密受法律保护，邮政工作人员的职责就是保证公民的邮件、电报快速、准确地送到收件人手中。少数邮政工作人员为了追逐个人的私利或出于其他卑劣的动机，利用职务、工作之便，私拆、隐匿、毁弃邮件、电报，往往会给受害者造成极大的危害。有的受害人因联系中断、信息未能及时传达，贻误了生产；有的汇款被窃取、冒领，合法财物受到侵犯；有的公民因信件被私拆，一些个人隐私被泄露，精神上遭受了严重压力；有的则因信件、电报被毁弃、隐匿，亲友间失去联系，导致互相猜疑，家庭产生矛盾、破裂或恋人、朋友关系中断，等等。因此，邮政工作人员私拆、隐匿、毁弃邮件、电报的行为，是对公民通信自由权的严重侵犯。(2) 邮政工作人员私拆、隐匿或者毁弃邮件、电报的行为也侵犯了邮电通信部门的正常活动和声誉，给国家造成了严重的损失。邮政企业是全民所有制的经营邮政业务的公用企业，邮电通信的运作具有全程全网联合作业的特点，例如，一封寄往省外的信件，一般要经过出口局、转口局、进口局，要由分拣员、封发员、押运员、分发员、投递员的连续协作配合，才能由发信人手里寄到收信人手中。如果上述环节的任何一环上的工作人员利用职务之便，私拆、隐匿或者毁弃了这封信，不仅直接影响发信人和收信人的通信权，而且直接地使邮政通信网络遭到破坏，影响整个邮电部门的通信质量和信誉。同时，国家还应赔偿公民因邮件、电报被私拆、隐匿或毁弃而造成的直接经济损失。所以，邮政工作人员私拆或者隐匿、毁弃邮件、电报的行为也是对国家邮电通信的侵害。

本罪侵犯的对象是邮件和电报。根据我国《邮政法》的规定，邮件，是指通过邮政企业寄递的信件、印刷品、邮包、汇款通知、报刊等；邮件又分平常邮件和给据邮件。平常邮件，是指邮政企业及其分支机构在收寄时不出具收据，投递时不要求收件人签收的邮件；给据邮件，是指挂号信件、邮包、保价邮件等由邮政企业及其分支机构在收寄时出具收据，投递时要求收件人签收的邮件。所谓信件，是指信函和明信片，它是用以向特定的人传达意思的一种文书。所谓电报，是指由电信网络传递的符号、文字等。

| | | |
|---|---|---|
| **定罪标准** | **犯罪客观方面** | 本罪在客观方面表现为邮政工作人员利用职务上的便利，私自开拆、隐匿、毁弃邮件、电报的行为。(1) 必须有私自开拆、隐匿、毁弃邮件、电报的行为。所谓私自开拆，是指非法擅自开拆他人邮件、电报，使封缄失效的行为，合法行为不在此限。所谓"封缄"，是指使书信、电报、印刷品的内容从外部不能了解的措施而言。例如，把信装入信封糊上、印刷品用纸包扎上、邮包用线缝上等。私自开拆不以破坏封缄为必要，行为人私自开拆后是否阅读信件内容或了解信件内容，或者私拆后再行封缄复原等，均不影响本罪的成立。所谓隐匿，是指将邮件、电报予以截留或收藏而不送交收件人的行为。所谓毁弃，是指将邮件、电报予以撕毁、湮灭或抛弃，致使他人无法查收的行为。他人是指特定的人，不仅包括自然人，而且包括法人和没有法人资格的团体。构成本罪并不要求行为人同时具备私拆、隐匿、毁弃三种形式，只要实施其中之一者，即可构成。如果两种或三种行为形式兼而有之，仍以本罪一罪论处，不实行数罪并罚。(2) 必须有利用职务之便的行为，才能构成本罪。邮政工作人员是否利用职务之便私拆、隐匿、毁弃邮件、电报，是能否构成本罪的重要标志。如果没有利用职务之便则不以本罪论。所谓利用职务之便，是指邮政工作人员利用营业、分拣、接发、押运、投递等职务所赋予的职责条件，进行违背职责的犯罪活动。利用职务之便，不仅包括邮电部门的领导者利用职务之便，而且包括一般邮政工作人员利用职务活动的方便在内。在多数情况下，犯罪以后者居多。 |
| | **犯罪主体** | 本罪的主体为特殊主体，即邮政工作人员，也就是国家邮电部门的管理人员、营业人员、分拣员、接发员、押运员、接站员、搬运员等。非邮政工作人员或虽属在邮电部门工作但不与邮件、电报接触的人员，不能成为本罪的主体。如果其私拆、隐匿或者毁弃他人信件，情节严重的，则构成《刑法》第252条规定的侵犯通信自由罪。如果以窃取财物为目的，私自开拆、隐匿或者毁弃邮件、电报，窃取财物数额较大的，则构成盗窃罪。 |
| | **犯罪主观方面** | 本罪主观方面是故意，即明知是他人的邮件、电报而故意开拆、隐匿或者毁弃。过失不构成本罪。本罪的行为人，在主观上不仅明知私自开拆、隐匿、毁弃他人邮件、电报是违反自己的职责义务和规章制度的违法行为，而且明知这种行为会给他人的利益和通信自由、通信秘密权利造成损害，甚至引起其他严重危害后果，破坏国家邮电事业的声誉，妨害邮电部门的正常活动，但出于某种个人动机和欲望，却希望或者放任这种危害结果的发生。犯罪动机是多种多样的，有的为了窃取某种证件；有的为了窃取女人照片；有的为了窃取金钱、贵重物品、证券等财物；有的企图窃看他人信中的隐私、秘密；有的是偷懒、贪图安逸不送邮件、电报而加以隐匿、毁弃；有的是为泄私愤、图报复等。在一般的情况下，行为人的犯罪动机和目的并不影响本罪的成立。 |
| | **罪与非罪** | 区分罪与非罪的界限，要注意把握以下几点：<br>一、本罪与合法行为的界限。邮政工作人员按照司法机关的通知，将有关邮件、电报检交扣押，是完全合法的行为，与私拆、隐匿、毁弃邮件、电报的行为有本质区别。但是，邮政工作人员在司法机关通知不需要继续扣押邮件、电报之后，而继续扣押隐匿者，或者在依法扣押之后而不送司法机关，而是擅自开拆检查、扣押邮件、电报的，也属违法行为，应以本罪论处。 |

| | | |
|---|---|---|
| **定罪标准** | **罪与非罪** | 二、是否有犯罪的故意。没有犯罪的故意，而是由于疏忽大意的过失行为所发生的误拆、遗失邮袋、信件、包裹、电报的，不构成本罪。由于工作不负责任，玩忽职守，丢失邮件、电报，延误投递，情节轻微，危害不大的，可由主管部门给予行政处分；情节严重，给国家和人民的利益造成重大损失的，应依照《刑法》第397条的规定，以玩忽职守罪追究刑事责任。<br>三、行为人虽属故意私拆、隐匿或毁弃邮件、电报，但情节显著轻微的，也不构成本罪，必要时可以给予纪律处分。 |
| | **此罪与彼罪** | 本罪与侵犯通信自由罪的界限。二者在主观上都是由故意构成，客观方面都实施了私拆、隐匿、毁弃信件的行为。其区别在于：（1）犯罪的主体不同。本罪是特殊主体，必须由邮政工作人员构成；而侵犯通信自由罪是一般主体，凡是达到刑事责任年龄、具有刑事责任能力的人均可构成。（2）犯罪的客体不同。本罪侵犯的客体是国家邮电部门的正常活动；而侵犯通信自由罪侵犯的客体是公民通信自由和通信秘密的权利。侵害的对象也不完全一样。本罪侵害的对象是邮件和电报；而侵犯通信自由罪侵害的对象仅限于信件，范围较前者狭窄。（3）客观要件不同。本罪以利用职务之便为要件，属于职务性质的犯罪；侵犯通信自由罪的成立则与行为人的职务无关。如果邮政工作人员没有利用职务之便私拆、隐匿或者毁弃信件，情节严重的，则构成侵犯通信自由罪，而本罪则不以此为构成要件。 |
| **证据参考标准** | **主体方面的证据** | **一、证明行为人刑事责任年龄、身份等自然情况的证据**<br>包括身份证明、户籍证明、任职证明、工作经历证明、特定职责证明等，主要是证明行为人的姓名（曾用名）、性别、出生年月日、民族、籍贯、出生地、职业（或职务）、住所地（或居所地）等证据材料，如户口簿、居民身份证、居住证、工作证、出生证、专业或技术等级证、干部履历表、职工登记表、护照等。<br>对于户籍、出生证等材料内容不实的，应提供其他证据材料。人大代表、政协委员犯罪的案件，应注明身份，并附身份证明材料。<br>**二、证明行为人刑事责任能力的证据**<br>证明行为人对自己的行为是否具有辨认能力与控制能力，如是否属于间歇性精神病人、尚未完全丧失辨认或者控制自己行为能力的精神病人的证明材料。 |
| | **主观方面的证据** | **证明行为人故意的证据**<br>1. 证明行为人明知的证据：证明行为人明知自己的行为会发生危害社会的结果；<br>2. 证明直接故意的证据：证明行为人希望危害结果发生。 |
| | **客观方面的证据** | **证明行为人私拆、隐匿、毁弃邮件、电报犯罪行为的证据**<br>具体证据包括：1. 证明行为人私拆邮件、电报次数较多、数量较大行为的证据；2. 证明行为人隐匿邮件、电报次数较多、数量较大行为的证据；3. 证明行为人毁弃邮件、电报次数较多、数量较大行为的证据；4. 证明行为人私拆邮件并从中窃取财物行为的证据；5. 证明行为人隐匿邮件并从中窃取财物行为的证据；6. 证明行为人毁弃邮件并从中窃取财物行为的证据；7. 证明行为人私拆邮件、电报给国家、集体利益及公民合法权益造成严重后果行为的证据；8. 证明行为人隐匿邮件、电报给国家、集体利益及公民合法权益造成严重后果行为的证据；9. 证明行为人毁弃邮件、电报给国家、集体利益及公民合法权益造成严重后果行为的证据；10. 证明行为人私拆邮件、电报造成其他危害后果行为的证据；11. 证明行为人隐匿邮件、电报造成其他危害后果行为的证据；12. 证明行为人毁弃邮件、电报造成其他危害后果行为的证据。 |

| 证据参考标准 | 量刑方面的证据 | **一、法定量刑情节证据**<br>1. 事实情节：（1）情节严重；（2）其他。2. 法定从重情节。3. 法定从轻或者减轻情节：（1）可以从轻；（2）可以从轻或者减轻；（3）应当从轻或者减轻。4. 法定从轻、减轻或者免除情节：（1）可以从轻、减轻或者免除处罚；（2）应当从轻、减轻或者免除处罚。5. 法定减轻或者免除情节：（1）可以减轻或者免除处罚；（2）应当减轻或者免除处罚；（3）可以免除处罚。<br>**二、酌定量刑情节证据**<br>1. 犯罪手段：（1）私拆；（2）隐匿；（3）毁弃。2. 犯罪对象。3. 危害结果。4. 动机。5. 平时表现。6. 认罪态度。7. 是否有前科。8. 其他证据。 |
|---|---|---|
| **量刑标准** | 犯本罪的 | 处二年以下有期徒刑或者拘役 |
| | 犯本罪，窃取财物的 | 依照《刑法》第二百六十四条的规定定罪从重处罚 |

**刑法条文**

第二百五十三条　邮政工作人员私自开拆或者隐匿、毁弃邮件、电报的，处二年以下有期徒刑或者拘役。

犯前款罪而窃取财物的，依照本法第二百六十四条的规定定罪从重处罚。

**法律适用 — 相关法律法规**

一、《中华人民共和国邮政法》（节录）（1986年12月2日中华人民共和国主席令第47号公布　自1987年1月1日起施行　2009年4月24日修订　2012年10月26日第一次修正　2015年4月24日第二次修正）

第三条　公民的通信自由和通信秘密受法律保护。除因国家安全或者追查刑事犯罪的需要，由公安机关、国家安全机关或者检察机关依照法律规定的程序对通信进行检查外，任何组织或者个人不得以任何理由侵犯公民的通信自由和通信秘密。

除法律另有规定外，任何组织或者个人不得检查、扣留邮件、汇款。

第七十一条　冒领、私自开拆、隐匿、毁弃或者非法检查他人邮件、快件，尚不构成犯罪的，依法给予治安管理处罚。

第八十二条　违反本法规定，构成犯罪的，依法追究刑事责任。

二、《中华人民共和国邮政法实施细则》（节录）（1990年11月12日中华人民共和国国务院令第65号公布　自公布之日起施行）

第七条　邮政企业应当为用户提供迅速、准确、安全、方便的邮政服务，保障用户使用邮政的合法权益。

任何单位或者个人均负有保护通信自由、通信秘密和邮件安全的责任；任何单位或者个人不得利用邮政业务进行法律、法规和政策所禁止的活动。

除因国家安全或者追查刑事犯罪需要，由公安机关、国家安全机关或者检察机关依法对通信进行检查外，邮件在运输、传递过程中，任何单位或者个人不得以任何理由检查、扣留。

第五十八条　邮政工作人员隐匿、毁弃、私拆、盗窃邮件，贪污、冒领用户款项的，邮政企业应当追回赃款赃物，可以并处罚款，还可以根据情节轻重，给予行政处分。具体办法由邮电部规定。

# 30 侵犯公民个人信息案

**概念**　　本罪是指违反国家有关规定，向他人出售或者提供公民个人信息，情节严重，或者窃取、以其他方法非法获取公民个人信息的行为。

**立案标准**　　行为人违反国家有关规定，向他人出售或者提供公民个人信息，情节严重的，或者窃取、以其他方法非法获取公民个人信息的，应当立案。

| 定罪标准 | 犯罪客体 | 本罪侵犯的客体是公民个人信息自由和安全。"公民个人信息"，是指以电子或者其他方式记录的能够单独或者与其他信息结合识别特定自然人身份或者反映特定自然人活动情况的各种信息，包括姓名、身份证件号码、通信通讯联系方式、住址、账号密码、财产状况、行踪轨迹等。 |
|---|---|---|
| | 犯罪客观方面 | 本罪的客观方面表现为行为人违反国家有关规定，向他人出售或者提供公民个人信息，情节严重的，或者窃取、以其他方法非法获取公民个人信息的行为。违反国家有关规定，将在履行职责或者提供服务过程中获得的公民个人信息，出售或者提供给他人的，从重处罚。<br><br>"违反国家有关规定"主要是指违反了有关法律、行政法规、部门规章等有关公民个人信息管理方面的规定。例如，《居民身份证法》第6条第3款规定，公安机关及其人民警察对因制作、发放、查验、扣押居民身份证而知悉的公民的个人信息，应当予以保密。"出售"主要是指为谋取利益，将自己掌握的公民个人信息卖与他人（包括个人和单位）。"非法提供"是指违反国家有关规定，将自己掌握的公民个人信息提供给他人的行为。"情节严重"主要是指：（1）出售或者提供行踪轨迹信息，被他人用于犯罪的；（2）知道或者应当知道他人利用公民个人信息实施犯罪，向其出售或者提供的；（3）非法获取、出售或者提供行踪轨迹信息、通信内容、征信信息、财产信息50条以上的；（4）非法获取、出售或者提供住宿信息、通信记录、健康生理信息、交易信息等其他可能影响人身、财产安全的公民个人信息500条以上的；（5）非法获取、出售或者提供第3项、第4项规定以外的公民个人信息5000条以上的；（6）数量未达到第3项至第5项规定标准，但是按相应比例合计达到有关数量标准的；（7）违法所得5000元以上的；（8）将在履行职责或者提供服务过程中获得的公民个人信息出售或者提供给他人，数量或者数额达到第3项至第7项规定标准一半以上的；（9）曾因侵犯公民个人信息受过刑事处罚或者2年内受过行政处罚，又非法获取、出售或者提供公民个人信息的；（10）其他情节严重的情形。<br><br>此外，组织"人肉搜索"，违法收集并向不特定多数人发布公民个人信息，情节严重，符合《刑法》第353条之一规定的，以侵犯公民个人信息罪定罪处罚。 |
| | 犯罪主体 | 本罪的主体为一般主体，即凡年满16周岁且具备刑事责任能力的公民均可成为本罪的主体。单位也可成为本罪的主体。 |

| 定罪标准 | 犯罪主观方面 | 本罪主观方面是故意。过失不能构成本罪。 |
|---|---|---|
| | 罪与非罪 | 区分罪与非罪的界限主要是看行为人的情节是否严重，如是否造成恶劣的影响，造成严重的后果等。如果情节轻微，可不视为犯罪。 |
| 证据参考标准 | 主体方面的证据 | **一、证明行为人刑事责任年龄、身份等自然情况的证据**<br>包括身份证明、户籍证明、任职证明、工作经历证明、特定职责证明等，主要是证明行为人的姓名（曾用名）、性别、出生年月日、民族、籍贯、出生地、职业（或职务）、住所地（或居住地）等证据材料，如户口簿、居民身份证、居住证、工作证、出生证、专业或技术等级证、干部履历表、职工登记表、护照等。<br>对于户籍、出生证等材料内容不实的，应提供其他证据材料。外国人犯罪的案件，应有护照等身份证明材料。人大代表、政协委员犯罪的案件，应注明身份，并附身份证明材料。<br>**二、证明行为人刑事责任能力的证据**<br>证明行为人对自己的行为是否具有辨认能力与控制能力，如是否属于间歇性精神病人、尚未完全丧失辨认或者控制自己行为能力的精神病人的证明材料。<br>**三、证明单位的证据**<br>证明是否属于依法成立并有合法经营、管理范围的公司、企业、事业单位、机关、团体。<br>证明单位的名称、住所地、性质、法定代表人、单位负责人、业务范围、成立时间等证据材料，如企业法人营业执照、国有公司性质证明及非法人单位的身份证明等。<br>**四、证明法定代表人、单位负责人或直接责任人员等的身份证明**<br>法定代表人、直接负责的主管人员和其他直接责任人在单位的任职、职责、负责权限的证明材料等。包括身份证明、户籍证明、任职证明等，如户口簿、居民身份证、工作证、护照、专业或技术等级证、干部履历表、职工登记表、任命书、业务分工文件、委派文件、单位证明、单位规章制度等。 |
| | 主观方面的证据 | **证明行为人故意的证据**<br>1. 证明行为人明知的证据：证明行为人明知自己的行为会发生危害社会的结果；2. 证明直接故意的证据：证明行为人希望危害结果发生；3. 证明间接故意的证据：证明行为人放任危害结果发生。 |
| | 客观方面的证据 | **证明行为人违反国家有关规定，向他人出售或者提供公民个人信息，情节严重的，或者窃取、以其他方法非法获取公民个人信息的证据**<br>具体证据包括：1. 证明行为人接触公民个人信息的证据；2. 证明行为人出售公民个人信息的证据；3. 证明行为人将公民的个人信息非法提供给他人的证据；4. 证明行为人行为情节严重的证据；5. 证明行为人窃取公民个人信息的证据；6. 证明行为人以其他方法非法获取公民个人信息的证据。 |
| | 量刑方面的证据 | **一、法定量刑情节证据**<br>1. 事实情节。2. 法定从重情节。3. 法定从轻或者减轻情节：（1）可以从轻；（2）可以从轻或者减轻；（3）应当从轻或者减轻。4. 法定从轻、减轻或者免除情节：（1）可以从轻、减轻或者免除处罚；（2）应当从轻、减轻或者免除处罚。5. 法定减轻或者免除情节：（1）可以减轻或者免除处罚；（2）应当减轻或者免除处罚；（3）可以免除处罚。<br>**二、酌定量刑情节证据**<br>1. 犯罪手段：（1）出售；（2）非法提供给他人。2. 犯罪对象：公民的个人信息。3. 危害结果。4. 动机。5. 平时表现。6. 认罪态度。7. 是否有前科。8. 其他证据。 |

| 量刑标准 | 犯本罪的 | 处三年以下有期徒刑或者拘役，并处或者单处罚金 |
|---|---|---|
| | 情节特别严重的 | 处三年以上七年以下有期徒刑，并处罚金 |
| | 违反国家有关规定，将在履行职责或者提供服务过程中获得的公民个人信息，出售或者提供给他人的 | 从重处罚 |
| | 单位犯本罪的 | 对单位判处罚金，并对其直接负责的主管人员和其他直接责任人员，依照上述规定处罚 |

| 法律适用 | 刑法条文 | **第二百五十三条之一** 违反国家有关规定，向他人出售或者提供公民个人信息，情节严重的，处三年以下有期徒刑或者拘役，并处或者单处罚金；情节特别严重的，处三年以上七年以下有期徒刑，并处罚金。<br><br>违反国家有关规定，将在履行职责或者提供服务过程中获得的公民个人信息，出售或者提供给他人的，依照前款的规定从重处罚。<br><br>窃取或者以其他方法非法获取公民个人信息的，依照第一款的规定处罚。<br><br>单位犯前三款罪的，对单位判处罚金，并对其直接负责的主管人员和其他直接责任人员，依照各该款的规定处罚。 |
|---|---|---|
| | 司法解释 | **一、最高人民法院、最高人民检察院《关于办理侵犯公民个人信息刑事案件适用法律若干问题的解释》**（2017 年 5 月 8 日最高人民法院、最高人民检察院公布　自 2017 年 6 月 1 日起施行　法释〔2017〕10 号）<br><br>**第一条**　刑法第二百五十三条之一规定的"公民个人信息"，是指以电子或者其他方式记录的能够单独或者与其他信息结合识别特定自然人身份或者反映特定自然人活动情况的各种信息，包括姓名、身份证件号码、通信通讯联系方式、住址、账号密码、财产状况、行踪轨迹等。<br><br>**第二条**　违反法律、行政法规、部门规章有关公民个人信息保护的规定的，应当认定为刑法第二百五十三条之一规定的"违反国家有关规定"。<br><br>**第三条**　向特定人提供公民个人信息，以及通过信息网络或者其他途径发布公民个人信息的，应当认定为刑法第二百五十三条之一规定的"提供公民个人信息"。<br><br>未经被收集者同意，将合法收集的公民个人信息向他人提供的，属于刑法第二百五十三条之一规定的"提供公民个人信息"，但是经过处理无法识别特定个人且不能复原的除外。<br><br>**第四条**　违反国家有关规定，通过购买、收受、交换等方式获取公民个人信息，或者在履行职责、提供服务过程中收集公民个人信息的，属于刑法第二百五十三条之一第三款规定的"以其他方法非法获取公民个人信息"。<br><br>**第五条**　非法获取、出售或者提供公民个人信息，具有下列情形之一的，应当认定为刑法第二百五十三条之一规定的"情节严重"：<br>（一）出售或者提供行踪轨迹信息，被他人用于犯罪的；<br>（二）知道或者应当知道他人利用公民个人信息实施犯罪，向其出售或者提供的；<br>（三）非法获取、出售或者提供行踪轨迹信息、通信内容、征信信息、财产信息五十条以上的； |

（四）非法获取、出售或者提供住宿信息、通信记录、健康生理信息、交易信息等其他可能影响人身、财产安全的公民个人信息五百条以上的；

（五）非法获取、出售或者提供第三项、第四项规定以外的公民个人信息五千条以上的；

（六）数量未达到第三项至第五项规定标准，但是按相应比例合计达到有关数量标准的；

（七）违法所得五千元以上的；

（八）将在履行职责或者提供服务过程中获得的公民个人信息出售或者提供给他人，数量或者数额达到第三项至第七项规定标准一半以上的；

（九）曾因侵犯公民个人信息受过刑事处罚或者二年内受过行政处罚，又非法获取、出售或者提供公民个人信息的；

（十）其他情节严重的情形。

实施前款规定的行为，具有下列情形之一的，应当认定为刑法第二百五十三条之一第一款规定的"情节特别严重"：

（一）造成被害人死亡、重伤、精神失常或者被绑架等严重后果的；

（二）造成重大经济损失或者恶劣社会影响的；

（三）数量或者数额达到前款第三项至第八项规定标准十倍以上的；

（四）其他情节特别严重的情形。

**第六条**　为合法经营活动而非法购买、收受本解释第五条第一款第三项、第四项规定以外的公民个人信息，具有下列情形之一的，应当认定为刑法第二百五十三条之一规定的"情节严重"：

（一）利用非法购买、收受的公民个人信息获利五万元以上的；

（二）曾因侵犯公民个人信息受过刑事处罚或者二年内受过行政处罚，又非法购买、收受公民个人信息的；

（三）其他情节严重的情形。

实施前款规定的行为，将购买、收受的公民个人信息非法出售或者提供的，定罪量刑标准适用本解释第五条的规定。

**第七条**　单位犯刑法第二百五十三条之一规定之罪的，依照本解释规定的相应自然人犯罪的定罪量刑标准，对直接负责的主管人员和其他直接责任人员定罪处罚，并对单位判处罚金。

**第八条**　设立用于实施非法获取、出售或者提供公民个人信息违法犯罪活动的网站、通讯群组，情节严重的，应当依照刑法第二百八十七条之一的规定，以非法利用信息网络罪定罪处罚；同时构成侵犯公民个人信息罪的，依照侵犯公民个人信息罪定罪处罚。

**第九条**　网络服务提供者拒不履行法律、行政法规规定的信息网络安全管理义务，经监管部门责令采取改正措施而拒不改正，致使用户的公民个人信息泄露，造成严重后果的，应当依照刑法第二百八十六条之一的规定，以拒不履行信息网络安全管理义务罪定罪处罚。

**第十条**　实施侵犯公民个人信息犯罪，不属于"情节特别严重"，行为人系初犯，全部退赃，并确有悔罪表现的，可以认定为情节轻微，不起诉或者免予刑事处罚；确有必要判处刑罚的，应当从宽处罚。

**第十一条**　非法获取公民个人信息后又出售或者提供的，公民个人信息的条数不重复计算。

左侧竖排：法律适用　司法解释

向不同单位或者个人分别出售、提供同一公民个人信息的，公民个人信息的条数累计计算。

对批量公民个人信息的条数，根据查获的数量直接认定，但是有证据证明信息不真实或者重复的除外。

**第十二条** 对于侵犯公民个人信息犯罪，应当综合考虑犯罪的危害程度、犯罪的违法所得数额以及被告人的前科情况、认罪悔罪态度等，依法判处罚金。罚金数额一般在违法所得的一倍以上五倍以下。

**第十三条** 本解释自 2017 年 6 月 1 日起施行。

**二、最高人民法院、最高人民检察院、公安部《关于办理电信网络诈骗等刑事案件适用法律若干问题的意见（二）》（节录）**（2021 年 6 月 17 日最高人民法院、最高人民检察院、公安部公布　自公布之日起施行　法发〔2021〕22 号）

五、非法获取、出售、提供具有信息发布、即时通讯、支付结算等功能的互联网账号密码、个人生物识别信息，符合刑法第二百五十三条之一规定的，以侵犯公民个人信息罪追究刑事责任。

对批量前述互联网账号密码、个人生物识别信息的条数，根据查获的数量直接认定，但有证据证明信息不真实或者重复的除外。

十六、办理电信网络诈骗犯罪案件，应当充分贯彻宽严相济刑事政策。在侦查、审查起诉、审判过程中，应当全面收集证据、准确甄别犯罪嫌疑人、被告人在共同犯罪中的层级地位及作用大小，结合其认罪态度和悔罪表现，区别对待，宽严并用，科学量刑，确保罚当其罪。

对于电信网络诈骗犯罪集团、犯罪团伙的组织者、策划者、指挥者和骨干分子，以及利用未成年人、在校学生、老年人、残疾人实施电信网络诈骗的，依法从严惩处。

对于电信网络诈骗犯罪集团、犯罪团伙中的从犯，特别是其中参与时间相对较短、诈骗数额相对较低或者从事辅助性工作并领取少量报酬，以及初犯、偶犯、未成年人、在校学生等，应当综合考虑其在共同犯罪中的地位作用、社会危害程度、主观恶性、人身危险性、认罪悔罪表现等情节，可以依法从轻、减轻处罚。犯罪情节轻微的，可以依法不起诉或者免予刑事处罚；情节显著轻微危害不大的，不以犯罪论处。

**三、最高人民法院、最高人民检察院、公安部《关于办理电信网络诈骗等刑事案件适用法律若干问题的意见》（节录）**（2016 年 12 月 19 日最高人民法院、最高人民检察院、公安部公布　自公布之日起施行　法发〔2016〕32 号）

**三、全面惩处关联犯罪**

（二）违反国家有关规定，向他人出售或者提供公民个人信息，窃取或者以其他方法非法获取公民个人信息，符合刑法第二百五十三条之一规定的，以侵犯公民个人信息罪追究刑事责任。

使用非法获取的公民个人信息，实施电信网络诈骗犯罪行为，构成数罪的，应当依法予以并罚。

**四、准确认定共同犯罪与主观故意**

（三）明知他人实施电信网络诈骗犯罪，具有下列情形之一的，以共同犯罪论处，但法律和司法解释另有规定的除外：

1. 提供信用卡、资金支付结算账户、手机卡、通讯工具的；
2. 非法获取、出售、提供公民个人信息的；
3. 制作、销售、提供"木马"程序和"钓鱼软件"等恶意程序的；
4. 提供"伪基站"设备或相关服务的；

5. 提供互联网接入、服务器托管、网络存储、通讯传输等技术支持，或者提供支付结算等帮助的；

6. 在提供改号软件、通话线路等技术服务时，发现主叫号码被修改为国内党政机关、司法机关、公共服务部门号码，或者境外用户改为境内号码，仍提供服务的；

7. 提供资金、场所、交通、生活保障等帮助的；

8. 帮助转移诈骗犯罪所得及其产生的收益，套现、取现的。

上述规定的"明知他人实施电信网络诈骗犯罪"，应当结合被告人的认知能力、既往经历、行为次数和手段、与他人关系、获利情况、是否曾因电信网络诈骗受过处罚、是否故意规避调查等主客观因素进行综合分析认定。

**四、最高人民法院、最高人民检察院、公安部《关于依法惩治网络暴力违法犯罪的指导意见》（节录）**（2023年9月20日最高人民法院、最高人民检察院、公安部发布　法发〔2023〕14号）

4. 依法惩治侵犯公民个人信息行为。组织"人肉搜索"，违法收集并向不特定多数人发布公民个人信息，情节严重，符合刑法第二百五十三条之一规定的，以侵犯公民个人信息罪定罪处罚；依照刑法和司法解释规定，同时构成其他犯罪的，依照处罚较重的规定定罪处罚。

**一、《中华人民共和国个人信息保护法》**（2021年8月20日中华人民共和国主席令第91号公布　自2021年11月1日起施行）

第一章　总　　则

**第一条**　为了保护个人信息权益，规范个人信息处理活动，促进个人信息合理利用，根据宪法，制定本法。

**第二条**　自然人的个人信息受法律保护，任何组织、个人不得侵害自然人的个人信息权益。

**第三条**　在中华人民共和国境内处理自然人个人信息的活动，适用本法。

在中华人民共和国境外处理中华人民共和国境内自然人个人信息的活动，有下列情形之一的，也适用本法：

（一）以向境内自然人提供产品或者服务为目的；

（二）分析、评估境内自然人的行为；

（三）法律、行政法规规定的其他情形。

**第四条**　个人信息是以电子或者其他方式记录的与已识别或者可识别的自然人有关的各种信息，不包括匿名化处理后的信息。

个人信息的处理包括个人信息的收集、存储、使用、加工、传输、提供、公开、删除等。

**第五条**　处理个人信息应当遵循合法、正当、必要和诚信原则，不得通过误导、欺诈、胁迫等方式处理个人信息。

**第六条**　处理个人信息应当具有明确、合理的目的，并应当与处理目的直接相关，采取对个人权益影响最小的方式。

收集个人信息，应当限于实现处理目的的最小范围，不得过度收集个人信息。

**第七条**　处理个人信息应当遵循公开、透明原则，公开个人信息处理规则，明示处理的目的、方式和范围。

**第八条**　处理个人信息应当保证个人信息的质量，避免因个人信息不准确、不完整对个人权益造成不利影响。

（左侧竖排）司法解释　法律适用　相关法律法规

**第九条**　个人信息处理者应当对其个人信息处理活动负责，并采取必要措施保障所处理的个人信息的安全。

**第十条**　任何组织、个人不得非法收集、使用、加工、传输他人个人信息，不得非法买卖、提供或者公开他人个人信息；不得从事危害国家安全、公共利益的个人信息处理活动。

**第十一条**　国家建立健全个人信息保护制度，预防和惩治侵害个人信息权益的行为，加强个人信息保护宣传教育，推动形成政府、企业、相关社会组织、公众共同参与个人信息保护的良好环境。

**第十二条**　国家积极参与个人信息保护国际规则的制定，促进个人信息保护方面的国际交流与合作，推动与其他国家、地区、国际组织之间的个人信息保护规则、标准等互认。

### 第二章　个人信息处理规则

**第一节　一般规定**

**第十三条**　符合下列情形之一的，个人信息处理者方可处理个人信息：

（一）取得个人的同意；

（二）为订立、履行个人作为一方当事人的合同所必需，或者按照依法制定的劳动规章制度和依法签订的集体合同实施人力资源管理所必需；

（三）为履行法定职责或者法定义务所必需；

（四）为应对突发公共卫生事件，或者紧急情况下为保护自然人的生命健康和财产安全所必需；

（五）为公共利益实施新闻报道、舆论监督等行为，在合理的范围内处理个人信息；

（六）依照本法规定在合理的范围内处理个人自行公开或者其他已经合法公开的个人信息；

（七）法律、行政法规规定的其他情形。

依照本法其他有关规定，处理个人信息应当取得个人同意，但是有前款第二项至第七项规定情形的，不需取得个人同意。

**第十四条**　基于个人同意处理个人信息的，该同意应当由个人在充分知情的前提下自愿、明确作出。法律、行政法规规定处理个人信息应当取得个人单独同意或者书面同意的，从其规定。

个人信息的处理目的、处理方式和处理的个人信息种类发生变更的，应当重新取得个人同意。

**第十五条**　基于个人同意处理个人信息的，个人有权撤回其同意。个人信息处理者应当提供便捷的撤回同意的方式。

个人撤回同意，不影响撤回前基于个人同意已进行的个人信息处理活动的效力。

**第十六条**　个人信息处理者不得以个人不同意处理其个人信息或者撤回同意为由，拒绝提供产品或者服务；处理个人信息属于提供产品或者服务所必需的除外。

**第十七条**　个人信息处理者在处理个人信息前，应当以显著方式、清晰易懂的语言真实、准确、完整地向个人告知下列事项：

（一）个人信息处理者的名称或者姓名和联系方式；

（二）个人信息的处理目的、处理方式，处理的个人信息种类、保存期限；

（三）个人行使本法规定权利的方式和程序；

（四）法律、行政法规规定应当告知的其他事项。

**法律适用**

**相关法律法规**

前款规定事项发生变更的，应当将变更部分告知个人。

个人信息处理者通过制定个人信息处理规则的方式告知第一款规定事项的，处理规则应当公开，并且便于查阅和保存。

**第十八条** 个人信息处理者处理个人信息，有法律、行政法规规定应当保密或者不需要告知的情形的，可以不向个人告知前条第一款规定的事项。

紧急情况下为保护自然人的生命健康和财产安全无法及时向个人告知的，个人信息处理者应当在紧急情况消除后及时告知。

**第十九条** 除法律、行政法规另有规定外，个人信息的保存期限应当为实现处理目的所必要的最短时间。

**第二十条** 两个以上的个人信息处理者共同决定个人信息的处理目的和处理方式的，应当约定各自的权利和义务。但是，该约定不影响个人向其中任何一个个人信息处理者要求行使本法规定的权利。

个人信息处理者共同处理个人信息，侵害个人信息权益造成损害的，应当依法承担连带责任。

**第二十一条** 个人信息处理者委托处理个人信息的，应当与受托人约定委托处理的目的、期限、处理方式、个人信息的种类、保护措施以及双方的权利和义务等，并对受托人的个人信息处理活动进行监督。

受托人应当按照约定处理个人信息，不得超出约定的处理目的、处理方式等处理个人信息；委托合同不生效、无效、被撤销或者终止的，受托人应当将个人信息返还个人信息处理者或者予以删除，不得保留。

未经个人信息处理者同意，受托人不得转委托他人处理个人信息。

**第二十二条** 个人信息处理者因合并、分立、解散、被宣告破产等原因需要转移个人信息的，应当向个人告知接收方的名称或者姓名和联系方式。接收方应当继续履行个人信息处理者的义务。接收方变更原先的处理目的、处理方式的，应当依照本法规定重新取得个人同意。

**第二十三条** 个人信息处理者向其他个人信息处理者提供其处理的个人信息的，应当向个人告知接收方的名称或者姓名、联系方式、处理目的、处理方式和个人信息的种类，并取得个人的单独同意。接收方应当在上述处理目的、处理方式和个人信息的种类等范围内处理个人信息。接收方变更原先的处理目的、处理方式的，应当依照本法规定重新取得个人同意。

**第二十四条** 个人信息处理者利用个人信息进行自动化决策，应当保证决策的透明度和结果公平、公正，不得对个人在交易价格等交易条件上实行不合理的差别待遇。

通过自动化决策方式向个人进行信息推送、商业营销，应当同时提供不针对其个人特征的选项，或者向个人提供便捷的拒绝方式。

通过自动化决策方式作出对个人权益有重大影响的决定，个人有权要求个人信息处理者予以说明，并有权拒绝个人信息处理者仅通过自动化决策的方式作出决定。

**第二十五条** 个人信息处理者不得公开其处理的个人信息，取得个人单独同意的除外。

**第二十六条** 在公共场所安装图像采集、个人身份识别设备，应当为维护公共安全所必需，遵守国家有关规定，并设置显著的提示标识。所收集的个人图像、身份识别信息只能用于维护公共安全的目的，不得用于其他目的；取得个人单独同意的除外。

第二十七条　个人信息处理者可以在合理的范围内处理个人自行公开或者其他已经合法公开的个人信息；个人明确拒绝的除外。个人信息处理者处理已公开的个人信息，对个人权益有重大影响的，应当依照本法规定取得个人同意。

**第二节　敏感个人信息的处理规则**

第二十八条　敏感个人信息是一旦泄露或者非法使用，容易导致自然人的人格尊严受到侵害或者人身、财产安全受到危害的个人信息，包括生物识别、宗教信仰、特定身份、医疗健康、金融账户、行踪轨迹等信息，以及不满十四周岁未成年人的个人信息。

只有在具有特定的目的和充分的必要性，并采取严格保护措施的情形下，个人信息处理者方可处理敏感个人信息。

第二十九条　处理敏感个人信息应当取得个人的单独同意；法律、行政法规规定处理敏感个人信息应当取得书面同意的，从其规定。

第三十条　个人信息处理者处理敏感个人信息的，除本法第十七条第一款规定的事项外，还应当向个人告知处理敏感个人信息的必要性以及对个人权益的影响；依照本法规定可以不向个人告知的除外。

第三十一条　个人信息处理者处理不满十四周岁未成年人个人信息的，应当取得未成年人的父母或者其他监护人的同意。

个人信息处理者处理不满十四周岁未成年人个人信息的，应当制定专门的个人信息处理规则。

第三十二条　法律、行政法规对处理敏感个人信息规定应当取得相关行政许可或者作出其他限制的，从其规定。

**第三节　国家机关处理个人信息的特别规定**

第三十三条　国家机关处理个人信息的活动，适用本法；本节有特别规定的，适用本节规定。

第三十四条　国家机关为履行法定职责处理个人信息，应当依照法律、行政法规规定的权限、程序进行，不得超出履行法定职责所必需的范围和限度。

第三十五条　国家机关为履行法定职责处理个人信息，应当依照本法规定履行告知义务；有本法第十八条第一款规定的情形，或者告知将妨碍国家机关履行法定职责的除外。

第三十六条　国家机关处理的个人信息应当在中华人民共和国境内存储；确需向境外提供的，应当进行安全评估。安全评估可以要求有关部门提供支持与协助。

第三十七条　法律、法规授权的具有管理公共事务职能的组织为履行法定职责处理个人信息，适用本法关于国家机关处理个人信息的规定。

**第三章　个人信息跨境提供的规则**

第三十八条　个人信息处理者因业务等需要，确需向中华人民共和国境外提供个人信息的，应当具备下列条件之一：

（一）依照本法第四十条的规定通过国家网信部门组织的安全评估；

（二）按照国家网信部门的规定经专业机构进行个人信息保护认证；

（三）按照国家网信部门制定的标准合同与境外接收方订立合同，约定双方的权利和义务；

（四）法律、行政法规或者国家网信部门规定的其他条件。

中华人民共和国缔结或者参加的国际条约、协定对向中华人民共和国境外提供个人信息的条件等有规定的，可以按照其规定执行。

（左侧竖排栏目：法 律 适 用　　相 关 法 律 法 规）

个人信息处理者应当采取必要措施，保障境外接收方处理个人信息的活动达到本法规定的个人信息保护标准。

**第三十九条** 个人信息处理者向中华人民共和国境外提供个人信息的，应当向个人告知境外接收方的名称或者姓名、联系方式、处理目的、处理方式、个人信息的种类以及个人向境外接收方行使本法规定权利的方式和程序等事项，并取得个人的单独同意。

**第四十条** 关键信息基础设施运营者和处理个人信息达到国家网信部门规定数量的个人信息处理者，应当将在中华人民共和国境内收集和产生的个人信息存储在境内。确需向境外提供的，应当通过国家网信部门组织的安全评估；法律、行政法规和国家网信部门规定可以不进行安全评估的，从其规定。

**第四十一条** 中华人民共和国主管机关根据有关法律和中华人民共和国缔结或者参加的国际条约、协定，或者按照平等互惠原则，处理外国司法或者执法机构关于提供存储于境内个人信息的请求。非经中华人民共和国主管机关批准，个人信息处理者不得向外国司法或者执法机构提供存储于中华人民共和国境内的个人信息。

**第四十二条** 境外的组织、个人从事侵害中华人民共和国公民的个人信息权益，或者危害中华人民共和国国家安全、公共利益的个人信息处理活动的，国家网信部门可以将其列入限制或者禁止个人信息提供清单，予以公告，并采取限制或者禁止向其提供个人信息等措施。

**第四十三条** 任何国家或者地区在个人信息保护方面对中华人民共和国采取歧视性的禁止、限制或者其他类似措施的，中华人民共和国可以根据实际情况对该国家或者地区对等采取措施。

### 第四章　个人在个人信息处理活动中的权利

**第四十四条** 个人对其个人信息的处理享有知情权、决定权，有权限制或者拒绝他人对其个人信息进行处理；法律、行政法规另有规定的除外。

**第四十五条** 个人有权向个人信息处理者查阅、复制其个人信息；有本法第十八条第一款、第三十五条规定情形的除外。

个人请求查阅、复制其个人信息的，个人信息处理者应当及时提供。

个人请求将个人信息转移至其指定的个人信息处理者，符合国家网信部门规定条件的，个人信息处理者应当提供转移的途径。

**第四十六条** 个人发现其个人信息不准确或者不完整的，有权请求个人信息处理者更正、补充。

个人请求更正、补充其个人信息的，个人信息处理者应当对其个人信息予以核实，并及时更正、补充。

**第四十七条** 有下列情形之一的，个人信息处理者应当主动删除个人信息；个人信息处理者未删除的，个人有权请求删除：

（一）处理目的已实现、无法实现或者为实现处理目的不再必要；

（二）个人信息处理者停止提供产品或者服务，或者保存期限已届满；

（三）个人撤回同意；

（四）个人信息处理者违反法律、行政法规或者违反约定处理个人信息；

（五）法律、行政法规规定的其他情形。

法律、行政法规规定的保存期限未届满，或者删除个人信息从技术上难以实现的，个人信息处理者应当停止除存储和采取必要的安全保护措施之外的处理。

第四十八条　个人有权要求个人信息处理者对其个人信息处理规则进行解释说明。

第四十九条　自然人死亡的，其近亲属为了自身的合法、正当利益，可以对死者的相关个人信息行使本章规定的查阅、复制、更正、删除等权利；死者生前另有安排的除外。

第五十条　个人信息处理者应当建立便捷的个人行使权利的申请受理和处理机制。拒绝个人行使权利的请求的，应当说明理由。

个人信息处理者拒绝个人行使权利的请求的，个人可以依法向人民法院提起诉讼。

<h3 style="text-align:center">第五章　个人信息处理者的义务</h3>

第五十一条　个人信息处理者应当根据个人信息的处理目的、处理方式、个人信息的种类以及对个人权益的影响、可能存在的安全风险等，采取下列措施确保个人信息处理活动符合法律、行政法规的规定，并防止未经授权的访问以及个人信息泄露、篡改、丢失：

（一）制定内部管理制度和操作规程；

（二）对个人信息实行分类管理；

（三）采取相应的加密、去标识化等安全技术措施；

（四）合理确定个人信息处理的操作权限，并定期对从业人员进行安全教育和培训；

（五）制定并组织实施个人信息安全事件应急预案；

（六）法律、行政法规规定的其他措施。

第五十二条　处理个人信息达到国家网信部门规定数量的个人信息处理者应当指定个人信息保护负责人，负责对个人信息处理活动以及采取的保护措施等进行监督。

个人信息处理者应当公开个人信息保护负责人的联系方式，并将个人信息保护负责人的姓名、联系方式等报送履行个人信息保护职责的部门。

第五十三条　本法第三条第二款规定的中华人民共和国境外的个人信息处理者，应当在中华人民共和国境内设立专门机构或者指定代表，负责处理个人信息保护相关事务，并将有关机构的名称或者代表的姓名、联系方式等报送履行个人信息保护职责的部门。

第五十四条　个人信息处理者应当定期对其处理个人信息遵守法律、行政法规的情况进行合规审计。

第五十五条　有下列情形之一的，个人信息处理者应当事前进行个人信息保护影响评估，并对处理情况进行记录：

（一）处理敏感个人信息；

（二）利用个人信息进行自动化决策；

（三）委托处理个人信息、向其他个人信息处理者提供个人信息、公开个人信息；

（四）向境外提供个人信息；

（五）其他对个人权益有重大影响的个人信息处理活动。

第五十六条　个人信息保护影响评估应当包括下列内容：

（一）个人信息的处理目的、处理方式等是否合法、正当、必要；

（二）对个人权益的影响及安全风险；

（三）所采取的保护措施是否合法、有效并与风险程度相适应。

个人信息保护影响评估报告和处理情况记录应当至少保存三年。

第五十七条　发生或者可能发生个人信息泄露、篡改、丢失的，个人信息处理者应当立即采取补救措施，并通知履行个人信息保护职责的部门和个人。通知应当包括下列事项：

法律适用

相关法律法规

（一）发生或者可能发生个人信息泄露、篡改、丢失的信息种类、原因和可能造成的危害；

（二）个人信息处理者采取的补救措施和个人可以采取的减轻危害的措施；

（三）个人信息处理者的联系方式。

个人信息处理者采取措施能够有效避免信息泄露、篡改、丢失造成危害的，个人信息处理者可以不通知个人；履行个人信息保护职责的部门认为可能造成危害的，有权要求个人信息处理者通知个人。

**第五十八条** 提供重要互联网平台服务、用户数量巨大、业务类型复杂的个人信息处理者，应当履行下列义务：

（一）按照国家规定建立健全个人信息保护合规制度体系，成立主要由外部成员组成的独立机构对个人信息保护情况进行监督；

（二）遵循公开、公平、公正的原则，制定平台规则，明确平台内产品或者服务提供者处理个人信息的规范和保护个人信息的义务；

（三）对严重违反法律、行政法规处理个人信息的平台内的产品或者服务提供者，停止提供服务；

（四）定期发布个人信息保护社会责任报告，接受社会监督。

**第五十九条** 接受委托处理个人信息的受托人，应当依照本法和有关法律、行政法规的规定，采取必要措施保障所处理的个人信息的安全，并协助个人信息处理者履行本法规定的义务。

### 第六章 履行个人信息保护职责的部门

**第六十条** 国家网信部门负责统筹协调个人信息保护工作和相关监督管理工作。国务院有关部门依照本法和有关法律、行政法规的规定，在各自职责范围内负责个人信息保护和监督管理工作。

县级以上地方人民政府有关部门的个人信息保护和监督管理职责，按照国家有关规定确定。

前两款规定的部门统称为履行个人信息保护职责的部门。

**第六十一条** 履行个人信息保护职责的部门履行下列个人信息保护职责：

（一）开展个人信息保护宣传教育，指导、监督个人信息处理者开展个人信息保护工作；

（二）接受、处理与个人信息保护有关的投诉、举报；

（三）组织对应用程序等个人信息保护情况进行测评，并公布测评结果；

（四）调查、处理违法个人信息处理活动；

（五）法律、行政法规规定的其他职责。

**第六十二条** 国家网信部门统筹协调有关部门依据本法推进下列个人信息保护工作：

（一）制定个人信息保护具体规则、标准；

（二）针对小型个人信息处理者、处理敏感个人信息以及人脸识别、人工智能等新技术、新应用，制定专门的个人信息保护规则、标准；

（三）支持研究开发和推广应用安全、方便的电子身份认证技术，推进网络身份认证公共服务建设；

（四）推进个人信息保护社会化服务体系建设，支持有关机构开展个人信息保护评估、认证服务；

（五）完善个人信息保护投诉、举报工作机制。

**第六十三条** 履行个人信息保护职责的部门履行个人信息保护职责，可以采取下列措施：

（一）询问有关当事人，调查与个人信息处理活动有关的情况；

（二）查阅、复制当事人与个人信息处理活动有关的合同、记录、账簿以及其他有关资料；

（三）实施现场检查，对涉嫌违法的个人信息处理活动进行调查；

（四）检查与个人信息处理活动有关的设备、物品；对有证据证明是用于违法个人信息处理活动的设备、物品，向本部门主要负责人书面报告并经批准，可以查封或者扣押。

履行个人信息保护职责的部门依法履行职责，当事人应当予以协助、配合，不得拒绝、阻挠。

**第六十四条** 履行个人信息保护职责的部门在履行职责中，发现个人信息处理活动存在较大风险或者发生个人信息安全事件的，可以按照规定的权限和程序对该个人信息处理者的法定代表人或者主要负责人进行约谈，或者要求个人信息处理者委托专业机构对其个人信息处理活动进行合规审计。个人信息处理者应当按照要求采取措施，进行整改，消除隐患。

履行个人信息保护职责的部门在履行职责中，发现违法处理个人信息涉嫌犯罪的，应当及时移送公安机关依法处理。

**第六十五条** 任何组织、个人有权对违法个人信息处理活动向履行个人信息保护职责的部门进行投诉、举报。收到投诉、举报的部门应当依法及时处理，并将处理结果告知投诉、举报人。

履行个人信息保护职责的部门应当公布接受投诉、举报的联系方式。

第七章 法 律 责 任

**第六十六条** 违反本法规定处理个人信息，或者处理个人信息未履行本法规定的个人信息保护义务的，由履行个人信息保护职责的部门责令改正，给予警告，没收违法所得，对违法处理个人信息的应用程序，责令暂停或者终止提供服务；拒不改正的，并处一百万元以下罚款；对直接负责的主管人员和其他直接责任人员处一万元以上十万元以下罚款。

有前款规定的违法行为，情节严重的，由省级以上履行个人信息保护职责的部门责令改正，没收违法所得，并处五千万元以下或者上一年度营业额百分之五以下罚款，并可以责令暂停相关业务或者停业整顿、通报有关主管部门吊销相关业务许可或者吊销营业执照；对直接负责的主管人员和其他直接责任人员处十万元以上一百万元以下罚款，并可以决定禁止其在一定期限内担任相关企业的董事、监事、高级管理人员和个人信息保护负责人。

**第六十七条** 有本法规定的违法行为的，依照有关法律、行政法规的规定记入信用档案，并予以公示。

**第六十八条** 国家机关不履行本法规定的个人信息保护义务的，由其上级机关或者履行个人信息保护职责的部门责令改正；对直接负责的主管人员和其他直接责任人员依法给予处分。

履行个人信息保护职责的部门的工作人员玩忽职守、滥用职权、徇私舞弊，尚不构成犯罪的，依法给予处分。

**第六十九条** 处理个人信息侵害个人信息权益造成损害，个人信息处理者不能证明自己没有过错的，应当承担损害赔偿等侵权责任。

前款规定的损害赔偿责任按照个人因此受到的损失或者个人信息处理者因此获得的利益确定；个人因此受到的损失和个人信息处理者因此获得的利益难以确定的，根据实际情况确定赔偿数额。

**第七十条** 个人信息处理者违反本法规定处理个人信息，侵害众多个人的权益的，人民检察院、法律规定的消费者组织和由国家网信部门确定的组织可以依法向人民法院提起诉讼。

**第七十一条** 违反本法规定，构成违反治安管理行为的，依法给予治安管理处罚；构成犯罪的，依法追究刑事责任。

第八章 附 则

**第七十二条** 自然人因个人或者家庭事务处理个人信息的，不适用本法。

法律对各级人民政府及其有关部门组织实施的统计、档案管理活动中的个人信息处理有规定的，适用其规定。

**第七十三条** 本法下列用语的含义：

（一）个人信息处理者，是指在个人信息处理活动中自主决定处理目的、处理方式的组织、个人。

（二）自动化决策，是指通过计算机程序自动分析、评估个人的行为习惯、兴趣爱好或者经济、健康、信用状况等，并进行决策的活动。

（三）去标识化，是指个人信息经过处理，使其在不借助额外信息的情况下无法识别特定自然人的过程。

（四）匿名化，是指个人信息经过处理无法识别特定自然人且不能复原的过程。

**第七十四条** 本法自 2021 年 11 月 1 日起施行。

**二、《中华人民共和国居民身份证法》（节录）**（2003 年 6 月 28 日中华人民共和国主席令第 4 号公布 自 2004 年 1 月 1 日起施行 2011 年 10 月 29 日修正）

**第二十条** 人民警察有下列行为之一的，根据情节轻重，依法给予行政处分；构成犯罪的，依法追究刑事责任：

（一）利用制作、发放、查验居民身份证的便利，收受他人财物或者谋取其他利益的；

（二）非法变更公民身份号码，或者在居民身份证上登载本法第三条第一款规定项目以外的信息或者故意登载虚假信息的；

（三）无正当理由不在法定期限内发放居民身份证的；

（四）违反规定查验、扣押居民身份证，侵害公民合法权益的；

（五）泄露因制作、发放、查验、扣押居民身份证而知悉的公民个人信息，侵害公民合法权益的。

**三、《中华人民共和国统计法》（节录）**（1983 年 12 月 8 日中华人民共和国主席令第 9 号公布 自 1984 年 1 月 1 日起施行 1996 年 5 月 15 日修正 2009 年 6 月 27 日修订）

**第三十九条** 县级以上人民政府统计机构或者有关部门有下列行为之一的，对直接负责的主管人员和其他直接责任人员由任免机关或者监察机关依法给予处分：

法律适用

相关法律法规

（一）违法公布统计资料的；

（二）泄露统计调查对象的商业秘密、个人信息或者提供、泄露在统计调查中获得的能够识别或者推断单个统计调查对象身份的资料的；

（三）违反国家有关规定，造成统计资料毁损、灭失的。

统计人员有前款所列行为之一的，依法给予处分。

**四、《中华人民共和国旅游法》（节录）**（2013 年 4 月 25 日中华人民共和国主席令第 3 号公布　自 2013 年 10 月 1 日起施行　2016 年 11 月 7 日第一次修正　2018 年 10 月 26 日第二次修正）

**第五十二条**　旅游经营者对其在经营活动中知悉的旅游者个人信息，应当予以保密。

**第八十六条**　旅游主管部门和有关部门依法实施监督检查，其监督检查人员不得少于二人，并应当出示合法证件。监督检查人员少于二人或者未出示合法证件的，被检查单位和个人有权拒绝。

监督检查人员对在监督检查中知悉的被检查单位的商业秘密和个人信息应当依法保密。

左栏：法律适用　相关法律法规

# 31 报复陷害案

**概念**

本罪是指国家机关工作人员滥用职权、假公济私，对控告人、申诉人、批评人、举报人实行报复陷害的行为。

**立案标准**

国家机关工作人员涉嫌滥用职权、假公济私，对控告人、申诉人、批评人、举报人实行报复陷害，有下列情形之一的，应予立案：

(1) 报复陷害，情节严重，导致控告人、申诉人、批评人、举报人或者其近亲属自杀、自残造成重伤、死亡，或者精神失常的；

(2) 致使控告人、申诉人、批评人、举报人或者其近亲属的其他合法权利受到严重损害的；

(3) 其他报复陷害应予追究刑事责任的情形。

**定罪标准**

**犯罪客体**

本罪侵犯的客体是公民的民主权利和国家机关的正常活动。我国《宪法》第41条第1、2款规定："中华人民共和国公民对于任何国家机关和国家工作人员，有提出批评和建议的权利；对于任何国家机关和国家工作人员的违法失职行为，有向有关国家机关提出申诉、控告或者检举的权利，但是不得捏造或者歪曲事实进行诬告陷害。对于公民的申诉、控告或者检举，有关国家机关必须查清事实，负责处理。任何人不得压制和打击报复。"为了切实保障宪法赋予公民的上述权利的实现，《刑法》对侵犯公民的上述权利的行为规定了报复陷害罪。报复陷害是同国家工作人员滥用职权、假公济私联系在一起的，因此，不仅侵犯了公民的民主权利，而且严重损害了国家机关的声誉，破坏了国家机关的正常活动。

**犯罪客观方面**

本罪在客观方面表现为滥用职权、假公济私，对控告人、申诉人、批评人、举报人实行报复陷害的行为。

一、本罪的行为对象是控告人、申诉人、批评人、举报人。所谓控告人，是指向司法机关和其他党政机关告发、检举国家工作人员违法失职的人。所谓申诉人，是指对司法机关已经发生法律效力的判决、裁定或者决定不服，对国家行政机关处罚的决定不服或者对其他纪律处分的决定不服而提出申诉意见的人。所谓批评人，是指对国家机关及其工作人员工作上的缺点、错误或思想作风提出批评意见的人。所谓举报人，是指向司法机关检举、揭发犯罪嫌疑人的犯罪事实或者犯罪嫌疑人线索的人。需要注意的是，上述控告人、申诉人、批评人与举报人，并不限于对实施本罪的行为人进行控告、申诉、批评与举报的人。例如，被害人举报国家机关工作人员甲的犯罪事实，国家机关工作人员乙对被害人进行报复陷害的，仍成立本罪。

二、本罪的行为内容是滥用职权、假公济私，实行报复陷害。滥用职权，是指违背法律的规定而行使职权。假公济私，是指行为人以工作为名，为徇私情或者实现个人的目的而利用职务上的便利。报复陷害，是指利用手中的权力，以各种借口进行政治上或者经济上的迫害，如降职、降级、调离岗位、捏造事实诬陷被害人经济上、生活作风上有问题等。如果行为人报复陷害的行为与滥用职权、假公济私无关，则不构成本罪。例如，对被害人进行身体伤害的行为，客观上也属于报复行为，但由于此伤害行为与行为人之职权无关，因此不构成本罪，而应以故意伤害罪论处。

| 定罪标准 | 犯罪主体 | 本罪是纯正的身份犯，主体是国家机关工作人员。刑法中所称的国家机关工作人员，是指在国家机关中从事公务的人员，包括在各级国家权力机关、行政机关、监察机关、司法机关和军事机关中从事公务的人员。根据有关立法解释的规定，在依照法律、法规规定行使国家行政管理职权的组织中从事公务的人员，或者在受国家机关委托代表国家行使职权的组织中从事公务的人员或者虽未列入国家机关人员编制但在国家机关中从事公务的人员，视为国家机关工作人员。在乡（镇）以上中国共产党机关、人民政协机关中从事公务的人员，司法实践中也应当视为国家机关工作人员。 |
|---|---|---|
| | 犯罪主观方面 | 本罪在主观方面表现为故意，即明知自己报复陷害行为会损害公民的民主权利和国家机关的正常活动，希望或者放任这种结果发生。 |
| | 罪与非罪 | 区分罪与非罪的界限，关键要看行为人是否滥用职权、假公济私。 |
| | 此罪与彼罪 | 本罪与诬告陷害罪的界限。两罪的主要区别在于：（1）犯罪客体不同。诬告陷害罪的犯罪客体是他人的人身权利和司法机关的正常活动；本罪的犯罪客体是公民的控告权、申诉权、批评权、举报权等民主权利和国家机关的正常活动。（2）行为对象不同。对于诬告陷害罪的行为对象，法律未作限制性的规定；而本罪的行为对象仅限于控告人、申诉人、批评人和举报人。（3）行为方式不同。诬告陷害罪的行为方式是捏造犯罪事实，向国家机关和有关单位作虚假告发的行为；本罪的行为方式是滥用职权、假公济私，对控告人、申诉人、批评人、举报人进行报复陷害。（4）行为主体不同。诬告陷害罪的犯罪主体是一般主体；本罪的主体是特殊主体，只有国家机关工作人员才能构成本罪。<br><br>司法实践中，如果国家机关工作人员采取捏造犯罪事实的方法诬告陷害他人的，属于一行为触犯数个罪名，即想象竞合的情形，应当以一重罪即诬告陷害罪论处。 |
| 证据参考标准 | 主体方面的证据 | **一、证明行为人刑事责任年龄、身份等自然情况的证据**<br>包括身份证明、户籍证明、任职证明、工作经历证明、特定职责证明等，主要是证明行为人的姓名（曾用名）、性别、出生年月日、民族、籍贯、出生地、职业（或职务）、住所地（或居所地）等证据材料，如户口簿、居民身份证、居住证、工作证、出生证、专业或技术等级证、干部履历表、职工登记表、护照等。<br>对于户籍、出生证等材料内容不实的，应提供其他证据材料。人大代表、政协委员犯罪的案件，应注明身份，并附身份证明材料。<br>**二、证明行为人刑事责任能力的证据**<br>证明行为人对自己的行为是否具有辨认能力与控制能力，如是否属于间歇性精神病人、尚未完全丧失辨认或者控制自己行为能力的精神病人的证明材料。 |
| | 主观方面的证据 | **证明行为人故意的证据**<br>1. 证明行为人主观认识因素的证据：证明行为人明知自己的行为会发生危害社会的结果；2. 证明行为人主观意志因素的证据：证明行为人希望或者放任危害结果发生。 |

| 证据参考标准 | 客观方面的证据 | **证明行为人报复陷害犯罪行为的证据**<br>具体证据包括：1. 证明行为人滥用职权的证据。2. 证明行为人假公济私的证据。3. 证明行为人对控告人实行报复陷害行为的证据。4. 证明行为人对申诉人实行报复陷害行为的证据。5. 证明行为人对批评人实行报复陷害行为的证据。6. 证明行为人对举报人实行报复陷害行为的证据。7. 证明情节严重的证据。 |
| --- | --- | --- |
| | 量刑方面的证据 | **一、法定量刑情节证据**<br>1. 事实情节。2. 法定从重情节。3. 法定从轻或者减轻情节：（1）可以从轻；（2）可以从轻或者减轻；（3）应当从轻或者减轻。4. 法定从轻、减轻或者免除情节：（1）可以从轻、减轻或者免除处罚；（2）应当从轻、减轻或者免除处罚。5. 法定减轻或者免除情节：（1）可以减轻或者免除处罚；（2）应当减轻或者免除处罚；（3）可以免除处罚。<br>**二、酌定量刑情节证据**<br>1. 犯罪手段；2. 犯罪对象；3. 危害结果；4. 动机；5. 平时表现；6. 认罪态度；7. 是否有前科；8. 其他证据。 |
| 量刑标准 | 犯本罪的 | 处二年以下有期徒刑或者拘役 |
| | 情节严重的 | 处二年以上七年以下有期徒刑 |
| 法律适用 | 刑法条文 | **第二百五十四条** 国家机关工作人员滥用职权、假公济私，对控告人、申诉人、批评人、举报人实行报复陷害的，处二年以下有期徒刑或者拘役；情节严重的，处二年以上七年以下有期徒刑。 |
| | 立法解释 | **全国人民代表大会常务委员会《关于〈中华人民共和国刑法〉第九章渎职罪主体适用问题的解释》**（2002年12月28日第九届全国人民代表大会常务委员会第三十一次会议通过）<br>全国人大常委会根据司法实践中遇到的情况，讨论了刑法第九章渎职罪主体的适用问题，解释如下：<br>在依照法律、法规规定行使国家行政管理职权的组织中从事公务的人员，或者在受国家机关委托代表国家机关行使职权的组织中从事公务的人员，或者虽未列入国家机关人员编制但在国家机关中从事公务的人员，在代表国家机关行使职权时，有渎职行为，构成犯罪的，依照刑法关于渎职罪的规定追究刑事责任。<br>现予公告。 |
| | 司法解释 | **最高人民检察院《关于渎职侵权犯罪案件立案标准的规定》（节录）**（2006年7月26日最高人民检察院公布　自公布之日起施行　高检发释字〔2006〕2号）<br>**二、国家机关工作人员利用职权实施的侵犯公民人身权利、民主权利犯罪案件**<br>（六）报复陷害案（第二百五十四条）<br>报复陷害罪是指国家机关工作人员滥用职权、假公济私，对控告人、申诉人、批评人、举报人实行报复陷害的行为。 |

**司法解释**

涉嫌下列情形之一的，应予立案：

1. 报复陷害，情节严重，导致控告人、申诉人、批评人、举报人或者其近亲属自杀、自残造成重伤、死亡，或者精神失常的；

2. 致使控告人、申诉人、批评人、举报人或者其近亲属的其他合法权利受到严重损害的；

3. 其他报复陷害应予追究刑事责任的情形。

**法律适用**

**相关法律法规**

**《中华人民共和国宪法》（节录）**（1982年12月4日全国人民代表大会公告公布施行　根据1988年4月12日第七届全国人民代表大会第一次会议通过的《中华人民共和国宪法修正案》、1993年3月29日第八届全国人民代表大会第一次会议通过的《中华人民共和国宪法修正案》、1999年3月15日第九届全国人民代表大会第二次会议通过的《中华人民共和国宪法修正案》、2004年3月14日第十届全国人民代表大会第二次会议通过的《中华人民共和国宪法修正案》和2018年3月11日第十三届全国人民代表大会第一次会议通过的《中华人民共和国宪法修正案》修正）

**第四十一条**　中华人民共和国公民对于任何国家机关和国家工作人员，有提出批评和建议的权利；对于任何国家机关和国家工作人员的违法失职行为，有向有关国家机关提出申诉、控告或者检举的权利，但是不得捏造或者歪曲事实进行诬告陷害。

对于公民的申诉、控告或者检举，有关国家机关必须查清事实，负责处理。任何人不得压制和打击报复。

由于国家机关和国家工作人员侵犯公民权利而受到损失的人，有依照法律规定取得赔偿的权利。

# 32 打击报复会计、统计人员案

| | | |
|---|---|---|
| **概念** | | 本罪是指公司、企业、事业单位、机关、团体的领导人，对依法履行职责、抵制违反会计法、统计法行为的会计、统计人员实行打击报复，情节恶劣的行为。 |
| **立案标准** | | 根据《刑法》第 255 条的规定，公司、企业、事业单位、机关、团体的领导人，对依法履行职责、抵制违反会计法、统计法行为的会计、统计人员实行打击报复，情节恶劣的，应当立案。<br><br>本罪是情节犯，行为人实施的打击报复会计、统计人员的行为，必须具备"情节恶劣"的情形，才构成本罪，予以立案侦查。 |

| | | |
|---|---|---|
| **定罪标准** | **犯罪客体** | 本罪侵犯的客体是双重客体，既侵犯了会计、统计人员的人身权利，又侵犯了国家会计、统计管理制度。建立严格完善的会计、统计制度，是发展国民经济的重要保证。为此，我国专门制定了《会计法》和《统计法》，要求一切会计、统计机构和人员严格履行职责，并赋予了会计、统计人员抵制违反会计法、统计法的行为的职权。一些单位的领导人员为了个人的私利和小团体的利益，不但违反会计法、统计法，还对会计、统计人员的抵制行为进行打击报复，严重侵犯了国家的经济管理制度和会计、统计人员的人身权利，对于这种行为，理应给予刑事处罚。<br><br>本罪的侵害对象为会计人员和统计人员。会计人员是指持有会计证，具备必要的专业知识和专业技能，按照有关规定从事会计工作的人员，包括专职会计人员、会计主管人员、会计机构负责人、总会计师等。其中"会计主管人员"是指不设置会计机构，只在其他机构中设置专职会计人员的单位行使会计机构负责人职权的人员。打击报复会计人员罪的侵害对象不包括那些不具备会计资格的临时受指派从事一些有关会计事务工作的人员。公司、企业、事业单位、机关团体的领导人对于不具有会计资格，临时从事财会管理工作的人员实行打击报复的，不能认定为打击报复会计人员罪，需要作为犯罪处罚的，可根据其打击报复行为具体危害性，定以相应的罪名。根据《统计法》的有关规定，统计人员应包括国务院和地方各级人民政府设立的统计机构中的统计人员、统计负责人，还包括企业事业组织根据统计任务的需要设立的统计机构中的统计人员、统计负责人。非上述统计人员，不能成为打击报复统计人员罪的侵犯对象。 |
| | **犯罪客观方面** | 本罪在客观方面表现为公司、企业、事业单位、机关、团体的领导人，对依法履行职责，抵制违反会计法、统计法行为的会计、统计人员实行打击报复，情节恶劣的行为。<br><br>所谓依法履行职责，对于会计人员来说，是指会计人员依照会计法有关的规定履行会计机构、会计人员的主要职责，如依法进行会计核算，实行会计监督；拟订本单位办理会计事务的具体办法；参与拟订经济计划、业务计划、考核、分析预算、财务计划的执行情况；办理其他会计事务等。对于统计人员来说，则是指统计人员依照统 |

计法的规定，履行统计人员的职责如组织、协调本单位的统计工作，完成国家统计调查、部门统计调查和地方统计调查任务，搜集、整理、提供统计资料；对本月单位的计划执行情况进行统计分析，实行统计监督；管理本单位的统计调查表，建立健全统计台账制度，并会同有关机构或者人员建立健全原始记录制度，等等。

所谓抵制违反会计法、统计法的行为，是指会计人员、统计人员对于不符合会计法、统计法的行为，依法加以拒绝、揭露、向有关领导反映、提出批评意见等行为。司法实践中，通常表现为会计人员、统计人员对本单位有关领导的违反会计法、统计法的命令、授意等予以抵制，拒绝服从或检举、揭发的行为。对违反会计法、统计法的行为加以抵制是会计人员、统计人员的职责中应有的内容，也是其依法应履行的义务，如我国的会计法除了明确规定会计机构、会计人员的职责外，还明确规定了会计人员不依法履行职责，抵制违反会计法的行为所应负的法律责任，如《会计法》第14条第3、4、5款规定："会计机构、会计人员必须按照国家统一的会计制度的规定对原始凭证进行审核，对不真实、不合法的原始凭证有权不予接受，并向单位负责人报告；对记载不准确、不完整的原始凭证予以退回，并要求按照国家统一的会计制度的规定更正、补充。原始凭证记载的各项内容均不得涂改；原始凭证有错误的，应当由出具单位重开或者更正，更正处应当加盖出具单位印章。原始凭证金额有错误的，应当由出具单位重开，不得在原始凭证上更正。记账凭证应当根据经过审核的原始凭证及有关资料编制。"第15条规定："会计账簿登记，必须以经过审核的会计凭证为依据，并符合有关法律行政法规和国家统一的会计制度的规定。会计账簿包括总账、明细账、日记账和其他辅助性账簿。会计账簿应当按照连续编号的页码顺序登记。会计账簿记录发生错误或者隔页、缺号、跳行的，应当按照国家统一的会计制度规定的方法更正，并由会计人员和会计机构负责人（会计主管人员）在更正处盖章。使用电子计算机进行会计核算的，其会计账簿的登记、更正，应当符合国家统一的会计制度的规定。"第16条规定："各单位发生的各项经济业务事项应当在依法设置的会计账簿上统一登记、核算，不得违反本法和国家统一的会计制度的规定私设会计账簿登记、核算。"同时《会计法》第42条规定："授意、指使、强令会计机构、会计人员及其他人员伪造、变造会计凭证、会计账簿，编制虚假财务会计报告或者隐匿、故意销毁依法应当保存的会计凭证、会计账簿、财务会计报告的，由县级以上人民政府财政部门给予警告、通报批评，可以并处二十万元以上一百万元以下的罚款；情节严重的，可以并处一百万元以上五百万元以下的罚款；属于公职人员的，还应当依法给予处分；构成犯罪的，依法追究刑事责任。"第43条规定："单位负责人对依法履行职责、抵制违反本法规定行为的会计人员以降级、撤职、调离工作岗位、解聘或者开除等方式实行打击报复，构成犯罪的，依法追究刑事责任；尚不构成犯罪的，由其所在单位或者有关单位依法给予行政处分。对受打击报复的会计人员，应当恢复其名誉和原有职务、级别。"第44条规定："财政部门及有关行政部门的工作人员在实施监督管理中滥用职权、玩忽职守、徇私舞弊或者泄露国家秘密、商业秘密，构成犯罪的，依法追究刑事责任；尚不构成犯罪的，依法给予行政处分。"由此可见，如果会计人员对违反会计法的行为不依法加以抵制，则要承担相应的行政责任，直至刑事责任。其中，会计人员所应加以抵制的也主要是上述所列举的违反会计法的行为。对于统计人员来说，我国统计法除明确统计机构、统计人员依法应履行的职责外，也明确规定了统计人员违反统计法或者对违反统计法的行为不加以抵制所应负的法律责任。例如，我国的《统计法》第29条规定："统计机构、统计人员应当依法履行职责，如实

| | | |
|---|---|---|
| 定<br>罪<br>标<br>准 | 犯罪<br>客观<br>方面 | 搜集、报送统计资料，不得伪造、篡改统计资料，不得以任何方式要求任何单位和个人提供不真实的统计资料，不得有其他违反本法规定的行为。统计人员应当坚持实事求是，恪守职业道德，对其负责搜集、审核、录入的统计资料与统计调查对象报送的统计资料的一致性负责。"第37条规定："地方人民政府、政府统计机构或者有关部门、单位的负责人有下列行为之一的，由任免机关或者监察机关依法给予处分，并由县级以上人民政府统计机构予以通报：（一）自行修改统计资料、编造虚假统计数据的；（二）要求统计机构、统计人员或者其他机构、人员伪造、篡改统计资料的；（三）对依法履行职责或者拒绝、抵制统计违法行为的统计人员打击报复的；（四）对本地方、本部门、本单位发生的严重统计违法行为失察的。"第47条规定："违反本法规定，构成犯罪的，依法追究刑事责任。"据此，统计人员应对上述违反统计法的行为加以抵制，否则将受到相应的行政处分或刑事处罚。<br><br>　　有关公司、企业、事业单位、机关、团体的领导人对依法履行职责、抵制违反会计法、统计法的会计、统计人员实行打击报复的行为方式是多种多样的，常见的形式主要是利用职权篡改人事档案，出具假政审材料，克扣工资、奖金，罚款，停止工作、降职降级，压制晋级晋职，开除党籍、开除公职，调离原工作岗位，在大小会议上进行批判、斗争、羞辱，编造材料报送公安机关对其进行行政拘留等。总之，既可以表现为对有关的会计、统计人员进行肉体、精神上的摧残、迫害，也可以表现为对其在经济上进行制裁，还可以表现为政治上的迫害。值得注意的是，司法实践中，公司、企业、事业单位、机关、团体的领导人对抵制违反会计法、统计法的会计、统计人员进行打击报复时，通常都是利用手中的职权，假公济私实施打击报复行为的。但是，本条并没有明文规定行为人必须利用了职权才能构成本罪，对于一些领导人员没有利用职权对有关会计、统计人员实行报复打击，情节恶劣的，也应认定为打击报复会计、统计人员罪。<br><br>　　根据本条的规定，公司、企业、事业单位、机关、团体的领导人，对依法履行职责、抵制违反会计法、统计法行为的会计、统计人员实行打击报复，情节恶劣的，才构成打击报复会计、统计人员罪。何谓情节恶劣，尚无明确的司法解释加以界定，一般认为主要是指打击报复致使被害人的人身、民主权利受到严重损害的；打击报复致使国家利益遭受重大损失的；打击报复造成被害人自杀、精神失常等严重后果的；一贯打击报复他人的；打击报复造成影响恶劣的等。虽然实施了打击报复的行为，但不属于"情节恶劣"的情形，则不应认定为构成犯罪，只能按照有关法律的规定，予以纪律处分或行政处罚。 |
| | 犯罪<br>主体 | 　　本罪的主体为特殊主体，仅限于公司、企业、事业单位、机关、团体的领导人。其他人不构成本罪。 |
| | 犯罪<br>主观<br>方面 | 　　本罪在主观方面表现为故意，并且具有打击报复的目的。 |
| | 罪与<br>非罪 | 　　区分罪与非罪的界限，关键看公司、企业、事业单位、机关、团体的领导人，对依法履行职责、抵制违反会计法、统计法行为的会计、统计人员实行打击报复，情节是否恶劣。 |

| | | |
|---|---|---|
| **定罪标准** | **此罪与彼罪** | 本罪与报复陷害罪的界限。两者的区别是：（1）本罪的主体是公司、企业、事业单位、机关、团体的领导人；后者则为国家机关工作人员。（2）本罪的对象是依法履行职责、抵制违反会计法、统计法行为的会计、统计人员；后者则为控告人、申诉人、批评人、举报人。（3）本罪的行为既可以利用职权实施，又可以不利用职权实施；后者则必须要求滥用职权进行报复。尽管如此，有时候会计人员、统计人员对其行为进行抵制的同时又在公共场合如会议提出了批评甚或对其他违法犯罪行为提出了控告，而行为人如滥用职权报复且为国家机关工作人员时，则同时触犯本罪与报复陷害罪，此时，应按照想象竞合从一重罪即后者处罚。 |
| **证据参考标准** | **主体方面的证据** | **一、证明行为人刑事责任年龄、身份等自然情况的证据**<br>包括身份证明、户籍证明、任职证明、工作经历证明、特定职责证明等，主要是证明行为人的姓名（曾用名）、性别、出生年月日、民族、籍贯、出生地、职业（或职务）、住所地（或居所地）等证据材料，如户口簿、居民身份证、居住证、工作证、出生证、专业或技术等级证、干部履历表、职工登记表、护照等。<br>对于户籍、出生证等材料内容不实的，应提供其他证据材料。外国人犯罪的案件，应有护照等身份证明材料。人大代表、政协委员犯罪的案件，应注明身份，并附身份证明材料。<br>**二、证明行为人刑事责任能力的证据**<br>证明行为人对自己的行为是否具有辨认能力与控制能力，如是否属于间歇性精神病人、尚未完全丧失辨认或者控制自己行为能力的精神病人的证明材料。 |
| | **主观方面的证据** | **证明行为人故意的证据**<br>1. 证明行为人明知的证据：证明行为人明知自己的行为会发生危害社会的结果；2. 证明直接故意的证据：证明行为人希望危害结果发生；3. 目的：打击报复。 |
| | **客观方面的证据** | **证明行为人打击报复会计、统计人员犯罪行为的证据**<br>具体证据包括：1. 证明行为人打击报复会计人员、统计人员行为的证据：（1）扣发会计、统计人员工资行为的证据；（2）扣发会计、统计人员奖金行为的证据；（3）调离会计、统计人员工作岗位行为的证据；（4）不给会计、统计人员安排工作行为的证据；（5）使会计、统计人员丧失生活来源行为的证据；（6）不给会计、统计人员安排住房行为的证据；（7）对会计、统计人员晋升职称设置障碍行为的证据。2. 证明行为人打击报复会计、统计人员依法履行职责，抵制违反会计法、统计法行为引起行为的证据。3. 证明行为人打击报复会计、统计人员致使其生活陷入困境，精神上遭受严重压抑行为的证据。4. 证明行为人命令其下级会计、统计人员在账目、统计报表上作假行为的证据。5. 证明行为人严重损害国家利益及正常的管理秩序行为的证据。6. 证明打击报复会计、统计人员情节恶劣行为的证据。 |

| 证据参考标准 | 量刑方面的证据 | **一、法定量刑情节证据**<br>1. 事实情节：（1）情节严重；（2）其他。2. 法定从重情节。3. 法定从轻或者减轻情节：（1）可以从轻；（2）可以从轻或者减轻；（3）应当从轻或者减轻。4. 法定从轻、减轻或者免除情节：（1）可以从轻、减轻或者免除处罚；（2）应当从轻、减轻或者免除处罚。5. 法定减轻或者免除情节：（1）可以减轻或者免除处罚；（2）应当减轻或者免除处罚；（3）可以免除处罚。<br>**二、酌定量刑情节证据**<br>1. 犯罪手段：（1）政治迫害；（2）经济克扣。2. 犯罪对象：（1）经济情况；（2）家属要求；（3）本人意见。3. 危害结果。4. 动机。5. 平时表现。6. 认罪态度。7. 是否有前科。8. 其他证据。 |
|---|---|---|
| **量刑标准** | 犯本罪的 | 处三年以下有期徒刑或者拘役 |
| **法律适用** | **刑法条文** | 　　**第二百五十五条**　公司、企业、事业单位、机关、团体的领导人，对依法履行职责、抵制违反会计法、统计法行为的会计、统计人员实行打击报复，情节恶劣的，处三年以下有期徒刑或者拘役。 |
| | **相关法律法规** | 　　**一、《中华人民共和国统计法》（节录）**（1983年12月8日中华人民共和国主席令第9号公布　自1984年1月1日起施行　1996年5月15日修正　2009年6月27日修订）<br>　　**第六条**　统计机构和统计人员依照本法规定独立行使统计调查、统计报告、统计监督的职权，不受侵犯。<br>　　地方各级人民政府、政府统计机构和有关部门以及各单位的负责人，不得自行修改统计机构和统计人员依法搜集、整理的统计资料，不得以任何方式要求统计机构、统计人员及其他机构、人员伪造、篡改统计资料，不得对依法履行职责或者拒绝、抵制统计违法行为的统计人员打击报复。<br>　　**第三十七条**　地方人民政府、政府统计机构或者有关部门、单位的负责人有下列行为之一的，由任免机关或者监察机关依法给予处分，并由县级以上人民政府统计机构予以通报：<br>　　（一）自行修改统计资料、编造虚假统计数据的；<br>　　（二）要求统计机构、统计人员或者其他机构、人员伪造、篡改统计资料的；<br>　　（三）对依法履行职责或者拒绝、抵制统计违法行为的统计人员打击报复的；<br>　　（四）对本地方、本部门、本单位发生的严重统计违法行为失察。<br>　　**二、《中华人民共和国会计法》（节录）**（1985年1月21日中华人民共和国主席令第21号　自1985年5月1日起施行　1993年12月29日第一次修正　1999年10月31日修订　2017年11月4日第二次修正　2024年6月28日第三次修正）<br>　　**第五条**　会计机构、会计人员依照本法规定进行会计核算，实行会计监督。<br>　　任何单位或者个人不得以任何方式授意、指使、强令会计机构、会计人员伪造、变造会计凭证、会计账簿和其他会计资料，提供虚假财务会计报告。<br>　　任何单位或者个人不得对依法履行职责、抵制违反本法规定行为的会计人员实行打击报复。 |

**法律适用**

**相关法律法规**

　　**第四十三条**　单位负责人对依法履行职责、抵制违反本法规定行为的会计人员以降级、撤职、调离工作岗位、解聘或者开除等方式实行打击报复，构成犯罪的，依法追究刑事责任；尚不构成犯罪的，由其所在单位或者有关单位依法给予行政处分。对受打击报复的会计人员，应当恢复其名誉和原有职务、级别。

　　**三、《总会计师条例》（节录）**（1990 年 12 月 31 日中华人民共和国国务院令第 72 号公布　自公布之日起施行　2011 年 1 月 8 日修订）

　　**第十九条**　单位主要行政领导人阻碍总会计师行使职权的，以及对其打击报复或者变相打击报复的，上级主管单位应当根据情节给予行政处分。情节严重，构成犯罪的，由司法机关依法追究刑事责任。

# 33 破坏选举案

**概念**

本罪是指在选举各级人民代表大会代表和国家机关领导人员时，以暴力、威胁、欺骗、贿赂、伪造选举文件、虚报选举票数或者编造选举结果等手段破坏选举或者妨害选民和代表自由行使选举权和被选举权，情节严重的行为。

**立案标准**

根据《刑法》第 256 条的规定，在选举各级人民代表大会代表和国家机关领导人员时，以暴力、威胁、欺骗、贿赂、伪造选举文件、虚报选举票数等手段破坏选举或者妨害选民和代表自由行使选举权和被选举权，情节严重的，应当立案。

国家机关工作人员利用职权破坏选举，涉嫌下列情形之一的，应予立案：

(1) 以暴力、威胁、欺骗、贿赂等手段，妨害选民、各级人民代表大会代表自由行使选举权和被选举权，致使选举无法正常进行，或者选举无效，或者选举结果不真实的；

(2) 以暴力破坏选举场所或者选举设备，致使选举无法正常进行的；

(3) 伪造选民证、选票等选举文件，虚报选举票数，产生不真实的选举结果或者强行宣布合法选举无效、非法选举有效的；

(4) 聚众冲击选举场所或者故意扰乱选举场所秩序，使选举工作无法进行的；

(5) 其他情节严重的情形。

| 定罪标准 | 犯罪客体 | 本罪侵犯的客体是公民的选举权利和国家的选举制度。选举权利包括选举权和被选举权。选举权利是公民基本的政治权利，是我国人民当家作主，行使国家权力的重要标志。选举制度是国家的重要制度，是国家民主政治的基本保护，任何侵犯公民选举权利的自由行使、破坏选举制度的行为，都侵犯了公民民主权利，损害了国家的政治生活，必须依法惩处。 |
|---|---|---|
| | 犯罪客观方面 | 本罪在客观方面表现为在选举各级人民代表大会代表和国家机关领导人员时，采用各种手段破坏选举或者妨害选民和代表自由行使选举权和被选举权，情节严重的行为。<br>一、必须具有破坏选举或者妨害选民和代表自由行使选举权和被选举权的行为。所谓破坏选举，是指以各种方法扰乱、妨害整个选举活动包括选民登记、提出候选人、投票选举、补选、罢免等正常地进行。所谓妨害选民和代表自由行使选举权和被选举权，是指利用各种手段使得选民和代表不能按自己的意志自由地行使自己的选举和被选举的权利。例如，不准选民参加选举活动；逼迫、诱使选民或代表不选举某人或选举某人等。其中，选民是指直接参加选举活动，选举产生县级以下包括县、乡、镇人民代表大会代表的所有具有选举权的公民。所谓代表，是指由选民直接选举产生的县级以下包括县、乡、镇等人民代表大会的代表以及由县级以上包括县级人民代表大会的代表间接选举产生的上一级人民代表大会代表。至于破坏选举或妨害选民和代表自由行使选举权和被选举权的方式则多种多样，既可以表现为积极的作为如以暴力妨害，又可以表现为消极的不作为如故意漏登选民名单。主要是：(1) 暴力手段，即对选民、代表及其工作人员采取殴打、捆绑等人身伤害的手段或者捣乱选举场所，砸 |

| | | |
|---|---|---|
| **定罪标准** | **犯罪客观方面** | 毁选举设施进行破坏；（2）威胁手段，即以暴力伤害、毁坏财产、揭露隐私、破坏名誉等相要挟，对选民、代表及有关工作人员实施精神强制进行破坏；（3）欺骗手段，即虚构事实，散布、扩散各种谣言或隐瞒事实真相，以混淆视听进行干扰破坏；（4）贿赂手段，即利用金钱、财物或者其他物质利益甚或女色勾引、收买选民、代表或有关工作人员以进行破坏；（5）伪造选举文件，即伪造选民证、选票、候选人的情况资料、选举文件进行破坏；（6）虚报选举票数，即对选民、代表的投票总数、赞成票数、反对票数、弃权票数等进行以少报多或以多报少的虚假报告进行破坏；（7）其他手段，如撕毁选民名单、候选人名单；在选民名单、候选人名单、选票上涂写侮辱性词句；对与自己有不同意见的选民、代表进行打击报复；等等。<br><br>二、破坏选举的行为必须是发生在选举各级人民代表大会代表和国家机关领导人员的活动中，即破坏的是各级权力机关的选举活动。如果不是发生在其中，而是在选举开始以前或者结束以后以及是在选举权力机关代表和国家机关领导人员以外的选举，如工会、共青团、妇联等社会团体的选举，各级党组织及其他民主党派的选举，企业、事业单位的领导人员的选举等，就不属于本罪的破坏选举。对之，构成犯罪的，应以他罪定罪，而不能以本罪论处。至于选举活动，则包括选民登记、提出候选人、投票选举、补选、罢免以及人民代表大会换届选举、补选的一切活动过程。<br><br>三、破坏选举的行为还必须属于情节严重才能构成本罪。仅有破坏行为，尚未达到情节严重，也不能以本罪论处。所谓情节严重主要是指破坏选举手段恶劣、后果严重或者造成恶劣影响的等情况。破坏选举，具有下列情形之一的，应予立案：（1）以暴力、胁迫或者欺骗、贿赂等非法手段强迫或不让选民投某人的票，或强行宣布合法选举无效的；（2）伪造选举文件和选票，虚报选票数，或在选举进行中故意扰乱选举会场秩序，情节恶劣的；（3）在选举期间对控告、检举在选举中徇私舞弊或违法乱纪行为的公民进行压制、打击报复，情节严重的。 |
| | **犯罪主体** | 本罪的主体是一般主体，可以是普通公民，也可以是国家机关工作人员。但有些破坏选举的行为，如有意不真实地介绍候选人的情况；变更、伪造、虚报选举结果等，只能由选举工作人员实施。 |
| | **犯罪主观方面** | 本罪在主观方面表现为故意。一般出于破坏选举或妨害选民、代表自由行使选举权利的目的。犯罪的动机是各种各样的，有的是出于给自己或自己亲友争取选票，有的是想阻止自己不满的候选人当选，也有的是对选举工作有意见等。不同的动机，不影响定罪。过失不构成本罪。 |
| | **罪与非罪** | 区分罪与非罪的界限，要注意以下两点：<br>一、本罪与一般破坏选举行为的界限。《选举法》第11章对破坏选举的制裁中规定，为保障选民和代表自由行使选举权和被选举权，对有下列行为之一，破坏选举，违反治安管理规定的，依法给予治安管理处罚；构成犯罪的，依法追究刑事责任：（1）以金钱或者其他财物贿赂选民或者代表，妨害选民和代表自由行使选举权和被选举权的；（2）以暴力、威胁、欺骗或者其他非法手段妨害选民和代表自由行使选举权和被选举权的；（3）伪造选举文件、虚报选举票数或者有其他违法行为的；（4）对于控告、检举选举中违法行为的人，或者对于提出要求罢免代表的人进行压制、报复的。上述违法行为，每一种都可以是犯罪行为。因此，应当根据事实、情节、后果、危害及行为人的主观恶性程度，区分罪与非罪的界限。对情节恶劣、严重的，以破坏选举罪论处。情节较轻的，可作为一般违法行为，给予行政处罚。<br>二、违反《选举法》的错误行为与破坏选举罪的界限。如有些地方为图省事不差额选举，或者不按时公布选民和候选人名单的，都不构成本罪。 |

**定罪标准**

**此罪与彼罪**

一、本罪和寻衅滋事罪的界限。两者的区别是：(1) 两罪的主观方面不同。两罪都为故意犯罪，但行为人认知的内容不同。寻衅滋事罪的行为人明知自己的行为会发生破坏社会秩序的危害后果，而希望或者放任这种结果的发生。其目的往往是为了满足耍威风、取乐等不正常的精神刺激或其他不健康的心理需要。破坏选举罪则要求行为人明知自己的行为会妨害选举活动的进行及妨害选民和代表自由行使选举权和被选举权，而希望或放任这种结果的发生。其目的往往是出于个人政治上的野心或者是发泄个人的不满等。(2) 客观方面不同。根据《刑法》的规定，寻衅滋事罪的客观方面有四种表现：其一，随意殴打他人，情节恶劣的；其二，追逐、拦截、辱骂、恐吓他人，情节恶劣的；其三，强拿硬要或者任意毁损、占用公私财物，情节严重的；其四，在公共场所起哄闹事，造成公共场所秩序严重混乱的。其行为没有明确的时间要求。破坏选举罪则要求行为人的行为必须发生在选举各级人民代表大会代表和国家机关领导人员时。其客观方面的具体表现为行为人以暴力、威胁、欺骗、贿赂、伪造选举文件、虚报选举票数等手段破坏选举或者妨害选民和代表自由行使选举权和被选举权。由此可见，寻衅滋事罪的犯罪手段相对而言，较为单一，主要表现为暴力，而破坏选举罪的犯罪手段则较为多样化。从犯罪对象上看，破坏选举罪侵犯的对象主要是选民和代表，寻衅滋事罪侵犯的对象则通常为不特定的人或者财物。(3) 侵犯的客体不同。寻衅滋事罪侵犯的客体是社会公共秩序，即人们遵守共同生产规则而形成的正常秩序。破坏选举罪侵犯的客体为公民的选举权和被选举权以及国家的选举制度。

二、本罪与伪造国家机关公文、证件、印章罪的界限。行为人以伪造选举文件的手段破坏选举的行为，构成犯罪的，往往易与伪造国家机关公文、证件、印章罪混淆。《刑法》第280条第1款规定了伪造国家机关公文、证件、印章罪，其和以伪造选举文件的手段破坏选举的主要区别是：(1) 主观方面不同。伪造国家机关公文、证件、印章罪的行为人主观方面表现为故意，但其犯罪的动机通常是为了取得某种利益，或者是为了营利，有的则是为实施其他犯罪活动做准备等。以伪造选举文件手段实施破坏选举的行为人则往往具有明确的破坏选举的目的。(2) 客观方面不同。伪造国家机关公文、证件、印章罪侵犯的对象为国家机关的公文、证件、印章。国家机关包括国家的权力机关、行政机关、监察机关、司法机关、军事机关等。而以伪造选举文件手段破坏选举的行为人伪造的只限于选举文件，这些选举文件则是属于国家权力机关的公文，如各级人民代表大会主持选举工作机关制定、发布的关于选举工作的文件，不包括其他国家机关以及国家权力机关制定、发布的与选举工作无关的公文、证件等。(3) 侵犯的客体不同。伪造国家机关公文、证件、印章罪侵犯的客体是国家机关的公文、证件、印章的信誉以及国家机关对公文、证件、印章的管理活动。以伪造选举文件的手段破坏选举的犯罪行为侵害的客体则是国家的选举制度及选民和代表的选举权和被选举权。

三、本罪和妨害公务罪的界限。两者的区别是：(1) 客观方面不同。以暴力、威胁的方法阻碍代表依法执行职务构成妨害公务罪，其中的代表职务，是指《全国人民代表大会和地方各级人民代表大会选举法》规定的人民代表在其所在各级人民代表大会中的职务。只要行为人以暴力、威胁方法阻碍人民代表行使其上述代表职务的，就构成妨害公务罪，并且没有情节严重的要件限制。以暴力、威胁的手段妨害代表自由行使选举权和被选举权构成破坏选举罪的仅限于在选举各级人民代表大会代表和国家机关领导人员时，侵害代表依法享有的选举权的情形，不包括对代表依法享有的其他

| | | |
|---|---|---|
| **定罪标准** | **此罪与彼罪** | 职权的侵害。当然，从广义上看，侵害代表的选举权是妨害其公务行为的一种，这里存在法条竞合的关系，相对于妨害代表执行公务的犯罪来说，妨害代表自由行使选举权和被选举权的破坏选举罪则属于特别法。（2）犯罪客体不同。从犯罪客体上看，妨害代表执行公务的犯罪侵犯的是各级人大代表依法享有的各种职权，同时也侵害了人民代表大会的根本制度。破坏选举罪中妨害代表自由行使选举权和被选举权的侵害客体仅限于代表的选举权和国家的选举制度。 |
| **证据参考标准** | **主体方面的证据** | **一、证明行为人刑事责任年龄、身份等自然情况的证据**<br>包括身份证明、户籍证明、任职证明、工作经历证明、特定职责证明等，主要是证明行为人的姓名（曾用名）、性别、出生年月日、民族、籍贯、出生地、职业（或职务）、住所地（或居所地）等证据材料，如户口簿、居民身份证、居住证、工作证、出生证、专业或技术等级证、干部履历表、职工登记表、护照等。<br>对于户籍、出生证等材料内容不实的，应提供其他证据材料。外国人犯罪的案件，应有护照等身份证明材料。人大代表、政协委员犯罪的案件，应注明身份，并附身份证明材料。<br>**二、证明行为人刑事责任能力的证据**<br>证明行为人对自己的行为是否具有辨认能力与控制能力，如是否属于间歇性精神病人、尚未完全丧失辨认或者控制自己行为能力的精神病人的证明材料。 |
| | **主观方面的证据** | **证明行为人故意的证据**<br>1. 证明行为人明知的证据：证明行为人明知自己的行为会发生危害社会的结果；2. 证明直接故意的证据：证明行为人希望危害结果发生；3. 目的：破坏选举或妨害选民、代表自由行使选举权利。 |
| | **客观方面的证据** | **证明行为人破坏选举犯罪行为的证据**<br>具体证据包括：1. 证明行为人对选民或选举工作人员实施殴打行为的证据。2. 证明行为人对选民或选举工作人员进行捆绑行为的证据。3. 证明行为人对选民或选举工作人员实施精神上的胁迫行为的证据。4. 证明行为人以暴力、威胁手段在选举会场进行捣乱，阻碍选举工作正常进行行为的证据。5. 证明行为人虚假介绍候选人的情况行为的证据。6. 证明行为人虚报选票数行为的证据。7. 证明行为人故意算错选票数行为的证据。8. 证明行为人用金钱收买选民或选举工作人员行为的证据。9. 证明行为人用财物或其他非法利益收买选民或选举工作人员行为的证据。10. 证明行为人收买选民使他们选举某人或不选举某人行为的证据。11. 证明行为人破坏选举行为方式的证据：（1）欺骗选民；（2）伪造选举文件；（3）伪造选票；（4）伪造代表证。12. 证明行为人妨害选民自由行使选举权或被选举权行为的证据。13. 证明行为人妨害人民代表自由行使选举权或被选举权行为的证据。14. 证明行为人破坏、妨害选举情节严重行为的证据。 |

| 证据参考标准 | 量刑方面的证据 | 一、法定量刑情节证据<br><br>1. 事实情节：（1）情节严重；（2）其他。2. 法定从重情节。3. 法定从轻或者减轻情节：（1）可以从轻；（2）可以从轻或者减轻；（3）应当从轻或者减轻。4. 法定从轻、减轻或者免除情节：（1）可以从轻、减轻或者免除处罚；（2）应当从轻、减轻或者免除处罚。5. 法定减轻或者免除情节：（1）可以减轻或者免除处罚；（2）应当减轻或者免除处罚；（3）可以免除处罚。<br><br>二、酌定量刑情节证据<br><br>1. 犯罪手段：（1）暴力；（2）威胁；（3）欺骗；（4）贿赂。2. 犯罪对象。3. 危害结果。4. 动机。5. 平时表现。6. 认罪态度。7. 是否有前科。8. 其他证据。 |
|---|---|---|
| 量刑标准 | 犯本罪的 | 处三年以下有期徒刑、拘役或者剥夺政治权利 |
| 法律适用 | 刑法条文 | 第二百五十六条　在选举各级人民代表大会代表和国家机关领导人员时，以暴力、威胁、欺骗、贿赂、伪造选举文件、虚报选举票数等手段破坏选举或者妨害选民和代表自由行使选举权和被选举权，情节严重的，处三年以下有期徒刑、拘役或者剥夺政治权利。 |
| | 司法解释 | **最高人民检察院《关于渎职侵权犯罪案件立案标准的规定》（节录）**（2006 年 7 月 26 日最高人民法院公布　自公布之日起施行　高检发释字〔2006〕2 号）<br><br>**二、国家机关工作人员利用职权实施的侵犯公民人身权利、民主权利犯罪案件**<br><br>（七）国家机关工作人员利用职权实施的破坏选举案（第二百五十六条）<br><br>破坏选举罪是指在选举各级人民代表大会代表和国家机关领导人员时，以暴力、威胁、欺骗、贿赂、伪造选举文件、虚报选举票数或者编造选举结果等手段破坏选举或者妨害选民和代表自由行使选举权和被选举权，情节严重的行为。<br><br>国家机关工作人员利用职权破坏选举，涉嫌下列情形之一的，应予立案：<br><br>1. 以暴力、威胁、欺骗、贿赂等手段，妨害选民、各级人民代表大会代表自由行使选举权和被选举权，致使选举无法正常进行，或者选举无效，或者选举结果不真实的；<br><br>2. 以暴力破坏选举场所或者选举设备，致使选举无法正常进行的；<br><br>3. 伪造选民证、选票等选举文件，虚报选举票数，产生不真实的选举结果或者强行宣布合法选举无效、非法选举有效的；<br><br>4. 聚众冲击选举场所或者故意扰乱选举场所秩序，使选举工作无法进行的；<br><br>5. 其他情节严重的情形。 |

**法律适用**

**相关法律法规**

《中华人民共和国全国人民代表大会和地方各级人民代表大会选举法》（节录）

(1979 年 7 月 1 日第五届全国人民代表大会第二次会议通过　1982 年 12 月 10 日第一次修正　1986 年 12 月 2 日第二次修正　1995 年 2 月 28 日第三次修正　2004 年 10 月 27 日第四次修正　2010 年 3 月 14 日第五次修正　2015 年 8 月 29 日第六次修正 2020 年 10 月 17 日第七次修正)

第五十八条　为保障选民和代表自由行使选举权和被选举权，对有下列行为之一，破坏选举，违反治安管理规定的，依法给予治安管理处罚；构成犯罪的，依法追究刑事责任：

（一）以金钱或者其他财物贿赂选民或者代表，妨害选民和代表自由行使选举权和被选举权的；

（二）以暴力、威胁、欺骗或者其他非法手段妨害选民和代表自由行使选举权和被选举权的；

（三）伪造选举文件、虚报选举票数或者有其他违法行为的；

（四）对于控告、检举选举中违法行为的人，或者对于提出要求罢免代表的人进行压制、报复的。

国家工作人员有前款所列行为的，还应当由监察机关给予政务处分或者由所在机关、单位给予处分。

以本条第一款所列违法行为当选的，其当选无效。

# 34 暴力干涉婚姻自由案

| **概念** | 本罪是指以暴力手段干涉他人行使结婚和离婚自由权利的行为。 |
|---|---|
| **立案标准** | 根据《刑法》第 257 条第 1 款的规定，本罪属于告诉才处理的自诉案件，实行不告不理原则。被害人可以直接向人民法院提起诉讼。对于暴力干涉他人婚姻自由，致使被害人死亡的，则属于公诉案件，应当依法立案侦查。 |

| 定罪标准 | 犯罪客体 | 本罪侵犯的客体是他人的婚姻自由权利和身体自由权。因对他人婚姻进行干涉使用了暴力手段，就必然带来对被害人人身权利的侵害。侵犯身体权利的暴力行为也只限于作为实施干涉婚姻自由的手段。如果行为人公然以故意杀人、重伤、强奸等方式，干涉他人婚姻自由，其侵犯人身权利的社会危害远远超过了对婚姻自由的干涉，就不应当再以暴力干涉婚姻自由罪论处，而应以侵犯公民人身权利犯罪中所触犯的具体罪名定罪处罚。 |
|---|---|---|
| | 犯罪客观方面 | 本罪在客观方面表现为使用暴力干涉他人婚姻自由的行为。（1）要求行为人实施暴力行为，即实施捆绑、殴打、禁闭、抢掠等对人身行使有形暴力的行为。仅有干涉行为而没有实施暴力的，不构成本罪；仅以暴力相威胁进行干涉的，也不构成本罪；暴力极为轻微的（如打一耳光），不能视为本罪的暴力行为；暴力行为致被害人重伤或伤害致死的，应按照处理牵连犯或想象竞合犯的原则，从一重罪论处。（2）实施暴力行为是为了干涉他人婚姻自由。干涉婚姻自由主要表现为强制他人与某人结婚或者离婚，禁止他人与某人结婚或者离婚，这里的某人包括行为人与第三者。实施暴力不是为了干涉婚姻自由，或者干涉婚姻自由而没有使用暴力的，均不构成本罪。<br><br>根据《刑法》第 257 条第 3 款的规定，犯本罪的，告诉的才处理。所谓告诉的才处理，是指被害人要向人民法院提出控告，人民法院才处理，不告诉不处理。《刑法》这一规定，主要是考虑到暴力干涉婚姻自由案件多数是发生在亲属之间，尤其是父母子女之间，被干涉者往往只希望干涉者不再干涉婚姻自由，不希望亲属关系破裂，更不希望诉诸司法机关对干涉者定罪判刑。因此，要充分考虑被干涉者的意愿，如果被干涉者不控告，司法机关就不要主动干预，这样有利于社会的安定团结。但是，根据《刑法》第 98 条的规定，如果被干涉者受强制、威吓等而无法向人民法院起诉的，人民检察院可以提起公诉。被干涉者的近亲属也可以控告，青年、妇女群众组织和有关单位也可以向人民检察院检举揭发干涉者，由人民检察院查实后提起公诉。犯本罪引起被害人死亡的不适用告诉的才处理的规定。 |
| | 犯罪主体 | 本罪的主体为一般主体，即凡年满 16 周岁且具备刑事责任能力的自然人均能构成本罪。包括父母、兄弟姐妹、族人以及奸夫、情妇、被害人所在单位的领导人等，其中以父母干涉子女婚姻自由的居多数，其他人一般不可能成为暴力干涉婚姻自由罪的主体。 |

| | | |
|---|---|---|
| **定 罪 标 准** | **犯罪主观方面** | 本罪在主观方面表现为直接故意，即明知自己的行为就是为了干涉他人的婚姻自由。其目的，有的是不准被害人与其所爱的人结婚；有的出于强迫被害人必须与某人结婚；有的是强迫被害人不得改嫁或者是不准离婚。犯罪的动机是多种多样的，如父母、亲族出于贪图金钱、高攀权势进行干涉；出于维护封建的旧习俗不准改嫁；出于子女婚事须按父母之命的传统封建思想，等等。这些不同的动机不是暴力干涉婚姻自由罪的构成要件，只是量刑时要考虑的情节。 |
| | **罪与非罪** | 区分罪与非罪的界限，要注意把握以下几点：<br>一、区分暴力与口头阻止或暴力相威胁干涉婚姻自由的界限。在干涉婚姻自由当中，如果行为人使用暴力干涉他人婚姻自由，构成本罪；如果行为人仅以口头阻挠或者以暴力威胁及书面威胁等，则属于一般的违反《民法典》的行为，不构成本罪。<br>二、区分暴力严重与暴力轻微干涉婚姻自由的界限。根据我国立法精神和实践经验，干涉他人婚姻自由，并非使用暴力即构成犯罪。只有使用暴力严重，阻碍他人行使婚姻自由的权利，才构成本罪。如果暴力轻微，对被干涉者争取婚姻自由的威胁不大，或者暴力行为对被干涉者的人身危害程度轻微，则不构成本罪。<br>三、区分本罪与少数民族地区抢婚的界限。在少数民族，有抢婚的习俗，这是一种结婚的方式。对于这种抢婚方式，不应当作犯罪处理。但是，在司法实践中，有的人向女方求婚，遭到拒绝，于是纠集多人，用暴力手段把女方抢到自己家中，其情节严重或引起严重后果的，应以暴力干涉婚姻自由罪或相应其他罪名论处。<br>四、行为人在主观上有无干涉婚姻自由的故意。暴力干涉婚姻自由罪是直接故意犯罪，行为人在主观上必须是故意才构成犯罪。所以，在处理案件时，必须查明行为人的主观故意。有的案件表面上是使用暴力干涉他人婚姻自由，但实际上行为人并没有干涉他人婚姻自由的故意。 |
| | **此罪与彼罪** | 一、本罪与故意杀人罪的界限。一般来讲，暴力干涉婚姻自由罪与故意杀人罪，由于行为人在主观方面和侵害的客体有明显区别，所以容易区分。但是，如果暴力干涉婚姻自由而造成他人死亡的，就不易区分是暴力干涉婚姻自由罪还是故意杀人罪。区分两者的关键在于主观要件。暴力干涉婚姻自由罪的主观故意是干涉他人婚姻自由，而故意杀人罪的主观故意则是剥夺他人的生命。（1）如果在实施暴力干涉他人婚姻自由的过程中，过失地引起了被害人死亡，或者因暴力干涉婚姻自由，造成他人自杀死亡的，由于行为人的主观故意是干涉他人的婚姻自由，所以，这种情况仍属于暴力干涉婚姻自由罪，而不应定故意杀人罪。《刑法》第 257 条第 2 款对犯暴力干涉婚姻自由罪引起被害人死亡的，专门规定较高的量刑幅度。但对于因暴力干涉婚姻自由引起被害人自杀的，必须在深入调查的基础上，具体分析、仔细查明暴力干涉与自杀之间是否具有刑法上的因果关系。如果暴力不严重，由于被干涉者一时想不开，感情脆弱，悲观失望，而轻生自杀的，则不构成本罪，更不能以暴力干涉婚姻自由引起被害人死亡定罪判刑。（2）如果行为人以故意杀人的方式干涉他人婚姻自由，或者因干涉他人婚姻自由的目的不能实现而故意杀害被害人的，由于其主观上具有杀人的故意，并且其侵害人身权利的社会危害性程度远远超过了对婚姻自由的干涉，这种情况下，对行为人就应当以故意杀人罪定罪量刑。 |

| | | |
|---|---|---|
| **定罪标准** | **此罪与彼罪** | 　　二、本罪与故意伤害罪的界限。暴力干涉婚姻自由罪与故意伤害罪，应从主观方面来区分。如果行为人出于干涉婚姻自由的故意而对被害人使用暴力，并过失地造成被告人身体伤害的，仍应定暴力干涉婚姻自由罪。如果暴力干涉婚姻自由而把他人打成重伤或者重伤致死的，则又同时触犯了故意伤害罪，则应按处理牵连犯的原则，以一重罪即故意伤害罪（包括故意伤害致死）定罪量刑。<br>　　三、本罪与强奸罪的界限。在暴力干涉婚姻自由案件中，常常有行为人用暴力将被害人强行奸污的现象。在这种情况下，是构成暴力干涉婚姻自由罪，还是构成强奸罪，应从主观故意和侵害的客体来区分二者的界限。从主观故意看，暴力干涉婚姻自由罪的主观故意是干涉他人的婚姻自由；强奸罪的主观故意则是强行与被害妇女性交。从侵犯的客体来看，暴力干涉婚姻自由罪侵犯的客体是他人的婚姻自由权利；而强奸罪侵犯的客体则是妇女性的不可侵犯的权利。为了达到强行与被害人结婚的目的，而使用暴力强行与被害人性交的应定强奸罪。这种行为尽管也侵犯了被害人的婚姻自由，但其侵犯的主要是被害人性的不可侵犯的权利，并且行为人具有明显的强奸故意。所以，这种行为构成强奸罪，不应定暴力干涉婚姻自由罪。 |
| **证据参考标准** | **主体方面的证据** | **一、证明行为人刑事责任年龄、身份等自然情况的证据**<br>　　包括身份证明、户籍证明、任职证明、工作经历证明、特定职责证明等，主要是证明行为人的姓名（曾用名）、性别、出生年月日、民族、籍贯、出生地、职业（或职务）、住所地（或居所地）等证据材料，如户口簿、居民身份证、居住证、工作证、出生证、专业或技术等级证、干部履历表、职工登记表、护照等。<br>　　对于户籍、出生证等材料内容不实的，应提供其他证据材料。外国人犯罪的案件，应有护照等身份证明材料。人大代表、政协委员犯罪的案件，应注明身份，并附身份证明材料。<br>**二、证明行为人刑事责任能力的证据**<br>　　证明行为人对自己的行为是否具有辨认能力与控制能力，如是否属于间歇性精神病人、尚未完全丧失辨认或者控制自己行为能力的精神病人的证明材料。 |
| | **主观方面的证据** | **证明行为人故意的证据**<br>　　1. 证明行为人明知的证据：证明行为人明知自己的行为会发生危害社会的结果；2. 证明直接故意的证据：证明行为人希望危害结果发生。 |
| | **客观方面的证据** | **证明行为人暴力干涉婚姻自由犯罪行为的证据**<br>　　具体证据包括：1. 证明行为人暴力干涉恋爱自由行为的证据：（1）殴打行为的证据；（2）拳打脚踢行为的证据；（3）禁闭行为的证据；（4）冻饿行为的证据；（5）捆绑行为的证据；（6）其他行为的证据。2. 证明行为人暴力干涉结婚自由行为的证据：（1）用棍棒殴打行为的证据；（2）拳打脚踢行为的证据；（3）禁闭行为的证据；（4）冻饿行为的证据；（5）捆绑行为的证据；（6）强抢成亲行为的证据；（7）其他行为的证据。3. 证明行为人干涉离婚自由行为的证据：（1）用棍棒殴打行为的证据；（2）拳打脚踢行为的证据；（3）禁闭行为的证据；（4）冻饿行为的证据；（5）捆绑行为的证据；（6）其他行为的证据。4. 证明行为人用暴力干涉他人婚姻自由的次数的证据。5. 证明行为人用暴力干涉他人婚姻自由时间的证据。6. 证明行为人用暴力干涉他人婚姻自由造成被害人死亡行为的证据。 |

| 证据参考标准 | 量刑方面的证据 | **一、法定量刑情节证据**<br>1. 事实情节：（1）被害人死亡；（2）其他。2. 法定从重情节。3. 法定从轻或者减轻情节：（1）可以从轻；（2）可以从轻或者减轻；（3）应当从轻或者减轻。4. 法定从轻、减轻或者免除情节：（1）可以从轻、减轻或者免除处罚；（2）应当从轻、减轻或者免除处罚。5. 法定减轻或者免除情节：（1）可以减轻或者免除处罚；（2）应当减轻或者免除处罚；（3）可以免除处罚。<br>**二、酌定量刑情节证据**<br>1. 犯罪手段：（1）殴打；（2）掐、扼；（3）捆绑；（4）囚禁；（5）冻饿；（6）抢亲。2. 犯罪对象：（1）经济情况；（2）意见和要求。3. 危害结果：（1）伤；（2）亡；（3）自杀。4. 动机。5. 平时表现。6. 认罪态度。7. 是否有前科。8. 其他证据。 |
|---|---|---|
| 量刑标准 | 犯本罪的 | 处二年以下有期徒刑或者拘役，适用告诉才处理的规定 |
| | 犯本罪，致使被害人死亡的 | 处二年以上七年以下有期徒刑，并且不适用告诉才处理的规定 |
| 法律适用 | 刑法条文 | **第二百五十七条**　以暴力干涉他人婚姻自由的，处二年以下有期徒刑或者拘役。<br>犯前款罪，致使被害人死亡的，处二年以上七年以下有期徒刑。<br>第一款罪，告诉的才处理。 |
| | 司法解释 | **最高人民法院、最高人民检察院、公安部、司法部《关于依法办理家庭暴力犯罪案件的意见》**（2015 年 3 月 2 日最高人民法院、最高人民检察院、公安部、司法部公布　自公布之日起施行　法发〔2015〕4 号）<br>发生在家庭成员之间，以及具有监护、扶养、寄养、同居等关系的共同生活人员之间的家庭暴力犯罪，严重侵害公民人身权利，破坏家庭关系，影响社会和谐稳定。人民法院、人民检察院、公安机关、司法行政机关应当严格履行职责，充分运用法律，积极预防和有效惩治各种家庭暴力犯罪，切实保障人权，维护社会秩序。为此，根据刑法、刑事诉讼法、婚姻法、未成年人保护法、老年人权益保障法、妇女权益保障法等法律，结合司法实践经验，制定本意见。<br>**一、基本原则**<br>1. 依法及时、有效干预。针对家庭暴力持续反复发生，不断恶化升级的特点，人民法院、人民检察院、公安机关、司法行政机关对已发现的家庭暴力，应当依法采取及时、有效的措施，进行妥善处理，不能以家庭暴力发生在家庭成员之间，或者属于家务事为由而置之不理，互相推诿。<br>2. 保护被害人安全和隐私。办理家庭暴力犯罪案件，应当首先保护被害人的安全。通过对被害人进行紧急救治、临时安置，以及对施暴人采取刑事强制措施、判处刑罚、宣告禁止令等措施，制止家庭暴力并防止再次发生，消除家庭暴力的现实侵害和潜在危险。对与案件有关的个人隐私，应当保密，但法律有特别规定的除外。<br>3. 尊重被害人意愿。办理家庭暴力犯罪案件，既要严格依法进行，也要尊重被害人的意愿。在立案、采取刑事强制措施、提起公诉、判处刑罚、减刑、假释时，应当充分听取被害人意见，在法律规定的范围内作出合情、合理的处理。对法律规定可以调解、和解的案件，应当在当事人双方自愿的基础上进行调解、和解。 |

4. 对未成年人、老年人、残疾人、孕妇、哺乳期妇女、重病患者特殊保护。办理家庭暴力犯罪案件，应当根据法律规定和案件情况，通过代为告诉、法律援助等措施，加大对未成年人、老年人、残疾人、孕妇、哺乳期妇女、重病患者的司法保护力度，切实保障他们的合法权益。

**二、案件受理**

5. 积极报案、控告和举报。依照刑事诉讼法第一百零八条第一款"任何单位和个人发现有犯罪事实或者犯罪嫌疑人，有权利也有义务向公安机关、人民检察院或者人民法院报案或者举报"的规定，家庭暴力被害人及其亲属、朋友、邻居、同事，以及村（居）委会、人民调解委员会、妇联、共青团、残联、医院、学校、幼儿园等单位、组织，发现家庭暴力，有权利也有义务及时向公安机关、人民检察院、人民法院报案、控告或者举报。

公安机关、人民检察院、人民法院对于报案人、控告人和举报人不愿意公开自己的姓名和报案、控告、举报行为的，应当为其保守秘密，保护报案人、控告人和举报人的安全。

6. 迅速审查、立案和转处。公安机关、人民检察院、人民法院接到家庭暴力的报案、控告或者举报后，应当立即问明案件的初步情况，制作笔录，迅速进行审查，按照刑事诉讼法关于立案的规定，根据自己的管辖范围，决定是否立案。对于符合立案条件的，要及时立案。对于可能构成犯罪但不属于自己管辖的，应当移送主管机关处理，并且通知报案人、控告人或者举报人；对于不属于自己管辖而又必须采取紧急措施的，应当先采取紧急措施，然后移送主管机关。

经审查，对于家庭暴力行为尚未构成犯罪，但属于违反治安管理行为的，应当将案件移送公安机关，依照治安管理处罚法的规定进行处理，同时告知被害人可以向人民调解委员会提出申请，或者向人民法院提起民事诉讼，要求施暴人承担停止侵害、赔礼道歉、赔偿损失等民事责任。

7. 注意发现犯罪案件。公安机关在处理人身伤害、虐待、遗弃等行政案件过程中，人民法院在审理婚姻家庭、继承、侵权责任纠纷等民事案件过程中，应当注意发现可能涉及的家庭暴力犯罪。一旦发现家庭暴力犯罪线索，公安机关应当将案件转为刑事案件办理，人民法院应当将案件移送公安机关；属于自诉案件的，公安机关、人民法院应当告知被害人提起自诉。

8. 尊重被害人的程序选择权。对于被害人有证据证明的轻微家庭暴力犯罪案件，在立案审查时，应当尊重被害人选择公诉或者自诉的权利。被害人要求公安机关处理的，公安机关应当依法立案、侦查。在侦查过程中，被害人不再要求公安机关处理或者要求转为自诉案件的，应当告知被害人向公安机关提交书面申请。经审查确系被害人自愿提出的，公安机关应当依法撤销案件。被害人就这类案件向人民法院提起自诉的，人民法院应当依法受理。

9. 通过代为告诉充分保障被害人自诉权。对于家庭暴力犯罪自诉案件，被害人无法告诉或者不能亲自告诉的，其法定代理人、近亲属可以告诉或者代为告诉；被害人是无行为能力人、限制行为能力人，其法定代理人、近亲属没有告诉或者代为告诉的，人民检察院可以告诉；侮辱、暴力干涉婚姻自由等告诉才处理的案件，被害人因受强制、威吓无法告诉的，人民检察院也可以告诉。人民法院对告诉或者代为告诉的，应当依法受理。

10. 切实加强立案监督。人民检察院要切实加强对家庭暴力犯罪案件的立案监督，发现公安机关应当立案而不立案的，或者被害人及其法定代理人、近亲属，有关单位、

法律适用 | 司法解释

组织就公安机关不予立案向人民检察院提出异议的，人民检察院应当要求公安机关说明不立案的理由。人民检察院认为不立案理由不成立的，应当通知公安机关立案，公安机关接到通知后应当立案；认为不立案理由成立的，应当将理由告知提出异议的被害人及其法定代理人、近亲属或者有关单位、组织。

11. 及时、全面收集证据。公安机关在办理家庭暴力案件时，要充分、全面地收集、固定证据，除了收集现场的物证、被害人陈述、证人证言等证据外，还应当注意及时向村（居）委会、人民调解委员会、妇联、共青团、残联、医院、学校、幼儿园等单位、组织的工作人员，以及被害人的亲属、邻居等收集涉及家庭暴力的处理记录、病历、照片、视频等证据。

12. 妥善救治、安置被害人。人民法院、人民检察院、公安机关等负有保护公民人身安全职责的单位和组织，对因家庭暴力受到严重伤害需要紧急救治的被害人，应当立即协助联系医疗机构救治；对面临家庭暴力严重威胁，或者处于无人照料等危险状态，需要临时安置的被害人或者相关未成年人，应当通知并协助有关部门进行安置。

13. 依法采取强制措施。人民法院、人民检察院、公安机关对实施家庭暴力的犯罪嫌疑人、被告人，符合拘留、逮捕条件的，可以依法拘留、逮捕；没有采取拘留、逮捕措施的，应当通过走访、打电话等方式与被害人或者其法定代理人、近亲属联系，了解被害人的人身安全状况。对于犯罪嫌疑人、被告人再次实施家庭暴力的，应当根据情况，依法采取必要的强制措施。

人民法院、人民检察院、公安机关决定对实施家庭暴力的犯罪嫌疑人、被告人取保候审的，为了确保被害人及其子女和特定亲属的安全，可以依照刑事诉讼法第六十九条第二款的规定，责令犯罪嫌疑人、被告人不得再次实施家庭暴力；不得侵扰被害人的生活、工作、学习；不得进行酗酒、赌博等活动；经被害人申请且有必要的，责令不得接近被害人及其未成年子女。

14. 加强自诉案件举证指导。家庭暴力犯罪案件具有案发周期较长、证据难以保存，被害人处于相对弱势、举证能力有限，相关事实难以认定等特点。有些特点在自诉案件中表现得更为突出。因此，人民法院在审理家庭暴力自诉案件时，对于因当事人举证能力不足等原因，难以达到法律规定的证据要求的，应当及时对当事人进行举证指导，告知需要收集的证据及收集证据的方法。对于因客观原因不能取得的证据，当事人申请人民法院调取的，人民法院应当认真审查，认为确有必要的，应当调取。

15. 加大对被害人的法律援助力度。人民检察院自收到移送审查起诉的案件材料之日起三日内，人民法院自受理案件之日起三日内，应当告知被害人及其法定代理人或者近亲属有权委托诉讼代理人，如果经济困难，可以向法律援助机构申请法律援助；对于被害人是未成年人、老年人、重病患者或者残疾人等，因经济困难没有委托诉讼代理人的，人民检察院、人民法院应当帮助其申请法律援助。

法律援助机构应当依法为符合条件的被害人提供法律援助，指派熟悉反家庭暴力法律法规的律师办理案件。

### 三、定罪处罚

16. 依法准确定罪处罚。对故意杀人、故意伤害、强奸、猥亵儿童、非法拘禁、侮辱、暴力干涉婚姻自由、虐待、遗弃等侵害公民人身权利的家庭暴力犯罪，应当根据犯罪的事实、犯罪的性质、情节和对社会的危害程度，严格依照刑法的有关规定判处。对于同一行为同时触犯多个罪名的，依照处罚较重的规定定罪处罚。

17. 依法惩处虐待犯罪。采取殴打、冻饿、强迫过度劳动、限制人身自由、恐吓、侮辱、谩骂等手段，对家庭成员的身体和精神进行摧残、折磨，是实践中较为多发的虐待性质的家庭暴力。根据司法实践，具有虐待持续时间较长、次数较多；虐待手段残忍；虐待造成被害人轻微伤或者患较严重疾病；对未成年人、老年人、残疾人、孕妇、哺乳期妇女、重病患者实施较为严重的虐待行为等情形，属于刑法第二百六十条第一款规定的虐待"情节恶劣"，应当依法以虐待罪定罪处罚。

准确区分虐待犯罪致人重伤、死亡与故意伤害、故意杀人犯罪致人重伤、死亡的界限，要根据被告人的主观故意、所实施的暴力手段与方式、是否立即或者直接造成被害人伤亡后果等进行综合判断。对于被告人主观上不具有侵害被害人健康或者剥夺被害人生命的故意，而是出于追求被害人肉体和精神上的痛苦，长期或者多次实施虐待行为，逐渐造成被害人身体损害，过失导致被害人重伤或者死亡的；或者因虐待致使被害人不堪忍受而自残、自杀，导致重伤或者死亡的，属于刑法第二百六十条第二款规定的虐待"致使被害人重伤、死亡"，应当以虐待罪定罪处罚。对于被告人虽然实施家庭暴力呈现出经常性、持续性、反复性的特点，但其主观上具有希望或者放任被害人重伤或者死亡的故意，持凶器实施暴力，暴力手段残忍，暴力程度较强，直接或者立即造成被害人重伤或者死亡的，应当以故意伤害罪或者故意杀人罪定罪处罚。

依法惩处遗弃犯罪。负有扶养义务且有扶养能力的人，拒绝扶养年幼、年老、患病或者其他没有独立生活能力的家庭成员，是危害严重的遗弃性质的家庭暴力。根据司法实践，具有对被害人长期不予照顾、不提供生活来源；驱赶、逼迫被害人离家，致使被害人流离失所或者生存困难；遗弃患严重疾病或者生活不能自理的被害人；遗弃致使被害人身体严重损害或者造成其他严重后果等情形，属于刑法第二百六十一条规定的遗弃"情节恶劣"，应当依法以遗弃罪定罪处罚。

准确区分遗弃罪与故意杀人罪的界限，要根据被告人的主观故意、所实施行为的时间与地点、是否立即造成被害人死亡，以及被害人对被告人的依赖程度等进行综合判断。对于只是为了逃避扶养义务，并不希望或者放任被害人死亡，将生活不能自理的被害人弃置在福利院、医院、派出所等单位或者广场、车站等行人较多的场所，希望被害人得到他人救助的，一般以遗弃罪定罪处罚。对于希望或者放任被害人死亡，不履行必要的扶养义务，致使被害人因缺乏生活照料而死亡，或者将生活不能自理的被害人带至荒山野岭等人迹罕至的场所扔弃，使被害人难以得到他人救助的，应当以故意杀人罪定罪处罚。

18. 切实贯彻宽严相济刑事政策。对于实施家庭暴力构成犯罪的，应当根据罪刑法定、罪刑相适应原则，兼顾维护家庭稳定、尊重被害人意愿等因素综合考虑，宽严并用，区别对待。根据司法实践，对于实施家庭暴力手段残忍或者造成严重后果；出于恶意侵占财产等卑劣动机实施家庭暴力；因酗酒、吸毒、赌博等恶习而长期或者多次实施家庭暴力；曾因实施家庭暴力受到刑事处罚、行政处罚；或者具有其他恶劣情形的，可以酌情从重处罚。对于实施家庭暴力犯罪情节较轻，或者被告人真诚悔罪，获得被害人谅解，从轻处罚有利于被扶养人的，可以酌情从轻处罚；对于情节轻微不需要判处刑罚的，人民检察院可以不起诉，人民法院可以判处免予刑事处罚。

对于实施家庭暴力情节显著轻微危害不大不构成犯罪的，应当撤销案件、不起诉，或者宣告无罪。

人民法院、人民检察院、公安机关应当充分运用训诫，责令施暴人保证不再实施

法律适用

司法解释

家庭暴力，或者向被害人赔礼道歉、赔偿损失等非刑罚处罚措施，加强对施暴人的教育与惩戒。

19. 准确认定对家庭暴力的正当防卫。为了使本人或者他人的人身权利免受不法侵害，对正在进行的家庭暴力采取制止行为，只要符合刑法规定的条件，就应当依法认定为正当防卫，不负刑事责任。防卫行为造成施暴人重伤、死亡，且明显超过必要限度，属于防卫过当，应当负刑事责任，但是应当减轻或者免除处罚。

认定防卫行为是否"明显超过必要限度"，应当以足以制止并使防卫人免受家庭暴力不法侵害的需要为标准，根据施暴人正在实施家庭暴力的严重程度、手段的残忍程度，防卫人所处的环境、面临的危险程度、采取的制止暴力的手段、造成施暴人重大损害的程度，以及既往家庭暴力的严重程度等进行综合判断。

20. 充分考虑案件中的防卫因素和过错责任。对于长期遭受家庭暴力后，在激愤、恐惧状态下为了防止再次遭受家庭暴力，或者为了摆脱家庭暴力而故意杀害、伤害施暴人，被告人的行为具有防卫因素，施暴人在案件起因上具有明显过错或者直接责任的，可以酌情从宽处罚。对于因遭受严重家庭暴力，身体、精神受到重大损害而故意杀害施暴人；或者因不堪忍受长期家庭暴力而故意杀害施暴人，犯罪情节不是特别恶劣，手段不是特别残忍的，可以认定为刑法第二百三十二条规定的故意杀人"情节较轻"。在服刑期间确有悔改表现的，可以根据其家庭情况，依法放宽减刑的幅度，缩短减刑的起始时间与间隔时间；符合假释条件的，应当假释。被杀害施暴人的近亲属表示谅解的，在量刑、减刑、假释时应当予以充分考虑。

**四、其他措施**

21. 充分运用禁止令措施。人民法院对实施家庭暴力构成犯罪被判处管制或者宣告缓刑的犯罪分子，为了确保被害人及其子女和特定亲属的人身安全，可以依照刑法第三十八条第二款、第七十二条第二款的规定，同时禁止犯罪分子再次实施家庭暴力，侵扰被害人的生活、工作、学习，进行酗酒、赌博等活动；经被害人申请且有必要的，禁止接近被害人及其未成年子女。

22. 告知申请撤销施暴人的监护资格。人民法院、人民检察院、公安机关对于监护人实施家庭暴力，严重侵害被监护人合法权益的，在必要时可以告知被监护人及其他有监护资格的人员、单位，向人民法院提出申请，要求撤销监护人资格，依法另行指定监护人。

23. 充分运用人身安全保护措施。人民法院为了保护被害人的人身安全，避免其再次受到家庭暴力的侵害，可以根据申请，依照民事诉讼法等法律的相关规定，作出禁止施暴人再次实施家庭暴力、禁止接近被害人、迁出被害人的住所等内容的裁定。对于施暴人违反裁定的行为，如对被害人进行威胁、恐吓、殴打、伤害、杀害，或者未经被害人同意拒不迁出住所的，人民法院可以根据情节轻重予以罚款、拘留；构成犯罪的，应当依法追究刑事责任。

24. 充分运用社区矫正措施。社区矫正机构对因实施家庭暴力构成犯罪被判处管制、宣告缓刑、假释或者暂予监外执行的犯罪分子，应当依法开展家庭暴力行为矫治，通过制定有针对性的监管、教育和帮助措施，矫正犯罪分子的施暴心理和行为恶习。

25. 加强反家庭暴力宣传教育。人民法院、人民检察院、公安机关、司法行政机关应当结合本部门工作职责，通过以案说法、社区普法、针对重点对象法制教育等多种形式，开展反家庭暴力宣传教育活动，有效预防家庭暴力，促进平等、和睦、文明的家庭关系，维护社会和谐、稳定。

**法律适用**

**相关法律法规**

一、《中华人民共和国妇女权益保障法》（节录）（1992 年 4 月 3 日中华人民共和国主席令第 58 号公布　自 1992 年 10 月 1 日起施行　2005 年 8 月 28 日第一次修正　2018 年 10 月 26 日第二次修正　2022 年 10 月 30 日修订）

第六十一条　国家保护妇女的婚姻自主权。禁止干涉妇女的结婚、离婚自由。

第七十二条　对侵害妇女合法权益的行为，任何组织和个人都有权予以劝阻、制止或者向有关部门提出控告或者检举。有关部门接到控告或者检举后，应当依法及时处理，并为控告人、检举人保密。

妇女的合法权益受到侵害的，有权要求有关部门依法处理，或者依法申请调解、仲裁，或者向人民法院起诉。

对符合条件的妇女，当地法律援助机构或者司法机关应当给予帮助，依法为其提供法律援助或者司法救助。

第七十三条　妇女的合法权益受到侵害的，可以向妇女联合会等妇女组织求助。妇女联合会等妇女组织应当维护被侵害妇女的合法权益，有权要求并协助有关部门或者单位查处。有关部门或者单位应当依法查处，并予以答复；不予处理或者处理不当的，县级以上人民政府负责妇女儿童工作的机构、妇女联合会可以向其提出督促处理意见，必要时可以提请同级人民政府开展督查。

受害妇女进行诉讼需要帮助的，妇女联合会应当给予支持和帮助。

二、《中华人民共和国老年人权益保障法》（节录）（1996 年 8 月 29 日中华人民共和国主席令第 73 号公布　自 1996 年 10 月 1 日起施行　2009 年 8 月 27 日第一次修正　2012 年 12 月 28 日修订　2015 年 4 月 24 日第二次修正　2018 年 12 月 29 日第三次修正）

第二十一条　老年人的婚姻自由受法律保护。子女或者其他亲属不得干涉老年人离婚、再婚及婚后的生活。

赡养人的赡养义务不因老年人的婚姻关系变化而消除。

第七十六条　干涉老年人婚姻自由，对老年人负有赡养义务、扶养义务而拒绝赡养、扶养，虐待老年人或者对老年人实施家庭暴力的，由有关单位给予批评教育；构成违反治安管理行为的，依法给予治安管理处罚；构成犯罪的，依法追究刑事责任。

三、《中华人民共和国民法典》（节录）（2020 年 5 月 28 日中华人民共和国主席令第 45 号公布　自 2021 年 1 月 1 日起施行）

第一千零四十二条　禁止包办、买卖婚姻和其他干涉婚姻自由的行为。禁止借婚姻索取财物。

禁止重婚。禁止有配偶者与他人同居。

禁止家庭暴力。禁止家庭成员间的虐待和遗弃。

# 35 重婚案

| 概念 | 本罪是指有配偶又与他人结婚或者明知他人有配偶而与之结婚的行为。 |
|---|---|
| 立案标准 | 根据《刑法》第258条的规定，有下列情形之一的，应当立案：<br>(1) 有配偶而又与他人结婚的；<br>(2) 明知他人有配偶而与之结婚的。 |

| 定罪标准 | 犯罪客体 | 本罪侵犯的客体是一夫一妻制的婚姻关系。重婚是封建主义婚姻制度的产物，是剥削阶级腐化享乐思想在婚姻关系上的表现。在社会主义社会里，重婚是不允许的。重婚是一个非常复杂的现象，在处理重婚案件时，罪与非罪的界限往往难以区分。一夫一妻制是我国《民法典》规定的原则，重婚行为破坏了我国社会主义婚姻、家庭制度，必须予以严厉惩处。 |
|---|---|---|
| | 犯罪客观方面 | 本罪在客观方面表现为行为人必须具有重婚的行为。即有配偶的人又与他人结婚的，或者明知他人有配偶而与之结婚的，构成重婚罪。<br>　　所谓有配偶，是指男人有妻、女人有夫，而且这种夫妻关系未经法律程序解除，尚在存续。如果夫妻关系已经解除，或者因配偶一方死亡夫妻关系自然消失，即不再是有配偶的人。所谓又与他人结婚，包括骗取合法手续登记结婚的和虽未经婚姻登记手续但以夫妻关系共同生活的事实婚姻。所谓明知他人有配偶而与之结婚的，是指本人虽无配偶，但明知对方有配偶，而故意与之结婚的（包括登记结婚或者事实婚姻）。此种行为是有意破坏他人婚姻的行为。这里所说的"结婚""重婚"既包括正式登记结婚也包括未结婚登记而以夫妻名义共同生活的事实婚姻。这并非对事实婚姻的法律确认，而是为了更好地保护一夫一妻制的婚姻家庭关系。<br>　　根据司法实践经验，重婚行为主要有以下几种类型：(1) 与配偶登记结婚，又与他人登记结婚而重婚，也即两个法律婚的重婚。有配偶的人又与他人登记结婚，有重婚者欺骗婚姻登记机关而领取结婚证的，也有重婚者和登记机关工作人员互相串通作弊领取结婚证的。(2) 与原配偶登记结婚，与他人没有登记却以夫妻关系同居生活而重婚，此即为先法律婚后事实婚型。(3) 与配偶和他人都未登记结婚，但与配偶和他人曾先后或同时以夫妻关系同居而重婚，此即两个事实婚的重婚。(4) 与原配偶未登记而确以夫妻关系共同生活，后又与他人登记结婚而重婚，此即先事实婚后法律婚型。(5) 没有配偶，但明知对方有配偶而与已登记结婚或以夫妻关系同居而重婚。 |
| | 犯罪主体 | 本罪的主体为一般主体：一是有配偶的人，在夫妻关系存续期间又与他人成立婚姻关系；二是没有配偶的人，明知对方有配偶而与之结婚。 |
| | 犯罪主观方面 | 本罪在主观方面表现为直接故意，即明知他人有配偶而与之结婚或自己有配偶而故意与他人结婚。如果没有配偶一方确实不知对方有配偶而与之结婚或以夫妻关系共同生活的，无配偶一方不构成重婚罪，有配偶一方则构成重婚罪。重婚的动机是多种多样的，有的是喜新厌旧；有的是出于贪图享乐；有的是封建思想作祟等。但动机不影响本罪的成立。 |

| | | |
|---|---|---|
| **定罪标准** | **罪与非罪** | 区分罪与非罪的界限，要把握以下几点：<br>一、本罪与有配偶的妇女被拐卖而重婚的界限。有的妇女已经结婚，但被犯罪分子拐骗、贩卖后被迫与他人结婚，在这种情况下，被拐卖的妇女在客观上尽管有重婚行为，但其主观上并无重婚的故意，与他人重婚是违背其意愿的、是被他人欺骗或强迫的结果。<br>二、本罪与临时姘居的界限。姘居，是指男女双方未经结婚登记而临时在一起以夫妻名义共同生活，不构成重婚罪。<br>三、从情节是否严重来区分罪与非罪的界限。在实践中，重婚行为的情节和危害有轻重大小之分。根据《刑法》第 13 条的规定，情节显著轻微危害不大的，不认为是犯罪。<br>所以，有重婚行为，并不一定就构成重婚罪。只有情节较为严重，危害较大的重婚行为，才构成犯罪。根据立法精神和实践经验，下面两种重婚行为不构成重婚罪：(1) 夫妻一方因不堪虐待外逃而重婚的。实践中，由于封建思想或者家庭矛盾等因素的影响，夫妻间虐待的现象时有发生。如果一方，尤其是妇女，因不堪虐待而外逃后，在外地又与他人结婚，由于这种重婚行为的动机是为了摆脱虐待，社会危害性明显较小，所以不宜以重婚罪论处。(2) 因遭受灾害外逃而与他人重婚的。因遭受灾害在原籍无法生活而外流谋生的。一方知道对方还健在，有的甚至是双方一同外流谋生，但迫于生计，而不得不在原夫妻关系存在的情况下又与他人结婚。这种重婚行为尽管有重婚故意，但其社会危害性不大，也不宜以重婚罪论处。 |
| | **此罪与彼罪** | 本罪与强奸罪的界限。二者的区别是：(1) 客体要件不同。重婚罪侵犯的客体是一夫一妻制的婚姻关系。而强奸罪侵犯的客体是妇女性的不可侵犯的权利。(2) 犯罪客观方面不同。重婚罪在客观上表现为两种情况：一是以弄虚作假的手段非法骗取登记结婚。即自己有配偶而又与别人结婚，或者明知他人有配偶而与之结婚的行为。二是凡符合重婚罪主体、主观要件的人，尽管没有进行结婚登记，但公开以夫妻关系长期共同生活在一起，这里既包括经济生活，也包括性生活，在他们之间形成了事实上的婚姻关系。强奸罪在客观方面表现为违背妇女意志，使用暴力、胁迫或者其他手段，强行与之发生性关系的行为。 |
| **证据参考标准** | **主体方面的证据** | **一、证明行为人刑事责任年龄、身份等自然情况的证据**<br>包括身份证明、户籍证明、任职证明、工作经历证明、特定职责证明等，主要是证明行为人的姓名（曾用名）、性别、出生年月日、民族、籍贯、出生地、职业（或职务）、住所地（或居所地）等证据材料，如户口簿、居民身份证、居住证、工作证、出生证、专业或技术等级证、干部履历表、职工登记表、护照等。<br>对于户籍、出生证等材料内容不实的，应提供其他证据材料。外国人犯罪的案件，应有护照等身份证明材料。人大代表、政协委员犯罪的案件，应注明身份，并附身份证明材料。<br>**二、证明行为人刑事责任能力的证据**<br>证明行为人对自己的行为是否具有辨认能力与控制能力，如是否属于间歇性精神病人、尚未完全丧失辨认或者控制自己行为能力的精神病人的证明材料。 |

| | | |
|---|---|---|
| **证据参考标准** | 主观方面的证据 | **证明行为人故意的证据**<br>1. 证明行为人明知的证据：证明行为人明知自己的行为会发生危害社会的结果；<br>2. 证明直接故意的证据：证明行为人希望危害结果发生。 |
| | 客观方面的证据 | **证明行为人重婚犯罪行为的证据**<br>具体证据包括：1. 证明行为人重婚前婚姻状况的证据：（1）配偶；（2）子女；（3）父母；（4）亲友；（5）岳父母。2. 证明行为人有配偶又与他人结婚行为的证据：（1）男方；（2）女方。3. 证明行为人明知他人有配偶而与之结婚行为的证据：（1）男方；（2）女方。4. 证明行为人有配偶而骗取与他人结婚行为的证据。5. 证明行为人出于喜新厌旧、玩弄女性而重婚行为的证据。6. 证明行为人为了生儿育女、传宗接代而重婚行为的证据。7. 证明行为人因自然灾害，为生活所迫逃荒他乡而重婚行为的证据。8. 证明行为人因受虐待逃婚后重婚行为的证据。9. 证明行为人因被拐卖而再婚行为的证据。10. 证明行为人因音讯不通误认为配偶已死而再婚行为的证据。 |
| | 量刑方面的证据 | **一、法定量刑情节证据**<br>1. 事实情节。2. 法定从重情节。3. 法定从轻或者减轻情节：（1）可以从轻；（2）可以从轻或者减轻；（3）应当从轻或者减轻。4. 法定从轻、减轻或者免除情节：（1）可以从轻、减轻或者免除处罚；（2）应当从轻、减轻或者免除处罚。5. 法定减轻或者免除情节：（1）可以减轻或者免除处罚；（2）应当减轻或者免除处罚；（3）可以免除处罚。6. 酌定情节：（1）被害人有过错；（2）其他。<br>**二、酌定量刑情节证据**<br>1. 犯罪手段：（1）欺骗对方；（2）隐瞒真相。2. 犯罪对象。3. 危害结果。4. 动机。5. 平时表现。6. 认罪态度。7. 是否有前科。8. 其他证据。 |
| **量刑标准** | | |
| | 犯本罪的 | 处二年以下有期徒刑或者拘役 |
| **法律适用** | 刑法条文 | **第二百五十八条** 有配偶而重婚的，或者明知他人有配偶而与之结婚的，处二年以下有期徒刑或者拘役。 |

<table>
<tr>
<td rowspan="1">法<br>律<br>适<br>用</td>
<td>相<br>关<br>法<br>律<br>法<br>规</td>
<td>

**《中华人民共和国民法典》（节录）**（2020年5月28日中华人民共和国主席令第45号公布　自2021年1月1日起施行）

**第一千零四十二条**　禁止包办、买卖婚姻和其他干涉婚姻自由的行为。禁止借婚姻索取财物。

禁止重婚。禁止有配偶者与他人同居。

禁止家庭暴力。禁止家庭成员间的虐待和遗弃。

**第一千零四十三条**　家庭应当树立优良家风，弘扬家庭美德，重视家庭文明建设。

夫妻应当互相忠实，互相尊重，互相关爱；家庭成员应当敬老爱幼，互相帮助，维护平等、和睦、文明的婚姻家庭关系。

**第一千零五十一条**　有下列情形之一的，婚姻无效：

（一）重婚；

（二）有禁止结婚的亲属关系；

（三）未到法定婚龄。

**第一千零五十四条**　无效的或者被撤销的婚姻自始没有法律约束力，当事人不具有夫妻的权利和义务。同居期间所得的财产，由当事人协议处理；协议不成的，由人民法院根据照顾无过错方的原则判决。对重婚导致的无效婚姻的财产处理，不得侵害合法婚姻当事人的财产权益。当事人所生的子女，适用本法关于父母子女的规定。

婚姻无效或者被撤销的，无过错方有权请求损害赔偿。

**第一千零七十九条**　夫妻一方要求离婚的，可以由有关组织进行调解或者直接向人民法院提起离婚诉讼。

人民法院审理离婚案件，应当进行调解；如果感情确已破裂，调解无效的，应当准予离婚。

有下列情形之一，调解无效的，应当准予离婚：

（一）重婚或者与他人同居；

（二）实施家庭暴力或者虐待、遗弃家庭成员；

（三）有赌博、吸毒等恶习屡教不改；

（四）因感情不和分居满二年；

（五）其他导致夫妻感情破裂的情形。

一方被宣告失踪，另一方提起离婚诉讼的，应当准予离婚。

经人民法院判决不准离婚后，双方又分居满一年，一方再次提起离婚诉讼的，应当准予离婚。

**第一千零九十一条**　有下列情形之一，导致离婚的，无过错方有权请求损害赔偿：

（一）重婚；

（二）与他人同居；

（三）实施家庭暴力；

（四）虐待、遗弃家庭成员；

（五）有其他重大过错。

</td>
</tr>
</table>

# 36 破坏军婚案

**概念** 本罪是指明知是现役军人的配偶而与之同居或者结婚的行为。

**立案标准** 根据《刑法》第 259 条的规定，明知是现役军人的配偶而与之同居或者结婚的，应当立案。

本罪属于行为犯，只要行为人明知是现役军人的配偶而与之同居或者结婚的，原则上就构成犯罪，应当立案侦查。

## 定罪标准

### 犯罪客体

本罪侵犯的客体是现役军人的婚姻关系。人民解放军是人民民主专政的柱石，担负着保卫社会主义建设，保卫国家主权、领土完整和安全的重要任务。对于他们的婚姻关系，必须给予特殊的保护。只有这样，才能解除军人的后顾之忧，保障军人忠实履行自己的职责。

现役军人，是指有军籍正在中国人民解放军部队或人民武装警察部队服役的人，不包括转业军人、复员退伍军人、残疾军人、人民警察以及在军事部门、人民武装警察部队中工作但没有军籍的工作人员。

对军婚所保护的范围，按照《刑法》的规定仅限于配偶，而不包括婚约关系。因为根据我国《民法典》的规定，婚姻关系的确立以结婚登记为标准，订婚并不是结婚的必要前提条件，也不是建立婚姻家庭的必经阶段，婚约没有法律上的拘束力。

所谓现役军人的配偶，既包括女现役军人的丈夫，又包括男现役军人的妻子。至于配偶是否为现役军人，则不影响本罪的成立。现役军人的配偶，仅指与现役军人进行了结婚登记从而缔结了婚姻关系的人。其不包括仅与现役军人有着某种婚约关系的"未婚夫"及"未婚妻"。与现役军人登记了结婚即属其配偶，至于是否同居或生活在一起，则在所不论。

### 犯罪客观方面

本罪在客观方面表现为实施了与现役军人的配偶同居或者结婚的行为。所谓同居，是指与现役军人的配偶在一定时期内公开或者秘密地姘居且共同生活在一起的行为。它以两性关系为基础，同时还具有一定程度上的经济关系或者其他某些方面的特殊关系。其既不同于公开以夫妻名义共同生活的事实婚姻，也不同于暗地里自愿发生性行为没有共同生活的男女双方的通奸行为。与现役军人的配偶形成事实婚姻属于与之结婚的范畴，构成本罪。与现役军人的配偶通奸，从立法本意上讲则不能认定为犯罪。所谓结婚，是指与现役军人的配偶采取欺骗手段骗取结婚登记或者虽未登记但长期以夫妻名义共同生活而形成事实婚姻的行为。

### 犯罪主体

本罪的主体是一般主体，即凡年满 16 周岁且具备刑事责任能力的自然人均能构成本罪。至于行为人有无配偶不影响本罪的成立。现役军人与其他现役军人的配偶同居或结婚的，也应以本罪论处。

### 犯罪主观方面

本罪在主观方面表现为破坏军人婚姻关系的故意，即行为人必须明知对方是现役军人的配偶而与其结婚或者同居。如果是确实不知道，由于现役军人的配偶隐瞒事实真相以致受骗而与之结婚或同居者，因缺乏本罪构成的主观要件，不能按本罪处理。但是对他们的非法同居关系或婚姻关系，应依法予以解除。

| | | |
|---|---|---|
| **定 罪 标 准** | **罪与非罪** | 区分罪与非罪的界限，要注意把握以下几点：<br><br>一、是否侵犯了现役军人的婚姻关系。破坏军婚罪侵犯的客体是现役军人的婚姻关系，这是破坏军婚罪最本质的特征。所以，可以根据行为人的行为是否侵犯了现役军人的婚姻关系来区分破坏军婚罪与非罪的界限。<br><br>二、是否与现役军人配偶同居或者结婚。与现役军人的配偶同居或者结婚，是破坏军婚罪客观方面的特征。只有具有与现役军人的配偶同居或结婚的行为，才能构成破坏军婚罪，否则，就不构成破坏军婚罪。利用职权、从属关系，以胁迫手段奸淫现役军人妻子的行为，虽也破坏军人婚姻，但其行为侵犯了妇女性的不可侵犯的权利，违背了妇女的意愿，符合《刑法》第236条所规定强奸罪的要件，应依强奸罪定罪量刑。<br><br>三、是否故意。破坏军婚罪都是直接故意犯罪，即只有明知对方是现役军人的配偶而与之同居或者结婚，才能构成此罪。如果知道对方已结婚但不知道对方是现役军人的配偶而与之结婚，不能构成破坏军婚罪，可以构成重婚罪；若不知道对方已婚且也不知道对方是现役军人的配偶而与之同居则不构成犯罪。<br><br>四、情节是否严重。对于破坏军人婚姻的行为，情节一般，军人本人又不愿声张追究的，为避免扩大不良影响，可不以破坏军婚罪论处，但必须制止其违法行为。对于与现役军人的配偶同居或结婚，情节严重，造成军人家庭破裂或其他后果的，则应依法追究刑事责任。另外，为了保护现役军人的婚姻关系，保障军人家庭生活的幸福与安定，对于现役军人的配偶一般不能定罪处罚。但是，对隐瞒事实真相，欺骗他人与之结婚的现役军人的配偶，在不妨碍军人婚姻关系的情况下，也可以按重婚罪论处。 |
| | **此罪与彼罪** | 本罪与重婚罪的界限。两者之间存在一定的竞合关系，但其仍有着以下本质区别：（1）行为方式不尽相同。本罪具有与现役军人的配偶同居或者结婚两种方式；而后罪则仅表现为与他人结婚这一种方式。（2）主观认识内容不同。本罪不仅认识到对方必须是他人的配偶，而且必须意识到对方是现役军人的配偶，而非一般人的配偶，否则即不可能构成本罪；而后罪在主观上则分为两种情况：其一，对有配偶的人而言，只要其意识到与配偶的婚姻关系还未解除或者消失即可；其二，对没有配偶的人而言，则只要认识到对方是他人的配偶即可，并不要求对方是某种具有特定身份人的配偶。（3）行为所指向的对象不同。本罪同居或结婚指向现役军人的配偶；而后罪的对象是指向非现役军人的配偶，既包括已结婚的人，又包括未结婚的人。（4）所侵犯的客体不同。本罪所侵害的是现役军人的婚姻关系；而后者则是一夫一妻的婚姻制度。<br><br>实践中，客观上虽然存在与现役军人的配偶同居或结婚的事实，但究竟怎样定罪，则要结合主体、主观认识内容认真分析，不能一概都以本罪论处：（1）与现役军人的配偶同居或结婚，但不知是现役军人的配偶，不能以本罪论处。如果知道是有配偶的人即属他人的配偶，与之结婚的，可构成重婚罪。如果根本不知道其属有配偶的人，则不构成犯罪。（2）明知是现役军人的配偶与之同居或结婚，行为人构成本罪，现役军人配偶如果构成犯罪，则应根据情况具体定罪：①行为人如果是现役军人的配偶，即现役军人的配偶与现役军人的配偶同居或者结婚，双方都明知，构成犯罪的，都构成本罪。一方明知对方是现役军人的配偶，一方不明知的，则明知的一方构成本罪。 |

| 定罪标准 | 此罪与彼罪 | 不明知的一方要么构成重婚罪，要么不构成犯罪。如果都不明知对方是现役军人的配偶，则应根据情况定重婚罪或无罪。②行为人如果不是现役军人的配偶，而与现役军人的配偶同居或结婚，现役军人的配偶构成犯罪，应是重婚罪，而不是本罪。(3)行为人如果与非现役军人的配偶结婚，行为人可构成重婚罪，但非现役军人的配偶如果构成犯罪，则应视具体情况定罪：①行为人为非现役军人的配偶，与行为人相对的非现役军人的配偶应构成重婚罪；②行为人属于现役军人的配偶，非现役军人的配偶如果明知行为人是现役军人的配偶，则构成本罪；如果不明知，则应视其明知的程度以重婚罪或无罪论处。<br><br>至于行为人与之同居或结婚的对方本身是不是现役军人，则不是认定本罪的关键要素。如果双方都是现役军人，但他们的配偶都不是现役军人即行为人都不是现役军人的配偶，构成犯罪的，亦应是重婚罪，而不是本罪。 |
|---|---|---|
| 证据参考标准 | 主体方面的证据 | **一、证明行为人刑事责任年龄、身份等自然情况的证据**<br>包括身份证明、户籍证明、任职证明、工作经历证明、特定职责证明等，主要是证明行为人的姓名（曾用名）、性别、出生年月日、民族、籍贯、出生地、职业（或职务）、住所地（或居所地）等证据材料，如户口簿、居民身份证、居住证、工作证、出生证、专业或技术等级证、干部履历表、职工登记表、护照等。<br>对于户籍、出生证等材料内容不实的，应提供其他证据材料。外国人犯罪的案件，应有护照等身份证明材料。人大代表、政协委员犯罪的案件，应注明身份，并附身份证明材料。<br>**二、证明行为人刑事责任能力的证据**<br>证明行为人对自己的行为是否具有辨认能力与控制能力，如是否属于间歇性精神病人、尚未完全丧失辨认或者控制自己行为能力的精神病人的证明材料。 |
| | 主观方面的证据 | **证明行为人故意的证据**<br>1. 证明行为人明知的证据：证明行为人明知自己的行为会发生危害社会的结果；<br>2. 证明直接故意的证据：证明行为人希望危害结果发生。 |
| | 客观方面的证据 | **证明行为人破坏军婚犯罪行为的证据**<br>具体证据包括：1. 证明行为人与现役军人配偶结婚行为的证据；2. 证明行为人与现役军人配偶同居行为的证据；3. 证明行为人长期与现役军人配偶通奸给军人婚姻家庭造成严重后果行为的证据；4. 证明行为人与现役军人配偶同居地点的证据；5. 证明行为人与现役军人配偶结婚后生活地点的证据；6. 证明行为人与现役军人配偶通奸次数的证据；7. 证明行为人唆使与现役军人离婚行为的证据；8. 证明行为人与现役军人之妻（夫）结婚过程的证明；9. 证明行为人扰乱现役军人正常生活、工作情况行为的证据；10. 证明行为人利用职权关系，以胁迫手段奸淫现役军人妻子行为的证据；11. 证明行为人利用从属关系，以胁迫手段奸淫现役军人妻子行为的证据；12. 现役军人与配偶结婚的时间、夫妻感情；13. 现役军人配偶的品德；14. 证明行为人破坏军婚犯罪行为的其他证据。 |

| 证据参考标准 | 量刑方面的证据 | **一、法定量刑情节证据**<br>1. 事实情节。2. 法定从重情节。3. 法定从轻或者减轻情节：（1）可以从轻；（2）可以从轻或者减轻；（3）应当从轻或者减轻。4. 法定从轻、减轻或者免除情节：（1）可以从轻、减轻或者免除处罚；（2）应当从轻、减轻或者免除处罚。5. 法定减轻或者免除情节：（1）可以减轻或者免除处罚；（2）应当减轻或者免除处罚；（3）可以免除处罚。6. 酌定情节：（1）被害人有过错；（2）其他。<br>**二、酌定量刑情节证据**<br>1. 犯罪手段：（1）结婚；（2）同居；（3）长期通奸。2. 犯罪对象。3. 危害结果：（1）破坏现役军人婚姻家庭关系；（2）影响在部队服役。4. 动机。5. 平时表现。6. 认罪态度。7. 是否有前科。8. 其他证据。 |
|---|---|---|
| **量刑标准** | 犯本罪的 | 处三年以下有期徒刑或者拘役 |
| | 利用职权、从属关系，以胁迫手段奸淫现役军人妻子的 | 依照《刑法》第二百三十六条的规定以强奸罪论处 |
| **法律适用** | 刑法条文 | **第二百五十九条** 明知是现役军人的配偶而与之同居或者结婚的，处三年以下有期徒刑或者拘役。<br>利用职权、从属关系，以胁迫手段奸淫现役军人妻子的，依照本法第二百三十六条的规定定罪处罚。 |
| | 相关法律法规 | **《中华人民共和国国防法》（节录）**(1997年3月14日中华人民共和国主席令第84号公布 自公布之日起施行 2009年8月27日修正 2020年12月26日修订)<br>**第八条** 国家和社会尊重、优待军人，保障军人的地位和合法权益，开展各种形式的拥军优属活动，让军人成为全社会尊崇的职业。<br>中国人民解放军和中国人民武装警察部队开展拥政爱民活动，巩固军政军民团结。<br>**第十条** 对在国防活动中作出贡献的组织和个人，依照有关法律、法规的规定给予表彰和奖励。<br>**第六十二条** 军人应当受到全社会的尊崇。<br>国家建立军人功勋荣誉表彰制度。<br>国家采取有效措施保护军人的荣誉、人格尊严，依照法律规定对军人的婚姻实行特别保护。<br>军人依法履行职责的行为受法律保护。 |

# 37 虐待案

**概念**

本罪是指对共同生活的家庭成员经常以打骂、捆绑、冻饿、限制自由、凌辱人格、不给治病或者强迫做过度劳动等方法，从肉体上和精神上进行摧残迫害，情节恶劣的行为。

**立案标准**

根据《刑法》第 260 条的规定，本罪属于告诉才处理的自诉案件，一般采取不告不理的原则。但存在两种例外：(1) 被害人没有能力告诉，或者因受到强制、威吓无法告诉。"被害人没有能力告诉"是指被害人因病重、年幼、智力缺陷、精神障碍等没有能力向人民法院告诉。(2) 虐待家庭成员，致使被害人重伤、死亡的。

**定罪标准**

**犯罪客体**

本罪侵犯的客体是家庭成员在家庭中的合法权益，主要是家庭成员之间的平等权利。由于虐待行为所采取的方法，也侵犯了受害者的人身权利，因此，本罪侵犯的客体是复杂客体。

本罪侵犯的对象只能是共同生活的家庭成员。根据我国有关法律的规定，家庭成员主要由以下四部分成员构成：(1) 由婚姻关系的形成而出现的最初的家庭成员，即丈夫和妻子。夫妻关系是一种拟制血亲关系，是最初的家庭关系，它是父母与子女间的关系产生的前提和基础。至于继父母与继子女间的关系，如果形成一种收养关系，则成为家庭关系。既为因收养关系而发生的家庭关系，也为因婚姻而发生的家庭关系。(2) 由血缘关系而引起的家庭成员，这是由于血亲关系而产生的家庭成员，包括两类：其一，由直系血亲关系而联系起来的父母、子女、孙子女、曾孙子女以及祖父母、曾祖父母、外祖父母等，他们之间不因成家立业及经济上的分开而解除家庭成员的法律地位；其二，由旁系血亲而联系起来的兄、弟、姐、妹、叔、伯、姑、姨、舅等家庭成员，但是，他们之间随着成家立业且与原家庭经济上的分开，而丧失原家庭成员的法律地位。这里例外的是，原由旁系血亲抚养的，如原由兄姐抚养之弟妹，不因结婚而丧失原家庭成员的资格。(3) 由收养关系而发生的家庭成员，即养父母与养子女之间，这是一种拟制血亲关系。(4) 在现实生活中，还经常出现一种既区别于收养关系、血亲关系，又区别于婚姻关系而发生的家庭成员之间的关系。例如，某甲是位孤寡老人，生活无着落，乙丙夫妇见状而将甲领回去，自愿实行一种绝非法律意义上的赡养义务。一经同意赡养，甲就成了乙丙家的一个家庭成员。

只有基于上述血缘关系、婚姻关系、收养关系等方面取得家庭成员的身份，方能成为虐待罪的侵害对象。

**犯罪客观方面**

本罪在客观方面表现为经常虐待家庭成员的行为。

一、必须有对被害人的肉体和精神进行摧残、折磨、迫害的行为。这种行为，就方式而言，既包括积极的作为，如殴打、捆绑、禁闭、讽刺、谩骂、侮辱、限制自由、强迫超负荷劳动等，又包括消极的不作为，如有病不给治疗、不给吃饱饭、不给穿暖衣等。就内容而言，既包括肉体的摧残，如冻饿、禁闭、有病不给治疗等，又包

| 定罪标准 | 犯罪客观方面 | 括精神上的迫害，如讽刺、谩骂、凌辱人格、限制自由等，不论其内容如何，也不论其方式怎样，是交替穿插进行，还是单独连续进行，都不影响本罪成立。<br><br>二、行为必须具有经常性、一贯性。偶尔的打骂、冻饿、赶出家门，不能认定为虐待行为。<br><br>三、虐待行为必须属于情节恶劣，才构成犯罪。所谓"情节恶劣"，是指虐待时间较长、次数较多；虐待手段残忍；虐待造成被害人轻伤或者患较严重疾病；对未成年人、老年人、残疾人、孕妇、哺乳期妇女、重病患者实施较为严重的虐待行为等情形。对于一般家庭纠纷的打骂或者曾有虐待行为，但情节轻微，后果不严重，不构成虐待罪。有的父母教育子女方法简单、粗暴，有时甚至打骂、体罚，这种行为是错误的，应当批评教育。只要不是有意对被害人在肉体上和精神上进行摧残和折磨，不应以虐待罪论处。 |
|---|---|---|
| | 犯罪主体 | 本罪的主体为特殊主体，必须是共同生活的同一家庭的成员，相互之间存在一定的亲属关系或者扶养关系，如夫妻、父母、子女、兄弟姐妹等。虐待者都是具有一定的扶养义务，在经济上或者家庭地位中占一定优势的成员。非家庭成员，不能成为本罪的主体。 |
| | 犯罪主观方面 | 本罪在主观方面表现为故意，即故意地对被害人进行肉体上和精神上的摧残和折磨。至于虐待的动机则是多种多样的，不论出于什么动机，都不影响定罪，但量刑时应予以考虑。 |
| | 罪与非罪 | 区分罪与非罪的界限，要注意把握以下几点：<br>一、看情节是否恶劣。情节是否恶劣是区分罪与非罪的主要标志。根据《刑法》第260条规定，虐待家庭成员，只有情节恶劣的，才构成犯罪。虐待行为一般，情节较轻的，如一两次的打骂，偶尔的不给饭吃、禁闭等，不应以虐待罪论处。虐待情节是否恶劣，应当根据以下几个方面来认定：（1）虐待行为持续的时间。虐待时间的长短，在相当程度上决定对被害人身心损害的大小。虐待持续的时间长，如几个月、几年，往往会造成被害人的身心受到较为严重的损害。相反，因家庭琐事出于一时气愤而对家庭成员实施了短时间的虐待行为，一般也不会造成什么严重后果。（2）虐待行为的次数。虐待时间虽然不长，但行为次数频繁的，也容易使被害人的身心遭受难以忍受的痛苦，极易出现严重后果。例如，有的丈夫在妻子生女婴后的一个月内，先后毒打妻子10余次；有的儿女对因病卧床不起的老人一次又一次地不给饭吃，一个月内就达20余次，等等。（3）虐待的手段。实践中，有的虐待手段十分残忍，如丈夫在冬天把妻子的衣服扒光推出门外受冻；丈夫用烙铁、烟头等烫妻子的阴部、乳房；儿女惨无人道地毒打年迈的父母等。使用这些残忍手段，极易造成被害人伤残和死亡，应以情节恶劣论处。至于打耳光、拧耳朵等虐待行为，便不能认为是手段残忍，一般不能认定为情节恶劣。（4）虐待的后果是否严重。虐待行为一般都会程度不同地给被害人造成精神上、肉体上的痛苦和损害，其中有的后果严重，如由于虐待行为人使被害人患了精神分裂症、妇科病或者其他病症；虐待行为致使被害人身体瘫痪、肢体伤残；将被害人虐待致死；被害人因不堪虐待而自杀等。凡发生了上述严重后果的，都应以情节恶劣论处。当然，判断是否"情节恶劣"，可以根据上述诸方面进行综合分析，也可以根据其中的一个方面加以分析认定。<br>二、看犯罪的对象。虐待罪是发生在家庭成员间的犯罪，行为人与被害人之间存在一定的亲属关系和扶养关系，如夫妻、父子、兄弟姐妹等。虐待非家庭成员的，不构成虐待罪（但如果因虐待行为直接给被害人造成严重后果，社会危害严重，构成其他犯罪的，可以按其他犯罪论处）。 |

| 定罪标准 | 此罪与彼罪 | 一、本罪与故意杀人罪的界限。虐待行为的手段，有时与故意杀人的手段十分相似，并且虐待行为有时在客观上也可能造成被害人死亡的后果。所以，虐待罪与故意杀人罪的界限较容易混淆。在司法实践中，难以认定某一行为是构成虐待罪还是构成故意杀人罪时，应当从主观故意上区分二者的界限。虐待罪的主观方面是故意对被害人进行肉体上和精神上的摧残和折磨；故意杀人罪的主观方面是故意剥夺他人的生命。<br><br>二、本罪与故意伤害罪的界限。虐待行为往往会造成被害人身体伤害的后果。所以，虐待罪容易与故意伤害罪混淆。在司法实践中，应当主要从主观故意上区别虐待罪与故意伤害罪的界限。如果行为人出于对被害人进行肉体上和精神上摧残和折磨的故意，在实施虐待行为过程中，造成被害人轻伤或者重伤的，其行为构成虐待罪，不构成故意伤害罪；如果行为人在主观上具有伤害他人身体的故意，并且在客观上实施了伤害他人的行为，则其行为构成故意伤害罪，不构成虐待罪。 |
|---|---|---|
| 证据参考标准 | 主体方面的证据 | **一、证明行为人刑事责任年龄、身份等自然情况的证据**<br>包括身份证明、户籍证明、任职证明、工作经历证明、特定职责证明等，主要是证明行为人的姓名（曾用名）、性别、出生年月日、民族、籍贯、出生地、职业（或职务）、住所地（或居所地）等证据材料，如户口簿、居民身份证、居住证、工作证、出生证、专业或技术等级证、干部履历表、职工登记表、护照等。<br>对于户籍、出生证等材料内容不实的，应提供其他证据材料。外国人犯罪的案件，应有护照等身份证明材料。人大代表、政协委员犯罪的案件，应注明身份，并附身份证明材料。<br>**二、证明行为人刑事责任能力的证据**<br>证明行为人对自己的行为是否具有辨认能力与控制能力，如是否属于间歇性精神病人、尚未完全丧失辨认或者控制自己行为能力的精神病人的证明材料。 |
| | 主观方面的证据 | **证明行为人故意的证据**<br>1. 证明行为人明知的证据：证明行为人明知自己的行为会发生危害社会的结果；<br>2. 证明直接故意的证据：证明行为人希望危害结果发生。 |
| | 客观方面的证据 | **证明行为人虐待犯罪行为的证据**<br>具体证据包括：1. 证明行为人从肉体上虐待被害人行为的证据：（1）殴打行为的证据；（2）不给吃饭行为的证据；（3）不给穿暖行为的证据；（4）不给治病行为的证据；（5）强迫劳动行为的证据；（6）禁闭行为的证据；（7）其他肉体虐待行为的证据。2. 证明行为人从精神上虐待被害人行为的证据：（1）谩骂行为的证据；（2）凌辱行为的证据；（3）讽刺行为的证据；（4）限制自由行为的证据；（5）其他精神虐待行为的证据。3. 证明行为人虐待致使被害人重伤行为的证据。4. 证明行为人虐待致使被害人死亡行为的证据。 |
| | 量刑方面的证据 | **一、法定量刑情节证据**<br>1. 事实情节：（1）情节恶劣；（2）其他。2. 法定从重情节。3. 法定从轻或者减轻情节：（1）可以从轻；（2）可以从轻或者减轻；（3）应当从轻或者减轻。4. 法定从轻、减轻或者免除情节：（1）可以从轻、减轻或者免除处罚；（2）应当从轻、减轻或者免除处罚。5. 法定减轻或者免除情节：（1）可以减轻或者免除处罚；（2）应当减轻或者免除处罚；（3）可以免除处罚。6. 酌定情节：（1）被害人有过错；（2）其他。 |

| 证据参考标准 | 量刑方面的证据 | 二、酌定量刑情节证据<br>1.犯罪手段：（1）打骂；（2）捆绑；（3）冻饿；（4）有病不给看。2.犯罪对象。3.危害结果。4.动机。5.平时表现。6.认罪态度。7.是否有前科。8.其他证据。 | |
|---|---|---|---|
| 量刑标准 | | 犯本罪的 | 处二年以下有期徒刑、拘役或者管制，适用告诉才处理的规定 |
| | | 犯本罪，致使被害人重伤、死亡的 | 处二年以上七年以下有期徒刑，不适用告诉才处理的规定 |

| 法律适用 | 刑法条文 | **第二百六十条** 虐待家庭成员，情节恶劣的，处二年以下有期徒刑、拘役或者管制。<br><br>犯前款罪，致使被害人重伤、死亡的，处二年以上七年以下有期徒刑。<br><br>第一款罪，告诉的才处理，但被害人没有能力告诉，或者因受到强制、威吓无法告诉的除外。 |
|---|---|---|
| | 司法解释 | **最高人民法院、最高人民检察院、公安部、司法部《关于依法办理家庭暴力犯罪案件的意见》（节录）**（2015年3月2日最高人民法院、最高人民检察院、公安部、司法部公布 自公布之日起施行 法发〔2015〕4号）<br><br>**三、定罪处罚**<br><br>16.依法准确定罪处罚。对故意杀人、故意伤害、强奸、猥亵儿童、非法拘禁、侮辱、暴力干涉婚姻自由、虐待、遗弃等侵害公民人身权利的家庭暴力犯罪，应当根据犯罪的事实、犯罪的性质、情节和对社会的危害程度，严格依照刑法的有关规定判处。对于同一行为同时触犯多个罪名的，依照处罚较重的规定定罪处罚。<br><br>17.依法惩处虐待犯罪。采取殴打、冻饿、强迫过度劳动、限制人身自由、恐吓、侮辱、谩骂等手段，对家庭成员的身体和精神进行摧残、折磨，是实践中较为多发的虐待性质的家庭暴力。根据司法实践，具有虐待持续时间较长、次数较多；虐待手段残忍；虐待造成被害人轻微伤或者患较严重疾病；对未成年人、老年人、残疾人、孕妇、哺乳期妇女、重病患者实施较为严重的虐待行为等情形，属于刑法第二百六十条第一款规定的虐待"情节恶劣"，应当依法以虐待罪定罪处罚。<br><br>准确区分虐待犯罪致人重伤、死亡与故意伤害、故意杀人犯罪致人重伤、死亡的界限，要根据被告人的主观故意、所实施的暴力手段与方式、是否立即或者直接造成被害人伤亡后果等进行综合判断。对于被告人主观上不具有侵害被害人健康或者剥夺被害人生命的故意，而是出于追求被害人肉体和精神上的痛苦，长期或者多次实施虐待行为，逐渐造成被害人身体损害，过失导致被害人重伤或者死亡的；或者因虐待致使被害人不堪忍受而自残、自杀，导致重伤或者死亡的，属于刑法第二百六十条第二款规定的虐待"致使被害人重伤、死亡"，应当以虐待罪定罪处罚。对于被告人虽然实施家庭暴力呈现出经常性、持续性、反复性的特点，但其主观上具有希望或者放任被害人重伤或者死亡的故意，持凶器实施暴力，暴力手段残忍，暴力程度较强，直接或者立即造成被害人重伤或者死亡的，应当以故意伤害罪或者故意杀人罪定罪处罚。 |

依法惩处遗弃犯罪。负有扶养义务且有扶养能力的人，拒绝扶养年幼、年老、患病或者其他没有独立生活能力的家庭成员，是危害严重的遗弃性质的家庭暴力。根据司法实践，具有对被害人长期不予照顾、不提供生活来源；驱赶、逼迫被害人离家，致使被害人流离失所或者生存困难；遗弃患严重疾病或者生活不能自理的被害人；遗弃致使被害人身体严重损害或者造成其他严重后果等情形，属于刑法第二百六十一条规定的遗弃"情节恶劣"，应当依法以遗弃罪定罪处罚。

准确区分遗弃罪与故意杀人罪的界限，要根据被告人的主观故意、所实施行为的时间与地点、是否立即造成被害人死亡，以及被害人对被告人的依赖程度等进行综合判断。对于只是为了逃避扶养义务，并不希望或者放任被害人死亡，将生活不能自理的被害人弃置在福利院、医院、派出所等单位或者广场、车站等行人较多的场所，希望被害人得到他人救助的，一般以遗弃罪定罪处罚。对于希望或者放任被害人死亡，不履行必要的扶养义务，致使被害人因缺乏生活照料而死亡，或者将生活不能自理的被害人带至荒山野岭等人迹罕至的场所扔弃，使被害人难以得到他人救助的，应当以故意杀人罪定罪处罚。

18. 切实贯彻宽严相济刑事政策。对于实施家庭暴力构成犯罪的，应当根据罪刑法定、罪刑相适应原则，兼顾维护家庭稳定、尊重被害人意愿等因素综合考虑，宽严并用，区别对待。根据司法实践，对于实施家庭暴力手段残忍或者造成严重后果；出于恶意侵占财产等卑劣动机实施家庭暴力；因酗酒、吸毒、赌博等恶习而长期或者多次实施家庭暴力；曾因实施家庭暴力受到刑事处罚、行政处罚；或者具有其他恶劣情形的，可以酌情从重处罚。对于实施家庭暴力犯罪情节较轻，或者被告人真诚悔罪，获得被害人谅解，从轻处罚有利于被扶养人的，可以酌情从轻处罚；对于情节轻微不需要判处刑罚的，人民检察院可以不起诉，人民法院可以判处免予刑事处罚。

对于实施家庭暴力情节显著轻微危害不大不构成犯罪的，应当撤销案件、不起诉，或者宣告无罪。

人民法院、人民检察院、公安机关应当充分运用训诫，责令施暴人保证不再实施家庭暴力，或者向被害人赔礼道歉、赔偿损失等非刑罚处罚措施，加强对施暴人的教育与惩戒。

19. 准确认定对家庭暴力的正当防卫。为了使本人或者他人的人身权利免受不法侵害，对正在进行的家庭暴力采取制止行为，只要符合刑法规定的条件，就应当依法认定为正当防卫，不负刑事责任。防卫行为造成施暴人重伤、死亡，且明显超过必要限度，属于防卫过当，应当负刑事责任，但是应当减轻或者免除处罚。

认定防卫行为是否"明显超过必要限度"，应当以足以制止并使防卫人免受家庭暴力不法侵害的需要为标准，根据施暴人正在实施家庭暴力的严重程度、手段的残忍程度，防卫人所处的环境、面临的危险程度、采取的制止暴力的手段、造成施暴人重大损害的程度，以及既往家庭暴力的严重程度等进行综合判断。

20. 充分考虑案件中的防卫因素和过错责任。对于长期遭受家庭暴力后，在激愤、恐惧状态下为了防止再次遭受家庭暴力，或者为了摆脱家庭暴力而故意杀害、伤害施暴人，被告人的行为具有防卫因素，施暴人在案件起因上具有明显过错或者直接责任的，可以酌情从宽处罚。对于因遭受严重家庭暴力，身体、精神受到重大损害而故意杀害施暴人；或者因不堪忍受长期家庭暴力而故意杀害施暴人，犯罪情节不是特别恶劣，手段不是特别残忍的，可以认定为刑法第二百三十二条规定的故意杀人"情节较轻"。在服刑期间确有悔改表现的，可以根据其家庭情况，依法放宽减刑的幅度，缩短减刑的起始时间与间隔时间；符合假释条件的，应当假释。被杀害施暴人的近亲属表示谅解的，在量刑、减刑、假释时应当予以充分考虑。

**四、其他措施**

21. 充分运用禁止令措施。人民法院对实施家庭暴力构成犯罪被判处管制或者宣告缓刑的犯罪分子，为了确保被害人及其子女和特定亲属的人身安全，可以依照刑法第三十八条第二款、第七十二条第二款的规定，同时禁止犯罪分子再次实施家庭暴力，侵扰被害人的生活、工作、学习，进行酗酒、赌博等活动；经被害人申请且有必要的，禁止接近被害人及其未成年子女。

22. 告知申请撤销施暴人的监护资格。人民法院、人民检察院、公安机关对于监护人实施家庭暴力，严重侵害被监护人合法权益的，在必要时可以告知被监护人及其他有监护资格的人员、单位，向人民法院提出申请，要求撤销监护人资格，依法另行指定监护人。

23. 充分运用人身安全保护措施。人民法院为了保护被害人的人身安全，避免其再次受到家庭暴力的侵害，可以根据申请，依照民事诉讼法等法律的相关规定，作出禁止施暴人再次实施家庭暴力、禁止接近被害人、迁出被害人的住所等内容的裁定。对于施暴人违反裁定的行为，如对被害人进行威胁、恐吓、殴打、伤害、杀害，或者未经被害人同意拒不迁出住所的，人民法院可以根据情节轻重予以罚款、拘留；构成犯罪的，应当依法追究刑事责任。

24. 充分运用社区矫正措施。社区矫正机构对因实施家庭暴力构成犯罪被判处管制、宣告缓刑、假释或者暂予监外执行的犯罪分子，应当依法开展家庭暴力行为矫治，通过制定有针对性的监管、教育和帮助措施，矫正犯罪分子的施暴心理和行为恶习。

25. 加强反家庭暴力宣传教育。人民法院、人民检察院、公安机关、司法行政机关应当结合本部门工作职责，通过以案说法、社区普法、针对重点对象法制教育等多种形式，开展反家庭暴力宣传教育活动，有效预防家庭暴力，促进平等、和睦、文明的家庭关系，维护社会和谐、稳定。

**一、《中华人民共和国残疾人保障法》（节录）**（1990年12月28日中华人民共和国主席令第36号公布　自1991年5月15日起施行　2008年4月24日修订　2018年10月26日修正）

**第九条**　残疾人的扶养人必须对残疾人履行扶养义务。

残疾人的监护人必须履行监护职责，尊重被监护人的意愿，维护被监护人的合法权益。

残疾人的亲属、监护人应当鼓励和帮助残疾人增强自立能力。

禁止对残疾人实施家庭暴力，禁止虐待、遗弃残疾人。

**第六十七条**　违反本法规定，侵害残疾人的合法权益，其他法律、法规规定行政处罚的，从其规定；造成财产损失或者其他损害的，依法承担民事责任；构成犯罪的，依法追究刑事责任。

**二、《中华人民共和国未成年人保护法》（节录）**（1991年9月4日中华人民共和国主席令第50号公布　自1992年1月1日起施行　2006年12月29日第一次修订　2012年10月26日第一次修正　2020年10月17日第二次修订　2024年4月26日第二次修正）

**第十七条**　未成年人的父母或者其他监护人不得实施下列行为：

（一）虐待、遗弃、非法送养未成年人或者对未成年人实施家庭暴力；

第十二条　未成年人的监护人应当以文明的方式进行家庭教育，依法履行监护和教育职责，不得实施家庭暴力。

### 第三章　家庭暴力的处置

第十三条　家庭暴力受害人及其法定代理人、近亲属可以向加害人或者受害人所在单位、居民委员会、村民委员会、妇女联合会等单位投诉、反映或者求助。有关单位接到家庭暴力投诉、反映或者求助后，应当给予帮助、处理。

家庭暴力受害人及其法定代理人、近亲属也可以向公安机关报案或者依法向人民法院起诉。

单位、个人发现正在发生的家庭暴力行为，有权及时劝阻。

第十四条　学校、幼儿园、医疗机构、居民委员会、村民委员会、社会工作服务机构、救助管理机构、福利机构及其工作人员在工作中发现无民事行为能力人、限制民事行为能力人遭受或者疑似遭受家庭暴力的，应当及时向公安机关报案。公安机关应当对报案人的信息予以保密。

第十五条　公安机关接到家庭暴力报案后应当及时出警，制止家庭暴力，按照有关规定调查取证，协助受害人就医、鉴定伤情。

无民事行为能力人、限制民事行为能力人因家庭暴力身体受到严重伤害、面临人身安全威胁或者处于无人照料等危险状态的，公安机关应当通知并协助民政部门将其安置到临时庇护场所、救助管理机构或者福利机构。

第十六条　家庭暴力情节较轻，依法不给予治安管理处罚的，由公安机关对加害人给予批评教育或者出具告诫书。

告诫书应当包括加害人的身份信息、家庭暴力的事实陈述、禁止加害人实施家庭暴力等内容。

第十七条　公安机关应当将告诫书送交加害人、受害人，并通知居民委员会、村民委员会。

居民委员会、村民委员会、公安派出所应当对收到告诫书的加害人、受害人进行查访，监督加害人不再实施家庭暴力。

第十八条　县级或者设区的市级人民政府可以单独或者依托救助管理机构设立临时庇护场所，为家庭暴力受害人提供临时生活帮助。

第十九条　法律援助机构应当依法为家庭暴力受害人提供法律援助。

人民法院应当依法对家庭暴力受害人缓收、减收或者免收诉讼费用。

第二十条　人民法院审理涉及家庭暴力的案件，可以根据公安机关出警记录、告诫书、伤情鉴定意见等证据，认定家庭暴力事实。

第二十一条　监护人实施家庭暴力严重侵害被监护人合法权益的，人民法院可以根据被监护人的近亲属、居民委员会、村民委员会、县级人民政府民政部门等有关人员或者单位的申请，依法撤销其监护人资格，另行指定监护人。

被撤销监护人资格的加害人，应当继续负担相应的赡养、扶养、抚养费用。

第二十二条　工会、共产主义青年团、妇女联合会、残疾人联合会、居民委员会、村民委员会等应当对实施家庭暴力的加害人进行法治教育，必要时可以对加害人、受害人进行心理辅导。

### 第四章　人身安全保护令

第二十三条　当事人因遭受家庭暴力或者面临家庭暴力的现实危险，向人民法院申请人身安全保护令的，人民法院应当受理。

当事人是无民事行为能力人、限制民事行为能力人，或者因受到强制、威吓等原因无法申请人身安全保护令的，其近亲属、公安机关、妇女联合会、居民委员会、村民委员会、救助管理机构可以代为申请。

**第二十四条** 申请人身安全保护令应当以书面方式提出；书面申请确有困难的，可以口头申请，由人民法院记入笔录。

**第二十五条** 人身安全保护令案件由申请人或者被申请人居住地、家庭暴力发生地的基层人民法院管辖。

**第二十六条** 人身安全保护令由人民法院以裁定形式作出。

**第二十七条** 作出人身安全保护令，应当具备下列条件：

（一）有明确的被申请人；

（二）有具体的请求；

（三）有遭受家庭暴力或者面临家庭暴力现实危险的情形。

**第二十八条** 人民法院受理申请后，应当在七十二小时内作出人身安全保护令或者驳回申请；情况紧急的，应当在二十四小时内作出。

**第二十九条** 人身安全保护令可以包括下列措施：

（一）禁止被申请人实施家庭暴力；

（二）禁止被申请人骚扰、跟踪、接触申请人及其相关近亲属；

（三）责令被申请人迁出申请人住所；

（四）保护申请人人身安全的其他措施。

**第三十条** 人身安全保护令的有效期不超过六个月，自作出之日起生效。人身安全保护令失效前，人民法院可以根据申请人的申请撤销、变更或者延长。

**第三十一条** 申请人对驳回申请不服或者被申请人对人身安全保护令不服的，可以自裁定生效之日起五日内向作出裁定的人民法院申请复议一次。人民法院依法作出人身安全保护令的，复议期间不停止人身安全保护令的执行。

**第三十二条** 人民法院作出人身安全保护令后，应当送达申请人、被申请人、公安机关以及居民委员会、村民委员会等有关组织。人身安全保护令由人民法院执行，公安机关以及居民委员会、村民委员会等应当协助执行。

### 第五章 法律责任

**第三十三条** 加害人实施家庭暴力，构成违反治安管理行为的，依法给予治安管理处罚；构成犯罪的，依法追究刑事责任。

**第三十四条** 被申请人违反人身安全保护令，构成犯罪的，依法追究刑事责任；尚不构成犯罪的，人民法院应当给予训诫，可以根据情节轻重处以一千元以下罚款、十五日以下拘留。

**第三十五条** 学校、幼儿园、医疗机构、居民委员会、村民委员会、社会工作服务机构、救助管理机构、福利机构及其工作人员未依照本法第十四条规定向公安机关报案，造成严重后果的，由上级主管部门或者本单位对直接负责的主管人员和其他直接责任人员依法给予处分。

**第三十六条** 负有反家庭暴力职责的国家工作人员玩忽职守、滥用职权、徇私舞弊的，依法给予处分；构成犯罪的，依法追究刑事责任。

### 第六章 附 则

**第三十七条** 家庭成员以外共同生活的人之间实施的暴力行为，参照本法规定执行。

**第三十八条** 本法自2016年3月1日起施行。

# 38 虐待被监护、看护人案

**概念**　　本罪是指对未成年人、老年人、患病的人、残疾人等负有监护、看护职责的人或单位对被监护、看护的人经常以打骂、捆绑、冻饿、限制自由等方法，从精神上和肉体上进行摧残迫害，情节恶劣的行为。

**立案标准**　　根据《刑法》第 260 条之一的规定，对未成年人、老年人、患病的人、残疾人等负有监护、看护职责的人或单位虐待被监护、看护的人，情节恶劣的，应当立案。本罪是情节犯，只有情节恶劣的才构成犯罪。

| 定罪标准 | | |
|---|---|---|
| | **犯罪客体** | 本罪侵犯的客体是被监护、看护的人的人身权利。<br>　　根据《刑法》第 260 条之一的规定，被监护、看护的人主要是指未成年人、老年人、患病的人和残疾人。"未成年人"是指不满 18 周岁的少年儿童和婴幼儿。"老年人"是指 60 周岁以上的公民。"患病的人"是指因病而处于被监护、看护状态的人。"残疾人"是指在心理、生理、人体结构上，某种组织、功能丧失或者不正常，全部或部分丧失以正常方式从事某种活动能力的人，包括视力残疾、听力残疾、言语残疾、肢体残疾、智力残疾、精神残疾、多重残疾和其他残疾的人。 |
| | **犯罪客观方面** | 本罪在客观方面表现为经常虐待被监护、看护人的行为。由于本罪的客观表现与虐待罪的客观表现相似，司法实践中可参考虐待罪"犯罪客观方面"的说明，此处不再赘述。 |
| | **犯罪主体** | 本罪的主体是对未成年人、老年人、患病的人、残疾人负有监护、看护职责的人或单位，如幼儿园、中小学校、养老机构、医院等机构及其工作人员。 |
| | **犯罪主观方面** | 本罪在主观方面表现为故意，即故意地对被害人进行肉体上和精神上的摧残和折磨。至于虐待的动机则是多种多样的，不论出于什么动机，都不影响定罪。 |
| | **罪与非罪** | 是否构成本罪，主要是看情节是否恶劣。 |
| | **此罪与彼罪** | 是否构成本罪，主要是看情节是否恶劣。"情节恶劣"主要是指虐待的动机卑鄙、手段凶残，长期虐待被监护、看护人，或者虐待后果严重。如果行为人有虐待被监护、看护的人的行为，但尚不够恶劣，对被监护、看护的人的身心健康也没有造成严重损害的，不构成本罪。<br>　　根据《刑法》第 260 条之一第 3 款的规定，有虐待被监护、看护人的行为，同时构成其他犯罪的，依照处罚较重的规定定罪处罚。实践中，行为人在实施虐待行为的时候，往往会导致被害人重伤或者死亡的后果，可能同时构成伤害、杀人等其他犯罪。当这些其他犯罪是与虐待行为直接相关的罪名时，应从一重罪处罚；当行为人明显具有伤害、杀人的恶意且实施了严重的暴力行为，直接将被害人殴打成重伤，甚至直接杀害被害人的，应当根据情况适用故意伤害罪、故意杀人罪定罪处罚或者与本罪实行数罪并罚。<br>　　如果行为人在实施虐待行为的同时实施了盗窃、抢劫等其他与虐待行为性质不同的犯罪，应当与本罪数罪并罚。 |

| 证据参考标准 | 主体方面的证据 | **一、证明行为人刑事责任年龄、身份等自然情况的证据**<br>包括身份证明、户籍证明、任职证明、工作经历证明、特定职责证明等，主要是证明行为人的姓名（曾用名）、性别、出生年月日、民族、籍贯、出生地、职业（或职务）、住所地（或居住地）等证据材料，如户口簿、居民身份证、居住证、工作证、出生证、专业或技术等级证、干部履历表、职工登记表、护照等。<br>对于户籍、出生证等材料内容不实的，应提供其他证据材料。外国人犯罪的案件，应有护照等身份证明材料。人大代表、政协委员犯罪的案件，应注明身份，并附身份证明材料。<br>**二、证明行为人刑事责任能力的证据**<br>证明行为人对自己的行为是否具有辨认能力与控制能力，如是否属于间歇性精神病人、尚未完全丧失辨认或者控制自己行为能力的精神病人的证明材料。<br>**三、证明单位的证据**<br>证明是否属于依法成立并有合法经营、管理范围的公司、企业、事业单位、机关、团体。<br>证明单位的名称、住所地、性质、法定代表人、单位负责人、业务范围、成立时间等证据材料，如企业法人营业执照、国有公司性质证明及非法人单位的身份证明等。<br>**四、证明法定代表人、单位负责人或直接责任人员等身份证据**<br>法定代表人、直接负责的主管人员和其他直接责任人在单位的任职、职责、负责权限的证明材料等。包括身份证明、户籍证明、任职证明等，如户口簿、居民身份证、工作证、护照、专业或技术等级证、干部履历表、职工登记表、任命书、业务分工文件、委派文件、单位证明、单位规章制度等。 |
|---|---|---|
| | 主观方面的证据 | **证明行为人故意的证据**<br>1. 证明行为人明知的证据：证明行为人明知自己的行为会发生危害社会的结果；2. 证明直接故意的证据：证明行为人希望危害结果发生。 |
| | 客观方面的证据 | **证明行为人虐待犯罪行为的证据**<br>具体证据包括：1. 证明行为人从肉体上虐待被害人行为的证据：（1）殴打行为的证据；（2）不给吃饭行为的证据；（3）不给穿暖行为的证据；（4）不给治病行为的证据；（5）强迫劳动行为的证据；（6）禁闭行为的证据；（7）其他肉体虐待行为的证据。2. 证明行为人从精神上虐待被害人行为的证据：（1）谩骂行为的证据；（2）凌辱行为的证据；（3）讽刺行为的证据；（4）限制自由行为的证据；（5）其他精神虐待行为的证据。3. 证明行为人虐待致使被害人重伤行为的证据。4. 证明行为人虐待致使被害人死亡行为的证据。 |
| | 量刑方面的证据 | **一、法定量刑情节证据**<br>1. 事实情节：（1）情节恶劣；（2）其他。2. 法定从重情节。3. 法定从轻或者减轻情节：（1）可以从轻；（2）可以从轻或者减轻；（3）应当从轻或者减轻。4. 法定从轻、减轻或者免除情节：（1）可以从轻、减轻或者免除处罚；（2）应当从轻、减轻或者免除处罚。5. 法定减轻或者免除情节：（1）可以减轻或者免除处罚；（2）应当减轻或者免除处罚；（3）可以免除处罚。6. 酌定情节：（1）被害人有过错；（2）其他。<br>**二、酌定量刑情节证据**<br>1. 犯罪手段：（1）打骂；（2）捆绑；（3）冻饿；（4）有病不给看。2. 犯罪对象。3. 危害结果。4. 动机。5. 平时表现。6. 认罪态度。7. 是否有前科。8. 其他证据。 |

| 量刑标准 | 犯本罪的 | 处三年以下有期徒刑或者拘役 |
| --- | --- | --- |
| | 单位犯本罪的 | 对单位判处罚金，并对其直接负责的主管人员和其他直接责任人员依上述规定处罚 |
| | 犯本罪，同时构成其他犯罪的 | 依照处罚较重的规定定罪处罚 |

| 法律适用 | 刑法条文 | **第二百六十条之一** 对未成年人、老年人、患病的人、残疾人等负有监护、看护职责的人虐待被监护、看护的人，情节恶劣的，处三年以下有期徒刑或者拘役。<br><br>单位犯前款罪的，对单位判处罚金，并对其直接负责的主管人员和其他直接责任人员，依照前款的规定处罚。<br><br>有第一款行为，同时构成其他犯罪的，依照处罚较重的规定定罪处罚。 |
| --- | --- | --- |
| | 司法解释 | **最高人民法院《关于审理走私、非法经营、非法使用兴奋剂刑事案件适用法律若干问题的解释》（节录）**（2019 年 11 月 18 日最高人民法院公布　自 2020 年 1 月 1 日起施行　法释〔2019〕16 号）<br><br>**第三条** 对未成年人、残疾人负有监护、看护职责的人组织未成年人、残疾人在体育运动中非法使用兴奋剂，具有下列情形之一的，应当认定为刑法第二百六十条之一规定的"情节恶劣"，以虐待被监护、看护人罪定罪处罚：<br>（一）强迫未成年人、残疾人使用的；<br>（二）引诱、欺骗未成年人、残疾人长期使用的；<br>（三）其他严重损害未成年人、残疾人身心健康的情形。<br>**第七条** 实施本解释规定的行为，涉案物质属于毒品、制毒物品等，构成有关犯罪的，依照相应犯罪定罪处罚。<br>**第八条** 对于是否属于本解释规定的"兴奋剂""兴奋剂目录所列物质""体育运动""国内、国际重大体育竞赛"等专门性问题，应当依据《中华人民共和国体育法》《反兴奋剂条例》等法律法规，结合国务院体育主管部门出具的认定意见等证据材料作出认定。 |
| | 相关法律法规 | **一、《中华人民共和国残疾人保障法》（节录）**（1990 年 12 月 28 日中华人民共和国主席令第 36 号公布　自 1991 年 5 月 15 日起施行　2008 年 4 月 24 日修订　2018 年 10 月 26 日修正）<br><br>**第二条** 残疾人是指在心理、生理、人体结构上，某种组织、功能丧失或者不正常，全部或者部分丧失以正常方式从事某种活动能力的人。<br>残疾人包括视力残疾、听力残疾、言语残疾、肢体残疾、智力残疾、精神残疾、多重残疾和其他残疾的人。<br>残疾标准由国务院规定。<br>**第九条** 残疾人的扶养人必须对残疾人履行扶养义务。<br>残疾人的监护人必须履行监护职责，尊重被监护人的意愿，维护被监护人的合法权益。<br>残疾人的亲属、监护人应当鼓励和帮助残疾人增强自立能力。<br>禁止对残疾人实施家庭暴力，禁止虐待、遗弃残疾人。<br>**第六十七条** 违反本法规定，侵害残疾人的合法权益，其他法律、法规规定行政处罚的，从其规定；造成财产损失或者其他损害的，依法承担民事责任；构成犯罪的，依法追究刑事责任。 |

**二、《中华人民共和国未成年人保护法》（节录）** （1991 年 9 月 4 日中华人民共和国主席令第 50 号公布 自 1992 年 1 月 1 日起施行 2006 年 12 月 29 日第一次修订 2012 年 10 月 26 日第一次修正 2020 年 10 月 17 日第二次修订 2024 年 4 月 26 日第二次修正）

**第二条** 本法所称未成年人是指未满十八周岁的公民。

**第十七条** 未成年人的父母或者其他监护人不得实施下列行为：

（一）虐待、遗弃、非法送养未成年人或者对未成年人实施家庭暴力；

（二）放任、教唆或者利用未成年人实施违法犯罪行为；

（三）放任、唆使未成年人参与邪教、迷信活动或者接受恐怖主义、分裂主义、极端主义等侵害；

（四）放任、唆使未成年人吸烟（含电子烟，下同）、饮酒、赌博、流浪乞讨或者欺凌他人；

（五）放任或者迫使应当接受义务教育的未成年人失学、辍学；

（六）放任未成年人沉迷网络，接触危害或者可能影响其身心健康的图书、报刊、电影、广播电视节目、音像制品、电子出版物和网络信息等；

（七）放任未成年人进入营业性娱乐场所、酒吧、互联网上网服务营业场所等不适宜未成年人活动的场所；

（八）允许或者迫使未成年人从事国家规定以外的劳动；

（九）允许、迫使未成年人结婚或者为未成年人订立婚约；

（十）违法处分、侵吞未成年人的财产或者利用未成年人牟取不正当利益；

（十一）其他侵犯未成年人身心健康、财产权益或者不依法履行未成年人保护义务的行为。

**第二十二条** 未成年人的父母或者其他监护人因外出务工等原因在一定期限内不能完全履行监护职责的，应当委托具有照护能力的完全民事行为能力人代为照护；无正当理由的，不得委托他人代为照护。

未成年人的父母或者其他监护人在确定被委托人时，应当综合考虑其道德品质、家庭状况、身心健康状况、与未成年人生活情感上的联系等情况，并听取有表达意愿能力未成年人的意见。

具有下列情形之一的，不得作为被委托人：

（一）曾实施性侵害、虐待、遗弃、拐卖、暴力伤害等违法犯罪行为；

（二）有吸毒、酗酒、赌博等恶习；

（三）曾拒不履行或者长期怠于履行监护、照护职责；

（四）其他不适宜担任被委托人的情形。

**三、《中华人民共和国老年人权益保障法》（节录）** （1996 年 8 月 29 日中华人民共和国主席令第 73 号公布 自 1996 年 10 月 1 日起施行 2009 年 8 月 27 日第一次修正 2012 年 12 月 28 日修订 2015 年 4 月 24 日第二次修正 2018 年 12 月 29 日第三次修正）

**第二条** 本法所称老年人是指六十周岁以上的公民。

**第三条** 国家保障老年人依法享有的权益。

老年人有从国家和社会获得物质帮助的权利，有享受社会服务和社会优待的权利，有参与社会发展和共享发展成果的权利。

禁止歧视、侮辱、虐待或者遗弃老年人。

# 39 遗弃案

**概念**

本罪是指对于年老、年幼、患病或者其他没有独立生活能力的人，负有扶养义务而拒绝扶养，情节恶劣的行为。

**立案标准**

根据《刑法》第 261 条的规定，对于年老、年幼、患病或者其他没有独立生活能力的人，负有扶养义务而拒绝扶养，情节恶劣的，应当立案。

本罪是情节犯，行为人实施了遗弃行为，必须达到"情节恶劣"的程度，才构成犯罪，予以立案侦查。

**定罪标准**

**犯罪客体**

本罪侵犯的客体是被遗弃人受扶养的权利。对象只限于年老、年幼、患病或者其他没有独立生活能力的家庭成员。我国《民法典》明确规定，禁止家庭成员间的虐待和遗弃，同时也对家庭成员之间应履行的扶养义务作了规定。有负担能力而拒不履行扶养义务，就侵犯了年老、年幼、患病或者没有独立生活能力的人在家庭中的平等权利。遗弃行为往往给被害人的生命、健康造成威胁，为舆论所不齿，也影响社会的安定团结。因此，同遗弃的犯罪行为作斗争，有助于形成一个少有所养、老有所依的良好的社会环境，有助于保护儿童、老人和其他没有独立生活能力的人的合法权益。

**犯罪客观方面**

本罪在客观方面表现为对年老、年幼、患病或者其他没有独立生活能力的家庭成员，应当扶养而拒不扶养，情节恶劣的行为。所谓年老、年幼、患病或者其他没有独立生活能力的家庭成员，是指家庭成员中具有以下几种情况的人：（1）因年老、伤残、疾病等原因，丧失劳动能力，没有生活来源；（2）虽有生活来源，但因病、老、伤残，生活不能自理的；（3）因年幼或智力低下等原因，没有独立生活能力的，除对于具有这类情况的家庭成员外，不发生遗弃的问题。

一、行为人必须负有扶养义务。这是构成本罪的前提条件。公民对哪些家庭成员负有扶养义务，是由我国法律明确规定了的。扶养义务是基于抚养与被抚养、扶养与被扶养以及赡养与被赡养这三种家庭成员之间不同的权利义务关系而产生的。

1. 抚养义务自子女出生就自然开始，是无条件的。父母对子女的抚养义务，是社会所赋予并由国家法律规定的义务，它既是一项社会义务，也是一项法律义务。祖父母对孙子女、外祖父母对外孙子女、兄姐对弟妹的抚养义务，亦是如此，但这种抚养义务的产生必须具备法定的条件。子女有要求父母抚养的权利；在特定条件下，孙子女有要求祖父母抚养的权利，外孙子女有要求外祖父母抚养的权利，弟妹有要求兄姐抚养的权利。对另一方而言，则有抚养的义务。这种义务指向的必须是未成年的子女、孙子女、外孙子女或弟妹，没有独立生活能力的子女亦在此列。

2. 夫妻相互间的扶养义务，是一项无条件的法律义务。在我国社会主义制度下，夫妻双方在家庭中的地位是平等的，权利和义务也是完全平等的，任何一方既有扶养对方的义务，也有要求对方扶养的权利，因此，形成了一种扶养和领受扶养的权利和义务关系，即狭义的扶养关系。夫妻相互间的扶养关系必须是以夫妻关系为前提，是双方婚姻关系存续期间的一种夫妻人身财产关系，一旦这种婚姻关系终止了，那么这种扶养关系亦告终止。

3. 子女对父母的赡养义务，亦是社会所赋予的义务，是国家法律所规定的义务。自父母需要子女赡养之日起，这种义务就是无条件。在一定条件下，孙子女对祖父母、外孙子女对外祖父母、弟妹对兄姐的赡养义务，亦是如此。父母有抚养子女的义务，子女有赡养父母的义务。在一定条件下，祖父母、外祖父母、兄姐有抚养孙子女、外孙子女、弟妹的义务，孙子女、外孙子女、弟妹亦有赡养祖父母、外祖父母、兄姐的义务。但这种义务行使的前提条件是，因年老体弱或多病而丧失劳动能力、生活困难或行动不便，需要人供养、照顾和关怀。

二、行为人能够负担却拒绝扶养。能够负担，是指有独立的经济能力，并有能够满足本人及子女、老人的最低生活标准（当时当地的标准）外有多余的情况。行为人是否有能力负担，这就需要司法机关结合其收入、开支情况具体加以认定。这里所谓扶养，如前所述，应从广义上理解，包括长辈对晚辈的抚养，晚辈对长辈的赡养，以及夫妻之间的扶养。具体而言，所谓抚养，是指父母对子女，以及在一定条件下祖父母对孙子女、外祖父母对外孙子女、兄姐对弟妹的生活供养、社会教养以及其他各方面的关怀和帮助。所谓赡养，是指子女对父母，以及在一定条件下孙子女对祖父母、外孙子女对外祖父母、弟妹对兄姐在生活上的供养及精神等方面的照顾和帮助。所谓扶养，是狭义的，专指夫妻之间生活上的供养以及其他各方面的关怀和帮助。"拒绝扶养"即是指行为人拒不履行长辈对晚辈的抚养义务，晚辈对长辈的赡养义务以及夫妻之间的扶养义务等。具体表现为不提供扶助、离开被扶养人或把被扶养人置身于自己不能扶养的场所等。在行为内容上，拒绝扶养不仅指不提供经济供应，还包括对生活不能自理者不给予必需的生活照料。"拒绝扶养"从客观方面揭示了本罪表现为不作为的犯罪行为方式，即消极地不履行所负有的扶养义务，如儿女对失去劳动能力又无经济来源的父母不承担经济供给义务，子女对生活不能自理的父母不予照料等。

三、遗弃行为必须达到情节恶劣程度的，才构成犯罪。也就是说，情节是否恶劣是区分遗弃罪与非罪的一个重要界限。根据司法实践经验，遗弃行为情节恶劣是指由于遗弃而致被害人重伤、死亡的；被害人因被遗弃而生活无着，流离失所，被迫沿街乞讨的；因遗弃而使被害人走投无路被迫自杀的；行为人屡经教育，拒绝改正而使被害人的生活陷入危难境地的；遗弃手段十分恶劣的（如在遗弃中又有打骂、虐待行为的），等等。

本罪的主体为特殊主体，必须是对被遗弃者负有法律上的扶养义务而且具有扶养能力的人。只有具备这种条件的人，才可能成为本罪的主体。如果在法律上不负有扶养义务，互相间不存在扶养关系，也就不发生遗弃的问题。

根据我国《民法典》的规定，法律上的扶养义务是：夫妻有互相扶养的义务；父母对子女有抚养教育的义务；子女对父母有赡养扶助的义务；父母子女之间的关系，不因父母离婚而消除，离婚后父母对子女仍有抚养教育的义务；养父母与养子女、继父母与继子女之间的权利义务均与生父母与其子女之间的抚养、赡养义务相同，但是养子女和生父母间的权利和义务，因收养关系的成立而消除；非婚生子女享有与婚生子女同等的权利，其生父母应负担子女必要的生活费和教育费的一部或者全部，直到子女能独立生活为止；祖父母、外祖父母，对于父母已经死亡的未成年的孙子女、外孙子女，有抚养的义务；孙子女、外孙子女对于子女已经死亡的祖父母、外祖父母，有赡养的义务；兄姐对于父母已经死亡或者无力抚养的未成年弟妹，有扶养的义务。

| | | |
|---|---|---|
| 定罪标准 | 犯罪主体 | 根据上述规定，对于法律上不负有扶养义务的远亲属拒绝扶养的，不应认为是遗弃行为。但是，按照立法精神和社会主义道德的要求，具有以下情形的，应认为负有扶养的权利义务关系：由法律上不负有抚养义务的人抚养成人的人，对抚养人应负有赡养扶助的义务；在长期生活中互相形成的道义上的抚养关系，如老保姆不计较待遇，多年帮助雇主抚育子女、操持家务等，雇用一方言明养其晚年，对于这种赡养扶助关系，应予确认和保护。 |
| | 犯罪主观方面 | 本罪在主观方面表现为故意，即明知自己应履行扶养义务而拒绝扶养。拒绝扶养的动机是各种各样的，如有的把老人视为累赘而遗弃；有的借口已离婚对所生子女不予抚养；有的为创造再婚条件遗弃儿童；有的为了逼迫对方离婚而遗弃妻子或者丈夫等。总之，遗弃者都是出于个人主义极端自私自利思想或者是其他卑鄙动机。 |
| | 罪与非罪 | 区分罪与非罪的界限，关键是看情节是否恶劣。 |
| | 此罪与彼罪 | 一、本罪与虐待罪的界限。两者的区别是：（1）客体要件不同。遗弃罪侵犯的客体，是家庭成员之间相互扶养的权利义务关系；而虐待罪侵犯的客体则是复杂客体，既侵犯共同生活的家庭成员在家庭生活中享有的合法权益，也侵犯了被害人的身体健康。（2）犯罪客观方面不同。遗弃罪的客观方面，表现为对没有独立生活能力的家庭成员，具有扶养义务而拒绝扶养的行为；而虐待罪的客观方面，则表现为经常或连续折磨、摧残家庭成员身心健康的行为。（3）主体要件不同。遗弃罪的主体，必须是对被遗弃者负有法律上扶养义务而且具有履行义务能力的人；而虐待罪的主体，必须是在一个家庭内部共同生活的成员。（4）犯罪主观方面不同。两罪在主观方面虽均是故意，但其故意的内容不同。遗弃罪的故意，即行为人明知自己应当履行扶养义务，也有实际履行扶养义务能力而拒绝扶养；而虐待罪的故意是行为人有意识地对被害人进行肉体摧残和精神折磨。（5）犯罪侵犯的对象不同。遗弃罪的犯罪对象，只限于年老、年幼、患病或者其他没有独立生活能力的人；而虐待罪的侵犯对象只能是共同生活的家庭成员。<br>二、本罪与故意伤害罪的界限。两者的区别是：（1）客体要件不同。遗弃罪侵犯的客体，是家庭成员之间相互扶养的权利义务关系；而故意伤害罪侵犯的客体，是他人的身体健康权利。（2）犯罪客观方面不同。遗弃罪的客观方面表现为对没有独立生活能力的家庭成员，具有扶养义务而拒绝扶养的行为；而故意伤害罪的客观方面则表现为非法损害他人身体健康的行为。这种损害他人身体健康的行为，一般是直接加害于被害人的身体，如打伤、刺伤、烧伤等。（3）主体要件不同。遗弃罪的主体，必须是对被遗弃人负有法律上扶养义务而且具有履行义务能力的人；故意伤害罪的主体为一般主体。（4）主观方面故意的内容不同。遗弃罪的故意，即行为人明知自己应当履行扶养义务，也有实际履行扶养义务能力而拒绝扶养；而故意伤害罪的故意，则是行为人具有损害他人身体健康的故意。<br>三、本罪与故意杀人罪的界限。两者的区别是：（1）犯罪主观方面不同。从主观故意上讲，遗弃罪是履行扶养义务的行为人企图通过遗弃达到逃避或向他人转嫁由自己 |

| 定罪标准 | 此罪与彼罪 | 承担的扶养义务的目的；故意杀人罪的主观故意则是剥夺他人的生命。因此，如果行为人企图通过遗弃达到向他人转嫁本由自己承担的扶养义务的目的，则其行为构成遗弃罪；如果行为人企图以不履行扶养义务的行为方式达到杀害婴儿或神志不清、行动不便的老人的目的，则其行为构成故意杀人罪。（2）客观要件不同。遗弃罪在客观方面一般是将被害人遗弃于能够获得救助的场所，如他人家门口、车站、码头、街口等；故意杀人罪在客观方面则是将婴儿或行动困难的老人放置于不能获得救助的地方，如将婴儿遗弃在深山沟内，将神志不清、行动困难的老人遗弃在野兽出没、人迹罕至的荒野，等等。 |
|---|---|---|
| 证据参考标准 | 主体方面的证据 | **一、证明行为人刑事责任年龄、身份等自然情况的证据**<br><br>包括身份证明、户籍证明、任职证明、工作经历证明、特定职责证明等，主要是证明行为人的姓名（曾用名）、性别、出生年月日、民族、籍贯、出生地、职业（或职务）、住所地（或居所地）等证据材料，如户口簿、居民身份证、居住证、工作证、出生证、专业或技术等级证、干部履历表、职工登记表、护照等。<br><br>对于户籍、出生证等材料内容不实的，应提供其他证据材料。外国人犯罪的案件，应有护照等身份证明材料。人大代表、政协委员犯罪的案件，应注明身份，并附身份证明材料。<br><br>**二、证明行为人刑事责任能力的证据**<br><br>证明行为人对自己的行为是否具有辨认能力与控制能力，如是否属于间歇性精神病人、尚未完全丧失辨认或者控制自己行为能力的精神病人的证明材料。 |
| | 主观方面的证据 | **证明行为人故意的证据**<br><br>1. 证明行为人明知的证据：证明行为人明知自己的行为会发生危害社会的结果；2. 证明直接故意的证据：证明行为人希望危害结果发生；3. 证明间接故意的证据：证明行为人放任危害结果发生。 |
| | 客观方面的证据 | **证明行为人遗弃犯罪行为的证据**<br><br>具体证据包括：1. 证明行为人遗弃负有抚养或扶养义务的没有独立生活能力家庭成员行为的证据：（1）父母遗弃子女行为的证据；（2）子女遗弃父母行为的证据；（3）丈夫遗弃妻子行为的证据；（4）妻子遗弃丈夫行为的证据；（5）兄遗弃未成年弟妹行为的证据；（6）姐遗弃未成年弟妹行为的证据；（7）祖父母遗弃丧失父母的未成年孙子女行为的证据；（8）外祖父母遗弃丧失父母的未成年外孙子女行为的证据；（9）孙子女遗弃子女死亡的祖父母行为的证据；（10）外孙子女遗弃子女死亡的外祖父母行为的证据。2. 证明行为人遗弃而引起被害人重伤行为的证据。3. 证明行为人遗弃而引起被害人死亡行为的证据。4. 证明行为人遗弃而引起被害人自杀行为的证据。5. 证明行为人因遗弃致被害人生活无着落被迫乞讨行为的证据。6. 证明行为人遗弃屡经教育不改行为的证据。7. 证明行为人遗弃中兼有打骂、虐待行为的证据。8. 证明行为人遗弃动机十分卑劣行为的证据。9. 证明行为人遗弃痴呆、残疾或者其他生理、精神上严重障碍的老人、儿童等行为的证据。10. 证明行为人遗弃情节恶劣行为的证据。 |

| 证据参考标准 | 量刑方面的证据 | **一、法定量刑情节证据**<br>1. 事实情节：（1）情节恶劣；（2）其他。2. 法定从重情节。3. 法定从轻或者减轻情节：（1）可以从轻；（2）可以从轻或者减轻；（3）应当从轻或者减轻。4. 法定从轻、减轻或者免除情节：（1）可以从轻、减轻或者免除处罚；（2）应当从轻、减轻或者免除处罚。5. 法定减轻或者免除情节：（1）可以减轻或者免除处罚；（2）应当减轻或者免除处罚；（3）可以免除处罚。6. 酌定情节：（1）被害人有过错；（2）其他。<br>**二、酌定量刑情节证据**<br>1. 犯罪手段：（1）不管不问；（2）躲着闪着。2. 犯罪对象。3. 危害结果。4. 动机。5. 平时表现。6. 认罪态度。7. 是否有前科。8. 其他证据。 |
|---|---|---|
| 量刑标准 | 犯本罪的 | 处五年以下有期徒刑、拘役或者管制 |

| 法律适用 | 刑法条文 | **第二百六十一条** 对于年老、年幼、患病或者其他没有独立生活能力的人，负有扶养义务而拒绝扶养，情节恶劣的，处五年以下有期徒刑、拘役或者管制。 |
|---|---|---|
| | 司法解释 | **最高人民法院、最高人民检察院、公安部、司法部《关于依法办理家庭暴力犯罪案件的意见》（节录）**（2015年3月2日最高人民法院、最高人民检察院、公安部、司法部公布　自公布之日起施行　法发〔2015〕4号）<br>**三、定罪处罚**<br>16. 依法准确定罪处罚。对故意杀人、故意伤害、强奸、猥亵儿童、非法拘禁、侮辱、暴力干涉婚姻自由、虐待、遗弃等侵害公民人身权利的家庭暴力犯罪，应当根据犯罪的事实、犯罪的性质、情节和对社会的危害程度，严格依照刑法的有关规定判处。对于同一行为同时触犯多个罪名的，依照处罚较重的规定定罪处罚。<br>17. 依法惩处虐待犯罪。采取殴打、冻饿、强迫过度劳动、限制人身自由、恐吓、侮辱、谩骂等手段，对家庭成员的身体和精神进行摧残、折磨，是实践中较为多发的虐待性质的家庭暴力。根据司法实践，具有虐待持续时间较长、次数较多；虐待手段残忍；虐待造成被害人轻微伤或者患较严重疾病；对未成年人、老年人、残疾人、孕妇、哺乳期妇女、重病患者实施较为严重的虐待行为等情形，属于刑法第二百六十条第一款规定的虐待"情节恶劣"，应当依法以虐待罪定罪处罚。<br>　　准确区分虐待犯罪致人重伤、死亡与故意伤害、故意杀人犯罪致人重伤、死亡的界限，要根据被告人的主观故意、所实施的暴力手段与方式、是否立即或者直接造成被害人伤亡后果等进行综合判断。对于被告人主观上不具有侵害被害人健康或者剥夺被害人生命的故意，而是出于追求被害人肉体和精神上的痛苦，长期或者多次实施虐待行为，逐渐造成被害人身体损害，过失导致被害人重伤或者死亡的；或者因虐待致使被害人不堪忍受而自残、自杀，导致重伤或者死亡的，属于刑法第二百六十条第二款规定的虐待"致使被害人重伤、死亡"，应当以虐待罪定罪处罚。对于被告人虽然实施家庭暴力呈现出经常性、持续性、反复性的特点，但其主观上具有希望或者放任被害人重伤或者死亡的故意，持凶器实施暴力，暴力手段残忍，暴力程度较强，直接或者立即造成被害人重伤或者死亡的，应当以故意伤害罪或者故意杀人罪定罪处罚。 |

司法解释

依法惩处遗弃犯罪。负有扶养义务且有扶养能力的人，拒绝扶养年幼、年老、患病或者其他没有独立生活能力的家庭成员，是危害严重的遗弃性质的家庭暴力。根据司法实践，具有对被害人长期不予照顾、不提供生活来源；驱赶、逼迫被害人离家，致使被害人流离失所或者生存困难；遗弃患严重疾病或者生活不能自理的被害人；遗弃致使被害人身体严重损害或者造成其他严重后果等情形，属于刑法第二百六十一条规定的遗弃"情节恶劣"，应当依法以遗弃罪定罪处罚。

准确区分遗弃罪与故意杀人罪的界限，要根据被告人的主观故意、所实施行为的时间与地点、是否立即造成被害人死亡，以及被害人对被告人的依赖程度等进行综合判断。对于只是为了逃避扶养义务，并不希望或者放任被害人死亡，将生活不能自理的被害人弃置在福利院、医院、派出所等单位或者广场、车站等行人较多的场所，希望被害人得到他人救助的，一般以遗弃罪定罪处罚。对于希望或者放任被害人死亡，不履行必要的扶养义务，致使被害人因缺乏生活照料而死亡，或将生活不能自理的被害人带至荒山野岭等人迹罕至的场所扔弃，使被害人难以得到他人救助的，应当以故意杀人罪定罪处罚。

18. 切实贯彻宽严相济刑事政策。对于实施家庭暴力构成犯罪的，应当根据罪刑法定、罪刑相适应原则，兼顾维护家庭稳定、尊重被害人意愿等因素综合考虑，宽严并用，区别对待。根据司法实践，对于实施家庭暴力手段残忍或者造成严重后果；出于恶意侵占财产等卑劣动机实施家庭暴力；因酗酒、吸毒、赌博等恶习而长期或者多次实施家庭暴力；曾因实施家庭暴力受到刑事处罚、行政处罚；或者具有其他恶劣情形的，可以酌情从重处罚。对于实施家庭暴力犯罪情节较轻，或者被告人真诚悔罪，获得被害人谅解，从轻处罚有利于被扶养人的，可以酌情从轻处罚；对于情节轻微不需要判处刑罚的，人民检察院可以不起诉，人民法院可以判处免予刑事处罚。

对于实施家庭暴力情节显著轻微危害不大不构成犯罪的，应当撤销案件、不起诉，或者宣告无罪。

人民法院、人民检察院、公安机关应当充分运用训诫，责令施暴人保证不再实施家庭暴力，或者向被害人赔礼道歉、赔偿损失等非刑罚处罚措施，加强对施暴人的教育与惩戒。

19. 准确认定对家庭暴力的正当防卫。为了使本人或者他人的人身权利免受不法侵害，对正在进行的家庭暴力采取制止行为，只要符合刑法规定的条件，就应当依法认定为正当防卫，不负刑事责任。防卫行为造成施暴人重伤、死亡，且明显超过必要限度，属于防卫过当，应当负刑事责任，但是应当减轻或者免除处罚。

认定防卫行为是否"明显超过必要限度"，应当以足以制止并使防卫人免受家庭暴力不法侵害的需要为标准，根据施暴人正在实施家庭暴力的严重程度、手段的残忍程度、防卫人所处的环境、面临的危险程度、采取的制止暴力的手段、造成施暴人重大损害的程度，以及既往家庭暴力的严重程度等进行综合判断。

20. 充分考虑案件中的防卫因素和过错责任。对于长期遭受家庭暴力后，在激愤、恐惧状态下为了防止再次遭受家庭暴力，或者为了摆脱家庭暴力而故意杀害、伤害施暴人，被告人的行为具有防卫因素，施暴人在案件起因上具有明显过错或者直接责任的，可以酌情从宽处罚。对于因遭受严重家庭暴力，身体、精神受到重大损害而故意杀害施暴人；或者因不堪忍受长期家庭暴力而故意杀害施暴人，犯罪情节不是特别恶劣，手段不是特别残忍的，可以认定为刑法第二百三十二条规定的故意杀人"情节较轻"。在服刑期间确有悔改表现的，可以根据其家庭情况，依法放宽减刑的幅度，缩短减刑的起始时间与间隔时间；符合假释条件的，应当假释。被杀害施暴人的近亲属表示谅解的，在量刑、减刑、假释时应当予以充分考虑。

**一、《中华人民共和国残疾人保障法》（节录）**（1990 年 12 月 28 日中华人民共和国主席令第 36 号公布　自 1991 年 5 月 15 日起施行　2008 年 4 月 24 日修订　2018 年 10 月 26 日修正）

**第三条**　残疾人在政治、经济、文化、社会和家庭生活等方面享有同其他公民平等的权利。

残疾人的公民权利和人格尊严受法律保护。

禁止基于残疾的歧视。禁止侮辱、侵害残疾人。禁止通过大众传播媒介或者其他方式贬低损害残疾人人格。

**第九条**　残疾人的扶养人必须对残疾人履行扶养义务。

残疾人的监护人必须履行监护职责，尊重被监护人的意愿，维护被监护人的合法权益。

残疾人的亲属、监护人应当鼓励和帮助残疾人增强自立能力。

禁止对残疾人实施家庭暴力，禁止虐待、遗弃残疾人。

**第六十七条**　违反本法规定，侵害残疾人的合法权益，其他法律、法规规定行政处罚的，从其规定；造成财产损失或者其他损害的，依法承担民事责任；构成犯罪的，依法追究刑事责任。

**二、《中华人民共和国未成年人保护法》（节录）**（1991 年 9 月 4 日中华人民共和国主席令第 50 号公布　自 1992 年 1 月 1 日起施行　2006 年 12 月 29 日第一次修订　2012 年 10 月 26 日第一次修正　2020 年 10 月 17 日第二次修订　2024 年 4 月 26 日第二次修正）

**第十七条**　未成年人的父母或者其他监护人不得实施下列行为：

（一）虐待、遗弃、非法送养未成年人或者对未成年人实施家庭暴力；

（二）放任、教唆或者利用未成年人实施违法犯罪行为；

（三）放任、唆使未成年人参与邪教、迷信活动或者接受恐怖主义、分裂主义、极端主义等侵害；

（四）放任、唆使未成年人吸烟（含电子烟，下同）、饮酒、赌博、流浪乞讨或者欺凌他人；

（五）放任或者迫使应当接受义务教育的未成年人失学、辍学；

（六）放任未成年人沉迷网络，接触危害或者可能影响其身心健康的图书、报刊、电影、广播电视节目、音像制品、电子出版物和网络信息等；

（七）放任未成年人进入营业性娱乐场所、酒吧、互联网上网服务营业场所等不适宜未成年人活动的场所；

（八）允许或者迫使未成年人从事国家规定以外的劳动；

（九）允许、迫使未成年人结婚或者为未成年人订立婚约；

（十）违法处分、侵吞未成年人的财产或者利用未成年人牟取不正当利益；

（十一）其他侵犯未成年人身心健康、财产权益或者不依法履行未成年人保护义务的行为。

**第一百二十九条**　违反本法规定，侵犯未成年人合法权益，造成人身、财产或者其他损害的，依法承担民事责任。

违反本法规定，构成违反治安管理行为的，依法给予治安管理处罚；构成犯罪的，依法追究刑事责任。

**法律适用**

**相关法律法规**

**三、《中华人民共和国老年人权益保障法》（节录）**（1996 年 8 月 29 日中华人民共和国主席令第 73 号公布　自 1996 年 10 月 1 日起施行　2009 年 8 月 27 日第一次修正　2012 年 12 月 28 日修订　2015 年 4 月 24 日第二次修正　2018 年 12 月 29 日第三次修正）

**第三条**　国家保障老年人依法享有的权益。

老年人有从国家和社会获得物质帮助的权利，有享受社会服务和社会优待的权利，有参与社会发展和共享发展成果的权利。

禁止歧视、侮辱、虐待或者遗弃老年人。

**第七十六条**　干涉老年人婚姻自由，对老年人负有赡养义务、扶养义务而拒绝赡养、扶养，虐待老年人或者对老年人实施家庭暴力的，由有关单位给予批评教育；构成违反治安管理行为的，依法给予治安管理处罚；构成犯罪的，依法追究刑事责任。

**四、《中华人民共和国民法典》（节录）**（2020 年 5 月 28 日中华人民共和国主席令第 45 号公布　自 2021 年 1 月 1 日起施行）

**第一千零四十二条**　禁止包办、买卖婚姻和其他干涉婚姻自由的行为。禁止借婚姻索取财物。

禁止重婚。禁止有配偶者与他人同居。

禁止家庭暴力。禁止家庭成员间的虐待和遗弃。

**第一千零六十七条**　父母不履行抚养义务的，未成年子女或者不能独立生活的成年子女，有要求父母给付抚养费的权利。

成年子女不履行赡养义务的，缺乏劳动能力或者生活困难的父母，有要求成年子女给付赡养费的权利。

**第一千零七十四条**　有负担能力的祖父母、外祖父母，对于父母已经死亡或者父母无力抚养的未成年孙子女、外孙子女，有抚养的义务。

有负担能力的孙子女、外孙子女，对于子女已经死亡或者子女无力赡养的祖父母、外祖父母，有赡养的义务。

**第一千零七十五条**　有负担能力的兄、姐，对于父母已经死亡或者父母无力抚养的未成年弟、妹，有扶养的义务。

由兄、姐扶养长大的有负担能力的弟、妹，对于缺乏劳动能力又缺乏生活来源的兄、姐，有扶养的义务。

| | | |
|---|---|---|
| **证据参考标准** | **量刑方面的证据** | **一、法定量刑情节证据**<br>1. 事实情节：（1）情节恶劣；（2）其他。2. 法定从重情节。3. 法定从轻或者减轻情节：（1）可以从轻；（2）可以从轻或者减轻；（3）应当从轻或者减轻。4. 法定从轻、减轻或者免除情节：（1）可以从轻、减轻或者免除处罚；（2）应当从轻、减轻或者免除处罚。5. 法定减轻或者免除情节：（1）可以减轻或者免除处罚；（2）应当减轻或者免除处罚；（3）可以免除处罚。<br>**二、酌定量刑情节证据**<br>1. 犯罪手段：（1）欺骗：①赠送食品、衣物、玩具；②诱领玩耍或偷领；③假意献殷勤、帮助照顾儿童等。（2）威胁；（3）挟持。2. 犯罪对象。3. 危害结果。4. 动机。5. 平时表现。6. 认罪态度。7. 是否有前科。8. 其他证据。 |
| **量刑标准** | 犯本罪的 | 处五年以下有期徒刑或者拘役 |
| **法律适用** | **刑法条文** | 　**第二百六十二条**　拐骗不满十四周岁的未成年人，脱离家庭或者监护人的，处五年以下有期徒刑或者拘役。 |

# 41 组织残疾人、儿童乞讨案

**概念**

本罪是指以暴力、胁迫的手段，组织残疾人、未满 14 周岁的未成年人从事乞讨的行为。

**立案标准**

《刑法》第 262 条之一规定，以暴力、胁迫的手段，组织残疾人、未满 14 周岁的未成年人从事乞讨的，应当立案。本罪为行为犯，不需要造成乞讨人人身伤害或其他严重后果，只要行为人实施了以暴力、胁迫的手段组织乞讨，就应当立案予以追究。

**定罪标准**

**犯罪客体**

本罪的客体是双重客体，组织乞讨不但侵害了残疾人与未成年人的人身自由和人格尊严，而且给社会正常的管理秩序造成一定的混乱。其中残疾人与未成年人的身心健康是本罪的主要客体。国家为残疾人制定了一系列的保障措施，虽然不是很完善，但是基本上保障了残疾人的基本生活需要，但被组织以乞讨为生，是对其人格尊严的伤害，而且本罪特定的行为手段也决定其侵害了残疾人的健康权与身体权。同样对于未成年人而言，乞讨的生活会对其今后的人生产生非常大的负面影响，破坏了未成年人正常的成长发育。另外，乞讨虽然可以称得上是公民自身的一项生活自救手段，但是有预谋的、有组织的团体性乞讨会给正常的社会秩序造成一定的混乱。

**犯罪客观方面**

本罪在客观方面表现为行为人实施了以暴力、胁迫的手段，组织残疾人与未成年人进行乞讨的行为。概括起来，本罪有以下几个方面的内容。

一、必须实施了组织未成年人、残疾人乞讨的行为。

组织未成年人、残疾人乞讨是一种实行行为。在实践中，构成组织残疾人、儿童乞讨罪的实行行为通常表现为行为人实施了组织、策划和指挥的行为。组织（此处指的是狭义的组织含义而非构成本罪的组织行为，两者是被包含与包含的关系）是指把分散的乞讨人员集中起来控制，并在乞讨活动中起组织作用的行为。例如，有的组织者通过物色在社会上流浪的未成年人和生活紧迫的残疾人，把他们召集起来进行乞讨活动。甚至有的组织者会与未成年人或者残疾人的监护人达成协议，把未成年人与残疾人的乞讨行为作为其支付给监护人报酬的对价，并通过此种方式聚集一批家庭负担较重的未成年人与残疾人进行乞讨。策划是指从事了为组织乞讨活动制订计划、筹谋布置的行为。常见的方式有为组织乞讨集团制订乞讨计划、拟定具体实施方案等。例如，实践中有的行为人根据对各地"乞讨市场"行情的把握，具体分派到不同地方的行乞人员数量等。指挥是指在实施组织未成年人与残疾人乞讨的活动中起到领导、核心作用，如分配任务、决定行为等。指挥是直接实施策划行为方案、执行组织意图的实行行为，对于具体的实施乞讨活动往往具有直接的决定作用，可以说是乞讨组织的具体执行人。例如，带领乞讨人员到预定的不同的地点行乞活动，在具体的乞讨行

为过程中给予行乞人员"技术支持"与"精神动员"，并负责收取所乞讨的财物等。上述组织、策划、指挥都是组织乞讨的行为，行为人只要具备了其中的一种或数种就可以认定其实施了组织乞讨行为。

二、组织未成年人、残疾人乞讨，采用的是暴力、胁迫的手段。

本罪特别要求行为人的组织行为手段是暴力或者胁迫。但是在理解组织行为与暴力、胁迫的关系时，有一些关系是需要厘清的，就是组织行为中伴以暴力、胁迫的方式，还是暴力、胁迫本身就是组织行为的表现方式。关于这一点法条规定得比较模糊，需要解释加以明确。组织行为就一般意义而言是指在团体中起组织、策划、指挥、领导作用的行为，其范围是比较广泛的。也许正是基于其外延范围广泛，《刑法》特意加了暴力、胁迫这两个限定语，以求缩小打击面。但是，如果把暴力、胁迫解释为组织行为的表现形式，则其外延范围也显得过于狭窄了。而且依据社会的一般经验常识，单纯以暴力、胁迫方式来组织的可能性是比较小的。因此，我们倾向于比较折中的解释，即把暴力、胁迫解释为组织行为中的行为方式。也就是说，只要在组织乞讨的所有过程中对不愿乞讨的人实施了暴力、胁迫，便构成本罪。这当然包括实践中经常发生的，被害人由自愿被组织乞讨到想离开乞讨团体而被组织者以暴力或胁迫的手段加以制止而被迫乞讨的情形。

一个紧密相关的问题是，暴力、胁迫行为是否必须由组织者亲自实施，是否只要实施了暴力、胁迫行为就符合本罪的客观特征。暴力、胁迫行为的实施者与组织者是可以互相分离的，因为现实中组织者往往只是"脑力劳动者"，不具体实施一些侵害未成年人与残疾人的行为，这些"低级的行为"往往是由地位比较低的人来完成的。但是，如果暴力、胁迫行为的实施者是受组织者控制的，而且组织者对实施者的行为也是知情的，或者暴力、胁迫行为属于乞讨组织计划当中的一部分，那么此时，即便组织者自身没有具体实施暴力、胁迫行为也是构成本罪的客观行为特征的。因为在这种情况下，暴力、胁迫行为的实施者执行的是组织者的意志，其只不过是组织者利用的工具，因此应当视为组织者本人实施了暴力、胁迫行为（有些类似于利用不能构成特定罪的行为人实施特定犯罪的间接正犯）。当然，对于亲自实施暴力、胁迫行为的组织者是理所应当按照本罪加以处罚的。但是，对于那些在乞讨组织中具体实施暴力、胁迫行为的非组织者是不能按照本罪加以处罚的，虽然他们在乞讨组织中也可能起到非常重要的作用。但是，暴力、胁迫行为的非组织者虽然不构成本罪，如果情节恶劣，是可以依照侵害人身权利犯罪中的故意伤害罪加以定罪处罚的。另外，《治安管理处罚法》也可以适用于此类违法行为。

暴力手段，在本罪中一般是指行为人直接对残疾人、未成年人的身体实施打击和强制，如殴打、捆绑、非法拘禁、非法限制其人身自由等。但是行为人采取的暴力手段以造成被害人轻伤为其上限，如果故意造成重伤或死亡结果的便属于组织残疾人、儿童乞讨罪与故意伤害罪、故意杀人罪的想象竞合犯，按照择一重罪处断的原则，应以故意伤害罪或故意杀人罪论处。这样解释的原因是，故意伤害罪的基本法定刑，也即致人轻伤时，是3年以下有期徒刑、拘役或者管制，与组织残疾人、儿童乞讨罪的基本法定刑，3年以下有期徒刑或者拘役，并处罚金基本一致。在这里我们需要注意的是，本罪的侵害对象具有特殊性，也即残疾人与未成年人。他们本身就属于社会中的弱者，需要

| 定罪标准 | 犯罪客观方面 | 他人的关心与爱护。但是组织残疾人、儿童乞讨罪的行为人不但不帮助他们，而且把这些社会中的弱势群体当作牟利的工具，其行为本身的恶劣性就很大。而且，本罪侵害人身的性质不仅表现在暴力手段对残疾人与未成年人直接的人身伤害，迫使其进行的乞讨行为本身对残疾人与未成年人的伤害也是很大的。因此，把本罪的暴力手段的强度界定在轻伤以下是合情合理的，体现了罪刑均衡的刑法理念。所谓以胁迫手段，在本罪中一般表现为以侵犯人身权相威胁，是指行为人对残疾人、未成年人威胁、恐吓，达到精神上的强制手段。例如，扬言对被害人行凶、加害被害人亲属和关系亲密的人，以及利用被害人孤立无援的环境条件采取以饿冻相威胁的方法迫使残疾人、未成年人服从组织者的指派，不敢反抗。暴力手段与胁迫手段的主要区别在于，暴力手段是直接加之于被害人人身的有形的强制，而胁迫则主要是指对被害残疾人与未成年人的精神上的强制，是一种无形的强制。但是这两种手段行为的目的都是一样的，也即迫使残疾人与未成年人服从组织者的调遣，为其获取非法收益而乞讨。因此可以说，暴力手段的最终目的也是精神强制，其与胁迫手段的唯一区别便在于两者的表现形式不一样。<br><br>三、被组织的对象是残疾人与未成年人，且人数应当是多人。<br><br>就被组织乞讨的人员的数额而言，虽然条文只是说组织残疾人或者不满14周岁的未成年人乞讨，并没有写明被组织乞讨的人员必须是多人。但是从立法原意来看，因为组织乞讨活动是把分散的个人集合起来，不仅可以促使乞讨队伍的扩大，乞讨活动规模化，而且容易演变成带有黑社会性质的"丐帮"，使其社会危害性增大。所以，正是鉴于组织乞讨行为的这种严重的社会危害性，《刑法》才专门规定本罪，其旨在惩处乞讨活动的组织行为。而且，就一般意义而言，既然是组织行为就必须控制多人而不是一个人，否则便不称其为组织行为。根据《刑法》的立法目的和参照相关的司法解释，被组织乞讨的人员必须是多人，人数应当理解为3人或者3人以上。<br><br>但是，紧密相关的一个问题是，本罪的多人是指每个成员都是残疾人或者未成年人，还是只要多人中存在残疾人或者未成年人就符合本罪的客观要件。因为现实中纯粹的残疾人或未成年人乞讨集团并不多见，往往是各种各样的人并存。从刑法的谦抑性和严格的形式罪刑法定解释角度而言，宜解释为多人中有3人或者3人以上是残疾人或者未成年人。也只有这样，行为人方能达到本罪所要求的社会危害性程度。也即只有在乞讨团体中有3人或者3人以上的未成年人或者残疾人被强迫参与时，方能符合本罪的客观要件。 |
|  | 犯罪主体 | 本罪的犯罪主体为一般主体，即凡年满16周岁且具有刑事责任能力的人都可以构成本罪，单位不是本罪的犯罪主体。需要注意的是，本罪只处罚组织者，也即在乞讨团体中起组织、策划、指挥、领导作用的人，其本人可能参与乞讨行为，也可能不参与。但是，单纯的乞讨行为并不是犯罪，因此只是进行乞讨的行为人并不符合本罪的主体特征。本罪的主体可以是一个人，也可以是几个人，关键要看其在组织乞讨活动中是否起组织的作用。 |

定罪标准

犯罪主观方面

组织残疾人、儿童乞讨罪的主观方面是直接故意，即明知道自己是在组织未满14周岁的未成年人与残疾人乞讨，这种行为会发生危害社会的后果，并且希望这种危害结果的发生。间接故意和过失不能构成组织残疾人、儿童乞讨罪。

需要指出的是，由于本罪犯罪对象的特定性，对于隐瞒年龄的未满14周岁的未成年人，行为人如果当时没有察觉是否同样以本罪论处？在日常生活中确实有一些未成年人发育比较早，身材和成年人差别不大。特别对于处于14周岁左右的人，其年龄界限更是难以具体把握的。现实生活中恐怕也很少有人在组织乞讨前查阅身份证的，更别说有的未成年人为了某种目的往往把自己的年龄在户口上改写的大一些。依照罪刑法定原则，《刑法》中规定的年龄缺一天都是不符合《刑法》规定的。因此，如何在司法实践中把握好标准确实是一个很重要的问题。依照通行的犯罪构成理论，特定的犯罪对象是直接故意犯罪认识因素中不可缺少的部分，因此行为人如果构成本罪必须是主观上确实明知组织对象是残疾人与未成年人，不然就不能表现出行为人应受刑罚处罚的主观恶性。而且从刑法的谦抑性出发，也应当适当地限制这种在实践中大量发生的行为的处罚范围。但是，如果根据行为人行为过程中的有关情况可以表明，行为人主观上是认识到对方可能是不满14周岁的未成年人，但是其并不对此进行深究，而被组织者确实是不满14周岁的未成年人时，此时应当认定行为人符合本罪的主观要件。同样在现实中存在的问题是，对于组织假冒残疾人乞讨，而行为人当时确实不知道的应当如何处理。因为依照《残疾人保障法》规定，残疾包括视力残疾、听力残疾、言语残疾、肢体残疾、智力残疾、精神残疾等。而对于其中的听力残疾、智力残疾与精神残疾具体判断起来是很难的，有时包括残疾人自己也未必知道自己是符合国家残疾标准的。而有的人为了找工作方便或者获得社会保障，甚至办了假的残疾证明。我国《刑法》的规定是从实质上保障残疾人权益的，同时《刑法》也没有规定只有在外表上有特别明显特征的残疾人如肢体残疾才是本罪的犯罪对象，而且从本质意义上来说，组织任何种类的残疾人乞讨都是严重侵害其人身权利的。如果行为时组织者确实是没有，也不可能知道被组织者是残疾人的，由于缺乏直接故意犯罪心态中的认识要件，从而也不能真正体现行为人应受刑罚处罚的主观恶性，因此在这种情形下一般是不按本罪论处的。但是可以依照《治安管理处罚法》的相关规定，在考虑此情节的情况下依法对行为人从重处罚。而对于对方不是残疾人，而组织者误以为对方是残疾人的，由于此时已经表现出符合本罪的主观恶性，而且行为也是具有社会危害性的，属于刑法中错误理论中的对象不能犯，如果情节恶劣是可以按照本罪的未遂加以处罚的。

另一个需要关注的问题是，在组织残疾人、儿童乞讨罪中是否必须要求行为人具有非法获取利益的目的。从本罪侵害的客体来看，立法者主要关注的是此类行为对残疾人与未成年人人身权利的侵害和组织乞讨对社会治安造成的混乱。实践中发生的大量组织乞讨行为的组织者都是以获取利益为目的的，但是我们不可否认确实会有一些并不为谋取利益而组织乞讨的行为人。现实中有一些"丐帮"组织为了本团体的利益而有组织地进行乞讨，组织者除了收取一些必要的报酬之外大部分的乞讨所得都用于团体。但是，他们的暴力和胁迫行为已经严重侵害了残疾人与未成年人的身心健康，符合立法者所要求的社会危害性，因此应当以组织残疾人、儿童乞讨罪论处。而且从罪刑法定的角度而言，既然《刑法》没有规定需要有特定的获利目的，而组织残疾人、儿童乞讨行为人又不必然地会有获取利益的意图，那么在刑法解释中添加此条就

| | | |
|---|---|---|
| **定 罪 标 准** | **犯罪 主观 方面** | 是对罪刑法定原则的违反。另外，从司法证明角度而言，行为人的主观获利目的往往是难以加以证明的，为了严密法网，切实保障残疾人与未成年人的合法权益，维护社会良好的管理秩序，对本罪不做主观获利的要求也是合情合理的。 |
| | **罪与 非罪** | 本罪与一般组织乞讨行为的区别。<br>《治安管理处罚法》第41条明确规定，"胁迫、诱骗或者利用他人乞讨的"构成治安违法行为，将被处10日以上15日以下拘留，可以并处1000元以下罚款。反复纠缠、强行讨要或者以其他滋扰他人的方式乞讨的，处5日以下拘留或者警告。将组织残疾人、儿童乞讨罪的规定与《治安管理处罚法》的相关规定进行比较，二者存在以下差异：一是《治安管理处罚法》的保护对象为任何人，而非仅限于残疾人或者未成年人。而组织残疾人、儿童乞讨罪明确要求，只有残疾人与未满14周岁的儿童方能构成本罪的犯罪对象。二是《治安管理处罚法》处罚的对象更加广泛，非但组织者，所有实施了胁迫、诱骗或者利用他人乞讨的行为人和乞讨方式违法的乞讨行为人都是行政处罚的对象。而组织残疾人、儿童乞讨罪的处罚对象却只限于组织乞讨者。三是《治安管理处罚法》规定的行为方式也比组织残疾人、儿童乞讨罪广泛，只要是利用他人进行乞讨的行为，不论何种手段均构成违反《治安管理处罚法》违法行为。而组织残疾人、儿童乞讨罪则仅限于使用暴力与胁迫的手段。<br>总之，《治安管理处罚法》的处罚范围是包容了组织残疾人、儿童乞讨罪的规定，因此在具体认定本罪时，除了要把握两者从性质上不同的行为方式差异之外，还要注意同样是组织残疾人与未满14周岁的儿童乞讨行为时，何种情况下适用《治安管理处罚法》，何种情况下适用组织残疾人、儿童乞讨罪。总的方针是依据其社会危害性的严重程度，具体标准参照犯罪客观方面的论述。 |
| | **此罪 与 彼罪** | 一、本罪与故意伤害罪的关系<br>由于本罪所要求的特定的暴力或胁迫手段会对残疾人与未成年人的健康权、身体权与生命权造成一定的威胁，有可能造成被害人的伤害或死亡结果，从而符合其他侵害他人人身权利的犯罪的特征。因此有必要在理论上把本罪与其他侵害人身权利犯罪的界限加以厘清，以便于司法实践具体掌握。<br>就组织残疾人、儿童乞讨罪与故意伤害罪而言，如果组织乞讨者利用暴力的手段致残疾人或者未满14周岁的未成年人人身受到伤害，则属于一行为（当然相对于组织残疾人、儿童乞讨罪的复杂行为而言，此处的一行为是有所特指的）触犯数个罪名的想象竞合犯。依照我国刑法理论界的通说，应当按照从一重罪处断原则处理，也即依照行为触犯数个罪名中法定刑较重的犯罪定罪处罚，而不是数罪并罚。比较组织残疾人、儿童乞讨罪与故意伤害罪的法定刑幅度，在致人轻伤时故意伤害罪与组织残疾人、儿童乞讨罪的法定刑幅度是基本一致的，故意伤害罪致人轻伤时处3年以下有期徒刑、拘役或者管制，组织残疾人、儿童乞讨罪的基本法定刑是3年以下有期徒刑或者拘役，并处罚金。但是如前所述，组织残疾人、儿童乞讨罪的暴力程度应当仅限于致人轻伤。而且组织残疾人、儿童乞讨罪有两个法定刑幅度，情节严重的，处3年以上7年以下有期徒刑，并处罚金。因此，可以说，在组织乞讨的暴力行为仅致残疾人 |

或未满14周岁的未成年人轻伤时，组织残疾人、儿童乞讨罪的法定刑幅度是高于故意伤害罪的，因此应当依照组织残疾人、儿童乞讨罪定罪处罚。而当非法组织的暴力手段致人重伤时，故意伤害罪的法定刑是3年以上10年以下有期徒刑，较之情节严重时的组织残疾人、儿童乞讨罪处以3年以上7年以下有期徒刑，并处罚金的法定刑是相对较重的，因此此时应当依照故意伤害罪定罪处罚。至于行为人故意伤害致人死亡或者以特别残忍的手段致人重伤或造成严重残疾时是毫无疑问要适用故意伤害罪定罪处罚的。

值得注意的是，上述的讨论只限于说明以暴力为手段的组织乞讨行为致人伤害时的法律适用问题。至于实践中发生的，有的组织乞讨者为了使被组织者更容易乞讨得逞，故意致被组织者伤残的行为是独立构成故意伤害罪的情形。如果综合案件情节同时符合组织残疾人、儿童乞讨罪的犯罪构成，便应当按照故意伤害罪与组织残疾人、儿童乞讨罪进行数罪并罚。

二、本罪与非法拘禁罪的关系

在组织乞讨的过程中往往伴随着组织者对被组织对象的非法限制或剥夺人身自由。此时如果符合非法拘禁罪的犯罪构成便会发生其与组织残疾人、儿童乞讨罪的法律适用选择问题。拘禁行为是组织行为的一部分，非法的组织行为往往都包含有对被组织者的非法拘禁。因此，《刑法》在规定组织残疾人、儿童乞讨罪时已把这种情况考虑在内了，组织行为中非法拘禁的社会危害性构成组织残疾人、儿童乞讨罪的一部分，从而被吸收了。因此，此时不发生罪数的认定问题，依照组织残疾人、儿童乞讨罪单独定罪处罚已足以惩罚其社会危害性。

三、本罪与拐骗儿童罪的关系

把拐骗儿童罪规定在《刑法》第262条，组织残疾人、儿童乞讨罪规定在《刑法》第262条之一，依照惯常的理解，两个罪名间必然具有某种法律上或事实上的联系，或者是相互补充或者是用以提醒司法实践者不要漏判罪名。因此，具体分析拐骗儿童罪与组织残疾人、儿童乞讨罪的区别与联系具有重大实践意义。

拐骗儿童罪是指拐骗不满14周岁的儿童脱离家庭或者监护人的行为。主体是一般主体。主观方面是直接故意。动机多为收养、使唤或奴役。客体是他人的家庭关系以及儿童的合法权益，对象是不满14周岁的儿童。比较其与组织残疾人、儿童乞讨罪的区别与联系发现，两罪的主体、客体及犯罪对象都具有一致的地方，而主观上也可能互相衔接。而在实践中，组织乞讨者为了组织到乞讨的主力军往往是不择手段的，而较容易控制的儿童更是他们着重考虑的对象。由于不满14周岁的儿童一般都处于父母的监护之下，因此组织乞讨者往往只有通过拐骗的方式方能使儿童脱离家庭庇护，从而实现其组织乞讨人员的目的。此时，组织残疾人、儿童乞讨罪的行为人的行为便符合了组织残疾人、儿童乞讨罪与拐骗儿童罪两个犯罪构成，一般不应当进行数罪并罚，而应当根据牵连犯的处罚原则择一重罪从重处罚。

因此我们可以说，立法者之所以把这两个罪如此规定正是基于这两个罪的行为在实践中常常同时发生，以此提示司法实践者应更加全面地认定犯罪行为，不要漏掉理应追诉的罪行。同时，这也体现了立法者对儿童权益的着重保护。

| | | |
|---|---|---|
| 证据参考标准 | 主体方面的证据 | **一、证明行为人刑事责任年龄、身份等自然情况的证据**<br>包括身份证明、户籍证明、任职证明、工作经历证明、特定职责证明等，主要是证明行为人的姓名（曾用名）、性别、出生年月日、民族、籍贯、出生地、职业（或职务）、住所地（或居所地）等证据材料，如户口簿、居民身份证、居住证、工作证、出生证、专业或技术等级证、干部履历表、职工登记表、护照等。<br>对于户籍、出生证等材料内容不实的，应提供其他证据材料。外国人犯罪的案件，应有护照等身份证明材料。人大代表、政协委员犯罪的案件，应注明身份，并附身份证明材料。<br>**二、证明行为人刑事责任能力的证据**<br>证明行为人对自己的行为是否具有辨认能力与控制能力，如是否属于间歇性精神病人、尚未完全丧失辨认或者控制自己行为能力的精神病人的证明材料。 |
| | 主观方面的证据 | **证明行为人故意的证据**<br>1. 证明行为人明知的证据：证明行为人明知自己的行为会发生危害社会的结果；<br>2. 证明直接故意的证据：证明行为人希望危害结果发生。 |
| | 客观方面的证据 | **证明行为人组织残疾人、儿童乞讨犯罪行为的证据**<br>具体证据包括：1. 证明行为人对乞讨人实施了暴力、胁迫的行为。2. 乞讨人出于行为人的暴力、胁迫，而违背自己意愿，在行为人的组织下进行乞讨。 |
| | 量刑方面的证据 | **一、法定量刑情节证据**<br>1. 事实情节。2. 法定从重情节：情节严重。3. 法定从轻或者减轻情节：（1）可以从轻；（2）可以从轻或者减轻；（3）应当从轻或者减轻。4. 法定从轻、减轻或者免除情节：（1）可以从轻、减轻或免除处罚；（2）应当减轻或者免除处罚。5. 法定减轻或者免除情节：（1）可以减轻或者免除处罚；（2）应当减轻或者免除处罚；（3）可以免除处罚。<br>**二、酌定量刑情节证据**<br>1. 犯罪手段：手段极其残忍等。2. 犯罪对象。3. 危害结果。4. 动机。5. 平时表现。6. 认罪态度。7. 是否有前科。8. 其他证据。 |
| 量刑标准 | 犯本罪的 | 处三年以下有期徒刑或者拘役，并处罚金 |
| | 情节严重的 | 处三年以上七年以下有期徒刑，并处罚金 |
| 法律适用 | 刑法条文 | **第二百六十二条之一** 以暴力、胁迫手段组织残疾人或者不满十四周岁的未成年人乞讨的，处三年以下有期徒刑或者拘役，并处罚金；情节严重的，处三年以上七年以下有期徒刑，并处罚金。 |

**一、《中华人民共和国残疾人保障法》（节录）**（1990 年 12 月 28 日中华人民共和国主席令第 36 号公布　自 1991 年 5 月 15 日起施行　2008 年 4 月 24 日修订　2018 年 10 月 26 日修正）

**第三条**　残疾人在政治、经济、文化、社会和家庭生活等方面享有同其他公民平等的权利。

残疾人的公民权利和人格尊严受法律保护。

禁止基于残疾的歧视。禁止侮辱、侵害残疾人。禁止通过大众传播媒介或者其他方式贬低损害残疾人人格。

**第九条**　残疾人的扶养人必须对残疾人履行扶养义务。

残疾人的监护人必须履行监护职责，尊重被监护人的意愿，维护被监护人的合法权益。

残疾人的亲属、监护人应当鼓励和帮助残疾人增强自立能力。

禁止对残疾人实施家庭暴力，禁止虐待、遗弃残疾人。

**第六十七条**　违反本法规定，侵害残疾人的合法权益，其他法律、法规规定行政处罚的，从其规定；造成财产损失或者其他损害的，依法承担民事责任；构成犯罪的，依法追究刑事责任。

**二、《中华人民共和国未成年人保护法》（节录）**（1991 年 9 月 4 日中华人民共和国主席令第 50 号公布　自 1992 年 1 月 1 日起施行　2006 年 12 月 29 日第一次修订　2012 年 10 月 26 日第一次修正　2020 年 10 月 17 日第二次修订　2024 年 4 月 26 日第二次修正）

**第一百二十九条**　违反本法规定，侵犯未成年人合法权益，造成人身、财产或者其他损害的，依法承担民事责任。

违反本法规定，构成违反治安管理行为的，依法给予治安管理处罚；构成犯罪的，依法追究刑事责任。

法律适用

相关法律法规

# 42 组织未成年人进行违反治安管理活动案

**概念**
> 本罪是指组织未成年人进行盗窃、诈骗、抢夺、敲诈勒索等违反治安管理活动的行为。

**立案标准**
> 根据《刑法》第 262 条之二的规定，组织未成年人进行盗窃、诈骗、抢夺、敲诈勒索等违反治安管理活动的，对组织者应当立案侦查。

| 定罪标准 | | |
|---|---|---|
| | 犯罪客体 | 本罪侵犯的客体是复杂客体，既侵犯了未成年人人身自由、身心健康等合法权益，又侵犯了正常的社会秩序，其中未成年人的人身自由、身心健康等合法权益是主要客体，正常社会秩序是次要客体。本罪的行为对象是未成年人，即未满 18 周岁的人。近年来，社会中一些人组织利用未成年人进行盗窃、诈骗、抢夺等违反治安管理的活动，给未成年人身心健康造成极大损害，同时也严重扰乱了社会管理秩序，《刑法》将组织未成年人进行违反治安管理活动的组织者纳入刑罚惩治范围，以保护未成年人身心健康和正常的社会秩序。 |
| | 犯罪客观方面 | 本罪在客观方面表现为组织未成年人进行盗窃、诈骗、抢夺、敲诈勒索等违反治安管理活动的行为。要注意把握以下几点：<br>首先，组织的对象是未成年人，即组织未成年人进行违反治安管理的活动。<br>其次，组织未成年人进行违反治安管理的活动，即盗窃、诈骗、抢夺、敲诈勒索等行为，尚未构成犯罪，只是违反《治安管理处罚法》的规定。例如，我国《治安管理处罚法》第 49 条规定："盗窃、诈骗、哄抢、抢夺、敲诈勒索或者故意损毁公私财物的，处五日以上十日以下拘留，可以并处五百元以下罚款；情节较重的，处十日以上十五日以下拘留，可以并处一千元以下罚款。"因此，组织未成年人进行的盗窃、诈骗、抢夺等行为不能违反《刑法》的规定，构成犯罪，而只能违反《治安管理处罚法》，才符合此罪客观方面的构成要件。 |
| | 犯罪主体 | 本罪的主体是一般主体，即凡年满 16 周岁且具备刑事责任能力的自然人均能成为本罪的主体。 |
| | 犯罪主观方面 | 本罪的主观方面是故意。过失不能构成本罪。此外，本罪在主观方面要求行为人必须明知组织对象是未成年人，如果当时并不知道组织的对象是未成年人，但后来发现是未成年人，而仍组织其进行违反治安管理的活动，则也认定为此罪的故意。 |
| | 罪与非罪 | 区分罪与非罪的界限主要在于行为人组织未成年人进行的是违反治安管理活动的行为，如果不是进行违反治安管理的活动，则不能构成本罪。本罪是行为犯，只要有组织未成年人进行违反治安管理的活动，就构成本罪。同时本罪要求组织的对象必须是未成年人，否则不构成本罪。 |

| | | |
|---|---|---|
| **定 罪 标 准** | **此罪 与 彼罪** | 一、本罪与拐骗儿童罪的界限。主要区别在于：（1）行为对象不同。本罪的行为对象是未成年人，即未满 18 周岁的未成年人；而后罪的行为对象是儿童，即未满 14 周岁的未成年人。因此，对于在现实生活中，一些行为人先拐骗年满 14 周岁未满 18 周岁的未成年人，后组织其进行违反治安管理的活动，只能以组织未成年人进行违反治安管理活动罪定罪处罚。如果行为人拐骗未满 14 周岁的未成年人，后又组织其进行违反治安管理的活动，此时就会产生竞合问题，拐骗行为是手段行为，而后续的组织行为是目的行为，因此发生手段行为与组织行为的牵连，是牵连犯，应按照牵连犯的处罚原则，择一重罪处断。（2）主观目的的不同。本罪组织未成年人的目的是让其进行违反治安管理的活动；而后罪行为人拐骗儿童的目的一般是使唤、奴役、自己扶养等。<br><br>二、本罪与盗窃罪、诈骗罪、抢劫罪等的界限。行为人组织未成年人进行小偷小抢、诈骗等违反治安管理活动的行为，此时小偷小抢、诈骗等行为只是违反《治安管理处罚法》，而并未触犯《刑法》，构成盗窃罪、诈骗罪、抢劫罪等，《刑法》只惩罚组织者，即对组织者以组织未成年人进行违反治安管理活动罪治罪科刑，而对于参加违反治安管理活动的未成年人，《刑法》不予以惩治。 |
| **证 据 参 考 标 准** | **主体 方面 的 证据** | 一、证明行为人刑事责任年龄、身份等自然情况的证据<br><br>包括身份证明、户籍证明、任职证明、工作经历证明、特定职责证明等，主要是证明行为人的姓名（曾用名）、性别、出生年月日、民族、籍贯、出生地、职业（或职务）、住所地（或居住地）等证据材料，如户口簿、居民身份证、居住证、工作证、出生证、专业或技术等级证、干部履历表、职工登记表、护照等。<br><br>对于户籍、出生证等材料内容不实的，应提供其他证据材料。外国人犯罪的案件，应有护照等身份证明材料。人大代表、政协委员犯罪的案件，应注明身份，并附身份证明材料。<br><br>二、证明行为人刑事责任能力的证据<br><br>证明行为人对自己的行为是否具有辨认能力与控制能力，如是否属于间歇性精神病人、尚未完全丧失辨认或者控制自己行为能力的精神病人的证明材料。 |
| | **主观 方面 的 证据** | 证明行为人故意的证据<br><br>1. 证明行为人明知的证据：证明行为人明知自己的行为会发生危害社会的结果；<br>2. 证明直接故意的证据：证明行为人希望危害结果发生。 |
| | **客观 方面 的 证据** | 证明行为人组织未成年人进行盗窃、诈骗、抢夺、敲诈勒索等违反治安管理活动的行为的证据<br><br>具体证据包括：（1）证明行为人组织未成年人行为的证据；（2）证明行为人组织未成年人进行盗窃，违反治安管理行为的证据；（3）证明行为人组织未成年人进行诈骗，违反治安管理行为的证据；（4）证明行为人组织未成年人进行抢夺，违反治安管理行为的证据；（5）证明行为人组织未成年人进行敲诈勒索，违反治安管理行为的证据；（6）证明行为人组织未成年人进行其他违反治安管理行为的证据；（7）证明行为人组织未成年人进行违反治安管理活动的行为，情节严重的证据。 |

| 证据参考标准 | 量刑方面的证据 | 一、法定量刑情节证据<br>1. 事实情节。2. 法定从重情节。3. 法定从轻或者减轻情节：（1）可以从轻；（2）可以从轻或者减轻；（3）应当从轻或者减轻。4. 法定从轻、减轻或者免除情节：（1）可以从轻、减轻或者免除处罚；（2）应当从轻、减轻或者免除处罚。5. 法定减轻或者免除情节：（1）可以减轻或者免除处罚；（2）应当减轻或者免除处罚；（3）可以免除处罚。<br>二、酌定量刑情节证据<br>1. 犯罪手段：组织。2. 犯罪对象。3. 危害结果。4. 动机。5. 平时表现。6. 认罪态度。7. 是否有前科。8. 其他证据。 |
|---|---|---|
| 量刑标准 | 犯本罪的 | 处三年以下有期徒刑或者拘役，并处罚金 |
| | 情节严重的 | 处三年以上七年以下有期徒刑，并处罚金 |
| 法律适用 | 刑法条文 | **第二百六十二条之二** 组织未成年人进行盗窃、诈骗、抢夺、敲诈勒索等违反治安管理活动的，处三年以下有期徒刑或者拘役，并处罚金；情节严重的，处三年以上七年以下有期徒刑，并处罚金。 |
| | 相关法律法规 | **《中华人民共和国治安管理处罚法》（节录）**（2005 年 8 月 28 日中华人民共和国主席令第 38 号公布 自 2006 年 3 月 1 日起施行 2012 年 10 月 26 日修正）<br>**第二十六条** 有下列行为之一的，处五日以上十日以下拘留，可以并处五百元以下罚款；情节较重的，处十日以上十五日以下拘留，可以并处一千元以下罚款：<br>（一）结伙斗殴的；<br>（二）追逐、拦截他人的；<br>（三）强拿硬要或者任意损毁、占用公私财物的；<br>（四）其他寻衅滋事行为。<br>**第四十九条** 盗窃、诈骗、哄抢、抢夺、敲诈勒索或者故意损毁公私财物的，处五日以上十日以下拘留，可以并处五百元以下罚款；情节较重的，处十日以上十五日以下拘留，可以并处一千元以下罚款。 |

# 43 抢劫案

| | |
|---|---|
| **概念** | 本罪是以非法占有为目的，对财物的所有人、保管人当场使用暴力、胁迫或其他方法，强行将公私财物抢走的行为。 |
| **立案标准** | 根据《刑法》第263条的规定，以暴力、胁迫或者其他方法抢劫公私财物的，应当立案。<br><br>《刑法》对构成本罪没有规定数额、情节方面的限制，只要行为人当场以暴力、胁迫或者其他方法，实施了抢劫公私财物的行为，无论是否抢到钱财，也不论实际抢到钱财的多少，原则上都构成抢劫罪，公安机关应当立案侦查。 |

| 定罪标准 | 犯罪客体 | 本罪侵犯的客体是公私财物的所有权和公民的人身权利，属复杂客体。抢劫罪侵犯的对象是国家、集体、个人所有的各种财物和他人的人身。但是，对于抢劫犯来说，其最根本的目的是要抢劫财物，侵犯人身权利只是其使用的一种手段。正因如此，《刑法》把抢劫罪规定在侵犯财产罪这一章。 |
|---|---|---|
| | 犯罪客观方面 | 本罪在客观方面表现为行为人对公私财物的所有者、保管者或者守护者当场使用暴力、胁迫或者其他对人身实施强制的方法，立即抢走财物或者迫使被害人立即交出财物的行为。这种当场对被害人身体实施强制的犯罪手段，是抢劫罪的本质特征，也是它区别于盗窃罪、诈骗罪、抢夺罪和敲诈勒索罪的最显著特点。<br><br>抢劫罪的暴力，是指对被害人的身体施以打击或强制，借以排除被害人的反抗，从而劫取他人财物的行为。暴力必须在取得他人财物的当场实施。虽然使用了暴力但未当场获取财物或者是在劫取财物之后又出于其他动机伤害被害人的，都不属于抢劫中的暴力，构成犯罪的应以他罪论处。当然，先前劫取财物的行为如构成本罪，则应以他罪与本罪实行并罚。如果针对的是被害人的财物，即使在行为实施过程中造成了人身伤害，亦不能以本罪论处。如直接夺取他人手中的钱包，直接抢夺被害人耳朵上的耳环等，就因暴力直接指向财物而构成抢夺罪，致人重伤或死亡的，则应作为抢夺罪的一个特别严重情节加以考虑。用暴力的目的就在于排除被害人的反抗，致使被害人不敢反抗或不能反抗，从而劫取其财物。至于暴力程度，只要能对他人身体起到强制、打击作用即可，并不要求其危及他人的身体健康甚或生命安全。将人伤害、重伤甚或杀死，固然是暴力，一般的拳打脚踢、捆绑禁闭、扭抱推拽等因其对他人人身有强制、打击作用，亦可成为本罪的暴力。暴力的轻重程度仅是本罪的量刑情节，对本罪构成并无影响。只要存在暴力，并以此劫取他人财物，即可构成本罪。<br><br>抢劫罪的胁迫，是指对被害人以当场实施暴力相威胁，进行精神强制，从而使其产生恐惧而不敢反抗，任其抢走财物或者被迫交出财物的行为，胁迫的内容是当场对被害人施以暴力。胁迫是行为人有意识地给被害人施加精神压力，进行精神强制，意 |

| | | |
|---|---|---|
| **定<br>罪<br>标<br>准** | **犯罪<br>客观<br>方面** | 在使其产生恐惧，不敢反抗，而为其劫取财物创造条件。如果不是出于这一意图，虽然使用了暴力威胁，如盗窃财物后被他人发现，为了阻止他人告发，不是当场以暴力威胁的，就不能以本罪治罪。至于胁迫的方式则多种多样，有的是语言；有的是动作，如拔出身带之刀；有的还可能是利用特定的危险环境进行胁迫，如在夜间偏僻的地区，喝令他人"站住，交出钱来"，使被害人产生恐惧，不敢反抗，亦可构成本罪的威胁。胁迫必须是向被害人当面发出。如果不是向被害人当面发出，而是通过书信或者他人转告的方式让被害人得知，则亦不是本罪的胁迫。此时，即使具有暴力的内容，仍不构成本罪，可构成敲诈勒索罪。至于暴力指向的对象，一般是被害人本人，但也可以指向被害人的儿女、父母、配偶等亲属。不过，这些亲属必须在现场，可以成为行为人直接使用暴力加害的对象。如果胁迫不成或者遇有反抗，便会立即转化为暴力抢劫。如果行为人使用"虚假"的暴力欺骗胁迫被害人，使其信以为真而产生恐惧被迫交出财物的，仍是构成本罪的胁迫。行为人必须是在胁迫的当场取得财物，如果不是在当场取得财物而是限期交出财物，则不是本罪的胁迫。这时构成犯罪，应定敲诈勒索罪。<br><br>抢劫罪的其他方法，是指使用暴力、胁迫以外的方法使得被害人不知反抗或无法反抗，而当场劫取财物的行为。例如，用酒灌醉、用药物麻醉、利用催眠术催眠、将清醒的被害人趁其不备锁在屋内致其与财产隔离等方法劫取他人财物。应当注意的是，被害人不能反抗或无法反抗是因为行为人的积极作为所导致。行为人如果没有使他人处于不知反抗或无法反抗的状态，而是借用了被害人自己因患病、醉酒、熟睡或他人致使其死亡、昏迷等而不知反抗或无法反抗的状态拿走或夺取财物的，不是构成本罪，对之应当以他罪如盗窃罪、抢夺罪论处。<br><br>判断犯罪行为是否构成抢劫罪，应以犯罪人是否基于非法占有财物为目的，当场是否实际采取了暴力、胁迫或者其他方法为标准，不是以其事先预备为标准。实践中，行为人事先做了盗窃和抢劫两手准备，携带凶器，夜晚潜入商店，发现值班人员睡觉故未使用凶器便窃走了大量商品，应认定为盗窃罪；如果行为人事先做盗窃准备，在进入现场实施盗窃过程中惊醒值班人员并遭到其抵抗，当即使用凶器以暴力将财物劫走，则应构成抢劫罪。<br><br>抢劫罪的侵犯对象，是属于国家、集体、个人所有的各种财物及他人人身。由于抢劫罪是当场劫取财物，故实践中被抢的财物只限于动产。非法侵占不动产的，不属于抢劫罪。如果采用暴力方法把不动产部分分离而抢走，这部分则就成了动产，那么也应构成抢劫罪。有人提出抢劫罪的对象除动产外还应包括不动产和取得财产上之不法利益，我们认为，强行霸占他人之不动产或以暴力、胁迫等手段迫使他人免除债务、承认股份或减除租金之类的行为，虽带有抢劫性质，但同《刑法》规定的抢劫罪的特征并不吻合，因此值得研究。<br><br>抢劫罪的作案现场，无论是拦路抢劫还是入室抢劫，都不影响抢劫罪的成立，至于犯罪分子持械结伙在海上抢劫船载的货物及旅客财物的，国外法律定为海盗罪，我们认为，在我国立法未作出新的规定前，仍以抢劫罪论处。<br><br>此外，抢劫罪还有两种非典型的、常态的表现形式：其一，《刑法》第267条第2款规定了携带凶器抢夺的，以抢劫罪定罪处罚。其二，《刑法》第269条规定了犯盗窃、诈骗、抢夺罪，为窝藏赃物、抗拒抓捕或者毁灭罪证而当场使用暴力相威胁的，以抢劫罪定罪处罚。后者在理论上被称为准抢劫罪或转化型抢劫罪。 |
| | **犯罪<br>主体** | 本罪的主体为一般主体。依据《刑法》第17条规定，年满14周岁且具备刑事责任能力的自然人，均能成为该罪的主体。 |

| | | |
|---|---|---|
| **定罪标准** | **犯罪主观方面** | 本罪在主观方面表现为直接故意，并具有将公私财物非法占有的目的，如果没有这样的故意内容就不构成本罪。如果行为人只抢回自己被骗走或者赌博输的财物，不具有非法占有他人财物的目的，不构成抢劫罪。 |
| | **罪与非罪** | 区分罪与非罪的界限，要注意以下几点：<br>一、抢劫罪是侵犯财产罪中危害性最大、性质最严重的犯罪。在一般情况下，凡是以非法占有为目的，用暴力、胁迫或者其他方法，强行夺取公私财物的行为，就具备了抢劫罪的基本特征，构成了抢劫罪。立法上没有抢劫的数额和情节的限制性规定。但是依照《刑法》第 13 条的规定，情节显著轻微危害不大的行为，不认为构成抢劫罪。例如，青少年偶尔进行恶作剧式的抢劫，行为很有节制、数额极其有限，如强索少量财物，抢吃少量食品等，由于情节显著轻微，危害不大，属于一般违法行为，尚不构成抢劫罪。因为婚姻、家庭纠纷，一方抢回彩礼、陪嫁物，或者强行分割并拿走家庭共有财产的，即使抢回、拿走的份额多了，也属于民事、婚姻纠纷中处理方法不当的问题，不具有非法强占他人财物的目的，不构成抢劫罪。为子女离婚、出嫁女儿暴死等事情所激怒，而纠集亲友多人去砸毁对方家庭财物，属于婚姻家庭纠纷中的泄愤、报复行为，一般应做好调解工作，妥善处理，不宜作为抢劫罪论处。<br>二、本罪既遂与未遂的界限。根据有关司法解释，抢劫罪侵犯的客体是复杂客体，既侵犯财产权利又侵犯人身权利，具备抢劫物或者造成他人轻伤以上后果之一的，均属抢劫既遂；既未劫取财物，又未造成他人人身伤害后果的，属于抢劫未遂。《刑法》第 263 条规定的 8 种处罚情节中除"抢劫致人重伤、死亡的"这一结果加重情节外，其余 7 种处罚情节同样存在既、未遂问题，其中属抢劫未遂的，应当根据刑法关于加重情节的法定刑规定，结合未遂犯的处理原则量刑。 |
| | **此罪与彼罪** | 一、本罪与故意杀人罪的界限。抢劫罪与故意杀人罪，是两个性质不同的犯罪。它们之间的主要区别在于：（1）客体要件不同。前者的客体是复杂客体，既侵犯了公私财产所有权，又侵害了公民的人身权利；后者的客体是单一客体，即公民的生命权。（2）犯罪目的不同。前者是为了非法占有公私财物，侵犯公民的人身权利，是非法占有公私财物的一种手段，二者之间存在目的与手段的内在联系；后者的犯罪目的，是非法剥夺他人的生命权利。由于这些区别的存在，在司法实践中，二者的界限一般是不会发生混淆的。但二者之间又存在一定的联系，这些联系表现在：①抢劫罪虽然主要是侵犯公私财产的所有权，但同时又侵犯了公民的人身权利，而公民的人身权利包括公民的生命权，因此，抢劫罪的客体要件与故意杀人罪的客体要件间存在相同之处。②抢劫罪的行为方式是暴力、胁迫或者其他方法，故意杀人罪的行为方式，可以是暴力的，也可以是非暴力的，因此，在犯罪的行为方式上，二者之间也存在交叉关系。③抢劫罪一般是先使用暴力、胁迫或者其他方法，而后取得财物，使用暴力、劫取财物都是故意的；故意杀人罪，行为人杀人后，劫走被害人的财物的情况也是很常见的，其杀人、劫物也都是故意的。因此，在这方面二者也有相似之处。对抢劫杀人案件的定性，要根据案件的特点，具体案件具体分析，不能一概而论。从司法实践看，抢劫杀人案件主要有三种情况：一是抢劫财物后，为了灭口而杀害他人的，成立抢劫罪与故意杀人罪，实行数罪并罚。二是由于其他原因故意实施杀人行为致人 |

死亡，然后产生非法占有财物的意图，进而取得财物的，若该财产已处于死者继承人等人占有下，则认定为故意杀人罪与盗窃罪，实行数罪并罚；若该财产无人占有，则认定为故意杀人罪与侵占罪，实行数罪并罚。三是为了当场劫取财物，当场使用暴力将被害人杀死的，成立抢劫罪。对此，最高人民法院《关于抢劫过程中故意杀人案件如何定罪问题的批复》明确指出，行为人为劫取财物而预谋故意杀人，或者在劫取财物过程中，为制服被害人反抗而故意杀人的，以抢劫罪定罪处罚。行为人在实施抢劫后，为灭口而故意杀人的，以抢劫罪和故意杀人罪定罪，实行数罪并罚。

二、本罪与抢夺罪的界限。两者的主要区别是：（1）客体要件不同。抢劫罪侵犯的是复杂客体，即公私财产所有权和公民的人身权利；抢夺罪侵犯的是单一客体，即公私财产的所有权。（2）犯罪客观方面不同。抢劫罪在客观方面表现为使用暴力、胁迫或者其他方法劫取公私财物的行为，劫取公私财物的数额不限；抢夺罪在客观方面表现为公然夺取公私财物数额较大或者多次抢夺的行为。这些区别为我们区分抢劫罪与抢夺罪的界限提供了客观标准。但由于抢劫罪与抢夺罪同属侵犯财产的犯罪，彼此之间存在紧密的联系，例如，①在客体要件上，二者都侵犯了公私财产所有权。②在客观方面，虽然抢劫罪使用的是暴力、胁迫或者其他方法，往往造成被害人伤亡；抢夺罪使用的是强力夺取的方法，直接作用于被抢夺的财物，但有时也会发生致人重伤或死亡的结果。暴力和强力性质不同，但从一定意义上说，暴力也是一种强力。因此，二者在客观方面，不仅行为方式有相似之处，而且危害结果也可能相同。③在一定条件下，抢劫罪和抢夺罪可以相互转化。《刑法》第269条的规定，其中包括了犯抢夺罪转化为抢劫罪的情况。另外，在司法实践中，有的犯罪分子为了达到非法占有公私财物的目的，往往做了几手准备，哪种手段能达到目的，就使用哪种手段。有的犯罪分子出于抢劫的故意，身带凶器，准备使用暴力、胁迫手段，到作案现场后，发现不需要实施暴力、胁迫方法，由抢变为偷。有的犯罪分子出于盗窃的故意，在实施盗窃行为时被人发觉，遇到反抗，继而使用暴力、胁迫方法，则由暗偷转化为明抢。在处理此类案件时亦应具体问题具体分析。

三、本罪与敲诈勒索罪的界限。两者的主要区别是：（1）抢劫罪的"威胁"是当着被害人的面，由行为人直接发出的；敲诈勒索罪的"威胁"，可以是当面发出的，也可以是通过书信、电话、电报等形式发出，可以是行为人本人发出，也可以通过第三人发出。（2）抢劫罪的"威胁"是扬言当场实施，"威胁"的内容都是当场可以实施的；敲诈勒索罪的"威胁"一般是扬言将要实施，并不一定当场实施威胁的内容，可以是当场能够实施的，也可以是在以后的某个时间才能实施。（3）抢劫罪是迫使被害人当场交出财物；敲诈勒索罪迫使被迫交出财物的时间、地点，可以是当场，也可以是在以后指定的时间、地点交出。（4）抢劫罪占有的财物只能是动产；敲诈勒索罪占有的财物可以是动产，也可以是不动产。（5）抢劫罪除使用威胁手段外，还使用暴力或者其他方法，因而往往同时侵害了被害人的人身权利；敲诈勒索罪，不使用暴力或者"其他方法"，因而不侵害公民的人身权利。（6）主观故意的内容不同。抢劫罪故意的内容是抢劫；敲诈勒索罪故意的内容是敲诈勒索。

四、本罪与绑架罪的界限。抢劫罪与绑架罪区别的关键是行为人是否向第三人勒索财物。如果行为人使用暴力、胁迫手段非法扣押被害人或者迫使被害人离开日常生活处所后，向关心被害人的第三人索要财物的，成立绑架罪；如果行为人使用暴力、胁迫手段非法扣押被害人或指责迫使被害人离开日常生活处所后，仍然直接向被害人本人勒索财物的，成立抢劫罪。

定罪标准

此罪与彼罪

<table>
<tr>
<td rowspan="2">证据参考标准</td>
<td>主体方面的证据</td>
<td>

**证明犯罪嫌疑人自然情况的证据**

主要包括：1. 身份证或工作证；2. 户口簿或微机户口底卡；3. 医院的出生证明；4. 入学、入伍等登记证及个人履历表中有关年龄证明；5. 出生地同一区域邻居中同年、月、日出生者的父母或其他亲友证词；6. 犯罪嫌疑人供述及其亲属证词；7. 司法精神病鉴定；8. 家庭遗传病史调查，如其近亲的证词；9. 其他证人对犯罪嫌疑人日常生活、举止是否正常的证言。

通过上述证据收集和固定证明犯罪嫌疑人系年满 14 周岁，具备刑事责任能力的自然人。

在收集、审查、判断和运用上述证据过程中应当注意：鉴于司法实践中经常发生犯罪嫌疑人或其亲友通过涂改犯罪嫌疑人年龄的方法逃避刑罚的情况，对犯罪嫌疑人边缘年龄的查证，仅有身份证和户籍材料是不能认定符合起诉标准的，因此，上组证据中 3、4、5 项就显得至关重要，一般要求提取。除此之外，审查起诉人员，要注意发现犯罪嫌疑人的户籍材料上是否有涂改的痕迹，并作真伪甄别。

</td>
</tr>
<tr>
<td>主观方面的证据</td>
<td>

**一、证明犯罪主观构成要件的直接证据，即犯罪嫌疑人的供述和辩解**

侧重讯问：1. 有无策划、策划的具体内容；2. 参与作案的动机、目的，对后果的认识程度、主动程度；3. 有共同犯罪的要讯问策划分工的时间、地点、内容以及在策划下个人相对应的犯罪行为；4. 在缺乏共同犯意或可能存在单独犯罪的案件中，要讯问对该具体案件各犯罪嫌疑人事先有无商议，有无事先或事中已达成默契，有无不同意见和持反对行为者，对未表示反对或同意意见者要重点讯问其在案发前、案发时、案发后的客观行为，以此考察其主观态度；5. 转化型犯罪应讯问当场使用暴力的目的和动机；6. 在有杀死、伤害被害人的案件中，要详细讯问其杀、伤被害人的时间是在抢劫完成之前、之时还是之后，其目的是为抢劫排除障碍，还是抢劫完成之后杀人灭口。

**二、在直接证据的基础之上，收集以下可推断出犯罪嫌疑人主观故意的间接证据**

1. 被害人陈述、现场目击证人的证言，要涉及对各犯罪嫌疑人在作案过程中的言语及客观行为，及其行为所对应的后果，以此证明其犯罪主观故意；在转化型抢劫犯罪现场，有无对犯罪嫌疑人进行抓捕等。2. 犯罪嫌疑人以自己的名义将赃物出让、出借、出卖、典当的书证，如借据、当票等；相应的受让人、借入人、买受人、典当行营业人员的证人证言及从以上证人处提取的赃物，可证明犯罪嫌疑人非法占有他人财物的主观目的。3. 与策划分工内容有关的其他证据：（1）如证明准备犯罪工具的场所或踩点场所的现场证据，如现场勘查笔录、相应证人证言、辨认笔录等，能证明犯罪嫌疑人已按策划的内容准备了工具、踩点，进一步证明了其具有的主观故意；（2）提取的物证如刀具等，能证明犯罪嫌疑人在起意时主观上就有使用暴力或以暴力相威胁的准备。4. 收集犯罪嫌疑人犯罪前科，尤其是同类犯罪前科的证据。社会生活经验、履历方面的证据，此类证据对证明其犯罪后果认知程度和控制能力起到一定的证明作用。

**三、通过上述证据的收集和固定证明**

1. 作为个体，每一犯罪嫌疑人主观上必须具有直接故意，即明知自己的行为会发生危害社会的结果，而希望该结果的发生；2. 如系共同犯罪，作为共同犯罪参与者，每一个犯罪嫌疑人在主观上都必须明知自己的行为是在共同犯意支配下的共同犯罪行为的组成部分；3. 抢劫中杀死或伤害被害人，是否具备各自独立的两个犯罪构成的犯罪故意，即是否应定抢劫和故意杀人或故意伤害两罪；4. 如系转化型犯罪，犯罪嫌疑

</td>
</tr>
</table>

| | | |
|---|---|---|
| 证据参考标准 | 主观方面的证据 | 人除必须具有转化前犯罪即盗窃、诈骗、抢夺罪的主观故意内容外，还必须具备转化的主观动机，即为窝藏赃物、抗拒抓捕或者毁灭罪证；5. 作为多人多笔的系列犯罪，应注意证明是否存在其中个别犯罪嫌疑人在某一具体案件中不具有共同犯意，或某起具体案件系个别犯罪嫌疑人在单独犯意支配下实施。尤其是共同盗窃、诈骗、抢夺犯罪的转化型抢劫犯罪，要区别是个别转化还是共同转化。 |
| | 客观方面的证据 | 一、犯罪嫌疑人供述或辩解。应涉及策划中及在具体实施犯罪过程中使用何种方法进行抢劫、如何排除被害人反抗、各自使用何种作案工具、伤害他人身体的打击部位、造成的后果、以暴力相威胁的内容、麻醉药物的来源和使用方法，如是抢夺犯罪，要讯问有无随身携带凶器；各犯罪嫌疑人的体貌、衣着特征。<br><br>二、被害人、现场目击证人及知情证人的证言，如被害人亲属、路遇的熟人、发现被害人并报案的证人等证明：1. 上述犯罪嫌疑人供述、辩解中涉及的内容；2. 在案发时间内被害人携带的财物种类、特征、价值，以及发现被害人并报案的证人证言；3. 被害人告知证人有关案情的内容。<br><br>三、案发现场或从犯罪嫌疑人住所、身上或指认处提取的物证及相应的搜查笔录、辨认笔录，如所抢劫的财物、随身携带的凶器等作案工具、血衣、麻醉药及下了药的饮料等。<br><br>四、物证及其附着物的检验、鉴定意见，如血型鉴定、指纹鉴定、DNA 鉴定、药物鉴定。<br><br>五、作案工具等物证来源的相关证据：1. 制造、提供刀具、枪支、麻醉药物、手套等物的证人或同案犯的言词证据；2. 上述证人或同案犯与本案犯罪嫌疑人的相互辨认笔录；3. 从来源处提取的同类物及与物证所作的同一鉴定。<br><br>六、现场勘查笔录及照片，包括抢劫现场、犯罪工具准备、丢弃的现场、提取物证现场。<br><br>七、尸检报告、伤情检验，证明被害人的伤害部位、伤口特征与各犯罪嫌疑人的供述、证人证言所证明的各犯罪嫌疑人在犯罪过程中的行为及所使用的凶器能否对应。<br><br>八、医院病历资料，如 X 线片、手术记录、护理记录，用以证明尸检报告、伤情检验报告的科学性。<br><br>九、主治医生、护士等医护人员证言及检察机关对尸检报告、伤情鉴定所作文证审查。以证明暴力行为与死亡、伤害后果之间的因果关系。需查明抢救及时与否、措施是否得当、死亡或重伤后果与抢救不及时是否有直接关系，死亡后果是否可逆转。<br><br>十、书证，如被害人、犯罪嫌疑人到达案发地点的车、船、飞机票，旅社住宿登记及相应的证据，如住宿登记的笔迹鉴定，旅社服务员的证言及对被害人、犯罪嫌疑人的辨认笔录。<br><br>十一、公安机关接警记录。通过上述证据的收集和固定证明：1. 使用了暴力或以杀害、伤害他人的暴力方法相威胁；2. 暴力或以暴力相威胁指向的直接对象是被害人本身，而非直接指向被害人的财物；3. 当场使用暴力或以暴力相威胁和当场取得财物。<br><br>十二、关于抢劫犯罪客观方面加重犯罪情节应具备的证据及其证明要求：<br><br>1. 入户抢劫<br>构成抢劫犯罪该项情节应具备的证据：（1）犯罪嫌疑人供述或辩解、被害人陈述。证明被侵入的场所具有"户"的特征。（2）现场勘查笔录及照片应固定以下内容：①现场被侵入或破坏的痕迹，如破坏的门、窗、锁、家具、家电等；②犯罪嫌疑人遗落在现场的物证、痕迹；③现场应有证明被害人在此生活起居的用品，如床、被 |

褥、洗漱用品、家电、衣物、炊具等。（3）现场提取的以上物证及其辨认笔录。（4）犯罪嫌疑人遗留在现场的痕迹鉴定，如脚印、指纹。（5）邻居或亲友的证人证言，证明被害人在此生活起居等情况。以上证据的证明要求以达到相应司法解释要求为准。

2. 在公共交通工具上抢劫

构成抢劫犯罪该项情节应具备以下证据：（1）交通主管部门核准交通工具从事公共交通的有效批文、证件如准营证、路线牌等；（2）该交通工具出厂时的原始资料或复印件，生产厂家出具的证明，证明核准载客量；（3）出售给乘客的车票、附加人身保险等各种票证；（4）临时从事公共交通运输的，应有出租、出借双方的证人证言，书面出借、出租合约；（5）犯罪嫌疑人作案时遗留在交通工具上的物证痕迹，如刀具、枪支、弹头及相关的提取笔录和辨认笔录、检验结论；（6）现场勘查笔录及照片，用以固定在交通工具上作案的痕迹；（7）司乘人员和乘客及其他证人证言、犯罪嫌疑人供述。通过上述证据的收集和固定证明：系在正在进行公共交通运输的交通工具上，针对该公共交通工具上不特定的对象进行抢劫。该交通工具上是一人还是多人，抢劫的是一人还是多人，不影响该项情节的认定，但抢劫的对象应是不特定的。

在收集、审查、判断和运用上述证据过程中，应当注意：犯罪嫌疑人在公共交通工具上抢劫，如针对的是某一特定对象，如一直跟踪上车的银行提款人，与其有仇而蓄意报复的人等，而非针对交通工具上不特定对象则不宜认定该项情节。因此注意提取以下证据：（1）在被害人陈述、证人证言、犯罪嫌疑人供述中要查明以下内容：①抢劫过程中被害人与犯罪嫌疑人有无此方面内容的对话；②抢劫行为针对的对象、目标是否明确且唯一；③犯罪嫌疑人、被害人对跟踪路线特征的描述。（2）书证，如银行取款的凭证。

3. 持枪抢劫

将持枪抢劫这一部分放到冒充军警抢劫之后，这样才能与法条规定对应，该项情节应具备的证据：（1）犯罪嫌疑人供述枪弹来源，所持枪支的枪号、制式、特征，枪支作案前、中、后使用情况及造成的后果；（2）被害人陈述被枪支伤害的过程；（3）搜查笔录、现场勘查笔录及照片（应有枪支的细目照片）、提取笔录；（4）物证，包括枪支、弹药等；（5）痕迹检验，包括同一案件中枪支与子弹、弹头、弹壳的同一鉴定，不同案件中枪支与枪支、枪支与子弹、弹头、弹壳的同一鉴定；（6）枪支杀伤力鉴定；（7）被害人伤情检验、尸检报告，证明致伤、致死原因；（8）证人证言，包括作案前、中、后该枪的使用情况，如有无用于狩猎、打靶、保养情况、部件完好情况等；（9）犯罪嫌疑人、被害人、枪支提供者等证人对枪支的辨认笔录。通过上述证据的收集和固定证明：犯罪嫌疑人用于抢劫的枪支应符合《中华人民共和国枪支管理法》规定，即必须具有杀伤力。

在收集、审查、判断和适用上述证据过程中应当注意：对该情节的认定，在上述证据的基础上应区别三种不同情况，设立三种不同的证据标准：（1）案发后提取枪支，必须作杀伤力鉴定；（2）案发后未能提取枪支，无法作杀伤力鉴定，但在作案时使用了枪支的，可从被害人的伤情、车辆或其他物体的弹洞、弹壳的鉴定等加以印证；（3）案发后未能提取枪支作杀伤力鉴定，同时，作案时枪支未曾使用，杀伤力的问题必须通过间接证据锁定，如作案前后枪支的使用、保养情况、部件的完好情况，如通过此方法不能确认杀伤力，则不能认定持枪抢劫。

4. 抢劫银行或其他金融机构

构成抢劫犯罪该项情节应具备的证据：（1）书证，即中国人民银行规范文件及核

证据参考标准　客观方面的证据

<table>
<tr><td rowspan="2">证<br>据<br>参<br>考<br>标<br>准</td><td>客观<br>方面<br>的<br>证据</td><td>

发的营业执照，证明被害单位具有相应身份；（2）被害单位财产损失的清单、案发当日入库单、库存现金财务的凭证；（3）该金融机构营业人员、被害人证言，证明犯罪嫌疑人所抢劫的对象应是银行或其他金融机构允许从事金融业务范围内的公有财产。

5. 多次抢劫或抢劫数额巨大

构成抢劫犯罪该项情节应具备的证据：（1）犯罪嫌疑人供述、被害人证言、其他证人证言应重点讯（询）问下一次抢劫与下一次抢劫的时间，两者之间是否具有一个较明显的截至开始阶段，注意划清与连续犯罪的区别，如出于一个故意，在同一天晚上同一地点连续抢劫多辆过路汽车，应视为一次犯罪；（2）公安机关接警记录、相应的电话详单；（3）其他证明抢劫犯罪数额达到巨大标准的证据。

6. 抢劫致人重伤、死亡

证据要求在前已述。

7. 冒充军警人员抢劫

构成抢劫犯罪该项情节应具备的证据：（1）言词证据，如犯罪嫌疑人供述、被害人、其他证人证言，应涉及以下内容：①犯罪嫌疑人抢劫中有无穿着军警制服；②有无出示军警证件；③有无使用军警车辆等其他器材；④抢劫中有无表明自己的身份。（2）书证、物证，如假证件、服装、车辆及其牌照。（3）其他证据，如部队、公安机关出具的证明犯罪嫌疑人身份真伪的证明材料。

8. 抢劫军用物资或抢险、救灾、救济物资

构成抢劫犯罪该项情节应具备的证据：（1）上述物资保管部门、运输部门、接收部门出具的该物资用途的证明材料；（2）物证，如收缴的赃物；（3）书证，如货物发运单、赃物上的用途标志等。

</td></tr>
<tr><td>量刑<br>方面<br>的<br>证据</td><td>

**一、法定量刑情节证据**

1. 事实情节：（1）情节特别严重：①入户抢劫的；②在公共交通工具上抢劫的；③持枪抢劫的；④抢劫银行或其他金融机构的；⑤多次抢劫或抢劫数额巨大的；⑥抢劫致人重伤、死亡的；⑦冒充军警人员抢劫的；⑧抢劫军用物资或抢险救灾、救济物资的。（2）其他。2. 法定从重情节。3. 法定从轻或者减轻情节：（1）可以从轻；（2）可以从轻或者减轻；（3）应当从轻或者减轻。4. 法定从轻、减轻或者免除情节：（1）可以从轻、减轻或者免除处罚；（2）应当从轻、减轻或者免除处罚。5. 法定减轻或者免除情节：（1）可以减轻或者免除处罚；（2）应当减轻或者免除处罚；（3）可以免除处罚。

**二、酌定量刑情节证据**

1. 犯罪手段：（1）暴力：①捆绑；②殴打；③伤害；④禁闭。（2）威胁：①暴力威胁；②精神强制。（3）其他方法：①用酒灌醉；②用药物麻醉。2. 犯罪对象。3. 危害结果。4. 动机。5. 平时表现。6. 认罪态度。7. 是否有前科。8. 其他证据。

</td></tr>
<tr><td rowspan="2">量<br>刑<br>标<br>准</td><td>犯本罪的</td><td>处三年以上十年以下有期徒刑，并处罚金</td></tr>
<tr><td>犯本罪，情节严重的</td><td>处十年以上有期徒刑、无期徒刑或者死刑，并处罚金或者没收财产</td></tr>
</table>

**第二百六十三条** 以暴力、胁迫或者其他方法抢劫公私财物的，处三年以上十年以下有期徒刑，并处罚金；有下列情形之一的，处十年以上有期徒刑、无期徒刑或者死刑，并处罚金或者没收财产：

（一）入户抢劫的；

（二）在公共交通工具上抢劫的；

（三）抢劫银行或者其他金融机构的；

（四）多次抢劫或者抢劫数额巨大的；

（五）抢劫致人重伤、死亡的；

（六）冒充军警人员抢劫的；

（七）持枪抢劫的；

（八）抢劫军用物资或者抢险、救灾、救济物资的。

**第二百六十七条第二款** 携带凶器抢夺的，依照本法第二百六十三条的规定定罪处罚。

**第二百六十九条** 犯盗窃、诈骗、抢夺罪，为窝藏赃物、抗拒抓捕或者毁灭罪证而当场使用暴力或者以暴力相威胁的，依照本法第二百六十三条的规定定罪处罚。

**第二百八十九条** 聚众"打砸抢"，致人伤残、死亡的，依照本法第二百三十四条、第二百三十二条的规定定罪处罚。毁坏或者抢走公私财物的，除判令退赔外，对首要分子，依照本法第二百六十三条的规定定罪处罚。

刑 法 条 文

法 律 适 用

## 一、最高人民法院《关于审理抢劫刑事案件适用法律若干问题的指导意见》（2016年1月6日最高人民法院公布　自公布之日起施行　法发〔2016〕2号）

抢劫犯罪是多发性的侵犯财产和侵犯公民人身权利的犯罪。1997年刑法修订后，最高人民法院先后发布了《关于审理抢劫案件具体应用法律若干问题的解释》（以下简称《抢劫解释》）和《关于审理抢劫、抢夺刑事案件适用法律问题的意见》（以下简称《两抢意见》），对抢劫案件的法律适用作出了规范，发挥了重要的指导作用。但是，抢劫犯罪案件的情况越来越复杂，各级法院在审判过程中不断遇到新情况、新问题。为统一适用法律，根据刑法和司法解释的规定，结合近年来人民法院审理抢劫案件的经验，现对审理抢劫犯罪案件中较为突出的几个法律适用问题和刑事政策把握问题提出如下指导意见：

### 一、关于审理抢劫刑事案件的基本要求

坚持贯彻宽严相济刑事政策。对于多次结伙抢劫，针对农村留守妇女、儿童及老人等弱势群体实施抢劫，在抢劫中实施强奸等暴力犯罪的，要在法律规定的量刑幅度内从重判处。

对于罪行严重或者具有累犯情节的抢劫犯罪分子，减刑、假释时应当从严掌握，严格控制减刑的幅度和频度。对因家庭成员就医等特定原因初次实施抢劫，主观恶性和犯罪情节相对较轻的，要与多次抢劫以及为了挥霍、赌博、吸毒等实施抢劫的案件在量刑上有所区分。对于犯罪情节较轻，或者具有法定、酌定从轻、减轻处罚情节的，坚持依法从宽处理。

确保案件审判质量。审理抢劫刑事案件，要严格遵守证据裁判原则，确保事实清楚，证据确实、充分。特别是对因抢劫可能判处死刑的案件，更要切实贯彻执行刑事诉讼法及相关司法解释、司法文件，严格依法审查判断和运用证据，坚决防止冤错案件的发生。

司 法 解 释

对抢劫刑事案件适用死刑，应当坚持"保留死刑，严格控制和慎重适用死刑"的刑事政策，以最严格的标准和最审慎的态度，确保死刑只适用于极少数罪行极其严重的犯罪分子。对被判处死刑缓期二年执行的抢劫犯罪分子，根据犯罪情节等情况，可以同时决定对其限制减刑。

## 二、关于抢劫犯罪部分加重处罚情节的认定

1. 认定"入户抢劫"，要注重审查行为人"入户"的目的，将"入户抢劫"与"在户内抢劫"区别开来。以侵害户内人员的人身、财产为目的，入户后实施抢劫，包括入户实施盗窃、诈骗等犯罪而转化为抢劫的，应当认定为"入户抢劫"。因访友办事等原因经户内人员允许入户后，临时起意实施抢劫，或者临时起意实施盗窃、诈骗等犯罪而转化为抢劫的，不应认定为"入户抢劫"。

对于部分时间从事经营、部分时间用于生活起居的场所，行为人在非营业时间强行入内抢劫或者以购物等为名骗开房门入内抢劫的，应认定为"入户抢劫"。对于部分用于经营、部分用于生活且之间有明确隔离的场所，行为人进入生活场所实施抢劫的，应认定为"入户抢劫"；如场所之间没有明确隔离，行为人在营业时间入内实施抢劫的，不认定为"入户抢劫"，但在非营业时间入内实施抢劫的，应认定为"入户抢劫"。

2. "公共交通工具"，包括从事旅客运输的各种公共汽车，大、中型出租车，火车，地铁，轻轨，轮船，飞机等，不含小型出租车。对于虽不具有商业营运执照，但实际从事旅客运输的大、中型交通工具，可认定为"公共交通工具"。接送职工的单位班车、接送师生的校车等大、中型交通工具，视为"公共交通工具"。

"在公共交通工具上抢劫"，既包括在处于运营状态的公共交通工具上对旅客及司售、乘务人员实施抢劫，也包括拦截运营途中的公共交通工具对旅客及司售、乘务人员实施抢劫，但不包括在未运营的公共交通工具上针对司售、乘务人员实施抢劫。以暴力、胁迫或者麻醉等手段对公共交通工具上的特定人员实施抢劫的，一般应认定为"在公共交通工具上抢劫"。

3. 认定"抢劫数额巨大"，参照各地认定盗窃罪数额巨大的标准执行。抢劫数额以实际抢劫到的财物数额为依据。对以数额巨大的财物为明确目标，由于意志以外的原因，未能抢到财物或实际抢得的财物数额不大的，应同时认定"抢劫数额巨大"和犯罪未遂的情节，根据刑法有关规定，结合未遂犯的处理原则量刑。

根据《两抢意见》第六条第一款规定，抢劫信用卡后使用、消费的，以行为人实际使用、消费的数额为抢劫数额。由于行为人意志以外的原因无法实际使用、消费的部分，虽不计入抢劫数额，但应作为量刑情节考虑。通过银行转账或者电子支付、手机银行等支付平台获取抢劫财物的，以行为人实际获取的财物为抢劫数额。

4. 认定"冒充军警人员抢劫"，要注重对行为人是否穿着军警制服、携带枪支、是否出示军警证件等情节进行综合审查，判断是否足以使他人误以为是军警人员。对于行为人仅穿着类似军警的服装或仅以言语宣称系军警人员但未携带枪支、也未出示军警证件而实施抢劫的，要结合抢劫地点、时间、暴力或威胁的具体情形，依照常人判断标准，确定是否认定为"冒充军警人员抢劫"。

军警人员利用自身的真实身份实施抢劫的，不认定为"冒充军警人员抢劫"，应依法从重处罚。

## 三、关于转化型抢劫犯罪的认定

根据刑法第二百六十九条的规定，"犯盗窃、诈骗、抢夺罪，为窝藏赃物、抗拒抓捕或者毁灭罪证而当场使用暴力或者以暴力相威胁的"，依照抢劫罪定罪处罚。"犯盗窃、诈骗、抢夺罪"，主要是指行为人已经着手实施盗窃、诈骗、抢夺行为，一般

不考察盗窃、诈骗、抢夺行为是否既遂。但是所涉财物数额明显低于"数额较大"的标准，又不具有《两抢意见》第五条所列五种情节之一的，不构成抢劫罪。"当场"是指在盗窃、诈骗、抢夺的现场以及行为人刚离开现场即被他人发现并抓捕的情形。

对于以摆脱的方式逃脱抓捕，暴力强度较小，未造成轻伤以上后果的，可不认定为"使用暴力"，不以抢劫罪论处。

入户或者在公共交通工具上盗窃、诈骗、抢夺后，为了窝藏赃物、抗拒抓捕或者毁灭罪证，在户内或者公共交通工具上当场使用暴力或者以暴力相威胁的，构成"入户抢劫"或者"在公共交通工具上抢劫"。

两人以上共同实施盗窃、诈骗、抢夺犯罪，其中部分行为人为窝藏赃物、抗拒抓捕或者毁灭罪证而当场使用暴力或者以暴力相威胁的，对于其余行为人是否以抢劫罪共犯论处，主要看其对实施暴力或者以暴力相威胁的行为人是否形成共同犯意、提供帮助。基于一定意思联络，对实施暴力或者以暴力相威胁的行为人提供帮助或实际成为帮凶的，可以抢劫共犯论处。

### 四、具有法定八种加重处罚情节的刑罚适用

1. 根据刑法第二百六十三条的规定，具有"抢劫致人重伤、死亡"等八种法定加重处罚情节的，处十年以上有期徒刑、无期徒刑或者死刑，并处罚金或者没收财产。应当根据抢劫的次数及数额、抢劫对人身的损害、对社会治安的危害等情况，结合被告人的主观恶性及人身危险程度，并根据量刑规范化的有关规定，确定具体的刑罚。判处无期徒刑以上刑罚的，一般应并处没收财产。

2. 具有下列情形之一的，可以判处无期徒刑以上刑罚：

（1）抢劫致三人以上重伤，或者致人重伤造成严重残疾的；

（2）在抢劫过程中故意杀害他人，或者故意伤害他人，致人死亡的；

（3）具有除"抢劫致人重伤、死亡"外的两种以上加重处罚情节，或者抢劫次数特别多、抢劫数额特别巨大的。

3. 为劫取财物而预谋故意杀人，或者在劫取财物过程中为制服被害人反抗、抗拒抓捕而杀害被害人，且被告人无法定从宽处罚情节的，可依法判处死刑立即执行。对具有自首、立功等法定从轻处罚情节的，判处死刑立即执行应当慎重。对于采取故意杀人以外的其他手段实施抢劫并致人死亡的案件，要从犯罪的动机、预谋、实行行为等方面分析被告人主观恶性的大小，并从有无前科及平时表现、认罪悔罪情况等方面判断被告人的人身危险程度，不能不加区别，仅以出现被害人死亡的后果，一律判处死刑立即执行。

4. 抢劫致人重伤案件适用死刑，应当更加慎重、更加严格，除非具有采取极其残忍的手段造成被害人严重残疾等特别恶劣的情节或者造成特别严重后果的，一般不判处死刑立即执行。

5. 具有刑法第二百六十三条规定的"抢劫致人重伤、死亡"以外其他七种加重处罚情节，且犯罪情节特别恶劣、危害后果特别严重的，可依法判处死刑立即执行。认定"情节特别恶劣、危害后果特别严重"，应当从严掌握，适用死刑必须非常慎重、非常严格。

### 五、抢劫共同犯罪的刑罚适用

1. 审理抢劫共同犯罪案件，应当充分考虑共同犯罪的情节及后果、共同犯罪人在抢劫中的作用以及被告人的主观恶性、人身危险性等情节，做到准确认定主从犯，分清罪责，以责定刑，罚当其罪。一案中有两名以上主犯的，要从犯罪提意、预谋、准备、行为实施、赃物处理等方面区分出罪责最大者和较大者；有两名以上从犯的，要

**法律适用**

**司法解释**

在从犯中区分出罪责相对更轻者和较轻者。对从犯的处罚，要根据案件的具体事实、从犯的罪责，确定从轻还是减轻处罚。对具有自首、立功或者未成年人且初次抢劫等情节的从犯，可以依法免除处罚。

2. 对于共同抢劫致一人死亡的案件，依法应当判处死刑的，除犯罪手段特别残忍、情节及后果特别严重、社会影响特别恶劣、严重危害社会治安的外，一般只对共同抢劫犯罪中作用最突出、罪行最严重的那名主犯判处死刑立即执行。罪行最严重的主犯如因未成年人而不适用死刑，或者因具有自首、立功等法定从宽处罚情节而不判处死刑立即执行的，不能不加区别地对其他主犯判处死刑立即执行。

3. 在抢劫共同犯罪案件中，有同案犯在逃的，应当根据现有证据尽量分清在押犯与在逃犯的罪责，对在押犯应按其罪责处刑。罪责确实难以分清，或者不排除在押犯的罪责可能轻于在逃犯的，对在押犯适用刑罚应当留有余地，判处死刑立即执行要格外慎重。

**六、累犯等情节的适用**

根据刑法第六十五条第一款的规定，对累犯应当从重处罚。抢劫犯罪被告人具有累犯情节的，适用刑罚时要综合考虑犯罪的情节和后果，所犯前后罪的性质、间隔时间及判刑轻重等情况，决定从重处罚的力度。对于前罪系抢劫等严重暴力犯罪的累犯，应当依法加大从重处罚的力度。对于虽不构成累犯，但具有抢劫犯罪前科的，一般不适用减轻处罚和缓刑。对于可能判处死刑的罪犯具有累犯情节的也应慎重，不能只要是累犯就一律判处死刑立即执行；被告人同时具有累犯和法定从宽处罚情节的，判处死刑立即执行应当综合考虑，从严掌握。

**七、关于抢劫案件附带民事赔偿的处理原则**

要妥善处理抢劫案件附带民事赔偿工作。审理抢劫刑事案件，一般情况下人民法院不主动开展附带民事调解工作。但是，对于犯罪情节不是特别恶劣或者被害方生活、医疗陷入困境，被告人与被害方自行达成民事赔偿和解协议的，民事赔偿情况可作为评价被告人悔罪态度的依据之一，在量刑上酌情予以考虑。

**二、最高人民法院《关于审理抢劫案件具体应用法律若干问题的解释》**（2000 年 11 月 22 日最高人民法院公布　自 2000 年 11 月 28 日起施行　法释〔2000〕35 号）

为依法惩处抢劫犯罪活动，根据刑法的有关规定，现就审理抢劫案件具体应用法律的若干问题解释如下：

**第一条**　刑法第二百六十三条第（一）项规定的"入户抢劫"，是指为实施抢劫行为而进入他人生活的与外界相对隔离的住所，包括封闭的院落、牧民的帐篷、渔民作为家庭生活场所的渔船、为生活租用的房屋等进行抢劫的行为。

对于入户盗窃，因被发现而当场使用暴力或者以暴力相威胁的行为，应当认定为入户抢劫。

**第二条**　刑法第二百六十三条第（二）项规定的"在公共交通工具上抢劫"，既包括在从事旅客运输的各种公共汽车，大、中型出租车，火车，船只，飞机等正在运营中的机动公共交通工具上对旅客、司售、乘务人员实施的抢劫，也包括对运行途中的机动公共交通工具加以拦截后，对公共交通工具上的人员实施的抢劫。

**第三条**　刑法第二百六十三条第（三）项规定的"抢劫银行或者其他金融机构"，是指抢劫银行或者其他金融机构的经营资金、有价证券和客户的资金等。

抢劫正在使用中的银行或者其他金融机构的运钞车的，视为"抢劫银行或者其他金融机构"。

**第四条**　刑法第二百六十三条第（四）项规定的"抢劫数额巨大"的认定标准，

参照各地确定的盗窃罪数额巨大的认定标准执行。

**第五条** 刑法第二百六十三条第（七）项规定的"持枪抢劫"，是指行为人使用枪支或者向被害人显示持有、佩带的枪支进行抢劫的行为。"枪支"的概念和范围，适用《中华人民共和国枪支管理法》的规定。

**第六条** 刑法第二百六十七条第二款规定的"携带凶器抢夺"，是指行为人随身携带枪支、爆炸物、管制刀具等国家禁止个人携带的器械进行抢夺或者为了实施犯罪而携带其他器械进行抢夺的行为。

### 三、最高人民法院《关于抢劫过程中故意杀人案件如何定罪问题的批复》（2001年5月23日最高人民法院公布　自2001年5月26日起施行　法释〔2001〕16号）

上海市高级人民法院：

你院沪高法〔2000〕117号《关于抢劫过程中故意杀人案件定性问题的请示》收悉。经研究，答复如下：

行为人为劫取财物而预谋故意杀人，或者在劫取财物过程中，为制服被害人反抗而故意杀人的，以抢劫罪定罪处罚。

行为人实施抢劫后，为灭口而故意杀人的，以抢劫罪和故意杀人罪定罪，实行数罪并罚。

### 四、最高人民法院《关于审理抢劫、抢夺刑事案件适用法律若干问题的意见》

（2005年6月8日最高人民法院公布　自公布之日起施行　法发〔2005〕8号）

抢劫、抢夺是多发性的侵犯财产犯罪。1997年刑法修订后，为了更好地指导审判工作，最高人民法院先后发布了《关于审理抢劫案件具体应用法律若干问题的解释》（以下简称《抢劫解释》）和《关于审理抢夺刑事案件具体应用法律若干问题的解释》（以下简称《抢夺解释》）。但是，抢劫、抢夺犯罪案件的情况比较复杂，各地法院在审判过程中仍然遇到了不少新情况、新问题。为准确、统一适用法律，现对审理抢劫、抢夺犯罪案件中较为突出的几个法律适用问题，提出意见如下：

#### 一、关于"入户抢劫"的认定

根据《抢劫解释》第一条规定，认定"入户抢劫"时，应当注意以下三个问题：一是"户"的范围。"户"在这里是指住所，其特征表现为供他人家庭生活和与外界相对隔离两个方面，前者为功能特征，后者为场所特征。一般情况下，集体宿舍、旅店宾馆、临时搭建工棚等不应认定为"户"，但在特定情况下，如果确实具有上述两个特征的，也可以认定为"户"。二是"入户"目的的非法性。进入他人住所须以实施抢劫等犯罪为目的。抢劫行为虽然发生在户内，但行为人不以实施抢劫等犯罪为目的进入他人住所，而是在户内临时起意实施抢劫的，不属于"入户抢劫"。三是暴力或者暴力胁迫行为必须发生在户内。入户实施盗窃被发现，行为人为窝藏赃物、抗拒抓捕或者毁灭罪证而当场使用暴力或者以暴力相威胁的，如果暴力或者暴力胁迫行为发生在户内，可以认定为"入户抢劫"；如果发生在户外，不能认定为"入户抢劫"。

#### 二、关于"在公共交通工具上抢劫"的认定

公共交通工具承载的旅客具有不特定多数人的特点。根据《抢劫解释》第二条规定，"在公共交通工具上抢劫"主要是指在从事旅客运输的各种公共汽车、大、中型出租车、火车、船只、飞机等正在运营中的机动公共交通工具上对旅客、司售、乘务人员实施的抢劫。在未运营中的大、中型公共交通工具上针对司售、乘务人员抢劫的，或者在小型出租车上抢劫的，不属于"在公共交通工具上抢劫"。

### 三、关于"多次抢劫"的认定

刑法第二百六十三条第（四）项中的"多次抢劫"是指抢劫三次以上。

对于"多次"的认定，应以行为人实施的每一次抢劫行为均已构成犯罪为前提，综合考虑犯罪故意的产生、犯罪行为实施的时间、地点等因素，客观分析、认定。对于行为人基于一个犯意实施犯罪的，如在同一地点同时对在场的多人实施抢劫的；或基于同一犯意在同一地点实施连续抢劫犯罪的，如在同一地点连续地对途经此地的多人进行抢劫的；或在一次犯罪中对一栋居民楼房中的几户居民连续实施入户抢劫的，一般应认定为一次犯罪。

### 四、关于"携带凶器抢夺"的认定

《抢劫解释》第六条规定，"携带凶器抢夺"，是指行为人随身携带枪支、爆炸物、管制刀具等国家禁止个人携带的器械进行抢夺或者为了实施犯罪而携带其他器械进行抢夺的行为。行为人随身携带国家禁止个人携带的器械以外的其他器械抢夺，但有证据证明该器械确实不是为了实施犯罪准备的，不以抢劫罪定罪；行为人将随身携带凶器有意加以显示、能为被害人察觉到的，直接适用刑法第二百六十三条的规定定罪处罚；行为人携带凶器抢夺后，在逃跑过程中为窝藏赃物、抗拒抓捕或者毁灭罪证而当场使用暴力或者以暴力相威胁的，适用刑法第二百六十七条第二款的规定定罪处罚。

### 五、关于转化抢劫的认定

行为人实施盗窃、诈骗、抢夺行为，未达到"数额较大"，为窝藏赃物、抗拒抓捕或者毁灭罪证当场使用暴力或者以暴力相威胁，情节较轻、危害不大的，一般不以犯罪论处；但具有下列情节之一的，可依照刑法第二百六十九条的规定，以抢劫罪定罪处罚。

（1）盗窃、诈骗、抢夺接近"数额较大"，标准的；

（2）入户或在公共交通工具上盗窃、诈骗、抢夺后在户外或交通工具外实施上述行为的；

（3）使用暴力致人轻微伤以上后果的；

（4）使用凶器或以凶器相威胁的；

（5）具有其他严重情节的。

### 六、关于抢劫犯罪数额的计算

抢劫信用卡后使用、消费的，其实际使用、消费的数额为抢劫数额；抢劫信用卡后未实际使用、消费的，不计数额，根据情节轻重量刑。所抢信用卡数额巨大，但未实际使用、消费或者实际使用、消费的数额未达到巨大标准的，不适用"抢劫数额巨大"的法定刑。

为抢劫其他财物，劫取机动车辆当作犯罪工具或者逃跑工具使用的，被劫取机动车辆的价值计入抢劫数额；为实施抢劫以外的其他犯罪劫取机动车辆的，以抢劫罪和实施的其他犯罪实行数罪并罚。

抢劫存折、机动车辆的数额计算，参照执行《关于审理盗窃案件具体应用法律若干问题的解释》的相关规定。

### 七、关于抢劫特定财物行为的定性

以毒品、假币、淫秽物品等违禁品为对象，实施抢劫的，以抢劫罪定罪；抢劫的违禁品数量作为量刑情节予以考虑。抢劫违禁品后又以违禁品实施其他犯罪的，应以抢劫罪与具体实施的其他犯罪实行数罪并罚。

抢劫赌资、犯罪所得的赃款赃物的，以抢劫罪定罪，但行为人仅以其所输赌资或所赢赌债为抢劫对象，一般不以抢劫罪定罪处罚。构成其他犯罪的，依照刑法的相关规定处罚。

为个人使用，以暴力、胁迫等手段取得家庭成员或近亲属财产的，一般不以抢劫罪定罪处罚，构成其他犯罪的，依照刑法的相关规定处理；教唆或者伙同他人采取暴力、胁迫等手段劫取家庭成员或近亲属财产的，可以抢劫罪定罪处罚。

**八、关于抢劫罪数的认定**

行为人实施伤害、强奸等犯罪行为，在被害人未失去知觉，利用被害人不能反抗、不敢反抗的处境，临时起意劫取他人财物的，应以此前所实施的具体犯罪与抢劫罪实行数罪并罚；在被害人失去知觉或者没有发觉的情形下，以及实施故意杀人犯罪行为之后，临时起意拿走他人财物的，应以此前所实施的具体犯罪与盗窃罪实行数罪并罚。

**九、关于抢劫罪与相似犯罪的界限**

1. 冒充正在执行公务的人民警察、联防人员，以抓卖淫嫖娼、赌博等违法行为为名非法占有财物的行为定性

行为人冒充正在执行公务的人民警察"抓赌"、"抓嫖"，没收赌资或者罚款的行为，构成犯罪的，以招摇撞骗罪从重处罚；在实施上述行为中使用暴力或者暴力威胁的，以抢劫罪定罪处罚。行为人冒充治安联防队员"抓赌"、"抓嫖"、没收赌资或者罚款的行为，构成犯罪的，以敲诈勒索罪定罪处罚；在实施上述行为中使用暴力或者暴力威胁的，以抢劫罪定罪处罚。

2. 以暴力、胁迫手段索取超出正常交易价钱、费用的钱财的行为定性

从事正常商品买卖、交易或者劳动服务的人，以暴力、胁迫手段迫使他人交出与合理价钱、费用相差不大钱物，情节严重的，以强迫交易罪定罪处罚；以非法占有为目的，以买卖、交易、服务为幌子采用暴力、胁迫手段迫使他人交出与合理价钱、费用相差悬殊的钱物的，以抢劫罪定罪处刑。在具体认定时，既要考虑超出合理价钱、费用的绝对数额，还要考虑超出合理价钱、费用的比例，加以综合判断。

3. 抢劫罪与绑架罪的界限

绑架罪是侵害他人人身自由权利的犯罪，其与抢劫罪的区别在于：第一，主观方面不尽相同。抢劫罪中，行为人一般出于非法占有他人财物的故意实施抢劫行为，绑架罪中，行为人既可能为勒索他人财物而实施绑架行为，也可能出于其它非经济目的实施绑架行为；第二，行为手段不尽相同。抢劫罪表现为行为人劫取财物一般应在同一时间、同一地点，具有"当场性"；绑架罪表现为行为人以杀害、伤害等方式向被绑架人的亲属或其他人或单位发出威胁，索取赎金或提出其他非法要求，劫取财物一般不具有"当场性"。

绑架过程中又当场劫取被害人随身携带财物的，同时触犯绑架罪和抢劫罪两罪名，应择一重罪定罪处罚。

4. 抢劫罪与寻衅滋事罪的界限

寻衅滋事罪是严重扰乱社会秩序的犯罪，行为人实施寻衅滋事的行为时，客观上也可能表现为强拿硬要公私财物的特征。这种强拿硬要的行为与抢劫罪的区别在于：前者行为人主观上还具有逞强好胜和通过强拿硬要来填补其精神空虚等目的，后者行为人一般只具有非法占有他人财物的目的；前者行为人客观上一般不以严重侵犯他人人身权利的方法强拿硬要财物，而后者行为人则以暴力、胁迫等方式作为劫取他人财物的手段。司法实践中，对于未成年人使用或威胁使用轻微暴力强抢少量财物的行为，一般不宜以抢劫罪定罪处罚。其行为符合寻衅滋事罪特征的，可以寻衅滋事罪定罪处罚。

5. 抢劫罪与故意伤害罪的界限

行为人为索取债务，使用暴力、暴力威胁等手段的，一般不以抢劫罪定罪处罚。构成故意伤害等其他犯罪的，依照刑法第二百三十四条等规定处罚。

法律适用

司法解释

#### 十、抢劫罪的既遂、未遂的认定

抢劫罪侵犯的是复杂客体，既侵犯财产权利又侵犯人身权利，具备劫取财物或者造成他人轻伤以上后果两者之一的，均属抢劫既遂；既未劫取财物，又未造成他人人身伤害后果的，属抢劫未遂。据此，刑法第二百六十三条规定的八种处罚情节中除"抢劫致人重伤、死亡的"这一结果加重情节之外，其余七种处罚情节同样存在既遂、未遂问题，其中属抢劫未遂的，应当根据刑法关于加重情节的法定刑规定，结合未遂犯的处理原则量刑。

#### 十一、驾驶机动车、非机动车夺取他人财物行为的定性

对于驾驶机动车、非机动车（以下简称"驾驶车辆"）夺取他人财物的，一般以抢夺罪从重处罚。但具有下列情形之一的，应当以抢劫罪定罪处罚：

（1）驾驶车辆，逼挤、撞击或强行逼倒他人以排除他人反抗，乘机夺取财物的；

（2）驾驶车辆强抢财物时，因被害人不放手而采取强拉硬拽方法劫取财物的；

（3）行为人明知其驾驶车辆强行夺取他人财物的手段会造成他人伤亡的后果，仍然强行夺取并放任造成财物持有人轻伤以上后果的。

#### 五、最高人民法院《关于审理未成年人刑事案件具体应用法律若干问题的解释》（节录）（2006年1月11日最高人民法院公布　自2006年1月23日起施行　法释〔2006〕1号）

**第十条**　已满十四周岁不满十六周岁的人盗窃、诈骗、抢夺他人财物，为窝藏赃物、抗拒抓捕或者毁灭罪证，当场使用暴力，故意伤害致人重伤或者死亡，或者故意杀人的，应当分别以故意伤害罪或者故意杀人罪定罪处罚。

已满十六周岁不满十八周岁的人犯盗窃、诈骗、抢夺罪，为窝藏赃物、抗拒抓捕或者毁灭罪证而当场使用暴力或者以暴力相威胁的，应当依照刑法第二百六十九条的规定定罪处罚；情节轻微的，可不以抢劫罪定罪处罚。

#### 六、最高人民法院、最高人民检察院《关于办理抢夺刑事案件适用法律若干问题的解释》（节录）（2013年11月11日最高人民法院、最高人民检察院公布　自2013年11月18日起施行　法释〔2013〕25号）

**第六条**　驾驶机动车、非机动车夺取他人财物，具有下列情形之一的，应当以抢劫罪定罪处罚：

（一）夺取他人财物时因被害人不放手而强行夺取的；

（二）驾驶车辆逼挤、撞击或者强行逼倒他人夺取财物的；

（三）明知会致人伤亡仍然强行夺取并放任造成财物持有人轻伤以上后果的。

#### 七、最高人民检察院《关于强迫借贷行为适用法律问题的批复》（节录）（2014年4月17日最高人民检察院公布　自公布之日起施行　高检发释字〔2014〕1号）

广东省人民检察院：

你院《关于强迫借贷案件法律适用的请示》（粤检发研字〔2014〕9号）收悉。经研究，批复如下：

以暴力、胁迫手段强迫他人借贷，属于刑法第二百二十六条第二项规定的"强迫他人提供或者接受服务"，情节严重的，以强迫交易罪追究刑事责任；同时构成故意伤害罪等其他犯罪的，依照处罚较重的规定定罪处罚。以非法占有为目的，以借贷为名采用暴力、胁迫手段获取他人财物，符合刑法第二百六十三条或者第二百七十四条规定的，以抢劫罪或者敲诈勒索罪追究刑事责任。

**八、最高人民法院、最高人民检察院《关于常见犯罪的量刑指导意见（试行）》（节录）** （2021 年 6 月 16 日最高人民法院、最高人民检察院公布　自 2021 年 7 月 1 日起施行　法发〔2021〕21 号）

**四、常见犯罪的量刑**

（十）抢劫罪

1. 构成抢劫罪的，根据下列情形在相应的幅度内确定量刑起点：

（1）抢劫一次的，在三年至六年有期徒刑幅度内确定量刑起点。

（2）有下列情形之一的，在十年至十三年有期徒刑幅度内确定量刑起点：入户抢劫的；在公共交通工具上抢劫的；抢劫银行或者其他金融机构；抢劫三次或者抢劫数额达到数额巨大起点的；抢劫致一人重伤的；冒充军警人员抢劫的；持枪抢劫的；抢劫军用物资或者抢险、救灾、救济物资的。依法应当判处无期徒刑以上刑罚的除外。

2. 在量刑起点的基础上，根据抢劫情节严重程度、抢劫数额、次数、致人伤害后果等其他影响犯罪构成的犯罪事实增加刑罚量，确定基准刑。

3. 构成抢劫罪的，根据抢劫的数额、次数、手段、危害后果等犯罪情节，综合考虑被告人缴纳罚金的能力，决定罚金数额。

4. 构成抢劫罪的，综合考虑抢劫的起因、手段、危害后果等犯罪事实、量刑情节，以及被告人的主观恶性、人身危险性、认罪悔罪表现等因素，从严把握缓刑的适用。

**九、最高人民法院、最高人民检察院《关于办理与盗窃、抢劫、诈骗、抢夺机动车相关刑事案件具体应用法律若干问题的解释》** （2007 年 5 月 9 日最高人民法院、最高人民检察院公布　自 2007 年 5 月 11 日起施行　法释〔2007〕11 号）

**第一条**　明知是盗窃、抢劫、诈骗、抢夺的机动车，实施下列行为之一的，依照刑法第三百一十二条的规定，以掩饰、隐瞒犯罪所得、犯罪所得收益罪定罪，处三年以下有期徒刑、拘役或者管制，并处或者单处罚金：

（一）买卖、介绍买卖、典当、拍卖、抵押或者用其抵债的；

（二）拆解、拼装或者组装的；

（三）修改发动机号、车辆识别代号的；

（四）更改车身颜色或者车辆外形的；

（五）提供或者出售机动车来历凭证、整车合格证、号牌以及有关机动车的其他证明和凭证的；

（六）提供或者出售伪造、变造的机动车来历凭证、整车合格证、号牌以及有关机动车的其他证明和凭证的。

实施第一款规定的行为涉及盗窃、抢劫、诈骗、抢夺的机动车五辆以上或者价值总额达到五十万元以上的，属于刑法第三百一十二条规定的"情节严重"，处三年以上七年以下有期徒刑，并处罚金。

**第二条**　伪造、变造、买卖机动车行驶证、登记证书，累计三本以上的，依照刑法第二百八十条第一款的规定，以伪造、变造、买卖国家机关证件罪定罪，处三年以下有期徒刑、拘役、管制或者剥夺政治权利。

伪造、变造、买卖机动车行驶证、登记证书，累计达到第一款规定数量标准五倍以上的，属于刑法第二百八十条第一款规定中的"情节严重"，处三年以上十年以下有期徒刑。

**第三条** 国家机关工作人员滥用职权，有下列情形之一，致使盗窃、抢劫、诈骗、抢夺的机动车被办理登记手续，数量达到三辆以上或者价值总额达到三十万元以上的，依照刑法第三百九十七条第一款的规定，以滥用职权罪定罪，处三年以下有期徒刑或者拘役：

（一）明知是登记手续不全或者不符合规定的机动车而办理登记手续的；

（二）指使他人为明知是登记手续不全或者不符合规定的机动车办理登记手续的；

（三）违规或者指使他人违规更改、调换车辆档案的；

（四）其他滥用职权的行为。

国家机关工作人员疏于审查或者审查不严，致使盗窃、抢劫、诈骗、抢夺的机动车被办理登记手续，数量达到五辆以上或者价值总额达到五十万元以上的，依照刑法第三百九十七条第一款的规定，以玩忽职守罪定罪，处三年以下有期徒刑或者拘役。

国家机关工作人员实施前两款规定的行为，致使盗窃、抢劫、诈骗、抢夺的机动车被办理登记手续，分别达到前两款规定数量、数额标准五倍以上的，或者明知是盗窃、抢劫、诈骗、抢夺的机动车而办理登记手续的，属于刑法第三百九十七条第一款规定的"情节特别严重"，处三年以上七年以下有期徒刑。

国家机关工作人员徇私舞弊，实施上述行为，构成犯罪的，依照刑法第三百九十七条第二款的规定定罪处罚。

**第四条** 实施本解释第一条、第二条、第三条第一款或者第三款规定的行为，事前与盗窃、抢劫、诈骗、抢夺机动车的犯罪分子通谋的，以盗窃罪、抢劫罪、诈骗罪、抢夺罪的共犯论处。

**第五条** 对跨地区实施的涉及同一机动车的盗窃、抢劫、诈骗、抢夺以及掩饰、隐瞒犯罪所得、犯罪所得收益行为，有关公安机关可以依照法律和有关规定一并立案侦查，需要提请批准逮捕、移送审查起诉、提起公诉的，由该公安机关所在地的同级人民检察院、人民法院受理。

**第六条** 行为人实施本解释第一条、第三条第三款规定的行为，涉及的机动车有下列情形之一的，应当认定行为人主观上属于上述条款所称"明知"：

（一）没有合法有效的来历凭证；

（二）发动机号、车辆识别代号有明显更改痕迹，没有合法证明的。

**一、最高人民法院、最高人民检察院、公安部《关于依法办理"碰瓷"违法犯罪案件的指导意见》（节录）**（2020 年 9 月 22 日最高人民法院、最高人民检察院、公安部公布　自公布之日起施行　公通字〔2020〕12 号）

三、实施"碰瓷"，当场使用暴力、胁迫或者其他方法，当场劫取他人财物，符合刑法第二百六十三条规定的，以抢劫罪定罪处罚。

九、共同故意实施"碰瓷"犯罪，起主要作用的，应当认定为主犯，对其参与或者组织、指挥的全部犯罪承担刑事责任；起次要或者辅助作用的，应当认定为从犯，依法予以从轻、减轻处罚或者免除处罚。

三人以上为共同故意实施"碰瓷"犯罪而组成的较为固定的犯罪组织，应当认定为犯罪集团。对首要分子应当按照集团所犯全部罪行处罚。

符合黑恶势力认定标准的，应当按照黑社会性质组织、恶势力或者恶势力犯罪集团侦查、起诉、审判。

十、对实施"碰瓷"，尚不构成犯罪，但构成违反治安管理行为的，依法给予治安管理处罚。

司法解释

法律适用

规章及规范性文件

## 二、最高人民法院、最高人民检察院、公安部、国家工商行政管理局（已撤销）《关于依法查处盗窃、抢劫机动车案件的规定》（节录）

（1998年5月8日最高人民法院、最高人民检察院、公安部、国家工商行政管理局（已撤销）公布 自公布之日起施行 公通字〔1998〕31号）

为依法严厉打击盗窃、抢劫机动车犯罪活动，堵塞盗窃、抢劫机动车犯罪分子的销赃渠道，保护国家、集体财产和公民的合法财产，根据《中华人民共和国刑法》（以下简称《刑法》）、《中华人民共和国刑事诉讼法》（以下简称《刑事诉讼法》）和其他有关法律、法规的规定，制定本规定。

一、司法机关依法查处盗窃、抢劫机动车案件，任何单位和个人都应当予以协助。以暴力、威胁方法阻碍司法工作人员依法办案的，依照《刑法》第二百七十七条第一款的规定处罚。

二、明知是盗窃、抢劫所得机动车而予以窝藏、转移、收购或者代为销售的，依照《刑法》第三百一十二条的规定处罚。

对明知是盗窃、抢劫所得机动车而予以拆解、改装、拼装、典当、倒卖的，视为窝藏、转移、收购或者代为销售，依照《刑法》第三百一十二条的规定处罚。

三、国家指定的车辆交易市场、机动车经营企业（含典当、拍卖行）以及从事机动车修理、零部件销售企业的主管人员或者其他直接责任人员，明知是盗窃、抢劫的机动车而予以窝藏、转移、拆解、拼装、收购或者代为销售的，依照《刑法》第三百一十二条的规定处罚。单位组织实施上述行为的，由工商行政管理机关予以处罚。

四、本规定第二条和第三条中的行为人事先与盗窃、抢劫机动车辆的犯罪分子通谋的，分别以盗窃、抢劫犯罪的共犯论处。

六、非法出售机动车有关发票的，或者伪造、擅自制造或者出售伪造、擅自制造的机动车有关发票的，依照《刑法》第二百零九条的规定处罚。

七、伪造、变造、买卖机动车牌证及机动车入户、过户、验证的有关证明文件的，依照《刑法》第二百八十条第一款的规定处罚。

八、公安、工商行政管理人员利用职务上的便利，索取或者非法收受他人财物，为赃车入户、过户、验证构成犯罪的，依照《刑法》第三百八十五条、第三百八十六条的规定处罚。

九、公安、工商行政管理人员或者其他国家机关工作人员滥用职权或者玩忽职守、徇私舞弊，致使赃车入户、过户、验证的，给予行政处分；致使公共财产、国家和人民利益遭受重大损失的，依照《刑法》第三百九十七条的规定处罚。

十、公安人员对盗窃、抢劫的机动车辆，非法提供机动车牌证或者为其取得机动车牌证提供便利，帮助犯罪分子逃避处罚的，依照《刑法》第四百一十七条规定处罚。

十一、对犯罪分子盗窃、抢劫所得的机动车辆及其变卖价款，应当依照《刑法》第六十四条的规定予以追缴。

十二、对明知是赃车而购买的，应将车辆无偿追缴；对违反国家规定购买车辆，经查证是赃车的，公安机关可以根据《刑事诉讼法》第一百一十条①和第一百一十四条②规定进行追缴和扣押。对不明知是赃车而购买的，结案后予以退还买主。

---

① 现为2018年《刑事诉讼法》第137条。
② 现为2018年《刑事诉讼法》第141条。

**法律适用** **规章及规范性文件**

十三、对购买赃车后使用非法提供的入户、过户手续或者使用伪造、变造的入户、过户手续为赃车入户、过户的，应当吊销牌证，并将车辆无偿追缴；已将入户、过户车辆变卖的，追缴变卖所得并责令赔偿经济损失。

十四、对直接从犯罪分子处追缴的被盗窃、抢劫的机动车辆，经检验鉴定，查证属实后，可依法先行返还失主，移送案件时附清单、照片及其他证据。在返还失主前，按照赃物管理规定管理，任何单位和个人都不得挪用、损毁或者自行处理。

十五、盗窃、抢劫机动车案件，由案件发生地公安机关立案侦查，赃车流入地公安机关应当予以配合。跨地区系列盗窃、抢劫机动车案件，由最初受理的公安机关立案侦查；必要时，可由主要犯罪地公安机关立案侦查，或者由上级公安机关指定立案侦查。

十六、各地公安机关扣押或者协助管辖单位追回的被盗窃、抢劫的机动车应当移送管辖单位依法处理，不得以任何理由扣留或者索取费用。拖延不交的，给予单位领导行政处分。

十七、本规定所称的"明知"，是指知道或者应当知道。有下列情形之一的，可视为应当知道，但有证据证明属被蒙骗的除外：

（一）在非法的机动车交易场所和销售单位购买的；

（二）机动车证件手续不全或者明显违反规定的；

（三）机动车发动机号或者车架号有更改痕迹，没有合法证明的；

（四）以明显低于市场价格购买机动车的。

十八、本规定自公布之日起执行。对侵占、抢夺、诈骗机动车案件的查处参照本规定的原则办理。本规定公布后尚未办结的案件，适用本规定。

# 44 盗窃案

**概念**  本罪是指以非法占有为目的，秘密窃取数额较大的公私财物或者多次秘密窃取、入户窃取、携带凶器窃取、扒窃公私财物的行为。

**立案标准**  根据《刑法》第264条的规定，行为人以非法占有为目的，秘密窃取公私财物数额较大或者多次盗窃、入户窃取、携带凶器窃取、扒窃公私财物的，应当立案。

根据最高人民法院、最高人民检察院《关于办理盗窃刑事案件适用法律若干问题的解释》的规定，"数额较大"是指1000元至3000元以上；"多次盗窃"是指2年内盗窃3次以上；"入户盗窃"是指非法进入供他人家庭生活，与外界相对隔离的住所盗窃；"携带凶器盗窃"是指携带枪支、爆炸物、管制刀具等国家禁止个人携带的器械盗窃，或者为了实施违法犯罪携带其他足以危害他人人身安全的器械盗窃；"扒窃"是指在公共场所或者公共交通工具上盗窃他人随身携带的财物。

**定罪标准**

**犯罪客体**

本罪侵犯的客体是公私财物的所有权。其侵犯的对象是国家、集体或个人的财物，一般是指动产，但不动产上之附着物，可与不动产分离的，如田地上的农作物、山上的树木、建筑物上的门窗等，也可以成为本罪的对象。另外，能源如电力、煤气也可成为本罪的对象。

盗窃罪侵犯的客体是公私财物的所有权。所有权包括占有、使用、收益、处分等权能。这里的所有权一般指合法的所有权，但有时也有例外情况。根据相关司法解释的规定，盗窃毒品等违禁品，应当按照盗窃罪处理的，根据情节轻重量刑。

盗窃罪侵犯的对象是公私财物。这种公私财物的特征是：(1) 能够被人们控制和占有。能够被人们所控制和占有的财物必须是依据五官的功能可以认识的有形的东西。控制和占有是事实上的支配。这种支配不仅仅是单纯的物理的有形的支配。有时占有可以说是一种社会观念，必须考虑到物的性质、物所处的时空等，要按照社会上的一般观念来决定某物有没有被占有。有时即使在物理的或有形的支配达不到的场合，从社会观念上也可以认为是占有。例如，在自己住宅的范围内一时找不到的手表、戒指，仍没有失去占有。如没有回到主人住所和主人身边习惯的牲畜即使离开了主人的住所，仍属主人占有。震灾发生时，为了暂时避难而搬出去放置在路边的财物，仍归主人占有。放养在养殖场的鱼和珍珠贝归养殖人所有。这里所说的手表、戒指、牲畜、鱼等仍可成为盗窃罪侵犯的对象。随着科学技术的发展，无形物也能够被人们控制，也就能够成为盗窃罪侵犯的对象，如电力、煤气、电信号码等。不能被人们控制的阳光、风力、空气、电波、磁力等就不能成为盗窃罪侵犯的对象。(2) 具有一定的经济价值。这种经济价值是客观的，可以用货币来衡量的，如有价证券等。具有主观价值（如有纪念意义的信件）及几乎无价值的东西就不能成为我国盗窃罪侵犯的对象。盗窃行为人如果将这些无价值的财物偷出去后，通过出售或交换，获得了有价值的财物（相当于销赃数额），且数额较大，则应定盗窃罪。(3) 能够被移动。

| | | |
|---|---|---|
| **定罪标准** | **犯罪客体** | 所有的动产和不动产上的附着物都可能成为盗窃罪侵犯的对象。例如，开采出来的石头，从自然状态下运回的放在一定范围内的沙子，放在盐厂的海水，地上的树等。不动产不能成为盗窃罪侵犯的对象，盗卖不动产，是非所有人处分所有权，买卖关系无效，属于民事上的房地产纠纷，不能按盗窃罪处理。(4) 他人的财物。盗窃犯不可能盗窃自己的财物，他所盗窃的对象是"他人的财物"。虽然是自己的财物，但由他人合法占有或使用，亦视为"他人的财物"，如寄售、托运、租借的物品。但有时也有这种情况，由自己合法所有、使用、处分的财物，也应视为"他人的财物"，如在主人的店里出售物品的雇员在现实中监视、控制、出售的物品，仓库管理员领取的库存品，旅客借用旅馆的电视等。遗忘物是遗忘人丢失但知其所在的财物，大多处于遗忘人支配力所及的范围内，其所有权或占有权仍属于遗忘人，亦视为"他人的财物"。遗失物是失主丢失而又不知其所在的财物。行为人拾得遗失物，应按民法相关规定处理，一般不构成犯罪。无主物是被所有人抛弃的财物、无人继承的遗产等。占有无主物，不构成犯罪。被人抛弃的财物归先占者所有。占有无人继承的遗产应退还给国家或集体。埋藏物、隐藏物不是无主物。(5) 一些特殊的财物尽管具备上述四个特征，仍不能成为盗窃对象，如枪支、弹药，正在使用的变压器等。不同的财物或同一财物处于不同的位置、状态，它所表现的社会关系不同，作为犯罪对象时，它所代表的犯罪客体也不同。例如，盗窃通信线路上的电线可以构成破坏电力设备罪、破坏公用电信设施罪，盗窃仓库中的电线则构成盗窃罪。因为前者的直接客体是通信方面的公共安全，而后者的直接客体是公私财物的所有权。盗窃枪支、弹药则构成盗窃枪支、弹药罪，不构成盗窃罪，因为它侵犯的客体是公共安全。(6) 偷拿家庭成员或近亲属的财物，获得谅解的，一般可不按犯罪处理；对确有追究刑事责任必要的应当酌情从宽。 |
| | **犯罪客观方面** | 本罪在客观方面表现为行为人具有秘密窃取数额较大的公私财物或者多次秘密窃取、入户窃取、携带凶器窃取、扒窃公私财物的行为。2011 年 2 月 25 日通过的《刑法修正案（八）》对盗窃罪作了修改，其犯罪构成发生变化，在客观方面表现为五种行为：第一种行为是单次盗窃，数额较大的；第二种行为是多次盗窃的；第三种行为是入户盗窃的；第四种行为是携带凶器盗窃的；第五种行为是扒窃的。同时，《刑法修正案（八）》取消了此前对"盗窃金融机构，数额特别巨大"或者"盗窃珍贵文物，情节严重的"两种行为适用死刑的规定。也就是说，盗窃罪在《刑法修正案（八）》生效后，将不再适用死刑，这反映了我国尊重生命权、慎用死刑、最后逐步取消死刑的价值取向。<br><br>所谓秘密窃取，是指行为人采取自认为不为财物的所有者、保管者或者经手者发觉的方法，暗中将财物取走的行为。其具有以下特征：(1) 秘密窃取是指在取得财物的过程中没有被发现，是在暗中进行的。如果正在取财的过程中，就被他人发现阻止，而仍强行拿走的，则不是秘密窃取，构成犯罪，应以抢夺罪或抢劫罪论处；如果取财时没有发觉，但财物窃到手后即被发觉，尔后公开携带财物逃跑的，仍属于秘密窃取，要以盗窃罪论处；如果施用骗术，转移被害人注意力，然后在其不知不觉的情况下取走财物的，仍构成秘密窃取；如果事先乘人不备，潜入某一场所，在无人发现的过程中秘密取财的，也是秘密窃取。(2) 秘密窃取是针对财物所有人、保管人、经手人而言的，即为财物的所有人、保管人、经手人没有发觉。在窃取财物的过程中，只要财物的所有人、保管人、经手人没有发觉，即使被其他人发现的，也应是本罪的 |

| | | |
|---|---|---|
| **定 罪 标 准** | **犯罪客观方面** | 秘密窃取。(3) 秘密窃取是指行为人自认为没有被财物所有人、保管人、经手人发觉。如果在取财过程中，事实上已为被害人发觉，但被害人由于种种原因未加阻止，行为人对此也不知道，把财物取走的，仍为秘密窃取。如果行为人已明知被他人发觉即使被害人未阻止而仍取走的，行为带有公然性，这时就不再属于秘密窃取，构成犯罪的也要据其行为的性质以抢夺罪或抢劫罪论处。至于其方式则多种多样，有的是采取撬锁破门、打洞跳窗、冒充找人等入室盗窃；有的是在公共场所割包掏兜、顺手牵羊进行盗窃等。但不论其形式如何，只要其本质上属于秘密窃取，就可构成本罪的盗窃行为。 |
| | **犯罪主体** | 本罪的主体是一般主体，即凡年满 16 周岁且具备刑事责任能力的人均能构成本罪。 |
| | **犯罪主观方面** | 本罪在主观方面表现为直接故意，且具有非法占有的目的。<br><br>故意的内容包括：(1) 行为人明确地意识到其盗窃行为的对象是他人所有或占有的财物。行为人只要依据一般的认识能力和社会常识，推知该物为他人所有或占有即可。至于财物的所有或占有人是谁，并不要求行为人有明确、具体的预见或认识。如放在宿舍外的自行车；河中一群暂时无人看管的鸭子；客车行李架上的行李等。如果行为人过失地将他人的财物误认为是自己的财物取走，在发现之后予以返还的，由于缺少故意的内容和非法占有的意图，不成立盗窃罪。(2) 对盗窃后果的预见。例如，进入银行偷保险柜，就意图盗窃数额巨大或特别巨大的财物；偷偷进入博物馆就意图偷文物。这样的犯意，表明了盗窃犯意图给社会造成危害的大小，也就表明了其行为的社会危害性。<br><br>非法占有不仅包括自己占有，也包括为第三者或集体占有。对非法窃取并占为己有的财物，随后又将其毁弃、赠与他人或者又被他人非法占有的，系案犯对财物的处理问题，改变不了其侵犯财产所有权的性质，不影响盗窃罪的成立。如果对某种财物未经物主同意，暂时挪用或借用，无非法占有的目的，用后准备归还的，不能构成盗窃罪。构成其他犯罪的，可以将这一情况作为情节考虑。有一些偷汽车的案件即属此种情况。 |
| | **罪与非罪** | 区分罪与非罪的界限，要把握以下几点：<br><br>一、对某些具有小偷小摸行为的、因受灾生活困难偶尔偷窃财物的，或者被胁迫参加盗窃活动没有分赃或分赃甚微的，可不作盗窃罪处理，必要时，可由主管机关予以适当处罚。<br><br>二、盗窃既遂与未遂。关于盗窃罪的既遂标准，理论上有接触说、转移说、隐匿说、失控说、控制说、失控加控制说。我们主张失控说，即盗窃行为已经使被害人丧失了对财物的控制时，或者行为人已经控制了所盗财物时，都是既遂。被害人的失控与行为人的控制通常是统一的，被害人的失控意味着行为人的控制。但二者也存在不统一的情况，即被害人失去了控制，但行为人并没有控制财物，对此也应认定为盗窃既遂，因为刑法以保护合法权益为目的，既遂与未遂的区分到底是社会危害性的区别。就盗窃罪而言，其危害程度的大小不在于行为人是否控制了财物，而在于被害人是否丧失了对财物的控制。因此，即使行为人没有控制财物，但只要被害人失去了对财物的控制，也成立盗窃既遂。例如，行为人以不法占有为目的，从火车上将他人财物扔到偏僻的轨道旁，打算下车后再捡回该财物。又如，行为人以不法占有为目的， |

| | |
|---|---|
| **罪与非罪** | 将他人放在浴室内的金戒指藏在隐蔽处，打算日后取走。在这种情况下，即使行为人后来由于某种原因没有控制该财物，但因为被害人丧失了对财物的控制，也应认定为盗窃既遂，而不能认定为未遂。所应注意的是，在认定盗窃罪的既遂与未遂时，必须根据财物的性质、形态、体积大小、被害人对财物的占有状态、行为人的窃取状态等进行判断。例如，在商店行窃，就体积很小的财物而言，行为人将该财物夹在腋下、放入口袋、藏入怀中时就是既遂；但就体积很大的财物而言，只有将该财物搬出商店才能认定为既遂。又如，盗窃工厂内的财物，如果工厂是任何人可以出入的，则将财物搬出原来的仓库、车间时就是既遂；如果工厂的出入相当严格，出大门必须经过检查，则只有将财物搬出大门外才是既遂。再如，间接正犯的盗窃，如果被利用者控制了财物，即使利用者还没有控制财物，也应认定为既遂。在我们看来，一概以行为人实际控制财物为既遂标准的观点，过于重视了行为人的主观恶性，轻视了对合法权益的保护，过于强调了盗窃行为的形式，轻视了盗窃行为的本质。 |

| | | |
|---|---|---|
| **定罪标准** | **此罪与彼罪** | 要注意区别本罪与他罪和违法行为的界限：<br>　　一、盗窃广播电视设施、公用电信设施价值数额不大，但是构成危害公共安全犯罪的，依照《刑法》第124条的规定定罪处罚；盗窃广播电视设施、公用电信设施同时构成盗窃罪和破坏广播电视设施、公用电信设施罪的，择一重罪处罚。<br>　　二、盗窃使用中的电力设备，同时构成盗窃罪和破坏电力设备罪的，择一重罪处罚。<br>　　三、偷开他人机动车的，按照下列规定处理：(1)偷开机动车，导致车辆丢失的，以盗窃罪定罪处罚；(2)为盗窃其他财物，偷开机动车作为犯罪工具使用后非法占有车辆，或者将车辆遗弃导致丢失的，被盗车辆的价值计入盗窃数额；(3)为实施其他犯罪，偷开机动车作为犯罪工具使用后非法占有车辆，或者将车辆遗弃导致丢失的，以盗窃罪和其他犯罪数罪并罚；将车辆送回未造成丢失的，按照其所实施的其他犯罪从重处罚。<br>　　四、盗窃公私财物并造成财物损毁的，按照下列规定处理：(1)采用破坏性手段盗窃公私财物，造成其他财物损毁的，以盗窃罪从重处罚；同时构成盗窃罪和其他犯罪的，择一重罪从重处罚；(2)实施盗窃犯罪后，为掩盖罪行或者报复等，故意毁坏其他财物构成犯罪的，以盗窃罪和构成的其他犯罪数罪并罚；(3)盗窃行为未构成犯罪，但损毁财物构成其他犯罪的，以其他犯罪定罪处罚。<br>　　五、盗窃技术成果等商业秘密的，按照《刑法》第219条的规定定罪处罚。<br>　　六、使用投放危险物质、爆炸方法偷鱼的犯罪性质问题。如果是出于盗窃的目的，毒死或炸死较大数量的鱼，将其偷走，未引起其他严重后果的，应定为盗窃罪；如果不顾人畜安危，向供饮用的池塘中投放大量的剧毒药物，或者向堤坝、其他公共设施附近的水中投掷大量炸药，严重危害公共安全，致人重伤、死亡或者使公私财物遭受大损失的，应定投放危险物质罪或爆炸罪；如果是为了偷鱼或挟私报复，向鱼塘内投放大量剧毒药物，严重污染水质，毒死整塘的鱼，使集体的或个人承包的养鱼生产遭到严重破坏，损失惨重的，应定破坏生产经营罪，同时还应查明毒物或炸药的来源，按牵连犯有其他罪的，则应从一重罪惩处。<br>　　七、盗伐林木的犯罪性质。违反保护森林法规，秘密地盗伐森林或其他林木，情节严重的，因为《刑法》分则另有规定，构成盗伐林木罪，不以盗窃罪论处；如果不是盗伐生长中的林木，而是盗窃已经采伐下来的木料的，或者偷砍他人房前屋后、自留地上种植的零星树木数额较大的，则应构成盗窃罪。 |

<table>
<tr>
<td rowspan="2">定罪标准</td>
<td rowspan="1">此罪与彼罪</td>
<td>

八、对盗窃珍贵文物的，如果仅属窃取，应定盗窃罪；在盗窃过程中破坏珍贵文物、名胜古迹的，可以按盗窃罪或者故意损毁文物罪、故意损毁名胜古迹罪中的一重罪从重处罚。

九、盗窃墓葬，窃取数额较大的财物，应以盗窃罪论处；虽未窃得财物或窃得少量财物的，如情节严重，也应以盗窃罪论处；如果窃取少量财物，情节轻微的，可由公安机关酌情给予治安处罚；盗掘古文化遗址、古墓葬的，应依照《刑法》第 328 条规定的盗掘古文化遗址、古墓葬罪定罪处罚。

十、故意盗窃枪支、弹药、爆炸物或公文、证件、印章的，因盗窃的是《刑法》规定的特定对象，故依法应定盗窃枪支、弹药、爆炸物罪或盗窃公文、证件、印章罪，不以盗窃罪论处；如果在盗窃到的手提包中意外地发现放有枪支、弹药，因无盗窃枪支、弹药的故意，仍应以盗窃罪论处；如果盗窃拎包后发现内有枪支、弹药而又私藏的，则构成私藏枪支、弹药罪。

十一、盗窃铁路线上行车设备的零件、部件或者铁路线上的器材，危及行车安全，构成犯罪的，根据《铁路法》的规定，以破坏交通设施罪论处。

十二、窃取支票骗兑现金或者骗购物品的犯罪性质。窃取他人购买的旅行支票，模仿失主签字，骗兑现款或者骗购物品的，窃取单位盖过章的空白支票，填写收款单位和金额，骗购物品的，如果数额较大，一般构成盗窃罪。行为人虽然使用了欺骗手段，但他采用秘密窃取手段取得支票是决定性的，而兑现或购物是继续完成盗窃行为，最终受损失的是丢失支票的个人或单位。所以，仍应构成盗窃罪，而不构成票据诈骗罪。如果盗窃犯勾结他人冒充签发支票的个人或单位人员去兑现或购物的，后者如果知道支票是偷来的，构成盗窃罪的共犯；如果不知道支票是偷来的，他冒名顶替，虚构事实，采用欺骗方法占有财物则可定为票据诈骗罪。

十三、根据《刑法》第 210 条第 1 款规定，盗窃增值税专用发票或者可以用于骗取出口退税、抵扣税款的其他发票的，依照盗窃罪定罪处罚。

十四、根据《刑法》第 253 条第 2 款规定，邮政工作人员私自开拆或者隐匿、毁弃邮件、电报而窃取财物的，依照盗窃罪定罪从重处罚。

十五、盗窃信用卡并使用的，根据《刑法》第 196 条第 3 款规定，应以盗窃罪治罪。

</td>
</tr>
<tr></tr>
<tr>
<td rowspan="1">证据参考标准</td>
<td rowspan="1">主体方面的证据</td>
<td>

**一、证明行为人刑事责任年龄、身份等自然情况的证据**

包括身份证明、户籍证明、任职证明、工作经历证明、特定职责证明等，主要是证明行为人的姓名（曾用名）、性别、出生年月日、民族、籍贯、出生地、职业（或职务）、住所地（或居所地）等证据材料，如户口簿、居民身份证、居住证、工作证、出生证、专业或技术等级证、干部履历表、职工登记表、护照等。

对于户籍、出生证等材料内容不实的，应提供其他证据材料。外国人犯罪的案件，应有护照等身份证明材料。人大代表、政协委员犯罪的案件，应注明身份，并附身份证明材料。

**二、证明行为人刑事责任能力的证据**

证明行为人对自己的行为是否具有辨认能力与控制能力，如是否属于间歇性精神病人、尚未完全丧失辨认或者控制自己行为能力的精神病人的证明材料。

</td>
</tr>
</table>

| 证据参考标准 | 主观方面的证据 | **证明行为人故意的证据**<br>1. 证明行为人明知的证据：证明行为人明知自己的行为会发生危害社会的结果；2. 证明直接故意的证据：证明行为人希望危害结果发生；3. 目的：非法占有公私财物。 |
|---|---|---|
| | 客观方面的证据 | **证明行为人盗窃犯罪行为的证据**<br>具体证据包括：1. 证明行为人盗窃公私财物数额较大的证据；2. 证明行为人多次盗窃的证据；3. 证明行为人入户盗窃的证据；4. 证明行为人携带凶器盗窃的证据；5. 证明行为人扒窃的证据；6. 证明行为人盗窃数额巨大或者有其他严重情节行为的证据；7. 证明行为人盗窃数额特别巨大或者有其他特别严重情节行为的证据；8. 证明行为人其他盗窃行为的证据。 |
| | 量刑方面的证据 | **一、法定量刑情节证据**<br>1. 事实情节：（1）情节特别严重；（2）其他特别严重的情节。2. 法定从重情节。3. 法定从轻或者减轻情节：（1）可以从轻；（2）可以从轻或者减轻；（3）应当从轻或者减轻。4. 法定从轻、减轻或者免除情节：（1）可以从轻、减轻或者免除处罚；（2）应当从轻、减轻或者免除处罚。5. 法定减轻或者免除情节：（1）可以减轻或者免除处罚；（2）应当减轻或者免除处罚；（3）可以免除处罚。<br>**二、酌定量刑情节证据**<br>1. 犯罪手段：（1）撬门破锁；（2）挖洞；（3）跳窗；（4）假冒找人、收费、检查煤气灶；（5）借口推销、揽活、问事；（6）掏兜；（7）割包；（8）顺手牵羊；（9）醉酒；（10）睡熟。2. 犯罪对象。3. 危害结果。4. 动机。5. 平时表现。6. 认罪态度。7. 是否有前科。8. 其他证据。 |

| 量刑标准 | 犯本罪的 | 处三年以下有期徒刑、拘役或者管制，并处或者单处罚金 |
|---|---|---|
| | 数额巨大或者有其他严重情节的 | 处三年以上十年以下有期徒刑，并处罚金 |
| | 数额特别巨大或者有其他特别严重情节的 | 处十年以上有期徒刑或者无期徒刑，并处罚金或者没收财产 |
| | 在共同盗窃犯罪中，各共犯人基于共同的故意，实施了共同的犯罪行为的 | 应对共同盗窃行为所造成的危害后果负责 |
| | 对于依法判处罚金刑的盗窃犯罪分子 | 应当在一千元以上盗窃数额的二倍以下判处罚金 |
| | 对于依法判处罚金刑，但没有盗窃数额或者无法计算盗窃数额的犯罪分子 | 应当在一千元以上十万元以下判处罚金 |

**刑法条文**

**第二百六十四条**  盗窃公私财物，数额较大的，或者多次盗窃、入户盗窃、携带凶器盗窃、扒窃的，处三年以下有期徒刑、拘役或者管制，并处或者单处罚金；数额巨大或者有其他严重情节的，处三年以上十年以下有期徒刑，并处罚金；数额特别巨大或者有其他特别严重情节的，处十年以上有期徒刑或者无期徒刑，并处罚金或者没收财产。

**法律适用**

**司法解释**

**一、最高人民法院、最高人民检察院《关于办理盗窃刑事案件适用法律若干问题的解释》**（2013 年 4 月 2 日最高人民法院、最高人民检察院公布  自 2013 年 4 月 4 日起施行  法释〔2013〕8 号）

为依法惩治盗窃犯罪活动，保护公私财产，根据《中华人民共和国刑法》、《中华人民共和国刑事诉讼法》的有关规定，现就办理盗窃刑事案件适用法律的若干问题解释如下：

**第一条**  盗窃公私财物价值一千元至三千元以上、三万元至十万元以上、三十万元至五十万元以上的，应当分别认定为刑法第二百六十四条规定的"数额较大"、"数额巨大"、"数额特别巨大"。

各省、自治区、直辖市高级人民法院、人民检察院可以根据本地区经济发展状况，并考虑社会治安状况，在前款规定的数额幅度内，确定本地区执行的具体数额标准，报最高人民法院、最高人民检察院批准。

在跨地区运行的公共交通工具上盗窃，盗窃地点无法查证的，盗窃数额是否达到"数额较大"、"数额巨大"、"数额特别巨大"，应当根据受理案件所在地省、自治区、直辖市高级人民法院、人民检察院确定的有关数额标准认定。

盗窃毒品等违禁品，应当按照盗窃罪处理的，根据情节轻重量刑。

**第二条**  盗窃公私财物，具有下列情形之一的，"数额较大"的标准可以按照前条规定标准的百分之五十确定：

（一）曾因盗窃受过刑事处罚的；

（二）一年内曾因盗窃受过行政处罚的；

（三）组织、控制未成年人盗窃的；

（四）自然灾害、事故灾害、社会安全事件等突发事件期间，在事件发生地盗窃的；

（五）盗窃残疾人、孤寡老人、丧失劳动能力人的财物的；

（六）在医院盗窃病人或者其亲友财物的；

（七）盗窃救灾、抢险、防汛、优抚、扶贫、移民、救济款物的；

（八）因盗窃造成严重后果的。

**第三条**  二年内盗窃三次以上的，应当认定为"多次盗窃"。

非法进入供他人家庭生活，与外界相对隔离的住所盗窃的，应当认定为"入户盗窃"。

携带枪支、爆炸物、管制刀具等国家禁止个人携带的器械盗窃，或者为了实施违法犯罪携带其他足以危害他人人身安全的器械盗窃的，应当认定为"携带凶器盗窃"。

在公共场所或者公共交通工具上盗窃他人随身携带的财物的，应当认定为"扒窃"。

**第四条**  盗窃的数额，按照下列方法认定：

（一）被盗财物有有效价格证明的，根据有效价格证明认定；无有效价格证明，或者根据价格证明认定盗窃数额明显不合理的，应当按照有关规定委托估价机构估价；

**法律适用**

**司法解释**

（二）盗窃外币的，按照盗窃时中国外汇交易中心或者中国人民银行授权机构公布的人民币对该货币的中间价折合成人民币计算；中国外汇交易中心或者中国人民银行授权机构未公布汇率中间价的外币，按照盗窃时境内银行人民币对该货币的中间价折算成人民币，或者该货币在境内银行、国际外汇市场对美元汇率，与人民币对美元汇率中间价进行套算；

（三）盗窃电力、燃气、自来水等财物，盗窃数量能够查实的，按照查实的数量计算盗窃数额；盗窃数量无法查实的，以盗窃前六个月月均正常用量减去盗窃后计量仪表显示的月均用量推算盗窃数额；盗窃前正常使用不足六个月的，按照正常使用期间的月均用量减去盗窃后计量仪表显示的月均用量推算盗窃数额；

（四）明知是盗接他人通信线路、复制他人电信码号的电信设备、设施而使用的，按照合法用户为其支付的费用认定盗窃数额；无法直接确认的，以合法用户的电信设备、设施被盗接、复制后的月缴费额减去被盗接、复制前六个月的月均电话费推算盗窃数额；合法用户使用电信设备、设施不足六个月的，按照实际使用的月均电话费推算盗窃数额；

（五）盗接他人通信线路、复制他人电信码号出售的，按照销赃数额认定盗窃数额。

盗窃行为给失主造成的损失大于盗窃数额的，损失数额可以作为量刑情节考虑。

**第五条** 盗窃有价支付凭证、有价证券、有价票证的，按照下列方法认定盗窃数额：

（一）盗窃不记名、不挂失的有价支付凭证、有价证券、有价票证的，应当按票面数额和盗窃时应得的孳息、奖金或者奖品等可得收益一并计算盗窃数额；

（二）盗窃记名的有价支付凭证、有价证券、有价票证，已经兑现的，按照兑现部分的财物价值计算盗窃数额；没有兑现，但失主无法通过挂失、补领、补办手续等方式避免损失的，按照给失主造成的实际损失计算盗窃数额。

**第六条** 盗窃公私财物，具有本解释第二条第三项至第八项规定情形之一，或者入户盗窃、携带凶器盗窃，数额达到本解释第一条规定的"数额巨大"、"数额特别巨大"百分之五十的，可以分别认定为刑法第二百六十四条规定的"其他严重情节"或者"其他特别严重情节"。

**第七条** 盗窃公私财物数额较大，行为人认罪、悔罪、退赃、退赔，且具有下列情形之一，情节轻微的，可以不起诉或者免予刑事处罚；必要时，由有关部门予以行政处罚：

（一）具有法定从宽处罚情节的；

（二）没有参与分赃或者获赃较少且不是主犯的；

（三）被害人谅解的；

（四）其他情节轻微、危害不大的。

**第八条** 偷拿家庭成员或者近亲属的财物，获得谅解的，一般可以不认为是犯罪；追究刑事责任的，应当酌情从宽。

**第九条** 盗窃国有馆藏一般文物、三级文物、二级以上文物的，应当分别认定为刑法第二百六十四条规定的"数额较大"、"数额巨大"、"数额特别巨大"。

盗窃多件不同等级国有馆藏文物的，三件同级文物可以视为一件高一级文物。

盗窃民间收藏的文物的，根据本解释第四条第一款第一项的规定认定盗窃数额。

**第十条** 偷开他人机动车的，按照下列规定处理：

（一）偷开机动车，导致车辆丢失的，以盗窃罪定罪处罚；

（二）为盗窃其他财物，偷开机动车作为犯罪工具使用后非法占有车辆，或者将车辆遗弃导致丢失的，被盗车辆的价值计入盗窃数额；

（三）为实施其他犯罪，偷开机动车作为犯罪工具使用后非法占有车辆，或者将车辆遗弃导致丢失的，以盗窃罪和其他犯罪数罪并罚；将车辆送回未造成丢失的，按照其所实施的其他犯罪从重处罚。

**第十一条** 盗窃公私财物并造成财物损毁的，按照下列规定处理：

（一）采用破坏性手段盗窃公私财物，造成其他财物损毁的，以盗窃罪从重处罚；同时构成盗窃罪和其他犯罪的，择一重罪从重处罚；

（二）实施盗窃犯罪后，为掩盖罪行或者报复等，故意毁坏其他财物构成犯罪的，以盗窃罪和构成的其他犯罪数罪并罚；

（三）盗窃行为未构成犯罪，但损毁财物构成其他犯罪的，以其他犯罪定罪处罚。

**第十二条** 盗窃未遂，具有下列情形之一的，应当依法追究刑事责任：

（一）以数额巨大的财物为盗窃目标的；

（二）以珍贵文物为盗窃目标的；

（三）其他情节严重的情形。

盗窃既有既遂，又有未遂，分别达到不同量刑幅度的，依照处罚较重的规定处罚；达到同一量刑幅度的，以盗窃罪既遂处罚。

**第十三条** 单位组织、指使盗窃，符合刑法第二百六十四条及本解释有关规定的，以盗窃罪追究组织者、指使者、直接实施者的刑事责任。

**第十四条** 因犯盗窃罪，依法判处罚金刑的，应当在一千元以上盗窃数额的二倍以下判处罚金；没有盗窃数额或者盗窃数额无法计算的，应当在一千元以上十万元以下判处罚金。

**第十五条** 本解释发布实施后，《最高人民法院关于审理盗窃案件具体应用法律若干问题的解释》（法释〔1998〕4号）同时废止；之前发布的司法解释和规范性文件与本解释不一致的，以本解释为准。

**二、最高人民法院、最高人民检察院《关于常见犯罪的量刑指导意见（试行）》（节录）**（2021年6月16日最高人民法院、最高人民检察院公布 自2021年7月1日起施行 法发〔2021〕21号）

**四、常见犯罪的量刑**

（十一）盗窃罪

1. 构成盗窃罪的，根据下列情形在相应的幅度内确定量刑起点：

（1）达到数额较大起点的，二年内三次盗窃的，入户盗窃的，携带凶器盗窃的，或者扒窃的，在一年以下有期徒刑、拘役幅度内确定量刑起点。

（2）达到数额巨大起点或者有其他严重情节的，在三年至四年有期徒刑幅度内确定量刑起点。

（3）达到数额特别巨大起点或者有其他特别严重情节的，在十年至十二年有期徒刑幅度内确定量刑起点。依法应当判处无期徒刑的除外。

2. 在量刑起点的基础上，根据盗窃数额、次数、手段等其他影响犯罪构成的犯罪事实增加刑罚量，确定基准刑。

多次盗窃，数额达到较大以上的，以盗窃数额确定量刑起点，盗窃次数可以作为调节基准刑的量刑情节；数额未达到较大的，以盗窃次数确定量刑起点，超过三次的次数作为增加刑罚量的事实。

3. 构成盗窃罪的，根据盗窃的数额、次数、手段、危害后果等犯罪情节，综合考虑被告人缴纳罚金的能力，在一千元以上盗窃数额二倍以下决定罚金数额；没有盗窃数额或者盗窃数额无法计算的，在一千元以上十万元以下判处罚金。

4. 构成盗窃罪的，综合考虑盗窃的起因、数额、次数、手段、退赃退赔等犯罪事实、量刑情节，以及被告人的主观恶性、人身危险性、认罪悔罪表现等因素，决定缓刑的适用。

**三、最高人民法院《关于审理扰乱电信市场管理秩序案件具体应用法律若干问题的解释》（节录）**（2000 年 5 月 12 日最高人民法院公布　自 2000 年 5 月 24 日起施行　法释〔2000〕12 号）

第七条　将电信卡非法充值后使用，造成电信资费损失数额较大的，依照刑法第二百六十四条的规定，以盗窃罪定罪处罚。

第八条　盗用他人公共信息网络上网账号、密码上网，造成他人电信资费损失数额较大的，依照刑法第二百六十四条的规定，以盗窃罪定罪处罚。

**四、最高人民法院《关于审理破坏森林资源刑事案件适用法律若干问题的解释》（节录）**（2023 年 8 月 13 日最高人民法院公布　自 2023 年 8 月 15 日起施行　法释〔2023〕8 号）

第十一条　下列行为，符合刑法第二百六十四条规定的，以盗窃罪定罪处罚：

（一）盗窃国家、集体或者他人所有并已经伐倒的树木的；

（二）偷砍他人在自留地或者房前屋后种植的零星树木的。

非法实施采种、采脂、掘根、剥树皮等行为，符合刑法第二百六十四条规定的，以盗窃罪论处。在决定应否追究刑事责任和裁量刑罚时，应当综合考虑对涉案林木资源的损害程度以及行为人获利数额、行为动机、前科情况等情节；认为情节显著轻微危害不大的，不作为犯罪处理。

**五、最高人民检察院《关于单位有关人员组织实施盗窃行为如何适用法律问题的批复》**（2002 年 8 月 9 日最高人民检察院公布　自 2002 年 8 月 13 日起施行　高检发释字〔2002〕5 号）

各省、自治区、直辖市人民检察院，军事检察院，新疆生产建设兵团人民检察院：

近来，一些省人民检察院就单位有关人员为谋取单位利益组织实施盗窃行为如何适用法律问题向我院请示。根据刑法有关规定，现批复如下：

单位有关人员为谋取单位利益组织实施盗窃行为，情节严重的，应当依照刑法第二百六十四条的规定以盗窃罪追究直接责任人员的刑事责任。

**六、最高人民法院《关于审理破坏电力设备刑事案件具体应用法律若干问题的解释》（节录）**（2007 年 8 月 15 日最高人民法院公布　自 2007 年 8 月 21 日起施行　法释〔2007〕15 号）

第三条　盗窃电力设备，危害公共安全，但不构成盗窃罪的，以破坏电力设备罪定罪处罚；同时构成盗窃罪和破坏电力设备罪的，依照刑法处罚较重的规定定罪处罚。

盗窃电力设备，没有危及公共安全，但应当追究刑事责任的，可以根据案件的不同情况，按照盗窃罪等犯罪处理。

法律适用

司法解释

**七、最高人民法院、最高人民检察院《关于办理盗窃油气、破坏油气设备等刑事案件具体应用法律若干问题的解释》（节录）**（2007 年 1 月 15 日最高人民法院、最高人民检察院公布　自 2007 年 1 月 19 日起施行　法释〔2007〕3 号）

**第三条**　盗窃油气或者正在使用的油气设备，构成犯罪，但未危害公共安全的，依照刑法第二百六十四条的规定，以盗窃罪定罪处罚。

盗窃油气，数额巨大但尚未运离现场的，以盗窃未遂罪处罚。

为他人盗窃油气而偷开油气井、油气管道等油气设备阀门排放油气或者提供其他帮助的，以盗窃罪的共犯定罪处罚。

**第四条**　盗窃油气同时构成盗窃罪和破坏易燃易爆设备罪的，依照刑法处罚较重的规定定罪处罚。

**第八条**　本解释所称的"油气"，是指石油、天然气。其中，石油包括原油、成品油；天然气包括煤层气。

本解释所称"油气设备"，是指用于石油、天然气生产、储存、运输等易燃易爆设备。

**八、最高人民法院、最高人民检察院《关于办理与盗窃、抢劫、诈骗、抢夺机动车相关刑事案件具体应用法律若干问题的解释》**（2007 年 5 月 9 日最高人民法院、最高人民检察院公布　自 2007 年 5 月 11 日起施行　法释〔2007〕11 号）

**第一条**　明知是盗窃、抢劫、诈骗、抢夺的机动车，实施下列行为之一的，依照刑法第三百一十二条的规定，以掩饰、隐瞒犯罪所得、犯罪所得收益罪定罪，处三年以下有期徒刑、拘役或者管制，并处或者单处罚金：

（一）买卖、介绍买卖、典当、拍卖、抵押或者用其抵债的；

（二）拆解、拼装或者组装的；

（三）修改发动机号、车辆识别代号的；

（四）更改车身颜色或者车辆外形的；

（五）提供或者出售机动车来历凭证、整车合格证、号牌以及有关机动车的其他证明和凭证的；

（六）提供或者出售伪造、变造的机动车来历凭证、整车合格证、号牌以及有关机动车的其他证明和凭证的。

实施第一款规定的行为涉及盗窃、抢劫、诈骗、抢夺的机动车五辆以上或者价值总额达到五十万元以上的，属于刑法第三百一十二条规定的"情节严重"，处三年以上七年以下有期徒刑，并处罚金。

**第二条**　伪造、变造、买卖机动车行驶证、登记证书，累计三本以上的，依照刑法第二百八十条第一款的规定，以伪造、变造、买卖国家机关证件罪定罪，处三年以下有期徒刑、拘役、管制或者剥夺政治权利。

伪造、变造、买卖机动车行驶证、登记证书，累计达到第一款规定数量标准五倍以上的，属于刑法第二百八十条第一款规定中的"情节严重"，处三年以上十年以下有期徒刑。

**第三条**　国家机关工作人员滥用职权，有下列情形之一，致使盗窃、抢劫、诈骗、抢夺的机动车被办理登记手续，数量达到三辆以上或者价值总额达到三十万元以上的，依照刑法第三百九十七条第一款的规定，以滥用职权罪定罪，处三年以下有期徒刑或者拘役：

（一）明知是登记手续不全或者不符合规定的机动车而办理登记手续的；

（二）指使他人为明知是登记手续不全或者不符合规定的机动车办理登记手续的；

（三）违规或者指使他人违规更改、调换车辆档案的；

（四）其他滥用职权的行为。

国家机关工作人员疏于审查或者审查不严，致使盗窃、抢劫、诈骗、抢夺的机动车被办理登记手续，数量达到五辆以上或者价值总额达到五十万元以上的，依照刑法第三百九十七条第一款的规定，以玩忽职守罪定罪，处三年以下有期徒刑或者拘役。

国家机关工作人员实施前两款规定的行为，致使盗窃、抢劫、诈骗、抢夺的机动车被办理登记手续，分别达到前两款规定数量、数额标准五倍以上的，或者明知是盗窃、抢劫、诈骗、抢夺的机动车而办理登记手续的，属于刑法第三百九十七条第一款规定的"情节特别严重"，处三年以上七年以下有期徒刑。

国家机关工作人员徇私舞弊，实施上述行为，构成犯罪的，依照刑法第三百九十七条第二款的规定定罪处罚。

**第四条** 实施本解释第一条、第二条、第三条第一款或者第三款规定的行为，事前与盗窃、抢劫、诈骗、抢夺机动车的犯罪分子通谋的，以盗窃罪、抢劫罪、诈骗罪、抢夺罪的共犯论处。

**第五条** 对跨地区实施的涉及同一机动车的盗窃、抢劫、诈骗、抢夺以及掩饰、隐瞒犯罪所得、犯罪所得收益行为，有关公安机关可以依照法律和有关规定一并立案侦查，需要提请批准逮捕、移送审查起诉、提起公诉的，由该公安机关所在地的同级人民检察院、人民法院受理。

**第六条** 行为人实施本解释第一条、第三条第三款规定的行为，涉及的机动车有下列情形之一的，应当认定行为人主观上属于上述条款所称"明知"：

（一）没有合法有效的来历凭证；

（二）发动机号、车辆识别代号有明显更改痕迹，没有合法证明的。

**九、最高人民法院、最高人民检察院、公安部《关于办理盗窃油气、破坏油气设备等刑事案件适用法律若干问题的意见》**（2018 年 9 月 28 日最高人民法院、最高人民检察院、公安部公布 自公布之日起施行 法发〔2018〕18 号）

为依法惩治盗窃油气、破坏油气设备等犯罪，维护公共安全、能源安全和生态安全，根据《中华人民共和国刑法》《中华人民共和国刑事诉讼法》和《最高人民法院、最高人民检察院关于办理盗窃油气、破坏油气设备等刑事案件具体应用法律若干问题的解释》等法律、司法解释的规定，结合工作实际，制定本意见。

**一、关于危害公共安全的认定**

在实施盗窃油气等行为的过程中，破坏正在使用的油气设备，具有下列情形之一的，应当认定为刑法第一百一十八条规定的"危害公共安全"：

（一）采用切割、打孔、撬砸、拆卸手段的，但是明显未危害公共安全的除外；

（二）采用开、关等手段，足以引发火灾、爆炸等危险的。

**二、关于盗窃油气未遂的刑事责任**

着手实施盗窃油气行为，由于意志以外的原因未得逞，具有下列情形之一的，以盗窃罪（未遂）追究刑事责任：

（一）以数额巨大的油气为盗窃目标的；

（二）已将油气装入包装物或者运输工具，达到"数额较大"标准三倍以上的；

（三）携带盗油卡子、手摇钻、电钻、电焊枪等切割、打孔、撬砸、拆卸工具的；

（四）其他情节严重的情形。

### 三、关于共犯的认定

在共同盗窃油气、破坏油气设备等犯罪中，实际控制、为主出资或者组织、策划、纠集、雇佣、指使他人参与犯罪的，应当依法认定为主犯；对于其他人员，在共同犯罪中起主要作用的，也应当依法认定为主犯。

在输油输气管道投入使用前擅自安装阀门，在管道投入使用后将该阀门提供给他人盗窃油气的，以盗窃罪、破坏易燃易爆设备罪等有关犯罪的共同犯罪论处。

### 四、关于内外勾结盗窃油气行为的处理

行为人与油气企业人员勾结共同盗窃油气，没有利用油气企业人员职务便利，仅仅是利用其易于接近油气设备、熟悉环境等方便条件的，以盗窃罪的共同犯罪论处。

实施上述行为，同时构成破坏易燃易爆设备罪的，依照处罚较重的规定定罪处罚。

### 五、关于窝藏、转移、收购、加工、代为销售被盗油气行为的处理

明知是犯罪所得的油气而予以窝藏、转移、收购、加工、代为销售或者以其他方式掩饰、隐瞒，符合刑法第三百一十二条规定的，以掩饰、隐瞒犯罪所得罪追究刑事责任。

"明知"的认定，应当结合行为人的认知能力、所得报酬、运输工具、运输路线、收购价格、收购形式、加工方式、销售地点、仓储条件等因素综合考虑。

实施第一款规定的犯罪行为，事前通谋的，以盗窃罪、破坏易燃易爆设备罪等有关犯罪的共同犯罪论处。

### 六、关于直接经济损失的认定

《最高人民法院、最高人民检察院关于办理盗窃油气、破坏油气设备等刑事案件具体应用法律若干问题的解释》第二条第三项规定的"直接经济损失"包括因实施盗窃油气等行为直接造成的油气损失以及采取抢修堵漏等措施所产生的费用。

对于直接经济损失数额，综合油气企业提供的证据材料、犯罪嫌疑人、被告人及其辩护人所提辩解、辩护意见等认定；难以确定的，依据价格认证机构出具的报告，结合其他证据认定。

油气企业提供的证据材料，应当有工作人员签名和企业公章。

### 七、关于专门性问题的认定

对于油气的质量、标准等专门性问题，综合油气企业提供的证据材料、犯罪嫌疑人、被告人及其辩护人所提辩解、辩护意见等认定；难以确定的，依据司法鉴定机构出具的鉴定意见或者国务院公安部门指定的机构出具的报告，结合其他证据认定。

油气企业提供的证据材料，应当有工作人员签名和企业公章。

**十、最高人民法院、最高人民检察院、公安部《关于办理涉窨井盖相关刑事案件的指导意见》（节录）**（2020 年 3 月 16 日最高人民法院、最高人民检察院、公安部公布　自公布之日起施行　高检发〔2020〕3 号）

一、盗窃、破坏正在使用中的社会机动车通行道路上的窨井盖，足以使汽车、电车发生倾覆、毁坏危险，尚未造成严重后果的，依照刑法第一百一十七条的规定，以破坏交通设施罪定罪处罚；造成严重后果的，依照刑法第一百一十九条第一款的规定处罚。

## 法律适用

### 司法解释

过失造成严重后果的，依照刑法第一百一十九条第二款的规定，以过失损坏交通设施罪定罪处罚。

二、盗窃、破坏人员密集往来的非机动车道、人行道以及车站、码头、公园、广场、学校、商业中心、厂区、社区、院落等生产生活、人员聚集场所的窨井盖，足以危害公共安全，尚未造成严重后果的，依照刑法第一百一十四条的规定，以以危险方法危害公共安全罪定罪处罚；致人重伤、死亡或者使公私财产遭受重大损失的，依照刑法第一百一十五条第一款的规定处罚。

过失致人重伤、死亡或者使公私财产遭受重大损失的，依照刑法第一百一十五条第二款的规定，以过失以危险方法危害公共安全罪定罪处罚。

三、对于本意见第一条、第二条规定以外的其他场所的窨井盖，明知会造成人员伤亡后果而实施盗窃、破坏行为，致人受伤或者死亡的，依照刑法第二百三十四条、第二百三十二条的规定，分别以故意伤害罪、故意杀人罪定罪处罚。

过失致人重伤或者死亡的，依照刑法第二百三十五条、第二百三十三条的规定，分别以过失致人重伤罪、过失致人死亡罪定罪处罚。

四、盗窃本意见第一条、第二条规定以外的其他场所的窨井盖，且不属于本意见第三条规定的情形，数额较大，或者多次盗窃的，依照刑法第二百六十四条的规定，以盗窃罪定罪处罚。

故意毁坏本意见第一条、第二条规定以外的其他场所的窨井盖，且不属于本意见第三条规定的情形，数额较大或者有其他严重情节的，依照刑法第二百七十五条的规定，以故意毁坏财物罪定罪处罚。

十二、本意见所称的"窨井盖"，包括城市、城乡结合部和乡村等地的窨井盖以及其他井盖。

### 相关法律法规

一、《中华人民共和国水法》（节录）（1988年1月21日中华人民共和国主席令第61号公布 自1988年7月1日起施行 2002年8月29日修订 2009年8月27日第一次修正 2016年7月2日第二次修正）

第七十三条 侵占、盗窃或者抢夺防汛物资、防洪排涝、农田水利、水文监测和测量以及其他水工程设备和器材，贪污或者挪用国家救灾、抢险、防汛、移民安置和补偿及其他水利建设款物，构成犯罪的，依照刑法的有关规定追究刑事责任。

二、《中华人民共和国军事设施保护法》（节录）（1990年2月23日中华人民共和国主席令第25号公布 自1990年8月1日起施行 2009年8月27日第一次修正 2014年6月27日第二次修正 2021年6月10日修订）

第六十三条 有下列行为之一，构成犯罪的，依法追究刑事责任：

（一）破坏军事设施的；

（二）过失损坏军事设施，造成严重后果的；

（三）盗窃、抢夺、抢劫军事设施的装备、物资、器材的；

（四）泄露军事设施秘密，或者为境外的机构、组织、人员窃取、刺探、收买、非法提供军事设施秘密的；

（五）破坏军用无线电固定设施电磁环境，干扰军用无线电通讯，情节严重的；

（六）其他扰乱军事禁区、军事管理区管理秩序和危害军事设施安全的行为，情节严重的。

**三、《中华人民共和国电力法》（节录）**（1995 年 12 月 28 日中华人民共和国主席令第 60 号公布　自 1996 年 4 月 1 日起施行　2009 年 8 月 27 日第一次修正　2015 年 4 月 24 日第二次修正　2018 年 12 月 29 日第三次修正）

　　**第四条**　电力设施受国家保护。

　　禁止任何单位和个人危害电力设施安全或者非法侵占、使用电能。

　　**第七十一条**　盗窃电能的，由电力管理部门责令停止违法行为，追缴电费并处应交电费五倍以下的罚款；构成犯罪的，依照刑法有关规定追究刑事责任。

**四、《中华人民共和国矿产资源法》（节录）**（1986 年 3 月 19 日中华人民共和国主席令第 36 号公布　自 1986 年 10 月 1 日起施行　1996 年 8 月 29 日第一次修正　2009 年 8 月 27 日第二次修正）

　　**第四十一条**　盗窃、抢夺矿山企业和勘查单位的矿产品和其他财物的，破坏采矿、勘查设施的，扰乱矿区和勘查作业区的生产秩序、工作秩序的，分别依照刑法有关规定追究刑事责任；情节显著轻微的，依照治安管理处罚法有关规定予以处罚。

**五、《中华人民共和国渔业法》（节录）**（1986 年 1 月 26 日中华人民共和国主席令第 34 号公布　自 1986 年 7 月 1 日起施行　2000 年 10 月 31 日第一次修正　2004 年 8 月 28 日第二次修正　2009 年 8 月 27 日第三次修正　2013 年 12 月 28 日第四次修正）

　　**第三十九条**　偷捕、抢夺他人养殖的水产品的，或者破坏他人养殖水体、养殖设施的，责令改正，可以处二万元以下的罚款；造成他人损失的，依法承担赔偿责任；构成犯罪的，依法追究刑事责任。

**六、《电力供应与使用条例》（节录）**（1996 年 4 月 17 日中华人民共和国国务院令第 196 号公布　自 1996 年 9 月 1 日起施行　2016 年 2 月 6 日第一次修订　2019 年 3 月 2 日第二次修订）

　　**第三十一条**　禁止窃电行为。窃电行为包括：

　　（一）在供电企业的供电设施上，擅自接线用电；

　　（二）绕越供电企业的用电计量装置用电；

　　（三）伪造或者开启法定的或者授权的计量检定机构加封的用电计量装置封印用电；

　　（四）故意损坏供电企业用电计量装置；

　　（五）故意使供电企业的用电计量装置计量不准或者失效；

　　（六）采用其他方法窃电。

　　**第四十一条**　违反本条例第三十一条规定，盗窃电能的，由电力管理部门责令停止违法行为，追缴电费并处应交电费 5 倍以下的罚款；构成犯罪的，依法追究刑事责任。

**七、《中华人民共和国电信条例》（节录）**（2000 年 9 月 25 日中华人民共和国国务院令第 291 号公布　自公布之日起施行　2014 年 7 月 29 日第一次修订　2016 年 2 月 6 日第二次修订）

　　**第五十八条**　任何组织或者个人不得有下列扰乱电信市场秩序的行为：

　　（一）采取租用电信国际专线、私设转接设备或者其他方法，擅自经营国际或者香港特别行政区、澳门特别行政区和台湾地区电信业务；

　　（二）盗接他人电信线路，复制他人电信码号，使用明知是盗接、复制的电信设施或者码号；

**相关法律法规**

（三）伪造、变造电话卡及其他各种电信服务有价凭证；

（四）以虚假、冒用的身份证件办理入网手续并使用移动电话。

**第六十七条** 有本条例第五十八条第（二）、（三）、（四）项所列行为之一，扰乱电信市场秩序，构成犯罪的，依法追究刑事责任；尚不构成犯罪的，由国务院信息产业主管部门或者省、自治区、直辖市电信管理机构依据职权责令改正，没收违法所得，处违法所得 3 倍以上 5 倍以下罚款；没有违法所得或者违法所得不足 1 万元的，处 1 万元以上 10 万元以下罚款。

**法律适用**

**规章及规范性文件**

**一、最高人民法院、最高人民检察院、公安部《关于依法办理"碰瓷"违法犯罪案件的指导意见》（节录）**（2020 年 9 月 22 日最高人民法院、最高人民检察院、公安部公布　自公布之日起施行　公通字〔2020〕12 号）

四、实施"碰瓷"，采取转移注意力、趁人不备等方式，窃取、夺取他人财物，符合刑法第二百六十四条、第二百六十七条规定的，分别以盗窃罪、抢夺罪定罪处罚。

九、共同故意实施"碰瓷"犯罪，起主要作用的，应当认定为主犯，对其参与或者组织、指挥的全部犯罪承担刑事责任；起次要或者辅助作用的，应当认定为从犯，依法予以从轻、减轻处罚或者免除处罚。

三人以上为共同故意实施"碰瓷"犯罪而组成的较为固定的犯罪组织，应当认定为犯罪集团。对首要分子应当按照集团所犯全部罪行处罚。

符合黑恶势力认定标准的，应当按照黑社会性质组织、恶势力或者恶势力犯罪集团侦查、起诉、审判。

十、对实施"碰瓷"，尚不构成犯罪，但构成违反治安管理行为的，依法给予治安管理处罚。

**二、最高人民法院、最高人民检察院、公安部、国家工商行政管理局（已撤销）《关于依法查处盗窃、抢劫机动车案件的规定》**（1998 年 5 月 8 日最高人民法院、最高人民检察院、公安部、国家工商行政管理局（已撤销）公布　自公布之日起施行公通字〔1998〕31 号）

为依法严厉打击盗窃、抢劫机动车犯罪活动，堵塞盗窃、抢劫机动车犯罪分子的销赃渠道，保护国家、集体财产和公民的合法财产，根据《中华人民共和国刑法》（以下简称《刑法》）、《中华人民共和国刑事诉讼法》（以下简称《刑事诉讼法》）和其他有关法律、法规的规定，制定本规定。

一、司法机关依法查处盗窃、抢劫机动车案件，任何单位和个人都应当予以协助。以暴力、威胁方法阻碍司法工作人员依法办案的，依照《刑法》第二百七十七条第一款的规定处罚。

二、明知是盗窃、抢劫所得机动车而予以窝藏、转移、收购或者代为销售的，依照《刑法》第三百一十二条的规定处罚。

对明知是盗窃、抢劫所得机动车而予以拆解、改装、拼装、典当、倒卖的，视为窝藏、转移、收购或者代为销售，依照《刑法》第三百一十二条的规定处罚。

三、国家指定的车辆交易市场、机动车经营企业（含典当、拍卖行）以及从事机动车修理、零部件销售企业的主管人员或者其他直接责任人员，明知是盗窃、抢劫的机动车而予以窝藏、转移、拆解、拼装、收购或者代为销售的，依照《刑法》第三百一十二条的规定处罚。单位组织实施上述行为的，由工商行政管理机关予以处罚。

四、本规定第二条和第三条中的行为人事先与盗窃、抢劫机动车辆的犯罪分子通谋的，分别以盗窃、抢劫犯罪的共犯论处。

五、机动车交易必须在国家指定的交易市场或合法经营企业进行，其交易凭证经工商行政管理机关验证盖章后办理登记或过户手续，私下交易机动车辆属于违法行为，由工商行政管理机关依法处理。

明知是赃车而购买，以收购赃物罪定罪处罚。单位的主管人员或者其他直接责任人员明知是赃车购买的，以收购赃物罪定罪处罚。

明知是赃车而介绍买卖的，以收购、销售赃物罪的共犯论处。①

六、非法出售机动车有关发票的，或者伪造、擅自制造或者出售伪造、擅自制造的机动车有关发票的，依照《刑法》第二百零九条的规定处罚。

七、伪造、变造、买卖机动车牌证及机动车入户、过户、验证的有关证明文件的，依照《刑法》第二百八十条第一款的规定处罚。

八、公安、工商行政管理人员利用职务上的便利，索取或者非法收受他人财物，为赃车入户、过户、验证构成犯罪的，依照《刑法》第三百八十五条、第三百八十六条的规定处罚。

九、公安、工商行政管理人员或者其他国家机关工作人员滥用职权或者玩忽职守、徇私舞弊，致使赃车入户、过户、验证的，给予行政处分；致使公共财产、国家和人民利益遭受重大损失的，依照《刑法》第三百九十七条的规定处罚。

十、公安人员对盗窃、抢劫的机动车辆，非法提供机动车牌证或者为其取得机动车牌证提供便利，帮助犯罪分子逃避处罚的，依照《刑法》第四百一十七条规定处罚。

十一、对犯罪分子盗窃、抢劫所得的机动车辆及其变卖价款，应当依照《刑法》第六十四条的规定予以追缴。

十二、对明知是赃车而购买的，应将车辆无偿追缴；对违反国家规定购买车辆，经查证是赃车的，公安机关可以根据《刑事诉讼法》第一百一十条②和第一百一十四条③规定进行追缴和扣押。对不明知是赃车而购买的，结案后予以退还买主。

十三、对购买赃车后使用非法提供的入户、过户手续或者使用伪造、变造的入户、过户手续为赃车入户、过户的，应当吊销牌证，并将车辆无偿追缴；已将入户、过户车辆变卖的，追缴变卖所得并责令赔偿经济损失。

十四、对直接从犯罪分子处追缴的被盗窃、抢劫的机动车辆，经检验鉴定，查证属实后，可依法先行返还失主，移送案件时附清单、照片及其他证据。在返还失主前，按照赃物管理规定管理，任何单位和个人都不得挪用、损毁或者自行处理。

十五、盗窃、抢劫机动车案件，由案件发生地公安机关立案侦查，赃车流入地公安机关应当予以配合。跨地区系列盗窃、抢劫机动车案件，由最初受理的公安机关立案侦查；必要时，可由主要犯罪地公安机关立案侦查，或者由上级公安机关指定立案侦查。

十六、各地公安机关扣押或者协助管辖单位追回的被盗窃、抢劫的机动车应当移送管辖单位依法处理，不得以任何理由扣留或者索取费用。拖延不交的，给予单位领导行政处分。

---

① 《关于执行〈中华人民共和国刑法〉确定罪名的补充规定（三）》取消了收购、销售赃物罪，将《刑法》第312 条罪名确定为掩饰、隐瞒犯罪所得、犯罪所得收益罪。
② 现为 2018 年《刑事诉讼法》第 137 条。
③ 现为 2018 年《刑事诉讼法》第 141 条。

| 法律适用 | 规章及规范性文件 | 十七、本规定所称的"明知"，是指知道或者应当知道。有下列情形之一的，可视为应当知道，但有证据证明属被蒙骗的除外：<br><br>（一）在非法的机动车交易场所和销售单位购买的；<br>（二）机动车证件手续不全或者明显违反规定的；<br>（三）机动车发动机号或者车架号有更改痕迹，没有合法证明的；<br>（四）以明显低于市场价格购买机动车的。<br>十八、本规定自公布之日起执行。对侵占、抢夺、诈骗机动车案件的查处参照本规定的原则办理。本规定公布后尚未办结的案件，适用本规定。 |
| :---: | :---: | :--- |

# 45 诈骗案

**概念**

本罪是指以非法占有为目的，用虚构事实或者隐瞒真相的方法，骗取数额较大的公私财物的行为。

**立案标准**

根据《刑法》第 266 条的规定，诈骗公私财物，数额较大的，应当立案。

本罪是数额犯，行为人采用诈骗的方式骗取公私财物必须达到"数额较大"的标准，才构成本罪，予以立案追究。

诈骗公私财物价值 3000 元至 1 万元以上、3 万元至 10 万元以上、50 万元以上的，应当分别认定为《刑法》第 266 条规定的"数额较大""数额巨大""数额特别巨大"。各省、自治区、直辖市高级人民法院、人民检察院可以结合本地区经济社会发展状况，在前述规定的数额幅度内，共同研究确定本地区执行的具体数额标准，报最高人民法院、最高人民检察院备案。

**定罪标准**

**犯罪客体**

本罪侵犯的客体是公私财物所有权。有些犯罪活动，虽然也使用某些欺骗手段，甚至也追求某些非法经济利益，但因其侵犯的客体不是或者不限于公私财产所有权，所以，不构成诈骗罪。例如，拐卖妇女、儿童的，属于侵犯人身权利犯罪。诈骗罪侵犯的对象，仅限于国家、集体或个人的财物，而不是骗取其他非法利益。其对象也应排除金融机构的贷款，因《刑法》已在第 193 条特别规定了贷款诈骗罪。

**犯罪客观方面**

本罪客观方面表现为使用欺诈方法骗取数额较大的公私财物。首先，行为人实施了欺诈行为。欺诈行为从形式上说包括两类：一是虚构事实；二是隐瞒真相。从实质上说是使被害人陷入错误认识的行为。欺诈行为的内容是在具体状况下，使被害人产生错误认识，并作出行为人所希望的财产处分，因此，不管是虚构、隐瞒过去的事实，还是现在的事实与将来的事实，只要具有上述内容的，就是一种欺诈行为。如果欺诈内容不是使他们作出财产处分的，则不是诈骗罪的欺诈行为。欺诈行为必须达到使一般人能够产生错误认识的程度，对自己出卖的商品进行夸张，没有超出社会容忍范围的，不是欺诈行为。欺诈行为的手段、方法没有限制，既可以是语言欺诈，也可以是动作欺诈；欺诈行为本身既可以是作为，也可以是不作为，即有告知某种事实的义务，但不履行这种义务，使对方陷入错误认识或者继续陷入错误认识，行为人利用这种认识错误取得财产的，也是欺诈行为。

欺诈行为使对方产生错误认识，对方产生错误认识是行为人的欺诈行为所致；即使对方在判断上有一定的错误，也不妨碍欺诈行为的成立。在欺诈行为与对方处分财产之间，必须介入对方的错误认识；如果对方不是因欺诈行为产生错误认识而处分财产，就不成立诈骗罪。欺诈行为的对方只要求是具有处分财产的权限或者地位的人，不要求一定是财物的所有人或占有人。行为人以提起民事诉讼为手段，提供虚假的陈述、提出虚伪的证据，使法院作出有利于自己的判决，从而获得财产的行为，称为诉讼欺诈，成立诈骗罪。

成立诈骗罪要求被害人陷入错误认识之后作出财产处分，财产处分包括处分行为与处分意识。作出这样的要求是为了区分诈骗罪与盗窃罪。处分财产表现为直接交付财产，或者承诺行为人取得财产，或者承诺转移财产性利益。行为人实施欺诈行为，使他人放弃财物，行为人拾取该财物的，也应以诈骗罪论处。但是，向自动售货机中投入类似硬币的金属片，从而取得售货机内的商品的行为，不构成诈骗罪，只能成立盗窃罪。

| | | |
|---|---|---|
| | **犯罪客观方面** | 欺诈行为使被害人处分财产后，行为人便获得财产，从而使被害人的财产受到损害，根据《刑法》第 266 条的规定，诈骗公私财物数额较大的，才构成犯罪。 |
| | **犯罪主体** | 本罪的主体是一般主体，即凡年满 16 周岁且具备刑事责任能力的自然人均能构成本罪。 |
| | **犯罪主观方面** | 本罪在主观方面表现为直接故意，并且具有非法占有公私财物的目的。 |
| **定罪标准** | **罪与非罪** | 区分罪与非罪的界限，要注意以下几点：<br>一、本罪与借贷行为的界限。借款人由于某种原因，长期拖欠不还的，或者编造谎言或隐瞒真相而骗取款物，到期不能偿还的，只要没有非法占有的目的，也没有挥霍一空，不赖账，不再弄虚作假骗人，确实打算偿还的，仍属借贷纠纷，不构成诈骗罪。<br>二、本罪与代人购物拖欠货款行为的界限。对以代人购买紧缺商品的名义，取走货款，没买到东西，又擅自挪用货款，拖欠不还款的行为，应着重考察其真实目的、双方的关系、事情的起因、代办人的具体行为、拖欠的情节、后果等，从而正确判断其是否有非法占有的意图。如能明确想代人购物，因故未能买到挪用仍拟归还的，不能以诈骗罪论处。如果以代购为名，行诈骗之实，骗取大量财物，大肆挥霍，根本无意归还，也无力归还的，应以诈骗罪论处。<br>三、本罪与集资办企业因亏损躲债的界限。如果确实是集资经商办企业，但因经营不善，亏损负债，为躲债而外出，仍属财产债务纠纷。这同诈骗犯以集资办企业为名，捞到钱财就逃之夭夭，以实现其非法占有的目的，有本质区别。<br>四、诈骗近亲属的财物。诈骗近亲属的财物，近亲属谅解的，一般可不按犯罪处理。确有追究刑事责任必要的，具体处理也应酌情从宽。<br>五、诈骗共犯问题。明知他人实施诈骗犯罪，为其提供信用卡、手机卡、通信工具、通讯传输通道、网络技术支持、费用结算等帮助的，以共同犯罪论处。<br>六、与招摇撞骗罪的竞合。冒充国家机关工作人员进行诈骗，同时构成诈骗罪和招摇撞骗罪的，依照处罚较重的规定定罪处罚。<br>七、诈骗未遂的处理。诈骗未遂，以数额巨大的财物为诈骗目标的，或者具有其他严重情节的，应当定罪处罚。利用发送短信、拨打电话、互联网等电信技术手段对不特定多数人实施诈骗，诈骗数额难以查证，但具有下列情形之一的，应当认定为《刑法》第 266 条规定的"其他严重情节"，以诈骗罪（未遂）定罪处罚：（1）发送诈骗信息 5000 条以上的，或者拨打诈骗电话 500 人次以上的；（2）在互联网上发布诈骗信息，页面浏览量累计 5000 次以上的。实施上述第（1）、（2）中的行为，数量达到数额标准 10 倍以上的，应当认定为《刑法》第 266 条规定的"其他特别严重情节"，以诈骗罪（未遂）定罪处罚。 |
| | **此罪与彼罪** | 一、本罪与招摇撞骗罪的界限。两者都使用骗术，后者也可能获得财产利益，这两方面两罪相同；但是，在主观目的、犯罪手段、财物数额要求和侵犯的客体等方面，两罪均有不同。招摇撞骗罪是以骗取各种非法利益为目的，冒充国家工作人员，进行招摇撞骗活动，是损害国家机关的威信、公共利益或者公民合法权益的行为，它 |

| | | |
|---|---|---|
| **定罪标准** | **此罪与彼罪** | 所骗取的不仅包括财物（但无数额多少的限制），还包括工作、职务、地位、荣誉等，属于妨害社会管理秩序罪。当犯罪分子冒充国家工作人员骗取公私财物时，它既侵犯了财产权利，又损害了国家机关的威信和正常活动，属于牵连犯，应当按照行为所侵犯的主要客体和主要危害性来确定罪名并从重惩罚。如果骗取财物数额不大，却严重损害了国家机关的威信，应按招摇撞骗罪论处；反之，则定为诈骗罪。如果严重地侵犯了两种客体，一般依从一重罪处断的原则按诈骗罪处治；如果先后分别独立地犯了两种罪，互不牵连，则应按照数罪并罚原则处理。<br><br>二、本罪与《刑法》规定的其他诈骗犯罪的界限。《刑法》在其余各章节分别规定了集资诈骗罪、贷款诈骗罪、金融票证诈骗罪、信用证诈骗罪、信用卡诈骗罪、有价证券诈骗罪、保险诈骗罪、合同诈骗罪等。这些诈骗犯罪与本罪在主观方面和客观表现方面均相同，但在主体、犯罪手段、主体要件与对象上均有差别，较易区分。《刑法》第266条因之规定，"本法另有规定的，依照规定"。 |
| **证据参考标准** | **主体方面的证据** | **一、证明行为人刑事责任年龄、身份等自然情况的证据**<br><br>包括身份证明、户籍证明、任职证明、工作经历证明、特定职责证明等，主要是证明行为人的姓名（曾用名）、性别、出生年月日、民族、籍贯、出生地、职业（或职务）、住所地（或居所地）等证据材料，如户口簿、居民身份证、居住证、工作证、出生证、专业或技术等级证、干部履历表、职工登记表、护照等。<br><br>对于户籍、出生证等材料内容不实的，应提供其他证据材料。外国人犯罪的案件，应有护照等身份证明材料。人大代表、政协委员犯罪的案件，应注明身份，并附身份证明材料。<br><br>**二、证明行为人刑事责任能力的证据**<br><br>证明行为人对自己的行为是否具有辨认能力与控制能力，如是否属于间歇性精神病人、尚未完全丧失辨认或者控制自己行为能力的精神病人的证明材料。 |
| | **主观方面的证据** | **证明行为人故意的证据**<br><br>1. 证明行为人明知的证据：证明行为人明知自己的行为会发生危害社会的结果；2. 证明直接故意的证据：证明行为人希望危害结果发生；3. 目的：非法占有公私财物。 |
| | **客观方面的证据** | **证明行为人诈骗犯罪行为的证据**<br><br>具体证据包括：1. 证明行为人编造谎言、假冒身份行为的证据。2. 证明行为人伪造、涂改单据行为的证据。3. 证明行为人谎称恋爱、结婚、介绍工作、上大学等行为的证据。4. 证明行为人制造、销售、使用欺骗消费者的计量器具行为的证据。5. 证明行为人伪造信用卡行为的证据。6. 证明行为人利用国外、边境银行信用卡在我国国内进行超值购物行为的证据。7. 证明行为人利用有奖销售行为的证据。8. 证明行为人利用"培训班""研讨班""业余学校""函授"等行为的证据。9. 证明行为人利用"经济合同"进行诈骗行为的证据：（1）产品、商品；（2）家电、电器；（3）建筑材料、建筑构件、建筑配件、建筑预制件；（4）原料、材料；（5）机器、设备；（6）其他。10. 证明行为人利用各种有名无实的公司名义进行诈骗行为的证据。11. 诈骗数额"情节"行为的证据：（1）数额较大；（2）数额巨大或有其他严重情节的；（3）数额特别巨大或者有其他特别严重情节的。12. 证明行为人其他诈骗行为的证据。 |

| 证据参考标准 | 量刑方面的证据 | **一、法定量刑情节证据**<br>1. 事实情节。2. 法定从重情节。3. 法定从轻或者减轻情节：（1）可以从轻；（2）可以从轻或者减轻；（3）应当从轻或者减轻。4. 法定从轻、减轻或者免除情节：（1）可以从轻、减轻或者免除处罚；（2）应当从轻、减轻或者免除处罚。5. 法定减轻或者免除情节：（1）可以减轻或者免除处罚；（2）应当减轻或者免除处罚；（3）可以免除处罚。<br>**二、酌定量刑情节证据**<br>1. 犯罪手段：（1）虚构事实；（2）隐瞒真相；（3）欺骗对方。2. 犯罪对象。3. 危害结果。4. 动机。5. 平时表现。6. 认罪态度。7. 是否有前科。8. 其他证据。 |
|---|---|---|

| 量刑标准 | 犯本罪，数额较大的（3000元至1万元） | 处三年以下有期徒刑、拘役或者管制，并处或者单处罚金 |
|---|---|---|
| | 数额巨大（3万元至10万元）或者有其他严重情节的 | 处三年以上十年以下有期徒刑，并处罚金 |
| | 数额特别巨大（50万元以上）或者有其他特别严重情节的 | 处十年以上有期徒刑或者无期徒刑，并处罚金或者没收财产 |
| | 诈骗公私财物达到数额标准，具有下列情形之一的：（1）通过发送短信、拨打电话或者利用互联网、广播电视、报刊杂志等发布虚假信息，对不特定多数人实施诈骗的；（2）诈骗救灾、抢险、防汛、优抚、扶贫、移民、救济、医疗款物的；（3）以赈灾募捐名义实施诈骗的；（4）诈骗残疾人、老年人或者丧失劳动能力人的财物的；（5）造成被害人自杀、精神失常或者其他严重后果的 | 可以依照《刑法》第二百六十六条的规定酌情从严惩处 |
| | 诈骗数额接近"数额巨大""数额特别巨大"的标准，并具有上述规定的情形之一或者属于诈骗集团首要分子的 | 分别认定为《刑法》第二百六十六条规定的"其他严重情节""其他特别严重情节" |
| | 诈骗公私财物虽已达到"数额较大"的标准，但具有下列情形之一，且行为人认罪、悔罪的：（1）具有法定从宽处罚情节的；（2）一审宣判前全部退赃、退赔的；（3）没有参与分赃或者获赃较少且不是主犯的；（4）被害人谅解的；（5）其他情节轻微、危害不大的 | 可以根据《刑法》第三十七条、《刑事诉讼法》第一百七十三条的规定不起诉或者免予刑事处罚 |

| | | |
|---|---|---|
| **刑法条文** | | 　**第二百六十六条**　诈骗公私财物，数额较大的，处三年以下有期徒刑、拘役或者管制，并处或者单处罚金；数额巨大或者有其他严重情节的，处三年以上十年以下有期徒刑，并处罚金；数额特别巨大或者有其他特别严重情节的，处十年以上有期徒刑或者无期徒刑，并处罚金或者没收财产。本法另有规定的，依照规定。<br>　**第二百一十条第二款**　使用欺骗手段骗取增值税专用发票或者可以用于骗取出口退税、抵扣税款的其他发票的，依照本法第二百六十六条的规定定罪处罚。 |
| **法律适用** | **立法解释** | **全国人民代表大会常务委员会《关于〈中华人民共和国刑法〉第二百六十六条的解释》**（2014年4月24日第十二届全国人民代表大会常务委员会第八次会议通过）<br>　全国人民代表大会常务委员会根据司法实践中遇到的情况，讨论了刑法第二百六十六条的含义及骗取养老、医疗、工伤、失业、生育等社会保险金或者其他社会保障待遇的行为如何适用刑法有关规定的问题，解释如下：<br>　以欺诈、伪造证明材料或者其他手段骗取养老、医疗、工伤、失业、生育等社会保险金或者其他社会保障待遇的，属于刑法第二百六十六条规定的诈骗公私财物的行为。<br>　现予公告。 |
| | **司法解释** | **一、最高人民法院、最高人民检察院《关于办理诈骗刑事案件具体应用法律若干问题的解释》**（2011年3月1日最高人民法院、最高人民检察院公布　自2011年4月8日起施行　法释〔2011〕7号）<br>　为依法惩治诈骗犯罪活动，保护公私财产所有权，根据刑法、刑事诉讼法有关规定，结合司法实践的需要，现就办理诈骗刑事案件具体应用法律的若干问题解释如下：<br>　**第一条**　诈骗公私财物价值三千元至一万元以上、三万元至十万元以上、五十万元以上的，应当分别认定为刑法第二百六十六条规定的"数额较大"、"数额巨大"、"数额特别巨大"。<br>　各省、自治区、直辖市高级人民法院、人民检察院可以结合本地区经济社会发展状况，在前款规定的数额幅度内，共同研究确定本地区执行的具体数额标准，报最高人民法院、最高人民检察院备案。<br>　**第二条**　诈骗公私财物达到本解释第一条规定的数额标准，具有下列情形之一的，可以依照刑法第二百六十六条的规定酌情从严惩处：<br>　（一）通过发送短信、拨打电话或者利用互联网、广播电视、报刊杂志等发布虚假信息，对不特定多数人实施诈骗的；<br>　（二）诈骗救灾、抢险、防汛、优抚、扶贫、移民、救济、医疗款物的；<br>　（三）以赈灾募捐名义实施诈骗的；<br>　（四）诈骗残疾人、老年人或者丧失劳动能力人的财物的；<br>　（五）造成被害人自杀、精神失常或者其他严重后果的。<br>　诈骗数额接近本解释第一条规定的"数额巨大"、"数额特别巨大"的标准，并具有前款规定的情形之一或者属于诈骗集团首要分子的，应当分别认定为刑法第二百六十六条规定的"其他严重情节"、"其他特别严重情节"。<br>　**第三条**　诈骗公私财物虽已达到本解释第一条规定的"数额较大"的标准，但具有下列情形之一，且行为人认罪、悔罪的，可以根据刑法第三十七条、刑事诉讼法第一百四十二条的规定不起诉或者免予刑事处罚： |

（一）具有法定从宽处罚情节的；

（二）一审宣判前全部退赃、退赔的；

（三）没有参与分赃或者获赃较少且不是主犯的；

（四）被害人谅解的；

（五）其他情节轻微、危害不大的。

**第四条**　诈骗近亲属的财物，近亲属谅解的，一般可不按犯罪处理。

诈骗近亲属的财物，确有追究刑事责任必要的，具体处理也应酌情从宽。

**第五条**　诈骗未遂，以数额巨大的财物为诈骗目标的，或者具有其他严重情节的，应当定罪处罚。

利用发送短信、拨打电话、互联网等电信技术手段对不特定多数人实施诈骗，诈骗数额难以查证，但具有下列情形之一的，应当认定为刑法第二百六十六条规定的"其他严重情节"，以诈骗罪（未遂）定罪处罚：

（一）发送诈骗信息五千条以上的；

（二）拨打诈骗电话五百人次以上的；

（三）诈骗手段恶劣、危害严重的。

实施前款规定行为，数量达到前款第（一）、（二）项规定标准十倍以上的，或者诈骗手段特别恶劣、危害特别严重的，应当认定为刑法第二百六十六条规定的"其他特别严重情节"，以诈骗罪（未遂）定罪处罚。

**第六条**　诈骗既有既遂，又有未遂，分别达到不同量刑幅度的，依照处罚较重的规定处罚；达到同一量刑幅度的，以诈骗罪既遂处罚。

**第七条**　明知他人实施诈骗犯罪，为其提供信用卡、手机卡、通讯工具、通讯传输通道、网络技术支持、费用结算等帮助的，以共同犯罪论处。

**第八条**　冒充国家机关工作人员进行诈骗，同时构成诈骗罪和招摇撞骗罪的，依照处罚较重的规定定罪处罚。

**第九条**　案发后查封、扣押、冻结在案的诈骗财物及其孳息，权属明确的，应当发还被害人；权属不明确的，可按被骗款物占查封、扣押、冻结在案的财物及其孳息总额的比例发还被害人，但已获退赔的应予扣除。

**第十条**　行为人已将诈骗财物用于清偿债务或者转让给他人，具有下列情形之一的，应当依法追缴：

（一）对方明知是诈骗财物而收取的；

（二）对方无偿取得诈骗财物的；

（三）对方以明显低于市场的价格取得诈骗财物的；

（四）对方取得诈骗财物系源于非法债务或者违法犯罪活动的。

他人善意取得诈骗财物的，不予追缴。

**第十一条**　以前发布的司法解释与本解释不一致的，以本解释为准。

**二、最高人民法院、最高人民检察院《关于常见犯罪的量刑指导意见（试行）》（节录）**（2021年6月16日最高人民法院、最高人民检察院公布　自2021年7月1日起施行　法发〔2021〕21号）

**四、常见犯罪的量刑**

（十二）诈骗罪

1. 构成诈骗罪的，根据下列情形在相应的幅度内确定量刑起点：

（1）达到数额较大起点的，在一年以下有期徒刑、拘役幅度内确定量刑起点。

法律适用

司法解释

（2）达到数额巨大起点或者有其他严重情节的，在三年至四年有期徒刑幅度内确定量刑起点。

（3）达到数额特别巨大起点或者有其他特别严重情节的，在十年至十二年有期徒刑幅度内确定量刑起点。依法应当判处无期徒刑的除外。

2. 在量刑起点的基础上，根据诈骗数额等其他影响犯罪构成的犯罪事实增加刑罚量，确定基准刑。

3. 构成诈骗罪的，根据诈骗的数额、手段、危害后果等犯罪情节，综合考虑被告人缴纳罚金的能力，决定罚金数额。

4. 构成诈骗罪的，综合考虑诈骗的起因、手段、数额、危害后果、退赃退赔等犯罪事实、量刑情节，以及被告人的主观恶性、人身危险性、认罪悔罪表现等因素，决定缓刑的适用。对实施电信网络诈骗的，从严把握缓刑的适用。

**三、最高人民法院、最高人民检察院、公安部《关于办理电信网络诈骗等刑事案件适用法律若干问题的意见》**（2016 年 12 月 19 日最高人民法院、最高人民检察院、公安部公布　自公布之日起施行　法发〔2016〕32 号）

**一、总体要求**

近年来，利用通讯工具、互联网等技术手段实施的电信网络诈骗犯罪活动持续高发，侵犯公民个人信息，扰乱无线电通讯管理秩序，掩饰、隐瞒犯罪所得、犯罪所得收益等上下游关联犯罪不断蔓延。此类犯罪严重侵害人民群众财产安全和其他合法权益，严重干扰电信网络秩序，严重破坏社会诚信，严重影响人民群众安全感和社会和谐稳定，社会危害性大，人民群众反映强烈。

人民法院、人民检察院、公安机关要针对电信网络诈骗等犯罪的特点，坚持全链条全方位打击，坚持依法从严从快惩处，坚持最大力度最大限度追赃挽损，进一步健全工作机制，加强协作配合，坚决有效遏制电信网络诈骗等犯罪活动，努力实现法律效果和社会效果的高度统一。

**二、依法严惩电信网络诈骗犯罪**

（一）根据《最高人民法院、最高人民检察院关于办理诈骗刑事案件具体应用法律若干问题的解释》第一条的规定，利用电信网络技术手段实施诈骗，诈骗公私财物价值三千元以上、三万元以上、五十万元以上的，应当分别认定为刑法第二百六十六条规定的"数额较大""数额巨大""数额特别巨大"。

二年内多次实施电信网络诈骗未经处理，诈骗数额累计计算构成犯罪的，应当依法定罪处罚。

（二）实施电信网络诈骗犯罪，达到相应数额标准，具有下列情形之一的，酌情从重处罚：

1. 造成被害人或其近亲属自杀、死亡或者精神失常等严重后果的；

2. 冒充司法机关等国家机关工作人员实施诈骗的；

3. 组织、指挥电信网络诈骗犯罪团伙的；

4. 在境外实施电信网络诈骗的；

5. 曾因电信网络诈骗犯罪受过刑事处罚或者二年内曾因电信网络诈骗受过行政处罚的；

6. 诈骗残疾人、老年人、未成年人、在校学生、丧失劳动能力人的财物，或者诈骗重病患者及其亲属财物的；

7. 诈骗救灾、抢险、防汛、优抚、扶贫、移民、救济、医疗等款物的；

法律适用　司法解释

8. 以赈灾、募捐等社会公益、慈善名义实施诈骗的；

9. 利用电话追呼系统等技术手段严重干扰公安机关等部门工作的；

10. 利用"钓鱼网站"链接、"木马"程序链接、网络渗透等隐蔽技术手段实施诈骗的。

（三）实施电信网络诈骗犯罪，诈骗数额接近"数额巨大""数额特别巨大"的标准，具有前述第（二）条规定的情形之一的，应当分别认定为刑法第二百六十六条规定的"其他严重情节""其他特别严重情节"。

上述规定的"接近"，一般应掌握在相应数额标准的百分之八十以上。

（四）实施电信网络诈骗犯罪，犯罪嫌疑人、被告人实际骗得财物的，以诈骗罪（既遂）定罪处罚。诈骗数额难以查证，但具有下列情形之一的，应当认定为刑法第二百六十六条规定的"其他严重情节"，以诈骗罪（未遂）定罪处罚：

1. 发送诈骗信息五千条以上的，或者拨打诈骗电话五百人次以上的；

2. 在互联网上发布诈骗信息，页面浏览量累计五千次以上的。

具有上述情形，数量达到相应标准十倍以上的，应当认定为刑法第二百六十六条规定的"其他特别严重情节"，以诈骗罪（未遂）定罪处罚。

上述"拨打诈骗电话"，包括拨出诈骗电话和接听被害人回拨电话。反复拨打、接听同一电话号码，以及反复向同一被害人发送诈骗信息的，拨打、接听电话次数、发送信息条数累计计算。

因犯罪嫌疑人、被告人故意隐匿、毁灭证据等原因，致拨打电话次数、发送信息条数的证据难以收集的，可以根据经查证属实的日拨打人次数、日发送信息条数，结合犯罪嫌疑人、被告人实施犯罪的时间、犯罪嫌疑人、被告人的供述等相关证据，综合予以认定。

（五）电信网络诈骗既有既遂，又有未遂，分别达到不同量刑幅度的，依照处罚较重的规定处罚；达到同一量刑幅度的，以诈骗罪既遂处罚。

（六）对实施电信网络诈骗犯罪的被告人裁量刑罚，在确定量刑起点、基准刑时，一般应就高选择。确定宣告刑时，应当综合全案事实情节，准确把握从重、从轻量刑情节的调节幅度，保证罪责刑相适应。

（七）对实施电信网络诈骗犯罪的被告人，应当严格控制适用缓刑的范围，严格掌握适用缓刑的条件。

（八）对实施电信网络诈骗犯罪的被告人，应当更加注重依法适用财产刑，加大经济上的惩罚力度，最大限度剥夺被告人再犯的能力。

### 三、全面惩处关联犯罪

（一）在实施电信网络诈骗活动中，非法使用"伪基站""黑广播"，干扰无线电通讯秩序，符合刑法第二百八十八条规定的，以扰乱无线电通讯管理秩序罪追究刑事责任。同时构成诈骗罪的，依照处罚较重的规定定罪处罚。

（二）违反国家有关规定，向他人出售或者提供公民个人信息，窃取或者以其他方法非法获取公民个人信息，符合刑法第二百五十三条之一规定的，以侵犯公民个人信息罪追究刑事责任。

使用非法获取的公民个人信息，实施电信网络诈骗犯罪行为，构成数罪的，应当依法予以并罚。

（三）冒充国家机关工作人员实施电信网络诈骗犯罪，同时构成诈骗罪和招摇撞骗罪的，依照处罚较重的规定定罪处罚。

（四）非法持有他人信用卡，没有证据证明从事电信网络诈骗犯罪活动，符合刑法第一百七十七条之一第一款第（二）项规定的，以妨害信用卡管理罪追究刑事责任。

（五）明知是电信网络诈骗犯罪所得及其产生的收益，以下列方式之一予以转账、套现、取现的，依照刑法第三百一十二条第一款的规定，以掩饰、隐瞒犯罪所得、犯罪所得收益罪追究刑事责任。但有证据证明确实不知道的除外：

1. 通过使用销售点终端机具（POS 机）刷卡套现等非法途径，协助转换或者转移财物的；

2. 帮助他人将巨额现金散存于多个银行账户，或在不同银行账户之间频繁划转的；

3. 多次使用或者使用多个非本人身份证明开设的信用卡、资金支付结算账户或者多次采用遮蔽摄像头、伪装等异常手段，帮助他人转账、套现、取现的；

4. 为他人提供非本人身份证明开设的信用卡、资金支付结算账户后，又帮助他人转账、套现、取现的；

5. 以明显异于市场的价格，通过手机充值、交易游戏点卡等方式套现的。

实施上述行为，事前通谋的，以共同犯罪论处。

实施上述行为，电信网络诈骗犯罪嫌疑人尚未到案或案件尚未依法裁判，但现有证据足以证明该犯罪行为确实存在的，不影响掩饰、隐瞒犯罪所得、犯罪所得收益罪的认定。

实施上述行为，同时构成其他犯罪的，依照处罚较重的规定定罪处罚。法律和司法解释另有规定的除外。

（六）网络服务提供者不履行法律、行政法规规定的信息网络安全管理义务，经监管部门责令采取改正措施而拒不改正，致使诈骗信息大量传播，或者用户信息泄露造成严重后果的，依照刑法第二百八十六条之一的规定，以拒不履行信息网络安全管理义务罪追究刑事责任。同时构成诈骗罪的，依照处罚较重的规定定罪处罚。

（七）实施刑法第二百八十七条之一、第二百八十七条之二规定之行为，构成非法利用信息网络罪、帮助信息网络犯罪活动罪，同时构成诈骗罪的，依照处罚较重的规定定罪处罚。

（八）金融机构、网络服务提供者、电信业务经营者等在经营活动中，违反国家有关规定，被电信网络诈骗犯罪分子利用，使他人遭受财产损失的，依法承担相应责任。构成犯罪的，依法追究刑事责任。

### 四、准确认定共同犯罪与主观故意

（一）三人以上为实施电信网络诈骗犯罪而组成的较为固定的犯罪组织，应依法认定为诈骗犯罪集团。对组织、领导犯罪集团的首要分子，按照集团所犯的全部罪行处罚。对犯罪集团中组织、指挥、策划者和骨干分子依法从严惩处。

对犯罪集团中起次要、辅助作用的从犯，特别是在规定期限内投案自首、积极协助抓获主犯、积极协助追赃的，依法从轻或减轻处罚。

对犯罪集团首要分子以外的主犯，应当按照其所参与的或者组织、指挥的全部犯罪处罚。全部犯罪包括能够查明具体诈骗数额的事实和能够查明发送诈骗信息条数、拨打诈骗电话人次数、诈骗信息网页浏览次数的事实。

（二）多人共同实施电信网络诈骗，犯罪嫌疑人、被告人应对其参与期间该诈骗团伙实施的全部诈骗行为承担责任。在其所参与的犯罪环节中起主要作用的，可以认定为主犯；起次要作用的，可以认定为从犯。

上述规定的"参与期间"，从犯罪嫌疑人、被告人着手实施诈骗行为开始起算。

（三）明知他人实施电信网络诈骗犯罪，具有下列情形之一的，以共同犯罪论处，但法律和司法解释另有规定的除外：

1. 提供信用卡、资金支付结算账户、手机卡、通讯工具的；

2. 非法获取、出售、提供公民个人信息的；

3. 制作、销售、提供"木马"程序和"钓鱼软件"等恶意程序的；

4. 提供"伪基站"设备或相关服务的；

5. 提供互联网接入、服务器托管、网络存储、通讯传输等技术支持，或者提供支付结算等帮助的；

6. 在提供改号软件、通话线路等技术服务时，发现主叫号码被修改为国内党政机关、司法机关、公共服务部门号码，或者境外用户改为境内号码，仍提供服务的；

7. 提供资金、场所、交通、生活保障等帮助的；

8. 帮助转移诈骗犯罪所得及其产生的收益，套现、取现的。

上述规定的"明知他人实施电信网络诈骗犯罪"，应当结合被告人的认知能力，既往经历，行为次数和手段，与他人关系，获利情况，是否曾因电信网络诈骗受过处罚，是否故意规避调查等主客观因素进行综合分析认定。

（四）负责招募他人实施电信网络诈骗犯罪活动，或者制作、提供诈骗方案、术语清单、语音包、信息等的，以诈骗共同犯罪论处。

（五）部分犯罪嫌疑人在逃，但不影响对已到案共同犯罪嫌疑人、被告人的犯罪事实认定的，可以依法先行追究已到案共同犯罪嫌疑人、被告人的刑事责任。

**五、依法确定案件管辖**

（一）电信网络诈骗犯罪案件一般由犯罪地公安机关立案侦查，如果由犯罪嫌疑人居住地公安机关立案侦查更为适宜的，可以由犯罪嫌疑人居住地公安机关立案侦查。犯罪地包括犯罪行为发生地和犯罪结果发生地。

"犯罪行为发生地"包括用于电信网络诈骗犯罪的网站服务器所在地，网站建立者、管理者所在地，被侵害的计算机信息系统或其管理者所在地，犯罪嫌疑人、被害人使用的计算机信息系统所在地，诈骗电话、短信息、电子邮件等的拨打地、发送地、到达地、接受地，以及诈骗行为持续发生的实施地、预备地、开始地、途经地、结束地。

"犯罪结果发生地"包括被害人被骗时所在地，以及诈骗所得财物的实际取得地、藏匿地、转移地、使用地、销售地等。

（二）电信网络诈骗最初发现地公安机关侦办的案件，诈骗数额当时未达到"数额较大"标准，但后续累计达到"数额较大"标准，可由最初发现地公安机关立案侦查。

（三）具有下列情形之一的，有关公安机关可以在其职责范围内并案侦查：

1. 一人犯数罪的；

2. 共同犯罪的；

3. 共同犯罪的犯罪嫌疑人还实施其他犯罪的；

4. 多个犯罪嫌疑人实施的犯罪存在直接关联，并案处理有利于查明案件事实的。

（四）对因网络交易、技术支持、资金支付结算等关系形成多层级链条、跨区域的电信网络诈骗等犯罪案件，可由共同上级公安机关按照有利于查清犯罪事实、有利于诉讼的原则，指定有关公安机关立案侦查。

（五）多个公安机关都有权立案侦查的电信网络诈骗等犯罪案件，由最初受理的公安机关或者主要犯罪地公安机关立案侦查。有争议的，按照有利于查清犯罪事实、有利于诉讼的原则，协商解决。经协商无法达成一致的，由共同上级公安机关指定有关公安机关立案侦查。

法律适用 | 司法解释

（六）在境外实施的电信网络诈骗等犯罪案件，可由公安部按照有利于查清犯罪事实、有利于诉讼的原则，指定有关公安机关立案侦查。

（七）公安机关立案、并案侦查，或因有争议，由共同上级公安机关指定立案侦查的案件，需要提请批准逮捕、移送审查起诉、提起公诉的，由该公安机关所在地的人民检察院、人民法院受理。

对重大疑难复杂案件和境外案件，公安机关应在指定立案侦查前，向同级人民检察院、人民法院通报。

（八）已确定管辖的电信诈骗共同犯罪案件，在逃的犯罪嫌疑人归案后，一般由原管辖的公安机关、人民检察院、人民法院管辖。

### 六、证据的收集和审查判断

（一）办理电信网络诈骗案件，确因被害人人数众多等客观条件的限制，无法逐一收集被害人陈述的，可以结合已收集的被害人陈述，以及经查证属实的银行账户交易记录、第三方支付结算账户交易记录、通话记录、电子数据等证据，综合认定被害人人数及诈骗资金数额等犯罪事实。

（二）公安机关采取技术侦查措施收集的案件证明材料，作为证据使用的，应当随案移送批准采取技术侦查措施的法律文书和所收集的证据材料，并对其来源等作出书面说明。

（三）依照国际条约、刑事司法协助、互助协议或平等互助原则，请求证据材料所在地司法机关收集，或通过国际警务合作机制、国际刑警组织启动合作取证程序收集的境外证据材料，经查证属实，可以作为定案的依据。公安机关应对其来源、提取人、提取时间或者提供人、提供时间以及保管移交的过程等作出说明。

对其他来自境外的证据材料，应当对其来源、提供人、提供时间以及提取人、提取时间进行审查。能够证明案件事实且符合刑事诉讼法规定的，可以作为证据使用。

### 七、涉案财物的处理

（一）公安机关侦办电信网络诈骗案件，应当随案移送涉案赃款赃物，并附清单。人民检察院提起公诉时，应一并移交受理案件的人民法院，同时就涉案赃款赃物的处理提出意见。

（二）涉案银行账户或者涉案第三方支付账户内的款项，对权属明确的被害人的合法财产，应当及时返还。确因客观原因无法查实全部被害人，但有证据证明该账户系用于电信网络诈骗犯罪，且被告人无法说明款项合法来源的，根据刑法第六十四条的规定，应认定为违法所得，予以追缴。

（三）被告人已将诈骗财物用于清偿债务或者转让给他人，具有下列情形之一的，应当依法追缴：

1. 对方明知是诈骗财物而收取的；
2. 对方无偿取得诈骗财物的；
3. 对方以明显低于市场的价格取得诈骗财物的；
4. 对方取得诈骗财物系源于非法债务或者违法犯罪活动的。

他人善意取得诈骗财物的，不予追缴。

### 四、最高人民法院、最高人民检察院、公安部《关于办理电信网络诈骗等刑事案件适用法律若干问题的意见（二）》（2021 年 6 月 17 日最高人民法院、最高人民检察院、公安部公布　自公布之日起施行　法发〔2021〕22 号）

为进一步依法严厉惩治电信网络诈骗犯罪，对其上下游关联犯罪实行全链条、全方位打击，根据《中华人民共和国刑法》《中华人民共和国刑事诉讼法》等法律和有关司法解释的规定，针对司法实践中出现的新的突出问题，结合工作实际，制定本意见。

**法律适用**

**司法解释**

一、电信网络诈骗犯罪地，除《最高人民法院、最高人民检察院、公安部关于办理电信网络诈骗等刑事案件适用法律若干问题的意见》规定的犯罪行为发生地和结果发生地外，还包括：

（一）用于犯罪活动的手机卡、流量卡、物联网卡的开立地、销售地、转移地、藏匿地；

（二）用于犯罪活动的信用卡的开立地、销售地、转移地、藏匿地、使用地以及资金交易对手资金交付和汇出地；

（三）用于犯罪活动的银行账户、非银行支付账户的开立地、销售地、使用地以及资金交易对手资金交付和汇出地；

（四）用于犯罪活动的即时通讯信息、广告推广信息的发送地、接受地、到达地；

（五）用于犯罪活动的"猫池"（Modem Pool）、GOIP设备、多卡宝等硬件设备的销售地、入网地、藏匿地；

（六）用于犯罪活动的互联网账号的销售地、登录地。

二、为电信网络诈骗犯罪提供作案工具、技术支持等帮助以及掩饰、隐瞒犯罪所得及其产生的收益，由此形成多层级犯罪链条的，或者利用同一网站、通讯群组、资金账户、作案窝点实施电信网络诈骗犯罪的，应当认定为多个犯罪嫌疑人、被告人实施的犯罪存在关联，人民法院、人民检察院、公安机关可以在其职责范围内并案处理。

三、有证据证实行为人参加境外诈骗犯罪集团或犯罪团伙，在境外针对境内居民实施电信网络诈骗犯罪行为，诈骗数额难以查证，但一年内出境赴境外诈骗犯罪窝点累计时间30日以上或多次出境赴境外诈骗犯罪窝点的，应当认定为刑法第二百六十六条规定的"其他严重情节"，以诈骗罪依法追究刑事责任。有证据证明其出境从事正当活动的除外。

四、无正当理由持有他人的单位结算卡的，属于刑法第一百七十七条之一第一款第（二）项规定的"非法持有他人信用卡"。

五、非法获取、出售、提供具有信息发布、即时通讯、支付结算等功能的互联网账号密码、个人生物识别信息，符合刑法第二百五十三条之一规定的，以侵犯公民个人信息罪追究刑事责任。

对批量前述互联网账号密码、个人生物识别信息的条数，根据查获的数量直接认定，但有证据证明信息不真实或者重复的除外。

六、在网上注册办理手机卡、信用卡、银行账户、非银行支付账户时，为通过网上认证，使用他人身份证件信息并替换他人身份证件相片，属于伪造身份证件行为，符合刑法第二百八十条第三款规定的，以伪造身份证件罪追究刑事责任。

使用伪造、变造的身份证件或者盗用他人身份证件办理手机卡、信用卡、银行账户、非银行支付账户，符合刑法第二百八十条之一第一款规定的，以使用虚假身份证件、盗用身份证件罪追究刑事责任。

实施上述两款行为，同时构成其他犯罪的，依照处罚较重的规定定罪处罚。法律和司法解释另有规定的除外。

七、为他人利用信息网络实施犯罪而实施下列行为，可以认定为刑法第二百八十七条之二规定的"帮助"行为：

（一）收购、出售、出租信用卡、银行账户、非银行支付账户、具有支付结算功能的互联网账号密码、网络支付接口、网上银行数字证书的；

（二）收购、出售、出租他人手机卡、流量卡、物联网卡的。

八、认定刑法第二百八十七条之二规定的行为人明知他人利用信息网络实施犯罪，应当根据行为人收购、出售、出租前述第七条规定的信用卡、银行账户、非银行支付账户、具有支付结算功能的互联网账号密码、网络支付接口、网上银行数字证书，或者他人手机卡、流量卡、物联网卡等的次数、张数、个数，并结合行为人的认知能力、既往经历、交易对象、与实施信息网络犯罪的行为人的关系、提供技术支持或者帮助的时间和方式、获利情况以及行为人的供述等主客观因素，予以综合认定。

收购、出售、出租单位银行结算账户、非银行支付机构单位支付账户，或者电信、银行、网络支付等行业从业人员利用履行职责或提供服务便利，非法开办并出售、出租他人手机卡、信用卡、银行账户、非银行支付账户等的，可以认定为《最高人民法院、最高人民检察院关于办理非法利用信息网络、帮助信息网络犯罪活动等刑事案件适用法律若干问题的解释》第十一条第（七）项规定的"其他足以认定行为人明知的情形"。但有相反证据的除外。

九、明知他人利用信息网络实施犯罪，为其犯罪提供下列帮助之一的，可以认定为《最高人民法院、最高人民检察院关于办理非法利用信息网络、帮助信息网络犯罪活动等刑事案件适用法律若干问题的解释》第十二条第一款第（七）项规定的"其他情节严重的情形"：

（一）收购、出售、出租信用卡、银行账户、非银行支付账户、具有支付结算功能的互联网账号密码、网络支付接口、网上银行数字证书 5 张（个）以上的；

（二）收购、出售、出租他人手机卡、流量卡、物联网卡 20 张以上的。

十、电商平台预付卡、虚拟货币、手机充值卡、游戏点卡、游戏装备等经销商，在公安机关调查案件过程中，被明确告知其交易对象涉嫌电信网络诈骗犯罪，仍与其继续交易，符合刑法第二百八十七条之二规定的，以帮助信息网络犯罪活动罪追究刑事责任。同时构成其他犯罪的，依照处罚较重的规定定罪处罚。

十一、明知是电信网络诈骗犯罪所得及其产生的收益，以下列方式之一予以转账、套现、取现，符合刑法第三百一十二条第一款规定的，以掩饰、隐瞒犯罪所得、犯罪所得收益罪追究刑事责任。但有证据证明确实不知道的除外。

（一）多次使用或者使用多个非本人身份证明开设的收款码、网络支付接口等，帮助他人转账、套现、取现的；

（二）以明显异于市场的价格，通过电商平台预付卡、虚拟货币、手机充值卡、游戏点卡、游戏装备等转换财物、套现的；

（三）协助转换或者转移财物，收取明显高于市场的"手续费"的。

实施上述行为，事前通谋的，以共同犯罪论处；同时构成其他犯罪的，依照处罚较重的规定定罪处罚。法律和司法解释另有规定的除外。

十二、为他人实施电信网络诈骗犯罪提供技术支持、广告推广、支付结算等帮助，或者窝藏、转移、收购、代为销售及以其他方法掩饰、隐瞒电信网络诈骗犯罪所得及其产生的收益，诈骗犯罪行为可以确认，但实施诈骗的行为人尚未到案，可以依法先行追究已到案的上述犯罪嫌疑人、被告人的刑事责任。

十三、办案地公安机关可以通过公安机关信息化系统调取异地公安机关依法制作、收集的刑事案件受案登记表、立案决定书、被害人陈述等证据材料。调取时不得少于两名侦查人员，并应记载调取的时间、使用的信息化系统名称等相关信息，调取人签名并加盖办案地公安机关印章。经审核证明真实的，可以作为证据使用。

**法律适用**

**司法解释**

十四、通过国（区）际警务合作收集或者境外警方移交的境外证据材料，确因客观条件限制，境外警方未提供相关证据的发现、收集、保管、移交情况等材料的，公安机关应当对上述证据材料的来源、移交过程以及种类、数量、特征等作出书面说明，由两名以上侦查人员签名并加盖公安机关印章。经审核能够证明案件事实的，可以作为证据使用。

十五、对境外司法机关抓获并羁押的电信网络诈骗犯罪嫌疑人，在境内接受审判的，境外的羁押期限可以折抵刑期。

十六、办理电信网络诈骗犯罪案件，应当充分贯彻宽严相济刑事政策。在侦查、审查起诉、审判过程中，应当全面收集证据、准确甄别犯罪嫌疑人、被告人在共同犯罪中的层级地位及作用大小，结合其认罪态度和悔罪表现，区别对待，宽严并用，科学量刑，确保罚当其罪。

对于电信网络诈骗犯罪集团、犯罪团伙的组织者、策划者、指挥者和骨干分子，以及利用未成年人、在校学生、老年人、残疾人实施电信网络诈骗的，依法从严惩处。

对于电信网络诈骗犯罪集团、犯罪团伙中的从犯，特别是其中参与时间相对较短、诈骗数额相对较低或者从事辅助性工作并领取少量报酬，以及初犯、偶犯、未成年人、在校学生等，应当综合考虑其在共同犯罪中的地位作用、社会危害程度、主观恶性、人身危险性、认罪悔罪表现等情节，可以依法从轻、减轻处罚。犯罪情节轻微的，可以依法不起诉或者免予刑事处罚；情节显著轻微危害不大的，不以犯罪论处。

十七、查扣的涉案账户内资金，应当优先返还被害人，如不足以全额返还的，应当按照比例返还。

**五、最高人民法院、最高人民检察院、公安部《关于办理跨境电信网络诈骗等刑事案件适用法律若干问题的意见》**（2024 年 6 月 26 日最高人民法院、最高人民检察院、公安部公布）

为依法严厉惩治跨境电信网络诈骗等犯罪活动，根据《中华人民共和国刑法》《中华人民共和国刑事诉讼法》等法律及有关司法解释等规定，结合工作实际，制定本意见。

**一、总体要求**

1. 跨境电信网络诈骗等犯罪活动严重侵害人民群众生命财产安全，社会危害极大，人民群众反映强烈。人民法院、人民检察院、公安机关要坚持以人民为中心，坚持系统治理、依法治理、源头治理，依法从严惩处，全力追赃挽损，坚决维护人民群众切身利益。依法重点打击犯罪集团及其组织者、策划者、指挥者和骨干成员；重点打击为跨境电信网络诈骗等犯罪活动提供庇护的组织；重点打击犯罪集团实施的故意杀人、故意伤害、绑架、强奸、强迫卖淫、非法拘禁等犯罪行为；重点打击为跨境电信网络诈骗等犯罪集团招募成员而实施组织、运送他人偷越国（边）境的犯罪行为。

2. 人民法院、人民检察院、公安机关要严格依法办案，坚持以证据为中心，贯彻证据裁判原则，全面收集、审查证据，严禁刑讯逼供和以威胁、引诱、欺骗等非法手段收集证据，充分保障犯罪嫌疑人、被告人诉讼权利，准确认定事实，正确适用法律，依法公正办理。

3. 人民法院、人民检察院、公安机关要认真贯彻落实宽严相济刑事政策，充分考虑行为人的一贯表现、主观恶性和人身危险性，做到区别对待、宽严并用、罚当其罪。对于应当重点打击的犯罪分子，坚持总体从严，严格掌握取保候审范围，严格掌握不起诉标准，严格掌握从轻、减轻处罚或者缓刑的适用范围和幅度，充分运用财产刑，不让犯罪分子在经济上得利。对于主动投案、认罪认罚、积极退赃退赔、积极配合办案机关追查相关犯罪、抓捕首要分子和骨干成员、追缴涉案财物起到重要作用的，以及未成年人、在校学生和被诱骗或者被胁迫参与犯罪的人员，坚持宽以济严，依法从宽处罚。

**二、依法惩治跨境电信网络诈骗等犯罪**

4. 通过提供犯罪场所、条件保障、武装庇护、人员管理等方式管理控制犯罪团伙实施跨境电信网络诈骗、敲诈勒索等犯罪活动，抽成分红或者收取相关费用，有明确的组织者、领导者，骨干成员基本固定，符合刑法第二十六条第二款规定的，应当认定为犯罪集团。

组织者、领导者未到案或者因死亡等法定情形未被追究刑事责任的，不影响犯罪集团的认定。

5. 对于跨境实施的电信网络诈骗、敲诈勒索等犯罪，确因客观条件限制无法查明被害人的，可以依据账户交易记录、通讯群组聊天记录等证据，结合犯罪嫌疑人、被告人供述，综合认定犯罪数额。

对于犯罪集团的犯罪数额，可以根据该犯罪集团从其管理控制的犯罪团伙抽成分红或者收取费用的数额和方式折算。对于无法折算的，抽成分红或者收取费用的数额可以认定为犯罪数额。

6. 犯罪嫌疑人、被告人参加犯罪集团或犯罪团伙，实施电信网络诈骗、敲诈勒索等犯罪行为，犯罪集团或犯罪团伙的犯罪数额已经查证，但因客观条件限制无法查明犯罪嫌疑人、被告人具体犯罪数额的，应当综合考虑其在犯罪集团、犯罪团伙中的地位作用、参与时间、与犯罪事实的关联度，以及主观恶性和人身危险性等，准确认定其罪责。

7. 犯罪嫌疑人、被告人参加境外诈骗犯罪集团或犯罪团伙，实施电信网络诈骗犯罪行为，犯罪嫌疑人、被告人及所在犯罪集团、犯罪团伙的犯罪数额均难以查证，但犯罪嫌疑人、被告人一年内出境赴境外犯罪窝点累计时间 30 日以上或者多次出境赴境外犯罪窝点的，应当认定为刑法第二百六十六条规定的"其他严重情节"，以诈骗罪依法追究刑事责任。但有证据证实其出境从事正当活动的除外。

8. 本意见第 7 条规定的"犯罪窝点"，是指实施电信网络诈骗犯罪活动的作案场所。对于为招募电信网络诈骗犯罪团伙而建设，或者入驻的主要是电信网络诈骗犯罪团伙的整栋建筑物、企业园区、产业园区、开发区等，可以认定为"犯罪窝点"。

"一年内出境赴境外犯罪窝点累计时间 30 日以上"，应当从犯罪嫌疑人、被告人实际加入境外犯罪窝点的时间起算。犯罪嫌疑人、被告人实际加入境外犯罪窝点的确切时间难以查证，但能够查明其系非法出境的，可以以出境时间起算，合理路途时间应当扣除。确因客观条件限制无法查明出境时间的，可以结合犯罪嫌疑人、被告人的行踪轨迹等最后出现在国（边）境附近的时间，扣除合理路途时间后综合认定。合理路途时间可以参照乘坐公共交通工具所需时间认定。犯罪嫌疑人、被告人就路途时间提出合理辩解并经查证属实的，应当予以采信。

9. 认定犯罪嫌疑人、被告人实施偷越国（边）境行为，可以根据其出入境证件、出入境记录、行踪轨迹、移交接收人员证明等，结合犯罪嫌疑人、被告人供述综合认定。

犯罪嫌疑人、被告人以旅游、探亲、求学、务工、经商等为由申领出入境证件，但出境后即前往电信网络诈骗、敲诈勒索等犯罪窝点的，属于《最高人民法院 最高人民检察院关于办理妨害国（边）境管理刑事案件应用法律若干问题的解释》第六条第（四）项规定的使用以虚假的出入境事由骗取的出入境证件出入国（边）境情形，应当认定为偷越国（边）境行为。

10. 具有下列情形之一的，应当认定为《最高人民法院 最高人民检察院关于办理妨害国（边）境管理刑事案件应用法律若干问题的解释》第五条第（二）项规定的"结伙"：

（1）犯罪嫌疑人、被告人就偷越国（边）境的路线、交通方式、中途驻留地点、规避检查方式等进行商议或者以实际行为相互帮助的；

（2）犯罪嫌疑人、被告人之间代为支付交通、住宿等偷越国（边）境过程中产生的相关费用的；

（3）有犯罪嫌疑人、被告人负责与组织、运送偷越国（边）境的犯罪团伙或者个人联系，并带领其他人员一起偷越国（边）境的。

11. 能够查明被害人的身份，但确因客观条件限制无法当面询问的，可由两名以上办案人员通过视频等远程方式询问，并当场制作笔录，经被害人核对无误后，办案人员逐页签名确认，并注明与询问内容一致。询问、核对笔录、签名过程应当全程同步录音录像。询问过程有翻译人员参加的，翻译人员应当在询问笔录上逐页签名确认。

12. 犯罪嫌疑人、被告人辩解在境外受胁迫实施电信网络诈骗、敲诈勒索等犯罪活动的，应当对其提供的线索或者材料进行调查核实，综合认定其是否属于刑法第二十八条规定的"被胁迫参加犯罪"。

犯罪嫌疑人、被告人在境外实施电信网络诈骗、敲诈勒索等犯罪活动期间，能够与外界保持自由联系，或者被胁迫后又积极主动实施犯罪的，一般不认定为胁从犯。

13. 实施跨境电信网络诈骗、敲诈勒索等犯罪的人员，主动或者经亲友劝说后回国投案，并如实供述自己罪行的，应当认定为自首，依法可以从轻或者减轻处罚。其中，犯罪较轻的，可以免除处罚。

14. 犯罪嫌疑人、被告人在境外实施电信网络诈骗、敲诈勒索等犯罪，犯罪情节轻微，依照法律规定不起诉或者免予刑事处罚的，由主管部门依法予以行政处罚。

**三、全面加强追赃挽损**

15. 公安机关、人民检察院、人民法院应当全面调查、审查跨境电信网络诈骗、敲诈勒索等犯罪集团、犯罪团伙及其成员的财产状况，依法及时查询、查封、扣押、冻结涉案账户资金、房产、车辆、贵金属等涉案财物。对于依法查封、扣押、冻结的涉案财物，公安机关应当全面收集证明其来源、性质、权属、价值，以及是否应予追缴、没收或者责令退赔等证据材料，并在移送审查起诉时随案移送。人民检察院应当对涉案财物的证据材料进行审查，在提起公诉时提出处理意见。人民法院应当在判决书中对涉案财物作出处理。

16. 犯罪嫌疑人、被告人逃匿境外的电信网络诈骗犯罪案件，犯罪嫌疑人、被告人在通缉一年后不能到案，或者犯罪嫌疑人、被告人死亡的，应当依照法定程序没收其违法所得及其他涉案财产。

**六、最高人民法院、最高人民检察院《关于办理与盗窃、抢劫、诈骗、抢夺机动车相关刑事案件具体应用法律若干问题的解释》**（2007 年 5 月 9 日最高人民法院、最高人民检察院公布 自 2007 年 5 月 11 日起施行 法释〔2007〕11 号）

**第一条** 明知是盗窃、抢劫、诈骗、抢夺的机动车，实施下列行为之一的，依照刑法第三百一十二条的规定，以掩饰、隐瞒犯罪所得、犯罪所得收益罪定罪，处三年

**法 律 适 用**

**司 法 解 释**

以下有期徒刑、拘役或者管制，并处或者单处罚金：

（一）买卖、介绍买卖、典当、拍卖、抵押或者用其抵债的；

（二）拆解、拼装或者组装的；

（三）修改发动机号、车辆识别代号的；

（四）更改车身颜色或者车辆外形的；

（五）提供或者出售机动车来历凭证、整车合格证、号牌以及有关机动车的其他证明和凭证的；

（六）提供或者出售伪造、变造的机动车来历凭证、整车合格证、号牌以及有关机动车的其他证明和凭证的。

实施第一款规定的行为涉及盗窃、抢劫、诈骗、抢夺的机动车五辆以上或者价值总额达到五十万元以上的，属于刑法第三百一十二条规定的"情节严重"，处三年以上七年以下有期徒刑，并处罚金。

**第二条** 伪造、变造、买卖机动车行驶证、登记证书，累计三本以上的，依照刑法第二百八十条第一款的规定，以伪造、变造、买卖国家机关证件罪定罪，处三年以下有期徒刑、拘役、管制或者剥夺政治权利。

伪造、变造、买卖机动车行驶证、登记证书，累计达到第一款规定数量标准五倍以上的，属于刑法第二百八十条第一款规定中的"情节严重"，处三年以上十年以下有期徒刑。

**第三条** 国家机关工作人员滥用职权，有下列情形之一，致使盗窃、抢劫、诈骗、抢夺的机动车被办理登记手续，数量达到三辆以上或者价值总额达到三十万元以上的，依照刑法第三百九十七条第一款的规定，以滥用职权罪定罪，处三年以下有期徒刑或者拘役：

（一）明知是登记手续不全或者不符合规定的机动车而办理登记手续的；

（二）指使他人为明知是登记手续不全或者不符合规定的机动车办理登记手续的；

（三）违规或者指使他人违规更改、调换车辆档案的；

（四）其他滥用职权的行为。

国家机关工作人员疏于审查或者审查不严，致使盗窃、抢劫、诈骗、抢夺的机动车被办理登记手续，数量达到五辆以上或者价值总额达到五十万元以上的，依照刑法第三百九十七条第一款的规定，以玩忽职守罪定罪，处三年以下有期徒刑或者拘役。

国家机关工作人员实施前两款规定的行为，致使盗窃、抢劫、诈骗、抢夺的机动车被办理登记手续，分别达到前两款规定数量、数额标准五倍以上的，或者明知是盗窃、抢劫、诈骗、抢夺的机动车而办理登记手续的，属于刑法第三百九十七条第一款规定的"情节特别严重"，处三年以上七年以下有期徒刑。

国家机关工作人员徇私舞弊，实施上述行为，构成犯罪的，依照刑法第三百九十七条第二款的规定定罪处罚。

**第四条** 实施本解释第一条、第二条、第三条第一款或者第三款规定的行为，事前与盗窃、抢劫、诈骗、抢夺机动车的犯罪分子通谋的，以盗窃罪、抢劫罪、诈骗罪、抢夺罪的共犯论处。

**第五条** 对跨地区实施的涉及同一机动车的盗窃、抢劫、诈骗、抢夺以及掩饰、隐瞒犯罪所得、犯罪所得收益行为，有关公安机关可以依照法律和有关规定一并立案侦查，需要提请批准逮捕、移送审查起诉、提起公诉的，由该公安机关所在地的同级人民检察院、人民法院受理。

法 律 适 用

司 法 解 释

**第六条** 行为人实施本解释第一条、第三条第三款规定的行为，涉及的机动车有下列情形之一的，应当认定行为人主观上属于上述条款所称"明知"：

（一）没有合法有效的来历凭证；

（二）发动机号、车辆识别代号有明显更改痕迹，没有合法证明的。

**七、最高人民法院《关于审理伪造货币等案件具体应用法律若干问题的解释（二）》（节录）**（2010年10月20日最高人民法院公布 自2010年11月3日起施行 法释〔2010〕14号）

**第五条** 以使用为目的，伪造停止流通的货币，或者使用伪造的停止流通的货币的，依照刑法第二百六十六条的规定，以诈骗罪定罪处罚。

**八、最高人民法院《关于审理扰乱电信市场管理秩序案件具体应用法律若干问题的解释》（节录）**（2000年5月12日最高人民法院公布 自2000年5月24日起施行 法释〔2000〕12号）

**第九条** 以虚假、冒用的身份证件办理入网手续并使用移动电话，造成电信资费损失数额较大的，依照刑法第二百六十六条的规定，以诈骗罪定罪处罚。

**九、最高人民法院、最高人民检察院《关于办理危害药品安全刑事案件适用法律若干问题的解释》（节录）**（2022年3月3日最高人民法院、最高人民检察院公布 自2022年3月6日起施行 高检发释字〔2022〕1号）

**第十三条** 明知系利用医保骗保购买的药品而非法收购、销售，金额五万元以上的，应当依照刑法第三百一十二条的规定，以掩饰、隐瞒犯罪所得罪定罪处罚；指使、教唆、授意他人利用医保骗保购买药品，进而非法收购、销售，符合刑法第二百六十六条规定的，以诈骗罪定罪处罚。

对于利用医保骗保购买药品的行为人是否追究刑事责任，应当综合骗取医保基金的数额、手段、认罪悔罪态度等案件具体情节，依法妥当决定。利用医保骗保购买药品的行为人是否被追究刑事责任，不影响对非法收购、销售有关药品的行为人定罪处罚。

对于第一款规定的主观明知，应当根据药品标志、收购渠道、价格、规模及药品追溯信息等综合认定。

**十、最高人民法院、最高人民检察院《关于办理危害食品安全刑事案件适用法律若干问题的解释》（节录）**（2021年12月30日最高人民法院、最高人民检察院公布 自2022年1月1日起施行 法释〔2021〕24号）

**第十九条** 违反国家规定，利用广告对保健食品或者其他食品作虚假宣传，符合刑法第二百二十二条规定的，以虚假广告罪定罪处罚；以非法占有为目的，利用销售保健食品或者其他食品诈骗财物，符合刑法第二百六十六条规定的，以诈骗罪定罪处罚。同时构成生产、销售伪劣产品罪等其他犯罪的，依照处罚较重的规定定罪处罚。

**十一、最高人民法院、最高人民检察院、公安部《关于办理医保骗保刑事案件若干问题的指导意见》**（2024年2月28日最高人民法院、最高人民检察院、公安部公布）

为依法惩治医保骗保犯罪，维护医疗保障基金安全，维护人民群众合法权益，根据《中华人民共和国刑法》、《中华人民共和国刑事诉讼法》等有关规定，现就办理医保骗保刑事案件若干问题提出如下意见。

**一、全面把握总体要求**

1. 深刻认识依法惩治医保骗保犯罪的重大意义。医疗保障基金是人民群众的"看病钱"、"救命钱"，事关人民群众切身利益，事关医疗保障制度健康持续发展，

法律适用　司法解释

事关国家长治久安。要切实提高政治站位，深刻认识依法惩治医保骗保犯罪的重大意义，持续深化医保骗保问题整治，依法严惩医保骗保犯罪，切实维护医疗保障基金安全，维护人民群众医疗保障合法权益，促进医疗保障制度健康持续发展，不断提升人民群众获得感、幸福感、安全感。

2. 坚持严格依法办案。坚持以事实为根据、以法律为准绳，坚持罪刑法定、证据裁判、疑罪从无等法律原则，严格按照证据证明标准和要求，全面收集、固定、审查和认定证据，确保每一起医保骗保刑事案件事实清楚，证据确实、充分，定罪准确，量刑适当，程序合法。切实贯彻宽严相济刑事政策和认罪认罚从宽制度，该宽则宽，当严则严，宽严相济，罚当其罪，确保罪责刑相适应，实现政治效果、法律效果和社会效果的统一。

3. 坚持分工负责、互相配合、互相制约。公安机关、人民检察院、人民法院要充分发挥侦查、起诉、审判职能作用，加强协作配合，建立长效工作机制，形成工作合力，依法、及时、有效惩治医保骗保犯罪。坚持以审判为中心，强化证据意识、程序意识、裁判意识，充分发挥庭审在查明事实、认定证据、保护诉权、公正裁判中的决定性作用，有效加强法律监督，确保严格执法、公正司法，提高司法公信力。

**二、准确认定医保骗保犯罪**

4. 本意见所指医保骗保刑事案件，是指采取欺骗手段，骗取医疗保障基金的犯罪案件。

医疗保障基金包括基本医疗保险（含生育保险）基金、医疗救助基金、职工大额医疗费用补助、公务员医疗补助、居民大病保险资金等。

5. 定点医药机构（医疗机构、药品经营单位）以非法占有为目的，实施下列行为之一，骗取医疗保障基金支出的，对组织、策划、实施人员，依照刑法第二百六十六条的规定，以诈骗罪定罪处罚；同时构成其他犯罪的，依照处罚较重的规定定罪处罚：

（1）诱导、协助他人冒名或者虚假就医、购药，提供虚假证明材料，或者串通他人虚开费用单据；

（2）伪造、变造、隐匿、涂改、销毁医学文书、医学证明、会计凭证、电子信息、检测报告等有关资料；

（3）虚构医药服务项目、虚开医疗服务费用；

（4）分解住院、挂床住院；

（5）重复收费、超标准收费、分解项目收费；

（6）串换药品、医用耗材、诊疗项目和服务设施；

（7）将不属于医疗保障基金支付范围的医药费用纳入医疗保障基金结算；

（8）其他骗取医疗保障基金支出的行为。

定点医药机构通过实施前款规定行为骗取的医疗保障基金应当予以追缴。

定点医药机构的国家工作人员，利用职务便利，实施第一款规定的行为，骗取医疗保障基金，依照刑法第三百八十二条、第三百八十三条的规定，以贪污罪定罪处罚。

6. 行为人以非法占有为目的，实施下列行为之一，骗取医疗保障基金支出的，依照刑法第二百六十六条的规定，以诈骗罪定罪处罚；同时构成其他犯罪的，依照处罚较重的规定定罪处罚：

**法律适用** · **司法解释**

（1）伪造、变造、隐匿、涂改、销毁医学文书、医学证明、会计凭证、电子信息、检测报告等有关资料；

（2）使用他人医疗保障凭证冒名就医、购药；

（3）虚构医药服务项目、虚开医疗服务费用；

（4）重复享受医疗保障待遇；

（5）利用享受医疗保障待遇的机会转卖药品、医用耗材等，接受返还现金、实物或者获得其他非法利益；

（6）其他骗取医疗保障基金支出的行为。

参保人员个人账户按照有关规定为他人支付在定点医疗机构就医发生的由个人负担的医疗费用，以及在定点零售药店购买药品、医疗器械、医用耗材发生的由个人负担的费用，不属于前款第（2）项规定的冒名就医、购药。

7. 医疗保障行政部门及经办机构工作人员利用职务便利，骗取医疗保障基金支出的，依照刑法第三百八十二条、第三百八十三条的规定，以贪污罪定罪处罚。

8. 以骗取医疗保障基金为目的，购买他人医疗保障凭证（社会保障卡等）并使用，同时构成买卖身份证件罪、使用虚假身份证件罪、诈骗罪的，以处罚较重的规定定罪处罚。

盗窃他人医疗保障凭证（社会保障卡等），并盗刷个人医保账户资金，依照刑法第二百六十四条的规定，以盗窃罪定罪处罚。

9. 明知系利用医保骗保购买的药品而非法收购、销售的，依照刑法第三百一十二条和相关司法解释的规定，以掩饰、隐瞒犯罪所得罪定罪处罚；指使、教唆、授意他人利用医保骗保购买药品，进而非法收购、销售，依照刑法第二百六十六条的规定，以诈骗罪定罪处罚。

利用医保骗保购买药品的行为人是否被追究刑事责任，不影响对非法收购、销售有关药品的行为人定罪处罚。

对第一款规定的主观明知，应当根据药品标志、收购渠道、价格、规模及药品追溯信息等综合认定。具有下列情形之一的，可以认定行为人具有主观明知，但行为人能够说明药品合法来源或作出合理解释的除外：

（1）药品价格明显异于市场价格的；

（2）曾因实施非法收购、销售利用医保骗保购买的药品，受过刑事或行政处罚的；

（3）以非法收购、销售基本医疗保险药品为业的；

（4）长期或多次向不特定交易对象收购、销售基本医疗保险药品的；

（5）利用互联网、邮寄等非接触式渠道多次收购、销售基本医疗保险药品的；

（6）其他足以认定行为人主观明知的。

**三、依法惩处医保骗保犯罪**

10. 依法从严惩处医保骗保犯罪，重点打击幕后组织者、职业骗保人等，对其中具有退赃退赔、认罪认罚等从宽情节的，也要从严把握从宽幅度。

具有下列情形之一的，可以从重处罚：

（1）组织、指挥犯罪团伙骗取医疗保障基金的；

（2）曾因医保骗保犯罪受过刑事追究的；

（3）拒不退赃退赔或者转移财产的；

（4）造成其他严重后果或恶劣社会影响的。

11. 办理医保骗保刑事案件，要同步审查洗钱、侵犯公民个人信息等其他犯罪线索，实现全链条依法惩治。要结合常态化开展扫黑除恶斗争，发现、识别医保骗保团伙中可能存在的黑恶势力，深挖医保骗保犯罪背后的腐败和"保护伞"，并坚决依法严惩。

12. 对实施医保骗保的行为人是否追究刑事责任，应当综合骗取医疗保障基金的数额、手段、认罪悔罪、退赃退赔等案件具体情节，依法决定。

对于涉案人员众多的，要根据犯罪的事实、犯罪的性质、情节和对于社会的危害程度，以及在共同犯罪中的地位、作用、具体实施的行为区别对待、区别处理。对涉案不深的初犯、偶犯从轻处罚，对认罪认罚的医务人员、患者可以从宽处罚，其中，犯罪情节轻微的，可以依法不起诉或者免除处罚；情节显著轻微、危害不大的，不作为犯罪处理。

13. 依法正确适用缓刑，要综合考虑犯罪情节、悔罪表现、再犯罪的危险以及宣告缓刑对所居住社区的影响，依法作出决定。对犯罪集团的首要分子、职业骗保人、曾因医保骗保犯罪受过刑事追究，毁灭、伪造、隐藏证据，拒不退赃退赔或者转移财产逃避责任的，一般不适用缓刑。对宣告缓刑的犯罪分子，根据犯罪情况，可以同时禁止其在缓刑考验期限内从事与医疗保障基金有关的特定活动。

14. 依法用足用好财产刑，加大罚金、没收财产力度，提高医保骗保犯罪成本，从经济上严厉制裁犯罪分子。要综合考虑犯罪数额、退赃退赔、认罪认罚等情节决定罚金数额。

#### 四、切实加强证据的收集、审查和判断

15. 医保骗保刑事案件链条长、隐蔽深、取证难，公安机关要加强调查取证工作，围绕医保骗保犯罪事实和量刑情节收集固定证据，尤其注重收集和固定处方、病历等原始证据材料及证明实施伪造骗取事实的核心证据材料，深入查明犯罪事实，依法移送起诉。对重大、疑难、复杂和社会影响大、关注度高的案件，必要时可以听取人民检察院的意见。

16. 人民检察院要依法履行法律监督职责，强化以证据为核心的指控体系构建，加强对医保骗保刑事案件的提前介入、证据审查、立案监督等工作，积极引导公安机关开展侦查活动，完善证据体系。

17. 人民法院要强化医保骗保刑事案件证据的审查、判断，综合运用证据，围绕与定罪量刑有关的事实情节进行审查、认定，确保案件事实清楚，证据确实、充分。认为需要补充证据的，应当依法建议人民检察院补充侦查。

18. 医疗保障行政部门在监督检查和调查中收集的物证、书证、视听资料、电子数据等证据材料，经法庭查证属实，且收集程序符合有关法律、行政法规规定的，可以作为定案的根据。

19. 办理医保骗保刑事案件，确因证人人数众多等客观条件限制，无法逐一收集证人证言的，可以结合已收集的证人证言，以及经查证属实的银行账户交易记录、第三方支付结算凭证、账户交易记录、审计报告、医保信息系统数据、电子数据等证据，综合认定诈骗数额等犯罪事实。

20. 公安机关、人民检察院、人民法院对依法查封、扣押、冻结的涉案财产，应当全面收集、审查证明其来源、性质、用途、权属及价值大小等有关证据，根据查明的事实依法处理。经查明确实与案件无关的，应予返还。

公安机关、人民检察院应当对涉案财产审查甄别。在移送起诉、提起公诉时，应当对涉案财产提出处理意见。

法律适用

司法解释

法律适用

司法解释

21. 对行为人实施医保骗保犯罪所得一切财物，应当依法追缴或者责令退赔。确有证据证明存在依法应当追缴的财产，但无法查明去向，或者价值灭失，或者与其他合法财产混合且不可分割的，可以追缴等值财产或者混合财产中的等值部分。等值财产的追缴数额限于依法查明应当追缴违法所得数额，对已经追缴或者退赔的部分应予扣除。

对于证明前款各种情形的证据，应当及时调取。

22. 公安机关、人民检察院、人民法院要把追赃挽损贯穿办理案件全过程和各环节，全力追赃挽损，做到应追尽追。人民法院在执行涉案财物过程中，公安机关、人民检察院及有关职能部门应当配合，切实履行协作义务，综合运用多种手段，做好涉案财物清运、财产变现、资金归集和财产返还等工作，最大程度减少医疗保障基金损失，最大限度维护人民群众利益。

**五、建立健全协同配合机制**

23. 公安机关、人民检察院对医疗保障行政部门在调查医保骗保行为或行政执法过程中，认为案情重大疑难复杂，商请就追诉标准、证据固定等问题提出咨询或参考意见的，应当及时提出意见。

公安机关对医疗保障行政部门移送的医保骗保犯罪线索要及时调查，必要时可请相关部门予以协助并提供相关证据材料，对涉嫌犯罪的及时立案侦查。医疗保障行政部门或有关行政主管部门及医药机构应当积极配合办案机关调取相关证据，做好证据的固定和保管工作。

公安机关、人民检察院、人民法院对不构成犯罪、依法不起诉或免予刑事处罚的医保骗保行为人，需要给予行政处罚、政务处分或者其他处分的，应当依法移送医疗保障行政部门等有关机关处理。

24. 公安机关、人民检察院、人民法院与医疗保障行政部门要加强协作配合，健全医保骗保刑事案件前期调查、立案侦查、审查起诉、审判执行等工作机制，完善线索发现、核查、移送、处理和反馈机制，加强对医保骗保犯罪线索的分析研判，及时发现、有效预防和惩治犯罪。公安机关与医疗保障行政部门要加快推动信息共享，构建实时分析预警监测模型，力争医保骗保问题"发现在早、打击在早"，最大限度减少损失。

公安机关、人民检察院、人民法院应当将医保骗保案件处理结果及生效文书及时通报医疗保障行政部门。

25. 公安机关、人民检察院、人民法院在办理医保骗保刑事案件时，可商请医疗保障行政部门或有关行政主管部门指派专业人员配合开展工作，协助查阅、复制有关专业资料或核算医疗保障基金损失数额，就案件涉及的专业问题出具认定意见。涉及需要行政处理的事项，应当及时移送医疗保障行政部门或者有关行政主管部门依法处理。

26. 公安机关、人民检察院、人民法院要积极能动履职，进一步延伸办案职能，根据情况适时发布典型案例、开展以案释法，加强法治宣传教育，推动广大群众知法、守法，共同维护医疗保障基金正常运行和医疗卫生秩序。结合办理案件发现医疗保障基金使用、监管等方面存在的问题，向有关部门发送提示函、检察建议书、司法建议书，并注重跟踪问效，建立健全防范医保骗保违法犯罪长效机制，彻底铲除医保骗保违法犯罪的滋生土壤。

## 一、《中华人民共和国反电信网络诈骗法》（2022 年 9 月 2 日中华人民共和国主席令第 119 号公布　自 2022 年 12 月 1 日起施行）

### 第一章　总　　则

**第一条**　为了预防、遏制和惩治电信网络诈骗活动，加强反电信网络诈骗工作，保护公民和组织的合法权益，维护社会稳定和国家安全，根据宪法，制定本法。

**第二条**　本法所称电信网络诈骗，是指以非法占有为目的，利用电信网络技术手段，通过远程、非接触等方式，诈骗公私财物的行为。

**第三条**　打击治理在中华人民共和国境内实施的电信网络诈骗活动或者中华人民共和国公民在境外实施的电信网络诈骗活动，适用本法。

境外的组织、个人针对中华人民共和国境内实施电信网络诈骗活动的，或者为他人针对境内实施电信网络诈骗活动提供产品、服务等帮助的，依照本法有关规定处理和追究责任。

**第四条**　反电信网络诈骗工作坚持以人民为中心，统筹发展和安全；坚持系统观念、法治思维，注重源头治理、综合治理；坚持齐抓共管、群防群治，全面落实打防管控各项措施，加强社会宣传教育防范；坚持精准防治，保障正常生产经营活动和群众生活便利。

**第五条**　反电信网络诈骗工作应当依法进行，维护公民和组织的合法权益。

有关部门和单位、个人应当对在反电信网络诈骗工作过程中知悉的国家秘密、商业秘密和个人隐私、个人信息予以保密。

**第六条**　国务院建立反电信网络诈骗工作机制，统筹协调打击治理工作。

地方各级人民政府组织领导本行政区域内反电信网络诈骗工作，确定反电信网络诈骗目标任务和工作机制，开展综合治理。

公安机关牵头负责反电信网络诈骗工作，金融、电信、网信、市场监管等有关部门依照职责履行监管主体责任，负责本行业领域反电信网络诈骗工作。

人民法院、人民检察院发挥审判、检察职能作用，依法防范、惩治电信网络诈骗活动。

电信业务经营者、银行业金融机构、非银行支付机构、互联网服务提供者承担风险防控责任，建立反电信网络诈骗内部控制机制和安全责任制度，加强新业务涉诈风险安全评估。

**第七条**　有关部门、单位在反电信网络诈骗工作中应当密切协作，实现跨行业、跨地域协同配合、快速联动，加强专业队伍建设，有效打击治理电信网络诈骗活动。

**第八条**　各级人民政府和有关部门应当加强反电信网络诈骗宣传，普及相关法律和知识，提高公众对各类电信网络诈骗方式的防骗意识和识骗能力。

教育行政、市场监管、民政等有关部门和村民委员会、居民委员会，应当结合电信网络诈骗受害群体的分布等特征，加强对老年人、青少年等群体的宣传教育，增强反电信网络诈骗宣传教育的针对性、精准性，开展反电信网络诈骗宣传教育进学校、进企业、进社区、进农村、进家庭等活动。

各单位应当加强内部防范电信网络诈骗工作，对工作人员开展防范电信网络诈骗教育；个人应当加强电信网络诈骗防范意识。单位、个人应当协助、配合有关部门依照本法规定开展反电信网络诈骗工作。

法律适用　相关法律法规

## 第二章　电信治理

**第九条**　电信业务经营者应当依法全面落实电话用户真实身份信息登记制度。

基础电信企业和移动通信转售企业应当承担对代理商落实电话用户实名制管理责任，在协议中明确代理商实名制登记的责任和有关违约处置措施。

**第十条**　办理电话卡不得超出国家有关规定限制的数量。

对经识别存在异常办卡情形的，电信业务经营者有权加强核查或者拒绝办卡。具体识别办法由国务院电信主管部门制定。

国务院电信主管部门组织建立电话用户开卡数量核验机制和风险信息共享机制，并为用户查询名下电话卡信息提供便捷渠道。

**第十一条**　电信业务经营者对监测识别的涉诈异常电话卡用户应当重新进行实名核验，根据风险等级采取有区别的、相应的核验措施。对未按规定核验或者核验未通过的，电信业务经营者可以限制、暂停有关电话卡功能。

**第十二条**　电信业务经营者建立物联网卡用户风险评估制度，评估未通过的，不得向其销售物联网卡；严格登记物联网卡用户身份信息；采取有效技术措施限定物联网卡开通功能、使用场景和适用设备。

单位用户从电信业务经营者购买物联网卡再将载有物联网卡的设备销售给其他用户的，应当核验和登记用户身份信息，并将销量、存量及用户实名信息传送给号码归属的电信业务经营者。

电信业务经营者对物联网卡的使用建立监测预警机制。对存在异常使用情形的，应当采取暂停服务、重新核验身份和使用场景或者其他合同约定的处置措施。

**第十三条**　电信业务经营者应当规范真实主叫号码传送和电信线路出租，对改号电话进行封堵拦截和溯源核查。

电信业务经营者应当严格规范国际通信业务出入口局主叫号码传送，真实、准确向用户提示来电号码所属国家或者地区，对网内和网间虚假主叫、不规范主叫进行识别、拦截。

**第十四条**　任何单位和个人不得非法制造、买卖、提供或者使用下列设备、软件：

（一）电话卡批量插入设备；

（二）具有改变主叫号码、虚拟拨号、互联网电话违规接入公用电信网络等功能的设备、软件；

（三）批量账号、网络地址自动切换系统，批量接收提供短信验证、语音验证的平台；

（四）其他用于实施电信网络诈骗等违法犯罪的设备、软件。

电信业务经营者、互联网服务提供者应当采取技术措施，及时识别、阻断前款规定的非法设备、软件接入网络，并向公安机关和相关行业主管部门报告。

## 第三章　金融治理

**第十五条**　银行业金融机构、非银行支付机构为客户开立银行账户、支付账户及提供支付结算服务，和与客户业务关系存续期间，应当建立客户尽职调查制度，依法识别受益所有人，采取相应风险管理措施，防范银行账户、支付账户等被用于电信网络诈骗活动。

**第十六条**　开立银行账户、支付账户不得超出国家有关规定限制的数量。

对经识别存在异常开户情形的，银行业金融机构、非银行支付机构有权加强核查或者拒绝开户。

中国人民银行、国务院银行业监督管理机构组织有关清算机构建立跨机构开户数量核验机制和风险信息共享机制，并为客户提供查询名下银行账户、支付账户的便捷渠道。银行业金融机构、非银行支付机构应当按照国家有关规定提供开户情况和有关风险信息。相关信息不得用于反电信网络诈骗以外的其他用途。

**第十七条** 银行业金融机构、非银行支付机构应当建立开立企业账户异常情形的风险防控机制。金融、电信、市场监管、税务等有关部门建立开立企业账户相关信息共享查询系统，提供联网核查服务。

市场主体登记机关应当依法对企业实名登记履行身份信息核验职责；依照规定对登记事项进行监督检查，对可能存在虚假登记、涉诈异常的企业重点监督检查，依法撤销登记的，依照前款的规定及时共享信息；为银行业金融机构、非银行支付机构进行客户尽职调查和依法识别受益所有人提供便利。

**第十八条** 银行业金融机构、非银行支付机构应当对银行账户、支付账户及支付结算服务加强监测，建立完善符合电信网络诈骗活动特征的异常账户和可疑交易监测机制。

中国人民银行统筹建立跨银行业金融机构、非银行支付机构的反洗钱统一监测系统，会同国务院公安部门完善与电信网络诈骗犯罪资金流转特点相适应的反洗钱可疑交易报告制度。

对监测识别的异常账户和可疑交易，银行业金融机构、非银行支付机构应当根据风险情况，采取核实交易情况、重新核验身份、延迟支付结算、限制或者中止有关业务等必要的防范措施。

银行业金融机构、非银行支付机构依照第一款规定开展异常账户和可疑交易监测时，可以收集异常客户互联网协议地址、网卡地址、支付受理终端信息等必要的交易信息、设备位置信息。上述信息未经客户授权，不得用于反电信网络诈骗以外的其他用途。

**第十九条** 银行业金融机构、非银行支付机构应当按照国家有关规定，完整、准确传输直接提供商品或者服务的商户名称、收付款客户名称及账号等交易信息，保证交易信息的真实、完整和支付全流程中的一致性。

**第二十条** 国务院公安部门会同有关部门建立完善电信网络诈骗涉案资金即时查询、紧急止付、快速冻结、及时解冻和资金返还制度，明确有关条件、程序和救济措施。

公安机关依法决定采取上述措施的，银行业金融机构、非银行支付机构应当予以配合。

第四章 互联网治理

**第二十一条** 电信业务经营者、互联网服务提供者为用户提供下列服务，在与用户签订协议或者确认提供服务时，应当依法要求用户提供真实身份信息，用户不提供真实身份信息的，不得提供服务：

（一）提供互联网接入服务；

（二）提供网络代理等网络地址转换服务；

（三）提供互联网域名注册、服务器托管、空间租用、云服务、内容分发服务；

（四）提供信息、软件发布服务，或者提供即时通讯、网络交易、网络游戏、网络直播发布、广告推广服务。

**第二十二条** 互联网服务提供者对监测识别的涉诈异常账号应当重新核验，根据国家有关规定采取限制功能、暂停服务等处置措施。

互联网服务提供者应当根据公安机关、电信主管部门要求，对涉案电话卡、涉诈异常电话卡所关联注册的有关互联网账号进行核验，根据风险情况，采取限期改正、限制功能、暂停使用、关闭账号、禁止重新注册等处置措施。

**第二十三条** 设立移动互联网应用程序应当按照国家有关规定向电信主管部门办理许可或者备案手续。

为应用程序提供封装、分发服务的，应当登记并核验应用程序开发运营者的真实身份信息，核验应用程序的功能、用途。

公安、电信、网信等部门和电信业务经营者、互联网服务提供者应当加强对分发平台以外途径下载传播的涉诈应用程序重点监测、及时处置。

**第二十四条** 提供域名解析、域名跳转、网址链接转换服务的，应当按照国家有关规定，核验域名注册、解析信息和互联网协议地址的真实性、准确性，规范域名跳转，记录并留存所提供相应服务的日志信息，支持实现对解析、跳转、转换记录的溯源。

**第二十五条** 任何单位和个人不得为他人实施电信网络诈骗活动提供下列支持或者帮助：

（一）出售、提供个人信息；

（二）帮助他人通过虚拟货币交易等方式洗钱；

（三）其他为电信网络诈骗活动提供支持或者帮助的行为。

电信业务经营者、互联网服务提供者应当依照国家有关规定，履行合理注意义务，对利用下列业务从事涉诈支持、帮助活动进行监测识别和处置：

（一）提供互联网接入、服务器托管、网络存储、通讯传输、线路出租、域名解析等网络资源服务；

（二）提供信息发布或者搜索、广告推广、引流推广等网络推广服务；

（三）提供应用程序、网站等网络技术、产品的制作、维护服务；

（四）提供支付结算服务。

**第二十六条** 公安机关办理电信网络诈骗案件依法调取证据的，互联网服务提供者应当及时提供技术支持和协助。

互联网服务提供者依照本法规定对有关涉诈信息、活动进行监测时，发现涉诈违法犯罪线索、风险信息的，应当依照国家有关规定，根据涉诈风险类型、程度情况移送公安、金融、电信、网信等部门。有关部门应当建立完善反馈机制，将相关情况及时告知移送单位。

### 第五章 综合措施

**第二十七条** 公安机关应当建立完善打击治理电信网络诈骗工作机制，加强专门队伍和专业技术建设，各警种、各地公安机关应当密切配合，依法有效惩处电信网络诈骗活动。

公安机关接到电信网络诈骗活动的报案或者发现电信网络诈骗活动，应当依照《中华人民共和国刑事诉讼法》的规定立案侦查。

**第二十八条** 金融、电信、网信部门依照职责对银行业金融机构、非银行支付机构、电信业务经营者、互联网服务提供者落实本法规定情况进行监督检查。有关监督检查活动应当依法规范开展。

**第二十九条** 个人信息处理者应当依照《中华人民共和国个人信息保护法》等法律规定，规范个人信息处理，加强个人信息保护，建立个人信息被用于电信网络诈骗的防范机制。

履行个人信息保护职责的部门、单位对可能被电信网络诈骗利用的物流信息、交易信息、贷款信息、医疗信息、婚介信息等实施重点保护。公安机关办理电信网络诈骗案件，应当同时查证犯罪所利用的个人信息来源，依法追究相关人员和单位责任。

**第三十条** 电信业务经营者、银行业金融机构、非银行支付机构、互联网服务提供者应当对从业人员和用户开展反电信网络诈骗宣传，在有关业务活动中对防范电信网络诈骗作出提示，对本领域新出现的电信网络诈骗手段及时向用户作出提醒，对非法买卖、出租、出借本人有关卡、账户、账号等被用于电信网络诈骗的法律责任作出警示。

新闻、广播、电视、文化、互联网信息服务等单位，应当面向社会有针对性地开展反电信网络诈骗宣传教育。

任何单位和个人有权举报电信网络诈骗活动，有关部门应当依法及时处理，对提供有效信息的举报人依照规定给予奖励和保护。

**第三十一条** 任何单位和个人不得非法买卖、出租、出借电话卡、物联网卡、电信线路、短信端口、银行账户、支付账户、互联网账号等，不得提供实名核验帮助；不得假冒他人身份或者虚构代理关系开立上述卡、账户、账号等。

对经设区的市级以上公安机关认定的实施前款行为的单位、个人和相关组织者，以及因从事电信网络诈骗活动或者关联犯罪受过刑事处罚的人员，可以按照国家有关规定记入信用记录，采取限制其有关卡、账户、账号等功能和停止非柜面业务、暂停新业务、限制入网等措施。对上述认定和措施有异议的，可以提出申诉，有关部门应当建立健全申诉渠道、信用修复和救济制度。具体办法由国务院公安部门会同有关主管部门规定。

**第三十二条** 国家支持电信业务经营者、银行业金融机构、非银行支付机构、互联网服务提供者研究开发有关电信网络诈骗反制技术，用于监测识别、动态封堵和处置涉诈异常信息、活动。

国务院公安部门、金融管理部门、电信主管部门和国家网信部门等应当统筹负责本行业领域反制技术措施建设，推进涉电信网络诈骗样本信息数据共享，加强涉诈用户信息交叉核验，建立有关涉诈异常信息、活动的监测识别、动态封堵和处置机制。

依据本法第十一条、第十二条、第十八条、第二十二条和前款规定，对涉诈异常情形采取限制、暂停服务等处置措施的，应当告知处置原因、救济渠道及需要提交的资料等事项，被处置对象可以向作出决定或者采取措施的部门、单位提出申诉。作出决定的部门、单位应当建立完善申诉渠道，及时受理申诉并核查，核查通过的，应当即时解除有关措施。

**第三十三条** 国家推进网络身份认证公共服务建设，支持个人、企业自愿使用，电信业务经营者、银行业金融机构、非银行支付机构、互联网服务提供者对存在涉诈异常的电话卡、银行账户、支付账户、互联网账号，可以通过国家网络身份认证公共服务对用户身份重新进行核验。

**第三十四条** 公安机关应当会同金融、电信、网信部门组织银行业金融机构、非银行支付机构、电信业务经营者、互联网服务提供者等建立预警劝阻系统，对预警发现的潜在被害人，根据情况及时采取相应劝阻措施。对电信网络诈骗案件应当加强追赃挽损，完善涉案资金处置制度，及时返还被害人的合法财产。对遭受重大生活困难的被害人，符合国家有关救助条件的，有关方面依照规定给予救助。

**第三十五条** 经国务院反电信网络诈骗工作机制决定或者批准，公安、金融、电信等部门对电信网络诈骗活动严重的特定地区，可以依照国家有关规定采取必要的临时风险防范措施。

**第三十六条** 对前往电信网络诈骗活动严重地区的人员，出境活动存在重大涉电信网络诈骗活动嫌疑的，移民管理机构可以决定不准其出境。

因从事电信网络诈骗活动受过刑事处罚的人员，设区的市级以上公安机关可以根据犯罪情况和预防再犯罪的需要，决定自处罚完毕之日起六个月至三年以内不准其出境，并通知移民管理机构执行。

**第三十七条** 国务院公安部门等会同外交部门加强国际执法司法合作，与有关国家、地区、国际组织建立有效合作机制，通过开展国际警务合作等方式，提升在信息交流、调查取证、侦查抓捕、追赃挽损等方面的合作水平，有效打击遏制跨境电信网络诈骗活动。

## 第六章　法律责任

**第三十八条** 组织、策划、实施、参与电信网络诈骗活动或者为电信网络诈骗活动提供帮助，构成犯罪的，依法追究刑事责任。

前款行为尚不构成犯罪的，由公安机关处十日以上十五日以下拘留；没收违法所得，处违法所得一倍以上十倍以下罚款，没有违法所得或者违法所得不足一万元的，处十万元以下罚款。

**第三十九条** 电信业务经营者违反本法规定，有下列情形之一的，由有关主管部门责令改正，情节较轻的，给予警告、通报批评，或者处五万元以上五十万元以下罚款；情节严重的，处五十万元以上五百万元以下罚款，并可以由有关主管部门责令暂停相关业务、停业整顿、吊销相关业务许可证或者吊销营业执照，对其直接负责的主管人员和其他直接责任人员，处一万元以上二十万元以下罚款：

（一）未落实国家有关规定确定的反电信网络诈骗内部控制机制的；

（二）未履行电话卡、物联网卡实名制登记职责的；

（三）未履行对电话卡、物联网卡的监测识别、监测预警和相关处置职责的；

（四）未对物联网卡用户进行风险评估，或者未限定物联网卡的开通功能、使用场景和适用设备的；

（五）未采取措施对改号电话、虚假主叫或者具有相应功能的非法设备进行监测处置的。

**第四十条** 银行业金融机构、非银行支付机构违反本法规定，有下列情形之一的，由有关主管部门责令改正，情节较轻的，给予警告、通报批评，或者处五万元以上五十万元以下罚款；情节严重的，处五十万元以上五百万元以下罚款，并可以由有关主管部门责令停止新增业务、缩减业务类型或者业务范围、暂停相关业务、停业整顿、吊销相关业务许可证或者吊销营业执照，对其直接负责的主管人员和其他直接责任人员，处一万元以上二十万元以下罚款：

（一）未落实国家有关规定确定的反电信网络诈骗内部控制机制的；

（二）未履行尽职调查义务和有关风险管理措施的；

（三）未履行对异常账户、可疑交易的风险监测和相关处置义务的；

（四）未按照规定完整、准确传输有关交易信息的。

**第四十一条** 电信业务经营者、互联网服务提供者违反本法规定，有下列情形之一的，由有关主管部门责令改正，情节较轻的，给予警告、通报批评，或者处五万元以上五十万元以下罚款；情节严重的，处五十万元以上五百万元以下罚款，并可以由有关主管部门责令暂停相关业务、停业整顿、关闭网站或者应用程序、吊销相关业务许可证或者吊销营业执照，对其直接负责的主管人员和其他直接责任人员，处一万元以上二十万元以下罚款：

（一）未落实国家有关规定确定的反电信网络诈骗内部控制机制的；

（二）未履行网络服务实名制职责，或者未对涉案、涉诈电话卡关联注册互联网账号进行核验的；

（三）未按照国家有关规定，核验域名注册、解析信息和互联网协议地址的真实性、准确性，规范域名跳转，或者记录并留存所提供相应服务的日志信息的；

（四）未登记核验移动互联网应用程序开发运营者的真实身份信息或者未核验应用程序的功能、用途，为其提供应用程序封装、分发服务的；

（五）未履行对涉诈互联网账号和应用程序，以及其他电信网络诈骗信息、活动的监测识别和处置义务的；

（六）拒不依法为查处电信网络诈骗犯罪提供技术支持和协助，或者未按规定移送有关违法犯罪线索、风险信息的。

**第四十二条** 违反本法第十四条、第二十五条第一款规定的，没收违法所得，由公安机关或者有关主管部门处违法所得一倍以上十倍以下罚款，没有违法所得或者违法所得不足五万元的，处五十万元以下罚款；情节严重的，由公安机关并处十五日以下拘留。

**第四十三条** 违反本法第二十五条第二款规定，由有关主管部门责令改正，情节较轻的，给予警告、通报批评，或者处五万元以上五十万元以下罚款；情节严重的，处五十万元以上五百万元以下罚款，并可以由有关主管部门责令暂停相关业务、停业整顿、关闭网站或者应用程序，对其直接负责的主管人员和其他直接责任人员，处一万元以上二十万元以下罚款。

**第四十四条** 违反本法第三十一条第一款规定的，没收违法所得，由公安机关处违法所得一倍以上十倍以下罚款，没有违法所得或者违法所得不足二万元的，处二十万元以下罚款；情节严重的，并处十五日以下拘留。

**第四十五条** 反电信网络诈骗工作有关部门、单位的工作人员滥用职权、玩忽职守、徇私舞弊，或者有其他违反本法规定行为，构成犯罪的，依法追究刑事责任。

**第四十六条** 组织、策划、实施、参与电信网络诈骗活动或者为电信网络诈骗活动提供相关帮助的违法犯罪人员，除依法承担刑事责任、行政责任以外，造成他人损害的，依照《中华人民共和国民法典》等法律的规定承担民事责任。

电信业务经营者、银行业金融机构、非银行支付机构、互联网服务提供者等违反本法规定，造成他人损害的，依照《中华人民共和国民法典》等法律的规定承担民事责任。

**第四十七条** 人民检察院在履行反电信网络诈骗职责中，对于侵害国家利益和社会公共利益的行为，可以依法向人民法院提起公益诉讼。

**第四十八条** 有关单位和个人对依照本法作出的行政处罚和行政强制措施决定不服的，可以依法申请行政复议或者提起行政诉讼。

第七章 附 则

**第四十九条** 反电信网络诈骗工作涉及的有关管理和责任制度，本法没有规定的，适用《中华人民共和国网络安全法》、《中华人民共和国个人信息保护法》、《中华人民共和国反洗钱法》等相关法律规定。

**第五十条** 本法自 2022 年 12 月 1 日起施行。

**二、《中华人民共和国计量法》（节录）**（1985 年 9 月 6 日中华人民共和国主席令第 28 号公布 自 1986 年 7 月 1 日起施行 2009 年 8 月 27 日第一次修正 2013 年 12 月 28 日第二次修正 2015 年 4 月 24 日第三次修正 2017 年 12 月 27 日第四次修正 2018 年 10 月 26 日第五次修正）

**第二十七条** 制造、销售、使用以欺骗消费者为目的的计量器具的，没收计量器具和违法所得，处以罚款；情节严重的，并对个人或者单位直接责任人员依照刑法有关规定追究刑事责任。

**三、《中华人民共和国统计法》（节录）**（1983 年 12 月 8 日中华人民共和国主席令第 9 号公布 自 1984 年 1 月 1 日起施行 1996 年 5 月 15 日修正 2009 年 6 月 27 日修订）

**第四十条** 统计机构、统计人员泄露国家秘密的，依法追究法律责任。

**第四十五条** 违反本法规定，利用虚假统计资料骗取荣誉称号、物质利益或者职务晋升的，除对其编造虚假统计资料或者要求他人编造虚假统计资料的行为依法追究法律责任外，由作出有关决定的单位或者其上级单位、监察机关取消其荣誉称号，追缴获得的物质利益，撤销晋升的职务。

**第四十七条** 违反本法规定，构成犯罪的，依法追究刑事责任。

**四、《中华人民共和国促进科技成果转化法》（节录）**（1996 年 5 月 15 日中华人民共和国主席令第 68 号公布 自 1996 年 10 月 1 日起施行 2015 年 8 月 29 日修正）

**第四十七条** 违反本法规定，在科技成果转化活动中弄虚作假，采取欺骗手段，骗取奖励和荣誉称号、诈骗钱财、非法牟利的，由政府有关部门依照管理职责责令改正，取消该奖励和荣誉称号，没收违法所得，并处以罚款。给他人造成经济损失的，依法承担民事赔偿责任。构成犯罪的，依法追究刑事责任。

**五、《中华人民共和国科学技术普及法》（节录）**（2002 年 6 月 29 日中华人民共和国主席令第 71 号公布 自公布之日起施行）

**第三十条** 以科普为名进行有损社会公共利益的活动，扰乱社会秩序或者骗取财物，由有关主管部门给予批评教育，并予以制止；违反治安管理规定的，由公安机关依法给予治安管理处罚；构成犯罪的，依法追究刑事责任。

**六、《中华人民共和国慈善法》（节录）**（2016 年 3 月 16 日中华人民共和国主席令第 43 号公布 自 2016 年 9 月 1 日起施行 2023 年 12 月 29 日修正）

**第一百一十一条** 慈善组织开展募捐活动有下列情形之一的，由县级以上人民政府民政部门予以警告，责令停止募捐活动；责令退还违法募集的财产，无法退还的，由民政部门予以收缴，转给其他慈善组织用于慈善目的；情节严重的，吊销公开募捐资格证书或者登记证书并予以公告，公开募捐资格证书被吊销的，五年内不得再次申请：

（一）通过虚构事实等方式欺骗、诱导募捐对象实施捐赠的；

（二）向单位或者个人摊派或者变相摊派的；

（三）妨碍公共秩序、企业生产经营或者居民生活的；

（四）与不具有公开募捐资格的组织或者个人合作，违反本法第二十六条规定的；

（五）通过互联网开展公开募捐，违反本法第二十七条规定的；

（六）为应对重大突发事件开展公开募捐，不及时分配、使用募得款物的。

第一百一十二条　慈善组织有本法第一百零九条、第一百一十条、第一百一十一条规定情形的，由县级以上人民政府民政部门对直接负责的主管人员和其他直接责任人员处二万元以上二十万元以下罚款，并没收违法所得；情节严重的，禁止其一年至五年内担任慈善组织的管理人员。

第一百一十三条　不具有公开募捐资格的组织或者个人擅自开展公开募捐的，由县级以上人民政府民政部门予以警告，责令停止募捐活动；责令退还违法募集的财产，无法退还的，由民政部门予以收缴，转给慈善组织用于慈善目的；情节严重的，对有关组织或者个人处二万元以上二十万元以下罚款。

自然人、法人或者非法人组织假借慈善名义或者假冒慈善组织骗取财产的，由公安机关依法查处。

第一百二十一条　违反本法规定，构成违反治安管理行为的，由公安机关依法给予治安管理处罚；构成犯罪的，依法追究刑事责任。

### 七、《社会保险经办条例》（节录）（2023 年 8 月 16 日中华人民共和国国务院令第 765 号公布　自 2023 年 12 月 1 日起施行）

第五十五条　以欺诈、伪造证明材料或者其他手段骗取社会保险基金支出的，由人力资源社会保障行政部门、医疗保障行政部门按照各自职责责令退回，处骗取金额 2 倍以上 5 倍以下的罚款；属于定点医药机构的，责令其暂停相关责任部门 6 个月以上 1 年以下涉及社会保险基金使用的社会保险服务，直至由社会保险经办机构解除服务协议；属于其他社会保险服务机构的，由社会保险经办机构解除服务协议。对负有责任的领导人员和直接责任人员，有执业资格的，由有关主管部门依法吊销其执业资格。

第五十九条　违反本条例规定，构成违反治安管理行为的，依法给予治安管理处罚；构成犯罪的，依法追究刑事责任。

### 八、《世界博览会标志保护条例》（节录）（2004 年 10 月 20 日中华人民共和国国务院令第 422 号公布　自 2004 年 12 月 1 日起施行）

第十一条　工商行政管理部门处理侵犯世界博览会标志专有权行为时，认定侵权行为成立的，责令立即停止侵权行为，没收、销毁侵权商品和专门用于制造侵权商品或者为商业目的擅自制造世界博览会标志的工具，有违法所得的，没收违法所得，可以并处违法所得 5 倍以下的罚款；没有违法所得的，可以并处 5 万元以下的罚款。

利用世界博览会标志进行诈骗等活动，构成犯罪的，依法追究刑事责任。

**法律适用**

**规章及规范性文件**

**一、最高人民法院、最高人民检察院、公安部《关于依法办理"碰瓷"违法犯罪案件的指导意见》（节录）**（2020年9月22日最高人民法院、最高人民检察院、公安部公布　自公布之日起施行　公通字〔2020〕12号）

一、实施"碰瓷"，虚构事实、隐瞒真相，骗取赔偿，符合刑法第二百六十六条规定的，以诈骗罪定罪处罚；骗取保险金，符合刑法第一百九十八条规定的，以保险诈骗罪定罪处罚。

实施"碰瓷"，捏造人身、财产权益受到侵害的事实，虚构民事纠纷，提起民事诉讼，符合刑法第三百零七条之一规定的，以虚假诉讼罪定罪处罚；同时构成其他犯罪的，依照处罚较重的规定定罪从重处罚。

九、共同故意实施"碰瓷"犯罪，起主要作用的，应当认定为主犯，对其参与或者组织、指挥的全部犯罪承担刑事责任；起次要或者辅助作用的，应当认定为从犯，依法予以从轻、减轻处罚或者免除处罚。

三人以上为共同故意实施"碰瓷"犯罪而组成的较为固定的犯罪组织，应当认定为犯罪集团。对首要分子应当按照集团所犯全部罪行处罚。

符合黑恶势力认定标准的，应当按照黑社会性质组织、恶势力或者恶势力犯罪集团侦查、起诉、审判。

十、对实施"碰瓷"，尚不构成犯罪，但构成违反治安管理行为的，依法给予治安管理处罚。

**二、最高人民法院、最高人民检察院、公安部《办理跨境赌博犯罪案件若干问题的意见》（节录）**（2020年10月16日最高人民法院、最高人民检察院、公安部公布　自公布之日起施行　公通字〔2020〕14号）

**四、关于跨境赌博关联犯罪的认定**

（一）使用专门工具、设备或者其他手段诱使他人参赌，人为控制赌局输赢，构成犯罪的，依照刑法关于诈骗犯罪的规定定罪处罚。

网上开设赌场，人为控制赌局输赢，或者无法实现提现，构成犯罪的，依照刑法关于诈骗犯罪的规定定罪处罚。部分参赌者赢利、提现不影响诈骗犯罪的认定。

# 46 抢夺案

**概念**

本罪是指以非法占有为目的，趁人不备，公开夺取数额较大的公私财物或多次抢夺的行为。

**立案标准**

根据《刑法》第 267 条的规定，抢夺公私财物，数额较大的，或者多次抢夺的应当立案。

抢夺公私财物价值人民币 1000 元至 3000 元以上的，为"数额较大"。各省、自治区、直辖市高级人民法院、人民检察院可以根据本地区经济发展状况，并考虑社会治安状况，在上述数额幅度内，分别确定本地区执行的具体标准，并报最高人民法院、最高人民检察院批准。

**定罪标准**

**犯罪客体**

本罪侵犯的客体是公私财物的所有权。在此点上本罪与抢劫罪不同，本罪只侵犯公私财物的所有权，而不危害人身安全，属单一客体。本罪的犯罪对象是一般的财物，如金钱、物品等，不包括枪支、弹药、公文、证件、印章等特殊物品，否则不构成本罪。

**犯罪客观方面**

本罪在客观方面表现为趁人不备，出其不意，公然对财物行使有形力，使他人来不及抗拒，而取得数额较大的财物或多次抢夺的行为。抢夺行为必须公然进行，但不是指必须在不特定人或多数人面前实施抢夺行为，而是指公开夺取财物，或者说在被害人当场可以得知财物被抢的情况下实施抢夺行为。抢夺行为是直接夺取财物的行为，即直接对财物实施暴力而不直接对人的身体行使暴力；实施抢夺行为的，被害人可以当场发觉但来不及抗拒，而不是被暴力制服不能抗拒，也不是受胁迫不敢抗拒。这是抢夺罪与抢劫罪的关键区别。即使行为人夺取财物的行为使被害人跌倒摔伤或者死亡，也不成立抢劫罪；对伤害与死亡结果另成立其他犯罪的，视情况从一重罪论处或者与抢夺罪实行并罚。但是，如果行为人携带凶器抢夺的，则应以抢劫罪论处。夺取的对象必须是数额较大的公私财物；如果抢夺财物的数额不大，就不以犯罪论处；如果故意抢夺枪支、弹药、爆炸物，则不成立抢夺罪，而属于危害公共安全的犯罪。

一、关于抢夺犯罪的数额标准。对于抢夺罪来说，犯罪数额是区分罪与非罪、决定量刑轻重的重要依据。

根据《刑法》第 267 条的规定，抢夺数额较大、数额巨大、数额特别巨大，也是适用三个不同量刑幅度的基本标准。对此，《关于办理抢夺刑事案件适用法律若干问题的解释》第 1 条规定："抢夺公私财物价值一千元至三千元以上、三万元至八万元以上、二十万元至四十万元以上的，应当分别认定为刑法第二百六十七条规定的'数额较大''数额巨大''数额特别巨大'。各省、自治区、直辖市高级人民法院、人民检察院可以根据本地区经济发展状况，并考虑社会治安状况，在前款规定的数额幅度内，确定本地区执行的具体数额标准，报最高人民法院、最高人民检察院批准。"第 2 条规定："抢夺公私财物，具有下列情形之一的，'数额较大'的标准按照前条规定标准的百分之五十确定：（一）曾因抢劫、抢夺或者聚众哄抢受过刑事处罚的；（二）一年内曾因抢夺或者哄抢受过行政处罚的；（三）一年内抢夺三次以上的；（四）驾驶机动车、非机动车抢夺的；（五）组织、控制未成年人抢夺的；（六）抢夺老年人、未成年人、孕妇、携带婴幼儿的人、残疾人、丧失劳动能力人的财物的；（七）在医院抢夺病人或者其亲友财物的；（八）抢夺救灾、抢险、防汛、优抚、扶贫、移民、救济款物的；（九）自然灾害、事故灾害、社会安全事件等突发事件期间，在事件发生地抢夺的；（十）导致他人轻伤或者精神失常等严重后果的。"

二、关于"多次抢夺"的认定。"多次抢夺"主要是基于以下考虑：（1）多次抢夺说明行为人主观恶性大，必须予以严厉打击。司法实践中，有的案件往往能查明行为人的抢夺次数，但难以查证每次抢夺财物的具体数额，造成执法上的困难。（2）多次抢夺的，有的甚至光天化日之下公然抢夺的，严重破坏社会秩序，影响群众的安全感。（3）多次抢夺的，往往伴随对被害人人身的侵害，如抢夺他人佩戴的耳环、项链等物品致使被害人摔倒等，都有可能造成被害人伤亡的严重后果。"多次抢夺"具体如何认定可由司法机关根据案件具体情况掌握或者通过司法解释予以明确。

三、关于抢夺罪的"其他情节"标准。除数额外的"其他情节"在抢夺罪的定罪量刑中也起着重要作用。根据《刑法》第267条的规定，"其他情节"虽然不是决定抢夺罪与非罪的标准，但直接影响抢夺行为构成犯罪后的刑罚轻重。《关于办理抢夺刑事案件适用法律若干问题的解释》第3条规定："抢夺公私财物，具有下列情形之一的，应当认定为刑法第二百六十七条规定的'其他严重情节'：（一）导致他人重伤的；（二）导致他人自杀的；（三）具有本解释第二条第三项至第十项规定的情形之一，数额达到本解释第一条规定的'数额巨大'百分之五十的。"第4条规定："抢夺公私财物，具有下列情形之一的，应当认定为刑法第二百六十七条规定的'其他特别严重情节'：（一）导致他人死亡的；（二）具有本解释第二条第三项至第十项规定的情形之一，数额达到本解释第一条规定的'数额特别巨大'百分之五十的。"第5条规定："抢夺公私财物数额较大，但未造成他人轻伤以上伤害，行为人系初犯，认罪、悔罪、退赃、退赔，且具有下列情形之一的，可以认定为犯罪情节轻微，不起诉或者免予刑事处罚；必要时，由有关部门依法予以行政处罚：（一）具有法定从宽处罚情节的；（二）没有参与分赃或者获赃较少，且不是主犯的；（三）被害人谅解的；（四）其他情节轻微、危害不大的。"

四、关于飞车抢夺行为的定性问题。飞车抢夺，是行为人驾驶机动车辆，主要是摩托车进行抢夺的通俗说法。飞车抢夺时，一般是两人共同作案，一人驾驶摩托车，另一人坐在后座对被害人实施抢夺。由于车速较快，行动突然，被害人一般来不及反抗，致使飞车抢夺行为很容易得逞，犯罪的发生概率较高，对社会治安和被害人造成的危害比较严重。对飞车抢夺行为如何定性，司法实践中有两种不同的观点：一种观点认为，行为人利用快速行驶的机动车辆实施抢夺，采用的方法十分危险，除侵犯被害人的财产外，还必然危及被害人的人身安全，对此应当以抢劫罪定罪处罚。另一种观点认为，飞车抢夺的对象是被害人的财物而不是被害人的人身，行为人不是故意对被害人人身使用暴力，因此对飞车抢夺不能认定为抢劫罪，而只能以抢夺罪从重处罚。我们同意后一种观点。从飞车抢夺的行为方式和侵犯客体看，行为人是故意对被害人的财物使用暴力，而不是故意对被害人人身使用暴力，其故意侵犯的对象也只是被害人的财物，而无意侵犯被害人的人身。行为人利用行驶的机动车辆只是便于其目的得逞，不能由此否定抢夺的行为方式和行为对象。虽然实践中飞车抢夺经常造成被

**定罪标准**

**犯罪客观方面**

害人人身受到伤害的后果，但这仅仅是行为人过失造成的结果，不能由此否定行为人故意行为的侵犯对象只是被害人的财物。因此，从犯罪构成特征分析，对于飞车抢夺只能以抢夺罪定罪处罚。需要注意的是，在飞车抢夺以及其他形式的抢夺实施过程中，行为人已经实施抢夺，被害人意识到被抢而保护财物，行为人为取得财物而强行拖拽、威胁被害人的，就应当以抢劫罪定罪处罚。此时，暴力不仅作用于被害人的财物，而且作用于被害人人身，行为性质随之也就发生转化，由抢夺转化成了抢劫。对此，完全可以直接适用《刑法》第 269 条、第 263 条的规定，以抢劫罪定罪处罚。

　　五、关于"携带凶器抢夺"的认定。《刑法》第 267 条第 2 款规定，携带凶器抢夺的，以抢劫罪定罪处罚。所谓凶器，是指在性质上或者用法上，足以杀伤他人的器物。凶器必须是用于杀伤他人的物品，与犯罪工具不是等同概念，故仅具有毁坏物品的特性而不具有杀伤他人机能的物品，不属于凶器。例如，行为人为了盗窃财物而携带的用于划破他人衣服口袋、手提包的微型刀片，就不宜称为凶器。凶器分为性质上的凶器与用法上的凶器。性质上的凶器，是指枪支、管制刀具等本身用于杀伤他人的物品。这种凶器无疑属于《刑法》第 267 条第 2 款规定的凶器。用法上的凶器，是指从使用的方法来看，可能用于杀伤他人的物品。如家庭使用的菜刀，用于切菜时不是凶器，但用于或准备用于杀伤他人时则是凶器。如何将具有杀伤力的物品认定为凶器，应综合考虑以下几个方面的因素：(1) 物品的杀伤机能的高低。某种物品的杀伤机能越高，被认定为凶器的可能越大。因此，行为人使用的各种仿制品，如塑料制成的手枪、匕首等，虽然在外观上与真实的凶器一样，但由于其杀伤他人的物理性能较低，不能认定为凶器。(2) 物品供杀伤他人使用的盖然性程度。一方面，在司法实践中，行为人所携带的物品是否属于违法犯罪人通常用于违法犯罪的凶器，如果得出肯定结论，则被认定为凶器的可能性大；另一方面，行为人所携带的物品在本案中被用于杀伤他人的盖然性程度，这一点与"携带"的认定密切联系。(3) 根据一般社会观念，该物品所具有的对生命、身体的危险感的程度。当不具有持有资格的人持有枪支时，一般人会产生很强的危险感。但是，并非具有杀伤机能的物品都是凶器，物品的外观也是需要考虑的因素。(4) 物品被携带的可能性大小，即在通常情况下，一般人外出或在马路上通行时，是否携带这种物品。换言之，根据一般人的观念，在当时的情况下，行为人携带凶器是否具有合理性。一般人在马路上行走时，不会携带菜刀、杀猪刀、铁棒、铁锤、斧头、锋利的石块等。携带这些物品抢夺的，理当认定为携带凶器抢夺。所谓携带，是指在从事日常生活的住宅或者居室以外的场所，将某种物品带在身上或者置于身边附近，将其置于现实的支配之下的行为。携带是持有的一种表现形式。持有只要求是一种事实上的支配，而不要求行为人可以时时刻刻地现实上予以支配；携带则是一种现实上的支配，行为人随时可以使用自己所携带的物品。手持凶器、怀中藏着凶器、将凶器置于衣服口袋、将凶器置于随身的手提包等容器中的行为无疑属于携带凶器。此外，使随从者实施这些行为的，也属于携带凶器。例如，甲让乙手持凶器与自己同行，即使由甲亲手抢夺丙的财物，也应认定甲的行为是携带凶器抢夺（以乙在现场为前提，但不以乙与甲具有共同故意为前提）。携带行为通常可能出现两种情况：一是行为人事先准备好了凶器，出门后便一直携带，然后伺机抢夺；二是行为人在抢夺之前于现场或现场附近获得凶器（如捡起路边的铁棒等），然后趁机抢夺。携带凶器应具有随时可能使用或当场能够及时使用的特点，即具有随时使用的可能性，否则，不能认定为携带凶器抢夺。抢夺行为表现为趁人不备而夺取财物，既然是"趁人不备"，通常也就没有显示或者暗示凶器的现象。基于同样的理

| | | |
|---|---|---|
| **定罪标准** | **犯罪客观方面** | 由，携带凶器更不要求行为人使用所携带的凶器。如果行为人使用所携带的凶器强取他人财物，则完全符合抢劫罪的构成要件，应直接适用《刑法》第263条的规定；行为人在携带凶器而又没有使用凶器的情况下抢夺他人财物的，才应适用《刑法》第267条第2款的规定。所谓没有使用凶器，应包括两种情况：一是没有针对被害人使用凶器实施暴力；二是没有使用凶器进行胁迫。如果行为人携带凶器并直接针对财物使用凶器进而抢夺的，则仍应适用《刑法》第267条第2款。例如，行为人携带管制刀具尾随他人，趁他人不注意时，使用管制刀具将他人背着的背包带划断，取得他人背包及其中财物的，应适用《刑法》第267条第2款，而不能直接适用《刑法》第263条的规定。<br><br>携带凶器也是一种主客观统一的行为。由于性质上的凶器属于违禁品，故携带者通常具有使用的意识，不会产生认定上的困难。而用法上的凶器是可能用于杀伤他人的物品，如果行为人已经使用所携带的菜刀、铁棒、石块等杀伤他人或者威胁他人，这些物品肯定属于凶器。<br><br>如上所述，在携带凶器抢夺的场合，行为人并没有使用所携带的物品。要认定行为人所携带的物品属于凶器，还得从主观方面加以认定，即要求行为人具有准备使用的意识。准备使用的意识应当包括两种情况：一是行为人在抢夺前为了使用而携带该物品；二是行为人出于其他目的携带可能用于杀伤他人的物品，在现场意识到自己所携带的凶器进而实施抢夺行为。反之，如果行为人并不是为了违法犯罪而携带某种物品，实施抢夺时也没有准备使用的意识，则不宜适用《刑法》第267条第2款。 |
| | **犯罪主体** | 本罪的主体为一般主体，即凡年满16周岁且具备刑事责任能力的自然人均可成为本罪的主体。 |
| | **犯罪主观方面** | 本罪在主观方面表现为故意，其目的是非法占有公私财物。行为人明知自己的行为会发生侵害公私财产的结果，并且希望这种结果发生。至于抢夺的动机可能是多种多样的。例如，为了自己享有而抢夺，为了帮别人而抢夺，不管犯罪的动机如何，只要行为具有非法占有公私财物的目的，就具备了抢夺罪的主观要件。 |
| | **罪与非罪** | 区分罪与非罪的界限，要注意抢夺的数额是否较大。此外抢夺的情节对认定抢夺罪也具有影响。因此，抢夺公私财物数额不大，情节显著轻微的，不构成犯罪。 |
| | **此罪与彼罪** | 本罪与抢劫罪的区别。抢夺罪与抢劫罪都以非法占有公私财物为目的，主体要件也基本相同，并且都带一个"抢"字。但两者也有较大的区别：(1)客体要件不完全相同。抢夺罪为单一客体只侵犯公私财产；抢劫罪为复杂客体，侵犯的不仅是公私财产，还有人身权利。(2)客观要件表现不同。抢劫罪是以暴力、胁迫或者其他方法，劫取公私财物，并且法律上没有数额的限制；而抢夺罪则是趁人不备，公然从财物所有人手中抢走财物，并且法律要求数额较大或多次抢夺时才构成犯罪。 |
| **证据参考标准** | **主体方面的证据** | **一、证明行为人刑事责任年龄、身份等自然情况的证据**<br>包括身份证明、户籍证明、任职证明、工作经历证明、特定职责证明等，主要是证明行为人的姓名（曾用名）、性别、出生年月日、民族、籍贯、出生地、职业（或职务）、住所地（或居所地）等证据材料，如户口簿、居民身份证、居住证、工作证、出生证、专业或技术等级证、干部履历表、职工登记表、护照等。<br>对于户籍、出生证等材料内容不实的，应提供其他证据材料。外国人犯罪的案件，应有护照等身份证明材料。人大代表、政协委员犯罪的案件，应注明身份，并附身份证明材料。 |

| | | |
|---|---|---|
| 证据参考标准 | 主体方面的证据 | **二、证明行为人刑事责任能力的证据**<br>证明行为人对自己的行为是否具有辨认能力与控制能力，如是否属于间歇性精神病人、尚未完全丧失辨认或者控制自己行为能力的精神病人的证明材料。 |
| | 主观方面的证据 | **证明行为人故意的证据**<br>1. 证明行为人明知的证据：证明行为人明知自己的行为会发生危害社会的结果；2. 证明直接故意的证据：证明行为人希望危害结果发生；3. 目的：非法占有公私财物。 |
| | 客观方面的证据 | **证明行为人抢夺犯罪行为的证据**<br>具体证据包括：1. 证明行为人抢夺公有财物行为的证据；2. 证明行为人抢夺私人财物行为的证据；3. 证明行为人抢夺"数额较大""数额巨大""数额特别巨大"行为的证据；4. 证明行为人抢夺"严重情节""特别严重情节"行为的证据；5. 证明行为人多次抢夺的证据；6. 证明行为人公开抢夺公私财物其他行为的证据。 |
| | 量刑方面的证据 | **一、法定量刑情节证据**<br>1. 事实情节：（1）数额较大；（2）数额巨大、严重情节；（3）数额特别巨大、特别严重情节。2. 法定从重情节。3. 法定从轻或者减轻情节：（1）可以从轻；（2）可以从轻或者减轻；（3）应当从轻或者减轻。4. 法定从轻、减轻或者免除情节：（1）可以从轻、减轻或者免除处罚；（2）应当从轻、减轻或者免除处罚。5. 法定减轻或者免除情节：（1）可以减轻或者免除处罚；（2）应当减轻或者免除处罚；（3）可以免除处罚。<br>**二、酌定量刑情节证据**<br>1. 犯罪手段：（1）抢；（2）夺。2. 犯罪对象。3. 危害结果。4. 动机。5. 平时表现。6. 认罪态度。7. 是否有前科。8. 其他证据。 |
| 量刑标准 | 犯本罪，数额较大的（1000元至3000元以上）或者多次抢夺的 | 处三年以下有期徒刑、拘役或者管制，并处或者单处罚金 |
| | 数额巨大（3万元至8万元以上）或者有其他严重情节的 | 处三年以上十年以下有期徒刑，并处罚金 |
| | 数额特别巨大（20万元至40万元以上）或者有其他特别严重情节的 | 处十年以上有期徒刑或者无期徒刑，并处罚金或者没收财产 |
| | 携带凶器抢夺的 | 依照《刑法》第二百六十三条以抢劫罪的规定定罪处罚 |
| 法律适用 | 刑法条文 | **第二百六十七条** 抢夺公私财物，数额较大的，或者多次抢夺的，处三年以下有期徒刑、拘役或者管制，并处或者单处罚金；数额巨大或者有其他严重情节的，处三年以上十年以下有期徒刑，并处罚金；数额特别巨大或者有其他特别严重情节的，处十年以上有期徒刑或者无期徒刑，并处罚金或者没收财产。<br>携带凶器抢夺的，依照本法第二百六十三条的规定定罪处罚。 |

**一、最高人民法院《关于审理抢劫案件具体应用法律若干问题的解释》（节录）**

（2000 年 11 月 22 日最高人民法院公布　自 2000 年 11 月 28 日起施行　法释〔2000〕35 号）

**第六条**　刑法第二百六十七条第二款规定的"携带凶器抢夺"，是指行为人随身携带枪支、爆炸物、管制刀具等国家禁止个人携带的器械进行抢夺或者为了实施犯罪而携带其他器械进行抢夺的行为。

**二、最高人民法院、最高人民检察院《关于办理抢夺刑事案件适用法律若干问题的解释》**（2013 年 11 月 11 日最高人民法院、最高人民检察院公布　自 2013 年 11 月 18 日起施行　法释〔2013〕25 号）

为依法惩治抢夺犯罪，保护公私财产，根据《中华人民共和国刑法》的有关规定，现就办理此类刑事案件适用法律的若干问题解释如下：

**第一条**　抢夺公私财物价值一千元至三千元以上、三万元至八万元以上、二十万元至四十万元以上的，应当分别认定为刑法第二百六十七条规定的"数额较大""数额巨大""数额特别巨大"。

各省、自治区、直辖市高级人民法院、人民检察院可以根据本地区经济发展状况，并考虑社会治安状况，在前款规定的数额幅度内，确定本地区执行的具体数额标准，报最高人民法院、最高人民检察院批准。

**第二条**　抢夺公私财物，具有下列情形之一的，"数额较大"的标准按照前条规定标准的百分之五十确定：

（一）曾因抢劫、抢夺或者聚众哄抢受过刑事处罚的；

（二）一年内曾因抢夺或者哄抢受过行政处罚的；

（三）一年内抢夺三次以上的；

（四）驾驶机动车、非机动车抢夺的；

（五）组织、控制未成年人抢夺的；

（六）抢夺老年人、未成年人、孕妇、携带婴幼儿的人、残疾人、丧失劳动能力人的财物的；

（七）在医院抢夺病人或者其亲友财物的；

（八）抢夺救灾、抢险、防汛、优抚、扶贫、移民、救济款物的；

（九）自然灾害、事故灾害、社会安全事件等突发事件期间，在事件发生地抢夺的；

（十）导致他人轻伤或者精神失常等严重后果的。

**第三条**　抢夺公私财物，具有下列情形之一的，应当认定为刑法第二百六十七条规定的"其他严重情节"：

（一）导致他人重伤的；

（二）导致他人自杀的；

（三）具有本解释第二条第三项至第十项规定的情形之一，数额达到本解释第一条规定的"数额巨大"百分之五十的。

**第四条**　抢夺公私财物，具有下列情形之一的，应当认定为刑法第二百六十七条规定的"其他特别严重情节"：

（一）导致他人死亡的；

（二）具有本解释第二条第三项至第十项规定的情形之一，数额达到本解释第一条规定的"数额特别巨大"百分之五十的。

**第五条**　抢夺公私财物数额较大，但未造成他人轻伤以上伤害，行为人系初犯，认罪、悔罪、退赃、退赔，且具有下列情形之一的，可以认定为犯罪情节轻微，不起

法律适用

司法解释

诉或者免予刑事处罚；必要时，由有关部门依法予以行政处罚：

（一）具有法定从宽处罚情节的；

（二）没有参与分赃或者获赃较少，且不是主犯的；

（三）被害人谅解的；

（四）其他情节轻微、危害不大的。

**第六条** 驾驶机动车、非机动车夺取他人财物，具有下列情形之一的，应当以抢劫罪定罪处罚：

（一）夺取他人财物时因被害人不放手而强行夺取的；

（二）驾驶车辆逼挤、撞击或者强行逼倒他人夺取财物的；

（三）明知会致人伤亡仍然强行夺取并放任造成财物持有人轻伤以上后果的。

**第七条** 本解释公布施行后，《最高人民法院关于审理抢夺刑事案件具体应用法律若干问题的解释》（法释〔2002〕18号）同时废止；之前发布的司法解释和规范性文件与本解释不一致的，以本解释为准。

**三、最高人民法院、最高人民检察院《关于常见犯罪的量刑指导意见（试行）》（节录）**（2021年6月16日最高人民法院、最高人民检察院公布　自2021年7月1日起施行　法发〔2021〕21号）

**四、常见犯罪的量刑**

（十三）抢夺罪

1. 构成抢夺罪的，根据下列情形在相应的幅度内确定量刑起点：

（1）达到数额较大起点或者二年内三次抢夺的，在一年以下有期徒刑、拘役幅度内确定量刑起点。

（2）达到数额巨大起点或者有其他严重情节的，在三年至五年有期徒刑幅度内确定量刑起点。

（3）达到数额特别巨大起点或者有其他特别严重情节的，在十年至十二年有期徒刑幅度内确定量刑起点。依法应当判处无期徒刑的除外。

2. 在量刑起点的基础上，根据抢夺数额、次数等其他影响犯罪构成的犯罪事实增加刑罚量，确定基准刑。

多次抢夺，数额达到较大以上的，以抢夺数额确定量刑起点，抢夺次数可以作为调节基准刑的量刑情节；数额未达到较大的，以抢夺次数确定量刑起点，超过三次的次数作为增加刑罚量的事实。

3. 构成抢夺罪的，根据抢夺的数额、次数、手段、危害后果等犯罪情节，综合考虑被告人缴纳罚金的能力，决定罚金数额。

4. 构成抢夺罪的，综合考虑抢夺的起因、数额、手段、次数、危害后果、退赃退赔等犯罪事实、量刑情节，以及被告人的主观恶性、人身危险性、认罪悔罪表现等因素，决定缓刑的适用。

**四、最高人民法院、最高人民检察院《关于办理与盗窃、抢劫、诈骗、抢夺机动车相关刑事案件具体应用法律若干问题的解释》**（2007年5月9日最高人民法院、最高人民检察院公布　自2007年5月11日起施行　法释〔2007〕11号）

**第一条** 明知是盗窃、抢劫、诈骗、抢夺的机动车，实施下列行为之一的，依照刑法第三百一十二条的规定，以掩饰、隐瞒犯罪所得、犯罪所得收益罪定罪，处三年以下有期徒刑、拘役或者管制，并处或者单处罚金：

（一）买卖、介绍买卖、典当、拍卖、抵押或者用其抵债的；

（二）拆解、拼装或者组装的；

（三）修改发动机号、车辆识别代号的；

（四）更改车身颜色或者车辆外形的；

（五）提供或者出售机动车来历凭证、整车合格证、号牌以及有关机动车的其他证明和凭证的；

（六）提供或者出售伪造、变造的机动车来历凭证、整车合格证、号牌以及有关机动车的其他证明和凭证的。

实施第一款规定的行为涉及盗窃、抢劫、诈骗、抢夺的机动车五辆以上或者价值总额达到五十万元以上的，属于刑法第三百一十二条规定的"情节严重"，处三年以上七年以下有期徒刑，并处罚金。

**第二条** 伪造、变造、买卖机动车行驶证、登记证书，累计三本以上的，依照刑法第二百八十条第一款的规定，以伪造、变造、买卖国家机关证件罪定罪，处三年以下有期徒刑、拘役、管制或者剥夺政治权利。

伪造、变造、买卖机动车行驶证、登记证书，累计达到第一款规定数量标准五倍以上的，属于刑法第二百八十条第一款规定中的"情节严重"，处三年以上十年以下有期徒刑。

**第三条** 国家机关工作人员滥用职权，有下列情形之一，致使盗窃、抢劫、诈骗、抢夺的机动车被办理登记手续，数量达到三辆以上或者价值总额达到三十万元以上的，依照刑法第三百九十七条第一款的规定，以滥用职权罪定罪，处三年以下有期徒刑或者拘役：

（一）明知是登记手续不全或者不符合规定的机动车而办理登记手续的；

（二）指使他人为明知是登记手续不全或者不符合规定的机动车办理登记手续的；

（三）违规或者指使他人违规更改、调换车辆档案的；

（四）其他滥用职权的行为。

国家机关工作人员疏于审查或者审查不严，致使盗窃、抢劫、诈骗、抢夺的机动车被办理登记手续，数量达到五辆以上或者价值总额达到五十万元以上的，依照刑法第三百九十七条第一款的规定，以玩忽职守罪定罪，处三年以下有期徒刑或者拘役。

国家机关工作人员实施前两款规定的行为，致使盗窃、抢劫、诈骗、抢夺的机动车被办理登记手续，分别达到前两款规定数量、数额标准五倍以上的，或者明知是盗窃、抢劫、诈骗、抢夺的机动车而办理登记手续的，属于刑法第三百九十七条第一款规定的"情节特别严重"，处三年以上七年以下有期徒刑。

国家机关工作人员徇私舞弊，实施上述行为，构成犯罪的，依照刑法第三百九十七条第二款的规定定罪处罚。

**第四条** 实施本解释第一条、第二条、第三条第一款或者第三款规定的行为，事前与盗窃、抢劫、诈骗、抢夺机动车的犯罪分子通谋的，以盗窃罪、抢劫罪、诈骗罪、抢夺罪的共犯论处。

**第五条** 对跨地区实施的涉及同一机动车的盗窃、抢劫、诈骗、抢夺以及掩饰、隐瞒犯罪所得、犯罪所得收益行为，有关公安机关可以依照法律和有关规定一并立案侦查，需要提请批准逮捕、移送审查起诉、提起公诉的，由该公安机关所在地的同级人民检察院、人民法院受理。

**第六条** 行为人实施本解释第一条、第三条第三款规定的行为，涉及的机动车有下列情形之一的，应当认定行为人主观上属于上述条款所称"明知"：

（一）没有合法有效的来历凭证；

（二）发动机号、车辆识别代号有明显更改痕迹，没有合法证明的。

法律适用

司法解释

一、《中华人民共和国水法》（节录）（1988 年 1 月 21 日中华人民共和国主席令第 61 号公布　自 1988 年 7 月 1 日起施行　2002 年 8 月 29 日修订　2009 年 8 月 27 日第一次修正　2016 年 7 月 2 日第二次修正）

**第七十三条**　侵占、盗窃或者抢夺防汛物资、防洪排涝、农田水利、水文监测和测量以及其他水工程设备和器材，贪污或者挪用国家救灾、抢险、防汛、移民安置和补偿及其他水利建设款物的，构成犯罪的，依照刑法有关规定追究刑事责任。

二、《中华人民共和国军事设施保护法》（节录）（1990 年 2 月 23 日中华人民共和国主席令第 25 号公布　自 1990 年 8 月 1 日起施行　2009 年 8 月 27 日第一次修正　2014 年 6 月 27 日第二次修正　2021 年 6 月 10 日修订）

**第六十四条**　军人、军队文职人员和军队其他人员有下列行为之一，按照军队有关规定给予处分；构成犯罪的，依法追究刑事责任：

（一）有本法第五十三条至第六十三条规定行为的；

（二）擅自将军事设施用于非军事目的，或者有其他滥用职权行为的；

（三）擅离职守或者玩忽职守的。

三、《中华人民共和国矿产资源法》（节录）（1986 年 3 月 19 日中华人民共和国主席令第 36 号公布　自 1986 年 10 月 1 日起施行　1996 年 8 月 29 日第一次修正　2009 年 8 月 27 日第二次修正）

**第四十一条**　盗窃、抢夺矿山企业和勘查单位的矿产品和其他财物的，破坏采矿、勘查设施的，扰乱矿区和勘查作业区的生产秩序、工作秩序的，分别依照刑法有关规定追究刑事责任；情节显著轻微的，依照治安管理处罚法有关规定予以处罚。

四、《中华人民共和国渔业法》（节录）（1986 年 1 月 26 日中华人民共和国主席令第 34 号公布　自 1986 年 7 月 1 日起施行　2000 年 10 月 31 日第一次修正　2004 年 8 月 28 日第二次修正　2009 年 8 月 27 日第三次修正　2013 年 12 月 28 日第四次修正）

**第三十九条**　偷捕、抢夺他人养殖的水产品的，或者破坏他人养殖水体、养殖设施的，责令改正，可以处二万元以下的罚款；造成他人损失的，依法承担赔偿责任；构成犯罪的，依法追究刑事责任。

最高人民法院、最高人民检察院、公安部《关于依法办理"碰瓷"违法犯罪案件的指导意见》（节录）（2020 年 9 月 22 日最高人民法院、最高人民检察院、公安部公布　自公布之日起施行　公通字〔2020〕12 号）

四、实施"碰瓷"，采取转移注意力、趁人不备等方式，窃取、夺取他人财物，符合刑法第二百六十四条、第二百六十七条规定的，分别以盗窃罪、抢夺罪定罪处罚。

九、共同故意实施"碰瓷"犯罪，起主要作用的，应当认定为主犯，对其参与或者组织、指挥的全部犯罪承担刑事责任；起次要或者辅助作用的，应当认定为从犯，依法予以从轻、减轻处罚或者免除处罚。

三人以上为共同故意实施"碰瓷"犯罪而组成的较为固定的犯罪组织，应当认定为犯罪集团。对首要分子应当按照集团所犯全部罪行处罚。

符合黑恶势力认定标准的，应当按照黑社会性质组织、恶势力或者恶势力犯罪集团侦查、起诉、审判。

十、对实施"碰瓷"，尚不构成犯罪，但构成违反治安管理行为的，依法给予治安管理处罚。

（左侧竖排）法律适用　相关法律法规　规章及规范性文件

# 47 聚众哄抢案

| 概念 | 本罪是指纠集多人，实施哄抢公私财物，数额较大或者情节严重的行为。 |
|---|---|
| 立案标准 | 根据《刑法》第 268 条的规定，聚众哄抢公私财物，数额较大或者有其他严重情节的，应当立案。<br><br>行为人聚众哄抢公私财物，必须达到"数额较大"的标准或者具备"其他严重情节"的，才构成本罪，予以立案。 |

| | | |
|---|---|---|
| **定罪标准** | **犯罪客体** | 本罪侵犯的客体是公私财产的所有权。我国《宪法》第 12 条规定："社会主义的公共财产神圣不可侵犯。国家保护社会主义的公共财产。禁止任何组织和个人用任何手段侵占或者破坏国家和集体的财产。"第 13 条规定："公民的合法的财产不受侵犯。国家依照法律规定保护公民的私有财产权和继承权。国家为了公共利益的需要，可以依照法律规定对公民的私有财产实行征收或征用并给予补偿。"因此，用法律武器严厉打击哄抢公私财物的犯罪有其深远的社会意义。<br><br>本罪的犯罪对象是各种各样的公私财物。所谓财物，是社会主义财产关系的物质表现。公私财物，一般是具有经济价值的财物，但至于财物为何性质，未指明。财产有动产与不动产之分，一般对动产成为本罪的犯罪对象没有疑问，动产的范围十分广泛，包括一切可以移动的生产资料和消费资料，如机器设备、牛马、原材料，以及柴米油盐等，而不动产上的可移动部分，如房屋上的门窗，以及证明不动产产权的文契等，都属于动产范围。对于不动产是否可成为本罪的犯罪对象存在争议。哄抢财物，意味着财物发生转移，从所有者、保管者的控制之下，转移到哄抢者手中，而不动产一般是不能用上述方法转移的，但是不能排除发生以贪利动机侵犯不动产的可能性。由于《刑法》未明确规定哄抢只限于动产，因此，对于哄抢不动产的，也可以本罪定罪。 |
| | **犯罪客观方面** | 本罪在客观方面表现为聚众哄抢公私财物，数额较大，情节严重的行为。所谓聚众哄抢公私财物，是指 3 人或者 3 人以上联合起来，"蜂拥"抢夺公私财物。第一，必须是"聚众"哄抢。即从人数上来看，必须是 3 人或者 3 人以上，有时可能达上百人，2 人或者 2 人以下构不成"聚众"；第二，必须是行为人联合行动；第三，哄抢的对象既包括公共财产，也包括私人所有的财产；第四，必须是数额较大或者情节严重的才构成犯罪，数额不大、情节轻微的，虽然有聚众哄抢行为，仍不构成此罪。根据《刑法》第 268 条规定，聚众哄抢财物，数额较大或者有其他严重情节的，对首要分子和积极参加的构成本罪。数额较大可依据盗窃罪的认定数额。"其他严重情节"，通常是指参与哄抢人数较多；哄抢较重要的物资；社会影响很坏；哄抢一般历史文物；哄抢数额不大，但次数较多的；等等。其他特别严重情节，主要是指哄抢重要军事物资；哄抢抢险、救灾、救济、优抚等特定物资；哄抢珍贵出土文物；煽动大规模、大范围哄抢活动，后果严重；由于哄抢行为造成公私财产巨大损失；由于哄抢行为造成大中型企业停产、停业；由于哄抢导致被害人精神失常、自杀的；等等。侵犯财产的数额，是决定行为社会危害程度的重要因素。 |

# 48　职务侵占案

**概念**　本罪是指公司、企业或者其他单位的工作人员利用职务上的便利，将本单位财物非法占为己有，数额较大的行为。

**立案标准**　公司、企业或者其他单位的工作人员，利用职务上的便利，将本单位财物非法占为己有，数额在 3 万元以上的，应予立案追诉。

## 犯罪客体

本罪的犯罪客体是公司、企业或者其他单位的财产所有权。

本罪侵犯的对象是公司、企业或者其他单位的财物，包括动产和不动产。所谓"动产"，不仅指已在公司、企业、其他单位占有、管理之下的钱财（包括人民币、外币、有价证券等），而且包括本单位有权占有而未占有的财物，如公司、企业或其他单位拥有的债权。就财物的形态而言，犯罪对象包括有形物和无形物，如厂房、电力、煤气、天然气、工业产权等。

## 定罪标准

### 犯罪客观方面

本罪在客观方面表现为利用职务上的便利，侵占本单位财物且数额较大的行为。包括以下三个方面：

一、必须是利用自己职务上的便利。所谓利用职务上的便利，是指利用职权及与职务有关的便利条件。职权，是指本人职务、岗位范围内的权力。与职务有关的便利条件，是指虽然不是直接利用职务或岗位上的权限，但却利用了本人的职权或地位所形成的便利条件，或通过其他人员利用职务或地位上的便利条件。包括：(1) 利用自己主管、分管、经手、决定或处理以及经办一定事项等的权力；(2) 依靠、凭借自己的权力去指挥、影响下属或利用其他人员的与职务、岗位有关的权限；(3) 依靠、凭借权限、地位控制、左右其他人员，或者利用对己有所求人员的权限，如单位领导利用调拨、处置单位财产的权力；出纳利用经手、管理钱财的权力；一般职工利用单位暂时将财物，如房屋等交给自己使用、保管的权力等。至于不是利用职务上的便利，而仅是利用工作上的便利如熟悉环境、容易混入现场、易接近目标等，即使取得了财物，也不构成本罪，构成犯罪的，应当以他罪如盗窃罪论处。

二、必须有非法侵占的行为。本单位财物，是指单位依法占有的全部财产，包括本单位以自己名义拥有或虽不以自己名义拥有但为本单位占有的一切物权、无形财产权和债权。其具体形态可以是建筑物、设备、库存商品、现金、专利、商标等。所谓非法占为己有，是指采用侵吞、窃取、骗取等各种手段将本单位财物转化为私有，既包括将合法已持有的单位财物视为己物而加以处分、使用、收藏，即变持有为所有的行为，如将自己所占有的单位房屋、设备等财产谎称为自有，标价出售；将所住

| 定罪标准 | 犯罪客观方面 | 的单位房屋，过户登记为己有；或者隐匿保管之物，谎称已被盗窃、遗失、损坏等，又包括先不占有单位财物但利用职务之便而骗取、窃取、侵吞、私分，从而转化为私有的行为。不论是先持有而转为己有还是先不持有而采取侵吞、窃取、骗取方法转为己有，只要本质上出于非法占有的目的，并利用了职务之便做出了这种非法占有的意思表示，达到了数额较大的标准，即可构成本罪。值得注意的是，行为人对本单位财物的非法侵占一旦开始，便处于继续状态，但这只是非法所有状态结果的继续，并非本罪的侵占行为的继续。侵占行为的完成，则应视为既遂。至于未遂，则应视侵占行为是否完成而定，如果没有完成，则应以未遂论处，如财会人员故意将某笔收款不入账，但未来得及结账就被发现，则应以本罪未遂论处。<br><br>三、必须达到数额较大的程度。如果仅有非法侵占公司、企业及其他单位财物的行为，但没有达到数额较大的标准，则也不能构成本罪。 |
|---|---|---|
| | 犯罪主体 | 本罪的主体为特殊主体，包括公司、企业或者其他单位的工作人员。具体而言，是指三种不同身份的自然人：(1) 股份有限公司、有限责任公司的董事、监事，这些董事、监事必须不具有国家工作人员身份，他们是公司的实际领导者，具有一定的职权，当然可以成为本罪的主体。(2) 上述公司的工作人员，是指除公司董事、监事外的经理、部门负责人和其他一般职员和工人。这些经理、部门负责人以及职员也必须不具有国家工作人员身份，他们或有特定的职权，或因从事一定的工作，可以利用职权或工作之便侵占公司的财物而成为本罪的主体。(3) 上述公司以外企业或者其他单位的工作人员，是指集体性质企业、私营企业、外商独资企业的职工，国有企业、公司、中外合资、中外合作企业等中不具有国家工作人员身份的所有职工。综上，凡具有国家工作人员身份的人员，利用职务或者工作上的便利，侵占本单位的财物的，应依照《刑法》第382条、第383条关于贪污罪的规定处罚；不具有国家工作人员身份的，利用职务上的便利，侵占本单位财物，则按本罪论处。这里所说的"国家工作人员"是指在国有公司、企业或者其他公司、企业中行使管理职权，并具有国家工作人员身份的人员，包括受国有公司、国有企业委派或者聘请，作为国有公司、国有企业代表，在中外合资、合作、股份制公司、企业等非国有公司企业中，行使管理职权，并具有国家工作人员身份的人员。具有国家工作人员身份的人，不能成为本罪的主体。 |
| | 犯罪主观方面 | 本罪在主观方面是直接故意，且具有非法占有公司、企业或其他单位财物的目的，即行为人妄图在经济上取得对本单位财物的占有、收益、处分的权利。至于是否已经取得或行使了这些权利，并不影响本罪的构成。 |
| | 罪与非罪 | 区分罪与非罪的界限，关键是看数额是否达到较大标准。对于公司、企业工作人员偷拿、私占公司、企业的财物，数额较小，未达到上述标准的，不以犯罪论处。 |

一、本罪与贪污罪的界限。二者的区别主要在于：（1）主体要件不同。本罪的主体是公司、企业或者其他单位的工作人员。无论是股份有限公司、有限责任公司，还是国有公司、企业、中外合资、中外合作、集体性质企业、外商独资企业、私营企业等中不具有国家工作人员身份的一切职工都可成为本罪的主体；贪污罪的主体则只限于国家工作人员，其中包括在国有公司、企业或者其他公司、企业中行使管理职权，并具有国家工作人员身份的人员，包括受国有公司、国有企业委派或者聘请，作为国有公司、国有企业代表，在中外合资、合作、股份制公司、企业等非国有单位中，行使管理职权，并具有国家工作人员身份的人员。（2）犯罪行为不同。本罪是利用职务的便利，侵占本单位财物的行为；而贪污罪是利用职务上的便利，侵吞、盗窃、骗取公共财物的行为。（3）犯罪对象不同。本罪的对象必须是自己职权范围内或者是工作范围内经营的本单位的财物；而贪污罪的对象则只能是公共财物。（4）法定刑不同。本罪的最高法定刑只有 15 年有期徒刑；而贪污罪的最高法定刑为死刑。

二、本罪与盗窃罪的界限。二者都是以非法占有财物为目的，侵犯财产所有权的犯罪。二者的主要区别是：（1）主体要件不同。本罪的主体是特殊主体，必须是公司、企业或者其他单位的工作人员；盗窃罪的主体为一般主体。（2）犯罪对象不同。本罪的对象只能是本单位的财物；而盗窃罪的对象是他人财物，包括公私财物，而且多为犯罪行为前不被自己控制的他人财物。（3）犯罪手段不同。本罪是利用职务的便利侵占实际掌管的本单位财物；而盗窃罪则是采用秘密窃取的手段获取他人财物的行为。

三、本罪与诈骗罪的界限。两种犯罪都是以非法占有为目的，侵犯财产所有权的行为。两者的主要区别就在于：（1）主体要件不同。本罪的主体是特殊主体，必须是公司、企业或者其他单位的工作人员；而诈骗罪的主体为一般主体。（2）犯罪对象不同。本罪的对象是本公司企业的财物，这种财物实际上已被行为人的掌握；而诈骗罪的对象是不为自己实际控制的他人财物。（3）犯罪的行为不同。本罪是利用职务上的便利侵占本单位的财物；而诈骗罪则是用虚构的事实或者隐瞒事实真相的方法骗取他人的财物。

四、本罪与侵占罪的界限。二者的主要区别在于：（1）本罪的主体是公司、企业或者其他单位的工作人员，且非国家工作人员，为特殊主体；而后罪的主体为一般主体，即达到刑事责任年龄、具有刑事责任能力的自然人。（2）本罪在主观方面表现为明知是单位的财物而决意采取侵吞、窃取、欺诈等手段非法占为己有；而后罪在主观方面表现为明知是他人的代为保管的财物、遗忘物或埋藏物而决意占为己有，拒不交还。（3）本罪在客观方面表现为利用职务之便将单位财物非法占为己有，即化公为私。但行为人必须利用职务上的便利，采取的是侵吞、窃取、骗取等手段，财物是否先已为其持有则不影响本罪成立；而后罪则必先正当、善意、合法地持有了他人的财物，再利用各种手段占为己有且拒不交还，行为不必要求利用职务之便。（4）本罪所侵犯的对象是公司、企业或者其他单位的财物，其中既有国有的，也有集体的，还有个人的；后罪所侵犯的仅仅是他人的三种特定物，即系为自己保管的他人财物、遗忘物或者埋藏物。他人仅指个人，不包括单位。（5）本罪所侵犯的客体是公私财物的所有权；而后罪所侵犯的仅是他人财物的所有权。（6）本罪不属于告诉才处理的案件；而后罪则只有告诉的才处理。

| 证据参考标准 | 主体方面的证据 | **一、证明行为人刑事责任年龄、身份等自然情况的证据**<br>包括身份证明、户籍证明、任职证明、工作经历证明、特定职责证明等，主要是证明行为人的姓名（曾用名）、性别、出生年月日、民族、籍贯、出生地、职业（或职务）、住所地（或居所地）等证据材料，如户口簿、居民身份证、居住证、工作证、出生证、专业或技术等级证、干部履历表、职工登记表、护照等。<br>对于户籍、出生证等材料内容不实的，应提供其他证据材料。外国人犯罪的案件，应有护照等身份证明材料。人大代表、政协委员犯罪的案件，应注明身份，并附身份证明材料。<br>**二、证明行为人刑事责任能力的证据**<br>证明行为人对自己的行为是否具有辨认能力与控制能力，如是否属于间歇性精神病人、尚未完全丧失辨认或者控制自己行为能力的精神病人的证明材料。 |
| --- | --- | --- |
| | 主观方面的证据 | **证明行为人故意的证据**<br>1. 证明行为人明知的证据：证明行为人明知自己的行为会发生危害社会的结果；2. 证明直接故意的证据：证明行为人希望危害结果发生；3. 目的：非法占有本单位的财物。 |
| | 客观方面的证据 | **证明行为人职务侵占犯罪行为的证据**<br>具体证据包括：1. 证明公司董事侵占公司财物行为的证据；2. 证明公司监事侵占公司财物行为的证据；3. 证明公司职员侵占公司财物行为的证据；4. 证明企业人员侵占本单位财物行为的证据；5. 证明其他单位人员侵占本单位财物行为的证据；6. 证明公司、企业或者其他单位人员侵占本单位有形财产行为的证据；7. 证明公司、企业或者其他单位人员侵占本单位无形财产行为的证据；8. 证明公司、企业或者其他单位人员侵占本单位贵重物品行为的证据；9. 证明公司、企业或者其他单位人员侵占本单位有价证券、票证或票据行为的证据；10. 证明公司、企业或者其他单位人员侵占本单位农副产品行为的证据；11. 证明公司、企业或者其他单位人员侵占本单位其他财物行为的证据。 |
| | 量刑方面的证据 | **一、法定量刑情节证据**<br>1. 事实情节。2. 法定从重情节。3. 法定从轻或者减轻情节：（1）可以从轻；（2）可以从轻或者减轻；（3）应当从轻或者减轻。4. 法定从轻、减轻或者免除情节：（1）可以从轻、减轻或者免除处罚；（2）应当从轻、减轻或者免除处罚。5. 法定减轻或者免除情节：（1）可以减轻或者免除处罚；（2）应当减轻或者免除处罚；（3）可以免除处罚。<br>**二、酌定量刑情节证据**<br>1. 犯罪手段：（1）利用职务便利；（2）非法占为己有；（3）其他。2. 犯罪对象。3. 危害结果。4. 动机。5. 平时表现。6. 认罪态度。7. 是否有前科。8. 其他证据。 |
| 量刑标准 | 犯本罪的 | 处三年以下有期徒刑或者拘役，并处罚金 |
| | 数额巨大的 | 处三年以上十年以下有期徒刑，并处罚金 |
| | 数额特别巨大的 | 处十年以上有期徒刑或者无期徒刑，并处罚金 |

**刑法条文**

第二百七十一条　公司、企业或者其他单位的工作人员，利用职务上的便利，将本单位财物非法占为己有，数额较大的，处三年以下有期徒刑或者拘役，并处罚金；数额巨大的，处三年以上十年以下有期徒刑，并处罚金；数额特别巨大的，处十年以上有期徒刑或者无期徒刑，并处罚金。

国有公司、企业或者其他国有单位中从事公务的人员和国有公司、企业或者其他国有单位委派到非国有公司、企业以及其他单位从事公务的人员有前款行为的，依照本法第三百八十二条、第三百八十三条的规定定罪处罚。

**法律适用**

**司法解释**

**一、最高人民法院《关于审理贪污、职务侵占案件如何认定共同犯罪几个问题的解释》**（2000 年 6 月 30 日最高人民法院公布　自 2000 年 7 月 8 日起施行　法释〔2000〕15 号）

为依法审理贪污或者职务侵占犯罪案件，现就这类案件如何认定共同犯罪问题解释如下：

**第一条**　行为人与国家工作人员勾结，利用国家工作人员的职务便利，共同侵吞、窃取、骗取或者以其他手段非法占有公共财物的，以贪污罪共犯论处。

**第二条**　行为人与公司、企业或者其他单位的人员勾结，利用公司、企业或者其他单位人员的职务便利，共同将该单位财物非法占为己有，数额较大的，以职务侵占罪共犯论处。

**第三条**　公司、企业或者其他单位中，不具有国家工作人员身份的人与国家工作人员勾结，分别利用各自的职务便利，共同将本单位财物非法占为己有的，按照主犯的犯罪性质定罪。

**二、最高人民法院《关于在国有资本控股、参股的股份有限公司中从事管理工作的人员利用职务便利非法占有本公司财物如何定罪问题的批复》**（2001 年 5 月 23 日最高人民法院公布　自 2001 年 5 月 26 日起施行　法释〔2001〕17 号）

重庆市高级人民法院：

你院渝高法明传〔2000〕38 号《关于在股份有限公司中从事管理工作的人员侵占本公司财物如何定性的请示》收悉。经研究，答复如下：

在国有资本控股、参股的股份有限公司中从事管理工作的人员，除受国家机关、国有公司、企业、事业单位委派从事公务的以外，不属于国家工作人员。对其利用职务上的便利，将本单位财物非法占为己有，数额较大的，应当依照刑法第二百七十一条第一款的规定，以职务侵占罪定罪处罚。

**三、最高人民法院《关于村民小组组长利用职务便利非法占有公共财物行为如何定性问题的批复》**（1999 年 6 月 25 日最高人民法院公布　自 1999 年 7 月 3 日起施行　法释〔1999〕12 号）

四川省高级人民法院：

你院川高法〔1998〕224 号《关于村民小组组长利用职务便利侵吞公共财物如何定性的问题的请示》收悉。经研究，答复如下：

对村民小组组长利用职务上的便利，将村民小组集体财产非法占为己有，数额较大的行为，应当依照刑法第二百七十一条第一款的规定，以职务侵占罪定罪处罚。

**四、最高人民法院、最高人民检察院《关于办理妨害预防、控制突发传染病疫情等灾害的刑事案件具体应用法律若干问题的解释》（节录）**（2003 年 5 月 14 日最高人民法院、最高人民检察院公布 自 2003 年 5 月 15 日起施行 法释〔2003〕8 号）

**第十四条第一款** 贪污、侵占用于预防、控制突发传染病疫情等灾害的款物或者挪用归个人使用，构成犯罪的，分别依照刑法第三百八十二条、第三百八十三条、第二百七十一条、第三百八十四条、第二百七十二条的规定，以贪污罪、侵占罪、挪用公款罪、挪用资金罪定罪，依法从重处罚。

**五、最高人民法院、最高人民检察院《关于常见犯罪的量刑指导意见（试行）》（节录）**（2021 年 6 月 16 日最高人民法院、最高人民检察院公布 自 2021 年 7 月 1 日起施行 法发〔2021〕21 号）

**四、常见犯罪的量刑**

（十四）职务侵占罪

（十四）职务侵占罪

1. 构成职务侵占罪的，根据下列情形在相应的幅度内确定量刑起点：

（1）达到数额较大起点的，在一年以下有期徒刑、拘役幅度内确定量刑起点。

（2）达到数额巨大起点的，在三年至四年有期徒刑幅度内确定量刑起点。

（3）达到数额特别巨大起点的，在十年至十一年有期徒刑幅度内确定量刑起点。依法应当判处无期徒刑的除外。

2. 在量刑起点的基础上，根据职务侵占数额等其他影响犯罪构成的犯罪事实增加刑罚量，确定基准刑。

3. 构成职务侵占罪的，根据职务侵占的数额、危害后果等犯罪情节，综合考虑被告人缴纳罚金的能力，决定罚金数额。

4. 构成职务侵占罪的，综合考虑职务侵占的数额、手段、危害后果、退赃退赔等犯罪事实、量刑情节，以及被告人的主观恶性、人身危险性、认罪悔罪表现等因素，决定缓刑的适用。

**一、《中华人民共和国保险法》（节录）**（1995 年 6 月 30 日中华人民共和国主席令第 51 号公布 自 1995 年 10 月 1 日起施行 2002 年 10 月 28 日第一次修正 2009 年 2 月 28 日修订 2014 年 8 月 31 日第二次修正 2015 年 4 月 24 日第三次修正）

**第一百七十四条** 投保人、被保险人或者受益人有下列行为之一，进行保险诈骗活动，尚不构成犯罪的，依法给予行政处罚：

（一）投保人故意虚构保险标的，骗取保险金的；

（二）编造未曾发生的保险事故，或者编造虚假的事故原因或者夸大损失程度，骗取保险金的；

（三）故意造成保险事故，骗取保险金的。

保险事故的鉴定人、评估人、证明人故意提供虚假的证明文件，为投保人、被保险人或者受益人进行保险诈骗提供条件的，依照前款规定给予处罚。

**第一百七十九条** 违反本法规定，构成犯罪的，依法追究刑事责任。

**二、《中华人民共和国合伙企业法》（节录）**（1997 年 2 月 23 日中华人民共和国主席令第 82 号公布 自 1997 年 8 月 1 日起施行 2006 年 8 月 27 日修订）

**第九十六条** 合伙人执行合伙事务，或者合伙企业从业人员利用职务上的便利，将应当归合伙企业的利益据为己有，或者采取其他手段侵占合伙企业财产的，应当将该利益和财产退还合伙企业；给合伙企业或者其他合伙人造成损失的，依法承担赔偿责任。

**第九十七条** 合伙人对本法规定或者合伙协议约定必须经全体合伙人一致同意始得执行的事务擅自处理，给合伙企业或者其他合伙人造成损失的，依法承担赔偿责任。

**第一百零五条** 违反本法规定，构成犯罪的，依法追究刑事责任。

**三、《中华人民共和国公司法》（节录）**（1993年12月29日中华人民共和国主席令第16号公布 自1994年7月1日起施行 1999年12月25日第一次修正 2004年8月28日第二次修正 2005年10月27日第一次修订 2013年12月28日第三次修正 2018年10月26日第四次修正 2023年9月1日第二次修订）

**第一百八十一条** 董事、监事、高级管理人员不得有下列行为：

（一）侵占公司财产、挪用公司资金；

（二）将公司资金以其个人名义或者以其他个人名义开立账户存储；

（三）利用职权贿赂或者收受其他非法收入；

（四）接受他人与公司交易的佣金归为己有；

（五）擅自披露公司秘密；

（六）违反对公司忠实义务的其他行为。

**四、《基金会管理条例》（节录）**（2004年3月8日中华人民共和国国务院令第400号公布 自2004年6月1日起施行）

**第四十三条** 基金会理事会违反本条例和章程规定决策不当，致使基金会遭受财产损失的，参与决策的理事应当承担相应的赔偿责任。

基金会理事、监事以及专职工作人员私分、侵占、挪用基金会财产的，应当退还非法占用的财产；构成犯罪的，依法追究刑事责任。

**最高人民检察院、公安部《关于公安机关管辖的刑事案件立案追诉标准的规定（二）》（节录）**（2022年4月6日最高人民检察院、公安部公布 自2022年5月15日起施行 公通字〔2022〕12号）

**第七十六条** 〔职务侵占案（刑法第二百七十一条第一款）〕公司、企业或者其他单位的工作人员，利用职务上的便利，将本单位财物非法占为己有，数额在三万元以上的，应予立案追诉。

（左侧竖排）法律适用　相关法律法规　规章及规范性文件

# 49 挪用资金案

**概念**

　　本罪是指公司、企业或者其他单位的工作人员，利用职务上的便利，挪用本单位资金归个人使用或者借贷给他人，数额较大、超过 3 个月未还的，或者虽未超过 3 个月，但数额较大、进行营利活动的，或者进行非法活动的行为。

**立案标准**

　　公司、企业或者其他单位的工作人员，利用职务上的便利，挪用本单位资金归个人使用或者借贷给他人，涉嫌下列情形之一的，应予立案追诉：

(1) 挪用本单位资金数额 5 万元以上，超过 3 个月未还的；

(2) 挪用本单位资金数额 5 万元以上，进行营利活动的；

(3) 挪用本单位资金数额 2 万元以上，进行非法活动的。

**定罪标准**

**犯罪客体**

　　本罪侵犯的客体是公司、企业或者其他单位资金的占有权、使用权和收益权。本单位资金是指本单位用于发展和经营的物资和货币。本罪侵犯的客体只是本单位资金所有权中的一部分，即本单位资金的占有权、使用权和收益权，而且只是在一定期间内受到侵犯。

**犯罪客观方面**

　　本罪在客观方面表现为行为人利用职务上的便利，挪用本单位资金归个人使用或者借贷给他人，数额较大、超过 3 个月未还的，或者虽未超过 3 个月，但数额较大、进行营利活动的，或者进行非法活动的行为。包含以下三种行为：(1) 挪用本单位资金归个人使用或者借贷给他人，数额较大、超过 3 个月未还的。其构成特征是行为人利用职务上主管、经手本单位资金的便利条件而挪用本单位资金，其用途主要是归个人使用或者借贷给他人使用，但未用于从事不正当的经济活动，而且挪用数额较大，且时间上超过 3 个月而未还。挪用本单位资金 5 万元以上的，为"数额较大"。(2) 挪用本单位资金归个人使用或者借贷给他人，虽未超过 3 个月，但数额较大，进行营利活动的。这种行为没有挪用时间是否超过 3 个月以及超过 3 个月是否退还的限制，只要数额较大，且进行营利活动就构成犯罪。此处的"数额较大"也是指 5 万元以上。所谓"营利活动"，主要是指进行经商、投资、购买股票或债券等活动。(3) 挪用本单位资金 3 万元以上进行非法活动。所谓"非法活动"，就是指将挪用来的资金用来进行走私、赌博等活动。行为人只要具备上述三种行为中的一种就可以构成本罪，而不需要同时具备。上述挪用资金行为必须是利用职务上的便利。所谓利用职务上的便利，是指公司、企业或者其他单位中具有管理、经营或者经手财物职责的经理、厂长、财会人员、购销人员等，利用其具有的管理、调配、使用、经手本单位资金的便利条件，将资金挪作他用。

| | | |
|---|---|---|
| **定罪标准** | **犯罪主体** | 本罪的主体为特殊主体，即公司、企业或者其他单位的工作人员。具体包括三种不同身份的自然人：（1）股份有限公司、有限责任公司的董事、监事。（2）上述公司的工作人员，是指除公司董事、监事外的经理、厂长、负责人和其他一般职工。上述的董事、监事和职工必须不具有国家工作人员身份。（3）上述企业以外的企业或者其他单位的职工，包括集体性质的企业、私营企业、外商独资企业的职工，另外在国有公司、国有企业、中外合资、中外合作股份制公司、企业中不具有国家工作人员身份的所有其他职工，以及受国家机关、国有公司、企业、事业单位、人民团体委托，管理、经营国有财产的非国家工作人员。金融机构的非国家工作人员，也可构成本罪的主体。具有国家工作人员身份的人，不能成为本罪的主体，只能成为挪用公款罪的主体。 |
| | **犯罪主观方面** | 本罪主观方面表现为直接故意，即行为人明知是本公司、企业或者单位的资金，而在一定期间内挪用本单位资金归个人使用或者借贷给他人，但没有非法占为己有的目的。间接故意和过失不能构成本罪。 |
| | **罪与非罪** | 区分罪与非罪的界限，要注意：挪用本单位资金的行为，有一般的挪用本单位资金的违法违纪行为和挪用本单位资金的犯罪行为之分。二者之间的界限，可以从以下两个方面分析：（1）挪用本单位资金的数额。这是衡量挪用本单位资金行为的社会危害性的一个重要方面，对于挪用资金罪中"数额较大，超过3个月未还的"和"虽未超过3个月，但数额较大、进行营利活动的"这两种情形来说，"数额较大"是构成犯罪的必备要件。在这种情况下，是否达到"数额较大"，成为区分一般的挪用本单位资金的违法违纪行为和挪用资金罪的重要标准之一。对于挪用资金罪中"进行非法活动的"这种情况，虽然《刑法》并未规定数额上的要求，但是，从有关的司法解释的表意来看，挪用数额很小，社会危害性不大的，并不作为犯罪，而只是作为一般的违法违纪行为处理。（2）挪用本单位资金的时间。这是衡量挪用本单位资金行为的社会危害性的另一个重要方面。对于本罪中"数额较大、超过3个月未还的"，"超过3个月未还"是构成挪用资金罪的必备要件。在这种情况下，挪用本单位资金是否超过3个月未还就成为区分一般的挪用本单位资金的违法违纪行为和挪用资金罪的界限的重要标准之一。对于挪用资金罪中"虽未超过3个月，但数额较大、进行营利活动的"和"进行非法活动的"这两种情况，虽然本法中并无时间长短的要求，但是，如果挪用的时间很短，造成的社会危害性不大，可以作为《刑法》第13条规定的"情节显著轻微危害不大"的情况，不认为是犯罪，可作为一般的挪用本单位资金的违法违纪行为处理。 |
| | **此罪与彼罪** | 一、本罪与职务侵占罪的界限。二者有以下几点明显的区别：（1）侵犯的客体和对象不同。本罪侵犯的客体是公司、企业或者其他单位的资金的使用权，对象是公司、企业或者其他单位的资金；职务侵占罪侵犯的客体是公司、企业或者其他单位的资金的所有权，对象是公司、企业或者其他单位的财物，既包括货币形态的资金和有价证券等，也包括实物形态的公司财产，如物资、设备等。（2）客观方面表现不同。本罪表现为公司、企业或者其他单位的工作人员，利用职务上的便利，挪用本单位资金归个人使用或者借贷给他人，数额较大、超过3个月未还的，或者虽未超过3个月，但数额较大、进行营利活动的，或者进行非法活动的行为；职务侵占罪表现为公 |

司、企业或者其他单位的工作人员，利用职务上的便利，将本单位财物非法占为己有，数额较大的行为。挪用资金罪的行为方式是挪用，即未经合法批准或许可而擅自挪用归自己使用或者借贷给他人；职务侵占罪的行为方式是侵占，即行为人利用职务上的便利，侵吞、窃取、骗取或者以其他手段非法占有本单位财物。挪用本单位资金进行非法活动的，并不要求"数额较大"即可构成犯罪；职务侵占罪只有侵占本单位财物数额较大的，才能构成。（3）主观方面不同。挪用资金罪行为人的目的在于非法取得本单位资金的使用权，但并不企图永久非法占有，而是准备用后归还；职务侵占罪的行为人的目的在于非法取得本单位财物的所有权，而并非暂时使用。挪用本单位资金数额较大不退还的，这里所说的不退还，是指在挪用本单位资金案发后，被司法机关、主管部门或者有关单位发现前不退还。一般认为，在实际生活中，挪用本单位资金不退还的，分为两种情况：一种是主观上想退还，但客观上无能力退还；另一种是客观上虽有能力退还，但主观上已发生变化，先前的挪用本单位资金的故意已经转化为侵占该资金的故意。在司法实践中，如果行为人在挪用本单位资金后，确属犯罪故意发生转变，不再想退还，而是企图永久非法占为己有，在客观上有能力退还而不退还的，属于刑法中的转化犯，应根据处理转化犯的原则，直接以职务侵占罪定罪处罚。

二、本罪与挪用公款罪的界限。根据《刑法》第384条的规定，挪用公款罪是指国家工作人员利用职务上的便利，挪用公款归个人使用，进行非法活动的，或者挪用公款数额较大、进行营利活动的，或者挪用公款数额较大、超过3个月未还的行为。二者在客观上都表现为利用职务上的便利挪用财产的行为，在主观上都有挪用的故意，有时犯罪对象也可能都是公司、企业或者其他单位的财产。但是，二者也有以下主要区别：（1）侵犯的客体和犯罪对象不同。本罪侵犯的客体是公司、企业或者其他单位的资金的使用权，对象是公司、企业或者其他单位的资金，其中，既包括国有或者集体所有的资金，也包括公民个人所有、外商所有的资金；挪用公款罪侵犯的客体是公款的使用权和国家机关的威信、国家机关的正常活动等，既有侵犯财产的性质，又有严重的渎职的性质。因此，《刑法》将挪用公款罪规定在《刑法》分则第八章的"贪污贿赂罪"专章中，而不是"侵犯财产罪"专章中。挪用公款罪侵犯的对象限于公款，其中主要是国有财产和国家投资、参股的单位财产，即国家机关、国有公司、企业、事业单位等所有的款项。二者侵犯的对象不同，客体不同，社会危害性程度也有较大的差别。《刑法》第384条规定的挪用公款罪在客观上的三种不同情形的排列顺序，与《刑法》第272条第1款规定的挪用资金罪在客观上的三种不同情形的排列顺序不同，也说明立法者对这两种犯罪打击的重点的不同。在处罚上，挪用公款罪也比挪用资金罪严厉得多。（2）犯罪主体不同。本罪的主体是公司、企业或者其他单位的工作人员，但国家工作人员除外；挪用公款罪的主体是国家工作人员，包括国家机关中从事公务的人员，国有公司、企业、事业单位、人民团体中从事公务的人员，国家机关、国有公司、企业、事业单位委派到非国有公司、企业、事业单位、社会团体从事公务的人员，以及其他依照法律从事公务的人员。因此，《刑法》第272条第2款明确规定，国有公司、企业或者其他国有单位中从事公务的人员和国有公司、企业或者其他国有单位委派到非国有公司、企业以及其他单位从事公务的人员，利用职务上的便利，挪用本单位资金的，依照《刑法》第384条关于挪用公款罪的规定定罪处罚。

定罪标准

此罪与彼罪

| | | |
|---|---|---|
| **定罪标准** | **此罪与彼罪** | 三、本罪与挪用特定款物罪的界限。根据《刑法》第273条的规定，挪用特定款物罪是指挪用用于救灾、抢险、防汛、优抚、扶贫、移民、救济款物，情节严重，致使国家和人民群众利益遭受重大损害的行为。二者都是挪用性质的犯罪，有以下明显的区别：（1）侵犯的客体和对象不同。本罪侵犯的客体是公司、企业或者其他单位的资金的使用权，对象是公司、企业或者其他单位的资金；挪用特定款物罪侵犯的客体是国家对用于救灾、抢险、防汛、优抚、扶贫、移民、救济款物专款专用的财经管理制度和公共财物的使用权，对象是用于救灾、抢险、防汛、优抚、扶贫、移民、救济的特定款物，既包括用于上述用途的由国家预算安排的民政事业经费，也包括临时调拨的专款物，还包括其他由国家、集体或者人民群众募捐的用于上述用途的特定款物等。（2）客观表现不同。本罪表现为公司、企业或者其他单位的工作人员，利用职务上的便利，挪用本单位资金归个人使用或者借贷给他人，数额较大、超过3个月未还的，或者虽未超过3个月，但数额较大、进行营利活动的，或者进行非法活动的行为；挪用特定款物罪表现为挪用用于救灾、抢险、防汛、优抚、扶贫、移民、救济款物，情节严重，致使国家和人民群众利益遭受重大损害的行为。本罪中行为人挪用的资金，可以归个人使用，也可以借贷给他人；挪用特定款物罪是行为人未经合法批准，利用特定的职权，将特定款物非法调拨、使用于其他方面，如修建楼堂馆所、购买小汽车及办公设备，进行生产、经营性的投资等，不能用于个人。国家工作人员挪用前述特定款物归个人使用的，以挪用公款罪从重处罚。（3）犯罪主体不同。挪用资金罪的主体是公司、企业或者其他单位的工作人员，不包括国家工作人员；挪用特定款物罪的主体是在国家机关等单位支配、管理特定款物的主管人员等直接责任人员。（4）主观上不同。本罪中行为人的故意内容是，明知是其所在的公司、企业或者其他单位的资金，意图利用职务上的便利，挪用归个人使用或者借贷给他人；挪用特定款物罪中行为人的故意内容是，明知是用于救灾、抢险、防汛、优抚、扶贫、移民、救济款物专用，却挪作他用。 |
| **证据参考标准** | **主体方面的证据** | **一、证明行为人刑事责任年龄、身份等自然情况的证据**<br>包括身份证明、户籍证明、任职证明、工作经历证明、特定职责证明等，主要是证明行为人的姓名（曾用名）、性别、出生年月日、民族、籍贯、出生地、职业（或职务）、住所地（或居所地）等证据材料，如户口簿、居民身份证、居住证、工作证、出生证、专业或技术等级证、干部履历表、职工登记表、护照等。<br>对于户籍、出生证等材料内容不实的，应提供其他证据材料。外国人犯罪的案件，应有护照等身份证明材料。人大代表、政协委员犯罪的案件，应注明身份，并附身份证明材料。<br>**二、证明行为人刑事责任能力的证据**<br>证明行为人对自己的行为是否具有辨认能力与控制能力，如是否属于间歇性精神病人、尚未完全丧失辨认或者控制自己行为能力的精神病人的证明材料。 |
| | **主观方面的证据** | **证明行为人故意的证据**<br>1. 证明行为人明知的证据：证明行为人明知自己的行为会发生危害社会的结果；<br>2. 证明直接故意的证据：证明行为人希望危害结果发生。 |

| 证据参考标准 | 客观方面的证据 | **证明行为人挪用单位资金犯罪行为的证据**<br>具体证据包括：1. 证明公司董事挪用本单位资金行为的证据；2. 证明公司监事挪用本单位资金行为的证据；3. 证明公司职工挪用本单位资金行为的证据；4. 证明企业人员挪用本单位资金行为的证据；5. 证明其他单位人员挪用本单位资金行为的证据；6. 证明行为人挪用本单位资金归个人使用，或者借贷给他人，数额较大、超过3个月未还行为的证据；7. 证明行为人挪用本单位资金归个人使用，或者借贷给他人，数额较大，虽未超过3个月，但进行营利活动行为的证据；8. 证明行为人挪用本单位资金归个人使用，或者借贷给他人，虽未超过3个月，但进行非法活动行为的证据。 |
|---|---|---|
| | 量刑方面的证据 | **一、法定量刑情节证据**<br>1. 事实情节。2. 法定从重情节。3. 法定从轻或者减轻情节：（1）可以从轻；（2）可以从轻或者减轻；（3）应当从轻或者减轻。4. 法定从轻、减轻或者免除情节：（1）可以从轻、减轻或者免除处罚；（2）应当从轻、减轻或者免除处罚。5. 法定减轻或者免除情节：（1）可以减轻或者免除处罚；（2）应当减轻或者免除处罚；（3）可以免除处罚。<br>**二、酌定量刑情节证据**<br>1. 犯罪手段：（1）利用职务上的便利；（2）挪用；（3）其他。2. 犯罪对象。3. 危害结果。4. 动机。5. 平时表现。6. 认罪态度。7. 是否有前科。8. 其他证据。 |

| 量刑标准 | | |
|---|---|---|
| | 犯本罪的 | 处三年以下有期徒刑或者拘役 |
| | 数额巨大的 | 处三年以上七年以下有期徒刑 |
| | 数额特别巨大的 | 处七年以上有期徒刑 |
| | 有上述行为，在提起公诉前将挪用的资金退还的 | 可以从轻或者减轻处罚。其中，犯罪较轻的，可以减轻或者免除处罚 |

| 法律适用 | 刑法条文 | **第二百七十二条** 公司、企业或者其他单位的工作人员，利用职务上的便利，挪用本单位资金归个人使用或者借贷给他人，数额较大、超过三个月未还的，或者虽未超过三个月，但数额较大、进行营利活动的，或者进行非法活动的，处三年以下有期徒刑或者拘役；挪用本单位资金数额巨大的，处三年以上七年以下有期徒刑；数额特别巨大的，处七年以上有期徒刑。<br>国有公司、企业或者其他国有单位中从事公务的人员和国有公司、企业或者其他国有单位委派到非国有公司、企业以及其他单位从事公务的人员有前款行为的，依照本法第三百八十四条的规定定罪处罚。<br>有第一款行为，在提起公诉前将挪用的资金退还的，可以从轻或者减轻处罚。其中，犯罪较轻的，可以减轻或者免除处罚。 |
|---|---|---|

**一、最高人民法院、最高人民检察院《关于办理贪污贿赂刑事案件适用法律若干问题的解释》（节录）**（2016 年 4 月 18 日最高人民法院、最高人民检察院公布　自公布之日起施行　法释〔2016〕9 号）

**第五条**　挪用公款归个人使用，进行非法活动，数额在三万元以上的，应当依照刑法第三百八十四条的规定以挪用公款罪追究刑事责任；数额在三百万元以上的，应当认定为刑法第三百八十四条第一款规定的"数额巨大"。具有下列情形之一的，应当认定为刑法第三百八十四条第一款规定的"情节严重"：

（一）挪用公款数额在一百万元以上的；

（二）挪用救灾、抢险、防汛、优抚、扶贫、移民、救济特定款物，数额在五十万元以上不满一百万元的；

（三）挪用公款不退还，数额在五十万元以上不满一百万元的；

（四）其他严重的情节。

**第六条**　挪用公款归个人使用，进行营利活动或者超过三个月未还，数额在五万元以上的，应当认定为刑法第三百八十四条第一款规定的"数额较大"；数额在五百万元以上的，应当认定为刑法第三百八十四条第一款规定的"数额巨大"。具有下列情形之一的，应当认定为刑法第三百八十四条第一款规定的"情节严重"：

（一）挪用公款数额在二百万元以上的；

（二）挪用救灾、抢险、防汛、优抚、扶贫、移民、救济特定款物，数额在一百万元以上不满二百万元的；

（三）挪用公款不退还，数额在一百万元以上不满二百万元的；

（四）其他严重的情节。

**第十一条**　刑法第一百六十三条规定的非国家工作人员受贿罪、第二百七十一条规定的职务侵占罪中的"数额较大""数额巨大"的数额起点，按照本解释关于受贿罪、贪污罪相对应的数额标准规定的二倍、五倍执行。

刑法第二百七十二条规定的挪用资金罪中的"数额较大""数额巨大"以及"进行非法活动"情形的数额起点，按照本解释关于挪用公款罪"数额较大""情节严重"以及"进行非法活动"的数额标准规定的二倍执行。

刑法第一百六十四条第一款规定的对非国家工作人员行贿罪中的"数额较大""数额巨大"的数额起点，按照本解释第七条、第八条第一款关于行贿罪的数额标准规定的二倍执行。

**二、最高人民法院《关于对受委托管理、经营国有财产人员挪用国有资金行为如何定罪问题的批复》**（2000 年 2 月 16 日最高人民法院公布　自 2000 年 2 月 24 日起施行　法释〔2000〕5 号）

江苏省高级人民法院：

你院苏高法〔1999〕94 号《关于受委托管理、经营国有财产的人员能否作为挪用公款罪主体问题的请示》收悉。经研究，答复如下：

对于受国家机关、国有公司、企业、事业单位、人民团体委托，管理、经营国有财产的非国家工作人员，利用职务上的便利，挪用国有资金归个人使用构成犯罪的，应当依照刑法第二百七十二条第一款的规定定罪处罚。

**法律适用**

**司法解释**

**三、最高人民法院《关于如何理解刑法第二百七十二条规定的"挪用本单位资金归个人使用或者借贷给他人"问题的批复》**（2000年7月20日最高人民法院公布 自2000年7月27日起施行 法释〔2000〕22号）

新疆维吾尔自治区高级人民法院：

你院新高法〔1998〕193号《关于对刑法第二百七十二条"挪用本单位资金归个人使用或者借贷给他人"的规定应如何理解的请示》收悉。经研究，答复如下：

公司、企业或者其他单位的非国家工作人员，利用职务上的便利，挪用本单位资金归本人或者其他自然人使用，或者挪用人以个人名义将所挪用的资金借给其他自然人和单位，构成犯罪的，应当依照刑法第二百七十二条第一款的规定定罪处罚。

**四、最高人民检察院《关于挪用尚未注册成立公司资金的行为适用法律问题的批复》**（2000年10月9日最高人民检察院公布 自公布之日起施行 高检发研字〔2000〕19号）

江苏省人民检察院：

你院苏检发研字〔1999〕第8号《关于挪用尚未注册成立的公司资金能否构成挪用资金罪的请示》收悉。经研究，批复如下：

筹建公司的工作人员在公司登记注册前，利用职务上的便利，挪用准备设立的公司在银行开设的临时账户上的资金，归个人使用或者借贷给他人，数额较大、超过三个月未还的，或者虽未超过三个月，但数额较大、进行营利活动的，或者进行非法活动的，应当根据刑法第二百七十二条的规定，追究刑事责任。

**相关法律法规**

**一、《中华人民共和国商业银行法》（节录）**（1995年5月10日中华人民共和国主席令第47号公布 自1995年7月1日起施行 2003年12月27日第一次修正 2015年8月29日第二次修正）

**第五十二条** 商业银行的工作人员应当遵守法律、行政法规和其他各项业务管理的规定，不得有下列行为：

（一）利用职务上的便利，索取、收受贿赂或者违反国家规定收受各种名义的回扣、手续费；

（二）利用职务上的便利，贪污、挪用、侵占本行或者客户的资金；

（三）违反规定徇私向亲属、朋友发放贷款或者提供担保；

（四）在其他经济组织兼职；

（五）违反法律、行政法规和业务管理规定的其他行为。

**第八十五条** 商业银行工作人员利用职务上的便利，贪污、挪用、侵占本行或者客户资金，构成犯罪的，依法追究刑事责任；尚未构成犯罪的，应当给予纪律处分。

**二、《中华人民共和国合伙企业法》（节录）**（1997年2月23日中华人民共和国主席令第82号公布 自1997年8月1日起施行 2006年8月27日修订）

**第一百零一条** 清算人执行清算事务，牟取非法收入或者侵占合伙企业财产的，应当将该收入和侵占的财产退还合伙企业；给合伙企业或者其他合伙人造成损失的，依法承担赔偿责任。

**第一百零五条** 违反本法规定，构成犯罪的，依法追究刑事责任。

### 三、《中华人民共和国证券法》（节录）(1998 年 12 月 29 日中华人民共和国主席令第 12 号公布　自 1999 年 7 月 1 日起施行　2004 年 8 月 28 日第一次修正　2005 年 10 月 27 日第一次修订　2013 年 6 月 29 日第二次修正　2014 年 8 月 31 日第三次修正　2019 年 12 月 28 日第二次修订)

**第一百二十九条**　证券公司的自营业务必须以自己的名义进行，不得假借他人名义或者以个人名义进行。

证券公司的自营业务必须使用自有资金和依法筹集的资金。

证券公司不得将其自营账户借给他人使用。

**第二百一十九条**　违反本法规定，构成犯罪的，依法追究刑事责任。

### 四、《中华人民共和国公司法》（节录）(1993 年 12 月 29 日中华人民共和国主席令第 16 号公布　自 1994 年 7 月 1 日起施行　1999 年 12 月 25 日第一次修正　2004 年 8 月 28 日第二次修正　2005 年 10 月 27 日第一次修订　2013 年 12 月 28 日第三次修正　2018 年 10 月 26 日第四次修正　2023 年 9 月 1 日第二次修订)

**第一百八十一条**　董事、监事、高级管理人员不得有下列行为：

（一）侵占公司财产、挪用公司资金；

（二）将公司资金以其个人名义或者以其他个人名义开立账户存储；

（三）利用职权贿赂或者收受其他非法收入；

（四）接受他人与公司交易的佣金归己有；

（五）擅自披露公司秘密；

（六）违反对公司忠实义务的其他行为。

### 最高人民检察院、公安部《关于公安机关管辖的刑事案件立案追诉标准的规定（二）》（节录）(2022 年 4 月 6 日最高人民检察院、公安部公布　自 2022 年 5 月 15 日起施行　公通字〔2022〕12 号)

**第七十七条**　〔挪用资金案（刑法第二百七十二条第一款）〕公司、企业或者其他单位的工作人员，利用职务上的便利，挪用本单位资金归个人使用或者借贷给他人，涉嫌下列情形之一的，应予立案追诉：

（一）挪用本单位资金数额在五万元以上，超过三个月未还的；

（二）挪用本单位资金数额在五万元以上，进行营利活动的；

（三）挪用本单位资金数额在三万元以上，进行非法活动的。

具有下列情形之一的，属于本条规定的"归个人使用"：

（一）将本单位资金供本人、亲友或者其他自然人使用的；

（二）以个人名义将本单位资金供其他单位使用的；

（三）个人决定以单位名义将本单位资金供其他单位使用，谋取个人利益的。

# 50 挪用特定款物案

**概念**

　　本罪是指违反国家救灾、抢险、防汛、优抚、扶贫、移民、救济款物专用管理制度，挪用救灾、抢险、防汛、优抚、扶贫、移民、救济款物，情节严重，致使国家和人民群众利益遭受重大损害的行为。

**立案标准**

　　挪用用于救灾、抢险、防汛、优抚、扶贫、移民、救济款物，情节严重，致使国家和人民群众利益遭受重大损害的，应予立案侦查。

**定罪标准**

**犯罪客体**

　　本罪侵犯的客体是公共财物所有权和国家关于特定款物专款专用的财经管理制度。我国在政府财政支出中特别设立民政事业费一项，包括救灾、抢险、防汛、优抚、扶贫、移民、救济款物，以便帮助人民群众战胜自然灾害，解决生活中的具体困难。这对于安定群众生活，以及恢复再生产能力，将困难和灾害限制在最小的范围之内，具有十分重要的现实意义。对上述特定款物决不允许任意挪用，必须做到专款专物专门使用，这是我国一项重要的财经管理制度。

　　本罪侵犯的对象，只能是国家用于救灾、抢险、防汛、优抚、扶贫、移民、救济的特定款物，既包括用于上述用途的由国家预算安排的民政事业费，又包括临时调拨的救灾、抢险、防汛等款物，以及由国家募捐的救灾、救济款物。根据国家的有关规定，救灾款应重点用于灾情严重地区自力无法克服生活困难的灾民，不得平均分配和发放。抢险、防汛款用于购买抢险、防汛的物资、通讯器材、设备和其他有关开支。优抚款主要用于烈属、军属、残废军人等的抚恤、生活补助，以及疗养、安置等。救济款主要用于农村中由集体供给、补助后生活仍有困难的五保户、贫困户的生活救济；城镇居民中无依无靠、无生活来源的孤、老、残、幼和无固定职业、无固定收入的贫困户的生活救济；无依无靠、无生活来源的散居归侨、外侨，以及其他人员的生活困难救济等。为了救灾、抢险、防汛、优抚、扶贫、移民、救济等方面的需要，国家临时调拨、募捐或者用上述专款购置的食品、被服、药品、器材设备，以及其他物资也属于作为本罪对象的特定专用物资。特定款物不得挪作他用，也不得混用。挪用其他款物，即使是专用款物，如教育经费，也不能构成本罪。

**犯罪客观方面**

　　本罪在客观方面表现为挪用国家用于救灾、抢险、防汛、优抚、扶贫、移民、救济款物，情节严重，致使国家和人民群众利益遭受重大损害的行为。

　　所谓"挪用"，一般是指擅自将专用款物挪作他用，如用于搞经济开发项目、炒房地产、购置小汽车等违反专款专用的行为，这种他用不包括放进个人腰包的行为。挪用的对象必须是救灾、抢险、防汛、优抚、扶贫、移民、救济工作七项款物，如果是挪用其他的款物，则不能构成本罪。构成本罪，只能是将特定款物挪用于其他公共

| | | |
|---|---|---|
| **定罪标准** | **犯罪客观方面** | 用途，如修建楼、堂、馆、所；给本单位购买高级轿车、空调器等高档商品；开办劳动服务公司等。如果行为人为了个人使用而挪用特定款物，不构成本罪。挪用救灾、抢险、防汛、扶贫、移民、救济款物归个人使用的，以挪用公款罪从重处罚。<br><br>达到情节严重，致使国家和人民群众利益遭受重大损害的，才构成挪用特定款物罪。之所以不仅要求"情节严重"，还要求有"重大损害"的结果才追究刑事责任，是由于本罪的挪用行为与贪污罪、挪用公款罪、盗窃罪、诈骗罪中获取财物行为的性质毕竟不同。通常认为，挪用特定款物而造成抗洪、抗旱、抗震、防汛等工作的重大困难和损失的；挪用特定款物数额较大，直接侵害群众生活利益或者妨害恢复生产自救的；直接导致灾情扩大的；挪用特定款物而造成群众逃荒、疾病、死亡的等，构成挪用特定款物罪。 |
| | **犯罪主体** | 本罪的主体是特殊主体，即管理、使用、分配救灾、抢险、防汛、优抚、扶贫、移民、救济款物的主管人员和其他直接责任人员，包括国家工作人员、集体经济组织工作人员、事业单位工作人员、社会团体工作人员，以及受上述单位委托经手、管理特定款物的人员。 |
| | **犯罪主观方面** | 本罪主观方面表现为直接故意，即明知是救灾、抢险、防汛、优抚、扶贫、移民救济款物而故意挪作他用。因工作不负责任、玩忽职守，或过失疏忽及不可预见和防止的原因而导致自己权限管辖内或经手、管理的特定款物被他人挪用的，都不构成本罪。本罪是以挪用为目的，即行为人事前预谋的挪用或当场受挪用动机驱使而实施挪用行为。 |
| | **罪与非罪** | 区分罪与非罪的界限。要注意把握以下几点：<br>一、"情节严重"与"致使国家和人民群众利益遭受重大损害"两个要件必须同时具备，缺一不可，仅"情节严重"但未造成重大损害，或仅造成重大损失，但并非"情节严重"，都不能认定为犯罪。所谓"情节严重"，主要是指具有以下情节：(1) 挪用的抚恤事业费系残废抚恤费、烈军属生活补助费。(2) 挪用的救济费系孤老残幼社会救济费、无生活来源的散居归侨、外侨及其他人员的生活困难补助费、儿童福利院经费。(3) 挪用的救灾款是自然灾害救灾款。(4) 挪用的救灾物资系食品、药品、医疗器械、生活必需品。(5) 挪用的款物数额巨大的。(6) 多次挪用屡教不改的。(7) 挪用特定款物用于挥霍浪费和高消费性开支的。(8) 挪用外援款物的等。<br>造成"重大损害"一般是指严重影响当时当地的救灾、抢险、防汛、优抚、扶贫、移民、救济工作，直接导致民政对象的人身伤亡、房屋倒塌、财产损失、牲畜伤亡，以及直接导致大面积粮田病虫害现象，救灾抢险工作不能及时进行而引发的其他直接物质损失。<br>二、救灾扶贫周转金的性质问题。救灾扶贫周转金又称救灾基金，是指救灾款有偿使用回收本金及其增值部分的资金和其他渠道的社会资金，由各级民政部门掌握并周转使用。在非灾年，救灾扶贫基金常被用来当作一般的生产资金周转，鉴于救灾扶贫基金是基于国家拨给的救灾款实行有偿使用而来的，或以救灾为各项吸引筹集社会资金而形成的，可以视为一种常备的救灾资金，作为救灾特款，专款专用，不得挪用。挪用救灾扶贫基金构成犯罪的，可以挪用特定款物罪论处。 |

**定罪标准**

**罪与非罪**

三、"双扶经济实体"中的款物性质问题。"双扶经济实体"即救灾扶贫经济实体，带有福利性质，是民政部门组织的、为灾区群众从事自救性劳务活动，增加收入，增强抗灾自救能力，为贫困地区扶贫经济活动服务的经济组织的统称。"双扶经济实体"的资金来源主要是救灾扶贫周转金和当年救灾款的有偿使用部分，而且这些实体的上缴利润纳入救灾扶贫周转金，周转扶贫滚动使用，所以这类实体中的公共财产实际上是救灾款物的转化形式。对挪用"双扶经济实体"中的款物行为，以认定为挪用特定款物行为论处为妥。

四、民政事业费相互之间的调剂问题。民政工作中，不但存在救灾费、救济费、抚恤费相互之间替代调剂的情况，而且存在国家特定款项与其他民政事业调剂使用的现象。这种调剂是否属于挪用性质，回答是肯定的。不但不能拿救灾、救济、抚恤款等特定款物去冲抵其他民政事业开支，而且不能在特定款物之间随意进行调剂。上述调剂行为本质上都属于挪用行为，违反了国家关于上述款项"专款专用"的规定。但鉴于这种调剂行为是在民政事业费内部进行的调剂行为，具体情况较为复杂，对这些行为不以犯罪论处为妥。

五、境外救灾捐赠资金物资使用中的挪用问题。自1980年起，我国对国际救灾援助政策发生变化，欢迎并接受国际社会向我灾区提供人道性质的援助。境外捐赠的救灾款物，无论通过何种途径，办理了何种接受手续，都属于国家所有的救灾特定款物，不得挪用。其用途由国家规定。来不及等待上级主管部门答复的，也应将款物按国内拨款的救灾款物使用范围使用。如果境外捐赠资金已有明确意向，而这些资金使用意向与我国有关部门规定的资金用途不符时，可以与捐赠方协商解决。如捐赠方坚持某一使用意向，也可以允许。如一些外援捐赠后，执意要将其捐赠的款物用于某一特定项目，如修某段公路，建某所学校，在某个地区设所医院等。这种情况下，如果政府方面协商后同意捐赠者的意愿，则其意愿成为法定特定用途，擅自改变上述特定用途，将受捐赠的款物挪为他用，是非法的挪用行为。但对境外捐赠的救灾资金，如果捐赠方无明确意向或其意向与我国有关部门关于救灾款物的使用规定相符合，行为人擅自改变救灾款的救灾扶贫用途，则其行为是挪用特定款物违法行为。

六、关于长效、大件救灾物资的挪用问题。接受捐赠的各类汽车，无论何种车辆，灾情处理阶段过后，都可以归当地民政部门作为工作车辆，用于非救灾用途的其他民政事业，不存在挪用问题，对于电动机、发电机等机电设备类，以及水上交通工具、排水设备等长效救灾物资，如果将这类物资不按规定回收，不作为救灾储备物资，而是改作其他公共用途，其性质属于挪用，但鉴于其行为特点，不宜作为挪用犯罪处理。

**此罪与彼罪**

一、本罪与挪用资金罪的界限。主要区别在于：(1) 侵犯的客体与对象不同。前者挪用的是七种特定款物，其中既有国家拨款，也有非国家拨款，如社会个人、团体甚至外国政府、国际组织的捐赠，是一种广义的公共财产；而后者挪用的只能是公司、企业或其他单位的资金。前者侵犯的是特定款物专用权及国家财经管理制度；后者侵犯的是公司、企业或其他单位的资金的使用权。(2) 客观方面不同。前者挪用特定款物并非归个人使用，仍用于公共用途；后者表现为公司、企业或者其他单位的工

| | | |
|---|---|---|
| **定罪标准** | **此罪与彼罪** | 作人员，利用职务上的便利，挪用本单位资金归个人使用或者借贷给他人，数额较大、超过 3 个月未还的，或者虽未超过 3 个月，但数额较大、进行营利活动的，或者进行非法活动的行为。（3）主体不同。前者只能由主管、经营、调配该七种特定款物的有关人员构成；后者可由公司、企业或其他单位的任何工作人员构成。<br><br>二、本罪与贪污罪的界限。两者的主要区别有：（1）主观目的不同。挪用特定款物罪的主观目的是将特定款物挪作他用，用后归还；贪污罪的主观目的是将公共财产据为己有，改变财产所有权。（2）侵犯客体不同。前者既侵犯了财产所有权，又侵犯了国家财经管理制度，还侵犯了民政事业制度；后者侵犯的客体是公共财产所有权。（3）犯罪对象不同。前者是救灾、救济、抢险、优抚、防汛、扶贫、移民、救济款物；后者则是公共财物。（4）主体不同。前者是经手、掌管特定款物的人员；后者是经手、管理公共财物的人员。（5）行为性质手段不同。前者是非法挪用特定款物；后者是利用职务之便非法占有、盗窃、骗取、侵吞公共财产。<br><br>三、本罪与诈骗罪的界限。需要明确的主要是骗取特定款物行为的定性问题。骗取上述款项的行为有两种：一种是不属于优抚对象、救济对象、救灾对象的人员，以编造虚假事实、隐瞒事实真相的方法骗取优抚款、救济款、救灾款的，这种情况构成犯罪的应以诈骗罪处罚。另一种是夸大、谎报灾情及其他属于优抚、救济范围的事实，骗取国家给予较多的优抚、救济、救灾款项。其骗取的款项如果被用作非民政事业用途的其他开支，则可以以挪用特定款物行为定性，情节严重的，可以挪用特定款物罪论处。如果骗取的款项被用于优抚、救济、救灾或其他民政事业，则对行为人宜以违反党纪、政纪追究责任，而不以犯罪论处。 |
| **证据参考标准** | **主体方面的证据** | **一、证明行为人刑事责任年龄、身份等自然情况的证据**<br>包括身份证明、户籍证明、任职证明、工作经历证明、特定职责证明等，主要是证明行为人的姓名（曾用名）、性别、出生年月日、民族、籍贯、出生地、职业（或职务）、住所地（或居所地）等证据材料，如户口簿、居民身份证、居住证、工作证、出生证、专业或技术等级证、干部履历表、职工登记表、护照等。<br>对于户籍、出生证等材料内容不实的，应提供其他证据材料。外国人犯罪的案件，应有护照等身份证明材料。人大代表、政协委员犯罪的案件，应注明身份，并附身份证明材料。<br>**二、证明行为人刑事责任能力的证据**<br>证明行为人对自己的行为是否具有辨认能力与控制能力，如是否属于间歇性精神病人、尚未完全丧失辨认或者控制自己行为能力的精神病人的证明材料。 |
| | **主观方面的证据** | **证明行为人故意的证据**<br>1. 证明行为人明知的证据：证明行为人明知自己的行为会发生危害社会的结果；<br>2. 证明直接故意的证据：证明行为人希望危害结果发生。 |

| 证据参考标准 | 客观方面的证据 | **证明行为人挪用特定款物犯罪行为的证据**<br><br>具体证据包括：1. 证明行为人挪用救灾特定款物行为的证据。2. 证明行为人挪用防汛特定款物行为的证据。3. 证明行为人挪用抢险特定款物行为的证据。4. 证明行为人挪用优抚特定款物行为的证据。5. 证明行为人挪用扶贫特定款物行为的证据。6. 证明行为人挪用移民特定款物行为的证据。7. 证明行为人挪用救济特定款物行为的证据。8. 证明行为人挪用特定款物"情节严重"行为的证据。9. 证明行为人挪用特别款物"致使国家和人民的利益遭受重大损害"行为的证据：（1）人身；（2）财产；（3）生产；（4）生活；（5）其他。 |
|---|---|---|
| | 量刑方面的证据 | **一、法定量刑情节证据**<br><br>1. 事实情节。2. 法定从重情节。3. 法定从轻或者减轻情节：（1）可以从轻；（2）可以从轻或者减轻；（3）应当从轻或者减轻。4. 法定从轻、减轻或者免除情节：（1）可以从轻、减轻或者免除处罚；（2）应当从轻、减轻或者免除处罚。5. 法定减轻或者免除情节：（1）可以减轻或者免除处罚；（2）应当减轻或者免除处罚；（3）可以免除处罚。<br><br>**二、酌定量刑情节证据**<br><br>1. 犯罪手段：（1）挪用；（2）其他。2. 犯罪对象。3. 危害结果。4. 动机。5. 平时表现。6. 认罪态度。7. 是否有前科。8. 其他证据。 |

| 量刑标准 | 犯本罪的，对直接责任人员 | 处三年以下有期徒刑或者拘役 |
|---|---|---|
| | 情节特别严重的 | 处三年以上七年以下有期徒刑 |

| 法律适用 | 刑法条文 | **第二百七十三条** 挪用用于救灾、抢险、防汛、优抚、扶贫、移民、救济款物，情节严重，致使国家和人民群众利益遭受重大损害的，对直接责任人员，处三年以下有期徒刑或者拘役；情节特别严重的，处三年以上七年以下有期徒刑。 |
|---|---|---|
| | 司法解释 | **一、最高人民法院、最高人民检察院《关于办理妨害预防、控制突发传染病疫情等灾害的刑事案件具体应用法律若干问题的解释》（节录）**（2003年5月14日最高人民法院、最高人民检察院公布　自2003年5月15日起施行　法释〔2003〕8号）<br><br>**第十四条** 贪污、侵占用于预防、控制突发传染病疫情等灾害的款物或者挪用归个人使用，构成犯罪的，分别依照刑法第三百八十二条、第三百八十三条、第二百七十一条、第三百八十四条、第二百七十二条的规定，以贪污罪、职务侵占罪、挪用公款罪、挪用资金罪定罪，依法从重处罚。<br><br>挪用用于预防、控制突发传染病疫情等灾害的救灾、优抚、救济等款物，构成犯罪的，对直接责任人员，依照刑法第二百七十三条的规定，以挪用特定款物罪定罪处罚。 |

**二、最高人民法院研究室《关于挪用民族贸易和民族用品生产贷款利息补贴行为如何定性问题的复函》** (2003 年 2 月 24 日最高人民法院公布 自公布之日起施行 法研〔2003〕16 号)

公安部经济犯罪侦查局：

你局公经〔2002〕1176 号《关于征求对"贷款优惠息"性质认定意见的函》收悉。经研究，提出如下意见供参考：

中国人民银行给予中国农业银行发放民族贸易和民族用品生产贷款的利息补贴，不属于刑法第二百七十三条规定的特定款物。

**三、最高人民检察院《关于挪用失业保险基金和下岗职工基本生活保障资金的行为适用法律问题的批复》** (2003 年 1 月 28 日最高人民检察院公布 自 2003 年 1 月 30 日起施行 高检发释字〔2003〕1 号)

辽宁省人民检察院：

你院辽检发研字〔2002〕9 号《关于挪用职工失业保险金和下岗职工生活保障金是否属于挪用特定款物的请示》收悉。经研究，批复如下：

挪用失业保险基金和下岗职工基本生活保障资金属于挪用救济款物。挪用失业保险基金和下岗职工基本生活保障资金，情节严重，致使国家和人民群众利益遭受重大损害的，对直接责任人员，应当依照刑法第二百七十三条的规定，以挪用特定款物罪追究刑事责任；国家工作人员利用职务上的便利，挪用失业保险基金和下岗职工基本生活保障资金归个人使用，构成犯罪的，应当依照刑法第三百八十四条的规定，以挪用公款罪追究刑事责任。

**四、最高人民法院研究室《关于挪用退休职工社会养老金行为如何适用法律问题的复函》** (2004 年 7 月 9 日最高人民法院公布 自公布之日起施行 法研〔2004〕102 号)

公安部经济犯罪侦查局：

你局公经〔2004〕916 号《关于挪用退休职工社会养老保险金是否属于挪用特定款物罪事》收悉。经研究，提供如下意见供参考：

退休职工养老保险金不属于我国刑法中的救灾、抢险、防汛、优抚、扶贫、移民、救济等特定款物的任何一种。因此，对于挪用退休职工养老保险金的行为，构成犯罪时，不能以挪用特定款物罪追究刑事责任，而应当按照行为人身份的不同，分别以挪用资金罪或者挪用公款罪追究刑事责任。

**一、《中华人民共和国水法》（节录）** (1988 年 1 月 21 日中华人民共和国主席令第 61 号公布 自 1988 年 7 月 1 日起施行 2002 年 8 月 29 日修订 2009 年 8 月 27 日第一次修正 2016 年 7 月 2 日第二次修正)

**第七十三条** 侵占、盗窃或者抢夺防汛物资，防洪排涝、农田水利、水文监测和测量以及其他水工程设备和器材，贪污或者挪用国家救灾、抢险、防汛、移民安置和补偿及其他水利建设款物，构成犯罪的，依照刑法的有关规定追究刑事责任。

**二、《中华人民共和国防洪法》（节录）** (1997 年 8 月 29 日中华人民共和国主席令第 88 号公布 自 1998 年 1 月 1 日起施行 2009 年 8 月 27 日第一次修正 2015 年 4 月 24 日第二次修正 2016 年 7 月 2 日第三次修正)

**第五十二条** 任何单位和个人不得截留、挪用防洪、救灾资金和物资。

法律适用

司法解释

相关法律法规

**法律适用**

**相关法律法规**

各级人民政府审计机关应当加强对防洪、救灾资金使用情况的审计监督。

**第六十二条** 截留、挪用防洪、救灾资金和物资，构成犯罪的，依法追究刑事责任；尚不构成犯罪的，给予行政处分。

**三、《中华人民共和国防震减灾法》（节录）**（1997年12月29日中华人民共和国主席令第94号公布 自1998年3月1日起施行 2008年12月27日修订）

**第七十七条** 禁止侵占、截留、挪用地震应急救援、地震灾后过渡性安置和恢复重建的资金、物资。

县级以上人民政府有关部门对地震应急救援、地震灾后过渡性安置和恢复重建的资金、物资以及社会捐赠款物的使用情况，依法加强管理和监督，予以公布，并对资金、物资的筹集、分配、拨付、使用情况登记造册，建立健全档案。

**第七十九条** 审计机关应当加强对地震应急救援、地震灾后过渡性安置和恢复重建的资金、物资的筹集、分配、拨付、使用的审计，并及时公布审计结果。

**第八十条** 监察机关应当加强对参与防震减灾工作的国家行政机关和法律、法规授权的具有管理公共事务职能的组织及其工作人员的监察。

**第九十条** 侵占、截留、挪用地震应急救援、地震灾后过渡性安置或者地震灾后恢复重建的资金、物资的，由财政部门、审计机关在各自职责范围内，责令改正，追回被侵占、截留、挪用的资金、物资；有违法所得的，没收违法所得；对单位给予警告或者通报批评；对直接负责的主管人员和其他直接责任人员，依法给予处分。

**第九十一条** 违反本法规定，构成犯罪的，依法追究刑事责任。

# 51 敲诈勒索案

| | | |
|---|---|---|
| **概念** | | 本罪是指以非法占有为目的，对被害人使用威胁或要挟的方法，强行索要公私财物数额较大，或者多次强行索要公私财物的行为。 |
| **立案标准** | | 根据《刑法》第 274 条的规定，敲诈勒索公私财物"数额较大"，以 2000 元至 5000 元以上为起点，实践中应当以各地法院规定的具体标准为准。2 年内敲诈勒索 3 次以上，即可定性为多次，构成本罪，予以立案追诉。 |
| **定罪标准** | **犯罪客体** | 本罪侵犯的客体是复杂客体，不仅侵犯公私财物的所有权，还危及他人的人身权利或者其他权益。本罪侵犯的对象为公私财物。 |
| | **犯罪客观方面** | 本罪在客观方面表现为行为人采用威胁、要挟、恫吓等手段，迫使被害人交出财物，数额较大或者多次迫使被害人交出财物的行为。<br><br>威胁，是指以恶害相通告迫使被害人处分财产，即如果不按照行为人的要求处分财产，就会在将来的某个时间遭受恶害。威胁内容的种类没有限制，包括对被害人及其亲属的生命、身体自由、名誉等进行威胁，威胁行为只要足以使他人产生恐惧心理即可，不要求现实上使被害人产生了恐惧心理。威胁的内容是将由行为人自己实现，还是将由他人实现在所不问。威胁内容的实现也不要求自身是违法的，如行为人知道他人的犯罪事实，向司法机关告发是合法的，但行为人以向司法机关告发进行威胁索取财物的，也成立敲诈勒索罪。威胁的方法没有限制，既可能是明示的，也可能是暗示的；既可以使用语言文字，也可以使用动作手势；既可以直接通告被害人，也可以通过第三者通告被害人。威胁的结果，是使被害人产生恐惧心理，使其为了保护自己更大的利益而处分自己的数额较大的财产，进而行为人取得财产。被害人处分财产，并不限于被害人直接交付财产，也可以是因为恐惧而默许行为人取得财产，还可以是与被害人有特别关系的第三者基于被害人的财产处分意思交付财产。行为人敲诈勒索数额较小的公私财物的，不以犯罪论处。<br><br>敲诈勒索的行为达到数额较大或者多次敲诈勒索的，构成犯罪。数额巨大或者有其他严重情节，是本罪的加重情节。所谓情节严重，主要是指：敲诈勒索罪的惯犯；敲诈勒索罪的连续犯；对他人的犯罪事实知情不举并趁机进行敲诈勒索的；趁人之危进行敲诈勒索的；冒充国家工作人员敲诈勒索的；敲诈勒索公私财物数额巨大的；敲诈勒索手段特别恶劣，造成被害人精神失常、自杀或其他严重后果的，等等。 |
| | **犯罪主体** | 本罪的主体为一般主体，即凡年满 16 周岁且具备刑事责任能力的自然人均能构成本罪。 |

| | | |
|---|---|---|
| **定罪标准** | **犯罪主观方面** | 本罪在主观方面表现为直接故意，必须具有非法强索他人财物的目的。如果行为人不具有这种目的，或者索取财物的目的并不违法，如债权人为讨还久欠不还的债务而使用带有一定威胁成分的语言，催促债务人加快偿还等，则不构成敲诈勒索罪。 |
| | **罪与非罪** | 区分罪与非罪的界限：一是看是否达到本罪司法解释所规定的数额标准；二是看是否达到多次，即使数额较小，也可构成本罪。同时，也要注意区分本罪既遂与未遂的界限。行为人使用了威胁或要挟手段，非法取得了他人的财物，就构成了敲诈勒索罪的既遂。如果行为人仅仅使用了威胁或要挟手段，被害人并未产生恐惧情绪，因而没有交出财物；或者被害人虽然产生了恐惧，但并未交出财物，均属于敲诈勒索罪的未遂。 |
| | **此罪与彼罪** | 一、本罪与抢劫罪的界限。"威胁"既是抢劫罪的手段之一，又是敲诈勒索罪的基本行为方式。但是，其威胁的特定内涵不同：（1）从威胁的方式看，抢劫罪的威胁是当着被害人的面直接发出的；而敲诈勒索罪的威胁可以当面发出，也可以通过书信、电话或第三者转达。（2）从实现威胁的时间看，抢劫罪的威胁表现为扬言如不交出财物，就要当场实现所威胁的内容；而敲诈勒索罪的威胁则一般表现为如不答应要求将在以后某个时间实现威胁的内容。（3）从威胁的内容看，抢劫罪的威胁都是以杀害、伤害等侵害人身相威胁；而敲诈勒索罪的威胁内容则比较广泛，包括对人身的加害行为或者毁坏财物、名誉等。（4）从非法取得财物的时间看，抢劫罪是实施威胁当场取得财物；而敲诈勒索则可以在当场取得，也可以在事后取得。可见，这两种犯罪中的威胁既有区别，又有联系。如果案件事实同上述抢劫威胁的各特点相符合，应以抢劫罪论处。如果其中有一条不符合，则应以敲诈勒索罪论处。<br><br>二、本罪与招摇撞骗罪的界限。在实践中，有些犯罪分子往往假冒公安人员、海关缉查人员、市场监管人员以及税务人员等国家工作人员，敲诈他人钱财，似乎与招摇撞骗罪相同，实则构成敲诈勒索罪。二者的主要区别是：（1）行为特征不同。招摇撞骗罪是以骗为特征，完全以假象蒙蔽被害人；敲诈勒索行为虽然也可能含有欺骗的成分，但却以威胁或要挟为特征。（2）造成被害人交出财物的心理状态不同。在招摇撞骗罪中，被害人在受骗后，"自愿"交出财物或出让其他合法权益；而敲诈勒索行为则造成被害人精神上的恐惧，出于无奈，被迫交出财物或出让其他财产性利益。（3）获取利益的范围不同。招摇撞骗罪所获取利益范围比较广泛，既包括财物或财产性利益，又包括非财产性利益，如骗取某种职称或职务，政治待遇或荣誉称号等；敲诈勒索罪所获取的仅限于财物。（4）侵犯的客体不同。招摇撞骗罪侵犯的客体是国家机关的威信及社会管理秩序；敲诈勒索罪所侵犯的客体是公私财物的所有权和公民人身权利以及其他合法权益。 |
| **证据参考标准** | **主体方面的证据** | **一、证明行为人刑事责任年龄、身份等自然情况的证据**<br>包括身份证明、户籍证明、任职证明、工作经历证明、特定职责证明等，主要是证明行为人的姓名（曾用名）、性别、出生年月日、民族、籍贯、出生地、职业（或职务）、住所地（或居住地）等证据材料，如户口簿、居民身份证、居住证、工作证、出生证、专业或技术等级证、干部履历表、职工登记表、护照等。<br>对于户籍、出生证等材料内容不实的，应提供其他证据材料。外国人犯罪的案件，应有护照等身份证明材料。人大代表、政协委员犯罪的案件，应注明身份，并附身份证明材料。 |

| 证据参考标准 | 主体方面的证据 | **二、证明行为人刑事责任能力的证据**<br>　　证明行为人对自己的行为是否具有辨认能力与控制能力，如是否属于间歇性精神病人、尚未完全丧失辨认或者控制自己行为能力的精神病人的证明材料。 |
|---|---|---|
| | 主观方面的证据 | **证明行为人故意的证据**<br>　　1. 证明行为人明知的证据：证明行为人明知自己的行为会发生危害社会的结果；2. 证明直接故意的证据：证明行为人希望危害结果发生；3. 目的：非法占有他人财物。 |
| | 客观方面的证据 | **证明行为人敲诈勒索犯罪行为的证据**<br>　　具体证据包括：1. 证明行为人威胁他人行为的证据；2. 证明行为人揭露他人隐私行为的证据；3. 证明行为人强索他人财物行为的证据；4. 证明行为人敲诈公私财物数额较大行为的证据；5. 证明行为人多次敲诈勒索公私财物行为的证据；6. 证明行为人敲诈公私财物数额巨大或者有其他严重情节的证据；7. 证明行为人敲诈公私财物数额特别巨大或者有其他特别严重情节的证据；8. 证明行为人其他敲诈勒索行为的证据。 |
| | 量刑方面的证据 | **一、法定量刑情节证据**<br>　　1. 事实情节：（1）情节严重；（2）其他。2. 法定从重情节。3. 法定从轻或者减轻情节：（1）可以从轻；（2）可以从轻或者减轻；（3）应当从轻或者减轻。4. 法定从轻、减轻或者免除情节：（1）可以从轻、减轻或者免除处罚；（2）应当从轻、减轻或者免除处罚。5. 法定减轻或者免除情节：（1）可以减轻或者免除处罚；（2）应当减轻或者免除处罚；（3）可以免除处罚。<br>**二、酌定量刑情节证据**<br>　　1. 犯罪手段：（1）暴力加害；（2）揭露隐私；（3）毁坏财物；（4）威胁。2. 犯罪对象。3. 危害结果。4. 动机。5. 平时表现。6. 认罪态度。7. 是否有前科。8. 其他证据。 |
| 量刑标准 | 犯本罪，数额较大（2000元至5000元以上）或者多次（2年内敲诈勒索3次以上）敲诈勒索的 | 处三年以下有期徒刑、拘役或者管制，并处或者单处罚金 |
| | 数额巨大（3万元至10万元以上）或者有其他严重情节的 | 处三年以上十年以下有期徒刑，并处罚金 |
| | 数额特别巨大（30万元至50万元以上）或者有其他特别严重情节的 | 处十年以上有期徒刑，并处罚金 |
| 法律适用 | 刑法条文 | **第二百七十四条**　敲诈勒索公私财物，数额较大或者多次敲诈勒索的，处三年以下有期徒刑、拘役或者管制，并处或者单处罚金；数额巨大或者有其他严重情节的，处三年以上十年以下有期徒刑，并处罚金；数额特别巨大或者有其他特别严重情节的，处十年以上有期徒刑，并处罚金。 |

**法律适用**

**司法解释**

**一、最高人民法院、最高人民检察院《关于办理敲诈勒索刑事案件适用法律若干问题的解释》**（2013 年 4 月 23 日最高人民法院、最高人民检察院公布　自 2013 年 4 月 27 日起施行　法释〔2013〕10 号）

为依法惩治敲诈勒索犯罪，保护公私财产权利，根据《中华人民共和国刑法》、《中华人民共和国刑事诉讼法》的有关规定，现就办理敲诈勒索刑事案件适用法律的若干问题解释如下：

**第一条**　敲诈勒索公私财物价值二千元至五千元以上、三万元至十万元以上、三十万元至五十万元以上的，应当分别认定为刑法第二百七十四条规定的"数额较大"、"数额巨大"、"数额特别巨大"。

各省、自治区、直辖市高级人民法院、人民检察院可以根据本地区经济发展状况和社会治安状况，在前款规定的数额幅度内，共同研究确定本地区执行的具体数额标准，报最高人民法院、最高人民检察院批准。

**第二条**　敲诈勒索公私财物，具有下列情形之一的，"数额较大"的标准可以按照本解释第一条规定标准的百分之五十确定：

（一）曾因敲诈勒索受过刑事处罚的；

（二）一年内曾因敲诈勒索受过行政处罚的；

（三）对未成年人、残疾人、老年人或者丧失劳动能力人敲诈勒索的；

（四）以将要实施放火、爆炸等危害公共安全犯罪或者故意杀人、绑架等严重侵犯公民人身权利犯罪相威胁敲诈勒索的；

（五）以黑恶势力名义敲诈勒索的；

（六）利用或者冒充国家机关工作人员、军人、新闻工作者等特殊身份敲诈勒索的；

（七）造成其他严重后果的。

**第三条**　二年内敲诈勒索三次以上的，应当认定为刑法第二百七十四条规定的"多次敲诈勒索"。

**第四条**　敲诈勒索公私财物，具有本解释第二条第三项至第七项规定的情形之一，数额达到本解释第一条规定的"数额巨大"、"数额特别巨大"百分之八十的，可以分别认定为刑法第二百七十四条规定的"其他严重情节"、"其他特别严重情节"。

**第五条**　敲诈勒索数额较大，行为人认罪、悔罪、退赃、退赔，并具有下列情形之一的，可以认定为犯罪情节轻微，不起诉或者免予刑事处罚，由有关部门依法予以行政处罚：

（一）具有法定从宽处罚情节的；

（二）没有参与分赃或者获赃较少且不是主犯的；

（三）被害人谅解的；

（四）其他情节轻微、危害不大的。

**第六条**　敲诈勒索近亲属的财物，获得谅解的，一般不认为是犯罪；认定为犯罪的，应当酌情从宽处理。

被害人对敲诈勒索的发生存在过错的，根据被害人过错程度和案件其他情况，可以对行为人酌情从宽处理；情节显著轻微危害不大的，不认为是犯罪。

**第七条**　明知他人实施敲诈勒索犯罪，为其提供信用卡、手机卡、通讯工具、通讯传输通道、网络技术支持等帮助的，以共同犯罪论处。

**第八条**　对犯敲诈勒索罪的被告人，应当在二千元以上、敲诈勒索数额的二倍以下判处罚金；被告人没有获得财物的，应当在二千元以上十万元以下判处罚金。

**第九条** 本解释公布施行后，《最高人民法院关于敲诈勒索罪数额认定标准问题的规定》（法释〔2000〕11号）同时废止；此前发布的司法解释与本解释不一致的，以本解释为准。

**二、最高人民法院、最高人民检察院、公安部、司法部《关于办理黑恶势力犯罪案件若干问题的指导意见》（节录）**（2018年1月16日最高人民法院、最高人民检察院、公安部、司法部公布 自公布之日起施行 法发〔2018〕1号）

17. 黑恶势力为谋取不法利益或形成非法影响，有组织地采用滋扰、纠缠、哄闹、聚众造势等手段侵犯人身权利、财产权利，破坏经济秩序、社会秩序，构成犯罪的，应当分别依照《刑法》相关规定处理：

（1）有组织地采用滋扰、纠缠、哄闹、聚众造势等手段扰乱正常的工作、生活秩序，使他人产生心理恐惧或者形成心理强制，分别属于《刑法》第二百九十三条第一款第（二）项规定的"恐吓"、《刑法》第二百二十六规定的"威胁"，同时符合其他犯罪构成条件的，应分别以寻衅滋事罪、强迫交易罪定罪处罚。

《关于办理寻衅滋事刑事案件适用法律若干问题的解释》第二条至第四条中的"多次"一般应当理解为二年内实施寻衅滋事行为三次以上。二年内多次实施不同种类寻衅滋事行为的，应当追究刑事责任。

（2）以非法占有为目的强行索取公私财物，有组织地采用滋扰、纠缠、哄闹、聚众造势等手段扰乱正常的工作、生活秩序，同时符合《刑法》第二百七十四条规定的其他犯罪构成条件的，应当以敲诈勒索罪定罪处罚。同时由多人实施或者以统一着装、显露纹身、特殊标识以及其他明示或者暗示方式，足以使对方感知相关行为的有组织性的，应当认定为《关于办理敲诈勒索刑事案件适用法律若干问题的解释》第二条第（五）项规定的"以黑恶势力名义敲诈勒索"。

采用上述手段，同时又构成其他犯罪的，应当依法按照处罚较重的规定定罪处罚。

雇佣、指使他人有组织地采用上述手段强迫交易、敲诈勒索，构成强迫交易罪、敲诈勒索罪的，对雇佣者、指使者，一般应当以共同犯罪中的主犯论处。为强索不受法律保护的债务或者因其他非法目的，雇佣、指使他人有组织地采用上述手段寻衅滋事，构成寻衅滋事罪的，对雇佣者、指使者，一般应当以共同犯罪中的主犯论处；为追讨合法债务或者因婚恋、家庭、邻里纠纷等民间矛盾而雇佣、指使，没有造成严重后果的，一般不作为犯罪处理，但经有关部门批评制止或者处理处罚后仍继续实施的除外。

**三、最高人民法院、最高人民检察院、公安部、司法部《关于办理实施"软暴力"的刑事案件若干问题的意见》（节录）**（2019年最高人民法院、最高人民检察院、公安部、司法部公布 自2019年4月9日起施行）

一、"软暴力"是指行为人为谋取不法利益或形成非法影响，对他人或者在有关场所进行滋扰、纠缠、哄闹、聚众造势等，足以使他人产生恐惧、恐慌进而形成心理强制，或者足以影响、限制人身自由、危及人身财产安全，影响正常生活、工作、生产、经营的违法犯罪手段。

二、"软暴力"违法犯罪手段通常的表现形式有：

（一）侵犯人身权利、民主权利、财产权利的手段，包括但不限于跟踪贴靠、扬言传播疾病、揭发隐私、恶意举报、诬告陷害、破坏、霸占财物等；

（二）扰乱正常生活、工作、生产、经营秩序的手段，包括但不限于非法侵入他人住宅、破坏生活设施、设置生活障碍、贴报喷字、拉挂横幅、燃放鞭炮、播放哀乐、摆放花圈、泼洒污物、断水断电、堵门阻工，以及通过驱赶从业人员、派驻人员据守等方式直接或间接地控制厂房、办公区、经营场所等；

**法律适用**

**司法解释**

（三）扰乱社会秩序的手段，包括但不限于摆场架势示威、聚众哄闹滋扰、拦路闹事等；

（四）其他符合本意见第一条规定的"软暴力"手段。

通过信息网络或者通讯工具实施，符合本意见第一条规定的违法犯罪手段，应当认定为"软暴力"。

八、以非法占有为目的，采用"软暴力"手段强行索取公私财物，同时符合《刑法》第二百七十四条规定的其他犯罪构成要件的，应当以敲诈勒索罪定罪处罚。

《关于办理敲诈勒索刑事案件适用法律若干问题的解释》第三条中"二年内敲诈勒索三次以上"，包括已受行政处罚的行为。

九、采用"软暴力"手段，同时构成两种以上犯罪的，依法按照处罚较重的犯罪定罪处罚，法律另有规定的除外。

十、根据本意见第五条、第八条规定，对已受行政处罚的行为追究刑事责任的，行为人先前所受的行政拘留处罚应当折抵刑期，罚款应当抵扣罚金。

十一、雇佣、指使他人采用"软暴力"手段强迫交易、敲诈勒索，构成强迫交易罪、敲诈勒索罪的，对雇佣者、指使者，一般应当以共同犯罪中的主犯论处。

为强索不受法律保护的债务或者因其他非法目的，雇佣、指使他人采用"软暴力"手段非法剥夺他人人身自由构成非法拘禁罪，或者非法侵入他人住宅、寻衅滋事，构成非法侵入住宅罪、寻衅滋事罪的，对雇佣者、指使者，一般应当以共同犯罪中的主犯论处；因本人及近亲属合法债务、婚恋、家庭、邻里纠纷等民间矛盾而雇佣、指使，没有造成严重后果的，一般不作为犯罪处理，但经有关部门批评制止或者处理处罚后仍继续实施的除外。

**四、最高人民检察院《关于强迫借贷行为适用法律问题的批复》（节录）**（2014年4月17日最高人民检察院公布　自公布之日起施行　高检发释字〔2014〕1号）

广东省人民检察院：

你院《关于强迫借贷案件法律适用的请示》（粤检发研字〔2014〕9号）收悉。经研究，批复如下：

以暴力、胁迫手段强迫他人借贷，属于刑法第二百二十六条第二项规定的"强迫他人提供或者接受服务"，情节严重的，以强迫交易罪追究刑事责任；同时构成故意伤害罪等其他犯罪的，依照处罚较重的规定定罪处罚。以非法占有为目的，以借贷为名采用暴力、胁迫手段获取他人财物，符合刑法第二百六十三条或者第二百七十四条规定的，以抢劫罪或者敲诈勒索罪追究刑事责任。

**五、最高人民法院、最高人民检察院《关于常见犯罪的量刑指导意见（试行）》（节录）**（2021年6月16日最高人民法院、最高人民检察院公布　自2021年7月1日起施行　法发〔2021〕21号）

**四、常见犯罪的量刑**

（十五）敲诈勒索罪

1. 构成敲诈勒索罪的，根据下列情形在相应的幅度内确定量刑起点：

（1）达到数额较大起点的，或者二年内三次敲诈勒索的，在一年以下有期徒刑、拘役幅度内确定量刑起点。

（2）达到数额巨大起点或者有其他严重情节的，在三年至五年有期徒刑幅度内确定量刑起点。

（3）达到数额特别巨大起点或者有其他特别严重情节的，在十年至十二年有期徒刑幅度内确定量刑起点。

**司法解释**

2. 在量刑起点的基础上，根据敲诈勒索数额、次数、犯罪情节严重程度等其他影响犯罪构成的犯罪事实增加刑罚量，确定基准刑。

多次敲诈勒索，数额达到较大以上的，以敲诈勒索数额确定量刑起点，敲诈勒索次数可以作为调节基准刑的量刑情节；数额未达到较大的，以敲诈勒索次数确定量刑起点，超过三次的次数作为增加刑罚量的事实。

3. 构成敲诈勒索罪的，根据敲诈勒索的数额、手段、次数、危害后果等犯罪情节，综合考虑被告人缴纳罚金的能力，在二千元以上敲诈勒索数额的二倍以下决定罚金数额；被告人没有获得财物的，在二千元以上十万元以下判处罚金。

4. 构成敲诈勒索罪的，综合考虑敲诈勒索的手段、数额、次数、危害后果、退赃退赔等犯罪事实、量刑情节，以及被告人的主观恶性、人身危险性、认罪悔罪表现等因素，决定缓刑的适用。

**六、最高人民法院、最高人民检察院、公安部、司法部《关于办理利用信息网络实施黑恶势力犯罪刑事案件若干问题的意见》（节录）**（2019 年 7 月 23 日最高人民法院、最高人民检察院、公安部、司法部公布　自 2019 年 10 月 21 日起施行）

**二、依法严惩利用信息网络实施的黑恶势力犯罪**

4. 对通过发布、删除负面或虚假信息，发送侮辱性信息、图片，以及利用信息、电话骚扰等方式，威胁、要挟、恐吓、滋扰他人，实施黑恶势力违法犯罪的，应当准确认定，依法严惩。

6. 利用信息网络威胁、要挟他人，索取公私财物，数额较大，或者多次实施上述行为的，依照刑法第二百七十四条的规定，以敲诈勒索罪定罪处罚。

**法律适用 相关法律法规**

**《中华人民共和国人民警察法》（节录）**（1995 年 2 月 28 日中华人民共和国主席令第 40 号公布　自公布之日起施行　2012 年 10 月 26 日修正）

**第二十二条**　人民警察不得有下列行为：

（一）散布有损国家声誉的言论，参加非法组织，参加旨在反对国家的集会、游行、示威等活动，参加罢工；

（二）泄露国家秘密、警务工作秘密；

（三）弄虚作假，隐瞒案情，包庇、纵容违法犯罪活动；

（四）刑讯逼供或者体罚、虐待人犯；

（五）非法剥夺、限制他人人身自由，非法搜查他人的身体、物品、住所或者场所；

（六）敲诈勒索或者索取、收受贿赂；

（七）殴打他人或者唆使他人打人；

（八）违法实施处罚或者收取费用；

（九）接受当事人及其代理人的请客送礼；

（十）从事营利性的经营活动或者受雇于任何个人或者组织；

（十一）玩忽职守，不履行法定义务；

（十二）其他违法乱纪的行为。

**第四十八条**　人民警察有本法第二十二条所列行为之一的，应当给予行政处分；构成犯罪的，依法追究刑事责任。

行政处分分为：警告、记过、记大过、降级、撤职、开除。对受行政处分的人民警察，按照国家有关规定，可以降低警衔、取消警衔。

对违反纪律的人民警察，必要时可以对其采取停止执行职务、禁闭的措施。

| 法律适用 | 规章及规范性文件 | **最高人民法院、最高人民检察院、公安部《关于依法办理"碰瓷"违法犯罪案件的指导意见》（节录）**（2020 年 9 月 22 日最高人民法院、最高人民检察院、公安部公布　自公布之日起施行　公通字〔2020〕12 号）<br><br>二、实施"碰瓷"，具有下列行为之一，敲诈勒索他人财物，符合刑法第二百七十四条规定的，以敲诈勒索罪定罪处罚：<br><br>1. 实施撕扯、推搡等轻微暴力或者围困、阻拦、跟踪、贴靠、滋扰、纠缠、哄闹、聚众造势、扣留财物等软暴力行为的；<br><br>2. 故意制造交通事故，进而利用被害人违反道路通行规定或者其他违法违规行为相要挟的；<br><br>3. 以揭露现场掌握的当事人隐私相要挟的；<br><br>4. 扬言对被害人及其近亲属人身、财产实施侵害的。<br><br>九、共同故意实施"碰瓷"犯罪，起主要作用的，应当认定为主犯，对其参与或者组织、指挥的全部犯罪承担刑事责任；起次要或者辅助作用的，应当认定为从犯，依法予以从轻、减轻处罚或者免除处罚。<br><br>三人以上为共同故意实施"碰瓷"犯罪而组成的较为固定的犯罪组织，应当认定为犯罪集团。对首要分子应当按照集团所犯全部罪行处罚。<br><br>符合黑恶势力认定标准的，应当按照黑社会性质组织、恶势力或者恶势力犯罪集团侦查、起诉、审判。<br><br>十、对实施"碰瓷"，尚不构成犯罪，但构成违反治安管理行为的，依法给予治安管理处罚。 |
| --- | --- | --- |

# 52 故意毁坏财物案

| 概念 | 本罪是指故意非法毁灭或损坏公私财物，数额较大或者有其他严重情节的行为。 |
|---|---|
| 立案标准 | 根据相关司法解释的规定，故意毁坏公私财物，涉嫌下列情形之一的，应当立案追诉：<br>（1）造成公私财产损失 5000 元以上的；<br>（2）毁坏公私财物 3 次以上的；<br>（3）纠集 3 人以上公然毁坏公私财物的；<br>（4）其他情节严重的情形。 |

| 定罪标准 | 犯罪客体 | 本罪侵犯的客体是公私财物的所有权，犯罪对象是各类公私财物，包括动产和不动产。但是，如果破坏某些特定的财物，同时，侵害了其他客体，或者以破坏财物的特定手段去完成某些更为严重的犯罪，如破坏交通工具罪、破坏电力设备罪、破坏易燃易爆设备罪、破坏生产经营罪等，则犯罪行为侵害的主要客体不再是公私财产所有权，而是其他更重要的社会关系，不能以本罪定罪处罚，而应依想象竞合犯或牵连犯原则选择一重罪处断。 |
|---|---|---|
| | 犯罪客观方面 | 犯罪的客观方面表现为行为人非法实施毁坏公私财物的行为，情节严重，或给国家、集体、个人造成了数额较大的经济损失。这里所说的毁坏公私财物，包括毁灭和损坏两种情况，前者是指使财物的价值和功能完全丧失，后者则是指使财物的价值和功能部分丧失，具体的表现形式则是多种多样，如焚烧、砸碎、拆卸、淹灭、捣毁等。 |
| | 犯罪主体 | 犯罪主体是一般主体，即凡年满 16 周岁且具备刑事责任能力的自然人，都可以成为本罪的主体。 |
| | 犯罪主观方面 | 本罪主观方面必须是故意，包括直接故意和间接故意。但不具有非法占有的目的。这是本罪与其他侵犯财产罪的本质区别。过失不能构成本罪。 |
| | 罪与非罪 | 数额大小或者情节是否严重是区分故意毁坏财物罪罪与非罪的重要标准，只有故意毁坏公私财物数额较大或者情节严重的，才构成故意毁坏财物罪。情节严重，一般是指毁坏公私财物手段恶劣、动机卑劣，毁坏重要物品损失严重的，毁坏公私财物造成恶劣影响或严重后果的等情节。故意毁坏公私财物数额不大或者情节显著轻微危害不大的，不认为是犯罪。 |
| | 此罪与彼罪 | 一、本罪与放火罪、决水罪、爆炸罪、投放危险物质罪等危害公共安全罪的界限。二者的区别主要在于侵犯的客体不同，本罪侵犯的客体是公私财物。而放火罪、决水罪、爆炸罪、投放危险物质罪等危害公共安全罪侵犯的客体是公共安全，即不特 |

| | | |
|---|---|---|
| **定罪标准** | **此罪与彼罪** | 定多数人的生命、健康和重大公私财物的安全。如果行为人使用放火、决水、爆炸、投放危险物质等危险方法毁坏公私财物，危害公共安全的，则构成放火罪、决水罪、爆炸罪、投放危险物质罪等危害公共安全罪。<br><br>二、本罪与破坏交通工具罪、破坏交通设施罪、破坏易燃易爆设备罪等危害公共安全罪的界限。二者的区别在于侵害的对象不同。本罪侵害的对象是公私财物，而破坏交通工具罪、破坏交通设施罪、破坏易燃易爆设备罪等危害公共安全罪侵害的对象是正在使用中的交通工具、交通设施、易燃易爆设备等法律规定的特定的公私财物。如果行为人故意毁坏不是正在使用的上述特定财物，则可根据案件的具体情节可分别以故意毁坏财物罪、破坏生产经营罪论处。<br><br>三、本罪与故意损毁文物罪、故意损毁名胜古迹罪及破坏永久性测量标志罪的界限。二者的区别主要在于侵害的对象是否为国家保护的珍贵文物、名胜古迹及永久性测量标志等法律规定的特定对象，本罪侵害的对象是各种各样的公私财物，如果行为人故意毁坏国家保护的珍贵文物、名胜古迹的，则构成故意损毁文物罪、故意损毁名胜古迹罪；如果行为人故意毁坏国家和军队在全国各地进行测量过程中所设置的永久性标志的，则构成破坏永久性测量标志罪。 |
| **证据参考标准** | **主体方面的证据** | **一、证明行为人刑事责任年龄、身份等自然情况的证据**<br>包括身份证明、户籍证明、任职证明、工作经历证明、特定职责证明等，主要是证明行为人的姓名（曾用名）、性别、出生年月日、民族、籍贯、出生地、职业（或职务）、住所地（或居所地）等证据材料，如户口簿、居民身份证、居住证、工作证、出生证、专业或技术等级证、干部履历表、职工登记表、护照等。<br>对于户籍、出生证等材料内容不实的，应提供其他证据材料。外国人犯罪的案件，应有护照等身份证明材料。人大代表、政协委员犯罪的案件，应注明身份，并附身份证明材料。<br>**二、证明行为人刑事责任能力的证据**<br>证明行为人对自己的行为是否具有辨认能力与控制能力，如是否属于间歇性精神病人、尚未完全丧失辨认或者控制自己行为能力的精神病人的证明材料。 |
| | **主观方面的证据** | **证明行为人故意的证据**<br>1. 证明行为人明知的证据：证明行为人明知自己的行为会发生危害社会的结果；2. 证明直接故意的证据：证明行为人希望危害结果发生；3. 证明间接故意的证据：证明行为人放任危害结果发生。 |
| | **客观方面的证据** | **证明行为人故意毁坏财物犯罪行为的证据**<br>具体证据包括：1. 证明行为人故意毁坏公有财物行为的证据；2. 证明行为人故意毁坏私有财物行为的证据；3. 证明行为人故意毁坏公有财物"严重情节"行为的证据；4. 证明行为人故意毁坏私有财物"严重情节"行为的证据；5. 证明行为人故意毁坏公有财物"数额较大""数额巨大"行为的证据；6. 证明行为人故意毁坏公私财物"其他特别严重情节"行为的证据；7. 证明行为人其他故意毁坏公私财物行为的证据。 |
| | **量刑方面的证据** | **一、法定量刑情节证据**<br>1. 事实情节。2. 法定从重情节。3. 法定从轻或者减轻情节：（1）可以从轻；（2）可以从轻或者减轻；（3）应当从轻或者减轻。4. 法定从轻、减轻或者免除情节：（1）可以从轻、减轻或者免除处罚；（2）应当从轻、减轻或者免除处罚。5. 法定减轻 |

| 证据参考标准 | 量刑方面的证据 | 或者免除情节：（1）可以减轻或者免除处罚；（2）应当减轻或者免除处罚；（3）可以免除处罚。<br>**二、酌定量刑情节证据**<br>1. 犯罪手段：（1）毁灭；（2）损坏；（3）其他。2. 犯罪对象。3. 危害结果。4. 动机。5. 平时表现。6. 认罪态度。7. 是否有前科。8. 其他证据。 |
|---|---|---|
| **量刑标准** | 犯本罪的 | 处三年以下有期徒刑、拘役或者罚金 |
| | 数额巨大或者有其他特别严重情节的 | 处三年以上七年以下有期徒刑 |

| **法律适用** | 刑法条文 | 　　**第二百七十五条**　故意毁坏公私财物，数额较大或者有其他严重情节的，处三年以下有期徒刑、拘役或者罚金；数额巨大或者有其他特别严重情节的，处三年以上七年以下有期徒刑。 |
|---|---|---|
| | 司法解释 | 　　**一、最高人民法院、最高人民检察院《关于办理盗窃刑事案件适用法律若干问题的解释》（节录）**（2013 年 4 月 2 日最高人民法院、最高人民检察院公布　自 2013 年 4 月 4 日起施行　法释〔2013〕8 号）<br>　　**第十一条**　盗窃公私财物并造成财物损毁的，按照下列规定处理：<br>　　（一）采用破坏性手段盗窃公私财物，造成其他财物损毁的，以盗窃罪从重处罚；同时构成盗窃罪和其他犯罪的，择一重罪从重处罚；<br>　　（二）实施盗窃犯罪后，为掩盖罪行或者报复等，故意毁坏其他财物构成犯罪的，以盗窃罪和构成的其他犯罪数罪并罚；<br>　　（三）盗窃行为未构成犯罪，但损毁财物构成其他犯罪的，以其他犯罪定罪处罚。<br>　　**二、最高人民法院、最高人民检察院、公安部《关于办理涉窨井盖相关刑事案件的指导意见》（节录）**（2020 年 3 月 16 日最高人民法院、最高人民检察院、公安部公布　自公布之日起施行　高检发〔2020〕3 号）<br>　　一、盗窃、破坏正在使用中的社会机动车通行道路上的窨井盖，足以使汽车、电车发生倾覆、毁坏危险，尚未造成严重后果的，依照刑法第一百一十七条的规定，以破坏交通设施罪定罪处罚；造成严重后果的，依照刑法第一百一十九条第一款的规定处罚。<br>　　过失造成严重后果的，依照刑法第一百一十九条第二款的规定，以过失损坏交通设施罪定罪处罚。<br>　　二、盗窃、破坏人员密集往来的非机动车道、人行道以及车站、码头、公园、广场、学校、商业中心、厂区、社区、院落等生产生活、人员聚集场所的窨井盖，足以危害公共安全，尚未造成严重后果的，依照刑法第一百一十四条的规定，以以危险方法危害公共安全罪定罪处罚；致人重伤、死亡或者使公私财产遭受重大损失的，依照刑法第一百一十五条第一款的规定处罚。<br>　　过失致人重伤、死亡或者使公私财产遭受重大损失的，依照刑法第一百一十五条第二款的规定，以过失以危险方法危害公共安全罪定罪处罚。 |

**司法解释**

三、对于本意见第一条、第二条规定以外的其他场所的窨井盖，明知会造成人员伤亡后果而实施盗窃、破坏行为，致人受伤或者死亡的，依照刑法第二百三十四条、第二百三十二条的规定，分别以故意伤害罪、故意杀人罪定罪处罚。

过失致人重伤或者死亡的，依照刑法第二百三十五条、第二百三十三条的规定，分别以过失致人重伤罪、过失致人死亡罪定罪处罚。

十二、本意见所称的"窨井盖"，包括城市、城乡结合部和乡村等地的窨井盖以及其他井盖。

**三、最高人民法院、最高人民检察院、公安部、司法部、国家卫生和计划生育委员会（已撤销）《关于依法惩处涉医违法犯罪维护正常医疗秩序的意见》（节录）** (2014年4月22日最高人民法院、最高人民检察院、公安部、司法部、国家卫生和计划生育委员会（已撤销）公布)

**二、严格依法惩处涉医违法犯罪**

（一）在医疗机构内殴打医务人员或者故意伤害医务人员身体、故意损毁公私财物，尚未造成严重后果的，分别依照治安管理处罚法第四十三条、第四十九条的规定处罚；故意杀害医务人员，或者故意伤害医务人员造成轻伤以上严重后果，或者随意殴打医务人员情节恶劣、任意损毁公私财物情节严重，构成故意杀人罪、故意伤害罪、故意毁坏财物罪、寻衅滋事罪的，依照刑法的有关规定定罪处罚。

**法律适用**

**相关法律法规**

**一、《中华人民共和国邮政法》（节录）** (1986年12月2日中华人民共和国主席令第47号公布　自1987年1月1日起施行　2009年4月24日修订　2012年10月26日第一次修正　2015年4月24日第二次修正)

**第八十条**　有下列行为之一，尚不构成犯罪的，依法给予治安管理处罚：

（一）盗窃、损毁邮政设施或者影响邮政设施正常使用的；

（二）伪造邮资凭证或者倒卖伪造的邮资凭证的；

（三）扰乱邮政营业场所、快递企业营业场所正常秩序的；

（四）非法拦截、强登、扒乘运送邮件、快件的车辆的。

**第八十二条**　违反本法规定，构成犯罪的，依法追究刑事责任。

**二、《中华人民共和国体育法》（节录）** (1995年8月29日中华人民共和国主席令第55号公布　自1995年10月1日起施行　2009年8月27日第一次修正　2016年11月7日第二次修正　2022年6月24日修订)

**第一百一十四条**　违反本法规定，侵占、破坏公共体育场地设施的，由县级以上地方人民政府体育行政部门会同有关部门予以制止，责令改正，并可处实际损失五倍以下的罚款。

**第一百一十九条**　违反本法规定，造成财产损失或者其他损害的，依法承担民事责任；构成违反治安管理行为的，由公安机关依法给予治安管理处罚；构成犯罪的，依法追究刑事责任。

**三、《中华人民共和国煤炭法》（节录）** (1996年8月29日中华人民共和国主席令第75号公布　自1996年12月1日起施行　2009年8月27日第一次修正　2011年4月22日第二次修正　2013年6月29日第三次修正　2016年11月7日第四次修正)

**第四十八条**　任何单位或者个人不得危害煤矿矿区的电力、通讯、水源、交通及其他生产设施。

禁止任何单位和个人扰乱煤矿矿区的生产秩序和工作秩序。

**第六十三条** 有下列行为之一的，由公安机关依照治安管理处罚法的有关规定处罚；构成犯罪的，由司法机关依法追究刑事责任：

（一）阻碍煤矿建设，致使煤矿建设不能正常进行的；

（二）故意损坏煤矿矿区的电力、通讯、水源、交通及其他生产设施的；

（三）扰乱煤矿矿区秩序，致使生产、工作不能正常进行的；

（四）拒绝、阻碍监督检查人员依法执行职务的。

**四、《中华人民共和国渔业法》（节录）**（1986年1月26日中华人民共和国主席令第34号公布 自1986年7月1日起施行 2000年10月31日第一次修正 2004年8月28日第二次修正 2009年8月27日第三次修正 2013年12月28日第四次修正）

**第三十九条** 偷捕、抢夺他人养殖的水产品的，或者破坏他人养殖水体、养殖设施的，责令改正，可以处二万元以下的罚款；造成他人损失的，依法承担赔偿责任；构成犯罪的，依法追究刑事责任。

**五、《中华人民共和国水法》（节录）**（1988年1月21日中华人民共和国主席令第61号公布 自1988年7月1日起施行 2002年8月29日修订 2009年8月27日第一次修正 2016年7月2日第二次修正）

**第七十二条** 有下列行为之一，构成犯罪的，依照刑法的有关规定追究刑事责任；尚不够刑事处罚，且防洪法未作规定的，由县级以上地方人民政府水行政主管部门或者流域管理机构依据职权，责令停止违法行为，采取补救措施，处一万元以上五万元以下的罚款；违反治安管理处罚法的，由公安机关依法给予治安管理处罚；给他人造成损失的，依法承担赔偿责任：

（一）侵占、毁坏水工程及堤防、护岸等有关设施，毁坏防汛、水文监测、水文地质监测设施的；

（二）在水工程保护范围内，从事影响水工程运行和危害水工程安全的爆破、打井、采石、取土等活动的。

**第七十四条** 在水事纠纷发生及其处理过程中煽动闹事、结伙斗殴、抢夺或者损坏公私财物、非法限制他人人身自由，构成犯罪的，依照刑法的有关规定追究刑事责任；尚不够刑事处罚的，由公安机关依法给予治安管理处罚。

**六、《收费公路管理条例》（节录）**（2004年9月13日中华人民共和国国务院令第417号公布 自2004年11月1日起施行）

**第五十七条** 违反本条例的规定，为拒交、逃交、少交车辆通行费而故意堵塞收费道口、强行冲卡、殴打收费公路管理人员、破坏收费设施或者从事其他扰乱收费公路经营管理秩序活动，构成违反治安管理行为的，由公安机关依法予以处罚；构成犯罪的，依法追究刑事责任；给收费公路经营管理者造成损失或者造成人身损害的，依法承担民事赔偿责任。

**一、最高人民检察院、公安部《关于公安机关管辖的刑事案件立案追诉标准的规定（一）》（节录）**（2008年6月25日最高人民检察院、公安部公布 自公布之日起施行 公通字〔2008〕36号 2017年4月27日修正）

**第三十三条** 〔故意毁坏财物案（刑法第二百七十五条）〕故意毁坏公私财物，涉嫌下列情形之一的，应予立案追诉：

**法律适用**

**规章及规范性文件**

（一）造成公私财物损失五千元以上的；

（二）毁坏公私财物三次以上的；

（三）纠集三人以上公然毁坏公私财物的；

（四）其他情节严重的情形。

**二、最高人民法院、最高人民检察院、公安部《关于依法办理"碰瓷"违法犯罪案件的指导意见》（节录）**（2020 年 9 月 22 日最高人民法院、最高人民检察院、公安部公布　自公布之日起施行　公通字〔2020〕12 号）

五、实施"碰瓷"，故意造成他人财物毁坏，符合刑法第二百七十五条规定的，以故意毁坏财物罪定罪处罚。

九、共同故意实施"碰瓷"犯罪，起主要作用的，应当认定为主犯，对其参与或者组织、指挥的全部犯罪承担刑事责任；起次要或者辅助作用的，应当认定为从犯，依法予以从轻、减轻处罚或者免除处罚。

三人以上为共同故意实施"碰瓷"犯罪而组成的较为固定的犯罪组织，应当认定为犯罪集团。对首要分子应当按照集团所犯全部罪行处罚。

符合黑恶势力认定标准的，应当按照黑社会性质组织、恶势力或者恶势力犯罪集团侦查、起诉、审判。

十、对实施"碰瓷"，尚不构成犯罪，但构成违反治安管理行为的，依法给予治安管理处罚。

# 53 破坏生产经营案

**概念**

本罪是指由于泄愤报复或者其他个人目的，毁坏机器设备、残害耕畜或者以其他方法破坏生产经营的行为。

**立案标准**

由于泄愤报复或者其他个人目的，毁坏机器设备、残害耕畜或者以其他方法破坏生产经营，涉嫌下列情形之一的，应予立案追诉：

(1) 造成公私财物损失 5000 元以上的；

(2) 破坏生产经营 3 次以上的；

(3) 纠集 3 人以上公然破坏生产经营的；

(4) 其他破坏生产经营应予追究刑事责任的情形。

| 定罪标准 | 犯罪客体 | 本罪侵犯的客体是公私财物的所有权和整个社会的生产经营活动。《刑法》把集体生产经营和个体生产经营统称为"生产经营"。也就是说，本罪侵犯的客体，既包括全民所有制单位和集体所有制单位的生产经营和正常进行，同时也包括私营企业、个体企业、外商独资企业的生产经营的正常进行。 |
|---|---|---|
| | 犯罪客观方面 | 本罪在客观方面表现为以毁坏机器设备、残害耕畜或者其他方法，破坏生产经营的行为。关于其他方法的具体表现，在司法实践中主要有：破坏电源，制造停电事故，破坏种子、秧苗，毁坏庄稼、果树，制造设备事故或者质量事故等。如果破坏了未使用的装置或保存中的生产工具或设备，不影响生产经营活动正常进行的，不构成本罪。 |
| | 犯罪主体 | 本罪的主体是一般主体，即凡年满 16 周岁且具备刑事责任能力的自然人均能构成本罪。 |
| | 犯罪主观方面 | 本罪在主观方面表现为直接故意，并具有泄愤报复或其他个人目的。本罪所指的其他个人目的，主要是因与集体生产活动有关的原因而产生的个人目的，如由于某种个人恩怨而企图陷害他人或者企图毁坏某人或生产单位的声誉，或者为了使其遭受经济损失等。 |
| | 罪与非罪 | 区分罪与非罪的界限，要注意：行为人的行为足以破坏生产经营的，才构成本罪。如果情节显著轻微危害不大的，不认为是犯罪。 |
| | 此罪与彼罪 | 一、本罪与故意毁坏财物罪的界限。两罪的区别在于侵犯的客体不同，前者侵犯的是复杂客体，既侵犯了公私财物，同时也侵犯了生产经营秩序；而后者侵犯的客体是各种各样的公私财物。侵害的对象也不同，前者侵害的对象必须是与生产经营活动或与生产经营活动密切相关的生产经营资料、生产经营工具等物品；而后者侵害的对象是各种各样的公私财物。如果行为人毁坏的是与生产经营无关的公私财物，则不构成破坏生产经营罪。 |

| 定罪标准 | 此罪与彼罪 | 二、本罪与重大责任事故罪的界限。两罪的界限主要在于主观方面不同。破坏生产经营罪的主观方面表现为故意，并且具有泄愤报复或者其他个人目的；而重大责任事故罪在主观方面表现为过失。<br><br>三、本罪与破坏交通工具罪、破坏交通设施罪、破坏易燃易爆设备罪的界限。主要区别在于是否破坏了生产经营过程中的交通工具、交通设施、易燃易爆设备。如果是破坏生产经营中的上述工具、设备，足以破坏生产经营的，构成破坏生产经营罪。如果破坏的不是生产经营中的而是正在使用中的上述工具、设备，足以危害公共安全的，则构成破坏交通工具罪、破坏交通设施罪、破坏易燃易爆设备罪。 |
|---|---|---|
| 证据参考标准 | 主体方面的证据 | **一、证明行为人刑事责任年龄、身份等自然情况的证据**<br>包括身份证明、户籍证明、任职证明、工作经历证明、特定职责证明等，主要是证明行为人的姓名（曾用名）、性别、出生年月日、民族、籍贯、出生地、职业（或职务）、住所地（或居所地）等证据材料，如户口簿、居民身份证、居住证、工作证、出生证、专业或技术等级证、干部履历表、职工登记表、护照等。<br>对于户籍、出生证等材料内容不实的，应提供其他证据材料。外国人犯罪的案件，应有护照等身份证明材料。人大代表、政协委员犯罪的案件，应注明身份，并附身份证明材料。<br>**二、证明行为人刑事责任能力的证据**<br>证明行为人对自己的行为是否具有辨认能力与控制能力，如是否属于间歇性精神病人、尚未完全丧失辨认或者控制自己行为能力的精神病人的证明材料。 |
| | 主观方面的证据 | **证明行为人故意的证据**<br>1. 证明行为人明知的证据：证明行为人明知自己的行为会发生危害社会的结果。2. 证明直接故意的证据：证明行为人希望危害结果发生。3. 目的：（1）泄愤报复；（2）其他个人目的。 |
| | 客观方面的证据 | **证明行为人破坏生产经营犯罪行为的证据**<br>具体证据包括：1. 证明行为人毁坏机器设备行为的证据；2. 证明行为人残害耕畜行为的证据；3. 证明行为人破坏生产工具、生产工艺行为的证据；4. 证明行为人用其他方法破坏生产经营行为的证据；5. 证明行为人泄愤报复行为的证据；6. 证明行为人其他个人目的破坏生产经营行为的证据。 |
| | 量刑方面的证据 | **一、法定量刑情节证据**<br>1. 事实情节。2. 法定从重情节。3. 法定从轻或者减轻情节：（1）可以从轻；（2）可以从轻或者减轻；（3）应当从轻或者减轻。4. 法定从轻、减轻或者免除情节：（1）可以从轻、减轻或者免除处罚；（2）应当从轻、减轻或者免除处罚。5. 法定减轻或者免除情节：（1）可以减轻或者免除处罚；（2）应当减轻或者免除处罚；（3）可以免除处罚。<br>**二、酌定量刑情节证据**<br>1. 犯罪手段：（1）破坏；（2）毁坏；（3）残害；（4）其他。2. 犯罪对象。3. 危害结果。4. 动机。5. 平时表现。6. 认罪态度。7. 是否有前科。8. 其他证据。 |

| 量刑标准 | 犯本罪的 | 处三年以下有期徒刑、拘役或者管制 |
|---|---|---|
| | 情节严重的 | 处三年以上七年以下有期徒刑 |

| 法律适用 | 刑法条文 | 第二百七十六条　由于泄愤报复或者其他个人目的，毁坏机器设备、残害耕畜或者以其他方法破坏生产经营的，处三年以下有期徒刑、拘役或者管制；情节严重的，处三年以上七年以下有期徒刑。 |
|---|---|---|
| | 规章及规范性文件 | **最高人民检察院、公安部《关于公安机关管辖的刑事案件立案追诉标准的规定（一）》（节录）**（2008 年 6 月 25 日最高人民检察院、公安部公布　自公布之日起施行　公通字〔2008〕36 号　2017 年 4 月 27 日修正）<br><br>第三十四条　〔破坏生产经营案（刑法第二百七十六条）〕由于泄愤报复或者其他个人目的，毁坏机器设备、残害耕畜或者以其他方法破坏生产经营，涉嫌下列情形之一的，应予立案追诉：<br>（一）造成公私财物损失五千元以上的；<br>（二）破坏生产经营三次以上的；<br>（三）纠集三人以上公然破坏生产经营的；<br>（四）其他破坏生产经营应予追究刑事责任的情形。 |

# 54 拒不支付劳动报酬案

| | | |
|---|---|---|
| **概念** | | 本罪是指以转移财产、逃匿等方法逃避支付劳动者的劳动报酬或者有能力支付而不支付劳动者的劳动报酬，数额较大，经政府有关部门责令支付仍不支付的行为。 |
| **立案标准** | | 以转移财产、逃匿等方法逃避支付劳动者的劳动报酬或者有能力支付而不支付劳动者的劳动报酬，经政府有关部门责令支付仍不支付，涉嫌下列情形之一的，应予立案追诉：<br>（1）拒不支付 1 名劳动者 3 个月以上的劳动报酬且数额在 5000 元至 2 万元以上的；<br>（2）拒不支付 10 名以上劳动者的劳动报酬且数额累计在 3 万元至 10 万元以上的。<br>不支付劳动者的劳动报酬，尚未造成严重后果，在刑事立案前支付劳动者的劳动报酬，并依法承担相应赔偿责任的，可以不予立案追诉。 |
| **定罪标准** | **犯罪客体** | 本罪侵犯的客体是双重客体，既侵犯了劳动者的获取报酬权即财产权，也侵犯了市场经济秩序，其中，侵犯劳动者的财产权是主要客体，因此，《刑法》将其归入侵犯财产罪一章。 |
| | **犯罪客观方面** | 本罪在客观方面表现为以转移财产、逃匿等方法逃避支付劳动者的劳动报酬或者有能力支付而不支付劳动者的劳动报酬，数额较大，经政府有关部门责令支付仍不支付的行为。 |
| | **犯罪主体** | 本罪的主体是特殊主体，即负有向劳动者支付劳动报酬义务的自然人和单位，包括雇主和用人单位。 |
| | **犯罪主观方面** | 本罪的主观方面为故意，即明知自己的拒不支付劳动报酬行为会造成劳动者无法及时领取劳动报酬，经政府有关部门责令支付而仍不支付。 |
| | **罪与非罪** | 行为人逃避支付或者有能力支付而不支付劳动者的劳动报酬，数额较大的，只有经政府有关部门责令支付仍不支付，才能构成本罪。 |
| | **此罪与彼罪** | 本罪与诈骗罪的界限。两罪的区别表现在以下几个方面：（1）犯罪主体不同。前罪是自然人和单位都能构成；而后罪只有自然人才能构成，单位不能构成。（2）犯罪客体不同。前罪侵犯的客体是双重客体，既侵犯了劳动者的财产权，也侵犯了社会主义市场经济秩序；而后罪只侵犯了财产权。（3）犯罪对象不同。前罪侵犯的对象是劳动者的劳动报酬；而后罪侵犯的对象是不特定人的财物等。 |

| 证据参考标准 | 主体方面的证据 | **一、证明行为人刑事责任年龄、身份等自然情况的证据**<br>包括身份证明、户籍证明、任职证明、工作经历证明、特定职责证明等，主要是证明行为人的姓名（曾用名）、性别、出生年月日、民族、籍贯、出生地、职业（或职务）、住所地（或居住地）等证据材料，如户口簿、居民身份证、居住证、工作证、出生证、专业或技术等级证、干部履历表、职工登记表、护照等。<br>对于户籍、出生证等材料内容不实的，应提供其他证据材料。外国人犯罪的案件，应有护照等身份证明材料。人大代表、政协委员犯罪的案件，应注明身份，并附身份证明材料。<br>**二、证明行为人刑事责任能力的证据**<br>证明行为人对自己的行为是否具有辨认能力与控制能力，如是否属于间歇性精神病人、尚未完全丧失辨认或者控制自己行为能力的精神病人的证明材料。<br>**三、证明单位的证据**<br>证明是否属于依法成立并有合法经营、管理范围的公司、企业、事业单位、机关、团体。<br>证明单位的名称、住所地、性质、法定代表人、单位负责人、业务范围、成立时间等证据材料，如企业法人营业执照、国有公司性质证明及非法人单位的身份证明等。<br>**四、证明法定代表人、单位负责人或直接责任人员等的身份证据**<br>法定代表人、直接负责的主管人员和其他直接责任人在单位的任职、职责、负责权限的证明材料等。包括身份证明、户籍证明、任职证明等，如户口簿、居民身份证、工作证、护照、专业或技术等级证、干部履历表、职工登记表、任命书、业务分工文件、委派文件、单位证明、单位规章制度等。 |
| --- | --- | --- |
| | 主观方面的证据 | **证明行为人故意的证据**<br>1. 证明行为人明知的证据：证明行为人明知自己的行为会发生危害社会的结果；2. 证明直接故意的证据：证明行为人希望危害结果发生。 |
| | 客观方面的证据 | **证明行为人以转移财产、逃匿等方法逃避支付劳动者的劳动报酬或者有能力支付而不支付劳动者的劳动报酬，数额较大，经政府有关部门责令支付仍不支付的行为的证据**<br>具体证据包括：1. 证明行为人以转移财产、逃匿等方法逃避支付劳动者的劳动报酬行为的证据；2. 证明行为人有能力支付而不支付劳动者的劳动报酬行为的证据；3. 证明行为人逃避支付或者有能力支付而不支付劳动者的劳动报酬，数额较大，经政府有关部门责令支付而仍不支付行为的证据；4. 证明行为人逃避支付或者有能力支付而不支付劳动者的劳动报酬，数额较大，经政府有关部门责令支付而仍不支付，造成严重后果的证据。 |
| | 量刑方面的证据 | **一、法定量刑情节证据**<br>1. 事实情节。2. 法定从重情节。3. 法定从轻或者减轻情节：（1）可以从轻；（2）可以从轻或者减轻；（3）应当从轻或者减轻。4. 法定从轻、减轻或者免除情节：（1）可以从轻、减轻或者免除处罚；（2）应当从轻、减轻或者免除处罚。5. 法定减轻或者免除情节：（1）可以减轻或者免除处罚；（2）应当减轻或者免除处罚；（3）可以免除处罚。<br>**二、酌定量刑情节证据**<br>1. 犯罪手段：（1）转移财产；（2）逃匿；（3）拒不支付。2. 犯罪对象。3. 危害结果。4. 动机。5. 平时表现。6. 认罪态度。7. 是否有前科。8. 其他证据。 |

| 量刑标准 | 犯本罪的 | 处三年以下有期徒刑或者拘役，并处或者单处罚金 |
|---|---|---|
| | 造成严重后果的 | 处三年以上七年以下有期徒刑，并处罚金 |
| | 单位犯前款罪的 | 对单位判处罚金，并对其直接负责的主管人员和其他直接责任人员，依照前款的规定处罚 |
| | 有前两款行为，尚未造成严重后果，在提起公诉前支付劳动者的劳动报酬，并依法承担相应赔偿责任的 | 可以减轻或者免除处罚 |

## 法律适用

### 刑法条文

**第二百七十六条之一** 以转移财产、逃匿等方法逃避支付劳动者的劳动报酬或者有能力支付而不支付劳动者的劳动报酬，数额较大，经政府有关部门责令支付仍不支付的，处三年以下有期徒刑或者拘役，并处或者单处罚金；造成严重后果的，处三年以上七年以下有期徒刑，并处罚金。

单位犯前款罪的，对单位判处罚金，并对其直接负责的主管人员和其他直接责任人员，依照前款的规定处罚。

有前两款行为，尚未造成严重后果，在提起公诉前支付劳动者的劳动报酬，并依法承担相应赔偿责任的，可以减轻或者免除处罚。

### 司法解释

**最高人民法院《关于审理拒不支付劳动报酬刑事案件适用法律若干问题的解释》**
(2013年1月16日最高人民法院公布 自2013年1月23日起施行 法释〔2013〕3号)

为依法惩治拒不支付劳动报酬犯罪，维护劳动者的合法权益，根据《中华人民共和国刑法》有关规定，现就办理此类刑事案件适用法律的若干问题解释如下：

**第一条** 劳动者依照《中华人民共和国劳动法》和《中华人民共和国劳动合同法》等法律的规定应得的劳动报酬，包括工资、奖金、津贴、补贴、延长工作时间的工资报酬及特殊情况下支付的工资等，应当认定为刑法第二百七十六条之一第一款规定的"劳动者的劳动报酬"。

**第二条** 以逃避支付劳动者的劳动报酬为目的，具有下列情形之一的，应当认定为刑法第二百七十六条之一第一款规定的"以转移财产、逃匿等方法逃避支付劳动者的劳动报酬"：

（一）隐匿财产、恶意清偿、虚构债务、虚假破产、虚假倒闭或者以其他方法转移、处分财产的；

（二）逃跑、藏匿的；

（三）隐匿、销毁或者篡改账目、职工名册、工资支付记录、考勤记录等与劳动报酬相关的材料的；

（四）以其他方法逃避支付劳动报酬的。

**第三条** 具有下列情形之一的，应当认定为刑法第二百七十六条之一第一款规定的"数额较大"：

（一）拒不支付一名劳动者三个月以上的劳动报酬且数额在五千元至二万元以上的；

（二）拒不支付十名以上劳动者的劳动报酬且数额累计在三万元至十万元以上的。

各省、自治区、直辖市高级人民法院可以根据本地区经济社会发展状况，在前款规定的数额幅度内，研究确定本地区执行的具体数额标准，报最高人民法院备案。

**第四条** 经人力资源社会保障部门或者政府其他有关部门依法以限期整改指令书、行政处理决定书等文书责令支付劳动者的劳动报酬后，在指定的期限内仍不支付的，应当认定为刑法第二百七十六条之一第一款规定的"经政府有关部门责令支付仍不支付"，但有证据证明行为人有正当理由未知悉责令支付或者未及时支付劳动报酬的除外。

行为人逃匿，无法将责令支付文书送交其本人、同住成年家属或者所在单位负责收件的人的，如果有关部门已通过在行为人的住所地、生产经营场所等地张贴责令支付文书等方式责令支付，并采用拍照、录像等方式记录的，应当视为"经政府有关部门责令支付"。

**第五条** 拒不支付劳动者的劳动报酬，符合本解释第三条的规定，并具有下列情形之一的，应当认定为刑法第二百七十六条之一第一款规定的"造成严重后果"：

（一）造成劳动者或者其被赡养人、被扶养人、被抚养人的基本生活受到严重影响、重大疾病无法及时医治或者失学的；

（二）对要求支付劳动报酬的劳动者使用暴力或者进行暴力威胁的；

（三）造成其他严重后果的。

**第六条** 拒不支付劳动者的劳动报酬，尚未造成严重后果，在刑事立案前支付劳动者的劳动报酬，并依法承担相应赔偿责任的，可以认定为情节显著轻微危害不大，不认为是犯罪；在提起公诉前支付劳动者的劳动报酬，并依法承担相应赔偿责任的，可以减轻或者免除刑事处罚；在一审宣判前支付劳动者的劳动报酬，并依法承担相应赔偿责任的，可以从轻处罚。

对于免除刑事处罚的，可以根据案件的不同情况，予以训诫、责令具结悔过或者赔礼道歉。

拒不支付劳动者的劳动报酬，造成严重后果，但在宣判前支付劳动者的劳动报酬，并依法承担相应赔偿责任的，可以酌情从宽处罚。

**第七条** 不具备用工主体资格的单位或者个人，违法用工且拒不支付劳动者的劳动报酬，数额较大，经政府有关部门责令支付仍不支付的，应当依照刑法第二百七十六条之一的规定，以拒不支付劳动报酬罪追究刑事责任。

**第八条** 用人单位的实际控制人实施拒不支付劳动报酬行为，构成犯罪的，应当依照刑法第二百七十六条之一的规定追究刑事责任。

**第九条** 单位拒不支付劳动报酬，构成犯罪的，依照本解释规定的相应个人犯罪的定罪量刑标准，对直接负责的主管人员和其他直接责任人员定罪处罚，并对单位判处罚金。

**一、《中华人民共和国劳动法》（节录）**（1994 年 7 月 5 日中华人民共和国主席令第 28 号公布　自 1995 年 1 月 1 日起施行　2009 年 8 月 27 日第一次修正　2018 年 12 月 29 日第二次修正）

**第三条**　劳动者享有平等就业和选择职业的权利、取得劳动报酬的权利、休息休假的权利、获得劳动安全卫生保护的权利、接受职业技能培训的权利、享受社会保险和福利的权利、提请劳动争议处理的权利以及法律规定的其他劳动权利。

劳动者应当完成劳动任务，提高职业技能，执行劳动安全卫生规程，遵守劳动纪律和职业道德。

**第四十六条**　工资分配应当遵循按劳分配原则，实行同工同酬。

工资水平在经济发展的基础上逐步提高。国家对工资总量实行宏观调控。

**第四十七条**　用人单位根据本单位的生产经营特点和经济效益，依法自主确定本单位的工资分配方式和工资水平。

**第四十八条**　国家实行最低工资保障制度。最低工资的具体标准由省、自治区、直辖市人民政府规定，报国务院备案。

用人单位支付劳动者的工资不得低于当地最低工资标准。

**第四十九条**　确定和调整最低工资标准应当综合参考下列因素：

（一）劳动者本人及平均赡养人口的最低生活费用；

（二）社会平均工资水平；

（三）劳动生产率；

（四）就业状况；

（五）地区之间经济发展水平的差异。

**第五十条**　工资应当以货币形式按月支付给劳动者本人。不得克扣或者无故拖欠劳动者的工资。

**第五十一条**　劳动者在法定休假日和婚丧假期间以及依法参加社会活动期间，用人单位应当依法支付工资。

**第九十一条**　用人单位有下列侵害劳动者合法权益情形之一的，由劳动行政部门责令支付劳动者的工资报酬、经济补偿，并可以责令支付赔偿金：

（一）克扣或者无故拖欠劳动者工资的；

（二）拒不支付劳动者延长工作时间工资报酬的；

（三）低于当地最低工资标准支付劳动者工资的；

（四）解除劳动合同后，未依照本法规定给予劳动者经济补偿的。

**二、《保障农民工工资支付条例》**（2019 年 12 月 30 日中华人民共和国国务院令第 724 号公布　自 2020 年 5 月 1 日起施行）

### 第一章　总　则

**第一条**　为了规范农民工工资支付行为，保障农民工按时足额获得工资，根据《中华人民共和国劳动法》及有关法律规定，制定本条例。

**第二条**　保障农民工工资支付，适用本条例。

本条例所称农民工，是指为用人单位提供劳动的农村居民。

本条例所称工资，是指农民工为用人单位提供劳动后应当获得的劳动报酬。

**第三条**　农民工有按时足额获得工资的权利。任何单位和个人不得拖欠农民工工资。

农民工应当遵守劳动纪律和职业道德，执行劳动安全卫生规程，完成劳动任务。

法律适用

相关法律法规

**法律适用**

**相关法律法规**

　　**第四条**　县级以上地方人民政府对本行政区域内保障农民工工资支付工作负责，建立保障农民工工资支付工作协调机制，加强监管能力建设，健全保障农民工工资支付工作目标责任制，并纳入对本级人民政府有关部门和下级人民政府进行考核和监督的内容。

　　乡镇人民政府、街道办事处应当加强对拖欠农民工工资矛盾的排查和调处工作，防范和化解矛盾，及时调解纠纷。

　　**第五条**　保障农民工工资支付，应当坚持市场主体负责、政府依法监管、社会协同监督，按照源头治理、预防为主、防治结合、标本兼治的要求，依法根治拖欠农民工工资问题。

　　**第六条**　用人单位实行农民工劳动用工实名制管理，与招用的农民工书面约定或者通过依法制定的规章制度规定工资支付标准、支付时间、支付方式等内容。

　　**第七条**　人力资源社会保障行政部门负责保障农民工工资支付工作的组织协调、管理指导和农民工工资支付情况的监督检查，查处有关拖欠农民工工资案件。

　　住房城乡建设、交通运输、水利等相关行业工程建设主管部门按照职责履行行业监管责任，督办因违法发包、转包、违法分包、挂靠、拖欠工程款等导致的拖欠农民工工资案件。

　　发展改革等部门按照职责负责政府投资项目的审批管理，依法审查政府投资项目的资金来源和筹措方式，按规定及时安排政府投资，加强社会信用体系建设，组织对拖欠农民工工资失信联合惩戒对象依法依规予以限制和惩戒。

　　财政部门负责政府投资资金的预算管理，根据经批准的预算按规定及时足额拨付政府投资资金。

　　公安机关负责及时受理、侦办涉嫌拒不支付劳动报酬刑事案件，依法处置因农民工工资拖欠引发的社会治安案件。

　　司法行政、自然资源、人民银行、审计、国有资产管理、税务、市场监管、金融监管等部门，按照职责做好与保障农民工工资支付相关的工作。

　　**第八条**　工会、共产主义青年团、妇女联合会、残疾人联合会等组织按照职责依法维护农民工获得工资的权利。

　　**第九条**　新闻媒体应当开展保障农民工工资支付法律法规政策的公益宣传和先进典型的报道，依法加强对拖欠农民工工资违法行为的舆论监督，引导用人单位增强依法用工、按时足额支付工资的法律意识，引导农民工依法维权。

　　**第十条**　被拖欠工资的农民工有权依法投诉，或者申请劳动争议调解仲裁和提起诉讼。

　　任何单位和个人对拖欠农民工工资的行为，有权向人力资源社会保障行政部门或者其他有关部门举报。

　　人力资源社会保障行政部门和其他有关部门应当公开举报投诉电话、网站等渠道，依法接受对拖欠农民工工资行为的举报、投诉。对于举报、投诉的处理实行首问负责制，属于本部门受理的，应当依法及时处理；不属于本部门受理的，应当及时转送相关部门，相关部门应当依法及时处理，并将处理结果告知举报、投诉人。

**第二章　工资支付形式与周期**

　　**第十一条**　农民工工资应当以货币形式，通过银行转账或者现金支付给农民工本人，不得以实物或者有价证券等其他形式替代。

　　**第十二条**　用人单位应当按照与农民工书面约定或者依法制定的规章制度规定的工资支付周期和具体支付日期足额支付工资。

第十三条　实行月、周、日、小时工资制的，按照月、周、日、小时为周期支付工资；实行计件工资制的，工资支付周期由双方依法约定。

第十四条　用人单位与农民工书面约定或者依法制定的规章制度规定的具体支付日期，可以在农民工提供劳动的当期或者次期。具体支付日期遇法定节假日或者休息日的，应当在法定节假日或者休息日前支付。

用人单位因不可抗力未能在支付日期支付工资的，应当在不可抗力消除后及时支付。

第十五条　用人单位应当按照工资支付周期编制书面工资支付台账，并至少保存3年。

书面工资支付台账应当包括用人单位名称，支付周期，支付日期，支付对象姓名、身份证号码、联系方式，工作时间，应发工资项目及数额，代扣、代缴、扣除项目和数额，实发工资数额，银行代发工资凭证或者农民工签字等内容。

用人单位向农民工支付工资时，应当提供农民工本人的工资清单。

### 第三章　工资清偿

第十六条　用人单位拖欠农民工工资的，应当依法予以清偿。

第十七条　不具备合法经营资格的单位招用农民工，农民工已经付出劳动而未获得工资的，依照有关法律规定执行。

第十八条　用工单位使用个人、不具备合法经营资格的单位或者未依法取得劳务派遣许可证的单位派遣的农民工，拖欠农民工工资的，由用工单位清偿，并可以依法进行追偿。

第十九条　用人单位将工作任务发包给个人或者不具备合法经营资格的单位，导致拖欠所招用农民工工资的，依照有关法律规定执行。

用人单位允许个人、不具备合法经营资格或者未取得相应资质的单位以用人单位的名义对外经营，导致拖欠所招用农民工工资的，由用人单位清偿，并可以依法进行追偿。

第二十条　合伙企业、个人独资企业、个体经济组织等用人单位拖欠农民工工资的，应当依法予以清偿；不清偿的，由出资人依法清偿。

第二十一条　用人单位合并或者分立时，应当在实施合并或者分立前依法清偿拖欠的农民工工资；经与农民工书面协商一致的，可以由合并或者分立后承继其权利和义务的用人单位清偿。

第二十二条　用人单位被依法吊销营业执照或者登记证书、被责令关闭、被撤销或者依法解散的，应当在申请注销登记前依法清偿拖欠的农民工工资。

未依据前款规定清偿农民工工资的用人单位主要出资人，应当在注册新用人单位前清偿拖欠的农民工工资。

### 第四章　工程建设领域特别规定

第二十三条　建设单位应当有满足施工所需要的资金安排。没有满足施工所需要的资金安排的，工程建设项目不得开工建设；依法需要办理施工许可证的，相关行业工程建设主管部门不予颁发施工许可证。

政府投资项目所需资金，应当按照国家有关规定落实到位，不得由施工单位垫资建设。

第二十四条　建设单位应当向施工单位提供工程款支付担保。

法律适用

相关法律法规

建设单位与施工总承包单位依法订立书面工程施工合同，应当约定工程款计量周期、工程款进度结算办法以及人工费用拨付周期，并按照保障农民工工资按时足额支付的要求约定人工费用。人工费用拨付周期不得超过 1 个月。

建设单位与施工总承包单位应当将工程施工合同保存备查。

**第二十五条** 施工总承包单位与分包单位依法订立书面分包合同，应当约定工程款计量周期、工程款进度结算办法。

**第二十六条** 施工总承包单位应当按照有关规定开设农民工工资专用账户，专项用于支付该工程建设项目农民工工资。

开设、使用农民工工资专用账户有关资料应当由施工总承包单位妥善保存备查。

**第二十七条** 金融机构应当优化农民工工资专用账户开设服务流程，做好农民工工资专用账户的日常管理工作；发现资金未按约定拨付等情况的，及时通知施工总承包单位，由施工总承包单位报告人力资源社会保障行政部门和相关行业工程建设主管部门，并纳入欠薪预警系统。

工程完工且未拖欠农民工工资的，施工总承包单位公示 30 日后，可以申请注销农民工工资专用账户，账户内余额归施工总承包单位所有。

**第二十八条** 施工总承包单位或者分包单位应当依法与所招用的农民工订立劳动合同并进行用工实名登记，具备条件的行业应当通过相应的管理服务信息平台进行用工实名登记、管理。未与施工总承包单位或者分包单位订立劳动合同并进行用工实名登记的人员，不得进入项目现场施工。

施工总承包单位应当在工程项目部配备劳资专管员，对分包单位劳动用工实施监督管理，掌握施工现场用工、考勤、工资支付等情况，审核分包单位编制的农民工工资支付表，分包单位应当予以配合。

施工总承包单位、分包单位应当建立用工管理台账，并保存至工程完工且工资全部结清后至少 3 年。

**第二十九条** 建设单位应当按照合同约定及时拨付工程款，并将人工费用及时足额拨付至农民工工资专用账户，加强对施工总承包单位按时足额支付农民工工资的监督。

因建设单位未按合同约定及时拨付工程款导致农民工工资拖欠的，建设单位应当以未结清的工程款为限先行垫付被拖欠的农民工工资。

建设单位应当以项目为单位建立保障农民工工资支付协调机制和工资拖欠预防机制，督促施工总承包单位加强劳动用工管理，妥善处理与农民工工资支付相关的矛盾纠纷。发生农民工集体讨薪事件的，建设单位应当会同施工总承包单位及时处理，并向项目所在地人力资源社会保障行政部门和相关行业工程建设主管部门报告有关情况。

**第三十条** 分包单位对所招用农民工的实名制管理和工资支付负直接责任。

施工总承包单位对分包单位劳动用工和工资发放等情况进行监督。

分包单位拖欠农民工工资的，由施工总承包单位先行清偿，再依法进行追偿。

工程建设项目转包，拖欠农民工工资的，由施工总承包单位先行清偿，再依法进行追偿。

**第三十一条** 工程建设领域推行分包单位农民工工资委托施工总承包单位代发制度。

分包单位应当按月考核农民工工作量并编制工资支付表，经农民工本人签字确认后，与当月工程进度等情况一并交施工总承包单位。

施工总承包单位根据分包单位编制的工资支付表，通过农民工工资专用账户直接将工资支付到农民工本人的银行账户，并向分包单位提供代发工资凭证。

用于支付农民工工资的银行账户所绑定的农民工本人社会保障卡或者银行卡，用人单位或者其他人员不得以任何理由扣押或者变相扣押。

**第三十二条** 施工总承包单位应当按照有关规定存储工资保证金，专项用于支付为所承包工程提供劳动的农民工被拖欠的工资。

工资保证金实行差异化存储办法，对一定时期内未发生工资拖欠的单位实行减免措施，对发生工资拖欠的单位适当提高存储比例。工资保证金可以用金融机构保函替代。

工资保证金的存储比例、存储形式、减免措施等具体办法，由国务院人力资源社会保障行政部门会同有关部门制定。

**第三十三条** 除法律另有规定外，农民工工资专用账户资金和工资保证金不得因支付为本项目提供劳动的农民工工资之外的原因被查封、冻结或者划拨。

**第三十四条** 施工总承包单位应当在施工现场醒目位置设立维权信息告示牌，明示下列事项：

（一）建设单位、施工总承包单位及所在项目部、分包单位、相关行业工程建设主管部门、劳资专管员等基本信息；

（二）当地最低工资标准、工资支付日期等基本信息；

（三）相关行业工程建设主管部门和劳动保障监察投诉举报电话、劳动争议调解仲裁申请渠道、法律援助申请渠道、公共法律服务热线等信息。

**第三十五条** 建设单位与施工总承包单位或者承包单位与分包单位因工程数量、质量、造价等产生争议的，建设单位不得因争议不按照本条例第二十四条的规定拨付工程款中的人工费用，施工总承包单位也不得因争议不按照规定代发工资。

**第三十六条** 建设单位或者施工总承包单位将建设工程发包或者分包给个人或者不具备合法经营资格的单位，导致拖欠农民工工资的，由建设单位或者施工总承包单位清偿。

施工单位允许其他单位和个人以施工单位的名义对外承揽建设工程，导致拖欠农民工工资的，由施工单位清偿。

**第三十七条** 工程建设项目违反国土空间规划、工程建设等法律法规，导致拖欠农民工工资的，由建设单位清偿。

### 第五章 监督检查

**第三十八条** 县级以上地方人民政府应当建立农民工工资支付监控预警平台，实现人力资源社会保障、发展改革、司法行政、财政、住房城乡建设、交通运输、水利等部门的工程项目审批、资金落实、施工许可、劳动用工、工资支付等信息及时共享。

人力资源社会保障行政部门根据水电燃气供应、物业管理、信贷、税收等反映企业生产经营相关指标的变化情况，及时监控和预警工资支付隐患并做好防范工作，市场监管、金融监管、税务等部门应当予以配合。

**第三十九条** 人力资源社会保障行政部门、相关行业工程建设主管部门和其他有关部门应当按照职责，加强对用人单位与农民工签订劳动合同、工资支付以及工程建设项目实行农民工实名制管理、农民工工资专用账户管理、施工总承包单位代发工资、工资保证金存储、维权信息公示等情况的监督检查，预防和减少拖欠农民工工资行为的发生。

**法律适用**

**相关法律法规**

第四十条　人力资源社会保障行政部门在查处拖欠农民工工资案件时，需要依法查询相关单位金融账户和相关当事人拥有房产、车辆等情况的，应当经设区的市级以上地方人民政府人力资源社会保障行政部门负责人批准，有关金融机构和登记部门应当予以配合。

第四十一条　人力资源社会保障行政部门在查处拖欠农民工工资案件时，发生用人单位拒不配合调查、清偿责任主体及相关当事人无法联系等情形的，可以请求公安机关和其他有关部门协助处理。

人力资源社会保障行政部门发现拖欠农民工工资的违法行为涉嫌构成拒不支付劳动报酬罪的，应当按照有关规定及时移送公安机关审查并作出决定。

第四十二条　人力资源社会保障行政部门作出责令支付被拖欠的农民工工资的决定，相关单位不支付的，可以依法申请人民法院强制执行。

第四十三条　相关行业工程建设主管部门应当依法规范本领域建设市场秩序，对违法发包、转包、违法分包、挂靠等行为进行查处，并对导致拖欠农民工工资的违法行为及时予以制止、纠正。

第四十四条　财政部门、审计机关和相关行业工程建设主管部门按照职责，依法对政府投资项目建设单位按照工程施工合同约定向农民工工资专用账户拨付资金情况进行监督。

第四十五条　司法行政部门和法律援助机构应当将农民工列为法律援助的重点对象，并依法为请求支付工资的农民工提供便捷的法律援助。

公共法律服务相关机构应当积极参与相关诉讼、咨询、调解等活动，帮助解决拖欠农民工工资问题。

第四十六条　人力资源社会保障行政部门、相关行业工程建设主管部门和其他有关部门应当按照"谁执法谁普法"普法责任制的要求，通过以案释法等多种形式，加大对保障农民工工资支付相关法律法规的普及宣传。

第四十七条　人力资源社会保障行政部门应当建立用人单位及相关责任人劳动保障守法诚信档案，对用人单位开展守法诚信等级评价。

用人单位有严重拖欠农民工工资违法行为的，由人力资源社会保障行政部门向社会公布，必要时可以通过召开新闻发布会等形式向媒体公开曝光。

第四十八条　用人单位拖欠农民工工资，情节严重或者造成严重不良社会影响的，有关部门应当将该用人单位及其法定代表人或者主要负责人、直接负责的主管人员和其他直接责任人员列入拖欠农民工工资失信联合惩戒对象名单，在政府资金支持、政府采购、招投标、融资贷款、市场准入、税收优惠、评优评先、交通出行等方面依法依规予以限制。

拖欠农民工工资需要列入失信联合惩戒名单的具体情形，由国务院人力资源社会保障行政部门规定。

第四十九条　建设单位未依法提供工程款支付担保或者政府投资项目拖欠工程款，导致拖欠农民工工资的，县级以上地方人民政府应当限制其新建项目，并记入信用记录，纳入国家信用信息系统进行公示。

第五十条　农民工与用人单位就拖欠工资存在争议，用人单位应当提供依法由其保存的劳动合同、职工名册、工资支付台账和清单等材料；不提供的，依法承担不利后果。

**法律适用**

**相关法律法规**

第五十一条 工会依法维护农民工工资权益，对用人单位工资支付情况进行监督；发现拖欠农民工工资的，可以要求用人单位改正，拒不改正的，可以请求人力资源社会保障行政部门和其他有关部门依法处理。

第五十二条 单位或者个人编造虚假事实或者采取非法手段讨要农民工工资，或者以拖欠农民工工资为名讨要工程款的，依法予以处理。

### 第六章 法律责任

第五十三条 违反本条例规定拖欠农民工工资的，依照有关法律规定执行。

第五十四条 有下列情形之一的，由人力资源社会保障行政部门责令限期改正；逾期不改正的，对单位处 2 万元以上 5 万元以下的罚款，对法定代表人或者主要负责人、直接负责的主管人员和其他直接责任人员处 1 万元以上 3 万元以下的罚款：

（一）以实物、有价证券等形式代替货币支付农民工工资；

（二）未编制工资支付台账并依法保存，或者未向农民工提供工资清单；

（三）扣押或者变相扣押用于支付农民工工资的银行账户所绑定的农民工本人社会保障卡或者银行卡。

第五十五条 有下列情形之一的，由人力资源社会保障行政部门、相关行业工程建设主管部门按照职责责令限期改正；逾期不改正的，责令项目停工，并处 5 万元以上 10 万元以下的罚款；情节严重的，给予施工单位限制承接新工程、降低资质等级、吊销资质证书等处罚：

（一）施工总承包单位未按规定开设或者使用农民工工资专用账户；

（二）施工总承包单位未按规定存储工资保证金或者未提供金融机构保函；

（三）施工总承包单位、分包单位未实行劳动用工实名制管理。

第五十六条 有下列情形之一的，由人力资源社会保障行政部门、相关行业工程建设主管部门按照职责责令限期改正；逾期不改正的，处 5 万元以上 10 万元以下的罚款：

（一）分包单位未按月考核农民工工作量、编制工资支付表并经农民工本人签字确认；

（二）施工总承包单位未对分包单位劳动用工实施监督管理；

（三）分包单位未配合施工总承包单位对其劳动用工进行监督管理；

（四）施工总承包单位未实行施工现场维权信息公示制度。

第五十七条 有下列情形之一的，由人力资源社会保障行政部门、相关行业工程建设主管部门按照职责责令限期改正；逾期不改正的，责令项目停工，并处 5 万元以上 10 万元以下的罚款：

（一）建设单位未依法提供工程款支付担保；

（二）建设单位未按约定及时足额向农民工工资专用账户拨付工程款中的人工费用；

（三）建设单位或者施工总承包单位拒不提供或者无法提供工程施工合同、农民工工资专用账户有关资料。

第五十八条 不依法配合人力资源社会保障行政部门查询相关单位金融账户的，由金融监管部门责令改正；拒不改正的，处 2 万元以上 5 万元以下的罚款。

第五十九条 政府投资项目政府投资资金不到位拖欠农民工工资的，由人力资源社会保障行政部门报本级人民政府批准，责令限期足额拨付所拖欠的资金；逾期不拨付的，由上一级人民政府人力资源社会保障行政部门约谈直接责任部门和相关监管部门负责人，必要时进行通报，约谈地方人民政府负责人。情节严重的，对地方人民政府及其有关部门负责人、直接负责的主管人员和其他直接责任人员依法依规给予处分。

法律适用

相关法律法规

　　**第六十条**　政府投资项目建设单位未经批准立项建设、擅自扩大建设规模、擅自增加投资概算、未及时拨付工程款等导致拖欠农民工工资的，除依法承担责任外，由人力资源社会保障行政部门、其他有关部门按照职责约谈建设单位负责人，并作为其业绩考核、薪酬分配、评优评先、职务晋升等的重要依据。

　　**第六十一条**　对于建设资金不到位、违法违规开工建设的社会投资工程建设项目拖欠农民工工资的，由人力资源社会保障行政部门、其他有关部门按照职责依法对建设单位进行处罚；对建设单位负责人依法依规给予处分。相关部门工作人员未依法履行职责的，由有关机关依法依规给予处分。

　　**第六十二条**　县级以上地方人民政府人力资源社会保障、发展改革、财政、公安等部门和相关行业工程建设主管部门工作人员，在履行农民工工资支付监督管理职责过程中滥用职权、玩忽职守、徇私舞弊的，依法依规给予处分；构成犯罪的，依法追究刑事责任。

第七章　附　　则

　　**第六十三条**　用人单位一时难以支付拖欠的农民工工资或者拖欠农民工工资逃匿的，县级以上地方人民政府可以动用应急周转金，先行垫付用人单位拖欠的农民工部分工资或者基本生活费。对已经垫付的应急周转金，应当依法向拖欠农民工工资的用人单位进行追偿。

　　**第六十四条**　本条例自 2020 年 5 月 1 日起施行。

规章及规范性文件

　　**最高人民检察院、公安部《关于公安机关管辖的刑事案件立案追诉标准的规定（一）》（节录）**（2008 年 6 月 25 日最高人民检察院、公安部公布　自公布之日起施行　公通字〔2008〕36 号　2017 年 4 月 27 日修正）

　　**第三十四条之一**　〔拒不支付劳动报酬案（刑法第二百七十六条之一）〕以转移财产、逃匿等方法逃避支付劳动者的劳动报酬或者有能力支付而不支付劳动者的劳动报酬，经政府有关部门责令支付仍不支付，涉嫌下列情形之一的，应予立案追诉：

　　（一）拒不支付一名劳动者三个月以上的劳动报酬且数额在五千元至二万元以上的；

　　（二）拒不支付十名以上劳动者的劳动报酬且数额累计在三万元至十万元以上的。

　　不支付劳动者的劳动报酬，尚未造成严重后果，在刑事立案前支付劳动者的劳动报酬，并依法承担相应赔偿责任的，可以不予立案追诉。

# 55 阻碍军人执行职务案

| 概念 | 本罪是指非军职人员以暴力、威胁方法，妨碍阻挠军人依法执行职务的行为。 |
|---|---|

**立案标准**　　根据《刑法》第 368 条第 1 款的规定，以暴力、威胁方法阻碍军人依法执行职务的，应当立案。

　　本罪是行为犯，行为人只要以暴力、威胁方法阻碍军人依法执行职务，原则上就构成犯罪，应当立案追究。

<table>
<tr>
<td rowspan="2">定 罪 标 准</td>
<td>犯罪客体</td>
<td>　　本罪侵害的客体是军职人员的正常执行职务活动。根据《国防法》第 56 条第 1 款规定："公民和组织应当支持国防建设，为武装力量的军事训练、战备勤务、防卫作战、非战争军事行动等活动提供便利条件或者其他协助。"第 62 条第 4 款规定："军人依法履行职责的行为受法律保护。"阻碍军人依法执行职务的行为，违反《国防法》规定的公民国防义务，直接危害国防利益。<br><br>　　犯罪对象是正在执行职务的军人，包括中国人民解放军的现役军官、文职干部、士兵及具有军籍的学员和中国人民武装警察部队的现役警官、文职干部、士兵及具有军籍的学员；执行军事任务的预备役人员和其他人员，以军人论。"预备役人员"，是指编入民兵组织或者经过登记服预备役的公民。"其他人员"，是指在军队和武警部队的机关、部队、院校、医院、基地、仓库等队列单位和事业单位工作的正式职员、工人，以及临时征用或者受委托执行军事任务的地方人员。这些人员执行的职务，是指军队条令、条例、规章制度以及上级决议、指示、命令所赋予军人的各项任务的活动，与军事利益以及国家利益、人民利益息息相关。他们在执行任务期间，被人民群众以暴力、威胁方法加以阻挠，就是妨害了军队各项任务的完成，破坏了有关军职人员的正常执行活动，损害了国家的军事利益。</td>
</tr>
<tr>
<td>犯罪客观方面</td>
<td>　　本罪在客观方面表现为行为人采用暴力或者威胁手段，阻碍军人依法执行职务。所谓"暴力"，是指行为人对依法执行职务的军人的身体实施打击或者强制。例如，拳打脚踢，或者用枪械、匕首、铁器、棍棒殴打，或者用绳索、铁丝、皮带捆绑等。实施暴力的结果，不仅使军人无法履行职务，而且有的还造成军人伤亡的后果。所谓"威胁"，是指行为人以暴力相要挟，实行精神强制、心理压制，使军人产生心理恐惧，不能或者无法履行职责、执行任务。威胁既可以当其面进行，也可以通过电话、书信、传真或第三人转告等方式进行。其企图加害的对象，既可以是军人本人，亦可以是军人亲属。总之，暴力、威胁方法是本罪的重要特征。虽有阻碍执行职务的行为，但如果没有使用暴力、威胁方法，而只是对其进行顶撞、谩骂、不服从命令和指挥，则不能构成本罪。<br><br>　　行为人必须阻碍了军人依法执行职务。倘若没有阻碍其执行职务，如先企图阻碍但经做工作后能及时让其执行职务，则不构成本罪。所谓阻碍，是指行为人通过各种方法使军人不能正常地行使自己的职权，履行自己的职责。其既表现为军人被迫停止、放弃自己所正在或需要执行的职务，亦表现为其被迫变更依法应当执行或从事职务的内容，对之应当注意把握。</td>
</tr>
</table>

| 定罪标准 | 犯罪客观方面 | 阻碍军人依法执行职务，是指对军人依法执行职务造成障碍，使其不能顺利执行职务，如推翻或者烧毁军车，从而使执行职务的军人受阻等。依法执行职务，是指军人依照上级合法军事命令而执行职务。职务行为的"合法"是一个十分重要的前提。因此，如果阻碍军人不合法的行为，则不能构成本罪。 |
|---|---|---|
| | 犯罪主体 | 本罪的主体为除军人外的年满 16 周岁且具备刑事责任能力的自然人。如果是军人阻碍执行军事职务，由于《刑法》第 426 条作了特别规定，与《刑法》第 368 条形成法条竞合关系，对之应当依照特别法条即阻碍执行军事职务罪治罪科刑，而不按本罪定罪论处。 |
| | 犯罪主观方面 | 本罪在主观方面表现为故意，即行为人明知对方系正在执行职务的军人，却故意以暴力、威胁方法加以阻挠，以致对方停止、放弃、变更执行职务，或者无法正常执行职务。过失不构成本罪。行为人阻碍军人执行职务的动机是多种多样的，有的是不服从管理；有的是逞能；有的是无端滋事；有的是为了报复；还有的是为了发泄私愤等。如果行为人不知对方正在执行职务，因其他原因以暴力殴打或以言语威胁的，则不构成本罪。 |
| | 罪与非罪 | 区分罪与非罪的界限，要注意两点：一是要看行为人主观上有无故意阻挠军人执行职务的目的。如果属于对军人发牢骚、讲怪话、态度生硬，或者仅有一般嘲讽、辱骂，甚至轻微的顶撞行为，行为人并不希望对方停止、变更、放弃执行职务结果发生的，不应以犯罪论处；二是看客观上行为人是否实施了暴力、威胁手段，是否因此发生了军人停止、放弃、变更执行职务或无法执行职务的后果。如果行为人虽然实施了某种阻挠行为，但是军人正常执行职务，或者对方虽然出现了停止、放弃、变更执行职务或者无法执行职务的结果，但与行为人的行为并无必然的因果关系，也不应以犯罪论处。 |
| | 此罪与彼罪 | 一、因使用暴力方法犯本罪，致使军人重伤、死亡的，或者犯本罪时抢夺、抢劫军人枪支及其他武器装备的，应当按想象竞合犯处罚原则处理，即对行为人从一重罪处断。走私人员以暴力、威胁方法阻碍边防军人依法缉私的，应对行为人按走私罪与阻碍军人执行职务罪数罪并罚。<br><br>二、本罪与妨害公务罪的界限。两罪在主观心理状态方面是相同的，都是基于故意；在客观方面都是以暴力和威胁方法为犯罪手段，实施了阻碍执行职务的行为。二者主体相同，都是一般主体，即可以是任何达到法定刑事责任年龄、具备刑事责任能力的人。其区别主要在于侵害的客体不同。阻碍军人执行职务罪侵害的客体是军职任务的正常执行活动，侵害的对象是军人；妨害公务罪侵害的客体是社会管理秩序，侵害的对象是国家工作人员。<br><br>三、本罪与聚众扰乱社会秩序罪的界限。阻碍军人执行职务罪与扰乱社会秩序罪的行为人在主体、主观心态、客观表现方式方面有相似之处，但也有明显的区别：(1) 侵害的客体不同。前者侵害的客体是军人的正常执行职务活动，是国防利益；后者则是社会秩序。(2) 侵害的对象不同。前者侵害的对象，必须是军人；后者则是针对特定的机关、单位等。(3) 犯罪手段不尽相同。前者是使用暴力、威胁方法；后者的犯罪手段则是多种多样的，如暴力袭击、强行侵占、冲击、哄闹等。(4) 犯罪结果 |

| 定罪标准 | 此罪与彼罪 | 不同。前者不一定造成具体的危害结果；而后者必须是情节严重，使国家、军队、社会遭受严重损失的，才构成犯罪。<br><br>四、本罪与阻碍执行军事职务罪的界限。阻碍执行军事职务罪，是指以暴力、威胁方法阻碍指挥人员或者值班、值勤人员执行职务的行为。两罪侵犯的直接客体相近，为国防利益、军事利益，犯罪行为、主观方面相同，其主要区别是犯罪对象和犯罪主体不同。前者的犯罪对象是所有依法执行职务的军人，而后者的犯罪对象仅指依法执行职务中的指挥人员和值班、值勤人员。前者的犯罪主体为一般主体，即除军人外的年满16周岁且具备刑事责任能力的自然人，后者的犯罪主体为特殊主体，即现役军人。 |
|---|---|---|
| 证据参考标准 | 主体方面的证据 | **一、证明行为人刑事责任年龄、身份等自然情况的证据**<br>包括身份证明、户籍证明、任职证明、工作经历证明、特定职责证明等，主要是证明行为人的姓名（曾用名）、性别、出生年月日、民族、籍贯、出生地、职业（或职务）、住所地（或居所地）等证据材料，如户口簿、居民身份证、居住证、工作证、出生证、专业或技术等级证、干部履历表、职工登记表、护照等。<br>对于户籍、出生证等材料内容不实的，应提供其他证据材料。外国人犯罪的案件，应有护照等身份证明材料。人大代表、政协委员犯罪的案件，应注明身份，并附身份证明材料。<br>**二、证明行为人刑事责任能力的证据**<br>证明行为人对自己的行为是否具有辨认能力与控制能力，如是否属于间歇性精神病人、尚未完全丧失辨认或者控制自己行为能力的精神病人的证明材料。 |
|  | 主观方面的证据 | **证明行为人故意的证据**<br>1. 证明行为人明知的证据：证明行为人明知自己的行为会发生危害社会的结果；<br>2. 证明直接故意的证据：证明行为人希望危害结果发生；3. 目的：阻碍执行职务。 |
|  | 客观方面的证据 | **证明行为人阻碍军人执行职务犯罪行为的证据**<br>具体证据包括：<br>1. 证明行为人阻碍军人行为的证据：（1）中国人民解放军：①现役军官；②文职干部；③士兵；④有军籍的学员。（2）中国人民武装警察部队：①现役警官；②文职干部；③士兵；④有武警籍的学员。（3）执行军事任务的预备役人员：干部。<br>2. 证明行为人阻碍执行职务行为的证据：（1）军人指挥职务：①作战；②训练；③抢险；④救灾。（2）军人参与职务：①参战；②参训；③参加科研；④参加生产。（3）军人组织职务：①组织教学；②组织科研；③组织生产。（4）军人职务：①值勤；②值班；③值日；④巡逻。（5）军队医务人员职务：①战时：A. 抢救伤员，B. 护理伤病员，C. 治疗伤病员；②平时：A. 抢救伤病员，B. 护理伤病员，C. 治疗伤病员。<br>3. 证明行为人其他阻碍执行职务行为的证据。<br>4. 证明行为人阻碍军人执行职务行为方式的证据：（1）暴力：①攻击；②殴打；③伤害；④捆绑；⑤限制人身自由。（2）威胁。 |

| | | |
|---|---|---|
| **证据参考标准** | **量刑方面的证据** | **一、法定量刑情节证据**<br>1. 事实情节。2. 法定从重情节。3. 法定从轻或者减轻情节：（1）可以从轻；（2）可以从轻或者减轻；（3）应当从轻或者减轻。4. 法定从轻、减轻或者免除情节：（1）可以从轻、减轻或者免除处罚；（2）应当从轻、减轻或者免除处罚。5. 法定减轻或者免除情节：（1）可以减轻或者免除处罚；（2）应当减轻或者免除处罚；（3）可以免除处罚。<br>**二、酌定量刑情节证据**<br>1. 犯罪手段：（1）暴力；（2）威胁。2. 犯罪对象。3. 危害结果。4. 动机。5. 平时表现。6. 认罪态度。7. 是否有前科。8. 其他证据。 |
| **量刑标准** | 犯本罪的 | 处三年以下有期徒刑、拘役、管制或者罚金 |
| **法律适用** | **刑法条文** | 第三百六十八条　以暴力、威胁方法阻碍军人依法执行职务的，处三年以下有期徒刑、拘役、管制或者罚金。<br>故意阻碍武装部队军事行动，造成严重后果的，处五年以下有期徒刑或者拘役。 |
| | **相关法律法规** | 《中华人民共和国国防法》（节录）（1997 年 3 月 14 日中华人民共和国主席令第 84 号公布　自公布之日起施行　2009 年 8 月 27 日修正　2020 年 12 月 26 日修订）<br>第十条　对在国防活动中作出贡献的组织和个人，依照有关法律、法规的规定给予表彰和奖励。<br>第十一条　任何组织和个人违反本法和有关法律，拒绝履行国防义务或者危害国防利益的，依法追究法律责任。<br>公职人员在国防活动中，滥用职权、玩忽职守、徇私舞弊的，依法追究法律责任。<br>第六十二条　军人应当受到全社会的尊崇。<br>国家建立军人功勋荣誉表彰制度。<br>国家采取有效措施保护军人的荣誉、人格尊严，依照法律规定对军人的婚姻实行特别保护。<br>军人依法履行职责的行为受法律保护。 |

# 56 阻碍军事行动案

**概念**

本罪是指非军职人员采用各种非法手段，阻碍武装部队的军事行动，造成严重后果的行为。

**立案标准**

根据《刑法》第 368 条第 2 款的规定，行为人故意阻碍武装部队的军事行动，造成严重后果的，应当立案。

本罪是结果犯，行为人故意阻碍武装部队的军事行动，必须"造成严重后果"的，才构成犯罪，予以立案侦查。至于"造成严重后果"的具体标准，《刑法》没有明确规定。一般来说，包括在战时影响战役和战斗行动的；造成战役、战斗失利的；造成人员伤亡的；造成武器装备严重损坏的；贻误战机的；造成严重经济损失的等。

**定罪标准**

**犯罪客体**

本罪侵犯的客体是武装部队的军事行动。《国防法》第 22 条第 1 款规定："中华人民共和国的武装力量，由中国人民解放军、中国人民武装警察部队、民兵组成。"由此，武装部队包括解放军部队、武装警察部队和民兵组织。

本罪侵犯的对象是正在执行军事行动的武装部队。军事行动，是指为达到一定政治目的而有组织地使用武装力量的活动。武装部队的军事行动，是为防备和抵抗武装侵略，防备和粉碎颠覆政府、分裂国家的阴谋，保卫国家主权、统一、领土完整和安全所进行的具体活动。在和平时期，表现为实施兵力的部署和调动，进行军事训练和演习，执行戒严任务和处置突发性暴力事件等；在战争时期，表现为进行反侵略战争，参加战斗、战役。根据《国防法》的规定，公民应当为武装力量的军事训练、战备勤务、防卫作战、非战争军事行动等活动提供便利条件或者其他协助。阻碍武装部队军事行动，造成严重后果的行为，违反了《国防法》规定的公民国防义务，严重妨碍了国防和军队建设。

**犯罪客观方面**

本罪在客观方面表现为阻碍军事行动，造成严重后果的行为。

一、要有阻碍军事行动的行为。所谓阻碍，既可以采取暴力、威胁的方法，如围攻、殴打、掷石块、抢夺枪支、砸毁车辆，以揭露隐私、毁坏财产、加害人身等相要挟等，又可以采取非暴力、威胁方法，如设置路障、静坐躺卧等。既可以采取积极的作为方式，如设置路障，煽动群众围堵，在军事行动区域包括陆地、空中、水域构筑违法建筑或障碍物，在净空区设置影响飞行或观察的障碍物，在军事行动区域饮用水中投入有害的物质，停水、停电、停气，用电波干扰军事通信或军用计算机工作，阻止部队通过等，又可以采取消极的不作为方式，如负责排除障碍的有关人员明知有障碍而不加排除造成军事行动阻碍。不论其采取何种方法，只要行为人的行为实质会造成军事行动的阻碍并且产生严重后果的，即可构成本罪。所谓军事行动，是指为达到一定政治目的而有组织地使用武装力量，即作为军队 3 人以上战斗组织的军事活动。既包括和平时期的战争准备活动，如兵力、兵器的部署和调配，预定战场如军事设施、

| | | |
|---|---|---|
| **定罪标准** | **犯罪客观方面** | 工地的建设活动，军事训练及演习，平定叛乱、暴乱，实施戒严等，又包括战争时期的战争、战役及战斗等。如果所阻碍的不是上述军事行动，则不能构成本罪，构成犯罪，也应以他罪如阻碍军人执行职务罪等论处。<br><br>二、必须因阻碍军事行动的行为造成了严重的后果才能构成本罪。虽有阻碍军事行动的行为，但没有造成实质损害或虽有实质损害但不是严重损害，都不能以本罪论处。所谓严重后果，主要是指因其行为造成军事演习不能按期完成而产生重大影响或者重大经济损失的；贻误战机的；造成战役、战斗失利的；造成人员伤亡或非战斗减员的；造成武器装备严重损坏或大量损坏而无法形成战斗力的，等等。 |
| | **犯罪主体** | 本罪的主体为除军人外的年满16周岁且具备刑事责任能力的自然人。 |
| | **犯罪主观方面** | 本罪在主观方面表现为故意，即明知是军事行动而仍决意阻碍。过失不能构成本罪。如果不知是在进行军事行动，则不能以本罪论处。当然，误认为是军人在依法执行职务而阻碍的，应构成阻碍军人执行职务罪。先不知道是军事行动但后来知道仍加阻碍的，则应视为有本罪故意而可构成本罪。至于其动机，有的是出于某种政治目的；有的是为了维护个人自己的利益；有的是对军队不满等，但无论动机如何，均不会影响本罪成立。 |
| | **罪与非罪** | 区分罪与非罪的界限，关键看故意阻碍武装部队军事行动，是否造成严重后果。因此，过失阻碍武装部队军事行动不构成犯罪；虽然是故意阻碍武装部队军事行动，但未造成严重后果的，也不构成犯罪。从司法实践看，阻碍武装部队军事行动，往往由少数人煽动、蒙骗一些不明真相的人参与。对那些受蒙骗参与一般活动的人员，也不能按犯罪处理。行为人实施阻碍军事行动的方法，可以采用放火、决水、爆炸、投放危险物质，破坏交通工具、破坏交通设施，破坏通信设备，侵入国防建设领域的计算机信息系统，冲击军事机关，抢夺、抢劫枪支、弹药、爆炸物，杀人、伤害、绑架、非法剥夺人身自由等，此时又会触犯其他罪名，对其应当以本罪与他罪中的一重罪处罚，而不实行数罪并罚。 |
| | **此罪与彼罪** | 一、本罪与阻碍军人执行职务罪的界限。两罪在犯罪主体、主观方面相同。其主要区别在于：(1) 犯罪对象不同。前者的犯罪对象是武装部队，后者的犯罪对象是军人，是武装部队中执行某一项任务的少数人。(2) 侵犯的客体不同。前者侵犯的直接客体是武装部队的军事行动，后者侵犯的直接客体是军人依法执行职务的活动。(3) 犯罪的客观方面不同。前者的犯罪手段可以多种多样，但采取什么手段并不是犯罪构成的要件，后者以采用暴力、威胁方法作为犯罪构成要件；前者以造成严重后果作为犯罪构成要件，后者则没有把行为造成的后果作为犯罪构成要件。<br><br>二、以武装叛乱、暴乱方式阻碍军事行动的行为的性质的认定。以武装叛乱、暴乱方式阻碍军事行动，属于牵连犯，应按照处理牵连犯的原则，从一重罪处罚，即以武装叛乱、暴乱罪定罪处罚。如果在阻碍军事行动过程中，策动、勾引、收买武装部队人员进行叛乱，则应分别以阻碍军事行动罪和武装叛乱罪定罪处刑，并实行数罪并罚。 |

证据参考标准

### 主体方面的证据

**一、证明行为人刑事责任年龄、身份等自然情况的证据**

包括身份证明、户籍证明、任职证明、工作经历证明、特定职责证明等，主要是证明行为人的姓名（曾用名）、性别、出生年月日、民族、籍贯、出生地、职业（或职务）、住所地（或居所地）等证据材料，如户口簿、居民身份证、居住证、工作证、出生证、专业或技术等级证、干部履历表、职工登记表、护照等。

对于户籍、出生证等材料内容不实的，应提供其他证据材料。外国人犯罪的案件，应有护照等身份证明材料。人大代表、政协委员犯罪的案件，应注明身份，并附身份证明材料。

**二、证明行为人刑事责任能力的证据**

证明行为人对自己的行为是否具有辨认能力与控制能力，如是否属于间歇性精神病人、尚未完全丧失辨认或者控制自己行为能力的精神病人的证明材料。

### 主观方面的证据

**证明行为人故意的证据**

1. 证明行为人明知的证据：证明行为人明知自己的行为会发生危害社会的结果；
2. 证明直接故意的证据：证明行为人希望危害结果发生。

### 客观方面的证据

**证明行为人阻碍军事行动犯罪行为的证据**

具体证据包括：

1. 证明行为人阻碍军事行动的证据：（1）阻碍作战；（2）阻碍兵力部署；（3）阻碍兵器调动；（4）阻碍修筑军事设施；（5）阻碍军事演习；（6）阻碍军事训练；（7）阻碍其他军事行动；（8）阻碍上述军事行为准备工作的行动。

2. 证明行为人阻碍军事行动手段的证据：（1）设置阻碍军事行动的障碍：①陆地；②空中；③水域。（2）煽动群众围堵。（3）在饮用水中投入有害物质。（4）制造困难：①停水；②停气；③停电。（5）利用电波干扰军事行动：①军事通讯；②军用计算机。（6）阻止部队通过：①在路上抛、扔、摆放砖、石、树木等；②在路上挖沟、修壕、筑墙；③停放车辆、船只堵塞通路、航道。

3. 证明行为人阻碍军事行动造成严重后果行为的证据：（1）影响战时战斗行动的；（2）造成战役、战斗失利的；（3）造成人员伤亡的；（4）造成武器装备严重损坏或者使大量武器装备无法形成战斗力的；（5）贻误战机的；（6）造成严重经济损失的。

### 量刑方面的证据

**一、法定量刑情节证据**

1. 事实情节：（1）造成严重后果；（2）其他。2. 法定从重情节。3. 法定从轻或者减轻情节：（1）可以从轻；（2）可以从轻或者减轻；（3）应当从轻或者减轻。4. 法定从轻、减轻或者免除情节：（1）可以从轻、减轻或者免除处罚；（2）应当从轻、减轻或者免除处罚。5. 法定减轻或者免除情节：（1）可以减轻或者免除处罚；（2）应当减轻或者免除处罚；（3）可以免除处罚。

**二、酌定量刑情节证据**

1. 犯罪手段：（1）设置障碍；（2）干扰行动。2. 犯罪对象。3. 危害结果。4. 动机。5. 平时表现。6. 认罪态度。7. 是否有前科。8. 其他证据。

| 量刑标准 | 犯本罪的 | 处五年以下有期徒刑或者拘役 |
|---|---|---|
| 法律适用 | 刑法条文 | 　　**第三百六十八条**　以暴力、威胁方法阻碍军人依法执行职务的，处三年以下有期徒刑、拘役、管制或者罚金。<br>　　故意阻碍武装部队军事行动，造成严重后果的，处五年以下有期徒刑或者拘役。 |
| | 相关法律法规 | 　　**《中华人民共和国国防法》（节录）**（1997 年 3 月 14 日中华人民共和国主席令第 84 号公布　自公布之日起施行　2009 年 8 月 27 日修正　2020 年 12 月 26 日修订）<br>　　**第十条**　对在国防活动中作出贡献的组织和个人，依照有关法律、法规的规定给予表彰和奖励。<br>　　**第十一条**　任何组织和个人违反本法和有关法律，拒绝履行国防义务或者危害国防利益的，依法追究法律责任。<br>　　公职人员在国防活动中，滥用职权、玩忽职守、徇私舞弊的，依法追究法律责任。<br>　　**第六十二条**　军人应当受到全社会的尊崇。<br>　　国家建立军人功勋荣誉表彰制度。<br>　　国家采取有效措施保护军人的荣誉、人格尊严，依照法律规定对军人的婚姻实行特别保护。<br>　　军人依法履行职责的行为受法律保护。 |

# 57 破坏武器装备、军事设施、军事通信案

**概念**

本罪是指以贪利、泄愤报复或者其他个人目的，故意破坏武器装备、军事设施、军事通信的行为。

**立案标准**

根据《刑法》第 369 条的规定，破坏武器装备、军事设施、军事通信的，应当立案。

本罪是行为犯，只要行为人实施了破坏武器装备、军事设施、军事通信的行为，原则上就构成本罪，应当立案追究。

## 定罪标准

### 犯罪客体

本罪侵犯的客体是军队战力保障的管理制度。武器装备、军事设施、军事通信设备和器材是重要的国防资产，是部队战斗力的重要组成部分，是国防建设的重要内容。我国《国防法》第 42 条规定，国家保护国防资产不受侵害，保障国防资产的安全、完整和有效。禁止任何组织或者个人破坏、损害和侵占国防资产。《军事设施保护法》第 4 条也明确规定，中华人民共和国的组织和公民都有保护军事设施的义务。禁止任何组织或者个人破坏、危害军事设施。故意破坏武器装备、军事设施、军事通信的行为，违反国防法律规定的公民国防义务，损害部队战斗力，削弱国防能力，危害国防安全。

本罪的犯罪对象，包括三个方面：一是武器装备，它是武装部队直接用于实施和保障作战行动的武器、武器系统和军事技术器材的统称。包括冷兵器、枪械、火炮、火箭、导弹、弹药、爆破器材、坦克及其他装甲战斗车辆、作战飞机、战斗舰艇、鱼雷、水雷、生物武器、化学武器、核武器、通信指挥器材、侦察探测器材、军用测绘器材、气象保障器材、雷达、电子对抗装备、情报处理设备、军用电子计算机、野战工程机械、渡河器材、伪装器材、"三防"装备、辅助飞机、勤务舰船、军用车辆等。二是军事设施，是指国家直接用于军事目的的建筑、场地和设备。包括：指挥机关、地面和地下的指挥工程、作战工程；军用机场、港口、码头；营区、训练场、试验场；军用洞库、仓库；军用通信、侦察、导航、观测台站和测量、导航、助航标志；军用公路、铁路专用线、军用通信、输电线路、军用输油、输水管道；国务院和中央军委规定的其他军事设施。三是军用通信，是指军队为实施指挥、运用通信工具或其他方法进行的信息传递，它是保障军队指挥的基本手段。包括无线电通信、有线电通信、光通信、运动通信、简易信号通信等。

### 犯罪客观方面

本罪在客观方面表现为破坏武器装备、军事设施或军事通信的行为。破坏，即毁灭和损坏，是指使武器装备、军事设施、军事通信全部或部分地丧失其正常功能。就方法而言多种多样，既可以采用诸如放火、决水、爆炸、投毒、散撒放射性物质等危险方法，又可以采用诸如发射信号干扰，盗用军用无线频率，故意违反操作规程，拆卸、安装某种能引起武器装备、军事设施、军事通信失去效能的器材等技术手段，还可以采取诸如摧毁、砸击、挖掘、碰撞等暴力，以及盗窃正在使用中的通信设备、电缆电线等其他手段。既可以表现为作为，又可以表现为不作为，如故意不履行保管、维修义务而使其遭受破坏。只要属于本质上的破坏，无论其方式如何，均对构成本罪没有影响。

| | | |
|---|---|---|
| **定罪标准** | 犯罪主体 | 本罪的主体为一般主体，即凡年满16周岁且具备刑事责任能力的自然人均能成为本罪的主体。 |
| | 犯罪主观方面 | 本罪的主观方面表现为故意，即明知是武器装备、军事设施、军事通信，但出于贪利图财、泄愤报复或者敌意，仍然进行破坏，对其危害国防建设的后果持希望或者放任的态度。过失不构成本罪。 |
| | 罪与非罪 | 区分罪与非罪的界限，要注意两点：一是是否出于故意；二是是否实施了破坏武器装备、军事设施、军事通信的行为。 |
| | 此罪与彼罪 | 一、本罪与破坏交通设施罪、破坏易燃易爆设备罪、破坏广播电视设施、公用电信设施罪的界限。他们在犯罪的主体、对象、犯罪的手段、犯罪的故意等方面都有相同之处。其主要区别在于：（1）本罪属于危害军事利益的犯罪，而后几种罪是危害公共安全的犯罪；（2）本罪破坏的对象只限于军事设施，而后几种罪破坏的对象不限于军事设施。因此，行为人故意破坏军事设施，即使客观上也危害公共安全，仍应以破坏军事设施罪论处。<br>二、本罪与故意毁坏财物罪的界限。本罪是一种比故意毁坏财物罪的危害大得多的犯罪。它的严重性不仅在于被破坏的武器装备、军事设施、军事通信的财产价值，而是在于这种破坏行为能够使武器装备丧失其应有的效能，从而严重影响我军的战备和战斗能力。其主要区别是：（1）侵犯的客体不同。本罪侵犯的客体是与武器装备的使用能力相联系的军事利益；而后者侵犯的客体是公私财物的所有权。（2）本罪破坏的是特定对象，即武器装备、军事设施、军事通信；后者破坏的对象，是各种公私财物。据此，非军职人员破坏武器装备、军事设施、军事通信以外的一般财物，如生活用品、办公设备等，或者破坏武器装备、军事设施、军事通信的局部，并不影响其使用的，应依故意毁坏财物罪论处。<br>三、因盗窃而引起破坏武器装备、军事设施、军事通信的行为的定性。当前，因盗窃财物造成武器装备、军事设施、军事通信被破坏的现象比较普遍，这类犯罪属于想象竞合。在认定时，首先要根据因盗窃所破坏的武器装备、军事设施、军事通信的重要程度、犯罪情节、所盗物品的价值，分别确定破坏武器装备、军事设施、军事通信罪与盗窃罪应当适用的法定刑，然后择一重罪定罪处罚。<br>四、用放火、爆炸等危险方法破坏武器装备、军事设施、军事通信的行为的定性。用放火、爆炸等危险方法破坏武器装备、军事设施、军事通信，属于想象竞合，应按照择一重罪处罚的原则，以放火罪、爆炸罪定罪处罚。 |
| **证据参考标准** | 主体方面的证据 | **一、证明行为人刑事责任年龄、身份等自然情况的证据**<br>包括身份证明、户籍证明、任职证明、工作经历证明、特定职责证明等，主要是证明行为人的姓名（曾用名）、性别、出生年月日、民族、籍贯、出生地、职业（或职务）、住所地（或居所地）等证据材料，如户口簿、居民身份证、居住证、工作证、出生证、专业或技术等级证、干部履历表、职工登记表、护照等。<br>对于户籍、出生证等材料内容不实的，应提供其他证据材料。外国人犯罪的案件，应有护照等身份证明材料。人大代表、政协委员犯罪的案件，应注明身份，并附身份证明材料。<br>**二、证明行为人刑事责任能力的证据**<br>证明行为人对自己的行为是否具有辨认能力与控制能力，如是否属于间歇性精神病人、尚未完全丧失辨认或者控制自己行为能力的精神病人的证明材料。 |

| | | |
|---|---|---|
| 证据参考标准 | 主观方面的证据 | **证明行为人故意的证据**<br>1. 证明行为人明知的证据：证明行为人明知自己的行为会发生危害社会的结果；2. 证明直接故意的证据：证明行为人希望危害结果发生；3. 证明间接故意的证据：证明行为人放任危害结果发生。 |
| | 客观方面的证据 | **证明行为人破坏武器装备、军事设施、军事通信犯罪行为的证据**<br>具体证据包括：1. 证明行为人破坏武器行为的证据；2. 证明行为人破坏装备行为的证据；3. 证明行为人破坏军事设施行为的证据；4. 证明行为人破坏军事通信行为的证据；5. 证明行为人破坏重要武器行为的证据；6. 证明行为人破坏重要装备行为的证据；7. 证明行为人破坏重要军事设备行为的证据；8. 证明行为人破坏重要军事通信行为的证据；9. 证明行为人破坏武器情节特别严重行为的证据；10. 证明行为人破坏装备情节特别严重行为的证据；11. 证明行为人破坏军事设施情节特别严重行为的证据；12. 证明行为人破坏军事通信情节特别严重行为的证据。 |
| | 量刑方面的证据 | **一、法定量刑情节证据**<br>1. 事实情节：（1）破坏武器装备、军事设施、军事通信的；（2）破坏重要武器装备、军事设施、军事通讯的；（3）破坏情节特别严重的。2. 法定从重情节。3. 法定从轻或者减轻情节：（1）可以从轻；（2）可以从轻或者减轻；（3）应当从轻或者减轻。4. 法定从轻、减轻或者免除情节：（1）可以从轻、减轻或者免除处罚；（2）应当从轻、减轻或者免除处罚。5. 法定减轻或者免除情节：（1）可以减轻或者免除处罚；（2）应当减轻或者免除处罚；（3）可以免除处罚。<br>**二、酌定量刑情节证据**<br>1. 犯罪手段：（1）危险手段；（2）技术手段。2. 犯罪对象。3. 危害结果。4. 动机。5. 平时表现。6. 认罪态度。7. 是否有前科。8. 其他证据。 |
| 量刑标准 | 犯本罪的 | 处三年以下有期徒刑、拘役或者管制 |
| | 破坏重要武器装备、军事设施、军事通信的 | 处三年以上十年以下有期徒刑 |
| | 情节特别严重的 | 处十年以上有期徒刑、无期徒刑或者死刑 |
| | 战时犯本罪的 | 从重处罚 |
| 法律适用 | 刑法条文 | **第三百六十九条第一款** 破坏武器装备、军事设施、军事通信的，处三年以下有期徒刑、拘役或者管制；破坏重要武器装备、军事设施、军事通信的，处三年以上十年以下有期徒刑；情节特别严重的，处十年以上有期徒刑、无期徒刑或者死刑。<br>**第三款** 战时犯前两款罪的，从重处罚。 |

**最高人民法院《关于审理危害军事通信刑事案件具体应用法律若干问题的解释》（节录）**（2007 年 6 月 26 日最高人民法院公布　自 2007 年 6 月 29 日起施行　法释〔2007〕13 号）

**第一条**　故意实施损毁军事通信线路、设备，破坏军事通信计算机信息系统，干扰、侵占军事通信电磁频谱等行为的，依照刑法第三百六十九条第一款的规定，以破坏军事通信罪定罪，处三年以下有期徒刑、拘役或者管制；破坏重要军事通信的，处三年以上十年以下有期徒刑。

**第二条**　实施破坏军事通信行为，具有下列情形之一的，属于刑法第三百六十九条第一款规定的"情节特别严重"，以破坏军事通信罪定罪，处十年以上有期徒刑、无期徒刑或者死刑：

（一）造成重要军事通信中断或者严重障碍，严重影响部队完成作战任务或者致使部队在作战中遭受损失的；

（二）造成部队执行抢险救灾、军事演习或者处置突发性事件等任务的通信中断或者严重障碍，并因此贻误部队行动，致使死亡 3 人以上、重伤 10 人以上或者财产损失 100 万元以上的；

（三）破坏重要军事通信三次以上的；

（四）其他情节特别严重的情形。

**第五条第一款**　建设、施工单位直接负责的主管人员、施工管理人员，明知是军事通信线路、设备而指使、强令、纵容他人予以损毁的，或者不听管护人员劝阻，指使、强令、纵容他人违章作业，造成军事通信线路、设备损毁的，以破坏军事通信罪定罪处罚。

**第六条**　破坏、过失损坏军事通信，并造成公用电信设施损毁，危害公共安全，同时构成刑法第一百二十四条和第三百六十九条规定的犯罪的，依照处罚较重的规定定罪处罚。

盗窃军事通信线路、设备，不构成盗窃罪，但破坏军事通信的，依照刑法第三百六十九条第一款的规定定罪处罚；同时构成刑法第一百二十四条、第二百六十四条和第三百六十九条第一款规定的犯罪的，依照处罚较重的规定定罪处罚。

违反国家规定，侵入国防建设、尖端科学技术领域的军事通信计算机信息系统，尚未对军事通信造成破坏的，依照刑法第二百八十五条的规定定罪处罚；对军事通信造成破坏，同时构成刑法第二百八十五条、第二百八十六条、第三百六十九条第一款规定的犯罪的，依照处罚较重的规定定罪处罚。

违反国家规定，擅自设置、使用无线电台、站，或者擅自占用频率，经责令停止使用后拒不停止使用，干扰无线电通讯正常进行，构成犯罪的，依照刑法第二百八十八条的规定定罪处罚；造成军事通信中断或者严重障碍，同时构成刑法第二百八十八条、第三百六十九条第一款规定的犯罪的，依照处罚较重的规定定罪处罚。

**第七条**　本解释所称"重要军事通信"，是指军事首脑机关及重要指挥中心的通信，部队作战中的通信，等级战备通信，飞行航行训练、抢险救灾、军事演习或者处置突发性事件中的通信，以及执行试飞试航、武器装备科研试验或者远洋航行等重要军事任务中的通信。

本解释所称军事通信的具体范围、通信中断和严重障碍的标准，参照中国人民解放军通信主管部门的有关规定确定。

法律适用

司法解释

**一、《中华人民共和国军事设施保护法》（节录）** (1990年2月23日中华人民共和国主席令第25号公布　自1990年8月1日起施行　2009年8月27日第一次修正　2014年6月27日第二次修正　2021年6月10日修订)

**第二条**　本法所称军事设施，是指国家直接用于军事目的的下列建筑、场地和设备：

（一）指挥机关，地上和地下的指挥工程、作战工程；

（二）军用机场、港口、码头；

（三）营区、训练场、试验场；

（四）军用洞库、仓库；

（五）军用信息基础设施，军用侦察、导航、观测台站，军用测量、导航、助航标志；

（六）军用公路、铁路专用线，军用输电线路，军用输油、输水、输气管道；

（七）边防、海防管控设施；

（八）国务院和中央军事委员会规定的其他军事设施。

前款规定的军事设施，包括军队为执行任务必需设置的临时设施。

**第四条**　中华人民共和国的组织和公民都有保护军事设施的义务。

禁止任何组织或者个人破坏、危害军事设施。

任何组织或者个人对破坏、危害军事设施的行为，都有权检举、控告。

**第六十三条**　有下列行为之一，构成犯罪的，依法追究刑事责任：

（一）破坏军事设施的；

（二）过失损坏军事设施，造成严重后果的；

（三）盗窃、抢夺、抢劫军事设施的装备、物资、器材的；

（四）泄露军事设施秘密，或者为境外的机构、组织、人员窃取、刺探、收买、非法提供军事设施秘密的；

（五）破坏军用无线电固定设施电磁环境，干扰军用无线电通讯，情节严重的；

（六）其他扰乱军事禁区、军事管理区管理秩序和危害军事设施安全的行为，情节严重的。

**二、《中华人民共和国人民防空法》（节录）** (1996年10月29日中华人民共和国主席令第78号公布　自1997年1月1日起施行　2009年8月27日修正)

**第九条**　国家保护人民防空设施不受侵害。禁止任何组织或者个人破坏、侵占人民防空设施。

**第二十七条**　任何组织或者个人不得进行影响人民防空工程使用或者降低人民防空工程防护能力的作业，不得向人民防空工程内排入废水、废气和倾倒废弃物，不得在人民防空工程内生产、储存爆炸、剧毒、易燃、放射性和腐蚀性物品。

**第五十一条**　人民防空主管部门的工作人员玩忽职守、滥用职权、徇私舞弊或者有其他违法、失职行为构成犯罪的，依法追究刑事责任；尚不构成犯罪的，依法给予行政处分。

**三、《中华人民共和国国防法》（节录）** (1997年3月14日中华人民共和国主席令第84号公布　自公布之日起施行　2009年8月27日修正　2020年12月26日修订)

**第十条**　对在国防活动中作出贡献的组织和个人，依照有关法律、法规的规定给予表彰和奖励。

**第十一条**　任何组织和个人违反本法和有关法律，拒绝履行国防义务或者危害国防利益的，依法追究法律责任。

法律适用

相关法律法规

公职人员在国防活动中，滥用职权、玩忽职守、徇私舞弊的，依法追究法律责任。

　　**第十八条**　地方各级人民代表大会和县级以上地方各级人民代表大会常务委员会在本行政区域内，保证有关国防事务的法律、法规的遵守和执行。

　　地方各级人民政府依照法律规定的权限，管理本行政区域内的征兵、民兵、国民经济动员、人民防空、国防交通、国防设施保护，以及退役军人保障和拥军优属等工作。

　　**第三十二条**　国家根据边防、海防、空防和其他重大安全领域防卫的需要，加强防卫力量建设，建设作战、指挥、通信、测控、导航、防护、交通、保障等国防设施。各级人民政府和军事机关应当依照法律、法规的规定，保障国防设施的建设，保护国防设施的安全。

　　**第五十五条**　公民应当接受国防教育。

　　公民和组织应当保护国防设施，不得破坏、危害国防设施。

　　公民和组织应当遵守保密规定，不得泄露国防方面的国家秘密，不得非法持有国防方面的秘密文件、资料和其他秘密物品。

　　**四、《国防交通条例》（节录）**（1995 年 2 月 24 日中华人民共和国国务院、中华人民共和国中央军事委员会令第 173 号公布　自公布之日起施行　2011 年 1 月 8 日修订）

　　**第五十一条**　有下列行为之一的，依照《中华人民共和国治安管理处罚法》的有关规定给予处罚；构成犯罪的，依法追究刑事责任：

　　（一）扰乱、妨碍军事运输和国防交通保障的；

　　（二）扰乱、妨碍国防交通工程设施建设的；

　　（三）破坏国防交通工程设施的；

　　（四）盗窃、哄抢国防交通物资的。

（左侧竖排）**法律适用**　　**相关法律法规**

# 58 过失损坏武器装备、军事设施、军事通信案

| | |
|---|---|
| **概念** | 本罪是指过失损坏武器装备、军事设施、军事通信，造成严重后果的行为。 |
| **立案标准** | 过失损坏武器装备、军事设施、军事通信，造成严重后果的，应当立案追究。<br>行为人实施了损坏武器装备、军事设施、军事通信的行为，造成严重后果的，才构成本罪，应当立案追究。 |

| | | |
|---|---|---|
| **定罪标准** | **犯罪客体** | 本罪侵犯的客体是军队战斗力物质保障的管理制度。武器装备、军事设施、军事通信设备和器材是重要的国防资产，是部队战斗力的重要组成部分，是国防建设的重要内容。我国《国防法》第42条规定，国家保护国防资产不受侵害，保障国防资产的安全、完整和有效。禁止任何组织或者个人破坏、损害和侵占国防资产。《军事设施保护法》第4条也明确规定，中华人民共和国的组织和公民都有保护军事设施的义务。禁止任何组织或者个人破坏、危害军事设施。故意破坏武器装备、军事设施、军事通信的行为，违反国防法律规定的公民国防义务，损害部队战斗力，削弱国防能力，危害国防安全。<br><br>本罪的犯罪对象，包括三种：一是武器装备，它是武装部队直接用于实施和保障作战行动的武器、武器系统和军事技术器材的统称。包括冷兵器、枪械、火炮、火箭、导弹、弹药、爆破器材、坦克及其他装甲战斗车辆、作战飞机、战斗舰艇、鱼雷、水雷、生物武器、化学武器、核武器、通信指挥器材、侦察探测器材、军用测绘器材、气象保障器材、雷达、电子对抗装备、情报处理设备、军用电子计算机、野战工程机械、渡河器材、伪装器材、"三防"装备、辅助飞机、勤务舰船、军用车辆等。二是军事设施，是指国家直接用于军事目的的建筑、场地和设备。包括：指挥机关、地面和地下的指挥工程、作战工程；军用机场、港口、码头；营区、训练场、试验场；军用洞库、仓库；军用通信、侦察、导航、观测台站和测量、导航、助航标志；军用公路、铁路专用线、军用通信、输电线路、军用输油、输水管道；国务院和中央军委规定的其他军事设施。三是军用通信，是指军队为实施指挥、运用通信工具或其他方法进行的信息传递，它是保障军队指挥的基本手段。如无线电通信、有线电通信、光通信、运动通信、简易信号通信等。 |
| | **犯罪客观方面** | 本罪在客观方面表现为过失损坏武器装备、军事设施或军事通信，造成严重后果的行为。破坏，即毁灭和损坏，是指使武器装备、军事设施、军事通信全部或部分地丧失其正常功能。过失，即应当预见到自己的行为可能会造成损坏武器装备、军事设施或军事通信的严重后果，但由于疏忽大意没有预见到，或者已经预见到但轻信能够避免这种严重后果，以致发生损坏武器装备、军事设施或军事通信造成严重后果。构成本罪，需要造成严重后果。所谓严重后果，一般是指造成武器装备、军事设施或军事通信失去使用价值；造成重大财产损失或人员伤亡；严重影响军事行动等。 |
| | **犯罪主体** | 本罪的主体为一般主体，即凡年满16周岁且具备刑事责任能力的自然人均能成为本罪的主体。 |

| | | |
|---|---|---|
| **定罪标准** | **犯罪主观方面** | 本罪的主观方面表现为过失，即应当预见自己的行为可能会造成损坏武器装备、军事设施或军事通信的严重后果，但由于疏忽大意没有预见到，或者已经预见而轻信能够避免这种严重后果，以致造成武器装备、军事设施或军事通信被损坏并导致产生严重后果。 |
| | **罪与非罪** | 区分罪与非罪的界限，要注意两点：一是是否出于过失；二是损坏武器装备、军事设施、军事通信是否造成严重后果。 |
| | **此罪与彼罪** | 本罪与破坏武器装备、军事设施、军事通信罪的界限。两者在犯罪的主体、对象、犯罪的手段等方面均有相同之处。其主要区别在于：（1）本罪属于过失犯罪，而后者是故意犯罪；（2）本罪以犯罪结果的发生为成立条件，而后者是行为犯。因此，凡是行为人，故意破坏军事设施，即使客观上也危害公共安全，仍应以破坏军事设施罪论处。 |
| **证据参考标准** | **主体方面的证据** | **一、证明行为人刑事责任年龄、身份等自然情况的证据**<br>包括身份证明、户籍证明、任职证明、工作经历证明、特定职责证明等，主要是证明行为人的姓名（曾用名）、性别、出生年月日、民族、籍贯、出生地、职业（或职务）、住所地（或居所地）等证据材料，如户口簿、居民身份证、居住证、工作证、出生证、专业或技术等级证、干部履历表、职工登记表、护照等。<br>对于户籍、出生证等材料内容不实的，应提供其他证据材料。外国人犯罪的案件，应有护照等身份证明材料。人大代表、政协委员犯罪的案件，应注明身份，并附身份证明材料。<br>**二、证明行为人刑事责任能力的证据**<br>证明行为人对自己的行为是否具有辨认能力与控制能力，如是否属于间歇性精神病人、尚未完全丧失辨认或者控制自己行为能力的精神病人的证明材料。 |
| | **主观方面的证据** | **证明行为人过失的证据**<br>具体证据包括：1. 证明行为人应当预见自己的行为可能发生危害社会的结果；2. 证明疏忽大意的过失的证据；3. 证明过于自信的过失的证据。 |
| | **客观方面的证据** | **一、证明行为人过失损坏武器装备、军事设施、军事通信犯罪行为的证据**<br>具体证据包括：1. 证明行为人损坏武器行为的证据；2. 证明行为人损坏装备行为的证据；3. 证明行为人损坏军事设施行为的证据；4. 证明行为人损坏军事通信行为的证据；5. 证明行为人损坏重要武器行为的证据；6. 证明行为人损坏重要装备行为的证据；7. 证明行为人损坏重要军事设备行为的证据；8. 证明行为人损坏重要军事通信行为的证据；9. 证明行为人损坏武器情节特别严重行为的证据；10. 证明行为人损坏装备情节特别严重行为的证据；11. 证明行为人损坏军事设施情节特别严重行为的证据；12. 证明行为人损坏军事通信情节特别严重行为的证据。<br>**二、证明造成严重后果的证据**<br>1. 物证：照片、实物、其他物证。2. 书证。3. 证人证言。4. 犯罪嫌疑人供述和辩解。5. 鉴定意见。6. 勘验、检查、辨认、侦查实验笔录。7. 视听资料、电子数据。 |

| | | |
|---|---|---|
| **证据参考标准** | **量刑方面的证据** | **一、法定量刑情节证据**<br>1. 事实情节：（1）情节严重；（2）其他。2. 法定从重情节。3. 法定从轻或者减轻情节：（1）可以从轻；（2）可以从轻或者减轻；（3）应当从轻或者减轻。4. 法定从轻、减轻或者免除情节：（1）可以从轻、减轻或者免除处罚；（2）应当从轻、减轻或者免除处罚。5. 法定减轻或者免除情节：（1）可以减轻或者免除处罚；（2）应当减轻或者免除处罚；（3）可以免除处罚。<br><br>**二、酌定量刑情节证据**<br>1. 犯罪手段；2. 犯罪对象；3. 危害结果；4. 动机；5. 平时表现；6. 认罪态度；7. 是否有前科；8. 其他证据。 |
| **量刑标准** | | 犯本罪的 / 处三年以下有期徒刑或者拘役 |

| **量刑标准** | | |
|---|---|---|
| 犯本罪的 | | 处三年以下有期徒刑或者拘役 |
| 造成特别严重后果的 | | 处三年以上七年以下有期徒刑 |
| 战时犯本罪的 | | 从重处罚 |

| **法律适用** | **刑法条文** | **第三百六十九条** 破坏武器装备、军事设施、军事通信的，处三年以下有期徒刑、拘役或者管制；破坏重要武器装备、军事设施、军事通信的，处三年以上十年以下有期徒刑；情节特别严重的，处十年以上有期徒刑、无期徒刑或者死刑。<br>过失犯前款罪，造成严重后果的，处三年以下有期徒刑或者拘役；造成特别严重后果的，处三年以上七年以下有期徒刑。<br>战时犯前两款罪的，从重处罚。 |
| | **司法解释** | **最高人民法院《关于审理危害军事通信刑事案件具体应用法律若干问题的解释》（节录）**（2007年6月26日最高人民法院公布 自2007年6月29日起施行 法释〔2007〕13号）<br>**第三条** 过失损坏军事通信，造成重要军事通信中断或者严重障碍的，属于刑法第三百六十九条第二款规定的"造成严重后果"，以过失损坏军事通信罪定罪，处三年以下有期徒刑或者拘役。<br>**第四条** 过失损坏军事通信，具有下列情形之一的，属于刑法第三百六十九条第二款规定的"造成特别严重后果"，以过失损坏军事通信罪定罪，处三年以上七年以下有期徒刑：<br>（一）造成重要军事通信中断或者严重障碍，严重影响部队完成作战任务或者致使部队在作战中遭受损失的；<br>（二）造成部队执行抢险救灾、军事演习或者处置突发性事件等任务的通信中断或者严重障碍，并因此贻误部队行动，致使死亡3人以上、重伤10人以上或者财产损失100万元以上的；<br>（三）其他后果特别严重的情形。<br>**第五条第二款** 建设、施工单位直接负责的主管人员、施工管理人员，忽视军事通信线路、设备保护标志，指使、纵容他人违章作业，致使军事通信线路、设备损毁，构成犯罪的，以过失损坏军事通信罪定罪处罚。 |

**一、《中华人民共和国军事设施保护法》（节录）**（1990 年 2 月 23 日中华人民共和国主席令第 25 号公布　自 1990 年 8 月 1 日起施行　2009 年 8 月 27 日第一次修正　2014 年 6 月 27 日第二次修正　2021 年 6 月 10 日修订）

**第二条**　本法所称军事设施，是指国家直接用于军事目的的下列建筑、场地和设备：

（一）指挥机关，地上和地下的指挥工程、作战工程；

（二）军用机场、港口、码头；

（三）营区、训练场、试验场；

（四）军用洞库、仓库；

（五）军用信息基础设施，军用侦察、导航、观测台站，军用测量、导航、助航标志；

（六）军用公路、铁路专用线，军用输电线路，军用输油、输水、输气管道；

（七）边防、海防管控设施；

（八）国务院和中央军事委员会规定的其他军事设施。

前款规定的军事设施，包括军队为执行任务必需设置的临时设施。

**第四条**　中华人民共和国的组织和公民都有保护军事设施的义务。

禁止任何组织或者个人破坏、危害军事设施。

任何组织或者个人对破坏、危害军事设施的行为，都有权检举、控告。

**第六十三条**　有下列行为之一，构成犯罪的，依法追究刑事责任：

（一）破坏军事设施的；

（二）过失损坏军事设施，造成严重后果的；

（三）盗窃、抢夺、抢劫军事设施的装备、物资、器材的；

（四）泄露军事设施秘密，或者为境外的机构、组织、人员窃取、刺探、收买、非法提供军事设施秘密的；

（五）破坏军用无线电固定设施电磁环境，干扰军用无线电通讯，情节严重的；

（六）其他扰乱军事禁区、军事管理区管理秩序和危害军事设施安全的行为，情节严重的。

**二、《中华人民共和国人民防空法》（节录）**（1996 年 10 月 29 日中华人民共和国主席令第 78 号公布　自 1997 年 1 月 1 日起施行　2009 年 8 月 27 日修正）

**第九条**　国家保护人民防空设施不受侵害。禁止任何组织或者个人破坏、侵占人民防空设施。

**第二十七条**　任何组织或者个人不得进行影响人民防空工程使用或者降低人民防空工程防护能力的作业，不得向人民防空工程内排入废水、废气和倾倒废弃物，不得在人民防空工程内生产、储存爆炸、剧毒、易燃、放射性和腐蚀性物品。

**第五十一条**　人民防空主管部门的工作人员玩忽职守、滥用职权、徇私舞弊或者有其他违法、失职行为构成犯罪的，依法追究刑事责任；尚不构成犯罪的，依法给予行政处分。

**三、《中华人民共和国国防法》（节录）**（1997 年 3 月 14 日中华人民共和国主席令第 84 号公布　自公布之日起施行　2009 年 8 月 27 日修正　2020 年 12 月 26 日修订）

**第十条**　对在国防活动中作出贡献的组织和个人，依照有关法律、法规的规定给予表彰和奖励。

**第十一条**　任何组织和个人违反本法和有关法律，拒绝履行国防义务或者危害国防利益的，依法追究法律责任。

法律适用

相关法律法规

**法律适用** | **相关法律法规**

公职人员在国防活动中，滥用职权、玩忽职守、徇私舞弊的，依法追究法律责任。

**第十八条** 地方各级人民代表大会和县级以上地方各级人民代表大会常务委员会在本行政区域内，保证有关国防事务的法律、法规的遵守和执行。

地方各级人民政府依照法律规定的权限，管理本行政区域内的征兵、民兵、国民经济动员、人民防空、国防交通、国防设施保护，以及退役军人保障和拥军优属等工作。

**第三十二条** 国家根据边防、海防、空防和其他重大安全领域防卫的需要，加强防卫力量建设，建设作战、指挥、通信、测控、导航、防护、交通、保障等国防设施。各级人民政府和军事机关应当依照法律、法规的规定，保障国防设施的建设，保护国防设施的安全。

**第五十五条** 公民应当接受国防教育。

公民和组织应当保护国防设施，不得破坏、危害国防设施。

公民和组织应当遵守保密规定，不得泄露国防方面的国家秘密，不得非法持有国防方面的秘密文件、资料和其他秘密物品。

**四、《国防交通条例》（节录）**（1995 年 2 月 24 日中华人民共和国国务院、中华人民共和国中央军事委员会令第 173 号公布　自公布之日起施行　2011 年 1 月 8 日修订）

**第五十一条** 有下列行为之一的，依照《中华人民共和国治安管理处罚法》的有关规定给予处罚；构成犯罪的，依法追究刑事责任：

（一）扰乱、妨碍军事运输和国防交通保障的；

（二）扰乱、妨碍国防交通工程设施建设的；

（三）破坏国防交通工程设施的；

（四）盗窃、哄抢国防交通物资的。

# 59 故意提供不合格武器装备、军事设施案

**概念**

本罪是指明知是不合格的武器装备、军事设施而提供给武装部队的行为。

**立案标准**

明知是不合格的武器装备、军事设施而提供给武装部队，涉嫌下列情形之一的，应予立案追诉：

(1) 造成人员轻伤以上的；

(2) 造成直接经济损失 10 万元以上的；

(3) 提供不合格的枪支 3 支以上、子弹 100 发以上、雷管 500 枚以上、炸药 5 千克以上或者其他重要武器装备、军事设施的；

(4) 影响作战、演习、抢险救灾等重大任务完成的；

(5) 发生在战时的；

(6) 其他故意提供不合格武器装备、军事设施应予追究刑事责任的情形。

**定罪标准**

**犯罪客体**

本罪侵犯的客体是国家的武器装备、军事设施的管理制度。我国有关军事法规对武器装备、军事设施的生产、销售有严格的规定，并建立了一整套相应的制度，不按规定的标准，提供不合格的武器装备、军事设施的，都是对这一制度的侵犯。同时，武器装备、军事设施的用途在于对敌作战，保卫国家安全。不合格的武器装备、军事设施如果被提供给武装部队，轻则造成人身伤亡，重则危及国防利益，因此，将不合格的军事设施、武器装备提供给武装部队，其危害是极其严重的。本罪的犯罪对象是不合格的武器装备、军事设施。武器装备，是指武装部队直接用于实施和保障作战行动的武器、武器系统和军事技术器材，包括冷兵器、枪械、火炮、火箭、导弹、弹药、爆破器材、坦克及其他装甲战斗车辆、作战飞机、战斗舰艇、鱼雷、水雷、生物武器、化学武器、核武器、通讯指挥器材、侦察器材、军事测绘器材、气象保障器材、雷达、电子对抗装备、情报处理设备、军用电子计算机、野战工程机械、渡河器材、伪装器材、"三防"装备、辅助飞机、勤务舰船、军事车辆，等等。军事设施，是指国家直接用于军事目的的建筑、场地和设备，指挥机关、地面和地下的指挥工程、作战工程；军用机场、港口、码头；军用国库、仓库；营区、训练场、试验场；军用通信、侦察、导航、观测台站和测量巡航、助航标志；军用公路、铁路专用线、军用通信、输电线路、军用输油、输水管道；国务院和中央军委规定的其他军事设施。所谓不合格的武器装备、军事设施，是指武器装备、军事设施不符合安全使用的标准。具体标准由国务院和中央军委作出规定。

**犯罪客观方面**

本罪在客观方面表现为行为人明知为不合格的武器装备、军事设施，仍提供给武装部队的行为。具体来说，包含以下几层含义：其一，行为人所提供给武装部队的，是武器装备、军事设施。如果行为人提供的虽然是不合格产品，但不是武器装备、军事设施的，不构成本罪；如果行为人不是向武装部队提供不合格武器装备、军事设施，也不构成本罪。所谓提供，是指在科研、设计、勘察、测量、建设、施工、制造、

| | | |
|---|---|---|
| **定 罪 标 准** | **犯罪客观方面** | 修筑、修理、验收、采购、销售，以及到部队使用全过程中某一环节出于故意而导致了不合格武器装备、军事设施的交付使用。既可以是有偿的，如被征购，也可以是无偿的，如被征用。其二，行为人提供给武装部队的武器装备、军事设施必须是不合格的。即所提供的武器装备、军事设施在质量、性能、功效方面不符合使用要求，属于不合格产品。所谓不合格，是指所提供的不符合规定的质量标准，如使用不合格的原料生产、制造武器装备或军事设施；提供的武器装备、军事设施包括外形、内部结构、坚固耐用程度等不符合各项技术、数量指标。其三，提供的对象必须是武装部队。虽有提供行为但不是提供给武装部队，也不能构成本罪。所谓武装部队，是指中国人民解放军部队、武装警察部队、预备役部队以及民兵组织。其四，行为人对其提供给武装部队的不合格武器装备、军事设施，在主观上是明知的，即行为人是有意识地加以提供的。对于明知是不合格的武器装备、军事设施仍提供给武装部队的，不要求必然引起严重后果，只要行为人实施了这一行为，即构成犯罪。 |
| | **犯罪主体** | 本罪的主体为特殊主体，即只有武器装备、军事设施的生产者和销售者才构成本罪。生产、修理、施工、销售、采购等单位明知是不合格的武器装备、军事设施仍向武装部队提供的，构成单位犯罪。 |
| | **犯罪主观方面** | 本罪在主观方面只能是故意，即行为人在主观上必须明知其提供给武装部队的武器装备、军事设施是不合格的。也就是说，行为人为了某种目的，明知武器装备、军事设施的质量、性能方面存在缺陷，仍提供给武装部队。过失不构成本罪。 |
| | **罪与非罪** | 区分罪与非罪的界限，要注意：明知是不合格的军用物资而提供给武装部队行为的定性和法律适用问题。在本罪中，没有将明知是不合格的军用物资而提供给武装部队的行为规定为犯罪。一般来说，对这类犯罪行为需要追究刑事责任的，可以按照军用物资的产品属性，分别依据《刑法》规定定性处罚。如提供不合格的军用药品给武装部队的，就可以依据《刑法》规定的生产、销售、提供劣药罪定性论处。 |
| | **此罪与彼罪** | 本罪与生产、销售伪劣产品罪的界限。生产、销售伪劣产品罪，是指产品的生产者、销售者违反国家对产品质量的监督管理制度，故意在产品中掺杂、掺假，以假充真、以次充好或者以不合格产品冒充合格产品，销售金额在5万元以上的行为。两罪在交付不合格产品、犯罪主体、主观方面相同或者近似。两者的区别是：一是犯罪主体不同。本罪的犯罪主体只能是生产武器装备、军事设施的单位和个人，尤其是生产武器装备的厂家是特定的；而《刑法》规定的生产、销售伪劣产品罪的犯罪主体是任何产品的生产者、销售者，其涉及的单位和个人是广泛的，而非特定的。二是犯罪的对象不同。本罪的对象是一种特定的军用品，即武器装备和军事设施，而不是笼统的产品。三是犯罪的客观表现形式有所不同。本罪的行为表现方式没有生产、销售伪劣产品罪那么宽泛，提供产品的对象也十分确定，即为武装部队。另外，在处刑上也有所区别。从规定的量刑幅度看，本罪处刑一般要重于生产、销售伪劣产品罪。 |
| **证据参考标准** | **主体方面的证据** | **一、证明行为人刑事责任年龄、身份等自然情况的证据**<br>包括身份证明、户籍证明、任职证明、工作经历证明、特定职责证明等，主要是证明行为人的姓名（曾用名）、性别、出生年月日、民族、籍贯、出生地、职业（或职务）、住所地（或居所地）等证据材料，如户口簿、居民身份证、居住证、工作证、出生证、专业或技术等级证、干部履历表、职工登记表、护照等。 |

| | | |
|---|---|---|
| 证据参考标准 | 主体方面的证据 | 对于户籍、出生证等材料内容不实的，应提供其他证据材料。外国人犯罪的案件，应有护照等身份证明材料。人大代表、政协委员犯罪的案件，应注明身份，并附身份证明材料。<br>**二、证明行为人刑事责任能力的证据**<br>证明行为人对自己的行为是否具有辨认能力与控制能力，如是否属于间歇性精神病人、尚未完全丧失辨认或者控制自己行为能力的精神病人的证明材料。<br>**三、证明单位的证据**<br>证明是否属于依法成立并有合法经营、管理范围的公司、企业、事业单位、机关、团体。<br>证明单位的名称、住所地、性质、法定代表人、单位负责人、业务范围、成立时间等证据材料，如企业法人营业执照、国有公司性质证明及非法人单位的身份证明等。<br>**四、证明法定代表人、单位负责人或直接责任人员等的身份证据**<br>法定代表人、直接负责的主管人员和其他直接责任人在单位的任职、职责、负责权限的证明材料等。包括身份证明、户籍证明、任职证明等，如户口簿、居民身份证、工作证、护照、专业或技术等级证、干部履历表、职工登记表、任命书、业务分工文件、委派文件、单位证明、单位规章制度等。 |
| | 主观方面的证据 | **证明行为人故意的证据**<br>1. 证明行为人明知的证据：证明行为人明知自己的行为会发生危害社会的结果。2. 证明直接故意的证据：证明行为人希望危害结果发生。3. 证明间接故意的证据：证明行为人放任危害结果发生。4. 目的：（1）获取非法利润；（2）牟利；（3）营利。 |
| | 客观方面的证据 | **证明行为人故意提供不合格武器装备、军事设施犯罪行为的证据**<br>具体证据包括：<br>1. 证明故意提供不合格武器装备的犯罪主体的证据：（1）自然人。（2）科研部门：①法人；②主管人员；③责任人员。（3）设计部门：①法人；②主管人员；③责任人员。（4）生产部门：①法人；②主管人员；③责任人员。<br>2. 证明故意提供不合格军事设施的犯罪主体的证据：（1）自然人。（2）勘察、设计部门：①法人；②主管人员；③责任人员。（3）施工、验收部门：①法人；②主管人员；③责任人员。<br>3. 证明行为人实施犯罪行为的证据：（1）提供不合格的武器。（2）提供不合格的弹药。（3）提供不合格的器材。（4）提供不合格的装备。（5）提供不合格的军事设施。<br>4. 证明行为人提供不合格的武器装备情节严重行为的证据。<br>5. 证明行为人提供不合格的武器装备情节特别严重行为的证据。<br>6. 证明行为人提供不合格的军事设施情节严重行为的证据。<br>7. 证明行为人提供不合格的军事设施情节特别严重行为的证据。 |
| | 量刑方面的证据 | **一、法定量刑情节证据**<br>1. 事实情节：（1）情节严重；（2）情节特别严重。2. 法定从重情节。3. 法定从轻或者减轻情节：（1）可以从轻；（2）可以从轻或者减轻；（3）应当从轻或者减轻。4. 法定从轻、减轻或者免除情节：（1）可以从轻、减轻或者免除处罚；（2）应当从轻、减轻或者免除处罚。5. 法定减轻或者免除情节：（1）可以减轻或者免除处罚；（2）应当减轻或者免除处罚；（3）可以免除处罚。<br>**二、酌定量刑情节证据**<br>1. 犯罪手段：（1）故意提供；（2）其他。2. 犯罪对象。3. 危害结果。4. 动机。5. 平时表现。6. 认罪态度。7. 是否有前科。8. 其他证据。 |

| 量刑标准 | 犯本罪的 | 处五年以下有期徒刑或者拘役 |
|---|---|---|
| | 情节严重的 | 处五年以上十年以下有期徒刑 |
| | 情节特别严重的 | 处十年以上有期徒刑、无期徒刑或者死刑 |
| | 单位犯本罪的 | 对单位判处罚金，并对其直接负责的主管人员和其他直接责任人员，依上述规定处罚 |

| 法律适用 | 刑法条文 | **第三百七十条第一款**　明知是不合格的武器装备、军事设施而提供给武装部队的，处五年以下有期徒刑或者拘役；情节严重的，处五年以上十年以下有期徒刑；情节特别严重的，处十年以上有期徒刑、无期徒刑或者死刑。<br>**第三款**　单位犯第一款罪的，对单位判处罚金，并对其直接负责的主管人员和其他直接责任人员，依照第一款的规定处罚。 |
|---|---|---|
| | 规章及规范性文件 | **最高人民检察院、公安部《关于公安机关管辖的刑事案件立案追诉标准的规定（一）》（节录）**（2008年6月25日最高人民检察院、公安部公布　自公布之日起施行　公通字〔2008〕36号　2017年4月27日修正）<br>**第八十七条**　〔故意提供不合格武器装备、军事设施案（刑法第三百七十条第一款）〕明知是不合格的武器装备、军事设施而提供给武装部队，涉嫌下列情形之一的，应予立案追诉：<br>（一）造成人员轻伤以上的；<br>（二）造成直接经济损失十万元以上的；<br>（三）提供不合格的枪支三支以上、子弹一百发以上、雷管五百枚以上、炸药五千克以上或者其他重要武器装备、军事设施的；<br>（四）影响作战、演习、抢险救灾等重大任务完成的；<br>（五）发生在战时的；<br>（六）其他故意提供不合格武器装备、军事设施应予追究刑事责任的情形。 |

# 60 过失提供不合格武器装备、军事设施案

**概念**

　　本罪是指过失将不合格的武器装备、军事设施提供给武装部队，并且造成严重后果的行为。

**立案标准**

　　过失提供不合格武器装备、军事设施给武装部队，涉嫌下列情形之一的，应予立案追诉：

　　(1) 造成死亡1人或者重伤3人以上的；

　　(2) 造成直接经济损失30万元以上的；

　　(3) 严重影响作战、演习、抢险救灾等重大任务完成的；

　　(4) 其他造成严重后果的情形。

| 定罪标准 | 犯罪客体 | 　　本罪侵犯的客体是国家武器装备、军事设施的管理制度。武器装备和军事设施建设既是实现国防现代化的重要组成部分，也是军队适应现代战争需要的重要物质保障能力。向武装部队提供不合格的武器装备、军事设施，将直接损害部队战斗力和物资保障能力，甚至使部队丧失战斗力，同时影响部队的安全和行动效能，从而危害国防利益。 |
|---|---|---|
| | 犯罪客观方面 | 　　本罪在客观方面表现为过失向武装部队提供不合格武器装备和军事设施，并造成严重后果的行为。所谓提供，包括为武装部队从事生产、制造、修筑、装配、修理等过程。过失提供不合格的武器装备、军事设施的，必须造成严重后果，才构成本罪，这是与故意提供不合格武器装备、军事设施罪的区别，仅有过失提供不合格武器装备、军事设施给武装部队的行为，但并未引起后果或者尚未造成严重后果的，一般不构成犯罪。所谓造成严重后果，是指造成人员重伤、死亡的，所提供的武器装备、军事设施装备到武装部队后，在使用过程中发生事故，导致伤亡的等，实际上削弱部队的战斗力，导致作战失利的，或装备设施严重损毁，造成较大经济损失的等。本罪的"情节严重"是指造成死亡1人或者重伤3人以上后果的；造成巨大经济损失的；贻误处理突发性暴力事件的；影响重要军事任务完成的等。"情节特别严重"是指造成人员重大伤亡的；大量武器装备形不成战斗力的；影响作战任务完成的；影响重大任务完成的；致使战役、战斗遭受重大损失的，等等。 |
| | 犯罪主体 | 　　本罪的主体是特殊主体，即只有武器装备、军事设施的生产者和销售者才能构成本罪。实践中的情形主要有：与军事机关有协议的负有向武装部队提供武器装备、军事设施的生产者、销售者对武器装备、军事设施的质量、规格等问题没有发现，或者因工作不负责任，对所提供的武器装备、军事设施不进行或不按标准进行检验、验收，导致不合格的武器装备、军事设施被实际上提供给武装部队。如果是因为行为人不可预见的原因，导致向武装部队提供不合格武器装备、军事设施，则不构成犯罪。 |
| | 犯罪主观方面 | 　　本罪在主观方面表现为过失。主观上为过失，即对于提供给武装部队的武器装备及军事设施，不知道是不合格的。对于过失犯罪，只有造成严重后果才构成犯罪。 |

| | | |
|---|---|---|
| **定罪标准** | **罪与非罪** | 区分罪与非罪的界限，关键是看是否造成严重后果。所谓造成严重后果，包括造成人员重伤、死亡的；造成巨大经济损失的；严重影响部队完成任务的等。所谓特别严重后果，是指造成多人重伤、死亡的；造成战斗、战役失利的；严重影响部队完成重要任务的；造成特别巨大经济损失或者其他特别严重后果的等。 |
| | **此罪与彼罪** | 本罪与故意提供不合格武器装备、军事设施罪的界限。两罪的区别在于：（1）本罪的行为人，对自己行为可能发生危害国防安全的结果，应当预见而疏忽大意没有预见，或者虽然预见却轻信能够避免；后罪的行为人，明知自己的行为会发生危害国防安全的结果，却希望或者放任这种危害结果的发生。（2）本罪只能由自然人构成；后罪则既可以是自然人，也可以是单位。（3）本罪客观方面必须以其行为造成严重后果为构成要件；而后罪则没有这一限制。 |
| **证据参考标准** | **主体方面的证据** | **一、证明行为人刑事责任年龄、身份等自然情况的证据**<br>包括身份证明、户籍证明、任职证明、工作经历证明、特定职责证明等，主要是证明行为人的姓名（曾用名）、性别、出生年月日、民族、籍贯、出生地、职业（或职务）、住所地（或居所地）等证据材料，如户口簿、居民身份证、居住证、工作证、出生证、专业或技术等级证、干部履历表、职工登记表、护照等。<br>对于户籍、出生证等材料内容不实的，应提供其他证据材料。外国人犯罪的案件，应有护照等身份证明材料。人大代表、政协委员犯罪的案件，应注明身份，并附身份证明材料。<br>**二、证明行为人刑事责任能力的证据**<br>证明行为人对自己的行为是否具有辨认能力与控制能力，如是否属于间歇性精神病人、尚未完全丧失辨认或者控制自己行为能力的精神病人的证明材料。 |
| | **主观方面的证据** | **证明行为人过失的证据**<br>1. 证明行为人应当预见自己的行为可能发生危害社会的结果；2. 证明疏忽大意的过失的证据；3. 证明过于自信的过失的证据。 |
| | **客观方面的证据** | **证明行为人过失提供不合格武器装备、军事设施犯罪行为的证据**<br>具体证据包括：1. 证明自然人、主管人员、责任人员等过失提供不合格的武器装备、军事设施的证据。2. 证明行为人过失地提供不合格的武器装备、军事设施行为的证据：（1）武器；（2）弹药；（3）器材；（4）装备；（5）设施。3. 证明行为人过失提供不合格的武器装备、军事设施造成严重后果行为的证据。4. 证明行为人过失提供不合格的武器装备、军事设施造成特别严重后果行为的证据。 |
| | **量刑方面的证据** | **一、法定量刑情节证据**<br>1. 事实情节：（1）造成严重后果；（2）其他。2. 法定从重情节。3. 法定从轻或者减轻情节：（1）可以从轻；（2）可以从轻或者减轻；（3）应当从轻或者减轻。4. 法定从轻、减轻或者免除情节：（1）可以从轻、减轻或者免除处罚；（2）应当从轻、减轻或者免除处罚。5. 法定减轻或者免除情节：（1）可以减轻或者免除处罚；（2）应当减轻或者免除处罚；（3）可以免除处罚。<br>**二、酌定量刑情节证据**<br>1. 犯罪手段：过失提供。2. 犯罪对象。3. 危害结果。4. 动机。5. 平时表现。6. 认罪态度。7. 是否有前科。8. 其他证据。 |

| 量刑标准 | 犯本罪的 | 处三年以下有期徒刑或者拘役 |
|---|---|---|
| | 造成特别严重后果的 | 处三年以上七年以下有期徒刑 |

| 法律适用 | 刑法条文 | **第三百七十条第一款** 明知是不合格的武器装备、军事设施而提供给武装部队的，处五年以下有期徒刑或者拘役；情节严重的，处五年以上十年以下有期徒刑；情节特别严重的，处十年以上有期徒刑、无期徒刑或者死刑。<br>**第二款** 过失犯前款罪，造成严重后果的，处三年以下有期徒刑或者拘役；造成特别严重后果的，处三年以上七年以下有期徒刑。 |
|---|---|---|
| | 规章及规范性文件 | **最高人民检察院、公安部《关于公安机关管辖的刑事案件立案追诉标准的规定（一）》（节录）** （2008 年 6 月 25 日最高人民检察院、公安部公布 自公布之日起施行 公通字〔2008〕36 号 2017 年 4 月 27 日修正）<br>**第八十八条** 〔过失提供不合格武器装备、军事设施案（刑法第三百七十条第二款）〕过失提供不合格武器装备、军事设施给武装部队，涉嫌下列情形之一的，应予立案追诉：<br>（一）造成死亡一人或者重伤三人以上的；<br>（二）造成直接经济损失三十万元以上的；<br>（三）严重影响作战、演习、抢险救灾等重大任务完成的；<br>（四）其他造成严重后果的情形。 |

# 61 聚众冲击军事禁区案

| | |
|---|---|
| **概念** | 本罪是指聚众冲击军事禁区，严重扰乱军事禁区秩序的行为。 |
| **立案标准** | 组织、策划、指挥聚众冲击军事禁区或者积极参加聚众冲击军事禁区，严重扰乱军事禁区秩序，涉嫌下列情形之一的，应予立案追诉：<br>（1）冲击3次以上或者1次冲击持续时间较长的；<br>（2）持械或者采取暴力手段冲击的；<br>（3）冲击重要军事禁区的；<br>（4）发生在战时的；<br>（5）其他严重扰乱军事禁区秩序应予追究刑事责任的情形。 |

## 定罪标准

### 犯罪客体

本罪侵犯的直接客体是军事禁区的正常管理秩序。军事禁区是指国家根据军事设施的性质、作用、安全保密的需求和使用效能的特殊要求，依法划定一定范围内采取特殊措施，进行重点保护的区域，包括陆地、水域和空域。我国《军事设施保护法》规定，国家根据军事设施的性质、作用、安全保密的需要和使用效能的要求，划定军事禁区、军事管理区。军事禁区作为国家根据军事设施的性质、作用、安全保密的需要和使用效能的特殊要求，在依法划定的一定范围的陆域、水域和空域采取特殊措施重点保护的区域，它是保证军队作战、训练、战备、科研等军事活动正常进行，加强国防现代化建设，抵御外来侵略的特殊区域。我国的《国防法》和《军事设施保护法》规定，公民和组织都有保护军事设施、遵守保密规定的义务，不得破坏、危害军事设施和泄露国防方面的国家秘密。

聚众冲击军事禁区，严重扰乱军事禁区秩序的行为，直接违反国防法律规定的公民的国防义务，危害军事设施的安全和使用效能，危害军事秘密的安全，危害国防利益。犯罪对象是军事禁区，包括禁区内的军事设施、各种建筑、自然环境、周围设置的障碍物等。

### 犯罪客观方面

本罪在客观方面表现为聚众冲击军事禁区，严重扰乱军事禁区秩序的行为。我国《军事设施保护法》第17条规定："禁止陆地、水域军事禁区管理单位以外的人员、车辆、船舶等进入军事禁区，禁止航空器在陆地、水域军事禁区上空进行低空飞行，禁止对军事禁区进行摄影、摄像、录音、勘察、测量、定位、描绘和记述。但是，经有关军事机关批准的除外。禁止航空器进入空中军事禁区，但依照国家有关规定获得批准的除外。使用军事禁区的摄影、摄像、录音、勘察、测量、定位、描绘和记述资料，应当经有关军事机关批准。""聚众冲击军事禁区"中的"聚众"是指纠集多人，强行闯入军事禁区，或占据办公地点，或毁坏财物，或殴打人员。"冲击"是指使用交通工具或徒步强行闯入军事禁区。"严重扰乱军事禁区秩序"是指冲击行为使军事指挥机关无法指挥；军事单位的人员、车辆、船只、舰艇无法通过，飞机无法起降；作战、训练、戒严、抢险救灾、战备、科研、教学等正常工作无法进行等。只有严重扰乱军事禁区秩序的行为才构成犯罪。严重扰乱一般是指使军事禁区的公共财物遭受严重损失的；军事活动和科研受到妨害而无法进行的；军事禁区受到破坏，导致严重经济损失，等等。聚众冲击军事禁区罪中，阻碍军人依法执行职务的，这种行为属于想象竞合，应择一重罪处罚，不实行数罪并罚。

| | | |
|---|---|---|
| **定罪标准** | 犯罪主体 | 本罪的主体为一般主体，但法律规定只追究聚众冲击军事禁区中的首要分子和其他积极参加人员的刑事责任。首要分子是指在聚众冲击军事禁区中起组织、策划、指挥作用的犯罪分子。这种首要分子和其他积极参加的人既可以是非军人，也可以是军人。 |
| | 犯罪主观方面 | 本罪的主观方面是故意，即行为人明知是军事禁区而冲击或者明知聚众冲击军事禁区会造成危害后果，却希望或者放任这种结果发生。过失不构成本罪。这种犯罪，行为人往往基于某种个人目的来故意实施，如泄私愤、为达到某种要求而通过聚众扰乱秩序来施加压力等。 |
| | 罪与非罪 | 区分罪与非罪的界限，要注意：本罪以"严重扰乱军事禁区秩序"作为犯罪构成要件。如果虽然有聚众冲击军事禁区的行为，但尚未达到严重扰乱军事禁区秩序的程度，或者虽然严重扰乱军事禁区秩序，但只属一般参与者，尚不属积极参加的，都不构成犯罪，可由有关部门给予行政处罚。对于严重扰乱军事禁区秩序，但不知是军事禁区，可按其他有关犯罪定罪处罚。 |
| | 此罪与彼罪 | 一、本罪与聚众扰乱社会秩序罪的界限。两罪在客观方面、犯罪主体、主观方面相同。其区别：一是犯罪客体不同。前罪的客体是军事禁区管理秩序；后罪的客体是公共场所秩序或交通秩序。二是侵害的对象不同。前罪侵害的对象是军事禁区；后罪侵害的对象是公共场所。<br><br>二、本罪与聚众冲击国家机关罪的界限。聚众冲击国家机关罪，是指聚众冲击国家机关，致使国家机关工作无法进行，造成严重损失的行为。两罪在犯罪主体、主观方面、客观方面相同或者近似，其主要区别在于：一是侵犯的客体不同。前者侵犯的直接客体是军事禁区秩序；后者侵犯的直接客体是国家机关工作秩序。二是犯罪对象不同。前者的犯罪对象是军事禁区；后者的犯罪对象是除军事机关外的其他国家机关工作区。<br><br>三、本罪与武装叛乱罪的界限。聚众冲击军事禁区罪中的持械冲击军事禁区，与武装叛乱罪中的持械冲击军事禁区相似。对以武装叛乱形式冲击军事禁区，严重扰乱军事禁区秩序的，属想象竞合犯，按照择一重罪处断的原则，应定武装叛乱罪。 |
| **证据参考标准** | 主体方面的证据 | **一、证明行为人刑事责任年龄、身份等自然情况的证据**<br>包括身份证明、户籍证明、任职证明、工作经历证明、特定职责证明等，主要是证明行为人的姓名（曾用名）、性别、出生年月日、民族、籍贯、出生地、职业（或职务）、住所地（或居所地）等证据材料，如户口簿、居民身份证、居住证、工作证、出生证、专业或技术等级证、干部履历表、职工登记表、护照等。<br>对于户籍、出生证等材料内容不实的，应提供其他证据材料。外国人犯罪的案件，应有护照等身份证明材料。人大代表、政协委员犯罪的案件，应注明身份，并附身份证明材料。<br>**二、证明行为人刑事责任能力的证据**<br>证明行为人对自己的行为是否具有辨认能力与控制能力，如是否属于间歇性精神病人、尚未完全丧失辨认或者控制自己行为能力的精神病人的证明材料。 |

| 证据参考标准 | 主观方面的证据 | **证明行为人故意的证据**<br>1. 证明行为人明知的证据：证明行为人明知自己的行为会发生危害社会的结果；2. 证明直接故意的证据：证明行为人希望危害结果发生；3. 证明间接故意的证据：证明行为人放任危害结果发生。 |
|---|---|---|
| | 客观方面的证据 | **证明行为人聚众冲击军事禁区犯罪行为的证据**<br>具体证据包括：1. 证明行为人冲击军事禁区行为的证据：（1）陆域。（2）海域。（3）空域。<br>2. 证明行为人严重扰乱军事禁区秩序行为的证据：（1）致军事指挥机关无法指挥。（2）致军事单位无法通行（起降）：①人员；②车辆；③船只；④舰艇；⑤飞机。（3）致军事单位无法正常作战或工作：①作战；②训练；③戒严；④抢险救灾；⑤战备；⑥科研；⑦教学；⑧生产；⑨其他。<br>3. 证明扰乱军事禁区秩序犯罪主体的证据：（1）首要分子；（2）其他积极参加者。 |
| | 量刑方面的证据 | **一、法定量刑情节证据**<br>1. 事实情节：（1）严重扰乱军事禁区秩序；（2）其他。2. 法定从重情节。3. 法定从轻或者减轻情节：（1）可以从轻；（2）可以从轻或者减轻；（3）应当从轻或者减轻。4. 法定从轻、减轻或者免除情节：（1）可以从轻、减轻或者免除处罚；（2）应当从轻、减轻或者免除处罚。5. 法定减轻或者免除情节：（1）可以减轻或者免除处罚；（2）应当减轻或者免除处罚；（3）可以免除处罚。<br>**二、酌定量刑情节证据**<br>1. 犯罪手段：（1）冲击；（2）其他。2. 犯罪对象。3. 危害结果。4. 动机。5. 平时表现。6. 认罪态度。7. 是否有前科。8. 其他证据。 |

| 量刑标准 | 犯本罪的，对首要分子 | 处五年以上十年以下有期徒刑 |
|---|---|---|
| | 其他积极参加的 | 处五年以下有期徒刑、拘役、管制或者剥夺政治权利 |

| 法律适用 | 刑法条文 | **第三百七十一条第一款** 聚众冲击军事禁区，严重扰乱军事禁区秩序的，对首要分子，处五年以上十年以下有期徒刑；对其他积极参加的，处五年以下有期徒刑、拘役、管制或者剥夺政治权利。 |
|---|---|---|
| | 相关法律法规 | **《中华人民共和国军事设施保护法》（节录）**（1990年2月23日中华人民共和国主席令第25号公布 自1990年8月1日起施行 2009年8月27日第一次修正 2014年6月27日第二次修正 2021年6月10日修订）<br>**第九条** 军事禁区、军事管理区根据军事设施的性质、作用、安全保密的需要和使用效能的要求划定，具体划定标准和确定程序，由国务院和中央军事委员会规定。<br>本法所称军事禁区，是指设有重要军事设施或者军事设施安全保密要求高、具有重大危险因素，需要国家采取特殊措施加以重点保护，依照法定程序和标准划定的军事区域。 |

本法所称军事管理区，是指设有较重要军事设施或者军事设施安全保密要求较高、具有较大危险因素，需要国家采取特殊措施加以保护，依照法定程序和标准划定的军事区域。

第十条　军事禁区、军事管理区由国务院和中央军事委员会确定，或者由有关军事机关根据国务院和中央军事委员会的规定确定。

军事禁区、军事管理区的撤销或者变更，依照前款规定办理。

第十一条　陆地和水域的军事禁区、军事管理区的范围，由省、自治区、直辖市人民政府和有关军级以上军事机关共同划定，或者由省、自治区、直辖市人民政府、国务院有关部门和有关军级以上军事机关共同划定。空中军事禁区和特别重要的陆地、水域军事禁区的范围，由国务院和中央军事委员会划定。

军事禁区、军事管理区的范围调整，依照前款规定办理。

第十二条　军事禁区、军事管理区应当由县级以上地方人民政府按照国家统一规定的样式设置标志牌。

第十三条　军事禁区、军事管理区范围的划定或者调整，应当在确保军事设施安全保密和使用效能的前提下，兼顾经济建设、生态环境保护和当地居民的生产生活。

因军事设施建设需要划定或者调整军事禁区、军事管理区范围的，应当在军事设施建设项目开工建设前完成。但是，经战区级以上军事机关批准的除外。

第十四条　军事禁区、军事管理区范围的划定或者调整，需要征收、征用土地、房屋等不动产，压覆矿产资源，或者使用海域、空域等的，依照有关法律、法规的规定办理。

第十五条　军队为执行任务设置的临时军事设施需要划定陆地、水域临时军事禁区、临时军事管理区范围的，由县级以上地方人民政府和有关团级以上军事机关共同划定，并各自向上一级机关备案。其中，涉及有关海事管理机构职权的，应当在划定前征求其意见。划定之后，由县级以上地方人民政府或者有关海事管理机构予以公告。

军队执行任务结束后，应当依照前款规定的程序及时撤销划定的陆地、水域临时军事禁区、临时军事管理区。

第十六条　军事禁区管理单位应当根据具体条件，按照划定的范围，为陆地军事禁区修筑围墙、设置铁丝网等障碍物，为水域军事禁区设置障碍物或者界线标志。

水域军事禁区的范围难以在实际水域设置障碍物或者界线标志的，有关海事管理机构应当向社会公告水域军事禁区的位置和边界。海域的军事禁区应当在海图上标明。

第十七条　禁止陆地、水域军事禁区管理单位以外的人员、车辆、船舶等进入军事禁区，禁止航空器在陆地、水域军事禁区上空进行低空飞行，禁止对军事禁区进行摄影、摄像、录音、勘察、测量、定位、描绘和记述。但是，经有关军事机关批准的除外。

禁止航空器进入空中军事禁区，但依照国家有关规定获得批准的除外。

使用军事禁区的摄影、摄像、录音、勘察、测量、定位、描绘和记述资料，应当经有关军事机关批准。

第十八条　在陆地军事禁区内，禁止建造、设置非军事设施，禁止开发利用地下空间。但是，经战区级以上军事机关批准的除外。

**法律适用**

**相关法律法规**

在水域军事禁区内，禁止建造、设置非军事设施，禁止从事水产养殖、捕捞以及其他妨碍军用舰船行动、危害军事设施安全和使用效能的活动。

**第十九条** 在陆地、水域军事禁区内采取的防护措施不足以保证军事设施安全保密和使用效能，或者陆地、水域军事禁区内的军事设施具有重大危险因素的，省、自治区、直辖市人民政府和有关军事机关，或者省、自治区、直辖市人民政府、国务院有关部门和有关军事机关根据军事设施性质、地形和当地经济建设、社会发展情况，可以在共同划定陆地、水域军事禁区范围的同时，在禁区外围共同划定安全控制范围，并在其外沿设置安全警戒标志。

安全警戒标志由县级以上地方人民政府按照国家统一规定的样式设置，地点由军事禁区管理单位和当地县级以上地方人民政府共同确定。

水域军事禁区外围安全控制范围难以在实际水域设置安全警戒标志的，依照本法第十六条第二款的规定执行。

**第二十条** 划定陆地、水域军事禁区外围安全控制范围，不改变原土地及土地附着物、水域的所有权。在陆地、水域军事禁区外围安全控制范围内，当地居民可以照常生产生活，但是不得进行爆破、射击以及其他危害军事设施安全和使用效能的活动。

因划定军事禁区外围安全控制范围影响不动产所有权人或者用益物权人行使权利的，依照有关法律、法规的规定予以补偿。

**规章及规范性文件**

**最高人民检察院、公安部《关于公安机关管辖的刑事案件立案追诉标准的规定（一）》（节录）**（2008 年 6 月 25 日最高人民检察院、公安部公布　自公布之日起施行　公通字〔2008〕36 号　2017 年 4 月 27 日修正）

**第八十九条** 〔聚众冲击军事禁区案（刑法第三百七十一条第一款）〕组织、策划、指挥聚众冲击军事禁区或者积极参加聚众冲击军事禁区，严重扰乱军事禁区秩序，涉嫌下列情形之一的，应予立案追诉：

（一）冲击三次以上或者一次冲击持续时间较长的；

（二）持械或者采取暴力手段冲击的；

（三）冲击重要军事禁区的；

（四）发生在战时的；

（五）其他严重扰乱军事禁区秩序应予追究刑事责任的情形。

# 62 聚众扰乱军事管理区秩序案

**概念**　　本罪是指聚众扰乱军事管理区秩序，情节严重，致使军事管理区工作无法正常进行，造成严重损失的行为。

**立案标准**　　组织、策划、指挥聚众扰乱军事管理区秩序或者积极参加聚众扰乱军事管理区秩序，致使军事管理区工作无法进行，造成严重损失，涉嫌下列情形之一的，应予立案追诉：

(1) 造成人员轻伤以上的；

(2) 扰乱 3 次以上或者 1 次扰乱持续时间较长的；

(3) 造成直接经济损失 5 万元以上的；

(4) 持械或者采取暴力手段的；

(5) 扰乱重要军事管理区秩序的；

(6) 发生在战时的；

(7) 其他聚众扰乱军事管理区秩序应予追究刑事责任的情形。

## 定罪标准

**犯罪客体**　　本罪侵犯的直接客体是军事管理区的正常管理秩序。军事管理区，是指重要的军事设施保护区。根据《军事设施保护法》规定，它是指设有较重要军事设施或者军事设施具有较大危险因素，需要国家采取特殊措施加以保护，依照法定程序和标准划定的军事区域。包括陆域、水域和空域。聚众扰乱军事管理区秩序的行为，违反《国防法》和《军事设施保护法》规定的公民的国防义务，直接危害军事设施的安全和使用效能，威胁军事秘密的安全，危害国防利益。犯罪对象是军事管理区，包括管理区的军事设施、各种建筑和山、水、林木等。

**犯罪客观方面**　　本罪在客观方面表现为聚众扰乱军事管理区的管理秩序，情节严重，致使军事管理区工作无法正常进行，造成严重损失的行为。《军事设施保护法》第 17 条规定："禁止陆地、水域军事禁区管理单位以外的人员、车辆、船舶等进入军事禁区，禁止航空器在陆地、水域军事禁区上空进行低空飞行，禁止对军事禁区进行摄影、摄像、录音、勘察、测量、定位、描绘和记述。但是，经有关军事机关批准的除外。禁止航空器进入空中军事禁区，但依照国家有关规定获得批准的除外。使用军事禁区的摄影、摄像、录音、勘察、测量、定位、描绘和记述资料，应当经有关军事机关批准。"这些都是军事管理区正常秩序的合法保障。

具体地说，扰乱军事管理区秩序的行为主要是聚众进行的。所谓聚众，是指聚集、纠合 3 人以上（包括 3 人）进行扰乱。所谓扰乱，是指冲击、哄闹军事管理区域，使用区域出现混乱不安的局面，致使工作无法正常进行。其方式多种多样，有的在军事管理区域内的机关、单位的办公室、会议室、实验室、生产车间、训练基地等哄闹骚扰；有的殴打、辱骂军事管理人员；有的封锁要道、路口；有的强行截断电源、水源等。本罪不仅要有聚众扰乱的行为，而且必须属于情节严重并致军事管理区工作无法进行，造成严重损失的才能构成本罪。"聚众扰乱军事管理区秩序情节严重"，

| | | |
|---|---|---|
| **定 罪 标 准** | **犯罪客观方面** | 司法实践中主要是指聚众持械扰乱军事管理区秩序的；战时聚众扰乱军事管理区秩序的；在扰乱军事管理区秩序中，有打砸抢行为或煽动性言论及其他违法行为，尚不构成其他犯罪的；造成巨大经济损失的；长时间扰乱军事管理秩序的；扰乱军事管理秩序屡教不改的；使用暴力或者采取其他恶劣手段的；纠集人数多、规模较大的等。"致使军事管理区工作无法进行"是指使军事单位的人员、车辆、船只、舰艇无法通过，飞机无法起降，训练、抢险救灾、战备、科研、教学等正常工作无法进行等。<br><br>"造成严重损失"，司法实践中主要是指导致军事秘密泄露的；致人伤亡的；造成严重经济损失或者严重政治影响的等。 |
| | **犯罪主体** | 本罪的主体为一般主体。本罪只追究聚众扰乱军事管理区秩序中的首要分子和其他积极参加者的刑事责任。首要分子是指在聚众扰乱军事管理秩序中起组织、策划、指挥作用的犯罪分子。这种首要分子和其他积极参加的人既可以是非军人，也可以是军人。 |
| | **犯罪主观方面** | 本罪在主观方面是故意，即行为人明知聚众扰乱军事管理区秩序会造成军事管理区工作无法进行的危害后果，却故意实施这一行为，希望或者放任这一结果发生。过失不构成本罪。这种犯罪，行为人往往基于某种个人目的来故意实施，如泄私愤、为达到某种要求而通过聚众扰乱秩序来施加压力等。 |
| | **罪与非罪** | 区分罪与非罪的界限，要注意把握两点：<br>一、根据《刑法》规定，构成本罪，必须是聚众扰乱军事管理区并且聚众扰乱军事管理区达到情节严重，即严重扰乱军事管理区秩序，致使军事单位工作无法进行，造成严重损失的才构成本罪。因此，行为人主观上是否出于故意，情节是否严重，是区分本罪与非罪的界限。认定时，这三个条件必须同时具备，缺一不可。否则，不构成本罪。情节轻微，尚不够刑事处罚的，适用《治安管理处罚法》第23条的规定处罚。<br>二、本罪与群体性事件的界限。通常所指的群体性事件，主要是指由于领导的官僚主义，对涉及群众利益的具体事情处理不当或者因工作上的缺点失误而造成的群众集体性事件。对于此类情节的群众，擅闯军事禁区、军事管理区的，要对其做细致深入的思想工作并进行劝导，并将其与本罪区别开来。但是，对于那些借群众性事件之机，故意歪曲党和国家政策、方针，编造事实或歪曲真情，煽动群众，提出无理要求，并因此导致军事管理区严重损失的，应当以聚众扰乱军事管理区秩序罪处罚。 |
| | **此罪与彼罪** | 本罪与聚众扰乱社会秩序罪的界限。聚众扰乱社会秩序罪，是指聚众扰乱社会秩序，情节严重，致使工作、生产、营业和教学、科研、医疗无法进行，造成严重损失的行为。两罪在犯罪主体、主观方面、客观方面相同或者近似，其主要区别在于：一是犯罪客体不同。前者侵犯的直接客体是军事管理区秩序；后者侵犯的直接客体是社会管理秩序。二是犯罪对象不同。前者的犯罪对象是军事管理区；后者的犯罪对象是非军事管理区。 |
| **证据参考标准** | **主体方面的证据** | **一、证明行为人刑事责任年龄、身份等自然情况的证据**<br>包括身份证明、户籍证明、任职证明、工作经历证明、特定职责证明等，主要是证明行为人的姓名（曾用名）、性别、出生年月日、民族、籍贯、出生地、职业（或职务）、住所地（或居所地）等证据材料，如户口簿、居民身份证、居住证、工作证、出生证、专业或技术等级证、干部履历表、职工登记表、护照等。<br>对于户籍、出生证等材料内容不实的，应提供其他证据材料。外国人犯罪的案件，应有护照等身份证明材料。人大代表、政协委员犯罪的案件，应注明身份，并附身份证明材料。 |

| | | |
|---|---|---|
| **证据参考标准** | 主体方面的证据 | **二、证明行为人刑事责任能力的证据**<br>　　证明行为人对自己的行为是否具有辨认能力与控制能力，如是否属于间歇性精神病人、尚未完全丧失辨认或者控制自己行为能力的精神病人的证明材料。 |
| | 主观方面的证据 | **证明行为人故意的证据**<br>　　1. 证明行为人明知的证据：证明行为人明知自己的行为会发生危害社会的结果；2. 证明直接故意的证据：证明行为人希望危害结果发生；3. 证明间接故意的证据：证明行为人放任危害结果发生；4. 目的：扰乱军事管理区管理秩序。 |
| | 客观方面的证据 | **证明行为人聚众扰乱军事管理区秩序犯罪行为的证据**<br>　　具体证据包括：1. 证明行为人聚众扰乱军事管理区域行为的证据：（1）陆域；（2）海域。2. 证明行为人聚众扰乱军事管理区管理秩序行为的证据。3. 证明行为人聚众扰乱军事管理区秩序情节严重行为的证据：（1）持械扰乱；（2）打砸抢行为或煽动性言论及其他违法行为，尚不构成其他犯罪的；（3）造成巨大经济损失的；（4）长时间扰乱的；（5）屡教不改的。4. 证明行为人聚众扰乱军事管理区管理秩序，致使工作无法进行的：（1）致军事单位的人员、车辆、船只、舰艇无法通过；（2）致飞机无法起降；（3）致训练、抢险救灾、战备、科研、教学等正常工作无法进行的。5. 证明扰乱军事管理区管理秩序犯罪主体的证据：（1）首要分子；（2）积极参加者。6. 证明行为人聚众扰乱军事管理区管理秩序造成严重损失行为的证据。 |
| | 量刑方面的证据 | **一、法定量刑情节证据**<br>　　1. 事实情节：（1）情节严重；（2）造成严重损失。2. 法定从重情节。3. 法定从轻或者减轻情节：（1）可以从轻；（2）可以从轻或者减轻；（3）应当从轻或者减轻。4. 法定从轻、减轻或者免除情节：（1）可以从轻、减轻或者免除处罚；（2）应当从轻、减轻或者免除处罚。5. 法定减轻或者免除情节：（1）可以减轻或者免除处罚；（2）应当减轻或者免除处罚；（3）可以免除处罚。<br>　　**二、酌定量刑情节证据**<br>　　1. 犯罪手段：（1）聚众持械；（2）打砸抢；（3）煽动。2. 犯罪对象。3. 危害结果。4. 动机。5. 平时表现。6. 认罪态度。7. 是否有前科。8. 其他证据。 |
| **量刑标准** | | |
| 犯本罪的，对首要分子 | | 处三年以上七年以下有期徒刑 |
| 对其他积极参加的 | | 处三年以下有期徒刑、拘役、管制或者剥夺政治权利 |
| **法律适用** | 刑法条文 | **第三百七十一条第二款**　聚众扰乱军事管理区秩序，情节严重，致使军事管理区工作无法进行，造成严重损失的，对首要分子，处三年以上七年以下有期徒刑；对其他积极参加的，处三年以下有期徒刑、拘役、管制或者剥夺政治权利。 |

**法律适用**

**相关法律法规**

**《中华人民共和国军事设施保护法》（节录）**（1990年2月23日中华人民共和国主席令第25号公布 自1990年8月1日起施行 2009年8月27日第一次修正 2014年6月27日第二次修正 2021年6月10日修订）

**第九条** 军事禁区、军事管理区根据军事设施的性质、作用、安全保密的需要和使用效能的要求划定，具体划定标准和确定程序，由国务院和中央军事委员会规定。

本法所称军事禁区，是指设有重要军事设施或者军事设施安全保密要求高、具有重大危险因素，需要国家采取特殊措施加以重点保护，依照法定程序和标准划定的军事区域。

本法所称军事管理区，是指设有较重要军事设施或者军事设施安全保密要求较高、具有较大危险因素，需要国家采取特殊措施加以保护，依照法定程序和标准划定的军事区域。

**第十条** 军事禁区、军事管理区由国务院和中央军事委员会确定，或者由有关军事机关根据国务院和中央军事委员会的规定确定。

军事禁区、军事管理区的撤销或者变更，依照前款规定办理。

**第十一条** 陆地和水域的军事禁区、军事管理区的范围，由省、自治区、直辖市人民政府和有关军级以上军事机关共同划定，或者由省、自治区、直辖市人民政府、国务院有关部门和有关军级以上军事机关共同划定。空中军事禁区和特别重要的陆地、水域军事禁区的范围，由国务院和中央军事委员会划定。

军事禁区、军事管理区的范围调整，依照前款规定办理。

**第十二条** 军事禁区、军事管理区应当由县级以上地方人民政府按照国家统一规定的样式设置标志牌。

**第十三条** 军事禁区、军事管理区范围的划定或者调整，应当在确保军事设施安全保密和使用效能的前提下，兼顾经济建设、生态环境保护和当地居民的生产生活。

因军事设施建设需要划定或者调整军事禁区、军事管理区范围的，应当在军事设施建设项目开工建设前完成。但是，经战区级以上军事机关批准的除外。

**第十四条** 军事禁区、军事管理区范围的划定或者调整，需要征收、征用土地、房屋等不动产，压覆矿产资源，或者使用海域、空域等的，依照有关法律、法规的规定办理。

**第十五条** 军队为执行任务设置的临时军事设施需要划定陆地、水域临时军事禁区、临时军事管理区范围的，由县级以上地方人民政府和有关团级以上军事机关共同划定，并各自向上一级机关备案。其中，涉及有关海事管理机构职权的，应当在划定前征求其意见。划定之后，由县级以上地方人民政府或者有关海事管理机构予以公告。

军队执行任务结束后，应当依照前款规定的程序及时撤销划定的陆地、水域临时军事禁区、临时军事管理区。

**第十六条** 军事禁区管理单位应当根据具体条件，按照划定的范围，为陆地军事禁区修筑围墙、设置铁丝网等障碍物，为水域军事禁区设置障碍物或者界线标志。

水域军事禁区的范围难以在实际水域设置障碍物或者界线标志的，有关海事管理机构应当向社会公告水域军事禁区的位置和边界。海域的军事禁区应当在海图上标明。

**第十七条** 禁止陆地、水域军事禁区管理单位以外的人员、车辆、船舶等进入军事禁区，禁止航空器在陆地、水域军事禁区上空进行低空飞行，禁止对军事禁区进行摄影、摄像、录音、勘察、测量、定位、描绘和记述。但是，经有关军事机关批准的除外。

禁止航空器进入空中军事禁区，但依照国家有关规定获得批准的除外。

使用军事禁区的摄影、摄像、录音、勘察、测量、定位、描绘和记述资料，应当经有关军事机关批准。

**第十八条** 在陆地军事禁区内，禁止建造、设置非军事设施，禁止开发利用地下空间。但是，经战区级以上军事机关批准的除外。

在水域军事禁区内，禁止建造、设置非军事设施，禁止从事水产养殖、捕捞以及其他妨碍军用舰船行动、危害军事设施安全和使用效能的活动。

**第十九条** 在陆地、水域军事禁区内采取的防护措施不足以保证军事设施安全保密和使用效能，或者陆地、水域军事禁区内的军事设施具有重大危险因素的，省、自治区、直辖市人民政府和有关军事机关，或者省、自治区、直辖市人民政府、国务院有关部门和有关军事机关根据军事设施性质、地形和当地经济建设、社会发展情况，可以在共同划定陆地、水域军事禁区范围的同时，在禁区外围共同划定安全控制范围，并在其外沿设置安全警戒标志。

安全警戒标志由县级以上地方人民政府按照国家统一规定的样式设置，地点由军事禁区管理单位和当地县级以上地方人民政府共同确定。

水域军事禁区外围安全控制范围难以在实际水域设置安全警戒标志的，依照本法第十六条第二款的规定执行。

**第二十条** 划定陆地、水域军事禁区外围安全控制范围，不改变原土地及土地附着物、水域的所有权。在陆地、水域军事禁区外围安全控制范围内，当地居民可以照常生产生活，但是不得进行爆破、射击以及其他危害军事设施安全和使用效能的活动。

因划定军事禁区外围安全控制范围影响不动产所有权人或者用益物权人行使权利的，依照有关法律、法规的规定予以补偿。

**第五十三条** 违反本法第十七条、第十八条、第二十三条规定，擅自进入水域军事禁区，在水域军事禁区内从事水产养殖、捕捞，在水域军事管理区内从事水产养殖，或者在水域军事管理区内从事捕捞等活动影响军用舰船行动的，由交通运输、渔业等主管部门给予警告，责令离开，没收渔具、渔获物。

**第五十四条** 违反本法第十八条、第二十三条、第二十四条规定，在陆地、水域军事禁区、军事管理区内建造、设置非军事设施，擅自开发利用陆地军事禁区、军事管理区地下空间，或者在划为军事管理区的军民合用港口地方管理的水域未征得军事设施管理单位同意建造、设置非军事设施的，由住房和城乡建设、自然资源、交通运输、渔业等主管部门责令停止兴建活动，对已建成的责令限期拆除。

**第五十五条** 违反本法第二十八条第一款规定，在作战工程安全保护范围内开山采石、采矿、爆破的，由自然资源、生态环境等主管部门以及公安机关责令停止违法行为，没收采出的产品和违法所得；修筑建筑物、构筑物、道路或者进行农田水利基本建设影响作战工程安全和使用效能的，由自然资源、生态环境、交通运输、农业农村、住房和城乡建设等主管部门给予警告，责令限期改正。

**法律适用** **相关法律法规**

第五十六条 违反本法第二十八条第三款规定，私自开启封闭的作战工程，破坏作战工程伪装，阻断作战工程通道，将作战工程用于存放非军用物资器材或者种植、养殖等生产活动的，由公安机关以及自然资源等主管部门责令停止违法行为，限期恢复原状。

第五十七条 违反本法第二十八条第四款、第三十四条规定，擅自拆除、迁建、改建作战工程，或者擅自拆除、移动边防、海防管控设施的，由住房和城乡建设主管部门、公安机关等责令停止违法行为，限期恢复原状。

第五十八条 违反本法第二十九条第一款规定，在军用机场净空保护区域内修建超出军用机场净空保护标准的建筑物、构筑物或者其他设施的，由住房和城乡建设、自然资源主管部门责令限期拆除超高部分。

第五十九条 违反本法第三十三条规定，在军用无线电固定设施电磁环境保护范围内建造、设置影响军用无线电固定设施使用效能的设备和电磁障碍物体，或者从事影响军用无线电固定设施电磁环境的活动的，由自然资源、生态环境等主管部门以及无线电管理机构给予警告，责令限期改正；逾期不改正的，查封干扰设备或者强制拆除障碍物。

第六十条 有下列行为之一的，适用《中华人民共和国治安管理处罚法》第二十三条的处罚规定：

（一）非法进入军事禁区、军事管理区或者驾驶、操控航空器在陆地、水域军事禁区上空低空飞行，不听制止的；

（二）在军事禁区外围安全控制范围内，或者在没有划入军事禁区、军事管理区的军事设施一定距离内，进行危害军事设施安全和使用效能的活动，不听制止的；

（三）在军用机场净空保护区域内，进行影响飞行安全和机场助航设施使用效能的活动，不听制止的；

（四）对军事禁区、军事管理区非法进行摄影、摄像、录音、勘察、测量、定位、描绘和记述，不听制止的；

（五）其他扰乱军事禁区、军事管理区管理秩序和危害军事设施安全的行为，情节轻微，尚不够刑事处罚的。

第六十一条 违反国家规定，故意干扰军用无线电设施正常工作的，或者对军用无线电设施产生有害干扰，拒不按照有关主管部门的要求改正的，依照《中华人民共和国治安管理处罚法》第二十八条的规定处罚。

第六十二条 毁坏边防、海防管控设施以及军事禁区、军事管理区的围墙、铁丝网、界线标志或者其他军事设施的，依照《中华人民共和国治安管理处罚法》第三十三条的规定处罚。

第六十三条 有下列行为之一，构成犯罪的，依法追究刑事责任：

（一）破坏军事设施的；

（二）过失损坏军事设施，造成严重后果的；

（三）盗窃、抢夺、抢劫军事设施的装备、物资、器材的；

（四）泄露军事设施秘密，或者为境外的机构、组织、人员窃取、刺探、收买、非法提供军事设施秘密的；

（五）破坏军用无线电固定设施电磁环境，干扰军用无线电通讯，情节严重的；

（六）其他扰乱军事禁区、军事管理区管理秩序和危害军事设施安全的行为，情节严重的。

**法律适用**

**相关法律法规**

**第六十四条** 军人、军队文职人员和军队其他人员有下列行为之一，按照军队有关规定给予处分；构成犯罪的，依法追究刑事责任：

（一）有本法第五十三条至第六十三条规定行为的；

（二）擅自将军事设施用于非军事目的，或者有其他滥用职权行为的；

（三）擅离职守或者玩忽职守的。

**第六十五条** 公职人员在军事设施保护工作中有玩忽职守、滥用职权、徇私舞弊等行为的，依法给予处分；构成犯罪的，依法追究刑事责任。

**第六十六条** 违反本法规定，破坏、危害军事设施的，属海警机构职权范围的，由海警机构依法处理。

违反本法规定，有其他破坏、危害军事设施行为的，由有关主管部门依法处理。

**第六十七条** 违反本法规定，造成军事设施损失的，依法承担赔偿责任。

**第六十八条** 战时违反本法的，依法从重追究法律责任。

**规章及规范性文件**

**最高人民检察院、公安部《关于公安机关管辖的刑事案件立案追诉标准的规定（一）》（节录）**（2008 年 6 月 25 日最高人民检察院、公安部公布　自公布之日起施行　公通字〔2008〕36 号　2017 年 4 月 27 日修正）

**第九十条** 〔聚众扰乱军事管理区秩序案（刑法第三百七十一条第二款）〕组织、策划、指挥聚众扰乱军事管理区秩序或者积极参加聚众扰乱军事管理区秩序，致使军事管理区工作无法进行，造成严重损失，涉嫌下列情形之一的，应予立案追诉：

（一）造成人员轻伤以上的；

（二）扰乱三次以上或者一次扰乱持续时间较长的；

（三）造成直接经济损失五万元以上的；

（四）持械或者采取暴力手段的；

（五）扰乱重要军事管理区秩序的；

（六）发生在战时的；

（七）其他聚众扰乱军事管理区秩序应予追究刑事责任的情形。

# 63 冒充军人招摇撞骗案

**概念** 本罪是指行为人为谋取非法利益，假冒军人的身份或职称，进行诈骗，损害武装部队的威信及其正常活动的行为。

**立案标准** 根据《刑法》第 372 条的规定，行为人冒充军人进行招摇撞骗的，应当立案。

本罪是行为犯，只要行为人实施了冒充军人进行招摇撞骗的行为，原则上就构成犯罪，应当立案侦查。

| 定罪标准 | 犯罪客体 | 本罪侵犯的客体是军队的威信及其正常活动。这是本罪同侵犯财产权利的诈骗罪的主要区别之一。近年来，假冒军人的违法犯罪活动屡有发生，且有发展趋势。一些不法分子利用人民群众对军队的信任和人民军队享有的崇高声誉，冒充军队单位和现役军人招摇撞骗，攫取非法利益，从事违法犯罪活动。他们有的打着部队旗号摆摊设点、行医售药、兜售伪劣商品；有的假冒、盗用军办企业的名义，进行经济诈骗活动。这些不法活动，不仅严重危害人民生命财产安全、侵害了群众的利益、扰乱了社会管理秩序和国家经济秩序，而且严重损害了军队声誉和军人形象，干扰了军队的正常工作，影响了军政、军民关系。<br><br>我国《国防法》第 29 条规定："国家禁止任何组织或者个人非法建立武装组织，禁止非法武装活动，禁止冒充军人或者武装力量组织。"尽管行为人的撞骗行为也可能骗取财物，但由于行为人采用的是冒充军人的手段，致使人民群众以为这些不法行为是军人所为，因而直接破坏了国家机关的威信及其正常的活动。这也是本罪特殊的、实质的危害所在。 |
|---|---|---|
| | 犯罪客观方面 | 本罪在客观方面表现为行为人假冒军人的身份或职称，进行诈骗的行为。<br>一、行为人必须具有冒充军人的身份或者职称的行为。如果行为人冒充的是非军人的身份，如冒充党团员、高干子弟、烈士子弟、私营或集体企业单位的管理人员或采购员等，进行招摇撞骗活动的，不能构成本罪。达到犯罪程度的，可能构成诈骗罪或其他犯罪。所谓冒充军人，既可以是冒充士兵，也可以是冒充军官；既可以是冒充中华人民共和国解放军部队的军人，又可以是冒充中华人民共和国警察部队中的军人。就具体方式而言，有的是非军人冒充军人，或者身着军服，或者携带、使用军官证、士兵证、文职干部证；或者自称是某军事机关、部队、院校、医院或者科研单位的军官、士兵、学员等。有的本身是军人，但假冒不属于自己身份的其他军人身份，如士兵冒充军官身份去招摇撞骗的，也可构成本罪。<br>二、行为人必须具有招摇撞骗的行为。即行为人要以假冒军人身份或职称，招摇炫耀，利用人民群众对军人的信任，实施了骗取非法利益的行为。所谓招摇撞骗，在这里是指隐瞒自己的真实身份，打着军人的招牌、名义，在社会上进行各种欺骗活动。比如，打着军人招牌与他人开办企业、签订合同、招兵、招工、招干等诈骗他人钱财；冒充军人骗取组织、单位信任，捞取政治资本，如荣誉、职务等；冒充军人身份骗取他人爱情，与之结婚甚至玩弄妇女；等等。一般都具有连续性、多次性的特点。如果行为人只有一次这种行为的，原则上不宜以犯罪论处。 |

| 定罪标准 | 犯罪客观方面 | 上述两种要素必须同时具备并存在有机的联系，才符合冒充军人招摇撞骗罪的客观要求，如果行为人出于虚荣心仅仅冒充军人的身份或职称，但并未借此实施骗取非法利益的行为则不构成本罪。如果行为人既有冒充军人的行为，又有骗取非法利益的行为，但骗取非法利益的行为未以冒充军人为手段的，即两种行为之间不存在有机联系的，也不构成冒充军人招摇撞骗罪。其骗取非法利益的行为可能构成其他犯罪。 |
|---|---|---|
| | 犯罪主体 | 本罪的主体为一般主体，即凡年满 16 周岁且具备刑事责任能力的自然人都可以成为本罪的主体。行为人冒充的对象仅为中国人民解放军和中国人民武装警察部队的现役军人，不包括执行军事任务的预备役人员和其他人员。但对军人冒充不属于自身身份的军人，如士兵冒充军官，级别较低的军官冒充级别较高的军官等，能否构成本罪则有不同看法。一种认为军人不能构成本罪，另一种认为军人同样可以构成本罪。我们认为，这里的冒充军人关键在于以不属于自己的军人身份出现，这样，军人冒充其他身份的军人，亦可构成本罪。 |
| | 犯罪主观方面 | 本罪在主观方面表现为故意，其犯罪目的是谋取非法利益。这里所说的非法利益，不单指物质利益，也包括各种非物质利益，如为了骗取某种政治待遇或者荣誉待遇，甚至是为了骗取"爱情"，玩弄异性等。但本罪的主观恶性一般限制在"骗"的范围内，如果行为人主观上具有抢劫、强奸的故意，冒充军人只是一种给受害人心理上造成威胁，使之不敢反抗的手段，那就是一种更为严重的犯罪了，应分别以抢劫罪、强奸罪等论处。如果不具有谋取非法利益的目的，如行为人冒充军人只是出于虚荣心的，单纯为了达到与他人结婚的目的而冒充军人的，为了顺利住宿或购买车船票而冒充军人的，都不构成本罪。 |
| | 罪与非罪 | 区分罪与非罪的界限，要注意：构成本罪，行为人既要有冒充军人的行为，又要有招摇撞骗的活动。如果行为人仅仅为了满足自己的虚荣心而冒充军人，没有进行招摇撞骗的活动，则不构成犯罪。如果行为人进行了招摇撞骗的活动，但不是冒充军人名义实施的，则不构成本罪，构成其他罪的，按其他罪处理。 |
| | 此罪与彼罪 | 一、本罪与招摇撞骗罪的界限。招摇撞骗罪，是指冒充国家机关工作人员招摇撞骗的行为。《刑法》对这两个罪的规定存在法条竞合关系。两者的主要区别在于：(1) 侵犯的客体不同。前者侵犯的直接客体主要是军队的威信及其正常活动；后者侵犯的直接客体主要是国家机关的声誉及其正常活动。(2) 冒充对象不同。前者的冒充对象是现役军人；后者的冒充对象是除军事机关外的国家机关工作人员。<br><br>二、本罪与诈骗罪的界限。这两种犯罪都表现为欺骗行为，而且冒充军人招摇撞骗罪也可以如诈骗罪那样骗取财物，因而容易混淆。二者的区别主要表现在：(1) 侵害的客体不同。冒充军人招摇撞骗罪侵犯的客体主要是军队的威信及其正常活动；而诈骗罪侵犯的客体仅限于公私财产权利。(2) 行为手段不同。冒充军人招摇撞骗罪的手段只限于冒充军人的身份或职称进行诈骗；诈骗罪的手段并无此限制，而可以利用任何虚构事实、隐瞒真相的手段和方式进行。(3) 犯罪的主观目的有所不同。诈骗罪的犯罪目的，是希望非法占有公私财物；而冒充军人招摇撞骗罪的犯罪目的，是追求非法利益，其内容较诈骗罪的目的广泛一些，它既可以包括非法占有公私财物，也可以包括其他非法利益。(4) 构成犯罪有无数额限制的不同。法律要求，只有诈骗数额 |

<table>
<tr>
<td rowspan="1">定<br>罪<br>标<br>准</td>
<td>此罪<br>与<br>彼罪</td>
<td>

较大以上的公私财物的，才可构成诈骗罪；而对冒充军人招摇撞骗罪的构成并无数额较大的要求，这是因为，这种犯罪未必一定表现为诈骗财物，而有可能是骗取其他非法利益，其严重的社会危害性，首先集中地表现为由特定的犯罪手段所决定的对武装力量的威信和正常活动的破坏。

尽管冒充军人招摇撞骗罪与诈骗罪有上述区别，但在行为人冒充军人的身份或职称去骗取财物的情况下，一个行为同时触犯了两个罪名，属于想象竞合犯。处理想象竞合犯的案件应当按照从一重罪处断的原则。结合这两个罪名的法定刑及这种犯罪的实际情况，一般认为，应该区分为骗取财物是否属于数额巨大两种情况分别对待，并都贯彻从一重罪处断的原则：在骗取财物未达数额巨大的情况下，诈骗罪在犯罪构成上有数额较大的条件限制，法定最高刑是 3 年以下有期徒刑；而冒充军人招摇撞骗罪在构成上无数额较大的限制，其法定最高刑是 10 年有期徒刑。显而易见，后者重于前者，因此这时应以冒充军人招摇撞骗罪定罪；如果达到数额巨大的情况，诈骗罪则是 3 年以上 10 年以下有期徒刑，如果是情节特别严重的，最高可达无期徒刑，显然诈骗罪重于冒充军人招摇撞骗罪。因此，在冒充军人骗取财物数额巨大的情况下，这种犯罪行为已不再能为冒充军人招摇撞骗罪所包括，而应适用数罪从一重罪处断的原则，以诈骗罪定罪量刑。

三、本罪与敲诈勒索罪的界限。某些犯罪分子往往冒充军人采用恫吓的方式，敲诈他人钱财，这种犯罪往往和本罪很相像。但两者是有区别的：（1）冒充军人招摇撞骗罪是以"骗"为特征的，被害人在受骗后往往是"自愿"交出财物或出让其他合法权益。而敲诈勒索罪，虽然也有"诈"的成分，但却是以"恫吓"被害人为特征，即对财物的持有者施以恫吓，造成其精神上的恐惧，出于无奈，被迫交出财物或出让其他合法权益。这是两者最主要的区别。（2）本罪侵犯的客体是国防利益，是武装力量的威信及其正常的活动，其直接侵犯的不仅可能是财产权，也可能是公共利益和公民的其他合法权益。而敲诈勒索罪侵犯的客体只能是公私财产所有权。

四、区分一罪与数罪。（1）行为人如果是在冒充军人招摇撞骗的犯罪活动中，某次未冒充军人而骗取了财物的，应视为普通诈骗行为，达到犯罪程度的，应定为诈骗罪，并与冒充军人招摇撞骗罪实行数罪并罚。（2）实施冒充军人招摇撞骗罪，往往牵连触犯了伪造公文、证件罪的罪名，这种情况下，应当按照处理牵连犯的原则，从一重罪处断。

</td>
</tr>
<tr>
<td rowspan="1">证<br>据<br>参<br>考<br>标<br>准</td>
<td>主体<br>方面<br>的<br>证据</td>
<td>

**一、证明行为人刑事责任年龄、身份等自然情况的证据**

包括身份证明、户籍证明、任职证明、工作经历证明、特定职责证明等，主要是证明行为人的姓名（曾用名）、性别、出生年月日、民族、籍贯、出生地、职业（或职务）、住所地（或居所地）等证据材料，如户口簿、居民身份证、居住证、工作证、出生证、专业或技术等级证、干部履历表、职工登记表、护照等。

对于户籍、出生证等材料内容不实的，应提供其他证据材料。外国人犯罪的案件，应有护照等身份证明材料。人大代表、政协委员犯罪的案件，应注明身份，并附身份证明材料。

**二、证明行为人刑事责任能力的证据**

证明行为人对自己的行为是否具有辨认能力与控制能力，如是否属于间歇性精神病人、尚未完全丧失辨认或者控制自己行为能力的精神病人的证明材料。

</td>
</tr>
</table>

| 证据参考标准 | 主观方面的证据 | **证明行为人故意的证据**<br>1. 证明行为人明知的证据：证明行为人明知自己的行为会发生危害社会的结果。2. 证明直接故意的证据：证明行为人希望危害结果发生。3. 目的：（1）谋取政治荣誉；（2）谋取政治待遇；（3）谋取物质利益。 |
| --- | --- | --- |
| | 客观方面的证据 | **证明行为人冒充军人招摇撞骗犯罪行为的证据**<br>具体证据包括：1. 证明行为人冒充军人身份行为的证据：（1）将官；（2）校官；（3）尉官；（4）文职干部；（5）军校学员；（6）士兵。2. 证明行为人冒充军人手段的证据：（1）武装部队的军人制式服装、军衔、标志等；（2）军官证、士兵证、学员证、文职干部证等。3. 证明行为人进行招摇撞骗行为的证据：（1）骗取政治荣誉；（2）骗取职务待遇；（3）假冒名义开办企业；（4）利用签订合同；（5）招干、招工、招生、招聘；（6）骗取财物；（7）谋取非法利益。4. 证明行为人冒充军人招摇撞骗情节严重行为的证据。 |
| | 量刑方面的证据 | **一、法定量刑情节证据**<br>1. 事实情节：（1）情节严重；（2）其他。2. 法定从重情节。3. 法定从轻或者减轻情节：（1）可以从轻；（2）可以从轻或者减轻；（3）应当从轻或者减轻。4. 法定从轻、减轻或者免除情节：（1）可以从轻、减轻或者免除处罚；（2）应当从轻、减轻或者免除处罚。5. 法定减轻或者免除情节：（1）可以减轻或者免除处罚；（2）应当减轻或者免除处罚；（3）可以免除处罚。<br>**二、酌定量刑情节证据**<br>1. 犯罪手段：（1）利用武装部队的制式服装；（2）利用军人证件。2. 犯罪对象。3. 危害结果。4. 动机。5. 平时表现。6. 认罪态度。7. 是否有前科。8. 其他证据。 |
| 量刑标准 | 犯本罪的 | 处三年以下有期徒刑、拘役、管制或者剥夺政治权利 |
| | 情节严重的 | 处三年以上十年以下有期徒刑 |
| 法律适用 | 刑法条文 | **第三百七十二条**　冒充军人招摇撞骗的，处三年以下有期徒刑、拘役、管制或者剥夺政治权利；情节严重的，处三年以上十年以下有期徒刑。 |
| | 相关法律法规 | **《中华人民共和国国防法》（节录）**（1997年3月14日中华人民共和国主席令第84号公布　自公布之日起施行　2009年8月27日修正　2020年12月26日修订）<br>　　**第十条**　对在国防活动中作出贡献的组织和个人，依照有关法律、法规的规定给予表彰和奖励。<br>　　**第十一条**　任何组织和个人违反本法和有关法律，拒绝履行国防义务或者危害国防利益的，依法追究法律责任。<br>　　公职人员在国防活动中，滥用职权、玩忽职守、徇私舞弊的，依法追究法律责任。<br>　　**第二十五条**　中华人民共和国武装力量的规模应当与保卫国家主权、安全、发展利益的需要相适应。 |

# 64 煽动军人逃离部队案

| 概念 | 本罪是指以口头、书面等形式唆使、鼓动现役军人逃离部队，情节严重的行为。 |
|---|---|

| 立案标准 | 煽动军人逃离部队，涉嫌下列情形之一的，应予立案追诉：<br>(1) 煽动3人以上逃离部队的；<br>(2) 煽动指挥人员、值班执勤人员或者其他负有重要职责人员逃离部队的；<br>(3) 影响重要军事任务完成的；<br>(4) 发生在战时的；<br>(5) 其他情节严重的情形。 |
|---|---|

| 定罪标准 | 犯罪客体 | 本罪侵犯的客体是我国的兵役制度和部队的正常管理秩序。部队的兵员管理在平时是完成战备、值勤、训练、教学、科研、抢险救灾和其他任务的保障，在战时是完成作战任务的保证。煽动军人逃离部队的行为，违反了《国防法》规定的公民和组织应当支持国防建设的义务，势必会危害部队的兵员管理秩序，削弱部队的战斗力，影响部队作战、值勤、训练、战备、抢险救灾等任务的完成，危害了国防利益。犯罪对象是现役军人。 |
|---|---|---|
| | 犯罪客观方面 | 本罪在客观方面表现为行为人实施了以口头、书面等形式煽动军人逃离部队，情节严重的行为。"煽动"是指用语言、文字，如面谈、发表演说、寄送宣传材料、散发标语传单等，唆使、鼓动、动员正在服役的军人。既可以是口头的，如当面劝说、电话鼓动或者进行演讲、报告、呼喊口号，散布具有恐怖性的政治、军事、自然灾害谣言等，也可以是书面的，如利用书信、电报、电传甚或是书写、印刷、张贴、散发传单、刊物、书画、大小字报等，还可以是其他诸如电视、录像、投影、电影、影碟、计算机等现代化科学技术手段等。"逃离部队"是指未经领导批准擅自离开服役的解放军、人民武装警察部队、战时的预备役部队和民兵组织或虽经领导批准离队，但拒不归队或逾期不归队；调动中离开原单位后不到新单位报到；学员分配后不到接受单位报到等情形。"逾期不归"包括休假期满后不回部队；在休假、探亲时遇国家发布动员令以后不立即归队等。<br><br>　　根据法律规定，煽动军人逃离部队的行为，必须达到"情节严重"的程度，才构成犯罪。"情节严重"，在司法实践中主要是指，战时煽动军人逃离部队的；煽动指挥人员、作战部队人员或负有重要职责的人员逃离部队的；多次煽动或者煽动多人逃离部队的；战时因煽动军人逃离部队影响军事任务完成的；煽动逃离部队后非法出境的；煽动后又窝藏离队军人的；煽动军人逃离部队进行其他违法活动的等情形。 |
| | 犯罪主体 | 本罪的主体是一般主体，既可以是非军人，也可以是军人。 |
| | 犯罪主观方面 | 本罪在主观方面表现为故意，即行为人明知被煽动人是军人，明知军人逃离部队违反军纪军法，煽动军人逃离部队会危害部队正常管理秩序，危害国防利益，却希望或者放任这种结果的发生。 |

| | | |
|---|---|---|
| **定罪标准** | **罪与非罪** | 区分罪与非罪的界限，要注意：本罪以煽动军人逃离部队"情节严重"作为犯罪构成要件。如果行为人实施了煽动军人逃离部队的行为，但不属于情节严重的，或者军人家属、亲友确有困难，而写信劝说现役军人早日退出现役的，都不构成犯罪。 |
| | **此罪与彼罪** | 一、本罪与颠覆国家政权罪的界限。对以颠覆国家政权、推翻社会主义制度为目的，以煽动大批军人逃离部队为手段的行为，属于想象竞合，以颠覆国家政权罪这一重罪处罚。<br><br>二、煽动军人逃离部队后又组织逃离部队军人实施其他犯罪活动的性质。行为人煽动军人逃离部队后，又组织逃离部队军人实施其他犯罪活动的，应当分别定罪处刑，实行数罪并罚。如果行为人煽动军人逃离部队是为了实施武装叛乱、暴乱或者投敌叛变、叛逃行为，这属于吸收犯，应按照重罪吸收轻罪的原则，以武装叛乱、暴乱罪或者投敌叛变罪、叛逃罪定罪，从重处罚，不实行数罪并罚。 |
| **证据参考标准** | **主体方面的证据** | **一、证明行为人刑事责任年龄、身份等自然情况的证据**<br>包括身份证明、户籍证明、任职证明、工作经历证明、特定职责证明等，主要是证明行为人的姓名（曾用名）、性别、出生年月日、民族、籍贯、出生地、职业（或职务）、住所地（或居所地）等证据材料，如户口簿、居民身份证、居住证、工作证、出生证、专业或技术等级证、干部履历表、职工登记表、护照等。<br>对于户籍、出生证等材料内容不实的，应提供其他证据材料。外国人犯罪的案件，应有护照等身份证明材料。人大代表、政协委员犯罪的案件，应注明身份，并附身份证明材料。<br>**二、证明行为人刑事责任能力的证据**<br>证明行为人对自己的行为是否具有辨认能力与控制能力，如是否属于间歇性精神病人、尚未完全丧失辨认或者控制自己行为能力的精神病人的证明材料。 |
| | **主观方面的证据** | **证明行为人故意的证据**<br>1. 证明行为人明知的证据：证明行为人明知自己的行为会发生危害社会的结果；2. 证明直接故意的证据：证明行为人希望危害结果发生；3. 证明间接故意的证据：证明行为人放任危害结果发生。 |
| | **客观方面的证据** | **证明行为人煽动军人逃离部队犯罪行为的证据**<br>具体证据包括：1. 证明行为人煽动军人逃离部队行为的证据：（1）当面；（2）书信；（3）传真；（4）电传；（5）录音带；（6）录像带；（7）电子数据（电子邮箱、即时聊天记录）。2. 证明煽动军人逃离部队犯罪主体的证据：（1）其他军人；（2）妻子、父、母、兄、弟、姐、妹；（3）同学、同乡、朋友。3. 证明行为人煽动军人逃离部队情节严重行为的证据：（1）战时煽动逃离部队的；（2）煽动指挥人员、作战部队人员或其他负有重要职责人员逃离部队的；（3）煽动多人逃离部队的；（4）战时煽动军人逃离部队影响军事任务完成的；（5）煽动逃离部队后非法出境的；（6）煽动后又窝藏逃离部队军人的。4. 证明行为人煽动军人逃离部队其他行为的证据。 |

| 证据参考标准 | 量刑方面的证据 | **一、法定量刑情节证据**<br>　　1. 事实情节：（1）情节严重；（2）其他。2. 法定从重情节。3. 法定从轻或者减轻情节：（1）可以从轻；（2）可以从轻或者减轻；（3）应当从轻或者减轻。4. 法定从轻、减轻或者免除情节：（1）可以从轻、减轻或者免除处罚；（2）应当从轻、减轻或者免除处罚。5. 法定减轻或者免除情节：（1）可以减轻或者免除处罚；（2）应当减轻或者免除处罚；（3）可以免除处罚。<br>　　**二、酌定量刑情节证据**<br>　　1. 犯罪手段：（1）口头；（2）书面。2. 犯罪对象。3. 危害结果。4. 动机。5. 平时表现。6. 认罪态度。7. 是否有前科。8. 其他证据。 |
|---|---|---|
| 量刑标准 | 犯本罪的 | 处三年以下有期徒刑、拘役或者管制 |
| | 刑法条文 | 　　**第三百七十三条**　煽动军人逃离部队或者明知是逃离部队的军人而雇用，情节严重的，处三年以下有期徒刑、拘役或者管制。 |
| 法律适用 | 规章及规范性文件 | 　　**最高人民检察院、公安部《关于公安机关管辖的刑事案件立案追诉标准的规定（一）》（节录）**（2008年6月25日最高人民检察院、公安部公布　自公布之日起施行　公通字〔2008〕36号　2017年4月27日修正）<br>　　第九十一条　〔煽动军人逃离部队案（刑法第三百七十三条）〕煽动军人逃离部队，涉嫌下列情形之一的，应予立案追诉：<br>　　（一）煽动三人以上逃离部队的；<br>　　（二）煽动指挥人员、值班执勤人员或者其他负有重要职责人员逃离部队的；<br>　　（三）影响重要军事任务完成的；<br>　　（四）发生在战时的；<br>　　（五）其他情节严重的情形。 |

# 65 雇用逃离部队军人案

**概念**

本罪是指明知他人是逃离部队的现役军人仍然加以雇用，情节严重的行为。

**立案标准**

明知是逃离部队的军人而雇用，涉嫌下列情形之一的，应予立案追诉：

(1) 雇用 1 人 6 个月以上的；

(2) 雇用 3 人以上的；

(3) 明知是逃离部队的指挥人员、值班执勤人员或者其他负有重要职责人员而雇用的；

(4) 阻碍部队将被雇用军人带回的；

(5) 其他情节严重的情形。

## 定罪标准

**犯罪客体**

本罪侵犯的客体是我国的兵役制度和部队的正常管理秩序。建立正常的兵员管理秩序，是部队完成作战、训练、战备、值勤等各项任务的需要和保证。近年来，有的行为人置国法军纪于不顾，煽动、唆使军人逃离部队。更为严重的是，有的行为人对部队要求协助逃兵返回的要求和劝告置若罔闻，以暴力、威胁方法阻碍部队人员将逃兵带回，更有甚者，将逃兵予以安置、聘请、收留或另做安排，严重影响部队的管理秩序，有的造成极为恶劣的影响。雇用逃离部队军人的行为，违反《国防法》规定的公民应当支持国防建设的义务，严重妨害了部队兵员管理秩序，削弱了部队战斗力，危害了国防安全。

本罪的犯罪对象必须是逃离部队的军人，否则也不能构成其罪。军人，既包括解放军部队、武装警察部队的军人，又包括战时预备役部队及民兵组织的军人。所谓逃离部队的军人，是指未经批准擅自离开自己服役的解放军部队、武装警察部队，以及执行军事任务的预备役部队和民兵组织或者虽经批准而逾期不归的军人。既包括逃离部队，情节严重已经构成犯罪的军人，又包括逃离部队不构成犯罪的军人。

**犯罪客观方面**

本罪在客观方面表现为行为人实施了雇用逃离部队现役军人的行为。所谓雇用，一般是指以某种形式的酬劳使用劳动力，这里所说的雇用即指通过一定形式上的酬劳使用逃离部队的现役军人为自己工作、劳动。所提供的酬劳既可以是体现为工资的货币，也可以作为对应条件的提供食宿等。至于逃离部队的现役军人的身份、军衔、军种，及其逃离部队的原因及方式，均不影响本罪的构成，但可能影响量刑。例如，雇用因犯罪逃离部队的现役军人显然危害性要比雇用因怕苦怕累逃离部队的现役军人严重；雇用战时临阵脱离的现役军人显然危害性比雇用和平时期消极不归队的现役军人严重得多。

根据法律规定，雇用逃离部队军人的行为，必须达到"情节严重"的程度，才构成犯罪。"情节严重"，司法实践中主要是指战时雇用逃离部队军人的；雇用逃离部队的指挥人员或者其他负有重要职责的军人的；雇用多名逃离部队军人的；长期或者多次雇用逃离部队军人的，因雇用逃离部队军人经教育后拒不改正的；因雇用逃离部队军人影响部队完成重要任务的；雇用逃离部队军人进行其他违法活动的等情形。

| | | |
|---|---|---|
| **定罪标准** | **犯罪主体** | 本罪的主体是一般主体，即凡年满 16 周岁且具备刑事责任能力的自然人，均可成为本罪的主体。但是，由于雇用行为的特殊性，因而本罪的行为人一般是各类企业、事业单位、机关、团体、农场等负责人及个体户等。 |
| | **犯罪主观方面** | 本罪在主观方面只能是故意，即明知他人是逃离部队的现役军人而仍然决意加以雇用。过失不构成本罪。如果行为人不知道他人是逃离部队的现役军人，或者虽然知道他是现役军人，但是轻信他人的介绍或谎言而认为其是合理离开所属部队，并非私自逃离部队而加以雇用的，不构成本罪。本罪的犯罪动机多种多样，如贪图廉价劳动力，碍于熟人或亲属关系的情面，出于想利用逃离部队的现役军人所掌握的某种熟练技术或者知识等。动机如何，不影响本罪的构成。 |
| | **罪与非罪** | 区分罪与非罪的界限，要注意把握以下两点：<br>一、本罪以"明知是逃离部队的军人而雇用"和"情节严重"作为犯罪构成要件。如果行为人不知道雇用的是逃离部队的军人，或者明知雇用的是逃离部队的军人，但不属于情节严重的，都不构成犯罪。<br>二、本罪的雇用行为与一般的容留行为的界限。一般而言，逃离部队的现役军人的配偶、亲属、朋友等碍于情面而对其所提供的帮助行为，如提供食宿的容留行为等，不认为构成本罪，情节严重的，可以依照包庇、窝藏罪处罚。但是，如果行为人自己雇用逃离部队的现役军人的，则显然构成本罪。两者区别的关键在于行为人是否以某种有偿形式使用逃离部队的现役军人的劳动力。如果有，则构成本罪；如果纯属无偿提供食宿的容留行为或其他形式的无偿帮助行为，则不能构成本罪，但可能构成其他犯罪。 |
| | **此罪与彼罪** | 本罪与窝藏罪的界限。两者的区别是：(1) 犯罪的客观方面不同。本罪只是有偿地使用逃离部队的军人为劳动力；而后者则是为犯罪分子提供藏身之处，使之不被司法机关发现或者为其提供财物、衣服、食品、交通工具、指示方向等帮助罪犯逃避搜捕、潜往他处隐藏，这种提供资助通常是无偿的。(2) 犯罪的对象不同。本罪对象既可以是逃离部队情节严重已构成犯罪的军人，又包括逃离部队但尚不构成犯罪的军人；而后者则必为已经构成犯罪的人，既包括已经构成犯罪的军人，也包括其他犯罪的人。构成犯罪的军人，既可以是构成逃离部队罪的军人，也包括犯有其他罪行的军人，但不能是没有构成犯罪包括虽有逃离部队行为但不属于犯罪的军人。如果是出于窝藏故意而雇用构成逃离部队罪的军人，则同时触犯窝藏罪，此时应当择一重罪处罚。 |
| **证据参考标准** | **主体方面的证据** | **一、证明行为人刑事责任年龄、身份等自然情况的证据**<br>包括身份证明、户籍证明、任职证明、工作经历证明、特定职责证明等，主要是证明行为人的姓名（曾用名）、性别、出生年月日、民族、籍贯、出生地、职业（或职务）、住所地（或居所地）等证据材料，如户口簿、居民身份证、居住证、工作证、出生证、专业或技术等级证、干部履历表、职工登记表、护照等。<br>对于户籍、出生证等材料内容不实的，应提供其他证据材料。外国人犯罪的案件，应有护照等身份证明材料。人大代表、政协委员犯罪的案件，应注明身份，并附身份证明材料。<br>**二、证明行为人刑事责任能力的证据**<br>证明行为人对自己的行为是否具有辨认能力与控制能力，如是否属于间歇性精神病人、尚未完全丧失辨认或者控制自己行为能力的精神病人的证明材料。 |

| | 主观方面的证据 | **证明行为人故意的证据**<br>1. 证明行为人明知的证据：证明行为人明知自己的行为会发生危害社会的结果；<br>2. 证明直接故意的证据：证明行为人希望危害结果发生。 |
|---|---|---|
| 证据参考标准 | 客观方面的证据 | **证明行为人雇用逃离部队军人犯罪行为的证据**<br>　　具体证据包括：1. 证明行为人雇用逃离部队军人行为的证据：（1）制式服装；（2）军用标志；（3）雇用合同；（4）工作报酬；（5）军人证件；（6）其他。2. 证明行为人雇用逃离部队军人情节严重行为的证据：（1）雇用多名逃离部队军人的；（2）影响部队作战的；（3）影响抢险救灾的；（4）影响训练战备的；（5）影响科研、教学、生产及其重要工作的；（6）给部队造成巨大经济损失的；（7）部队多次要人，拒绝不放被雇用逃离部队军人的。3. 证明行为人其他雇用逃离部队军人行为的证据。 |
| | 量刑方面的证据 | **一、法定量刑情节证据**<br>　　1. 事实情节：（1）情节严重；（2）其他。2. 法定从重情节。3. 法定从轻或者减轻情节：（1）可以从轻；（2）可以从轻或者减轻；（3）应当从轻或者减轻。4. 法定从轻、减轻或者免除情节：（1）可以从轻、减轻或者免除处罚；（2）应当从轻、减轻或者免除处罚。5. 法定减轻或者免除情节：（1）可以减轻或者免除处罚；（2）应当减轻或者免除处罚；（3）可以免除处罚。<br>**二、酌定量刑情节证据**<br>　　1. 犯罪手段；2. 犯罪对象；3. 危害结果；4. 动机；5. 平时表现；6. 认罪态度；7. 是否有前科；8. 其他证据。 |
| 量刑标准 | | 犯本罪的　　　　　　　　　　处三年以下有期徒刑、拘役或者管制 |
| 法律适用 | 刑法条文 | 　　第三百七十三条　煽动军人逃离部队或者明知是逃离部队的军人而雇用，情节严重的，处三年以下有期徒刑、拘役或者管制。 |
| | 相关法律法规 | 　　**《中华人民共和国兵役法》（节录）**（1984年5月31日中华人民共和国主席令第14号公布　自1984年10月1日起施行　1998年12月29日第一次修正　2009年8月27日第二次修正　2011年10月29日第三次修正　2021年8月20日修订）<br>　　第五十八条　军人以逃避服兵役为目的，拒绝履行职责或者逃离部队的，按照中央军事委员会的规定给予处分。<br>　　军人有前款行为被军队除名、开除军籍或者被依法追究刑事责任的，依照本法第五十七条第二款的规定处罚；其中，被军队除名的，并处以罚款。<br>　　明知是逃离部队的军人而招录、聘用的，由县级人民政府责令改正，并处以罚款。 |

| | | |
|---|---|---|
| **法律适用** | **规章及规范性文件** | **最高人民检察院、公安部《关于公安机关管辖的刑事案件立案追诉标准的规定（一）》（节录）**（2008 年 6 月 25 日最高人民检察院、公安部公布　自公布之日起施行　公通字〔2008〕36 号　2017 年 4 月 27 日修正）<br><br>　　第九十二条　〔雇用逃离部队军人案（刑法第三百七十三条）〕明知是逃离部队的军人而雇用，涉嫌下列情形之一的，应予立案追诉：<br>　　（一）雇用一人六个月以上的；<br>　　（二）雇用三人以上的；<br>　　（三）明知是逃离部队的指挥人员、值班执勤人员或者其他负有重要职责人员而雇用的；<br>　　（四）阻碍部队将被雇用军人带回的；<br>　　（五）其他情节严重的情形。 |

# 66 接送不合格兵员案

**概念**

本罪是指在征兵工作中徇私舞弊，接送不合格兵员入伍，情节严重的行为。

**立案标准**

在征兵工作中徇私舞弊，接送不合格兵员，涉嫌下列情形之一的，应予立案追诉：

(1) 接送不合格特种条件兵员 1 名以上或者普通兵员 3 名以上的；

(2) 发生在战时的；

(3) 造成严重后果的；

(4) 其他情节严重的情形。

## 定罪标准

**犯罪客体**

本罪侵犯的客体是国家征兵工作的正常活动。部队的兵员是部队建设的基础，既是贯彻军委新时期战略方针和实现目标的重要力量，也是保持部队长期稳定的重要方面。兵员质量不合格，影响部队的稳定，影响军队新时期战略方针的贯彻落实，甚至造成严重后果。接送不合格的兵员，必然危害部队建设或造成其他严重后果。国家根据《兵役法》的规定，征集应征公民到军队服役，并就征集对象的政治、身体、年龄等条件和征兵工作程序作了明确规定，这是保证兵员质量，提高部队战斗力的需要。《国防法》规定："依照法律服兵役和参加民兵组织是中华人民共和国公民的光荣义务。各级兵役机关和基层人民武装机构应当依法办理兵役工作，按照国务院和中央军事委员会的命令完成征兵任务，保证兵员质量。有关国家机关、人民团体、企业事业组织、社会组织和其他组织，应当依法完成民兵和预备役工作，协助完成征兵任务。"接送不合格兵员的行为，违反《国防法》的组织和公民的国防义务，降低兵员质量，严重影响军队建设，危害国防利益。

**犯罪客观方面**

本罪在客观方面表现为行为人实施了在征兵工作中徇私舞弊，接送不合格兵员，情节严重的行为。"征兵"是指按照《兵役法》的规定，征集应征公民到军队服现役。从征兵工作环节上说，包括兵役登记、身体检查、政治审查、交接兵员等过程。徇私舞弊是指为谋取私利，而弄虚作假，欺骗组织，将不符合政治、身体、文化等条件的应征公民接收或者输送到部队，常表现为对身体条件不合格的人员，在体检表上不如实填写或者涂改；在政治审查中隐瞒不符合政治条件的情况；隐瞒真实年龄和文化程度；伪造、变造、涂改入伍登记表等。"不合格兵员"是指不符合征兵条件的兵员，包括身体不合格、政治不合格、年龄不合格等。身体不合格是指有严重生理缺陷或严重残疾。政治不合格通常是指依照法律被剥夺政治权利的人和被羁押正在受侦查、起诉、审判或者被判处徒刑人拘役、管制正在服刑的人。对兵员的年龄条件，我国《兵役法》第 20 条和第 45 条作了明确的规定。(1) 平时包括：①年满 18 周岁的男性公民，应当被征集服现役；当年未被征集的，在 22 周岁以前仍可以被征集服现役。普通高等学校毕业生的征集年龄可以放宽至 24 周岁，研究生的征集年龄可以放宽至 26 周岁。②根据军队需要，可以按照前述规定征集女性公民服现役。③根据军队需要和本人自愿，可以征集年满 17 周岁未满 18 周岁的公民服现役。(2) 战时根据需要，国务院和中央军事委员会可以决定适当放宽征召男性公民服现役的年龄上限，可以决定延长公民服现役的期限。凡是不符合上述身体、政治、年龄等条件的都属不合格的兵员。

| | | |
|---|---|---|
| **定罪标准** | **犯罪客观方面** | 根据法律规定，接送不合格兵员的行为，必须达到"情节严重"的程度，才构成本罪。"情节严重"在司法实践中是指接送不合格兵员人数较多的；接送的兵员身体或政治条件严重不合格的；由于接送不合格兵员严重影响部队完成重要任务或造成其他严重后果及恶劣影响的；不合格兵员到部队后发生多起刑事案件或严重刑事案件的；由于将犯罪嫌疑人或正服刑的人征集到部队后，在当地造成恶劣影响的等情形。 |
| | **犯罪主体** | 本罪的主体为特殊主体，即本罪的主体只能是在征兵工作中负有征兵职责的征兵工作人员，包括地方武装部队负责征兵工作的人员和征兵部队的武装部队工作人员，也包括担负征兵工作的体检人员、政审人员、接兵人员及其他有关责任人员。 |
| | **犯罪主观方面** | 本罪主观方面是出于故意，即行为人明知自己的徇私舞弊行为是违反有关法律法规的，明知自己的行为可能产生危害征兵工作的后果，仍然希望或者放任这种结果发生。行为人的犯罪动机各种各样，不影响定罪。过失不构成本罪。 |
| | **罪与非罪** | 区分罪与非罪的界限，要注意：本罪以在征兵工作中"徇私舞弊"，接送不合格兵员"情节严重"作为犯罪构成要件。虽有弄虚作假，徇私舞弊行为，但接送均为合格兵员的行为；兵员虽到部队前出现了情节严重的问题，但到部队属于合格的；虽然实施了弄虚作假，徇私舞弊，接送了不合格兵员的行为，但尚未达到情节严重程度的，都不构成接送不合格兵员罪。也就是说，如果行为人没有徇私舞弊，而是因工作疏忽接送了不合格兵员，或者虽有徇私舞弊的行为，并接送了不合格兵员，但尚未达到情节严重的程度，均不构成本罪。 |
| | **此罪与彼罪** | 本罪与其他徇私舞弊罪的界限。接送不合格兵员罪，在徇私舞弊的行为和故意方面与司法工作人员、金融机构工作人员、税务机关工作人员、海关工作人员、商检工作人员、检疫工作人员、招收公务员或学生的工作人员徇私舞弊罪都是相同的。主要区别在于：一是犯罪客体不同。前罪的同类客体是国防利益，直接客体是国家征兵工作的正常活动；后七种罪同类客体是国家管理活动，直接客体分别是司法公正、金融经营秩序、税收征收工作、海关管理工作、商检管理工作、动植物检疫工作、招收公务员和学生的秩序。二是犯罪对象不同。前罪的对象是兵员；后七种罪的对象分别是罪犯、资金、税款等。三是犯罪主体不同。上述各罪犯罪主体尽管是特殊主体，但本罪的主体是在征兵工作中负有征兵职责的工作人员，而其他罪的主体是国家工作人员。 |
| **证据参考标准** | **主体方面的证据** | **一、证明行为人刑事责任年龄、身份等自然情况的证据**<br>包括身份证明、户籍证明、任职证明、工作经历证明、特定职责证明等，主要是证明行为人的姓名（曾用名）、性别、出生年月日、民族、籍贯、出生地、职业（或职务）、住所地（或居所地）等证据材料，如户口簿、居民身份证、居住证、工作证、出生证、专业或技术等级证、干部履历表、职工登记表、护照等。<br>对于户籍、出生证等材料内容不实的，应提供其他证据材料。人大代表、政协委员犯罪的案件，应注明身份，并附身份证明材料。<br>**二、证明行为人刑事责任能力的证据**<br>证明行为人对自己的行为是否具有辨认能力与控制能力，如是否属于间歇性精神病人、尚未完全丧失辨认或者控制自己行为能力的精神病人的证明材料。 |

| 证据参考标准 | 主观方面的证据 | **证明行为人故意的证据**<br><br>1. 证明行为人明知的证据：证明行为人明知自己的行为会发生危害社会的结果；2. 证明直接故意的证据：证明行为人希望危害结果发生；3. 证明间接故意的证据：证明行为人放任危害结果发生。 |
|---|---|---|
| | 客观方面的证据 | **证明行为人接送不合格兵员犯罪行为的证据**<br><br>具体证据包括：<br>1. 证明接送不合格兵员犯罪主体的证据：（1）家长。（2）亲属。（3）体检人员。（4）政审人员。（5）证明年龄的人员。（6）接收兵员人员。（7）输送兵员人员。<br>2. 证明行为人弄虚作假行为的证据：（1）政治不合格：①刑满释放分子；②被羁押的犯罪嫌疑人：A. 侦查，B. 起诉，C. 审判。（2）身体不合格。（3）年龄不合格。<br>3. 证明行为人徇私舞弊行为的证据：（1）输送兵员的。（2）接收兵员的。（3）政治审查的。（4）身体检查的。（5）其他。<br>4. 证明行为人接送不合格兵员情节严重行为的证据。<br>5. 证明行为人接送不合格兵员造成特别严重后果行为的证据。 |
| | 量刑方面的证据 | **一、法定量刑情节证据**<br>1. 事实情节：（1）情节严重；（2）造成特别严重后果。2. 法定从重情节。3. 法定从轻或者减轻情节：（1）可以从轻；（2）可以从轻或者减轻；（3）应当从轻或者减轻。4. 法定从轻、减轻或者免除情节：（1）可以从轻、减轻或者免除处罚；（2）应当从轻、减轻或者免除处罚。5. 法定减轻或者免除情节：（1）可以减轻或者免除处罚；（2）应当减轻或者免除处罚；（3）可以免除处罚。<br>**二、酌定量刑情节证据**<br>1. 犯罪手段：（1）弄虚作假；（2）其他。2. 犯罪对象。3. 危害结果。4. 动机。5. 平时表现。6. 认罪态度。7. 是否有前科。8. 其他证据。 |
| 量刑标准 | 犯本罪的 | 处三年以下有期徒刑或者拘役 |
| | 造成特别严重后果的 | 处三年以上七年以下有期徒刑 |
| 法律适用 | 刑法条文 | **第三百七十四条** 在征兵工作中徇私舞弊，接送不合格兵员，情节严重的，处三年以下有期徒刑或者拘役；造成特别严重后果的，处三年以上七年以下有期徒刑。 |

**法律适用**

**相关法律法规**

一、《中华人民共和国兵役法》（节录）（1984 年 5 月 31 日中华人民共和国主席令第 14 号公布　自 1984 年 10 月 1 日起施行　1998 年 12 月 29 日第一次修正　2009 年 8 月 27 日第二次修正　2011 年 10 月 29 日第三次修正　2021 年 8 月 20 日修订）

第二十条　年满十八周岁的男性公民，应当被征集服现役；当年未被征集的，在二十二周岁以前仍可以被征集服现役。普通高等学校毕业生的征集年龄可以放宽至二十四周岁，研究生的征集年龄可以放宽至二十六周岁。

根据军队需要，可以按照前款规定征集女性公民服现役。

根据军队需要和本人自愿，可以征集年满十七周岁未满十八周岁的公民服现役。

第四十五条　战时根据需要，国务院和中央军事委员会可以决定适当放宽征召男性公民服现役的年龄上限，可以决定延长公民服现役的期限。

第六十一条　国家工作人员和军人在兵役工作中，有下列行为之一的，依法给予处分：

（一）贪污贿赂的；

（二）滥用职权或者玩忽职守的；

（三）徇私舞弊，接送不合格兵员的；

（四）泄露或者向他人非法提供兵役个人信息的。

二、《中华人民共和国国防法》（节录）（1997 年 3 月 14 日中华人民共和国主席令第 84 号公布　自公布之日起施行　2009 年 8 月 27 日修正　2020 年 12 月 26 日修订）

第十条　对在国防活动中作出贡献的组织和个人，依照有关法律、法规的规定给予表彰和奖励。

第十一条　任何组织和个人违反本法和有关法律，拒绝履行国防义务或者危害国防利益的，依法追究法律责任。

公职人员在国防活动中，滥用职权、玩忽职守、徇私舞弊的，依法追究法律责任。

第五十三条　依照法律服兵役和参加民兵组织是中华人民共和国公民的光荣义务。

各级兵役机关和基层人民武装机构应当依法办理兵役工作，按照国务院和中央军事委员会的命令完成征兵任务，保证兵员质量。有关国家机关、人民团体、企业事业组织、社会组织和其他组织，应当依法完成民兵和预备役工作，协助完成征兵任务。

**规章及规范性文件**

最高人民检察院、公安部《关于公安机关管辖的刑事案件立案追诉标准的规定（一）》（节录）（2008 年 6 月 25 日最高人民检察院、公安部公布　自公布之日起施行　公通字〔2008〕36 号　2017 年 4 月 27 日修正）

第九十三条　〔接送不合格兵员案（刑法第三百七十四条）〕在征兵工作中徇私舞弊，接送不合格兵员，涉嫌下列情形之一的，应予立案追诉：

（一）接送不合格特种条件兵员一名以上或者普通兵员三名以上的；

（二）发生在战时的；

（三）造成严重后果的；

（四）其他情节严重的情形。

# 67 伪造、变造、买卖武装部队公文、证件、印章案

**概念** | 本罪是指伪造、变造、买卖武装部队的公文、证件、印章的行为。

**立案标准**

　　根据《刑法》第 375 条第 1 款的规定，行为人伪造、变造、买卖武装部队公文、证件、印章的，应当立案。

　　本罪是行为犯，只要行为人实施了伪造、变造、买卖武装部队公文、证件、印章的行为，原则上就构成犯罪，应当立案追究。根据最高人民法院、最高人民检察院《关于办理妨害武装部队制式服装、车辆号牌管理秩序等刑事案件具体应用法律若干问题的解释》第 1 条规定，伪造、变造、买卖武装部队公文、证件、印章，具有下列情形之一的，应当依照《刑法》第 375 第 1 款的规定，以伪造、变造、买卖武装部队公文、证件、印章罪定罪处罚：(1) 伪造、变造、买卖武装部队公文 1 件以上的；(2) 伪造、变造、买卖武装部队军官证、士兵证、车辆行驶证、车辆驾驶证或者其他证件 2 本以上的；(3) 伪造、变造、买卖武装部队机关印章、车辆牌证印章或者其他印章 1 枚以上的。实施前述行为，数量达到第 (1) 至 (3) 项标准 5 倍以上或者造成严重后果的，应当认定为《刑法》第 375 第 1 款规定的"情节严重"。

**定罪标准**

**犯罪客体**

　　本罪侵犯的客体是武装部队的正常管理活动和信誉。武装部队制作的公文、使用的印章和证件，是其在社会一定领域、一定方面实行管理活动的重要凭证和手段。任何伪造、变造、买卖武装部队的公文、印章的行为，都会影响到他们的正常管理活动，损害他们的名誉，从而危害国防利益。

　　本罪侵犯的对象是公文、证件、印章，且仅限于武装部队的公文、证件和印章。所谓武装部队，是指中国人民解放军的现役部队、武装警察部队及预备役部队，但不包括民兵组织。所谓公文，一般是指以武装部队的军事组织机构名义制作的，用以联系事务、指导工作、处理问题的书面文件，如文件、公函、指示、命令、通告、通知、决议、决定、规定、报告、批复、信函、电文、介绍信、公告、通报、议案、请示、会议纪要等。其形成于武装部队执行职务或履行日常管理工作职责的过程中，与职务活动、管理工作紧密相连。某些以负责人名义代表单位签发的文件，也属于公文。公文的文字可以是中文，也可以是外文；可以是印刷，也可以是书写的，都具有公文的法律效力。所谓证件，一般是指有权制作的武装部队的军事组织机构单位颁发的，用以证明身份和权利义务关系或其他有关事实的凭证，如军官证、士兵证、文职干部证、出入证、军人通行证、军人驾驶证、介绍信、转业证、退伍证，以及军队院校学员的学员证、学生证、学历、学位证书等。所谓印章，一般是指武装部队的军事组织、机构单位刻制的以文字与图记表明主体同一性的公章或专用章，是行使职权的符号和标记，公文在加盖公章后始能生效，如证件专用章、财务专用章等。机关、单位的领导、首长的个人私章、签名，如果能够起到武装部队机关、单位印章的证明作用，亦应视为本罪的印章。

| | | |
|---|---|---|
| 定罪标准 | 犯罪客观方面 | 本罪在客观方面表现为行为人具有伪造、变造、买卖武装部队的公文、证件、印章的行为。<br><br>所谓伪造，是指无权制作者制作假的武装部队公文、证件、印章。模仿有权签发公文、电函的负责人的手迹，制作假军用公文、电函的，也以伪造公文论。对于构成犯罪来说，并不要求伪造的假公文证件、印章与真实的公文、证件、印章完全一致，只要足以乱真即可。关键是看制作者是否有制作权，这一点是鉴别公文、证件、印章真伪的标准。如果有制作权的人在其职务范围内，制作公文、证件、印章，即使内容违反法律与政策的规定，也应视为武装部队的公文、证件、印章，公文、证件、印章的制作权并未受到侵犯。虽然内容虚假会败坏发证、发文单位的信誉与信用，但这与无制作权的人冒用武装部队名义制作虚假公文、证件、印章，对武装部队的信誉与信用的破坏是性质不同的，因此，凡无制作权的人制作公文、证件、印章则构成本罪；凡有制作权的人制作公文、证件、印章，即使内容虚假也不构成本罪。<br><br>所谓变造，是指对原来有效的公文证件印章用涂改、擦消、填充内容等手段非法改换其真实的行为。比如，在有效的介绍信上模仿原来的笔迹增添内容，涂改证件的有效日期，改动公文的签发日期或单位，改变证件持有人的姓名、身份等。<br><br>所谓买卖，是指以牟利为目的，将军用公文、印章、证件出让给他人的行为。买卖对象即武装部队的公文、证件或印章，既可以是真实的，也可以是伪造或变造的；既可以是自己依法占有或拥有的，也可以是从他人那里盗窃、诈骗、抢夺或者其他手段获取的。不论其来自何处，亦不论其是否真假，只要买卖的属于武装部队的公文、证件、印章，即可构成本罪。<br><br>行为人如果伪造、变造、买卖武装部队公文、证件、印章后并以此冒充军人招摇撞骗或者进行其他诈骗犯罪的，属手段牵连，对之应当择一重罪一般是后者而从重论处，但构成犯罪却不能构成他罪的，则应依本罪治罪科刑。<br><br>本罪是选择性罪名，犯罪的行为方式有三种，犯罪对象是三种。一个犯罪分子可能实施其中一种，也可能结合实行其中的几种。例如，盗窃军用公文以后进行变造、伪造公章并进而用以制造假证件、假印章的等。行为人只要实施了其中的一种行为方式，侵犯了一种以上的犯罪对象，即构成本罪。但在确定具体罪名时，还应根据实施犯罪的具体行为方式和犯罪对象来定。如果行为人只是伪造了武装部队的公文，就定伪造武装部队公文罪；如果既伪造又变造了武装部队的证件，就定伪造、变造武装部队证件罪，但不实行并罚。 |
| | 犯罪主体 | 本罪的主体是一般主体，即凡年满 16 周岁且具备刑事责任能力的自然人均可构成本罪。 |
| | 犯罪主观方面 | 本罪在主观方面只能出于直接故意。过失不构成本罪。 |
| | 罪与非罪 | 区分罪与非罪的界限，关键看是否达到司法解释所规定的定罪标准。 |

| | | |
|---|---|---|
| **定罪标准** | **此罪与彼罪** | 本罪与伪造、变造、买卖国家机关公文、证件、印章罪的界限。本罪的对象是武装部队的公文、证件和印章，并通过对其的侵犯而指向国家的国防利益，而后者的对象则是国家机关的公文、证件和印章，通过对其的侵犯指向社会管理秩序。但如果伪造、变造、买卖的是武装部队机关的公文、证件和印章，由于军事机关亦为国家机关的组成部分，此时又同时会触犯伪造、变造、买卖国家机关公文、证件、印章罪，由于本罪属特别规定，属于法条竞合，对之应当以本罪治罪科刑，而不以后罪论处，更不能数罪并罚。 |
| **证据参考标准** | **主体方面的证据** | **一、证明行为人刑事责任年龄、身份等自然情况的证据**<br>包括身份证明、户籍证明、任职证明、工作经历证明、特定职责证明等，主要是证明行为人的姓名（曾用名）、性别、出生年月日、民族、籍贯、出生地、职业（或职务）、住所地（或居所地）等证据材料，如户口簿、居民身份证、居住证、工作证、出生证、专业或技术等级证、干部履历表、职工登记表、护照等。<br>对于户籍、出生证等材料内容不实的，应提供其他证据材料。外国人犯罪的案件，应有护照等身份证明材料。人大代表、政协委员犯罪的案件，应注明身份，并附身份证明材料。<br>**二、证明行为人刑事责任能力的证据**<br>证明行为人对自己的行为是否具有辨认能力与控制能力，如是否属于间歇性精神病人、尚未完全丧失辨认或者控制自己行为能力的精神病人的证明材料。 |
| | **主观方面的证据** | **证明行为人故意的证据**<br>1. 证明行为人明知的证据：证明行为人明知自己的行为会发生危害社会的结果。2. 证明直接故意的证据：证明行为人希望危害结果发生。3. 目的：（1）非法获利；（2）牟利；（3）营利。 |
| | **客观方面的证据** | **证明行为人伪造、变造、买卖武装部队公文、证件、印章犯罪行为的证据**<br>具体证据包括：1. 证明行为人伪造行为的证据：（1）武装部队公文；（2）武装部队证件；（3）武装部队印章。2. 证明行为人变造行为的证据：（1）武装部队公文；（2）武装部队证件；（3）武装部队印章。3. 证明行为人买卖行为的证据：（1）武装部队公文；（2）武装部队证件；（3）武装部队印章。4. 证明行为人情节严重行为的证据：（1）伪造武装部队公文、证件、印章；（2）变造武装部队公文、证件、印章；（3）买卖武装部队公文、证件、印章。5. 证明行为人伪造、变造、买卖武装部队公文、证件、印章其他行为的证据。 |
| | **量刑方面的证据** | **一、法定量刑情节证据**<br>1. 事实情节：（1）情节严重；（2）其他。2. 法定从重情节。3. 法定从轻或者减轻情节：（1）可以从轻；（2）可以从轻或者减轻；（3）应当从轻或者减轻。4. 法定从轻、减轻或者免除情节：（1）可以从轻、减轻或者免除处罚；（2）应当从轻、减轻或者免除处罚。5. 法定减轻或者免除情节：（1）可以减轻或者免除处罚；（2）应当减轻或者免除处罚；（3）可以免除处罚。<br>**二、酌定量刑情节证据**<br>1. 犯罪手段：（1）伪造；（2）变造；（3）买卖。2. 犯罪对象。3. 危害结果。4. 动机。5. 平时表现。6. 认罪态度。7. 是否有前科。8. 其他证据。 |

| 量刑标准 | 犯本罪的 | 处三年以下有期徒刑、拘役、管制或者剥夺政治权利 |
|---|---|---|
| | 情节严重的 | 处三年以上十年以下有期徒刑 |

| 法律适用 | 刑法条文 | **第三百七十五条第一款** 伪造、变造、买卖或者盗窃、抢夺武装部队公文、证件、印章的，处三年以下有期徒刑、拘役、管制或者剥夺政治权利；情节严重的，处三年以上十年以下有期徒刑。 |
|---|---|---|
| | 司法解释 | **最高人民法院、最高人民检察院《关于办理妨害武装部队制式服装、车辆号牌管理秩序等刑事案件具体应用法律若干问题的解释》**（2011 年 7 月 20 日最高人民法院、最高人民检察院公布　自 2011 年 8 月 1 日起施行　法释〔2011〕16 号）<br><br>为依法惩治妨害武装部队制式服装、车辆号牌管理秩序等犯罪活动，维护国防利益，根据《中华人民共和国刑法》有关规定，现就办理非法生产、买卖武装部队制式服装，伪造、盗窃、买卖武装部队车辆号牌等刑事案件的若干问题解释如下：<br><br>**第一条** 伪造、变造、买卖或者盗窃、抢夺武装部队公文、证件、印章，具有下列情形之一的，应当依照刑法第三百七十五条第一款的规定，以伪造、变造、买卖武装部队公文、证件、印章罪或者盗窃、抢夺武装部队公文、证件、印章罪定罪处罚：<br>　　（一）伪造、变造、买卖或者盗窃、抢夺武装部队公文一件以上的；<br>　　（二）伪造、变造、买卖或者盗窃、抢夺武装部队军官证、士兵证、车辆行驶证、车辆驾驶证或者其他证件二本以上的；<br>　　（三）伪造、变造、买卖或者盗窃、抢夺武装部队机关印章、车辆牌证印章或者其他印章一枚以上的。<br>　　实施前款规定的行为，数量达到第（一）至（三）项规定标准五倍以上或者造成严重后果的，应当认定为刑法第三百七十五条第一款规定的"情节严重"。<br><br>**第二条** 非法生产、买卖武装部队现行装备的制式服装，具有下列情形之一的，应当认定为刑法第三百七十五条第二款规定的"情节严重"，以非法生产、买卖武装部队制式服装罪定罪处罚：<br>　　（一）非法生产、买卖成套制式服装三十套以上，或者非成套制式服装一百件以上的；<br>　　（二）非法生产、买卖帽徽、领花、臂章等标志服饰合计一百件（副）以上的；<br>　　（三）非法经营数额二万元以上的；<br>　　（四）违法所得数额五千元以上的；<br>　　（五）具有其他严重情节的。<br><br>**第三条** 伪造、盗窃、买卖或者非法提供、使用武装部队车辆号牌等专用标志，具有下列情形之一的，应当认定为刑法第三百七十五条第三款规定的"情节严重"，以伪造、盗窃、买卖、非法提供、非法使用武装部队专用标志罪定罪处罚：<br>　　（一）伪造、盗窃、买卖或者非法提供、使用武装部队军以上领导机关车辆号牌一副以上或者其他车辆号牌三副以上的； |

（二）非法提供、使用军以上领导机关车辆号牌之外的其他车辆号牌累计六个月以上的；

（三）伪造、盗窃、买卖或者非法提供、使用军徽、军旗、军种符号或者其他军用标志合计一百件（副）以上的；

（四）造成严重后果或者恶劣影响的。

实施前款规定的行为，具有下列情形之一的，应当认定为刑法第三百七十五条第三款规定的"情节特别严重"：

（一）数量达到前款第（一）、（三）项规定标准五倍以上的；

（二）非法提供、使用军以上领导机关车辆号牌累计六个月以上或者其他车辆号牌累计一年以上的；

（三）造成特别严重后果或者特别恶劣影响的。

**第四条** 买卖、盗窃、抢夺伪造、变造的武装部队公文、证件、印章的，买卖仿制的现行装备的武装部队制式服装情节严重的，盗窃、买卖、提供、使用伪造、变造的武装部队车辆号牌等专用标志情节严重的，应当追究刑事责任。定罪量刑标准适用本解释第一至第三条的规定。

**第五条** 明知他人实施刑法第三百七十五条规定的犯罪行为，而为其生产、提供专用材料或者提供资金、账号、技术、生产经营场所等帮助的，以共犯论处。

**第六条** 实施刑法第三百七十五条规定的犯罪行为，同时又构成逃税、诈骗、冒充军人招摇撞骗等犯罪的，依照处罚较重的规定定罪处罚。

**第七条** 单位实施刑法第三百七十五条第二款、第三款规定的犯罪行为，对单位判处罚金，并对其直接负责的主管人员和其他直接责任人员，分别依照本解释的有关规定处罚。

# 68 盗窃、抢夺武装部队公文、证件、印章案

| 概念 | 本罪是指盗窃或抢夺武装部队公文、证件、印章的行为。 |
|---|---|

**立案标准**

　　根据《刑法》第 375 条第 1 款的规定，行为人盗窃、抢夺武装部队公文、证件、印章的，应当立案。

　　本罪是行为犯，只要行为人实施了盗窃、抢夺武装部队公文、证件、印章的行为，原则上就构成犯罪，应当立案侦查。应当注意，最高人民法院、最高人民检察院《关于办理妨害武装部队制式服装、车辆号牌管理秩序等刑事案件具体应用法律若干问题的解释》第 1 条规定，盗窃、抢夺武装部队公文、证件、印章，具有下列情形之一的，应当依照《刑法》第 375 条第 1 款的规定，以盗窃、抢夺武装部队公文、证件、印章罪定罪处罚：（1）盗窃、抢夺武装部队公文 1 件以上的；（2）盗窃、抢夺武装部队军官证、士兵证、车辆行驶证、车辆驾驶证或者其他证件 2 本以上的；（3）盗窃、抢夺武装部队机关印章、车辆牌证印章或者其他印章 1 枚以上的。实施前述规定的行为，数量达到第（1）至（3）项标准 5 倍以上或者造成严重后果的，应当认定为《刑法》第 375 条第 1 款规定的"情节严重"。

**定罪标准**

**犯罪客体**

　　本罪侵犯的客体是武装部队公文、证件、印章管理秩序。武装部队的公文、证件、印章，是代表武装部队执行公务、履行职责等活动和表明其成员身份的依据和凭证。盗窃、抢夺武装部队公文、证件、印章的行为，严重扰乱武装部队执行公务、履行职责的活动，危害国防利益。

　　犯罪对象是武装部队的公文、证件、印章。所谓武装部队，是指中国人民解放军现役部队、预备役部队及中国人民武装警察部队，不包括民兵组织。所谓武装部队的公文，是指以武装部队的机关、单位名义制作的以联系事情、指导工作、处理问题、下达命令的书面文件，如文件、公函、指示、命令、通告、通知、决议、决定、规定、报告、批复、信函、电文、介绍信、公告、通报、议案、请示、会议纪要等。其形成于武装部队执行职务或履行日常管理工作职责的过程中，与职务活动、管理工作紧密相连。所谓武装部队的证件，是指有权的武装部队单位颁发的，用以证明身份、权利义务关系或者其他事项的凭证，如军官证、士兵证、文职干部证、出入证、军人通行证、军人驾驶证、介绍信、转业证、退伍证，以及军队院校学员的学员证、学生证，学历、学位证书等。所谓武装部队的印章，是指刻有武装部队的机关、单位，如军队司、政、后勤、院校、医院等名称的公章和具有某种特殊用途的专用章，如证件专用章、财务专用章等。机关、单位的领导、首长的个人私章、签名，如果能够起到武装部队机关、单位印章的证明作用，亦应视为本罪的印章。

**犯罪客观方面**

　　本罪在客观方面表现为盗窃或抢夺武装部队公文、证件或印章的行为。所谓盗窃，即秘密窃取，是指行为人采取自认为不被公文、证件、印章的保管者、使用人、所有人发觉的方法暗中将公文、证件、印章取走的行为。盗窃的必须是武装部队的公

| 定罪标准 | 犯罪客观方面 | 文、证件、印章，才能构成本罪。如果所盗窃的不是公文、证件、印章，或者虽是公文、证件、印章但不属于武装部队的公文、证件、印章，亦不能构成本罪。构成犯罪的，应当以他罪，如盗窃罪，盗窃国家机关公文、证件、印章罪等治罪。所谓抢夺，即公然夺取，是当着公文、证件、印章所有人、保管者、使用者的面而公然夺取公文、证件、印章的行为。既可以是趁人不备，又可以是在其有备的情况下公然夺取，如在保管人患病、中轻度醉酒减弱防护能力但神志清醒的情况下公然夺取等。公然夺取必须针对武装部队的公文、证件、印章而实施。不然，虽有抢夺行为，但不是抢夺公文、证件、印章，或虽是公文、证件、印章，但不是武装部队的公文、证件、印章，也不能构成本罪。构成犯罪的，应是构成他罪，如抢夺罪、抢夺国家机关公文、证件、印章罪等。<br><br>　　本罪是选择性罪名，犯罪的行为方式有两种，犯罪对象是三种。行为人只要实施了其中的一种行为方式，侵犯了一种以上的犯罪对象，即构成本罪。但在确定具体罪名时，还应根据实施犯罪的具体行为方式和犯罪对象来定。如果行为人只是盗窃了武装部队的公文，就定为盗窃武装部队公文罪；如果既盗窃了又抢夺了武装部队的证件，就定盗窃、抢夺武装部队证件罪，不实行并罚。行为人盗窃、抢夺武装部队公文、证件、印章是为了进行其他犯罪活动，则应当按照处理牵连犯的原则，从一重处罚。如果盗窃、抢夺武装部队公文、证件、印章的行为和进行其他犯罪的行为的法定刑相同时，可选择以犯罪目的条款定罪。 |
|---|---|---|
| | 犯罪主体 | 　　本罪的主体为一般主体，即凡年满 16 周岁且具备刑事责任能力的自然人，均可构成本罪。既可以是军人，又可以是非军人。 |
| | 犯罪主观方面 | 　　本罪在主观方面必须出于故意，即明知是武装部队的公文、证件及印章而仍决意盗窃或抢夺。如果不知是公文、证件、印章而盗窃或抢夺的，不能构成本罪，但可构成他罪，如盗窃罪、抢夺罪等。至于其动机可多种多样，或为了招摇撞骗；或为了出卖牟利；或为了自用，等等。不论动机如何，均不影响本罪成立。 |
| | 罪与非罪 | 　　区分罪与非罪的界限，关键看是否达到司法解释所规定的定罪标准。 |
| | 此罪与彼罪 | 　　本罪与盗窃、抢夺国家机关公文、证件、印章罪的界限。盗窃、抢夺国家机关公文、证件、印章罪，是指盗窃、抢夺国家机关公文、证件、印章的行为。两罪的犯罪主体、主观方面、客观方面相同或者近似。其主要区别在于：(1) 犯罪客体不同。前者的侵犯的直接客体是武装部队公文、证件、印章管理秩序；后者侵犯的直接客体是国家机关公文、证件、印章管理秩序。(2) 犯罪对象不同。前者的犯罪对象是武装部队的公文、证件、印章；后者的犯罪对象，则是国家机关（军事机关除外）的公文、证件、印章。 |
| 证据参考标准 | 主体方面的证据 | **一、证明行为人刑事责任年龄、身份等自然情况的证据**<br>　　包括身份证明、户籍证明、任职证明、工作经历证明、特定职责证明等，主要是证明行为人的姓名（曾用名）、性别、出生年月日、民族、籍贯、出生地、职业（或职务）、住所地（或居所地）等证据材料，如户口簿、居民身份证、居住证、工作证、出生证、专业或技术等级证、干部履历表、职工登记表、护照等。 |

| 证据参考标准 | 主体方面的证据 | 对于户籍、出生证等材料内容不实的，应提供其他证据材料。外国人犯罪的案件，应有护照等身份证明材料。人大代表、政协委员犯罪的案件，应注明身份，并附身份证明材料。<br><br>**二、证明行为人刑事责任能力的证据**<br>　　证明行为人对自己的行为是否具有辨认能力与控制能力，如是否属于间歇性精神病人、尚未完全丧失辨认或者控制自己行为能力的精神病人的证明材料。 |
|---|---|---|
| | 主观方面的证据 | **证明行为人故意的证据**<br>　　1. 证明行为人明知的证据：证明行为人明知自己的行为会发生危害社会的结果；2. 证明直接故意的证据：证明行为人希望危害结果发生；3. 目的：非法占有。 |
| | 客观方面的证据 | **证明行为人盗窃、抢夺武装部队公文、证件、印章犯罪行为的证据**<br>　　具体证据包括：1. 证明行为人盗窃行为的证据：（1）武装部队公文；（2）武装部队证件；（3）武装部队印章。2. 证明行为人盗窃武装部队公文、证件、印章行为情节严重行为的证据：（1）盗窃武装部队公文、证件、印章数量较大的；（2）盗窃武装部队公文、证件、印章成为他人犯罪条件的；（3）造成严重经济损失的；（4）引起军政、军民、军警纠纷等严重后果的；（5）造成恶劣影响，严重损失部队声誉的。3. 证明行为人盗窃、抢夺武装部队公文、证件、印章其他行为的证据。 |
| | 量刑方面的证据 | **一、法定量刑情节证据**<br>　　1. 事实情节：（1）情节严重；（2）其他。2. 法定从重情节。3. 法定从轻或者减轻情节：（1）可以从轻；（2）可以从轻或者减轻；（3）应当从轻或者减轻。4. 法定从轻、减轻或者免除情节：（1）可以从轻、减轻或者免除处罚；（2）应当从轻、减轻或者免除处罚。5. 法定减轻或者免除情节：（1）可以减轻或者免除处罚；（2）应当减轻或者免除处罚；（3）可以免除处罚。<br>**二、酌定量刑情节证据**<br>　　1. 犯罪手段：（1）撬门破锁；（2）抢夺。2. 犯罪对象。3. 危害结果。4. 动机。5. 平时表现。6. 认罪态度。7. 是否有前科。8. 其他证据。 |
| 量刑标准 | 犯本罪的 | 处三年以下有期徒刑、拘役、管制或者剥夺政治权利 |
| | 情节严重的 | 处三年以上十年以下有期徒刑 |

**刑法条文**

**第三百七十五条第一款**　伪造、变造、买卖或者盗窃、抢夺武装部队公文、证件、印章的，处三年以下有期徒刑、拘役、管制或者剥夺政治权利；情节严重的，处三年以上十年以下有期徒刑。

**法律适用**

**司法解释**

**最高人民法院、最高人民检察院《关于办理妨害武装部队制式服装、车辆号牌管理秩序等刑事案件具体应用法律若干问题的解释》**（2011 年 7 月 20 日最高人民法院、最高人民检察院公布　自 2011 年 8 月 1 日起施行　法释〔2011〕16 号）

为依法惩治妨害武装部队制式服装、车辆号牌管理秩序等犯罪活动，维护国防利益，根据《中华人民共和国刑法》有关规定，现就办理非法生产、买卖武装部队制式服装，伪造、盗窃、买卖武装部队车辆号牌等刑事案件的若干问题解释如下：

**第一条**　伪造、变造、买卖或者盗窃、抢夺武装部队公文、证件、印章，具有下列情形之一的，应当依照刑法第三百七十五条第一款的规定，以伪造、变造、买卖武装部队公文、证件、印章罪或者盗窃、抢夺武装部队公文、证件、印章罪定罪处罚：

（一）伪造、变造、买卖或者盗窃、抢夺武装部队公文一件以上的；

（二）伪造、变造、买卖或者盗窃、抢夺武装部队军官证、士兵证、车辆行驶证、车辆驾驶证或者其他证件二本以上的；

（三）伪造、变造、买卖或者盗窃、抢夺武装部队机关印章、车辆牌证印章或者其他印章一枚以上的。

实施前款规定的行为，数量达到第（一）至（三）项规定标准五倍以上或者造成严重后果的，应当认定为刑法第三百七十五条第一款规定的"情节严重"。

**第二条**　非法生产、买卖武装部队现行装备的制式服装，具有下列情形之一的，应当认定为刑法第三百七十五条第二款规定的"情节严重"，以非法生产、买卖武装部队制式服装罪定罪处罚：

（一）非法生产、买卖成套制式服装三十套以上，或者非成套制式服装一百件以上的；

（二）非法生产、买卖帽徽、领花、臂章等标志服饰合计一百件（副）以上的；

（三）非法经营数额二万元以上的；

（四）违法所得数额五千元以上的；

（五）具有其他严重情节的。

**第三条**　伪造、盗窃、买卖或者非法提供、使用武装部队车辆号牌等专用标志，具有下列情形之一的，应当认定为刑法第三百七十五条第三款规定的"情节严重"，以伪造、盗窃、买卖、非法提供、非法使用武装部队专用标志罪定罪处罚：

（一）伪造、盗窃、买卖或者非法提供、使用武装部队军以上领导机关车辆号牌一副以上或者其他车辆号牌三副以上的；

（二）非法提供、使用军以上领导机关车辆号牌之外的其他车辆号牌累计六个月以上的；

（三）伪造、盗窃、买卖或者非法提供、使用军徽、军旗、军种符号或者其他军用标志合计一百件（副）以上的；

（四）造成严重后果或者恶劣影响的。

实施前款规定的行为，具有下列情形之一的，应当认定为刑法第三百七十五条第三款规定的"情节特别严重"：

**法律适用**

**司法解释**

（一）数量达到前款第（一）、（三）项规定标准五倍以上的；

（二）非法提供、使用军以上领导机关车辆号牌累计六个月以上或者其他车辆号牌累计一年以上的；

（三）造成特别严重后果或者特别恶劣影响的。

**第四条** 买卖、盗窃、抢夺伪造、变造的武装部队公文、证件、印章的，买卖仿制的现行装备的武装部队制式服装情节严重的，盗窃、买卖、提供、使用伪造、变造的武装部队车辆号牌等专用标志情节严重的，应当追究刑事责任。定罪量刑标准适用本解释第一至第三条的规定。

**第五条** 明知他人实施刑法第三百七十五条规定的犯罪行为，而为其生产、提供专用材料或者提供资金、账号、技术、生产经营场所等帮助的，以共犯论处。

**第六条** 实施刑法第三百七十五条规定的犯罪行为，同时又构成逃税、诈骗、冒充军人招摇撞骗等犯罪的，依照处罚较重的规定定罪处罚。

**第七条** 单位实施刑法第三百七十五条第二款、第三款规定的犯罪行为，对单位判处罚金，并对其直接负责的主管人员和其他直接责任人员，分别依照本解释的有关规定处罚。

# 69 非法生产、买卖武装部队制式服装案

| 概念 | 本罪是指非法生产、买卖武装部队制式服装，情节严重的行为。 |
|---|---|

**立案标准**

非法生产、买卖武装部队现行装备的制式服装，具有下列情形之一的，应当立案追诉：

(1) 非法生产、买卖成套制式服装 30 套以上，或者非成套制式服装 100 件以上的；

(2) 非法生产、买卖帽徽、领花、臂章等标志服饰合计 100 件（副）以上的；

(3) 非法经营数额 2 万元以上的；

(4) 违法所得数额 5000 元以上的；

(5) 具有其他严重情节的。

买卖仿制的现行装备的武器部队制式服装，情节严重的，应予立案追诉。

| 定罪标准 | 犯罪客体 | 本罪侵犯的直接客体是武装部队制式服装的管理秩序。武装部队的制式服装，是武装部队同其他组织重要区别的外部标志。非法生产、买卖武装部队制式服装情节严重的行为，会影响武装部队的管理活动，损害其声誉。所谓武装部队的制式服装，是指武装部队依法订购、监制的仅供武装部队官兵使用的专用服装，包括解放军和武警部队的军官服、警官服、文职干部服、士兵服。这些服装根据季节和用途可分为夏季服、冬季服、礼服、迷彩服和作训服等。非法生产、买卖武装部队制式服装的行为，不仅严重妨害社会管理和部队管理秩序，损害武装部队的声誉，而且容易被不法分子利用这些非法生产、买卖的制式服装进行违法犯罪活动，危害国防利益。 |
|---|---|---|
| | 犯罪客观方面 | 本罪在客观方面表现为非法生产、买卖武装部队制式服装，情节严重的行为。"非法生产、买卖武装部队制式服装"，是指违反有关法律、法规，未经主管部门允许而擅自生产、买卖部队制式服装，包括指定生产的工厂不按规定擅自超额生产、出售，也包括其他单位、人员私自仿制、伪制。按照法律规定，行为人只要实施了生产或者买卖制式服装其中一种行为，就构成本罪；实施两种行为的，仍为一罪，不实行并罚。 |
| | 犯罪主体 | 本罪的主体包括个人和单位。个人包括非军人和军人。在单位主体中，既包括有权生产、买卖，但超过规定数量生产、销售的单位；也包括无权生产、销售的单位。 |
| | 犯罪主观方面 | 本罪的主观方面是故意。其中，非法买卖武装部队制式服装罪还必须以营利为目的。 |
| | 罪与非罪 | 区分罪与非罪的界限，要注意：非法生产、买卖武装部队的制式服装，必须是正在使用或即将使用的。生产、买卖过时的或根本不存在的武装部队的制式服装的，不构成本罪。本罪以非法生产、买卖武装部队制式服装"情节严重"作为犯罪构成要件。如果行为人实施了非法生产、买卖武装部队制式服装的行为，尚未达到情节严重的程度，则不构成本罪。 |

| 定罪标准 | 此罪与彼罪 | 一、本罪与非法生产、买卖警用装备罪的界限。两罪在主客观方面及犯罪主体上相似。其区别：一是侵犯的客体不同。非法生产、买卖武装部队制式服装罪侵犯的客体是武装部队制式服装的管理秩序；非法生产、买卖警用装备罪侵犯的客体是公安机关对人民警察服装、标志、警械管理秩序。二是侵犯的对象不同。非法生产、买卖武装部队制式服装罪侵犯的对象是武装部队的制式服装；非法生产、买卖警用装备罪侵犯的对象是人民警察的制式服装、标志、警械车辆号牌等专用标志。<br>二、本罪与冒充军人招摇撞骗罪的界限。行为人在冒充军人招摇撞骗时，也可能有非法生产、买卖武装部队制式服装的行为。行为人为冒充军人招摇撞骗，非法生产、制作、购买武装部队制式服装，属于牵连犯，应选择冒充军人招摇撞骗罪这一重罪定罪处罚。如果行为人非法生产、制作、购买武装部队制式服装除了供自己冒充军人进行招摇撞骗活动外，还具有其他严重情节的，应分别定非法生产、买卖武装部队制式服装罪和冒充军人招摇撞骗罪，实行数罪并罚。 |
|---|---|---|
| 证据参考标准 | 主体方面的证据 | **一、证明行为人刑事责任年龄、身份等自然情况的证据**<br>包括身份证明、户籍证明、任职证明、工作经历证明、特定职责证明等，主要是证明行为人的姓名（曾用名）、性别、出生年月日、民族、籍贯、出生地、职业（或职务）、住所地（或居所地）等证据材料，如户口簿、居民身份证、居住证、工作证、出生证、专业或技术等级证、干部履历表、职工登记表、护照等。<br>对于户籍、出生证等材料内容不实的，应提供其他证据材料。外国人犯罪的案件，应有护照等身份证明材料。人大代表、政协委员犯罪的案件，应注明身份，并附身份证明材料。<br>**二、证明行为人刑事责任能力的证据**<br>证明行为人对自己的行为是否具有辨认能力与控制能力，如是否属于间歇性精神病人、尚未完全丧失辨认或者控制自己行为能力的精神病人的证明材料。<br>**三、证明单位的证据**<br>证明是否属于依法成立并有合法经营、管理范围的公司、企业、事业单位、机关、团体。<br>证明单位的名称、住所地、性质、法定代表人、单位负责人、业务范围、成立时间等证据材料，如企业法人营业执照、国有公司性质证明及非法人单位的身份证明等。<br>**四、证明法定代表人、单位负责人或直接责任人员等的身份证据**<br>法定代表人、直接负责的主管人员和其他直接责任人在单位的任职、职责、负责权限的证明材料等。包括身份证明、户籍证明、任职证明等，如户口簿、居民身份证、工作证、护照、专业或技术等级证、干部履历表、职工登记表、任命书、业务分工文件、委派文件、单位证明、单位规章制度等。 |
| | 主观方面的证据 | **证明行为人故意的证据**<br>1.证明行为人明知的证据：证明行为人明知自己的行为会发生危害社会的结果。2.证明直接故意的证据：证明行为人希望危害结果发生。3.目的：（1）获取非法利润；（2）牟利；（3）营利。 |

| 证据参考标准 | 客观方面的证据 | **证明行为人非法生产、买卖武装部队制式服装犯罪行为的证据**<br>具体证据包括：1. 证明行为人非法生产武装部队制式服装行为的证据。2. 证明行为人非法买卖武装部队制式服装行为的证据。3. 证明行为人非法生产、买卖武装部队制式服装犯罪情节严重行为的证据：（1）危害部队作战、戒严、抢险救灾的；（2）干扰部队管理秩序的；（3）引发刑事案件的；（4）严重损害武装部队形象的；（5）造成巨大经济损失的。 |
|---|---|---|
| | 量刑方面的证据 | **一、法定量刑情节证据**<br>1. 事实情节：（1）情节严重；（2）其他。2. 法定从重情节。3. 法定从轻或者减轻情节：（1）可以从轻；（2）可以从轻或者减轻；（3）应当从轻或者减轻。4. 法定从轻、减轻或者免除情节：（1）可以从轻、减轻或者免除处罚；（2）应当从轻、减轻或者免除处罚。5. 法定减轻或者免除情节：（1）可以减轻或者免除处罚；（2）应当减轻或者免除处罚；（3）可以免除处罚。<br>**二、酌定量刑情节证据**<br>1. 犯罪手段：（1）非法生产；（2）非法买卖。2. 犯罪对象。3. 危害结果。4. 动机。5. 平时表现。6. 认罪态度。7. 是否有前科。8. 其他证据。 |
| 量刑标准 | 犯本罪的 | 处三年以下有期徒刑、拘役或者管制，并处或者单处罚金 |
| | 单位犯本罪的 | 对单位判处罚金，并对其直接负责的主管人员和其他直接责任人员，依上述规定处罚 |
| 法律适用 | 刑法条文 | **第三百七十五条第二款** 非法生产、买卖武装部队制式服装，情节严重的，处三年以下有期徒刑、拘役或者管制，并处或者单处罚金。<br>**第四款** 单位犯第二款、第三款罪的，对单位判处罚金，并对其直接负责的主管人员和其他直接责任人员，依照各该款的规定处罚。 |
| | 司法解释 | **最高人民法院、最高人民检察院《关于办理妨害武装部队制式服装、车辆号牌管理秩序等刑事案件具体应用法律若干问题的解释》**（2011 年 7 月 20 日最高人民法院、最高人民检察院公布 自 2011 年 8 月 1 日起施行 法释〔2011〕16 号）<br>为依法惩治妨害武装部队制式服装、车辆号牌管理秩序等犯罪活动，维护国防利益，根据《中华人民共和国刑法》有关规定，现就办理非法生产、买卖武装部队制式服装，伪造、盗窃、买卖武装部队车辆号牌等刑事案件的若干问题解释如下：<br>**第一条** 伪造、变造、买卖或者盗窃、抢夺武装部队公文、证件、印章，具有下列情形之一的，应当依照刑法第三百七十五条第一款的规定，以伪造、变造、买卖武装部队公文、证件、印章罪或者盗窃、抢夺武装部队公文、证件、印章罪定罪处罚：<br>（一）伪造、变造、买卖或者盗窃、抢夺武装部队公文一件以上的；<br>（二）伪造、变造、买卖或者盗窃、抢夺武装部队军官证、士兵证、车辆行驶证、车辆驾驶证或者其他证件二本以上的； |

（三）伪造、变造、买卖或者盗窃、抢夺武装部队机关印章、车辆牌证印章或者其他印章一枚以上的。

实施前款规定的行为，数量达到第（一）至（三）项规定标准五倍以上或者造成严重后果的，应当认定为刑法第三百七十五条第一款规定的"情节严重"。

**第二条** 非法生产、买卖武装部队现行装备的制式服装，具有下列情形之一的，应当认定为刑法第三百七十五条第二款规定的"情节严重"，以非法生产、买卖武装部队制式服装罪定罪处罚：

（一）非法生产、买卖成套制式服装三十套以上，或者非成套制式服装一百件以上的；

（二）非法生产、买卖帽徽、领花、臂章等标志服饰合计一百件（副）以上的；

（三）非法经营数额二万元以上的；

（四）违法所得数额五千元以上的；

（五）具有其他严重情节的。

**第三条** 伪造、盗窃、买卖或者非法提供、使用武装部队车辆号牌等专用标志，具有下列情形之一的，应当认定为刑法第三百七十五条第三款规定的"情节严重"，以伪造、盗窃、买卖、非法提供、非法使用武装部队专用标志罪定罪处罚：

（一）伪造、盗窃、买卖或者非法提供、使用武装部队军以上领导机关车辆号牌一副以上或者其他车辆号牌三副以上的；

（二）非法提供、使用军以上领导机关车辆号牌之外的其他车辆号牌累计六个月以上的；

（三）伪造、盗窃、买卖或者非法提供、使用军徽、军旗、军种符号或者其他军用标志合计一百件（副）以上的；

（四）造成严重后果或者恶劣影响的。

实施前款规定的行为，具有下列情形之一的，应当认定为刑法第三百七十五条第三款规定的"情节特别严重"：

（一）数量达到前款第（一）、（三）项规定标准五倍以上的；

（二）非法提供、使用军以上领导机关车辆号牌累计六个月以上或者其他车辆号牌累计一年以上的；

（三）造成特别严重后果或者特别恶劣影响的。

**第四条** 买卖、盗窃、抢夺伪造、变造的武装部队公文、证件、印章的，买卖仿制的现行装备的武装部队制式服装情节严重的，盗窃、买卖、提供、使用伪造、变造的武装部队车辆号牌等专用标志情节严重的，应当追究刑事责任。定罪量刑标准适用本解释第一至第三条的规定。

**第五条** 明知他人实施刑法第三百七十五条规定的犯罪行为，而为其生产、提供专用材料或者提供资金、账号、技术、生产经营场所等帮助的，以共犯论处。

**第六条** 实施刑法第三百七十五条规定的犯罪行为，同时又构成逃税、诈骗、冒充军人招摇撞骗等犯罪的，依照处罚较重的规定定罪处罚。

**第七条** 单位实施刑法第三百七十五条第二款、第三款规定的犯罪行为，对单位判处罚金，并对其直接负责的主管人员和其他直接责任人员，分别依照本解释的有关规定处罚。

**法律适用**

**规章及规范性文件**

**最高人民检察院、公安部《关于公安机关管辖的刑事案件立案追诉标准的规定（一）》（节录）**（2008 年 6 月 25 日最高人民检察院、公安部公布　自公布之日起施行　公通字〔2008〕36 号　2017 年 4 月 27 日修正）

第九十四条　〔非法生产、买卖武装部队制式服装案（刑法第三百七十五条第二款）〕非法生产、买卖武装部队制式服装，涉嫌下列情形之一的，应予立案追诉：

（一）非法生产、买卖成套制式服装三十套以上，或者非成套制式服装一百件以上的；

（二）非法生产、买卖帽徽、领花、臂章等标志服饰合计一百件（副）以上的；

（三）非法经营数额二万元以上的；

（四）违法所得数额五千元以上的；

（五）其他情节严重的情形。

买卖仿制的现行装备的武装部队制式服装，情节严重的，应予立案追诉。

# 70 伪造、盗窃、买卖、非法提供、非法使用武装部队专用标志案

**概念**

本罪是指伪造、盗窃、买卖或者非法提供、使用武装部队车辆号牌等专用标志，情节严重的行为。

**立案标准**

伪造、盗窃、买卖或者非法提供、使用武装部队车辆号牌等专用标志，具有下列情形之一的，应当立案追诉：

（1）伪造、盗窃、买卖或者非法提供、使用武装部队军以上领导机关车辆号牌1副以上或者其他车辆号牌3副以上的；

（2）非法提供、使用军以上领导机关车辆号牌之外的其他车辆号牌累计6个月以上的；

（3）伪造、盗窃、买卖或者非法提供、使用军徽、军旗、军种符号或者其他军用标志合计100件（副）以上的；

（4）造成严重后果或者恶劣影响的。

盗窃、买卖、提供、使用伪造、变造的武装部队车辆号牌等专用标志，情节严重的，应予立案追诉。

## 定罪标准

**犯罪客体**

本罪侵犯的直接客体是武装部队专用标志管理秩序和良好的信誉。武装部队的车辆号牌等专用标志，是武装部队同其他组织重要区别的外部标志。伪造、盗窃、买卖或者非法提供、使用武装部队车辆号牌等专用标志情节严重的行为，就会影响武装部队的管理活动，损害其信誉。所谓武装部队车辆号牌，是指军队车辆最高主管部门监制的专供武装部队使用的车辆号牌。所谓武装部队的其他专用标志，是指武装部队依法订购、监制专供武装部队使用的标志，包括军旗、军徽、帽徽、肩章、领花等。犯罪对象是武装部队专用标志。伪造、盗窃、买卖或者非法提供、使用武装部队车辆号牌等专用标志的行为，不仅严重侵害社会管理和部队管理秩序，损害武装部队的声誉，而且容易被不法分子利用这些武装部队专用标志进行违法犯罪活动，危害国防利益。

**犯罪客观方面**

本罪在客观方面表现为伪造、盗窃、买卖或者非法提供、使用武装部队车辆号牌等专用标志，情节严重的行为。所谓伪造，是指无权制作者制作假的武装部队专用标志。对于构成犯罪来说，并不要求伪造的武装部队专用标志与真实的武装部队专用标志完全一致，只要足以乱真即可。所谓盗窃，即秘密窃取，是指行为人采取自认为不会被发觉的方法，暗中将武装部队专用标志取走的行为。所谓买卖，是指以牟利为目的，将武装部队专用标志出让给他人的行为。不论武装部队专用标志来自何处，亦不论其是真是假，只要买卖的属于武装部队专用标志，即可构成本罪。所谓非法提供，是指违反法律、法规，未经主管部门准许，擅自把武装部队车辆号牌等专用标志供给他人使用。所谓非法使用，是指不具备配备武装部队专用标志的资格，而违法使用武装部队专用标志的行为，既包括非武装部队人员使用武装部队专用标志，也包括武装部队及其成员不按规定使用武装部队专用标志。

本罪是选择性罪名，犯罪的行为方式有五种，即伪造、盗窃、买卖、非法提供或者非法使用。行为人只要实施了其中一种行为方式，即构成本罪。但在确定具体罪名时，还应根据实施犯罪的具体行为方式来确定。

| | | |
|---|---|---|
| **定罪标准** | **犯罪主体** | 本罪的主体包括个人和单位。个人既可以是军人，又可以是非军人。 |
| | **犯罪主观方面** | 本罪主观方面必须出于故意，即明知是武装部队专用标志而仍决意伪造、盗窃、买卖或者非法提供、使用。如果不知是武装部队专用标志，不能构成本罪。至于其动机，可多种多样。无论其动机如何，均不影响本罪成立。 |
| | **罪与非罪** | 本罪以伪造、盗窃、买卖或者非法提供、非法使用武装部队车辆号牌等专用标志"情节严重"作为犯罪构成要件。如果行为人实施了伪造、盗窃、买卖或者非法提供、使用武装部队车辆号牌等专用标志的行为，尚未达到情节严重的程度，则不构成本罪。 |
| | **此罪与彼罪** | 一、本罪与非法生产、买卖武装部队制式服装罪的界限。非法生产、买卖武装部队制式服装罪是指非法生产、买卖武装部队制式服装，情节严重的行为。两罪的区别主要在于：（1）侵犯的对象不同。本罪侵犯的对象是武装部队车辆号牌等专用标志；而后罪侵犯的对象是武装部队制式服装。（2）行为方式不同。本罪的行为方式是伪造、盗窃、买卖或者非法提供、非法使用；而后罪的行为方式是非法生产、买卖。<br><br>二、本罪与冒充军人招摇撞骗罪的界限。行为人在冒充军人招摇撞骗罪的行为中，也可能有伪造、盗窃、买卖或者非法提供、使用武装部队车辆号牌等专用标志的行为。行为人为冒充军人招摇撞骗，伪造、盗窃、买卖或者非法提供、使用武装部队车辆号牌等专用标志，属于牵连犯，应择一重罪即冒充军人招摇撞骗罪定罪处罚。如果行为人伪造、盗窃、买卖或者非法提供、使用武装部队车辆号牌等专用标志除供自己冒充军人进行招摇撞骗活动外，还具有其他严重情节的，应分别定伪造、盗窃、买卖、非法提供、非法使用武装部队专用标志罪和冒充军人招摇撞骗罪，实行数罪并罚。 |
| **证据参考标准** | **主体方面的证据** | **一、证明行为人刑事责任年龄、身份等自然情况的证据**<br>包括身份证明、户籍证明、任职证明、工作经历证明、特定职责证明等，主要是证明行为人的姓名（曾用名）、性别、出生年月日、民族、籍贯、出生地、职业（或职务）、住所地（或居住地）等证据材料，如户口簿、居民身份证、居住证、工作证、出生证、专业或技术等级证、干部履历表、职工登记表、护照等。<br>对于户籍、出生证等材料内容不实的，应提供其他证据材料。外国人犯罪的案件，应有护照等身份证明材料。人大代表、政协委员犯罪的案件，应注明身份，并附身份证明材料。<br>**二、证明行为人刑事责任能力的证据**<br>证明行为人对自己的行为是否具有辨认能力与控制能力，如是否属于间歇性精神病人、尚未完全丧失辨认或者控制自己行为能力的精神病人的证明材料。<br>**三、证明单位的证据**<br>证明是否属于依法成立并有合法经营、管理范围的公司、企业、事业单位、机关、团体。<br>证明单位的名称、住所地、性质、法定代表人、单位负责人、业务范围、成立时间等证据材料，如企业法人营业执照、国有公司性质证明及非法人单位的身份证明等。<br>**四、证明法定代表人、单位负责人或直接责任人员等的身份证据**<br>法定代表人、直接负责的主管人员和其他直接责任人在单位的任职、职责、负责权限的证明材料等。包括身份证明、户籍证明、任职证明等，如户口簿、居民身份证、工作证、护照、专业或技术等级证、干部履历表、职工登记表、任命书、业务分工文件、委派文件、单位证明、单位规章制度等。 |

| | | |
|---|---|---|
| **证据参考标准** | 主观方面的证据 | **证明行为人故意的证据**<br>1. 证明行为人明知的证据：证明行为人明知自己的行为会发生危害社会的结果；<br>2. 证明直接故意的证据：证明行为人希望危害结果发生。 |
| | 客观方面的证据 | **证明行为人伪造、盗窃、买卖或者非法提供、使用武装部队车辆号牌等专用标志行为的证据**<br>具体证据包括：1. 证明行为人伪造武装部队车辆号牌行为的证据；2. 证明行为人盗窃武装部队车辆号牌行为的证据；3. 证明行为人买卖武装部队车辆号牌行为的证据；4. 证明行为人非法提供武装部队车辆号牌行为的证据；5. 证明行为人非法使用武装部队车辆号牌行为的证据；6. 证明行为人伪造、盗窃、买卖或者非法提供、使用武装部队专用标志行为的证据；7. 证明行为人伪造、盗窃、买卖或者非法提供、使用武装部队专用标志犯罪情节严重的证据。 |
| | 量刑方面的证据 | **一、法定量刑情节证据**<br>1. 事实情节。2. 法定从重情节。3. 法定从轻或者减轻情节：（1）可以从轻；（2）可以从轻或者减轻；（3）应当从轻或者减轻。4. 法定从轻、减轻或者免除情节：（1）可以从轻、减轻或者免除处罚；（2）应当从轻、减轻或者免除处罚。5. 法定减轻或者免除情节：（1）可以减轻或者免除处罚；（2）应当减轻或者免除处罚；（3）可以免除处罚。<br>**二、酌定量刑情节证据**<br>1. 犯罪手段：（1）伪造；（2）盗窃；（3）买卖；（4）非法提供；（5）非法使用。2. 犯罪对象。3. 危害结果。4. 动机。5. 平时表现。6. 认罪态度。7. 是否有前科。8. 其他证据。 |
| **量刑标准** | 犯本罪 | 处三年以下有期徒刑、拘役或者管制，并处或者单处罚金 |
| | 情节特别严重的 | 处三年以上七年以下有期徒刑，并处罚金 |
| | 单位犯本罪的 | 对单位判处罚金，并对其直接负责的主管人员和其他直接责任人员，依上述规定处罚。 |
| **法律适用** | 刑法条文 | **第三百七十五条第三款** 伪造、盗窃、买卖或者非法提供、使用武装部队车辆号牌等专用标志，情节严重的，处三年以下有期徒刑、拘役或者管制，并处或者单处罚金；情节特别严重的，处三年以上七年以下有期徒刑，并处罚金。<br>**第四款** 单位犯第二款、第三款罪的，对单位判处罚金，并对其直接负责的主管人员和其他直接责任人员，依照各该款的规定处罚。 |
| | 司法解释 | **最高人民法院、最高人民检察院《关于办理妨害武装部队制式服装、车辆号牌管理秩序等刑事案件具体应用法律若干问题的解释》**（2011年7月20日最高人民法院、最高人民检察院公布 自2011年8月1日起施行 法释〔2011〕16号）<br>为依法惩治妨害武装部队制式服装、车辆号牌管理秩序等犯罪活动，维护国防利益，根据《中华人民共和国刑法》有关规定，现就办理非法生产、买卖武装部队制式服装，伪造、盗窃、买卖武装部队车辆号牌等刑事案件的若干问题解释如下： |

**第一条** 伪造、变造、买卖或者盗窃、抢夺武装部队公文、证件、印章，具有下列情形之一的，应当依照刑法第三百七十五条第一款的规定，以伪造、变造、买卖武装部队公文、证件、印章罪或者盗窃、抢夺武装部队公文、证件、印章罪定罪处罚：

（一）伪造、变造、买卖或者盗窃、抢夺武装部队公文一件以上的；

（二）伪造、变造、买卖或者盗窃、抢夺武装部队军官证、士兵证、车辆行驶证、车辆驾驶证或者其他证件二本以上的；

（三）伪造、变造、买卖或者盗窃、抢夺武装部队机关印章、车辆牌证印章或者其他印章一枚以上的。

实施前款规定的行为，数量达到第（一）至（三）项规定标准五倍以上或者造成严重后果的，应当认定为刑法第三百七十五条第一款规定的"情节严重"。

**第二条** 非法生产、买卖武装部队现行装备的制式服装，具有下列情形之一的，应当认定为刑法第三百七十五条第二款规定的"情节严重"，以非法生产、买卖武装部队制式服装罪定罪处罚：

（一）非法生产、买卖成套制式服装三十套以上，或者非成套制式服装一百件以上的；

（二）非法生产、买卖帽徽、领花、臂章等标志服饰合计一百件（副）以上的；

（三）非法经营数额二万元以上的；

（四）违法所得数额五千元以上的；

（五）具有其他严重情节的。

**第三条** 伪造、盗窃、买卖或者非法提供、使用武装部队车辆号牌等专用标志，具有下列情形之一的，应当认定为刑法第三百七十五条第三款规定的"情节严重"，以伪造、盗窃、买卖、非法提供、非法使用武装部队专用标志罪定罪处罚：

（一）伪造、盗窃、买卖或者非法提供、使用武装部队军以上领导机关车辆号牌一副以上或者其他车辆号牌三副以上的；

（二）非法提供、使用军以上领导机关车辆号牌之外的其他车辆号牌累计六个月以上的；

（三）伪造、盗窃、买卖或者非法提供、使用军徽、军旗、军种符号或者其他军用标志合计一百件（副）以上的；

（四）造成严重后果或者恶劣影响的。

实施前款规定的行为，具有下列情形之一的，应当认定为刑法第三百七十五条第三款规定的"情节特别严重"：

（一）数量达到前款第（一）、（三）项规定标准五倍以上的；

（二）非法提供、使用军以上领导机关车辆号牌累计六个月以上或者其他车辆号牌累计一年以上的；

（三）造成特别严重后果或者特别恶劣影响的。

**第四条** 买卖、盗窃、抢夺伪造、变造的武装部队公文、证件、印章的，买卖仿制的现行装备的武装部队制式服装情节严重的，盗窃、买卖、提供、使用伪造、变造的武装部队车辆号牌等专用标志情节严重的，应当追究刑事责任。定罪量刑标准适用本解释第一至第三条的规定。

**第五条** 明知他人实施刑法第三百七十五条规定的犯罪行为，而为其生产、提供专用材料或者提供资金、账号、技术、生产经营场所等帮助的，以共犯论处。

| | | |
|---|---|---|
| **法律适用** | 司法解释 | **第六条** 实施刑法第三百七十五条规定的犯罪行为，同时又构成逃税、诈骗、冒充军人招摇撞骗等犯罪的，依照处罚较重的规定定罪处罚。<br><br>**第七条** 单位实施刑法第三百七十五条第二款、第三款规定的犯罪行为，对单位判处罚金，并对其直接负责的主管人员和其他直接责任人员，分别依照本解释的有关规定处罚。 |
| | 规章及规范性文件 | **最高人民检察院、公安部《关于公安机关管辖的刑事案件立案追诉标准的规定（一）》（节录）**（2008 年 6 月 25 日最高人民检察院、公安部公布　自公布之日起施行　公通字〔2008〕36 号　2017 年 4 月 27 日修正）<br><br>**第九十四条之一**　〔伪造、盗窃、买卖、非法提供、非法使用武装部队专用标志案（刑法第三百七十五条第三款）〕伪造、盗窃、买卖或者非法提供、使用武装部队车辆号牌等专用标志，涉嫌下列情形之一的，应予立案追诉：<br><br>（一）伪造、盗窃、买卖或者非法提供、使用武装部队军以上领导机关车辆号牌一副以上或者其他车辆号牌三副以上的；<br><br>（二）非法提供、使用军以上领导机关车辆号牌之外的其他车辆号牌累计六个月以上的；<br><br>（三）伪造、盗窃、买卖或者非法提供、使用军徽、军旗、军种符号或者其他军用标志合计一百件（副）以上的；<br><br>（四）造成严重后果或者恶劣影响的。<br><br>盗窃、买卖、提供、使用伪造、变造的武装部队车辆号牌等专用标志，情节严重的，应予立案追诉。 |

# 71 战时拒绝、逃避征召、军事训练案

| | | |
|---|---|---|
| **概念** | | 本罪是指预备役人员在战时拒绝、逃避征召或者军事训练，情节严重的行为。 |
| **立案标准** | | 预备役人员战时拒绝、逃避征召或者军事训练，涉嫌下列情形之一的，应予立案追诉：<br>(1) 无正当理由经教育仍拒绝、逃避征召或者军事训练的；<br>(2) 以暴力、威胁、欺骗等手段，或者采取自伤、自残等方式拒绝、逃避征召或者军事训练的；<br>(3) 联络、煽动他人共同拒绝、逃避征召或者军事训练的；<br>(4) 其他情节严重的情形。 |
| **定罪标准** | **犯罪客体** | 本罪侵犯的客体是国家兵役管理制度。《国防法》《兵役法》《预备役人员法》《征兵工作条例》《民兵工作条例》等法律法规中规定，预备役是我国兵役的组成部队；预备役人员按照规定参加军事训练，随时准备参军参战，保卫祖国；在战时或国家公布动员令时，随时准备应召服役，在接到通知后，必须准时到指定地点报到；拒绝、逃避兵役义务，经教育不改的，依法追究刑事责任。预备役人员战时拒绝、逃避征召或者军事训练，违反国防法律规定的公民国防义务，影响部队兵员的补充和素质的提高，危害部队建设和国防利益。 |
| | **犯罪客观方面** | 本罪在客观方面表现为预备役人员在战时拒绝、逃避征召、军事训练，情节严重的行为。所谓"战时"，是指国家宣布进入战争状态，部队受领作战任务或者遭到突然袭击时。部队执行戒严任务或者处置突发性暴力事件时，以战时论。"拒绝征召、军事训练"，是指接到征召、军事训练通知后，拒不报到或者拒不参加军事训练。"逃避征召、军事训练"，是指以谎报年龄、自伤身体、假装病残、外出藏匿、找人顶替等方法躲避征召、军事训练。所谓"征召"，是指兵役机关依法向预备役人员发出通知，要求其按规定时间和地点报到，准备转服现役。所谓"军事训练"，是指军事理论教育和作战技能训练的活动。所谓"情节严重"，在司法实践中是指因拒绝、逃避征召影响军事任务完成的；以暴力方法抗拒征召或者军事训练的；煽动他人拒绝、逃避征召或者军事训练的；经多次教育仍拒绝、逃避征召或者军事训练的等。按照法律规定，行为人只要实施了战时拒绝、逃避征召或者军事训练其中一种行为，就构成本罪；实施了两种行为的，仍为一罪，不实行并罚。根据法律规定，战时拒绝、逃避征召或者军事训练的行为，必须达到情节严重的程度，才构成犯罪。 |
| | **犯罪主体** | 本罪的主体是特殊主体，即只能是预备役人员。根据我国《兵役法》的规定，"预备役人员"是指经过登记，预编到现役部队或者编入预备役部队服预备役的。 |

| | | |
|---|---|---|
| 定 罪 标 准 | 犯罪主观方面 | 本罪在主观方面是故意，且具有逃避履行军事义务的目的。犯罪动机多种多样，如行为人有的怕战死战伤、怕苦怕累，有的怕减少个人或家庭收入等，动机如何，不影响定罪。 |
| | 罪与非罪 | 区分罪与非罪的界限，关键是看情节是否严重。只有情节严重的才能构成本罪。此外，还应注意战时与平时的界限，若是平时拒绝、逃避征召或者军事训练的，则不能以本罪论处。 |
| | 此罪与彼罪 | 一、本罪与战时自伤罪的界限。两者在主观方面、实施手段以及时间范围等方面相似。区别在于：一是犯罪客体不同。本罪侵犯预备役制度，逃避军人义务；后者违反军人职责，危害军事作战利益。二是犯罪主体不同。本罪主要是预备役人员；后者主要是现役军人，但预备役人员应征后自伤身体、逃避军事义务的，应按战时自伤罪处罚。<br><br>二、本罪与战时临阵脱逃罪的界限。两者在主观方面、行为特征等方面相似，区别在于：一是犯罪客体不同。本罪侵犯预备役制度，逃避军人义务；后者侵犯军事作战利益。二是犯罪主体不同。本罪主要是预备役人员；后者主体是现役军人。三是行为实施时间阶段不同。本罪发生在被征召入伍后；后罪发生在临阵之前。如果预备役人员被征召入伍后，临阵上战场前，以藏匿、逃离部队等方式逃避军人义务的，以战时临阵脱逃罪论处。<br><br>三、本罪与战时违抗命令罪的区别。两者在主观方面、行为方式上有相似之处。区别在于：一是犯罪客体不同。本罪侵犯预备役制度，逃避军人义务；后罪危害军队作战利益。二是犯罪主体不同。本罪主要是预备役人员；后罪的主体是现役军人。三是行为实施时间阶段不同。本罪实施在被征召、编入现役前；后罪发生在战斗中。如果预备役人员被征召入伍后，违抗作战命令的，以战时违抗命令罪论处。<br><br>四、本罪与逃离部队罪的界限。两者在主观方面、客观方面相似。区别在于：一是侵犯的客体不同。本罪侵犯的客体是预备役制度；后罪侵犯的客体是现役兵役制度。二是犯罪主体不同。本罪的主体是预备役人员；后罪主体是现役军人。三是行为实施时间阶段不同。本罪须在战时实施才能构成犯罪；后罪在平时、战时实施均构成犯罪。而且在战时实施的，法律规定从重处罚。如果预备役人员应召入伍后逃离部队的，按逃离部队罪处罚。 |
| 证 据 参 考 标 准 | 主体方面的证据 | **一、证明行为人刑事责任年龄、身份等自然情况的证据**<br>包括身份证明、户籍证明、任职证明、工作经历证明、特定职责证明等，主要是证明行为人的姓名（曾用名）、性别、出生年月日、民族、籍贯、出生地、职业（或职务）、住所地（或居所地）等证据材料，如户口簿、居民身份证、居住证、工作证、出生证、专业或技术等级证、干部履历表、职工登记表、护照等。<br>对于户籍、出生证等材料内容不实的，应提供其他证据材料。人大代表、政协委员犯罪的案件，应注明身份，并附身份证明材料。<br>**二、证明行为人刑事责任能力的证据**<br>证明行为人对自己的行为是否具有辨认能力与控制能力，如是否属于间歇性精神病人、尚未完全丧失辨认或者控制自己行为能力的精神病人的证明材料。 |

| 证据参考标准 | 主观方面的证据 | **证明行为人故意的证据**<br>1. 证明行为人明知的证据：证明行为人明知自己的行为会发生危害社会的结果。2. 证明直接故意的证据：证明行为人希望危害结果发生。3. 目的：（1）拒绝征召、训练；（2）逃避征召、训练。 |
|---|---|---|
| | 客观方面的证据 | **证明行为人战时拒绝、逃避征召、军事训练犯罪行为的证据**<br>具体证据包括：1. 证明战时拒绝、逃避征召、军事训练犯罪主体的证据：（1）预备役军官；（2）预备役士兵。2. 证明战时拒绝、逃避征召、军事训练预备役人员情势的证据：（1）国家宣布进入战争状态时；（2）部队受领作战任务时；（3）部队遭受敌人突然袭击时；（4）部队执行戒严任务时；（5）部队处置突发事件时。3. 证明行为人战时拒绝、逃避征召、军事训练行为的证据：（1）拒不接受；（2）拒不到集结地点报到；（3）躲开；（4）不接触。4. 证明行为人战时拒绝、逃避征召、军事训练情节严重行为的证据：（1）假装伤病；（2）故意自伤；（3）藏匿；（4）外出不归；（5）让人顶替；（6）谎报年龄；（7）其他。5. 证明行为人战时拒绝、逃避征召、军事训练情节特别严重行为的证据：（1）影响军事任务完成的；（2）以暴力方法抗拒征召、训练的；（3）煽动他人拒绝、逃避征召、训练的；（4）经多次教育仍拒绝、逃避征召、训练的；（5）其他拒绝、逃避征召、训练情形的。 |
| | 量刑方面的证据 | **一、法定量刑情节证据**<br>1. 事实情节：（1）情节严重；（2）其他。2. 法定从重情节。3. 法定从轻或者减轻情节：（1）可以从轻；（2）可以从轻或者减轻；（3）应当从轻或者减轻。4. 法定从轻、减轻或者免除情节：（1）可以从轻、减轻或者免除处罚；（2）应当从轻、减轻或者免除处罚。5. 法定减轻或者免除情节：（1）可以减轻或者免除处罚；（2）应当减轻或者免除处罚；（3）可以免除处罚。<br>**二、酌定量刑情节证据**<br>1. 犯罪手段：（1）躲开、不接触；（2）装病、自伤；（3）藏匿、外出不归。（4）其他。2. 犯罪对象。3. 危害结果。4. 动机。5. 平时表现。6. 认罪态度。7. 是否有前科。8. 其他证据。 |
| 量刑标准 | | 犯本罪的        处三年以下有期徒刑或者拘役 |
| 法律适用 | 刑法条文 | **第三百七十六条第一款** 预备役人员战时拒绝、逃避征召或者军事训练，情节严重的，处三年以下有期徒刑或者拘役。 |

## 一、《中华人民共和国兵役法》（节录）
（1984年5月31日中华人民共和国主席令第14号公布　自1984年10月1日起施行　1998年12月29日第一次修正　2009年8月27日第二次修正　2011年10月29日第三次修正　2021年8月20日修订）

**第五十七条**　有服兵役义务的公民有下列行为之一的，由县级人民政府责令限期改正；逾期不改正的，由县级人民政府强制其履行兵役义务，并处以罚款：

（一）拒绝、逃避兵役登记的；

（二）应征公民拒绝、逃避征集服现役的；

（三）预备役人员拒绝、逃避参加军事训练、担负战备勤务、执行非战争军事行动任务和征召的。

有前款第二项行为，拒不改正的，不得录用为公务员或者参照《中华人民共和国公务员法》管理的工作人员，不得招录、聘用为国有企业和事业单位工作人员，两年内不准出境或者升学复学，纳入履行国防义务严重失信主体名单实施联合惩戒。

**第六十二条**　违反本法规定，构成犯罪的，依法追究刑事责任。

**第六十三条**　本法第五十七条、第五十八条、第五十九条规定的处罚，由县级以上地方人民政府兵役机关会同有关部门查明事实，经同级地方人民政府作出处罚决定后，由县级以上地方人民政府兵役机关、发展改革、公安、退役军人工作、卫生健康、教育、人力资源和社会保障等部门按照职责分工具体执行。

## 二、《中华人民共和国预备役人员法》（节录）
（2022年12月30日中华人民共和国主席令第127号公布　自2023年3月1日起施行）

**第四条**　预备役人员必须服从命令、严守纪律，英勇顽强、不怕牺牲，按照规定参加政治教育和军事训练、担负战备勤务、执行非战争军事行动任务，随时准备应召参战，保卫祖国。

国家依法保障预备役人员的地位和权益。预备役人员享有与其履行职责相应的荣誉和待遇。

**第五十八条**　经过预备役登记的公民拒绝、逃避参加预备役人员选拔补充的，预备役人员拒绝、逃避参加军事训练、担负战备勤务、执行非战争军事行动任务和征召的，由县级人民政府责令限期改正；逾期不改的，由县级人民政府强制其履行兵役义务，并处以罚款；属于公职人员的，还应当依法给予处分。

预备役人员有前款规定行为的，部队应当按照有关规定停止其相关待遇。

**第五十九条**　预备役人员参战、参加军事训练、担负战备勤务、执行非战争军事行动任务期间，违反纪律的，由部队按照有关规定给予处分。

### 最高人民检察院、公安部《关于公安机关管辖的刑事案件立案追诉标准的规定（一）》（节录）
（2008年6月25日最高人民检察院、公安部公布　自公布之日起施行　公通字〔2008〕36号　2017年4月27日修正）

**第九十五条**　〔战时拒绝、逃避征召、军事训练案（刑法第三百七十六条第一款）〕预备役人员战时拒绝、逃避征召或者军事训练，涉嫌下列情形之一的，应予立案追诉：

（一）无正当理由经教育仍拒绝、逃避征召或者军事训练的；

（二）以暴力、威胁、欺骗等手段，或者采取自伤、自残等方式拒绝、逃避征召或者军事训练的；

（三）联络、煽动他人共同拒绝、逃避征召或者军事训练的；

（四）其他情节严重的情形。

（左侧竖排栏目）法律适用　相关法律法规　规章及规范性文件

# 72 战时拒绝、逃避服役案

| | | |
|---|---|---|
| **概念** | | 本罪是指应征公民在战时拒绝、逃避服役，情节严重的行为。 |
| **立案标准** | | 公民战时拒绝、逃避服役，涉嫌下列情形之一的，应予立案追诉：<br>(1) 无正当理由经教育仍拒绝、逃避服役的；<br>(2) 以暴力、威胁、欺骗等手段，或者采取自伤、自残等方式拒绝、逃避服役的；<br>(3) 联络、煽动他人共同拒绝、逃避服役的；<br>(4) 其他情节严重的情形。 |
| **定罪标准** | **犯罪客体** | 　　本罪侵犯的直接客体是我国的兵役制度和战时的军事利益。根据《宪法》和《兵役法》的规定，保卫祖国、抵抗侵略是中华人民共和国每一个公民的神圣职责；依照法律服兵役和参加民兵组织是中华人民共和国公民的光荣义务。中国公民不分民族、种族、职业、家庭出身、宗教信仰和教育程度，都有义务服兵役。而拒绝、逃避服兵役则直接威胁到武装力量的来源，破坏了我国的兵役制度，尤其在战时，情节严重的行为，会侵害整个部队的作战计划和行动，危害国家的军事利益，因而有必要对情节严重的战时拒绝、逃避服兵役行为予以刑事处罚。 |
| | **犯罪客观方面** | 　　本罪在客观方面表现为在战时拒绝、逃避服兵役，情节严重的行为，包括拒不服役和逃避服役。首先应当注意这种行为必须发生在战时。战时是与平时相对而言的，所谓战时，是指国家宣布进入战争状态、部队受领作战任务或者遭敌突然袭击时。军人执行戒严任务或者处置突发性暴力事件时，以战时论。决定国家是否处于战时的职权，由全国人民代表大会常务委员会行使；决定武装力量是否处于战时的职权，由中华人民共和国中央军事委员会行使。本罪如果不是发生在战时，而是发生在平时，就不构成犯罪。所谓拒绝，一般认为是拒不接受服兵役，具体表现为有服兵役义务的应征公民拒绝兵役登记，拒绝征集。所谓逃避，一般认为是有意躲避，具体表现为有服兵役义务的应征公民以某种行为或虚假理由有意躲避兵役登记、有意躲避征集，包括以自伤身体、装病、装残等方式逃避服兵役，雇人或请他人冒名顶替自己服役，等等。这里的服兵役，应当理解为包括服现役和预备役。本罪是情节犯，必须是情节严重才构成犯罪。所谓情节严重，通常认为包括以暴力方法拒绝、逃避服兵役的；拒绝逃避服兵役影响作战或其他重要任务完成的；煽动他人拒绝、逃避服役的，等等。 |
| | **犯罪主体** | 　　本罪的主体是具备服兵役条件，依法应当服兵役的中华人民共和国公民。根据《兵役法》的规定，每年 12 月 31 日以前年满 18 周岁的男性公民，都应当按照兵役机关的安排在当年进行初次兵役登记。年满 18 周岁的男性公民，应当被征集服现役；当年未被征集的，在 22 周岁以前仍可以被征集服现役。普通高等学校毕业生的征集年龄可以放宽至 24 周岁，研究生的征集年龄可以放宽至 26 周岁。根据军队需要，可以按照前述规定征集女性公民服现役。根据军队需要和本人自愿，可以征集年满 17 周岁未满 18 周岁的公民服现役。所谓应征公民，是指经兵役登记和初步审查合格的应服役公民，应征公民可以构成本罪的犯罪主体。下列人员由于《兵役法》的规定而 |

| | | |
|---|---|---|
| **定罪标准** | 犯罪主体 | 不能成为本罪的主体：有严重生理缺陷或者严重残疾不适合兵役的人；依法被剥夺政治权利的人；符合《兵役法》规定，应征公民是维持家庭生活的唯一劳动力，经批准可以缓征的人员；正在被依法监察调查、侦查、起诉、审判的或被判处徒刑、拘役、管制正在服刑的人员等。 |
| | 犯罪主观方面 | 本罪在主观方面只能是故意。过失不构成本罪。这里的故意，是指明知自己已被征召加入部队，而拒绝、逃避服役。如果行为人由于客观方面原因没有收到应征服役的通知或不能按时去报到或者无法去报到的，则不构成犯罪。至于行为的目的，一般都是为了逃避服役、参军参战，犯罪动机是多种多样的，如贪生怕死、怕苦怕累等，动机如何，均不影响本罪的构成。 |
| | 罪与非罪 | 区分罪与非罪的界限，要注意：本罪的成立应以"战时"拒绝服役、逃避服役"情节严重"作为犯罪构成要件。如果行为人是平时拒绝、逃避服役；或者是战时拒绝、逃避服役，尚未达到情节严重的程度，均不构成犯罪。可见情节严重与否是划分本罪与非罪的主要标准。此外，对于本罪，还应当注意战时与平时的界限特征。在平时，拒绝、逃避服役的，不能以本罪论，但可以给予其他形式的行政处罚或处分。但是，如果在战时，行为人拒绝、逃避服役的，而且情节轻微的，也不应以本罪论，可以对其进行批评教育，或处以行政处罚或处分，但不宜强制其履行义务。如果行为人经教育不改，应由基层人民政府强制其履行服兵役义务。 |
| | 此罪与彼罪 | 本罪与逃离部队罪的界限。逃离部队罪，是指违反兵役法规，逃离部队情节严重的行为。两罪在犯罪客体、主观方面、客观方面相同或者近似。从广义上讲，本罪所规定的行为与逃离部队罪都是拒绝、逃避服兵役的行为，但是作为两种不同的犯罪形式，两者也有不同之处：(1) 犯罪主体不同。前者的犯罪主体只能是具备服兵役条件的中华人民共和国公民，即虽然符合服役条件但尚未成现役或预备役军人的应征公民；而逃离部队罪的犯罪主体则是现役军人。(2) 客观方面不同。前者在客观方面表现为战时，拒绝、逃避服兵役；而后者则表现为逃离部队的行为，不论战时或平时，但对战时逃离部队的行为应从重处罚。(3) 犯罪客体不同。前者所侵犯的客体是国家的兵役制度；而后者所侵犯的客体则是国家的兵役制度和部队的作战秩序；换句话说，两种犯罪对于兵役制度的破坏的阶段是不同的，战时拒绝、逃避服役罪是行为根本未加入服役行列而拒绝、逃避服役；而逃离部队罪则是已加入现役而拒绝、逃避进一步服役。 |
| **证据参考标准** | 主体方面的证据 | **一、证明行为人刑事责任年龄、身份等自然情况的证据**<br>包括身份证明、户籍证明、任职证明、工作经历证明、特定职责证明等，主要是证明行为人的姓名（曾用名）、性别、出生年月日、民族、籍贯、出生地、职业（或职务）、住所地（或居所地）等证据材料，如户口簿、居民身份证、居住证、工作证、出生证、专业或技术等级证、干部履历表、职工登记表、护照等。<br>对于户籍、出生证等材料内容不实的，应提供其他证据材料。人大代表、政协委员犯罪的案件，应注明身份，并附身份证明材料。<br>**二、证明行为人刑事责任能力的证据**<br>证明行为人对自己的行为是否具有辨认能力与控制能力，如是否属于间歇性精神病人、尚未完全丧失辨认或者控制自己行为能力的精神病人的证明材料。 |

| 证据参考标准 | 主观方面的证据 | **证明行为人故意的证据**<br>1. 证明行为人明知的证据：证明行为人明知自己的行为会发生危害社会的结果。2. 证明直接故意的证据：证明行为人希望危害结果发生。3. 目的：（1）拒绝服兵役；（2）逃避服兵役。 |
|---|---|---|
| | 客观方面的证据 | **证明行为人战时拒绝、逃避服役犯罪行为的证据**<br>具体证据包括：1. 证明战时拒绝、逃避服役犯罪行为主体的证据：（1）男；（2）女。2. 证明行为人拒绝服役行为的证据：（1）拒绝兵役登记；（2）拒绝兵役征集。3. 证明男、女公民逃避服役行为的证据：（1）自伤身体；（2）雇、请他（她）人顶替；（3）假装病、残；（4）伪装系严重违法犯罪者；（5）编造其他虚假理由。4. 证明行为人战时拒绝、逃避服役情节严重行为的证据：（1）经教育仍拒绝、逃避服役的；（2）影响作战；（3）影响其他军事任务完成的；（4）煽动他人拒绝、逃避服役的；（5）以暴力手段抗拒服役的。5. 证明行为人拒绝、逃避服役其他行为的证据。 |
| | 量刑方面的证据 | **一、法定量刑情节证据**<br>1. 事实情节：（1）情节严重；（2）其他。2. 法定从重情节。3. 法定从轻或者减轻情节：（1）可以从轻；（2）可以从轻或者减轻；（3）应当从轻或者减轻。4. 法定从轻、减轻或者免除情节：（1）可以从轻、减轻或者免除处罚；（2）应当从轻、减轻或者免除处罚。5. 法定减轻或者免除情节：（1）可以减轻或者免除处罚；（2）应当减轻或者免除处罚；（3）可以免除处罚。<br>**二、酌定量刑情节证据**<br>1. 犯罪手段：（1）假装病、残；（2）自伤；（3）顶替；（4）其他。2. 犯罪对象。3. 危害结果。4. 动机。5. 平时表现。6. 认罪态度。7. 是否有前科。8. 其他证据。 |
| 量刑标准 | 犯本罪的 | 处二年以下有期徒刑或者拘役 |
| 法律适用 | 刑法条文 | **第三百七十六条第二款**　公民战时拒绝、逃避服役，情节严重的，处二年以下有期徒刑或者拘役。 |

**法律适用**

**相关法律法规**

**一、《中华人民共和国兵役法》（节录）** (1984 年 5 月 31 日中华人民共和国主席令第 14 号公布 自 1984 年 10 月 1 日起施行 1998 年 12 月 29 日第一次修正 2009 年 8 月 27 日第二次修正 2011 年 10 月 29 日第三次修正 2021 年 8 月 20 日修订)

**第五十七条** 有服兵役义务的公民有下列行为之一的，由县级人民政府责令限期改正；逾期不改正的，由县级人民政府强制其履行兵役义务，并处以罚款：

（一）拒绝、逃避兵役登记的；

（二）应征公民拒绝、逃避征集服现役的；

（三）预备役人员拒绝、逃避参加军事训练、担负战备勤务、执行非战争军事行动任务和征召的。

有前款第二项行为，拒不改正的，不得录用为公务员或者参照《中华人民共和国公务员法》管理的工作人员，不得招录、聘用为国有企业和事业单位工作人员，两年内不准出境或者升学复学，纳入履行国防义务严重失信主体名单实施联合惩戒。

**第六十二条** 违反本法规定，构成犯罪的，依法追究刑事责任。

**第六十三条** 本法第五十七条、第五十八条、第五十九条规定的处罚，由县级以上地方人民政府兵役机关会同有关部门查明事实，经同级地方人民政府作出处罚决定后，由县级以上地方人民政府兵役机关、发展改革、公安、退役军人工作、卫生健康、教育、人力资源和社会保障等部门按照职责分工具体执行。

**二、《中华人民共和国预备役人员法》（节录）** (2022 年 12 月 30 日中华人民共和国主席令第 127 号公布 自 2023 年 3 月 1 日起施行)

**第四条** 预备役人员必须服从命令、严守纪律，英勇顽强、不怕牺牲，按照规定参加政治教育和军事训练、担负战备勤务、执行非战争军事行动任务，随时准备应召参战，保卫祖国。

国家依法保障预备役人员的地位和权益。预备役人员享有与其履行职责相应的荣誉和待遇。

**第五十八条** 经过预备役登记的公民拒绝、逃避参加预备役人员选拔补充的，预备役人员拒绝、逃避参加军事训练、担负战备勤务、执行非战争军事行动任务和征召的，由县级人民政府责令限期改正；逾期不改的，由县级人民政府强制其履行兵役义务，并处以罚款；属于公职人员的，还应当依法给予处分。

预备役人员有前款规定行为的，部队应当按照有关规定停止其相关待遇。

**第五十九条** 预备役人员参战、参加军事训练、担负战备勤务、执行非战争军事行动任务期间，违反纪律的，由部队按照有关规定给予处分。

**规章及规范性文件**

**最高人民检察院、公安部《关于公安机关管辖的刑事案件立案追诉标准的规定（一）》（节录）** (2008 年 6 月 25 日最高人民检察院、公安部公布 自公布之日起施行 公通字〔2008〕36 号 2017 年 4 月 27 日修正)

**第九十六条** 〔战时拒绝、逃避服役案（刑法第三百七十六条第二款）〕公民战时拒绝、逃避服役，涉嫌下列情形之一的，应予立案追诉：

（一）无正当理由经教育仍拒绝、逃避服役的；

（二）以暴力、威胁、欺骗等手段，或者采取自伤、自残等方式拒绝、逃避服役的；

（三）联络、煽动他人共同拒绝、逃避服役的；

（四）其他情节严重的情形。

# 73 战时故意提供虚假敌情案

| | |
|---|---|
| **概念** | 本罪是指战时故意向武装部队提供虚假敌情，造成严重后果的行为。 |
| **立案标准** | 根据《刑法》第377条的规定，战时故意向武装部队提供虚假敌情，造成严重后果的，应当立案。<br><br>本罪为结果犯，行为人在战时故意向武装部队提供虚假敌情的行为，必须"造成严重后果"，才构成本罪，予以立案侦查。所谓造成严重后果，一般是指导致我军贻误战机、扰乱作战部署、指挥失误、战斗失利、造成部队伤亡等情形。对于未造成严重后果的，不构成犯罪，不予立案。 |

| | | |
|---|---|---|
| **定罪标准** | **犯罪客体** | 本罪侵犯的客体是武装部队的作战利益。武装部队的作战利益，是我军实现其职能的保障，是国家利益的重要方面，关系着国家主权、领土完整和人民的安危。战役、战斗的胜败，取决于指挥员全面掌握敌我双方真实情况基础上的决断。及时准确地掌握敌方兵力部署、武器装备等情况和有关动态，对于我方全面了解和正确估计敌我力量对比，调整作战部署，制订作战方案，以求克敌制胜，具有重要意义。若虚报敌情，武装部队就难以制订出符合客观实际的战略部署和行动方案，就会给部队招致危险，其后果不堪设想。 |
| | **犯罪客观方面** | 本罪客观方面表现为故意向武装部队提供虚假敌情的行为。武装部队是指中国人民解放军、中国人民武装警察部队、民兵和其他参加的武装力量。敌情是指敌人的军事情况，包括敌军的作战计划、军事布防、部队组成、军种、番号、武器装备、军事设置、作战意图、军事行动等一切与作战有关的情况。<br><br>一、提供虚假敌情的行为必须发生在战时，才能构成本罪。这就是说，战时乃是构成本罪在时间上的必备要件。不在战时而在平时，即使有向武装部队提供虚假敌情的行为，也不能以本罪论处。所谓战时，是指国家宣布战争状态、部队受领作战任务或者遭受突然袭击时。部队执行戒严任务或者处置突发性暴力事件时，以战时论。<br><br>二、提供虚假敌情的行为。所谓提供，是指采取各种方法将虚假的敌情告知武装部队，以让其知道。既包括书面的，又包括口头的；既可以当面提供，又可以通过书信、电话、电报或由第三人代为转告而不当面提供；既可以是主动提供，也可以是武装部队向其询问时而予以提供。不论方式如何，只要提供的属虚假敌情，即可构成本罪。所谓敌情，是指与我为敌的一方的一切有关信息情报，主要是军事情报，但不限于军事情报。凡属于与敌人军事行动相关，能影响我军对敌方军事行动的正确判断，可能产生错误认识或采取错误行动的各种情况，如敌军的车辆调度、物资采供、装备情况、所处地理位置等有关军事、政治、经济、地理、科学技术方面的情况，都属于敌情的范畴。所谓虚假敌情，是指不符合真实情况的敌方情况。有的是无中生有，编造或谎报根本不存在的敌情而加以提供；有的是故意改变敌情内容，或严重歪曲或夸大、隐瞒敌方的情况。前者如将敌军没有退却而谎称退却，没有设置雷区、雷阵而谎称其有等；后者则如将雷区位置变更地点，看见敌军通过，知道其向东而谎称向西；故意夸大敌军人数、武器装备等。 |

| 定罪标准 | 犯罪客观方面 | 三、造成严重后果，是构成本罪的必要条件。造成严重后果，是指因提供虚假敌情而扰乱了部队的作战部署，干扰了部队的军事行动，破坏了指挥人员的作战计划和安排等。 |
|---|---|---|
| | 犯罪主体 | 本罪的主体是一般主体，即武装部队军事人员以外的具有刑事责任能力的自然人。 |
| | 犯罪主观方面 | 本罪主观方面是故意，过失不构成本罪。其犯罪动机有多种，如为邀功请赏而编造情报；因贪生怕死而夸大敌人的实力，为泄私愤等。 |
| | 罪与非罪 | 一、本罪以"战时""故意"向武装部队提供虚假敌情"造成严重后果"作为犯罪构成要件。如果行为人是平时向武装部队提供虚假敌情，或者是过失提供虚假敌情，或者是战时故意提供虚假敌情尚未造成严重后果的，均不构成犯罪，但可酌情给予行政处罚。<br>二、行为人如果参与间谍组织、投敌叛变后或者实施武装叛乱、武装暴乱行为，意在危害我国国家安全，故意向武装部队提供虚假情况的，则属牵连犯罪，对之应当择一重罪治罪科刑，而不实行数罪并罚。 |
| | 此罪与彼罪 | 本罪与隐瞒、谎报军情罪的界限。两者在主观方面都是故意，行为特征都表现为反映不真实的军事情况，直接客体都是侵犯武装部队作战利益。主要区别在于：（1）侵犯客体不同。本罪侵犯的客体是危害国防利益；后者侵犯的客体是军人的职责活动。（2）主体不同。本罪的主体是一般主体，即武装部队军事人员以外的自然人；后者的主体是现役军人。（3）提供虚假情况的范围不同。本罪提供的虚假情况是敌人的军情；后者谎报的军情既包括敌情，也包括我军的军情。 |
| 证据参考标准 | 主体方面的证据 | 一、证明行为人刑事责任年龄、身份等自然情况的证据<br>包括身份证明、户籍证明、任职证明、工作经历证明、特定职责证明等，主要是证明行为人的姓名（曾用名）、性别、出生年月日、民族、籍贯、出生地、职业（或职务）、住所地（或居所地）等证据材料，如户口簿、居民身份证、居住证、工作证、出生证、专业或技术等级证、干部履历表、职工登记表、护照等。<br>对于户籍、出生证等材料内容不实的，应提供其他证据材料。外国人犯罪的案件，应有护照等身份证明材料。人大代表、政协委员犯罪的案件，应注明身份，并附身份证明材料。<br>二、证明行为人刑事责任能力的证据<br>证明行为人对自己的行为是否具有辨认能力与控制能力，如是否属于间歇性精神病人、尚未完全丧失辨认或者控制自己行为能力的精神病人的证明材料。 |
| | 主观方面的证据 | 证明行为人故意的证据<br>1. 证明行为人明知的证据：证明行为人明知自己的行为会发生危害社会的结果；<br>2. 证明直接故意的证据：证明行为人希望危害结果发生。 |

| 证据参考标准 | 客观方面的证据 | **证明行为人战时故意提供虚假敌情犯罪行为的证据**<br>具体证据包括：1. 证明行为人战时故意向武装部队提供虚假的军事敌情行为的证据。2. 证明行为人战时故意向武装部队提供虚假的与军事有关的政治敌情行为的证据。3. 证明行为人战时故意向武装部队提供虚假的与军事有关经济敌情行为的证据。4. 证明行为人战时故意向武装部队提供虚假的与军事有关的科学技术敌情行为的证据。5. 证明行为人战时故意向武装部队提供虚假的与军事有关的地理敌情行为的证据。6. 证明行为人战时故意向武装部队提供虚假敌情"造成严重后果"行为的证据：（1）作战部署调整失误；（2）导致人员伤亡；（3）贻误战机；（4）致使战斗、战役遭受较大损失；（5）其他。7. 证明行为人战时故意向武装部队提供虚假敌情造成特别严重后果行为的证据。 |
|---|---|---|
| | 量刑方面的证据 | **一、法定量刑情节证据**<br>1. 事实情节：（1）情节严重；（2）其他。2. 法定从重情节。3. 法定从轻或者减轻情节：（1）可以从轻；（2）可以从轻或者减轻；（3）应当从轻或者减轻。4. 法定从轻、减轻或者免除情节：（1）可以从轻、减轻或者免除处罚；（2）应当从轻、减轻或者免除处罚。5. 法定减轻或者免除情节：（1）可以减轻或者免除处罚；（2）应当减轻或者免除处罚；（3）可以免除处罚。<br>**二、酌定量刑情节证据**<br>1. 犯罪手段：（1）提供虚假敌情；（2）其他。2. 犯罪对象。3. 危害结果。4. 动机。5. 平时表现。6. 认罪态度。7. 是否有前科。8. 其他证据。 |
| 量刑标准 | 犯本罪的 | 处三年以上十年以下有期徒刑 |
| | 造成特别严重后果的 | 处十年以上有期徒刑或者无期徒刑 |
| 法律适用 | 刑法条文 | **第三百七十七条**　战时故意向武装部队提供虚假敌情，造成严重后果的，处三年以上十年以下有期徒刑；造成特别严重后果的，处十年以上有期徒刑或者无期徒刑。 |

# 74 战时造谣扰乱军心案

| 概念 | 本罪是指非军职人员在战时情况下造谣惑众，扰乱军心的行为。 |
| --- | --- |
| 立案标准 | 根据《刑法》第 378 条的规定，战时造谣惑众，扰乱军心的，应当立案。 |

<table>
<tr><td rowspan="3">定罪标准</td><td>犯罪客体</td><td>本罪侵犯的客体是部队的作战利益。战时激发官兵的斗志，保持部队高昂的士气，是夺取作战胜利的重要条件，也是我军政治工作的重要任务。战时造谣惑众、扰乱军心的行为，背离《国防法》规定的公民国防义务和我国政治工作基本原则，挫伤军队士气，严重妨害作战，危害国防利益。本罪的犯罪对象是军人。</td></tr>
<tr><td>犯罪客观方面</td><td>本罪客观方面表现为战时造谣惑众，扰乱军心的行为。(1) 在时间要求上，本罪中行为人的造谣惑众行为应当发生在战时，即国家宣布进入战争状态，部队受领作战任务或者遭敌突然袭击时。军人执行戒严任务或者处置突发性暴力事件时，以战时论。如果行为人造谣惑众的行为不是发生在战时而发生在平时，则不构成本罪。(2) 所谓造谣惑众，是指编造、捏造根本不存在的事实或者故意歪曲夸大事实真相而在军中散布的行为。所谓扰乱军心，是指使军人受到迷惑、蒙骗，不知事实真相而产生怯战、厌战、恐怖情绪，搅乱军人心理，使其心神不宁，斗志涣散，严重影响部队命令、行动的执行。比如，夸大敌方兵力或武器装备性能；编造敌军增援事实；捏造我方失利、伤亡惨重及军需物资困难；散布我方部队不协调行动或拒不执行命令的谣言；极力夸大敌方武器的战斗力、杀伤力，贬低我方武器性能；吹捧敌方领袖，贬抑我军首长；渲染战争残酷等，从而使军心动摇。至于其方式，有的是自己捏造后并加散布；有的是明知为谣言而仍加扩散；有的是利用传话、喊话、口号、演讲、报告、电视、电影、录像等公然散布谣言；有的则是采用书信、传单、标语、书籍、抄本等散布谣言，等等。只要其内容属于捏造，并在战时针对了不特定的军人予以扩散，足以扰乱军心的，即可构成本罪。扰乱军心，这里既为结果，又为目的。行为人意图扰乱军心实施战时造谣惑众的行为，即可构成本罪。虽有行为，但不足以扰乱军心的，则不能构成本罪，如只是捏造某战士的母亲病危，虽然对该战士的心理可能造成影响，但不会危及军心的稳定，就不能以本罪论处。<br><br>行为人基于间谍、投敌叛变、武装叛乱、武装暴乱、煽动军人逃离部队等犯罪的故意，而捏造谣言，蛊惑、扰乱军心的，应依牵连犯按一重罪治罪科刑。</td></tr>
<tr><td>犯罪主体</td><td>本罪的主体为军人以外的一般主体。军人战时出于贪生怕死或其他目的而故意在军中制造谣言，散布厌战、怯战或者恐怖情绪，动摇军心，应当按军职罪中的战时造谣惑众罪定罪量刑，而不构成本罪。</td></tr>
</table>

| | | |
|---|---|---|
| **定罪标准** | 犯罪主观方面 | 本罪主观方面只能是出于直接故意，即行为人明知自己说的都是假的，会扰乱军心、瓦解斗志，仍加以宣扬、扩散。其动机，有的是怯战、厌战，通过造谣惑众，达到躲避战斗的目的；有的是因受批评、处分，或未能评功授奖，通过造谣惑众，达到泄愤、报复。 |
| | 罪与非罪 | 区分罪与非罪的界限，重点把握以下几点：（1）是否实施了捏造事实的行为。如果没有捏造事实，而是散布有关我方不利的真实情况，即使扰乱了军心，也不能以本罪论处。如果所散布的是有关军事机密，如我军的伤亡人数、战役失利等情况，构成犯罪，应以故意（过失）泄露国家秘密罪，军人则以故意（过失）泄露军事秘密罪论处。（2）是否针对军人散布，虽有捏造事实行为，但是仅在几个亲朋好友之间扩散，为显示自己消息灵通，实际也没宣扬、传播到军队的，则不应以本罪论处。（3）是否在战时捏造并扩散。不在战时而在平时，虽然捏造了一些事实，如编造军队首长偏私爱私，在转业安置、入党提干、提职调资等方面违法乱纪，造成人心浮动、军心不稳的，由于其与作战利益无关，亦不能以本罪论处。（4）所造谣言内容是否足以扰乱军心。 |
| | 此罪与彼罪 | 本罪与战时故意提供虚假敌情罪的界限。两者在主观上都出于故意，在客观方面都有在战时向他人提供虚假事实的行为，区别在于：（1）所涉及的内容不完全相同。本罪所捏造的事实既可以是有关敌人的情况，又可以是有关我方的情况；而后者行为只能是敌方的虚假情况。（2）所扩散的对象不同。本罪所针对的对象是不特定的军人；而后者一般则是向特定的武装部队机关、首长或专门收集情报的人员予以提供。（3）对结果的要求不同。本罪属行为犯，行为人一实施造谣惑众行为，只要足以扰乱军心，即可构成本罪且为既遂；而后者为结果犯，只有提供虚假敌情的行为，造成了严重的实际后果才可构成其罪。行为人捏造虚假敌情既向武装部队提供，又向不特定人加以扩散而扰乱军心的，宜以牵连犯从一重罪论处，而不实行两罪并罚。 |
| **证据参考标准** | 主体方面的证据 | **一、证明行为人刑事责任年龄、身份等自然情况的证据**<br>包括身份证明、户籍证明、任职证明、工作经历证明、特定职责证明等，主要是证明行为人的姓名（曾用名）、性别、出生年月日、民族、籍贯、出生地、职业（或职务）、住所地（或居所地）等证据材料，如户口簿、居民身份证、居住证、工作证、出生证、专业或技术等级证、干部履历表、职工登记表、护照等。<br>对于户籍、出生证等材料内容不实的，应提供其他证据材料。外国人犯罪的案件，应有护照等身份证明材料。人大代表、政协委员犯罪的案件，应注明身份，并附身份证明材料。<br>**二、证明行为人刑事责任能力的证据**<br>证明行为人对自己的行为是否具有辨认能力与控制能力，如是否属于间歇性精神病人、尚未完全丧失辨认或者控制自己行为能力的精神病人的证明材料。 |
| | 主观方面的证据 | **证明行为人故意的证据**<br>1. 证明行为人明知的证据：证明行为人明知自己的行为会发生危害社会的结果。<br>2. 证明直接故意的证据：证明行为人希望危害结果发生。3. 目的：（1）怯战、厌战；（2）泄愤、报复。 |

| 证据参考标准 | 客观方面的证据 | **证明行为人战时造谣扰乱军心犯罪行为的证据**<br><br>具体证据包括：1. 证明行为人战时制造谣言行为的证据。2. 证明行为人战时散布谣言行为的证据。3. 证明行为人战时蛊惑官兵行为的证据。4. 证明行为人战时煽动官兵怯战情绪行为的证据。5. 证明行为人战时煽动官兵厌战情绪行为的证据。6. 证明行为人战时煽动官兵恐怖情绪行为的证据。7. 证明行为人战时造谣惑众、扰乱军心、扰乱军人心理行为的证据：（1）故意夸大、渲染战争的残酷、捏造我军战败的谣言；（2）极大夸大敌方武器的杀伤力和敌军战斗力；（3）极力贬低我军武器的杀伤力和我军的战斗力；（4）其他。8. 证明行为人战时造谣扰乱军心情节严重行为的证据：（1）大量散布造谣惑众，扰乱军心材料；（2）引起多名军人逃离部队；（3）其他。9. 证明行为人战时造谣扰乱军心其他行为的证据。 |
|---|---|---|
| | 量刑方面的证据 | **一、法定量刑情节证据**<br>1. 事实情节：（1）情节严重；（2）其他。2. 法定从重情节。3. 法定从轻或者减轻情节：（1）可以从轻；（2）可以从轻或者减轻；（3）应当从轻或者减轻。4. 法定从轻、减轻或者免除情节：（1）可以从轻、减轻或者免除处罚；（2）应当从轻、减轻或者免除处罚。5. 法定减轻或者免除情节：（1）可以减轻或者免除处罚；（2）应当减轻或者免除处罚；（3）可以免除处罚。<br>**二、酌定量刑情节证据**<br>1. 犯罪手段：（1）造谣惑众；（2）其他。2. 犯罪对象。3. 危害结果。4. 动机。5. 平时表现。6. 认罪态度。7. 是否有前科。8. 其他证据。 |

| 量刑标准 | 犯本罪的 | 处三年以下有期徒刑、拘役或者管制 |
|---|---|---|
| | 情节严重的 | 处三年以上十年以下有期徒刑 |

| 法律适用 | 刑法条文 | **第三百七十八条** 战时造谣惑众，扰乱军心的，处三年以下有期徒刑、拘役或者管制；情节严重的，处三年以上十年以下有期徒刑。 |
|---|---|---|

# 75 战时窝藏逃离部队军人案

| | |
|---|---|
| **概念** | 本罪是指战时明知是逃离部队的军人而为其提供隐蔽处所、财物，情节严重的行为。 |
| **立案标准** | 战时明知是逃离部队的军人而为其提供隐蔽处所、财物，涉嫌下列情形之一的，应予立案追诉：<br>（1）窝藏3人次以上的；<br>（2）明知是指挥人员、值班执勤人员或者其他负有重要职责人员而窝藏的；<br>（3）有关部门查找时拒不交出的；<br>（4）其他情节严重的情形。 |

| | | |
|---|---|---|
| **定罪标准** | **犯罪客体** | 本罪侵犯的客体是部队正常的管理秩序。部队的正常管理秩序是加强部队建设的重要方面，是国防利益的重要组成部分。 |
| | **犯罪客观方面** | 本罪在客观方面表现为行为人实施了为战时逃离部队的军人提供隐蔽处所、财物，情节严重的行为。"战时"是指国家宣布进入战争状态、部队受领作战任务或者遭敌突然袭击时。部队执行戒严任务或者处置突发性暴力事件时，以战时论。"逃离部队的军人"包括不经请假私自离队的军人；还包括探亲、休假、住医院、出差、学习逾期不归的军人。根据法律规定，战时窝藏逃离部队军人的行为，必须达到"情节严重"的程度，才构成犯罪。对于"情节严重"，根据最高人民检察院、公安部《关于公安机关管辖的刑事案件立案追诉标准的规定（一）》第97条认定。 |
| | **犯罪主体** | 本罪的主体是一般主体，即凡年满16周岁且具备刑事责任能力的自然人均能构成本罪。其中多数窝藏人为逃离部队军人的亲属、朋友、同学、同乡。 |
| | **犯罪主观方面** | 本罪在客观方面是故意，即行为人明知是逃离部队的军人，而故意为其提供隐蔽的处所、财物。过失不构成本罪。至于本罪动机，可以是多种多样的，帮助逃离部队的军人逃避作战、演习、执行重大军事任务、逃避艰苦生活等。无论动机如何，均不影响定罪。 |
| | **罪与非罪** | 区分罪与非罪的界限，要注意把握以下几点：（1）本罪的主观方面必须是故意，即明知是逃离部队的军人而为其提供隐蔽的处所、财物。如确属不知或者逃离部队的军人的欺骗行为而使行为人不知实情，对逃兵予以收留、资助的，不按犯罪论处。（2）本罪须"情节严重"才能成立。本罪中的"情节严重"，在司法实践中，是指战 |

| | | |
|---|---|---|
| **定罪标准** | **罪与非罪** | 时资助逃兵的，资助逃离部队的指挥人员或者其他负有重要职责的人员，如机要、保密人员；资助多个逃兵的；资助逃兵时间长，次数多，数额大，屡教不改的；为寻找逃兵的部队和个人提供虚假情况，或为逃兵通风报信，使其逃脱的；拒不执行部队的命令，对资助逃后的行为拒绝认错，态度恶劣，且不改悔，以致贻误寻找时机，导致逃兵被俘、死亡等严重后果的，等等。 |
| | **此罪与彼罪** | 本罪与雇用逃离部队军人罪的界限。雇用逃离部队军人罪，是指明知是逃离部队的军人而雇用，情节严重的行为。两罪的主要区别在于客观方面不同。前者表现为行为人为逃离部队的军人提供隐蔽处所、财物，帮助其逃离部队和有关部门查找；后者表现为行为人有偿让逃离部队的军人提供劳务。 |
| **证据参考标准** | **主体方面的证据** | **一、证明行为人刑事责任年龄、身份等自然情况的证据**<br><br>包括身份证明、户籍证明、任职证明、工作经历证明、特定职责证明等，主要是证明行为人的姓名（曾用名）、性别、出生年月日、民族、籍贯、出生地、职业（或职务）、住所地（或居所地）等证据材料，如户口簿、居民身份证、居住证、工作证、出生证、专业或技术等级证、干部履历表、职工登记表、护照等。<br><br>对于户籍、出生证等材料内容不实的，应提供其他证据材料。外国人犯罪的案件，应有护照等身份证明材料。人大代表、政协委员犯罪的案件，应注明身份，并附身份证明材料。<br><br>**二、证明行为人刑事责任能力的证据**<br><br>证明行为人对自己的行为是否具有辨认能力与控制能力，如是否属于间歇性精神病人、尚未完全丧失辨认或者控制自己行为能力的精神病人的证明材料。 |
| | **主观方面的证据** | **证明行为人故意的证据**<br><br>1. 证明行为人明知的证据：证明行为人明知自己的行为会发生危害社会的结果；<br>2. 证明直接故意的证据：证明行为人希望危害结果发生。 |
| | **客观方面的证据** | **证明行为人战时窝藏逃离部队军人犯罪行为的证据**<br>具体证据包括：<br>1. 证明被窝藏对象系战时逃离部队军人的证据。<br>2. 证明行为人战时窝藏逃离部队军人行为的证据：（1）提供隐蔽处所：①住宅；②公寓；③别墅；④办公室；⑤地道；⑥地窖；⑦夹壁间；⑧其他。（2）提供物资：①摩托车；②自行车；③船只；④车辆；⑤服装；⑥鞋帽；⑦证件。（3）提供钱财：①人民币；②港币；③外币；④股票；⑤债券；⑥信用卡；⑦其他。<br>3. 证明行为人战时窝藏部队军人情节严重行为的证据：（1）影响部队作战及其他重要军事任务完成的。（2）战时国家发布动员令后窝藏的。（3）窝藏多人的。（4）造成恶劣影响的。（5）引起其他严重后果的。<br>4. 证明行为人战时窝藏逃离部队军人其他行为的证据。 |

| 证据参考标准 | 量刑方面的证据 | **一、法定量刑情节证据**<br>1. 事实情节：（1）情节严重；（2）其他。2. 法定从重情节。3. 法定从轻或者减轻情节：（1）可以从轻；（2）可以从轻或者减轻；（3）应当从轻或者减轻。4. 法定从轻、减轻或者免除情节：（1）可以从轻、减轻或者免除处罚；（2）应当从轻、减轻或者免除处罚。5. 法定减轻或者免除情节：（1）可以减轻或者免除处罚；（2）应当减轻或者免除处罚；（3）可以免除处罚。<br>**二、酌定量刑情节证据**<br>1. 犯罪手段：（1）提供隐蔽处所；（2）帮助逃跑；（3）其他。2. 犯罪对象。3. 危害结果。4. 动机。5. 平时表现。6. 认罪态度。7. 是否有前科。8. 其他证据。 |
|---|---|---|
| 量刑标准 | | 犯本罪的 · 处三年以下有期徒刑或者拘役 |
| 法律适用 | 刑法条文 | **第三百七十九条** 战时明知是逃离部队的军人而为其提供隐藏处所、财物，情节严重的，处三年以下有期徒刑或者拘役。 |
| | 规章及规范性文件 | **最高人民检察院、公安部《关于公安机关管辖的刑事案件立案追诉标准的规定（一）》（节录）**（2008 年 6 月 25 日最高人民检察院、公安部公布 自公布之日起施行 公通字〔2008〕36 号 2017 年 4 月 27 日修正）<br>**第九十七条** 〔战时窝藏逃离部队军人案（刑法第三百七十九条）〕战时明知是逃离部队的军人而为其提供隐蔽处所、财物，涉嫌下列情形之一的，应予立案追诉：<br>（一）窝藏三人次以上的；<br>（二）明知是指挥人员、值班执勤人员或者其他负有重要职责人员而窝藏的；<br>（三）有关部门查找时拒不交出的；<br>（四）其他情节严重的情形。 |

# 76 战时拒绝、故意延误军事订货案

**概念** | 本罪是指战时拒绝或者故意延误军事订货，情节严重的行为。

**立案标准** | 战时拒绝或者故意延误军事订货，涉嫌下列情形之一的，应予立案追诉：
(1) 拒绝或者故意延误军事订货 3 次以上的；
(2) 联络、煽动他人共同拒绝或者故意延误军事订货的；
(3) 拒绝或者故意延误重要军事订货，影响重要军事任务完成的；
(4) 其他情节严重的情形。

## 定罪标准

**犯罪客体**

本罪所侵犯的客体是我国的军事订货制度和部队的作战利益。军事订货是军事部门根据国防需要，向军工部门或者其他经济部门订购武器装备和军用物资的活动。军事订货是保证部队武器装备和军用物资的供应，满足国防需要的主要手段。《国防法》第 54 条第 1 款规定："企业事业组织和个人承担国防科研生产任务或者接受军事采购，应当按照要求提供符合质量标准的武器装备或者物资、工程、服务。"战时拒绝、故意延误军事订货情节严重的行为，直接违反《国防法》规定的公民和组织的国防义务，削弱部队战斗力，影响作战等各项任务的完成，危害国防利益。

**犯罪客观方面**

本罪在客观方面表现为行为人实施了在战时无正当理由拒绝或者故意延误军事订货，情节严重的行为。"拒绝或者故意延误军事订货"，是指具备按规定时间完成订货任务的条件，却拒不接受军事订货，或者故意延迟耽误交付军事订货。本罪客观方面的行为在时间上首先受到限制，即只有拒绝或者故意延误军事订货的行为，发生在战时才能构成犯罪，若是发生在平时，则不能构成犯罪。所谓战时，是指国家宣布进入战争状态、部队受领作战任务或遭敌突然袭击时。部队执行戒严任务或者处置突发性暴力事件时，以战时论。所谓军事订货，是指直接用于实施和保障作战行动的武器装备（包括武装、武器和军用技术器材），用于军事目的的军事设施（包括各种建筑、场地和设备），及供应军队作战、训练、施工、科研、后勤保障等方面使用的物资，即军用物资。军事订货是国防经济中体现商品经济和期货特点的一种军品交换方式。军事订货与其他民品订货一样，具有先成交后生产的特点，一般适用于大批量或价值量高的军品。采取订货方式，买方可以取得稳定的货源，卖方有可靠的销路，有利于加强军品生产、流通和军工企业经营的市场性、经济性、计划性。军事订货是事先通过签订合同或协议达成的交易，这种合同或协议的内容一般包括军品数量、质量、完成时限、交货与付款方式、价格等，具有约束买卖双方权利和义务的法律效力。

| | | |
|---|---|---|
| **定罪标准** | **犯罪客观方面** | 具体表现为：其一，拒绝、故意延误生产（包括制作、加工、组装）各种军用装备、器材、物资等订货；其二，拒绝、故意延误组织供应、提供军用装备、物资等订货；其三，拒绝、故意延误修配、维修保养军用装备、器材、工程建筑物等；其四，拒绝、故意延误运输、贮存军用器材、油料、被服、建材等军用订货；其五，拒绝、故意延误承建军用机场、三防工程、专用运输、供水、供电、通讯线路、洞库、仓库等设施的；其六，拒绝设计军用武器装备、军事设施等军事订货，如设计地下指挥工作、军用计算机程序等；其七，其他拒绝或故意延误军事订货的行为。根据法律规定，战时拒绝或者故意延误军事订货的行为，必须达到"情节严重"的程度，才构成犯罪。本罪是情节犯，仅有客观上的拒绝或者故意延误军事订货的行为而不具备情节严重的情形的，不构成犯罪。何谓情节严重，根据最高人民检察院、公安部《关于公安机关管辖的刑事案件立案追诉标准的规定（一）》第98条认定。 |
| | **犯罪主体** | 本罪的主体仅限于单位，即负有订货义务的科研单位、生产、销售武器装备、军用物资的单位及其直接负责的主管人员和其他直接责任人员。因为军事订货是军事部门向有关科研、生产、销售单位订购的，所以，拒绝或者故意延误军事订货是科研、生产、销售单位的行为，情节严重的，应依法追究单位和有关人员的刑事责任。如果科研、生产、销售单位因不具备完成军事订货任务的条件而拒绝军事订货；平时拒绝、故意延误军事订货；过失延误军事订货；或者虽然是战时拒绝、故意延误军事订货，但尚未达到情节严重的程度，均不构成犯罪。 |
| | **犯罪主观方面** | 本罪的主观方面只能是故意，即行为人明知是军队的订货而仍然故意拒绝接受或者虽然接受订货，也就是说，对此行为所造成的危害国防利益的后果，持希望或者放任的态度，以各种借口拖延生产、拖延供货等。过失或由于不可抗力、意外事件所造成延误军事订货的，不认为构成本罪。本罪的犯罪动机是多种多样，如认为相对经济利益过低、生产难度过大、出于敌视政府等。动机如何，不影响本罪的构成。 |
| | **罪与非罪** | 本罪以"战时"拒绝或者"故意"延误军事订货"情节严重"作为犯罪构成要件。一般而言，应当注意以下两个方面的问题：(1) 具有拒绝、故意延误军事订货行为的单位是否构成犯罪，主要有两个方面：一是其行为是否发生在战时，如果发生在战时，则构成本罪；如果发生在非战时，则不构成本罪；二是拒绝、故意延误军事订货的行为是否严重，如果不严重，则不构成犯罪。(2) 战时拒绝、故意延误军事订货罪与正常的合同违约行为的区别。如果接受军事订货的企业、事业单位，由于人员、技术水平、生产效率、意外事件等因素造成无法按时完成军事订货，应依一般的合同违约处理，应承担支付违约金及合同规定的其他责任，但一般不以犯罪论处。同样，如果具有承担军事订货义务的企业、事业单位，认为自身因生产能力或者技术设备，或者不能达到规定的质量水平而不敢接受订货，而实际情况又确为如此，不能以犯罪处罚。 |

| | | |
|---|---|---|
| **证据参考标准** | **主体方面的证据** | **一、证明单位的证据**<br>证明是否属于依法成立并有合法经营、管理范围的公司、企业、事业单位、机关、团体。<br>证明单位的名称、住所地、性质、法定代表人、单位负责人、业务范围、成立时间等证据材料，如企业法人营业执照、国有公司性质证明及非法人单位的身份证明等。<br>**二、证明法定代表人、单位负责人或直接责任人员等的身份证据**<br>法定代表人、直接负责的主管人员和其他直接责任人在单位的任职、职责、负责权限的证明材料等。包括身份证明、户籍证明、任职证明等，如户口簿、居民身份证、工作证、护照、专业或技术等级证、干部履历表、职工登记表、任命书、业务分工文件、委派文件、单位证明、单位规章制度等。 |
| | **主观方面的证据** | **证明行为人故意的证据**<br>1. 证明行为人明知的证据：证明行为人明知自己的行为会发生危害社会的结果；2. 证明直接故意的证据：证明行为人希望危害结果发生；3. 证明间接故意的证据：证明行为人放任危害结果发生。 |
| | **客观方面的证据** | **证明行为人战时拒绝、故意延误军事订货犯罪行为的证据**<br>具体证据包括：1. 证明行为人战时无正当理由拒绝军事订货行为的证据：（1）具备完成军事订货任务的条件；（2）拒绝接受军事订货任务。2. 证明行为人战时故意延误军事订货行为的证据：（1）不按时投入研究；（2）不按时投入生产；（3）不按时组织军事货源；（4）故意延误科研时间；（5）故意延误生产时间；（6）故意延误供应时间；（7）其他。3. 证明行为人战时拒绝、故意延误军事订货情节严重行为的证据：（1）使用暴力抗拒的；（2）拒绝重要军事订货的；（3）故意延误重要军事订货的；（4）影响作战；（5）影响其重要军事行动的。4. 证明行为人拒绝、故意延误军事订货造成严重后果行为的证据：（1）致使战斗、战役遭受严重损失的；（2）贻误重大任务完成的。5. 证明行为人战时拒绝、故意延误军事订货其他行为的证据。 |
| | **量刑方面的证据** | **一、法定量刑情节证据**<br>1. 事实情节：（1）情节严重；（2）后果特别严重。2. 法定从重情节。3. 法定从轻或者减轻情节：（1）可以从轻；（2）可以从轻或者减轻；（3）应当从轻或者减轻。4. 法定从轻、减轻或者免除情节：（1）可以从轻、减轻或者免除处罚；（2）应当从轻、减轻或者免除处罚。5. 法定减轻或者免除情节：（1）可以减轻或者免除处罚；（2）应当减轻或者免除处罚；（3）可以免除处罚。<br>**二、酌定量刑情节证据**<br>1. 犯罪手段：（1）暴力；（2）其他。2. 犯罪对象。3. 危害结果。4. 动机。5. 平时表现。6. 认罪态度。7. 是否有前科。8. 其他证据。 |
| **量刑标准** | 犯本罪的 | 对单位判处罚金，并对其直接负责的主管人员和其他直接责任人员，处五年以下有期徒刑或者拘役 |
| | 造成严重后果的 | 处五年以上有期徒刑 |

| | | |
|---|---|---|
| **法 律 适 用** | **刑 法 条 文** | **第三百八十条** 战时拒绝或者故意延误军事订货，情节严重的，对单位判处罚金，并对其直接负责的主管人员和其他直接责任人员，处五年以下有期徒刑或者拘役；造成严重后果的，处五年以上有期徒刑。 |
| | **相 关 法 律 法 规** | **《中华人民共和国国防法》（节录）** (1997 年 3 月 14 日中华人民共和国主席令第 48 号公布 自公布之日起施行 2009 年 8 月 27 日修正 2020 年 12 月 26 日修订)<br><br>**第十条** 对在国防活动中作出贡献的组织和个人，依照有关法律、法规的规定给予表彰和奖励。<br><br>**第十一条** 任何组织和个人违反本法和有关法律，拒绝履行国防义务或者危害国防利益的，依法追究法律责任。<br><br>公职人员在国防活动中，滥用职权、玩忽职守、徇私舞弊的，依法追究法律责任。<br><br>**第三十七条** 国家依法实行军事采购制度，保障武装力量所需武器装备和物资、工程、服务的采购供应。<br><br>**第五十四条** 企业事业组织和个人承担国防科研生产任务或者接受军事采购，应当按照要求提供符合质量标准的武器装备或者物资、工程、服务。<br><br>企业事业组织和个人应当按照国家规定在与国防密切相关的建设项目中贯彻国防要求，依法保障国防建设和军事行动的需要。车站、港口、机场、道路等交通设施的管理、运营单位应当为军人和军用车辆、船舶的通行提供优先服务，按照规定给予优待。 |
| | **规 章 及 规 范 性 文 件** | **最高人民检察院、公安部《关于公安机关管辖的刑事案件立案追诉标准的规定（一）》（节录）** (2008 年 6 月 25 日最高人民检察院、公安部公布 自公布之日起施行 公通字〔2008〕36 号 2017 年 4 月 27 日修正)<br><br>**第九十八条** 〔战时拒绝、故意延误军事订货案（刑法第三百八十条）〕战时拒绝或者故意延误军事订货，涉嫌下列情形之一的，应予立案追诉：<br>（一）拒绝或者故意延误军事订货三次以上的；<br>（二）联络、煽动他人共同拒绝或者故意延误军事订货的；<br>（三）拒绝或者故意延误重要军事订货，影响重要军事任务完成的；<br>（四）其他情节严重的情形。 |

# 77 战时拒绝军事征收、征用案

**概念** | 本罪是指战时拒绝军事征收、征用，情节严重的行为。

**立案标准** | 战时拒绝军事征收、征用，涉嫌下列情形之一的，应予立案追诉：
(1) 无正当理由拒绝军事征收、征用 3 次以上的；
(2) 采取暴力、威胁、欺骗等手段拒绝军事征收、征用的；
(3) 联络、煽动他人共同拒绝军事征收、征用的；
(4) 拒绝重要军事征收、征用，影响重要军事任务完成的；
(5) 其他情节严重的情形。

## 定罪标准

### 犯罪客体

本罪侵犯的客体是国家军事征收、征用管理制度。"军事征收、征用"，是指武装部队根据作战和其他军事行动的需要，依法转移所有权或使用组织和公民个人的设备设施、交通工具和其他物资。《国防法》规定："国家根据国防动员需要，可以依法征收、征用组织和个人的设备设施、交通工具、场所和其他财产。县级以上人民政府对被征收、征用者因征收、征用所造成的直接经济损失，按照国家有关规定给予公平、合理的补偿。""公民和组织应当支持国防建设，为武装力量的军事训练、战备勤务、防卫作战、非战争军事行动等活动提供便利条件或者其他协助。"这是国家为适应保卫祖国、抵抗侵略，加强战时国防物质保障的需要而采取的非常措施和重要的国防制度。按照这一制度，任何组织和个人均有义务将其所有属于征收征用范围内的设备、设施、交通工具和其他物资提供给国家或者武装部队。战时拒绝军事征收征用情节严重的行为，违反了《国防法》规定的公民国防义务，严重妨害武装部队的作战和其他军事行动，危害国防利益。

### 犯罪客观方面

本罪在客观方面表现为行为人实施了战时拒绝军事征收征用，情节严重的行为。军事征收、征用，一般由国家颁布法令或命令在全国或部分地区统一适用，一般由县级以上人民政府或战区武装部队直接组织实施。在紧急情况下，武装部队根据作战需要，也可依照战时法令或命令随时征收征用组织和个人的物品。设备包括各种器材、机械等。设施包括建筑物、场地，如住宅等。交通工具包括机动车、船、民用飞机，非机动车、船。其他物资是指为战时武装部队急需的一切物质财产，如衣、被、食品、牲畜、通信工具等。拒绝军事征收征用是指行为人故意不将被征收征用的个人设备设施、交通工具和其他物资交付武装部队使用，即对国家、武装部队征收征用的物品拒不提供或者藏匿、转移、销毁、出售的。根据法律规定，战时拒绝军事征收征用的行为，必须达到"情节严重"的程度，才构成犯罪。"情节严重"，根据最高人民检察院、公安部《关于公安机关管辖的刑事案件立案追诉标准的规定（一）》第 99 条认定。

| | | |
|---|---|---|
| **定 罪 标 准** | 犯罪主体 | 本罪的主体是一般主体，即凡年满 16 周岁且具备刑事责任能力的自然人，均可成为本罪的主体。单位不能成为本罪的犯罪主体。 |
| | 犯罪主观方面 | 本罪在主观方面是故意，即明知是战时出于军队或作战需要的目的，征收征用公民房屋、运输工具、通信设施等，而拒不提供给国家或武装部队的。 |
| | 罪与非罪 | 区分罪与非罪的界限，要注意：本罪以"战时"拒绝军事征收征用"情节严重"作为构成要件。如果行为人是平时拒绝军事征收征用，或者是战时拒绝军事征收征用，尚未达到情节严重的程度，均不构成本罪。 |
| | 此罪与彼罪 | 本罪与战时拒绝、故意延误军事订货罪的界限。两者在客体、客观方面、主观方面有相似之处。区别是：一是犯罪主体不同。本罪的主体是所有公民；后者主体是承担军事生产任务和战时具有生产能力的企业及其主要负责人和直接责任人员。二是行为方式不同。本罪是拥有国家征收征用物资而拒不提供的；后者是拒绝或者故意不按期交付生产的军用货物的。 |
| **证 据 参 考 标 准** | 主体方面的证据 | **一、证明行为人刑事责任年龄、身份等自然情况的证据**<br>包括身份证明、户籍证明、任职证明、工作经历证明、特定职责证明等，主要是证明行为人的姓名（曾用名）、性别、出生年月日、民族、籍贯、出生地、职业（或职务）、住所地（或居所地）等证据材料，如户口簿、居民身份证、居住证、工作证、出生证、专业或技术等级证、干部履历表、职工登记表、护照等。<br>对于户籍、出生证等材料内容不实的，应提供其他证据材料。外国人犯罪的案件，应有护照等身份证明材料。人大代表、政协委员犯罪的案件，应注明身份，并附身份证明材料。<br>**二、证明行为人刑事责任能力的证据**<br>证明行为人对自己的行为是否具有辨认能力与控制能力，如是否属于间歇性精神病人、尚未完全丧失辨认或者控制自己行为能力的精神病人的证明材料。 |
| | 主观方面的证据 | **证明行为人故意的证据**<br>1. 证明行为人明知的证据：证明行为人明知自己的行为会发生危害社会的结果；<br>2. 证明直接故意的证据：证明行为人希望危害结果发生。 |

| 证据参考标准 | 客观方面的证据 | **证明行为人战时拒绝军事征收征用犯罪行为的证据**<br>具体证据包括：1. 证明行为人战时拒绝军事征收征用行为的证据：（1）房屋；（2）土地；（3）运输工具；（4）通信设备；（5）工具；（6）物品；（7）其他。2. 证明行为人战时煽动拒绝军事征收征用行为的证据。3. 证明行为人战时暴力拒绝军事征收征用行为的证据。4. 证明行为人因战时拒绝军事征收征用造成作战失利行为的证据。5. 证明行为人因战时拒绝军事征收征用造成贻误战机行为的证据。6. 证明行为人因战时拒绝军事征收征用影响军事任务完成行为的证据。7. 证明行为人因战时拒绝军事征收征用造成其他严重后果行为的证据。8. 证明行为人因战时拒绝军事征收征用情节严重行为的证据。 |
|---|---|---|
| | 量刑方面的证据 | **一、法定量刑情节证据**<br>1. 事实情节：（1）情节严重；（2）其他。2. 法定从重情节。3. 法定从轻或者减轻情节：（1）可以从轻；（2）可以从轻或者减轻；（3）应当从轻或者减轻。4. 法定从轻、减轻或者免除情节：（1）可以从轻、减轻或者免除处罚；（2）应当从轻、减轻或者免除处罚。5. 法定减轻或者免除情节：（1）可以减轻或者免除处罚；（2）应当减轻或者免除处罚；（3）可以免除处罚。<br>**二、酌定量刑情节证据**<br>1. 犯罪手段：（1）煽动；（2）暴力；（3）其他。2. 犯罪对象。3. 危害结果。4. 动机。5. 平时表现。6. 认罪态度。7. 是否有前科。8. 其他证据。 |
| 量刑标准 | | 犯本罪的          处三年以下有期徒刑或者拘役 |
| | 刑法条文 | 第三百八十一条   战时拒绝军事征收、征用，情节严重的，处三年以下有期徒刑或者拘役。 |
| 法律适用 | 相关法律法规 | **《中华人民共和国国防法》（节录）**（1997年3月14日中华人民共和国主席令第48号公布  自公布之日起施行  2009年8月27日修正  2020年12月26日修订）<br>第十条   对在国防活动中作出贡献的组织和个人，依照有关法律、法规的规定给予表彰和奖励。<br>第十一条   任何组织和个人违反本法和有关法律，拒绝履行国防义务或者危害国防利益的，依法追究法律责任。<br>公职人员在国防活动中，滥用职权、玩忽职守、徇私舞弊的，依法追究法律责任。<br>第五十一条   国家根据国防动员需要，可以依法征收、征用组织和个人的设备设施、交通工具、场所和其他财产。<br>县级以上人民政府对被征收、征用者因征收、征用所造成的直接经济损失，按照国家有关规定给予公平、合理的补偿。<br>第五十六条   公民和组织应当支持国防建设，为武装力量的军事训练、战备勤务、防卫作战、非战争军事行动等活动提供便利条件或者其他协助。<br>国家鼓励和支持符合条件的公民和企业投资国防事业，保障投资者的合法权益并依法给予政策优惠。 |

法律适用

规章及规范性文件

**最高人民检察院、公安部《关于公安机关管辖的刑事案件立案追诉标准的规定（一）》（节录）**（2008 年 6 月 25 日最高人民检察院、公安部　自公布之日起施行　公通字〔2008〕36 号　2017 年 4 月 27 日修正）

第九十九条　〔战时拒绝军事征收、征用案（刑法第三百八十一条）〕战时拒绝军事征收、征用，涉嫌下列情形之一的，应予立案追诉：

（一）无正当理由拒绝军事征收、征用三次以上的；

（二）采取暴力、威胁、欺骗等手段拒绝军事征收、征用的；

（三）联络、煽动他人共同拒绝军事征收、征用的；

（四）拒绝重要军事征收、征用，影响重要军事任务完成的；

（五）其他情节严重的情形。